KB060369

European Securities Regulation

유럽증권법

EU, 독일, 영국의 증권규제

박 영 윤

박영사

머 리 말

본서는 유럽연합(EU), 독일 등 주요 EU 회원국 및 영국의 증권법을 소개한다.

EU는 역내 단일한 증권시장의 창설을 목표로 이를 뒷받침하는 공통의 증권법을 마련하는 작업을 계속해 왔다. 우리에게는 다소 생소하게 느껴지지만 EU 법률 중 Directive는 EU 차원에서 최소한의 공통기준을 정하여 회원국에게 그에 따른 입법 의무를 부여하는 형식을, Regulation은 회원국 입법을 거치지 않고 곧바로 EU 시민에게 효력을 미치는 형식을 말한다. 우리나라가 증권규제에 관한 사항을 자본시장과 금융투자업에 관한 법률(자본시장법)이라는 단일법전을 통해 다루는 것과 달리 EU 차원의 증권 법률은 각 주제별로 각기 별개의 Regulation 또는 Directive가 제정되어 있다. 본서가 다루는 EU 증권법률들 중 중요한 것들을 소개하면 다음과 같다.

① 증권 규제의 기초적 개념 및 체계에 관한 사항: MiFID 및 MiFIR는 금융상품 및 투자활동 · 투자서비스의 개념과 범위, 투자회사(금융투자업자)의 인가 · 조직구조 · 내부통제 및 투자회사에 대한 영업행위 규제, 정규시장 · 다자간 거래소 · 조직화된 거래소 등 다양한 유형의 거래소 개념을 규정하고 있다.

② 증권의 발행 및 공시에 관한 규제: 투자설명서 Regulation 및 유통공시 Directive는 각기 정규시장 상장회사의 발행공시 및 유통공시에 관한 요구 사항을 정하고 있다.

③ 이른바 Gatekeeper에 대한 규제: 회계감사 Directive는 회계감사인의 자격 및 독립성 등 행위규범에 관한 사항을, 신용평가기관 Regulation은 신용평가기관의 EU 내 등록의무, 독립성 · 이해상충 방지를 위한 준수 사항을 다루고 있다.

④ M&A에 관한 규제: 기업인수 Directive는 강제공개매수 제도 도입, 공개매수 상황에서 이사회의 중립의무 및 경영권 방어장치의 철폐 등 회원국 공통의 M&A 원칙을 규정하였다.

⑤ 불공정거래행위 규제: 불공정거래행위 Regulation은 내부자거래 및 시장

조작(우리 자본시장법상 시세조종 및 부정거래를 포괄한다)의 개념 및 적용범위, 위반행위에 대한 행정적 제재에 관한 사항을 정하고 있다. 불공정거래행위 Directive는 회원국들에게 불공정거래행위에 대한 형사처벌 조항을 마련할 것을 요구하고 있다.

⑥ 집합투자 규제: UCITS Directive는 개방형, 환매형 펀드인 UCITS에 관하여, 대체투자펀드 관리회사 Directive는 그 밖의 펀드에 관하여 규제 사항을 정하고 있다.

이처럼 증권 규제의 주요한 주제들에 대해 개별 회원국이 아니라 EU 차원에서 공통의 규정이 마련되어 있다. EU법 우위의 원칙에 따라 회원국들은 위와 같은 EU 법률에 위반하는 국내법을 제정할 수 없고, EU 법률에 관한 EU 법원의 선례는 개별 회원국들의 법원을 기속한다. 이처럼 EU 공통의 증권법이 효력을 발휘하는 데에서 더 나아가 EU 차원의 상설 증권 감독기구인 유럽증권시장청(ESMA)이 설립, 운영되고 있다.

따라서 독일, 프랑스, 이탈리아 같은 EU 회원국들의 증권 규제를 이해하기 위해서는 우선 EU 증권법을 살펴보지 않으면 안 된다. 한편 유럽 증권시장 및 증권규제에서 중요한 비중을 차지하는 영국은 지난 2016년 국민투표를 거쳐 EU를 탈퇴함으로써 이제 EU법의 구속력에서 벗어나게 되었다. 그러나 영국은 법률적 공백의 발생을 막기 위해 지난 2018년 유럽연합탈퇴법(European Withdrawal Act)을 제정하여 EU 법률 전체를 자국의 국내법으로 흡수하였다. 영국 내에서 EU 증권법은 이를 대체하는 새로운 독자적 법률이 제정되기 전까지는 국내법으로 그 성격이 변화한 채 그대로 효력을 유지할 전망이므로, 영국의 증권 규제에 대한 이해 역시 EU 증권법에서 시작할 수밖에 없다.

지나친 단순화의 위험을 무릅쓰고 말한다면 EU 증권법의 형성, 발전 과정은 회사 지분의 분산 정도, 직접 금융에 대한 의존 정도, 기업지배구조는 물론 법률적 전통 및 체계마저 상이한 독일 등 유럽 대륙과 영국이 대립해 온 과정이라고도 할 수 있다. 예컨대 EU 집행위원회는 일찍이 1989년부터 금융 중심지인 시티 오브 런던에서 통용되는 기준을 좇아 공개매수 시 경영권 방어장치의 폐지 등을 골자로 하는 EU 공통의 M&A 기준을 마련하고자 하였다. 이는 경영권 시장을 활성화함으로써 주주가치를 극대화하고자 하는 기획이었다. 그러나 EU 집행위원회의 시도는 복수의결권과 같은 경영권 방어장치, 노사간 타협에 기초한 이중적 이사회 구조를 갖춘 독일, 프랑스, 스칸디나비아 나라들의 격렬한 반대에 부딪혔다. 현행 EU 기업인수 Directive는 위와 같은 대립의 산물로서 공개매수 개시 후 경영권 방어장치 폐지 등을 원칙으로 정하면서도 그 도입 여부는 회원국 선택에 맡기는 절충에 머무르고 있다.

2008년 글로벌 금융위기 이후 공매도, 파생상품, 신용평가기관에 대한 EU Regulation이 제정되었고, 투자설명서에 대한 EU 차원의 규제가 종래의 Directive에서 Regulation 형태로 변경되었으며, EU 차원의 감독기구인 유럽증권시장청(ESMA)의 역할이 확대되었다. 이처럼 증권규제에서 회원국 대신 EU가 차지하는 비중이 커지는 동시에 EU 증권법의 내용 역시 뚜렷하게 규제적, 개입주의적 태도가 강화되었다. 가령 현행 EU 증권법 하에서 ① 브로커들의 장외거래를 규제의 틀에 포섭하기 위해 조직화된 거래소(OTF)란 새로운 증권시장 개념이 도입되었고, ② 유럽증권시장청(ESMA) 및 회원국 감독기구는 투자자 보호 등에 문제가 있다고 판단하는 금융상품의 판매 중단을 명령할 수 있는 권한을 보유하고 있으며, ③ 투자회사는 알고리즘 거래를 수행하는 경우 그러한 사실을 감독기구에게 보고하여야 하고 감독기구는 투자회사에게 알고리즘 거래 전략의 제출을 요구할 권한이 있으며, ④ 유동화 증권을 기초자산으로 다시 유동화 증권을 발행하는 재유동화는 원칙적으로 금지되고, ⑤ 펀드의 수탁회사는 관리회사(집합투자업자)의 운용 행위에 대한 감시의무, 그러한 의무 위반에 따른 손해배상책임을 부담하며, ⑥ 사모펀드는 회사 경영권 취득 후 일정 기간 '자산 벗겨 먹기(asset stripping)'라는 비판을 받아 온 배당, 감자 등의 의결을 할 수 없다.

EU에서 탈퇴한 영국은 향후 독자적인 증권 법제를 마련해 나갈 것인데, 자율규제 및 원칙 중심의 규제를 선호해 온 영국의 증권 규제가 EU 증권법과 다른 발전 경로로 나아갈 가능성이 상당해 보인다. 다만, EU 회원국이던 시기 영국 금융산업의 발전은, 한 회원국에서만 인가를 받으면 다른 회원국에서도 추가적인 행정적 절차 없이 활동할 수 있도록 한 패스포팅(passporting) 시스템에 힘입은 바 크다. 브렉시트의 실행으로 이러한 혜택을 상실하게 된 상황에서 영국은 EU 집행위원회로부터 동등성 결정을 받을 필요가 있고, 동등성 결정은 그 요건으로서 영국의 증권 규제가 EU법과 동일한 효과를 가질 것을 요구하므로, 이러한 조건이 영국과 EU 간 증권법의 괴리를 막는 힘으로 작용할 가능성도 있다. 향후 영국과 EU 증권법의 발전 궤적을 좇는 일은 흥미로운 비교법적 연구 주제인 것으로 생각된다.

본서는 독자들의 편의를 위해 가급적 우리나라 자본시장법의 순서에 따라 서술하고자 하였다. 우리에게 생소한 주제와 내용이 적지 않은 만큼 법률의 내용을 소개하는 외에 필요한 부분에서 입법의 맥락과 배경, 입법과정을 함께 소개하였다. 최근 우리에게도 관심의 대상이 되고 있는 주제들, 이를테면 외부 회계감사제도 개혁 방안, 알고리즘 및 고빈도 거래 규제 방안, 스튜어드십 코드와 주주행동주의 문제 등에 대해 유럽 학계, 실무계의 논의를 많이 반영하고자 하였다.

이 지면을 빌어 저자가 소속된 법무법인 율촌에서 증권법 이론과 실무를 배울 수 있도록 지도해 주시고 본서에 관하여 소중한 조언을 해 주신 임재연 변호사님께 감사의 인사를 드린다. 이 책의 출판을 도와 주신 박영사의 조성호 이사님, 심성보 위원님께도 감사드린다.

본서를 출판하면서 아쉬움이 남는 것을 어쩔 수 없다. 유럽 각국의 법률 제도, 특히 나라마다 상이한 민사법의 차이에 대한 깊이 있는 이해가 있었다면 보다 풍성한 이론적 논의가 가능했을 것 같다. 현재로서는 유럽의 전체 증권법 체계와 주요 내용을 소개하는 데 그칠 수밖에 없다. 그나마 얕은 공부와 부족한 재주 때문에 혹여 잘못 소개하는 내용이 있는 것은 아닌지 우려도 없지 않다. 부족한 부분은 추후 보완하고자 한다. 그럼에도 불구하고 우리에게 생소한 유럽의 증권 규제를 소개하는 본서가 우리 증권법의 이론 및 실무에 아주 작은 보탬이라도 되었으면 하는 마음 간절하다.

2021. 2. 10.

저 자 씀

차 례

제 1 편 총 설

제 1 장 유럽통합과 유럽의 증권법

제 2 장 EU 증권법의 역사적 발전 과정

제3장 유럽 증권 규제의 체계 및 법원(法源)

제 4 장 유럽 증권법제의 통합과 다양한 자본주의론

제 5 장 브렉시트 이후 유럽의 증권규제

제 2 편 금융상품과 투자활동·투자서비스

제1장 금융상품

제2장 투자활동 및 투자서비스

제3편 투자회사 규제

제1장 투자회사 인가 및 상호인정(Passporting) 시스템

제2장 투자회사의 조직구조 및 내부통제

제3장 투자회사의 영업행위 규제

제4장 개별 국가 법률상의 투자자보호 의무

제 4 편 증권발행 및 기업공시 관련제도

제1장 EU의 발행공시 및 유통공시 법제

제2장 EU의 외부감사 법제

제3장 각국의 공시제도 관련 손해배상책임

제4장 신용평가기관 규제

제5장 자산유동화 규제

제5편 기업 인수합병 제도

제1장 EU 차원의 기업 인수합병 제도

제2장 유럽 주요 국가 M&A 관련 제도

제 6 편 불공정거래행위 규제

제1장 EU 차원의 불공정거래행위 규제

제2장 불공정거래행위에 대한 제재

제3장 영국의 불공정거래행위 규제

제4장 알고리즘 및 고빈도 거래 규제

제 7 편 집합투자 규제

제2장 UCITS Directive

제3장 대체투자펀드 관리회사 Directive

제4장 스튜어드십 코드와 주주행동주의

제 8 편 거래소 및 청산, 결제 관련 제도

제1장 거래소에 대한 규제

제2장 공매도 및 신용부도스왑에 대한 규제

제3장 청산·결제 시스템에 대한 규제

제4장 파생상품 거래 관련 제도

제9편 증권 감독 및 증권 법률의 집행

제1장 EU 및 개별 국가 차원의증권 감독기구

제2장 공법적 규제 중심의 증권시장 규율

제3장 유럽 각국의 집단적 피해 구제절차

제 1 편

총 설

제1장

유럽통합과 유럽의 증권법

Ⅰ. EU법의 의의 및 특징, 개별 유럽 국가들 증권규제와의 관계

1. EU법의 출현 배경으로서의 유럽통합

유럽연합조약 제3조는 "유럽연합은 내부시장을 창설해야 한다. 내부시장은 균형 있는 경제적 성장과 가격 안정, 완전고용과 사회적 진보를 목표로 한 고도로 경쟁적인 사회적 시장경제, 환경의 질에 대한 높은 수준의 보호 및 개선을 도모하여야 한다. 내부시장은 과학적, 기술적 진보를 도모하여야 한다"고 규정하고 있다.

여기서 내부시장은 "그 내부에서 상품, 사람, 서비스, 자본의 자유로운 이동이 보장되는 경계 없는 지역"을 의미한다(유럽연합 운영조약 제26조 제1항). 내부시장을 지향하는 이유에 관하여 유럽연합 사법재판소는 "모든 소비자가 유럽연합이 생산하는 모든 제품에 대해 가능한 한 동일하게 접근할 수 있도록 보장"하는 데에 있음을 밝히고 있다.[1)]

한편 유럽연합조약 제3조 제4항은 "유럽연합은 유로를 통화로 하는 경제,

1) Case 319/81 Commission v Italy [1983] ECR 601.

화폐 공동체를 설립한다"고 규정하고 있다. 또한 유럽연합조약 제4조 제1항은 "제3조에 정한 목표를 위하여 회원국 및 유럽연합은 본 조약에 따라 회원국 경제정책의 긴밀한 협력, 내부시장 및 공동의 목표에 기초하고 자유로운 경쟁이 보장된 열린 시장경제에 의해 실현되는 공동의 경제정책을 채택한다"고 선언하고 있다.

이에 따라 실행되는 유럽연합의 경제정책은 회원국의 기업과 금융소비자, 금융기관 모두에게 크게 영향을 미칠 수밖에 없다.

2. 회원국 법령 통합의 필요성

내부시장의 창설 및 공통의 경제정책은 우선 이를 가로막는 각 회원국들의 차별적 법률의 효력을 부정하지 않으면 안 된다. 이러한 맥락에서 EU 사법재판소는 가령 고율의 세를 부과하거나 서비스 이동의 자유를 가로막는 회원국 법률들이 EU 조약에 위반됨을 확인하는 여러 판례 법리를 축적해 왔다. 이는 유럽법의 소극적 통합 과정을 이루고 있다.

다른 한편으로, 내부시장을 창설하기 위해서는 보다 적극적으로 각국의 시장을 같은 방식으로 규율하는 공통의 법령을 마련할 필요성 역시 제기된다. 각국의 법령에 차이가 있다면, 설령 그것들이 적극적으로 상품, 사람, 서비스, 자본의 자유로운 이동을 막거나 자국 시장을 보호하려는 목적을 가지고 있지 않더라도, 국경을 넘어 경제활동을 수행하려는 경제주체들은 자국 법령 외에 자신이 진출하려는 나라의 다른 법령까지 준수해야 하는 이중의 의무를 부담하게 되므로, 법령의 차이 바로 그 자체가 단일시장의 형성에 장애가 되기 마련이다.[2] 이러한 가능성을 제거하는 공통의 법률 제정은 유럽법의 적극적 통합 과정으로 부를 수 있다.

이러한 맥락에서 유럽연합 운영조약 제114조는 각 회원국들의 법령 통일을 위해 유럽연합이 법령을 제정하거나 행정적 조치를 취할 수 있도록 규정하고 있다. 아래에서 살펴보는 것처럼, 유럽연합 법령은 각 회원국들의 각료로 구성된 이사회, 시민들의 직접투표로 구성된 유럽의회가 모두 승인함으로써 제정된다.

---

2) Catherine Barnard, The Substantive Law of the EU, pp. 20~21 (Oxford University Press, 5th ed., 2016).

3. 회원국 법령 통합의 한계

그러나 회원국 모두가 엄연히 주권국가로서 법령 제정에 관한 자신의 독자적 권한을 가지고 있는 이상, 법령 통합(harmonization) 작업에도 일정한 한계가 있을 수밖에 없다. 이 점과 관련하여 유럽연합조약 제5조 제1항은 "유럽연합의 권한의 한계는 권한배분의 원칙에 따라 규율된다. 연합의 권한의 행사는 보충성 및 비례원칙에 의해 규율된다"고 규정하고 있다.

즉, 유럽연합은 "보충성 원칙에 따라 [조약이 정한] 그 배타적 권한에 속하지 않은 분야에서는 제안된 조치의 목표가 회원국에서 의해서는 중앙, 지역 및 지방의 어떤 차원에서도 충분하게 달성될 수 없고, 오히려 제안된 조치의 규모 또는 효과 때문에 연합 차원에서 보다 효과적으로 달성될 수 있는 경우에 그 범위에 한하여 개입한다"(유럽연합조약 제5조 제3항). 또한 "비례 원칙에 따라 연합 조치의 내용 및 형식은 제 조약의 목적을 달성하는 데 필요한 한도를 넘을 수 없다"(유럽연합조약 제5조 제4항).

또한 유럽연합 운영조약 제114조에 따른 법령 통합 작업이 허용되기 위해서는 단순히 회원국 법령의 차이가 있다는 것으로는 불충분하고 그러한 차이가 네 가지 근본적 자유를 제약하여 내부시장의 기능에 직접적 영향을 미쳐야 한다.[3] 유럽연합의 입법권은 통합 대상이 되는 문제와 관련한 일반적 맥락과 구체적 사정을 고려하여 바람직한 결과를 달성하는 데 가장 적합한 방법으로 행사되어야 한다.[4]

예컨대 EU법원은 미디어 회사에 부과된 행정적 벌금(과징금)에 관하여 주주에게 연대책임을 부과할 수 있도록 한 그리스 법률이 유럽연합의 회사법 Directive가 상정한 회사법의 일반원칙(유한책임)을 위반한 것인지가 쟁점이 된 사안에서, 유럽연합 법률은 개별 회원국이 다른 형태의 회사 제도를 규정하는 것을 금지하거나 법인격 부인 법리의 적용 요건을 통일하는 것이 아니므로, 위 그리스 법률은 유럽연합법을 위반한 것이 아니라고 판단하였다.[5]

---

3) Case C-491/01 British American Tobacco (Investments) and Imperial Tobacco EU:C:2002:741, [2002] ECR I-11453, para. 60; Case C-217/04 United Kingdom v Parliament and Council EU:C:2006:279, [2006] ECR I-3771, para. 42.

4) Case C-217/04 United Kingdom v Parliament and Council EU:C:2006:279, [2006] ECR I-3771, para. 43.

반면, 복수 회원국들의 이동통신사업자들 간에 로밍서비스와 관련하여 주고받는 수수료에 상한을 설정한 EU 차원의 Regulation은, 과점적 시장 구조로 인해 소비자들이 부담하는 로밍 요금이 과다함에도 개별 회원국 감독당국은 다른 회원국 이동통신 사업자를 규율할 수 없다는 점을 감안할 때 정당화될 수 있다.[6)]

4. EU법의 특징

가. 직접적 효력

(1) 서설

유럽연합법의 두드러진 특징으로서 우선, '직접적 효력'을 들 수 있다.

본래 조약은 일차적으로 국가간의 관계를 규율하는 데에 목적이 있다. 그럼에도 EU법 하에서 사인(私人)은 유럽연합 운영조약 등에 기초하여 자신의 권리를 직접 주장할 수 있다.

뿐만 아니라 EU 조약에 기초하여 제정된 EU 차원의 법령은 직접적으로 EU 회원국 시민 및 법인의 권리를 직접 규율하는 규정들을 포함하고 있다.

직접적 효력은 수직적 측면과 수평적 측면의 두 가지로 나누어 볼 수 있다.

(2) 수직적 직접효

수직적인 직접적 효력은 사인들이 조약 위반을 이유로 회원국 법률 등을 사법적 심판의 대상으로 삼을 수 있다는 것을 의미한다. 아래에서 살펴볼 유럽법원의 판결례들 중 많은 수가 유럽연합 조약이 정한 네 가지 근본적 자유를 위반한 회원국 법률을 대상으로 개인이 소송을 제기한 것들이다.

(3) 수평적 직접효

수평적인 직접적 효력은 사인들 간에도 유럽연합조약 위반 등을 이유로 손해배상 기타 청구권을 행사할 수 있다는 의미이다.

1970년대 중반 벨기에의 여성 승무원이 같은 일을 하는 남성에 비해 적은 급여를 지급한 항공사를 상대로 그 차액에 해당하는 금전 지급을 구하는 소송

---

5) Case C-81/09 Idrima Tipou AE v Ipourgos Tipou kai Meson Mazikis Enimerosis EU:C:2010:622, [2010] ECR I-10161.

6) Case C-58/08 Vodafone Ltd and Others v Secretary of State for Business, Enterprise and Regulatory Reform EU:C:2010:321, [2010] I-4999.

을 제기하였는데, 유럽 사법재판소는 동일노동 동일임금 원칙을 규정한 로마조약 제119조는 회원국에 대해서뿐만 아니라 사인들에 대해서도 효력을 미친다고 판시하였다.[7)]

나. EU법의 우위

유럽연합법의 두 번째 특징으로, 'EU법의 우위'를 들 수 있다.

입법의 측면에서, 회원국이 제정하는 법률은 EU 조약 및 그에 따라 제정된 EU 법률을 위반할 수 없다.

사법의 측면에서, EU 법원의 판단은 회원국 법원을 기속한다.

이러한 원칙은 부득이 회원국들의 주권 행사를 제한하는 측면이 있기 때문에, EU법에 따라 전체 유럽연합에 일관되게 규율되어야 할 영역과 회원국 법률의 독자적 영역 간의 길항관계는 예정되어 있다고 할 수 있다.

5. 유럽 증권규제에 대한 논의를 EU 증권법에서 시작하는 이유

가. 배경

위에서 설명한 EU 조약 및 유럽통합의 맥락 안에서 유럽 증권시장의 통합 역시 진행되어 왔다.

유럽연합 집행위원회에 제출된 2002년 'London Economics' 보고서는 금융시장의 통합이 투자자에게는 다양한 분산투자 기회, 보다 유동성이 풍부하고 경쟁적인 금융시장, 자신이 선호하는 위험 수준에 맞는 맞춰 투자수익률을 제고할 기회를 제공하는 한편으로, 기업들에게는 중개기관들 간의 경쟁 및 풍부한 유동성을 통해 보다 쉬운 자금조달 기회를 제공할 것임을 보고하였다.[8)] 위 보고서는 증권시장 통합을 통해 발행시장에서의 주식, 채권 조달 비용 인하 효과가 건당 36.7 bp에 이를 것이고 금융시장 역시 연간 0.5% 내지 0.7% 성장할 것이며 그에 따라 연쇄적으로 투자 및 국민소득도 증가할 것이라고 추산하였다.[9)]

7) Case 43/75 Defrenne v. Sabena EU:C:1976:56, [1976] ECR 455.

8) London Economics, Quantification of the Macro-Economic Impact of Integration of EU Financial Markets: Final Report to the EU Commission pp. 8~10 (November 2002), https://londoneconomics.co.uk/wp-content/uploads/2011/09/103-Quantification-of-the-Macro-economic-Impact-of-Integration-of-EU-Financial-Markets.pdf (최종방문: 2020. 8. 2).

유럽연합은 기업의 글로벌화, 전자거래수단의 발전에 맞추어 목적의식적으로 증권시장의 통합을 추진해 왔다.

나. 회원국 증권 규제의 기초로서의 EU 증권법

증권 분야의 통합은 증권 분야에 대해 회원국들이 일관된 규제를 적용할 필요성을 제기할 수밖에 없다. 우선, 일관된 규제는 증권시장의 통합을 촉진하는 수단이 된다. 투자자들 입장에서는 회원국들 간 법률의 차이가 적을수록 보다 낮은 법률 리스크를 감수하면서 다른 회원국 증권시장에 투자할 수 있기 때문이다.[10)]

또한, 증권시장이 통합되어 자본이 자유롭게 이동할 수 있는 조건에서 회원국들 간에 규제의 차이가 크다면, 규제가 약한 곳을 선택하여 전체 EU 지역을 상대로 활동하는 규제회피 행위가 투자자 보호에 공백을 초래하고 전체 EU 금융시장의 불안전성을 초래할 위험이 있다.

이러한 이유로 특히 2008년 글로벌 금융위기 이후 EU 증권법의 통합이 빠른 속도로 진전되어 왔다. EU 증권법의 통합은 특히 2008년 글로벌 금융위기 이후에는 회원국의 추가적인 입법 없이 곧바로 EU 회원국의 금융기관, 투자자들에게 적용되는 이른바 Regulation의 형태로 진행되었다. 또한, Directive는 회원국들이 법률을 제정하는 공통의 기초가 된다.

이러한 조건에서 회원국이 제정하는 증권 법률은 EU 증권법의 지침을 구체화하거나 EU 법령 실행을 위해 필요한 기술적 내용에 한정되는 것이 보통이다. 따라서, 개별 회원국들의 증권 규제를 이해하기 위해서는 우선 그보다 상위에 놓인 EU 차원의 증권 규제를 이해하지 않으면 안 된다.

다. 영국 증권 규제의 출발점으로서의 EU 증권법

유럽에서 가장 발전한 증권시장을 보유한 영국은 2016년 국민투표를 통해 유럽연합 탈퇴를 결정하였다. 그에 따라 2021. 1. 1.부터 영국은 EU법의 구속력

---

9) London Economics, 위의 자료, p. 51.

10) Holger Fleischer & Klaus Ulrich Schmolke, The Reform of the Transparency Directive: Minimum or Full Harmonisation of Ownership Disclosure?, 12(01) European Business Organization Law Review, p. 135 (2011).

에서 벗어나 독자적인 증권 규제를 마련할 수 있는 지위에 서게 되었다.

그러나 아래에서 설명하는 것처럼 영국은 2018년 유럽연합탈퇴법을 통해 2021. 1. 1. 이후에도 EU 증권법률을 그대로 국내법으로 흡수하여 당분간 이를 적용하고 있다. 이후 영국은 이를 개정, 폐지하고 새로운 법률을 제정하는 방식으로 독자적인 증권 법률을 구축해 나갈 것으로 예상된다.[11)]

따라서, 더 이상 EU 회원국이 아닌 영국의 증권 규제에 대한 이해 역시 EU 증권법에 대한 논의에서 시작하지 않으면 안 된다.

Ⅱ. EU 증권규제의 소극적 통합

1. 소극적 통합의 의의 및 구조

가. 서설

(1) 적극적 통합과 소극적 통합의 의미

증권법에 관한 유럽통합 과정은 소극적 통합과 적극적 통합의 두 가지로 구분할 수 있다. 적극적 통합은 회원국들에 적용되는 유럽연합 차원의 입법을 통해 회원국들의 법률을 통합해 가는 작업을 의미하는 반면 소극적 통합은 유럽연합 법원의 판결을 통해 조약에서 정한 네 가지 자유, 곧 상품, 서비스, 사람, 자본의 자유로운 이동을 막는 회원국 법률을 무효화하는 과정을 의미한다.[12)]

본서에서는 증권 규제에 관한 EU 차원의 입법(Regulation, Directive)를 주로 다루고 있으므로 적극적 통합이 본서의 중요한 관심이라고 할 수 있다. 다만, 소극적 통합에서 드러난 여러 법원칙과 논리들은 EU 공통의 여러 증권법 규정의 기초를 이루고 있으므로 이를 소개하고자 한다.

(2) 논의의 순서

자본시장의 규율과 관련된 것은 상품을 제외한 세 가지, 즉 서비스, 사업체 설립, 자본 이동의 자유이다. 그런데 EU 사법재판소가 상품 이동의 자유와 관련

11) 브렉시트와 관련된 문제는 본서 제1편 제5장 참조.

12) Wolf-Georg Ringe, Is VOLKSWAGEN the New CENTROS? Free Movement of Capital's Impact on Company Law, in Corporate Finance Law in the UK and EU, p. 461 (Dan Prentice & Arad Reisberg, Oxford University Press, 2010).

하여 확립된 법리를 다른 영역에도 적용하고 있으므로, 이하에서 우선 상품 이동의 자유를 중심으로 EU 사법재판소의 접근 방법을 소개하고, 이를 기초로 서비스, 사업체 설립, 자본 이동의 자유와 관련된 주요한 판례들을 다루고자 한다

(3) EU 법원의 심사 구조

EU 법원의 심사 구조는 두 단계로 이루어진다.

제1단계는 어떤 회원국 법률이 EU 조약에 따른 사업체 설립의 자유 등을 위반하였는지 판단하는 과정이다.

제2단계는 제1단계에서 사업체 설립의 자유 등을 위반한 것으로 판단된 법률이 EU 조약 또는 판례 법리가 인정하는 예외사유에 비추어 허용되는지 따지는 과정이다. 제2단계에서는 판단 기준으로서 비례원칙이 적용된다.

나. 제1단계: EU 조약 위반 여부의 판단 - 차별접근법과 제한접근법

유럽연합 운영조약은 상품, 서비스, 사람, 자본 이동의 네 가지 근본적 자유를 규정하고 있다. 개별 회원국 법률은 EU법 우위의 원칙에 따라 위와 같은 조항을 위반해서는 안 되는데, 만약 회원국의 재판 과정에서 어떤 회원국 법률이 위와 같은 네 가지 근본적 자유를 위반하는지 여부가 문제가 되는 경우, 유럽연합 법원은 회원국 법원의 요청에 따라 이를 심사하게 된다.

(1) 차별접근법

어떤 회원국 법률이 EU 조약에 위반되었는지 여부를 판단하는 문제에 있어 유럽연합 법원의 태도는 두 가지 태도로 나누어 볼 수 있는데, 차별접근법과 제한접근법이 그것이다.

차별접근법에 따르면, 다른 회원국 시민의 경제활동을 내국인에 비해 차별하는 회원국 법률은 EU 조약에 위반된다. 예컨대, 유럽연합 운영조약 제49조는 "한 회원국 국민이 다른 회원국 영토 내에서 사업체를 설립할 자유를 제한하는 행위는 금지된다"고 규정하고 있다. 차별접근법은 이러한 조항의 문언을 비교적 좁게 해석하는 태도라고 할 수 있다.

차별접근법에 따르는 경우, 각 회원국들은 유럽 시민의 국적이나 기업의 등록된 사무소 등을 기초로 차별하지 않는 한 입법에 관하여 비교적 광범위한 재량권을 행사할 수 있게 된다.

(2) 제한접근법

(가) 의의

각 회원국 법률이 내국인과 다른 회원국 국민을 동등하게 대우하는 경우에도, 그러한 법률이 경제적, 실질적 측면에서 다른 회원국 국민에게 부담을 지우는 경우를 얼마든지 상정할 수 있다.

예컨대, 차량(trailer)이 뒤에 자전거를 묶은 채로 끌고 도로를 달릴 수 없도록 한 이탈리아 법률[13]은 그 제조자, 판매자의 국적과 무관하게 적용되므로 그 자체로는 차별적이라고 할 수 없다. 그러나 위와 같은 법률은 트레일러 차량의 시장 진입을 막는다는 점에서 상품의 자유로운 이동을 가로막는다고 평가될 여지가 있다. 또한 트레일러가 이탈리아에서 제조되지 않고 전부 수입된다면, 그러한 법률은 사실상, 경제상 보호주의적인 의미까지 가진 것으로 볼 수 있다.

또한, 무작위로 전화를 걸어 금융상품을 소개하는 방식의 영업행위(cold call)를 금지하는 규제[14]는, 이를 국적에 기초한 차별로 볼 수는 없으나, 경제적, 실질적 효과는 어떤 회원국 시장에 물리적으로 접근하기 어려운 다른 회원국 금융기관에게 보다 불리하게 미칠 수 있다.

제한접근법은 이처럼 사실상 상품 등의 자유로운 유통을 막을 수 있는 조치들을 EU 조약에 위반된 것으로 이해한다.

(나) Dassonville 법리

제한접근법과 관련하여 주목할 만한 것이 Dassonville 판결이다.

Dassonville 판결(Case 8/74 Procureur du Roi v. Dassonville ECLI:EU:C:1974:82, [1974] ECR 837)

당시 벨기에 법률은 스코틀랜드산 위스키를 포함한 주류 제품들에 반드시 원산지 인증을 받아 표기할 것을 요구하고 있었다. 벨기에의 스코틀랜드산 위스키 판매업자들은 대부분 영국 수출업자로부터 이를 수입하여 이러한 요구를 충족하는 데에 문제가 없었다. 반면, Dassonville社는 프랑스에서 스코틀랜드산 위스키를 조달하여 벨기에 시장에 판매하고 있었다. 그러나, 프랑스 법률이 원산지

13) Case C-110/05 Commission v. Italy EU:C:2009:66, [2009] ECR I-519.

14) Case C-384/93 Alpine Investments v Minister van Financien EU:C:1995:126, [1995] ECR I-1141.

인증 표기를 요구하지 않고 있었던 탓에 Dassonville이 프랑스 내에서 스코틀랜드산임을 인증하는 표기가 붙은 제품을 구하는 것은 쉽지 않았다.

Dassonville은 벨기에 내에서 원산지 인증 없이 제품을 판매한 혐의로 기소되자 당해 벨기에 법률이 상품의 자유로운 이동을 보장한 EU 조약을 위반한 것임을 주장하였다.

벨기에 법원으로부터 선결적 판단을 요청받은 EU 사법재판소는 위 벨기에 법률이 EU법에 위반된다고 선언하면서, "직접적이든 간접적이든, 실제로든 잠재적으로든, 회원국 간 무역을 저해하는 모든 회원국의 규칙은 양적 제한과 동일한 효과를 가지는 조치로 간주된다"[15]는 원칙을 천명하였다.

원산지 인증을 요구하는 제도가 그 내용상 다른 회원국을 차별하는 것이 아님에도 위 판결은 그것이 EU법을 위반한 것임을 선언하고 있다. 위 판결의 접근법 하에서는 단순히 무역을 저해하는 행위가 모두 EU법 위반으로 평가될 수 있다.

이에 따르면, 개별 회원국 법률들이 가진 고유한 입법목적보다는 상품 등의 자유로운 이동이 강조될 수밖에 없게 되므로, 유럽 법원의 판결은 자유무역의 가치를 우위에 두고 이를 회원국에 관철하는 효과를 가지게 된다.[16]

특히 Dassonville 판결이 간접적 방식으로, 잠재적 효과로서 무역을 저해하는 행위까지 EU 조약에 위반될 수 있다는 원칙을 밝히고 있으므로, 위 판결이 영향을 미치는 범위는 폭넓은 것이 아닐 수 없다.

따라서, Dassonville 판결은 자유무역을 옹호하는 관점에서 유럽연합 각 회원국들이 오랜 기간 축적해 놓은 개별적 법률을 모두 심판대에 올리는 효과를 가지는 것이었다.[17] 이러한 접근 하에서 개별 회원국의 입법재량이 위축될 수밖에 없다.

15) 영문본 원문: "All trading rules enacted by Member States which are capable of hindering, directly or indirectly, actually or potentially, intra-[Union] trade are to be considered as measures having an effect equivalent to quantitative restrictions."

16) Wolf-Georg Ringe, 각주 12, p. 463.

17) Catherine Barnard, 각주 2, p. 75.

(3) 제한접근법의 상호인정으로의 귀결

제한접근법은 논리상 상호인정(mutual recognition)으로 귀결된다는 점을 주목할 필요가 있다. 개별 회원국에 고유한 규제는 국적 혹은 원산지와 무관하게 적용되더라도 그 경제적 효과에 있어서는 수입품을 불리하게 대우하는 결과를 낳을 수 있기 때문이다. 수입품은 원산지에서 그 나라의 법률이 요구하는 규제를 통과하였음에도 수출시장에서 그와는 다른 규제를 다시 한 번 통과해야 하므로, 무역업자는 그에 따른 비용을 추가 지출해야 할 것인데, 이는 내부시장의 형성에 장애가 될 수 있다. 이러한 맥락에서 제한접근법은 국산품과 수입품을 법률상 무차별하게 취급하는 경우에도 회원국의 독특한 규제를 EU조약에 위반한 것으로 평가할 가능성이 높다.

따라서, Dassonville 판결은 상호인정, 곧 다른 회원국의 규제 제도를 존중하고 그것을 통과한 제품은 자국 내에서도 자유롭게 유통될 수 있도록 허용할 것을 요구하는 논리로 귀결된다. 유럽 사법재판소는 Cassis de Dijon 사건에서 이러한 법리를 명시적으로 밝히고 있다.

Cassis de Dijon 판결(Case 120/78 Rewe-Zentral AG v Bundesmonopolverwaltung für Branntwein ECLI:EU:C:1979:42, [1979] ECR 649)

독일의 법률은 알코올 함량이 25% 이상인 주류만 판매할 수 있도록 허용하고 있는데, 프랑스 주류회사인 Cassis de Dijon의 과일주는 알코올 함량이 15~20%에 불과하였으므로, 독일 정부는 위 과일주의 독일 시장 내 판매를 금지하였다.

유럽 사법재판소는 이러한 법률이 EU조약을 위반한 것임을 선언하면서 "그에 따른 효과로서, 독일 주류 제품의 알코올 함량은 독일 법률이 아닌 프랑스 법률에 의해 규제되고, 궁극적으로는 가장 덜 규제적인 회원국의 규정이 다른 모든 회원국을 규율하게 된다"고 밝히고 있다.[18]

EU 사법재판소는 Citodel 사건[19]에서 Cassis de Dijon의 법리를 서비스 분야로 확대하고 있다.

---

18) Case 120/78 Cassis de Dijon EU:C:1979:42, [1979] ECR 649, para. 12.

19) Case 262/81 Coditel SA and others v Ciné-Vog Films SA and others EU:C:1982:334, [1982] ECR 3381.

(4) 규제경쟁의 허용

제한접근법 아래서는 수입품에 대해 원산지 회원국과 다른 규격 등을 요구하는 것 자체가 비례원칙을 준수하지 않는 한 EU법에 위반한 것으로 평가된다. 결과적으로 제한접근법은 상호인정(Mutual Recognition), 곧 다른 회원국의 법령이 정한 기준을 그대로 적용할 것을 요구하는 데로 나아갈 수밖에 없다. Cassis de Dijon 판결의 법리 하에서는 상품 원산지 회원국(Home Member State)의 규제가 일종의 유럽연합 표준으로 기능하게 된다.[20]

이는 규제가 덜한 지역에서 제품을 생산하는 등 규제차익을 추구하는 행위, 나아가 각 회원국들이 기업 등의 유치를 위해 규제를 완화하는 규제경쟁을 낳을 소지가 충분하다.

(5) 소결론

지금까지 상품 이동의 자유와 관련한 판례를 중심으로 소극적 통합의 원리를 설명하였다. 사업체 설립(사람의 자유로운 이동 중 일부에 해당한다), 서비스, 자본 이동의 자유에 대해서도 Dassonville 및 Cassis de Dijon의 법리는 유사하게 적용된다.

예를 들어, EU 사법재판소는 서비스의 자유로운 이동에 관해서도, 국적을 기준으로 서비스 제공자를 차별하는 행위 외에 다른 회원국에서 서비스 공급자의 활동을 막거나 방해하는 데 책임이 있는 어떠한 형태의 제한 역시 유럽연합 운영조약을 위반한 것이라는 판시를 내어 놓고 있다.[21]

증권시장 통합 초기 각 회원국별로 존재하는 증권시장 규제의 차이는 그 자체가 비관세장벽의 효과를 가진 것으로서 단일 증권시장의 발전을 가로막는 결과를 낳을 수 있다.[22] 이러한 맥락에서 유럽연합 운영조약이 정한 세 가지 자유는 각 회원국별 증권규제의 차이를 없애고 법률 통합을 추동하는 근본적 원리라고 할 수 있다.

---

20) Catherine Barnard, 각주 2, pp. 93~94.

21) Case C-76/90 Manfred Säger v Dennemeyer & Co. Ltd. EU:C:1991:331, [1991] ECR I-4221

22) N. Moloney, EU Securities and Financial Markets Regulation, p. 10 (Oxford European Union Law Library, 3rd Edition, 2014).

다. 제2단계: 예외사유 및 심사기준

(1) 의의 및 필요성

유럽연합 운영조약 제36조는 수입품 및 수출품에 대한 수량제한을 금지하는 제34조 및 제35조가, 공공의 도덕, 공공 정책, 공공 안전, 인간과 동식물의 건강 및 생명의 보호, 예술적·역사적·고고학적 가치를 지닌 국가적 유산의 보호 또는 산업 및 상업 재산권의 보호를 근거로 한 수입, 수출 혹은 상품 이동의 금지 또는 제한을 배제하는 것이 아님을 규정하고 있다. 다른 근본적 자유에 대해서도 마찬가지로 유사한 조항들이 규정되어 있다.

이러한 조항들은 상품 등의 자유로운 이동 외에 다른 법익을 보호하기 위한 회원국들의 입법 조치가 허용될 가능성을 열어 놓고 있다.

앞서 살펴본 것처럼, 유럽연합 법원은 차별적 조치가 아니더라도 단순히 상품 등의 자유로운 이동을 가로막을 가능성이 있는 행위를 모두 네 가지 근본적 자유에 대한 제한으로 이해하고 있다. 이러한 근본적 자유의 범위를 넓게 해석한다면 그와 상충되는 다른 법적 가치를 보장하기 위해 상품 이동 등을 제한하는 법률은 전부 효력을 잃을 수밖에 없다.

또한, 본질적으로 법률은 어떤 법익을 위해 개인의 자유를 제한하는 내용을 담고 있게 마련이고, 제한되는 자유는 여하한 형태로든 경제적 활동과 연관되는 경우가 대부분이므로, 유럽연합 운영조약상의 근본적 자유에 관한 제한접근법의 태도는 공익을 위해 사익을 제한 당하는 개인에 의해 남용될 소지가 다분하다.[23)]

유럽연합 운영조약상의 예외조항들은 이에 제동을 걸고 다른 법익을 보호하기 위한 회원국 입법 행위에 관하여 재량이 보장될 여지를 인정하고 있는 것이다.

(2) 예외사유

유럽연합 운영조약 제36조 등이 정한 예외사유들은 1950년대 제정된 GATT의 문구를 따온 것이어서 환경이나 소비자 보호와 같이 새로 등장하는 법적 가치를 전부 반영한 것으로 볼 수는 없다.[24)]

이러한 상황을 반영하여 유럽연합 사법재판소는 조약에 명시적으로 규정

23) Catherine Barnard, 각주 2, p. 231.

24) 위의 책, p. 150.

된 것 외에 일반적, 포괄적 예외사유에 해당하는 '공공의 이익'을 통해 제한적 조치의 정당성을 심사하고 있다.

'공공의 이익'에는 사실상 회원국들이 자기 법률의 정당성의 근거로 제시하는 모든 사유들이 포함될 수 있다.[25] 유럽 사법재판소는 Cassis De Dijon 판결을 통해 자유무역을 우위에 두고 회원국 법률을 무효화시킬 가능성을 크게 열어두는 한편으로 그와 균형을 맞출 수단 역시 확보한 것으로 이해할 수 있다.[26]

이러한 맥락에서 유럽 사법재판소는 명시적으로 차별적인 조치에 대해서는 유럽연합 운영조약이 정한 예외사유만이 적용되고, 포괄적, 일반적 예외사유는 명시적으로 차별적이지는 않지만 상품 등의 자유로운 이동을 제한하는 조치에 대해 적용할 수 있다고 한다.[27]

(3) 심사기준

예외사유가 상품 등의 자유로운 이동을 정당화할 수 있는지에 대해서는 비례원칙에 따른 심사가 적용된다.

비례원칙에 따른 심사는 (i) 당해 조지가 예외사유에 해당하는 입법목적을 달성하는 합목적적 수단이어야 한다는 적합성 심사, (ii) 입법목적을 달성하기 위하여 보다 덜 제한적인 다른 수단이 없어야 한다는 필요성 심사의 두 단계로 구성된다.[28] 필요성 심사는 상품 등 자유로운 이동 원칙과 회원국 법률이 상정한 입법 목적 간에 경중을 따지는 것으로 볼 수 있다.

예외사유가 비례원칙에 따라 정당화될 수 있다는 점에 대한 입증책임은 회원국이 부담한다.[29]

이상 설명한 유럽 법원의 접근 방법을 기초로 금융 분야와 관련된 세 가지 자유 영역에 관해 살펴보기로 한다. 가급적 금융 규제와 직간접적으로 관련된 판결례를 중심으로 이 문제를 다루기로 한다.

---

25) 위의 책, p. 174.
26) 위의 책. p. 172.
27) Case C-2/90 commission v. Belgium EU:C:1991:331, [1992] ECR I-4431, Case 113/80 Commission v. Ireland EU:C:1981:139, [1981] ECR 1625 등.
28) Catherine Barnard, 각주 2, p. 179.
29) Case C-110/05 Commission v. Italy EU:C:2009:66, [2009] ECR I-519, para. 2.

2. 사업체 설립의 자유(the Right of Establishment)

가. 서설

(1) 의의

유럽연합 운영조약 제49조에 따르면 회원국 국민이 다른 회원국의 영토에서 사업체를 설립할 수 있는 자유를 제한하는 행위는 금지된다. 회원국의 국민이 다른 회원국의 영토에서 대리점, 지사 또는 자회사를 설립하는 행위를 제한하는 행위 역시 금지된다.

여기서 '사업체'는 (i) 해당 회원국 내에서 사업체가 물리적으로 존재할 것과 (ii) 경제적 활동을 실제 영위할 것이라는 두 자기 개념 요소를 포함한다.[30)] 사업체 설립자는 영구적으로 혹은 적어도 한정된 기간 없이 두 가지 요소를 유지할 의도가 있어야 한다. 따라서, 사업체 설립의 자유는 어떤 회원국과 다소간의 영속적인 관계가 유지되는 경우에 적용된다.

위와 같은 두 가지 개념 요소를 갖추지 않은 채 특정한 회원국에서 경제활동을 하는 경우 이는 사업체 설립의 자유가 아니라 서비스 이동의 자유에 의해 보호된다.

(2) 사례

자기 영토 내에 등록된 사무소를 둔 유한책임회사만이 증권 딜러 활동을 수행할 수 있도록 한 이탈리아 법률은 다른 회원국들의 사업 활동의 법률적 형태를 자회사로 한정하므로 유럽연합 운영조약 제49조에 위반된다. 법인의 형태가 증권 딜러의 감독 및 제재를 용이하게 하는 유일한 수단이 아니므로 비례 원칙이 충족되지 않는다.[31)]

법인 단계와 주주 단계의 이중 과세를 막기 위한 배당세액공제제도를 프랑스 내에 등록된 사무소를 둔 법인에게만 적용하는 프랑스 세법은 다른 회원국 회사의 자회사를 지점 또는 대리인보다 우대하므로 적절한 사업 형태를 자유롭게 선택할 수 있도록 허용한 유럽연합 운영조약 제49조에 위반된다.[32)]

---

30) Case 196-04 Cadbury Schweppes v. Commissioners of the Inland Revenue [2006] EU:C:2006:544, ECR I-7995, para. 15.

31) Case C-101/94 Commission v. Italy EU:C:1996:221, [1996] ECR I-2691.

32) Case 270/83 Commission v France [1986] EU:C:1986:37, ECR 273.

EU 법원은, 상품의 경우와 마찬가지로 사업체 설립의 자유에 대해서도, 그 적용 범위를 확대하는 태도이다. 예를 들어, 프랑스 국민으로부터 받은 요구불 예금에 대해 이자를 지급하는 것을 금지하는 프랑스 법률은, 그것이 명시적으로 차별적 조치는 아니라고 하더라도, 프랑스에 진출하려는 금융기관의 사업체 설립을 방해하거나 그것에 장애를 초래하거나 혹은 이를 덜 매력적인 것으로 만들기 때문에 사업체 설립의 자유를 제한하는 조치에 해당한다.[33)]

나. 사업체 설립의 자유와 규제 경쟁

(1) 주요 판결례

사업체 설립의 자유에 관한 Centros 판결은 규제경쟁 혹은 Delaware 효과를 허용하는 판결례로 이해되고 있다.

Centros 판결(Case C-212/97 Centros ECLI:EU:C:1999:126, [1999] ECR I-1459)

Centros사의 주주들은 덴마크에서 사업을 수행하고자 하였으나 덴마크의 최소 자본금 제도를 우회하기 위해 그러한 제약이 없는 영국에 Centros사를 설립한 후 그 지점을 덴마크에 등록하고자 하였다. 덴마크 당국은 최소 자본금 제도를 우회하려는 위와 같은 행위가 사기적 목적 또는 권리남용에 해당함을 들어 지점 등록을 거부하였다.

그러나, 유럽 사법재판소는 최소 자본금 제도를 우회하기 위해 영국에 회사를 설립한 사실은 중요한 고려 요소가 될 수 없다면서 지점 등록을 거부한 덴마크 당국의 행위가 유럽연합 운영조약 제49조에 따른 지점 설립의 자유를 제한하는 것이라고 판단하였다. 오히려 법원은, 어떤 회원국 법률에 따라 설립된 회사들이 지점 또는 자회사를 통해 다른 회원국에서 경제적 활동을 수행할 수 있도록 보장하고자 하는 유럽연합 운영조약의 의도를 고려할 때, 회사법의 관련 규정이 가장 덜 규제적인 곳에 회사를 설립하고 실제 사업은 다른 회원국에서 수행한다는 점이 곧바로 사업체 설립의 자유를 남용하는 것으로 볼 수는 없다고 판단하였다.

---

33) Case C-442/02 Caixa Bank France v Ministère de l'Économie, des Finances et de l'Industrie EU:C:2004:586, [2004] I-8961: "All measures which prohibit, impede or render less attractive the exercise of that freedom must be regarded as such restrictions."

덴마크는 예외사유로서 채권자 보호를 위해 최소자본금 제도를 우회하는 행위를 막을 필요가 있다고 주장하였으나, 법원은 EU의 회사 공시 제도상 채권자들은 Centros가 영국 법인이란 사실을 알 수 있다는 점을 들어, 지점 등록의 거부가 필요성의 요건을 충족하지 못한다고 판단하였다.

▬ Inspire Act 판결 (Case C-167/01 Inspire Art ECLI:EU:C:2003:512, [2003] ECR I-10155)

이와 유사한 사안으로서, 영국 법률에 따라 네덜란드인이 설립한 Inspire Act 사는 네덜란드 상업등기부에 회사의 지점 등록을 신청하였으나, 네덜란드 당국은 등록의 전제로서 네덜란드 법률에 따라 외국회사임을 나타내는 명칭을 사용할 것과 최소 자본금 요건을 따를 것을 요구하였다.

EU 사법재판소는 다른 회원국의 회사에 대해 당해 회원국 회사법에서 요구하는 것 외에 다른 추가적인 사항을 요구하는 것은 유럽연합 운영조약 제48조에 반하여 허용될 수 없다고 판단하였다

(2) 판례 법리의 시사점

위와 같은 판결은 이른바 Delaware 효과 혹은 규제 경쟁을 허용하는 취지라고 할 수 있다.[34] 위와 같은 법리 하에서는 규제가 덜한 곳에 회사를 설립하고 유럽연합 운영조약에 따른 사업체 설립의 자유를 이용하여 다른 곳에 지점을 설립하는 행위를 규제할 방법이 없기 때문이다.

실제로 위 Centros 판결이 허용한 규제경쟁 하에서 독일, 네덜란드에서 사업을 수행하려는 목적으로 실질적 사업 수행이 없는 영국에 회사를 설립하는 행위가 증가하였다고 한다.[35] 한 조사에 따르면 2012년경 위와 같은 방식으로

34) Case C-221/89 Factortame and others EU:C:1991:113, [1991] ECR I-3905 역시 유사한 사례로 볼 수 있다. EU는 공동어로 정책에 따라 회원국들에게 연간 어로량을 할당하였다. 스페인의 어로회사는 영국에 할당된 어로량을 활용하기 위해 영국에 회사를 설립하였다. 이에 영국은 1988년 영국과의 아무런 관련 없이 영국 선적만을 가지고 어로량을 확보하는 행위를 막기 위해 영국 등록 선박에 대해 영국 내에서 관리, 운영, 통제될 것, 선박의 소유자/용선주/운행자/관리자가 영국 국적자일 것(회사인 경우에는 지분의 75% 이상이 영국인 일 것)을 요구하는 법률을 제정하였다. 유럽 사법재판소는 이러한 규정이 EU 조약상의 회사 설립의 자유를 침해하는 것이라고 판단하였다.

35) Martin Gelter, The Structure of Regulatory Competition in European Corporate Law, 5(2)

독일에서 사업을 벌이는 영국 회사들이 약 40,000개 수준인데, 이는 독일에 등록된 개인 기업들의 수가 약 100만 개 정도란 점을 감안하면, 적지 않은 수치이다.[36] 영국의 경우 최소자본금 제도가 없고 규제가 유연하며 법원에 대한 신뢰도가 높기 때문이라고 한다.[37] 위와 같은 현상은 다시 유럽 대륙의 일부 나라들이 법정 최소자본금을 폐지하거나 낮추는 것으로 이어졌다.[38]

규제경쟁은 일부 회원국에서 새로운 회사 형태를 등장시키기도 하였는데, 24시간 내에 등록이 가능하고 최저 자본금 1유로로 설립할 수 있는 프랑스의 Société à Responsabilité Limitée (SARL), 등록 절차를 간소화하고 스타트업 기업들이 이용할 수 있도록 한 스페인의 Sociedad Limitada Nueva Empresa (SLNE), 역시 스타트업 기업을 대상으로 최저 자본금을 폐지한 독일의 Unternehmergesellschaft (UG) 등이 그것이다.[39] 영국은 이에 대응하여 2006년 회사법을 개정함으로써 경쟁 우위를 유지하고자 하였다.[40]

(3) 검토

(가) 규제경쟁의 문제점

유럽연합 공동의 입법이 본격화되기 이전까지는 금융시장에 대해서도 규제경쟁에 기초한 통합 모형이 작동하였다고 할 수 있다. 규제경쟁 하에서 각 회원국의 감독당국은 내용이 다른 여러 종류의 규제를 내어 놓게 되고, 이를 소비하는 금융회사 및 투자자는 각 회원국별로 규제에 따른 위험과 수익을 고려하여 자신이 사업 등을 벌일 회원국을 선택할 수 있게 된다. 이러한 모형은 회원국의 입법재량을 허용하고 EU 차원의 개입은 없다는 점에서 EU법상의 보충성(subsidiarity) 원칙에도 맞는다고 할 수 있다.

그러나 규제경쟁은 결국 모든 회원국이 투자자와 금융기관을 유치하기 위해 최소한의 규제만을 내어 놓는 이른바 '바닥치기 경쟁(race to the bottom)'을 야기할 가능성이 높다. 또한, 금융상품 및 자본이 자유롭게 이동하는 시장이 형

Journal of Corporate Law studies p. 262 (2005).

36) Wolf-George Ringe, Corporate Mobility in the European Union – a Flash in the Pan? – An Empirical Study on the success of lawmaking and regulatory competition (University of Oxford Legal Research Paper Series No. 34/2013, June 2013), p. 6.

37) Martin Gelter, 각주 35, pp. 262~263.

38) 위의 논문, p. 281.

39) Wolf-George Ringe, 각주 36, pp. 8~9.

40) 위의 논문, pp. 11~12.

성되었음에도 규제가 통일되어 있지 않다면 금융위기 상황에서 통일적인 대응이 곤란하여 위기 대응에 곤란을 초래할 수 있다.

이는 2008년 글로벌 금융위기의 전개 과정에서 현실로 드러난 바 있다.[41]

(나) 규제에 관한 공통 기준의 필요성

EU 공통의 법률 제정 및 그에 터잡은 금융기관 인가 등의 상호인정(Passporting) 시스템은 Centros 판결의 법리를 수정하여 적용하는 모형이라고 할 수 있다.[42]

MiFID는 부자자 보호 등을 위한 최소한의 공통 기준을 마련하여 회원국들이 이를 실행함을 전제로 등록지 회원국 감독 원칙 및 지점 설립 등의 자유를 보장하고자 한다.

UCITS Directive는 어떤 회원국에서 설립되었는지 불문하고 UCITS(개방형 집합투자기구)가 펀드 자산을 관리, 감시하는 수탁회사를 두고 자신을 관리회사(집합투자업자)로부터 분리시키는 등의 조건을 충족할 것을 전제로, 한 회원국에서 받은 인가가 모든 회원국에서 효력을 가질 수 있도록 규정하고 있다.

이처럼 최소한의 공통 기준을 전제로 한 Passorting 시스템이 EU 증권법의 기초를 이룬다.

(다) 브렉시트와 관련한 문제

브렉시트의 실행으로 영국은 2021. 1. 1.부터 EU법의 구속력에서 벗어나 독자적인 증권 규제를 마련할 수 있게 되었다. 영국은 유럽연합 공통의 증권 규제를 마련하는 그동안의 과정에서 자율 규제 혹은 가벼운 규제를 선호하는 입장을 유지해 왔고, 향후 영국의 증권 규제가 그러한 방향으로 나아갈 가능성이 있다. 그러한 조건에서 영국의 금융기관들이 EU 역내에 자유롭게 접근할 수 있다면, 이는 영국과 EU 간에 다시 규제경쟁(race to the bottom)을 초래할 수 있다.

이는 브렉시트가 결정된 이후 유럽연합이 금융 산업 및 투자자의 자유로운 이동을 보장하기 위한 영국과의 포괄적 협상을 거부한 이유 중의 하나인 것으로 보인다.[43]

---

41) N. Moloney, 각주 22, p. 20.
42) Alastair Hudson, The Law of Finance, para. 7-52 (Sweet & Maxwell 2nd edition 2013).
43) 본서의 제1편 제5장 참조.

다. 회사에 대한 실체적 준거법의 문제

(1) 본거지 준거법설과 설립지 준거법설

회사의 국적, 곧 회사에 적용되는 준거법을 정하는 문제에 관하여, 독일, 프랑스, 이탈리아는 본거지 준거법설(real seat theory)을, 영국, 아일랜드, 네덜란드는 설립지 준거법설(incorporation theory)을 채택하고 있다.[44]

본거지 준거법설에 따르면 법원은 기업의 실제 경제적 활동을 중시하여 그것이 이루어지는 장소의 법률을 적용하여야 한다. 이는 등록된 사무소와 경제적 활동의 장소가 일치할 것을 요구하는 논리로 귀결될 수 있다.

반면, 설립지 준거법설 하에서 법원은 실제 사업 활동이 이루어지는 장소와 관계 없이 본점이 등록된 곳의 법률을 적용하면 된다.

(2) 본거지 준거법설을 부인하는 것으로 보이는 판결

Centro 판결의 논리에 따르면 어떤 회사의 본점과 실제 경제적 활동이 달라지는 경우가 얼마든지 허용될 수 있기 때문에, Centros 판결은 두 가지가 같을 것을 요구하는 본거지 준거법설과 양립하기 어려운 측면이 있다.[45]

실제로 Überseering 판결은 그러한 취시의 판단을 내리고 있다.

Überseering 판결[46]

독일의 지방 고등법원은 네덜란드에서 설립된 후 독일인 주주에게 인수되어 주된 사업 장소를 독일로 이전한 Überseering BV에 대하여 법인격이 없다고 보아 당사자 적격을 부정하였다. 본거지 준거법설을 채택한 독일 회사법상 실제 사업을 수행하는 독일에서 다시 회사 설립절차를 밟지 않은 채 사업활동을 수행하는 경우 법인격이 인정될 수 없다는 이유 때문이었다.

그러나 EU 사법재판소는 유럽연합 운영조약 제49조는 회사가 설립된 회원국에서와 동일한 조건으로 다른 회원국에서 활동할 수 있는 권리를 포함하는데, 네덜란드에서 정당하게 설립되어 네덜란드에서 소송 당사자가 될 수 있는 회사가 독일에서 소송을 위해 다시 회사 설립 절차를 밟아야 한다면 이는 동일한 조건에 해당하는 것으로 볼 수 없다는 이유로, Überseering에게 당사자 적격이 인정되어야 한다고 판단하였다.

44) Catherine Barnard, 각주 2, p. 394.

45) Martin Gelter, 각주 35, p. 247.

46) Case C-208/00 Überseering BV v Nordic Construction Company Baumanagement GmbH ECLI:EU:C:2002:632, [2002] ECR I-9919.

(3) 본거지 준거법설을 용인한 것으로 보이는 판결

그렇다고 해서 EU 법원이 본거지 준거법설을 전면 부정한 것은 아니다.

Cartesio 판결[47)]

헝가리법은 주된 사무소를 다른 곳으로 이전하는 경우 청산절차를 밟을 것을 요구하고 있다. 헝가리 법인인 Cartesio사가 이탈리아로 주된 사무소를 이전하면서 상업등기부에 그에 관한 변경등기를 신청한 데 대해 헝가리의 등기소가 이를 거부하였다.

EU 사법재판소(Grand Chamber)는 설립지 회원국 법률의 적용을 받으면서 주된 사무소를 다른 회원국으로 이전하는 행위를 금지하는 회원국의 입법이 유럽연합 운영조약 제49조 및 제54조를 위반하는 것은 아니라고 판단하였다.

Daily Mail 판결[48)]

영국 회사인 Daily Mail은 영국의 회사 법인 등록을 그대로 유지하면서 주된 사무소와 경영 활동을 네덜란드로 옮기려고 하였다. Daily Mail은 유휴자산 처분을 계획하고 있었는데, 위와 같은 이전 이후 이를 실행하면 영국에서는 양도차익에 대해서는 과세되지 않고 네덜란드에서는 주사무소 이전 이후 가치 상승분에 대해서만 과세될 것이기 때문이었다.

영국 세법은 세법상 영국 거주자 지위를 중단시키는 위와 같은 거래에 대해 재무성의 동의를 얻을 것을 요구하고 있는데, 영국 재무성은 주사무소 이전에 앞서 유휴자산 중 최소한 절반을 매도할 것을 요구하였다.

EU 사법재판소는 유럽연합 운영조약 제49조가 이 사안에 적용될 수 없고 주사무소 이전에 재무성의 동의를 요구하는 규정은 허용된다고 판단하였다.

Cartesio와 Daily Mail 사건에서 유럽 사법재판소는, 회사가 자연인과 달리 법률의 산물이고 EU 차원의 단일한 회사 법제가 마련되어 있지 않은 상황에서 회사의 설립 및 주사무소 이전에 관해 다양한 내용으로 존재하는 회원국 법률

47) Case C-210/06 CARTESIO Oktató és Szolgáltató bt. ECLI:EU:C:2008:723, [2008] I-9641.

48) Case 81/87 R v HM Treasury and IRC, ex parte Daily Mail and General Trust ECLI:EU:C:1988:456, [1988] ECR 5483.

은 존중되어야 한다는 점을 판단의 근거로 들고 있다.[49] 이러한 결론은 본거지 준거법설을 용인하는 취지로 보인다.

라. 다른 회원국 법인과의 합병

SEVIC 판결은 다른 회원국 법인들 간 합병의 가능성을 허용하고 있다.

SEVIC 판결[50]

독일의 법원은 독일 회사법이 독일회사들 간의 합병만을 상정하고 있다는 점을 들어 독일 법인인 Sevic사와 룩셈부르크 법인인 Security Vision사 간 합병 등기를 거부하였다. EU 사법재판소는 국경을 넘는 기업들 간 합병은 사업체 설립의 자유를 행사하는 하나의 특수한 방법으로서 그와 같은 합병의 등기를 거부하는 것은 사업체 설립의 자유를 제한한다고 판단하였다.

나아가 EU 사법재판소는 문제의 조항이 채권자 보호가 문제가 되지 않는 경우에 대해서도 일률적으로 다른 회원국 법인들 간 합병을 막는다는 점에서 비례원칙을 위반하였다고 판단하였다.

SEVIC 판결은 독일 기업이 다른 회원국 기업을 합병하는 경우를 다루고 있는데, 위 판결이 거꾸로 어떤 회원국 기업이 다른 회원국 기업에 의해 흡수되는 경우까지 이를 허용하여야 한다는 취지인지는 불분명하다.[51]

한편, 두 개 회사의 합병 제도가 다른 경우 (예컨대 룩셈부르크와 독일에서 합병과 관련해 교부해야 하는 문서(prospectus)에 기재될 내용이 다를 경우) 어떻게 합병 절차를 진행할 것인지 실무상 문제가 될 수 있는데, EU는 2007년 위와 같은 문제를 다룬 '국경을 넘는 합병에 관한 Directive(Cross-Border Merger Directive[52])'를 제정하였다.

---

49) Case C-210/06 Cartesio Oktató és Szolgáltató bt EU:C:2008:723, [2008] I-9641, para. 110.
50) Case C-411/03 SEVIC Systems AG ECLI:EU:C:2005:762, [2005] ECR I-10805.
51) Mathias M. Siems, SEVIC: Beyond Cross-Border Mergers, 8 European Business Organization Law Review, p. 309 (2007).
52) 정식 명칭: Directive 2005/56/EC of 26 October 2005 on cross-border mergers of companies with share capital.

마. 예외사유의 허용

원칙적으로 사업체 설립에 관한 차별적인 제한은 유럽연합 운영조약 제52조에 명시된 세 가지 근거, 곧 공공정책, 공공의 안전 및 공중의 건강을 근거로 해서만 정당화될 수 있다. 반면, 비차별적인 제한은 위 규정에 명시되지 않은 일반적 근거, 곧 '공공 이익(public interest)'에 의해 정당화될 수 있다.

다만, 어떠한 경우에도 제한적 조치가 정책 목표를 달성하기 위해 필요한 수준을 넘어서는 아니된다. 예컨대, EU 사법재판소는 Caixa Bank 사건에서 신용기관의 요구불 예금에 대한 이자 지급을 금지하는 조치는, 중장기적인 저축을 장려하고 신용기관의 부실을 막으려는 목적 달성을 위해 필요한 최소한의 범위를 벗어나므로 유럽연합법에 위반된다고 판단하였다.[53]

3. 서비스 제공의 자유

가. 서설

(1) 의의

유럽연합 운영조약 제56조는 유럽연합 내에서 서비스 공급의 자유에 대한 제한이 금지된다는 점을 규정하고 있다. 여기서 '서비스'란 재화, 자본, 사람의 이동의 자유와 관련한 조항들에 의해 규율되지 않는 활동으로서 통상 반대급부를 받고 제공되는 것을 말한다(제57조).

서비스 제공자는 사업체 설립에 관한 권리와 관련된 장의 규정을 침해하지 않는 범위 내라면 서비스 제공 대상 회원국 안에서 해당 회원국이 자국 국민에게 부과하는 조건과 동일한 조건으로 일시적 서비스 제공 활동을 수행할 수 있다(제57조).

EU 조약이 보장한 사업체 설립의 자유('사람의 이동의 자유'에 포함된다)와 서비스 공급의 자유 간의 관계가 문제가 된다. 사업체 설립의 자유는 사업을 수행하는 물리적 시설이 다른 회원국 내에 존재할 것을 요구하므로, 위 제57조의 문언상 서비스 공급의 자유는 그것이 없는 경제적 활동을 보호의 대상으로 한다.

(2) 적용 범위

서비스에 관하여 ① 가장 전형적인 경우는 어떤 회원국의 사람이 다른 회

53) Case C-442/02 CaixaBank France v Ministère de l'Économie, des Finances et de l'Industrie EU:C:2004:586, [2004] I-8961.

원국에서 고정된 사업장 없이 일시적으로 용역을 제공하는 것이다. 활동의 기간 외에도 활동이 규칙적, 주기적으로 이루어지는지 여부, 계속적인 활동인지 등이 사업체와 서비스를 가르는 기준이 될 것이다.[54]

그 밖에 ② 서비스를 공급받는 자가 일시적으로 이동하는 경우(의료 여행이 이 경우에 해당할 것이다), ③ 공급자와 공급받는 자 어느 쪽의 물리적 이동도 없이 원격으로 서비스가 공급되는 경우 역시 유럽연합 운영조약 제56조에 의해 보호될 수 있다. TV 프로그램의 제공, 고용을 위한 헤드헌팅, 채권 추심, 복권 판매, 대출의 실행, 보험, 스포츠 활동 등이 세 번째 범주에 속할 수 있다.[55]

나. 예외사유 및 허용 요건

(1) 차별적 제한의 경우

유럽연합 운영조약은 서비스 이동의 자유에 대해서는 공공정책, 공공안전 또는 공중보건을 예외사유로 규정하고 있다(제62조, 제52조). 차별적 제한은 위와 같은 예외사유에 의해 정당화될 수 있다.

(2) 비차별적 제한의 경우

비차별적 제한은 제62조, 제52조의 예외사유 외에 공공의 이익이란 사유에 의해서도 정당화될 수 있다. 공공의 이익에는 서비스를 공급받는 사람(소비자)의 보호를 위해 마련된 직업 활동에 관한 규제,[56] 소비자 보호,[57] 금융시장의 명성을 유지하고 투자자를 보호할 필요[58] 등이 포함된다.

이러한 예외사유가 적용되기 위해서는 적합성과 필요성의 요건이 충족되어야 한다. 즉, (i) 서비스가 제공되는 회원국 영토 내에서 활동하는 모든 사람 및 사업체에 대해 당해 조치가 동일하게 적용되고, (ii) 문제가 되는 공공의 이익이 이미 보호되고 있는 것이 아니며, (iii) 동일한 결과가 보다 덜 제한적인 수단에 의해 달성될 수 없다는 요건이 충족되어야 한다.

54) Case C-215/01 Schnitzer EU:C:2003:662, [2003] ECRI-14847, para. 30.

55) Catherine Barnard, 각주 2, p. 295.

56) Joined Cases 110 & 111/78 Van Wesemael EU:C:1979:8, [1979] ECR 35.

57) Case C-180/89 Commission v Italy [1991] EU:C:1991:78, ECR I-709.

58) Case C-384/93 Alpine Investments v Minister van Financien EU:C:1995:126, [1995] ECR I-1141.

(3) 사례

사전에 동의없이 무차별적으로 전화를 걸어 금융상품을 소개하는 영업행위(cold call)를 금지하는 네덜란드 법률은 다른 회원국의 잠재적 고객을 상대로 영업하는 신속하고 직접적인 수단을 막는 것이므로 유럽연합 운영조약 제56조가 정한 서비스 이동의 자유를 제한한다. 다만, 이러한 제한은 네덜란드 금융시장의 명성을 보호하는 적합하고 필요한 수단이므로 정당화될 수 있다.[59)]

독일 내에서 보험 서비스를 제공하려는 보험회사에게 독일 내 회사 설립 및 인가를 요구하는 독일 법률은 독일 내에서 부정기적으로 서비스를 제공하려는 다른 회원국 보험회사에게 과도한 비용을 발생시키므로 유럽연합 운영조약 56조 소정의 서비스 공급에 대한 제한에 해당한다. 다만, 보험 가입자의 보호, 보험회사의 지급 능력을 평가하는 것이 쉽지 않다는 사정, 보험이 미래의 불확실한 사건에 의해 좌우되어 강한 규제의 필요성이 있다는 점 등을 고려하면 위와 같은 제한은 정당화된다.[60)]

4. 자본의 자유로운 이동

가. 자본이동 자유의 범위

(1) 조약의 내용

유럽연합 운영조약 제63조는 "본 장의 체계 내에서 회원국과 회원국 또는 회원국과 제3국 사이의 자본이동에 관한 모든 제한은 금지된다"고 규정하고 있다. 위 조약은 '자본이동'의 의미에 관하여 상세히 규정하지 않고 있다.

(2) 구체적인 범위

EU법원은 Council Directive 88/361 부록 I에 열거된 사항들이 위 제63조의 보호 대상인 자본이동에 해당한다고 한다.[61)]

위 부록 I에 따르면, 자본이동에는 직접투자, 자본시장에서 통상적으로 이루어지는 증권거래, 집합투자기구(Collective Investment Undertakings)에 대한 투자가 포함된다. 또한, 위 부록 I은 부동산투자,[62)] 화폐시장에서 정상적으로 이루어

59) Case C-384/93 Alpine Investments v Minister van Financien EU:C:1995:126, [1995] ECR I-1141.

60) Case 205/84 Commission v Germany EU:C:1986:463, [1986] ECR 3755.

61) Case C-222/97 Trummer and Mayer EU:C:1999:143, [1999] ECR I-1661, paras 20 and 21; Case C-503/99 Commission v Belgium EU:C:2002:328, [2002] ECR I-4809, para 37.

지는 증권 및 다른 금융상품 거래, 금융기관과의 당좌예금 및 저축예금 거래, 상업적 거래/서비스 제공과 관련되어 있는 신용거래 및 금융적 목적의 대부거래[63] 등을 유럽연합 운영조약 제63조에 따른 자본이동에 포함하고 있다.

(3) 자본투자의 내용에 따른 구분

위 부록 I의 직접투자란 자본을 제공하는 자연인, 법인과 경제적 활동을 수행하기 위해 필요한 자본을 제공받는 사업체 간에 지속적이고 직접적인 연계를 창출, 유지하는 데에 기여하는 투자를 의미한다.[64] 직접투자는 주식회사에 대한 자본의 제공자에게 회사 경영에 효과적으로 참여할 기회를 부여한다

자본시장에서 통상적으로 이루어지는 증권거래(포트폴리오 투자)는 회사 경영 참여와 무관하다는 점에서 직접 투자와는 구분된다.

직접투자와 포트폴리오 투자는 모두 자본이동의 자유 규정에 의해 보호된다는 점에서는 동일하다.

그와 달리 자본의 제공자에게 회사의 의사결정에 대한 결정적 영향력을 부여하고 회사 활동을 결정할 수 있도록 하는 정도의 주식 취득은 (직접투자를 보호하는) 자본이동의 자유가 아니라 사업체 설립의 자유에 의해 보호된다.[65]

나. 판례에 의한 범위의 확장

제63조 역시 차별적 조치는 물론 비차별적 조치에 대해서도 적용된다. 즉, 어떤 회원국에 대한 비거주자의 투자 의욕, 거꾸로 당해 회원국 거주자의 다른 회원국에 대한 투자 의욕을 꺾을 가능성이 있는 조치는 모두 금지된다.[66]

---

62) Case C-370/05 Festersen EU:C:2007:59, [2007] ECR I-1129.

63) Case C-452/04 Fidium Finanz AG v Bundesanstalt für Finanzdienstleistungsaufsicht EU:C:2006:631 , [2006] ECR I-9521, para. 43.

64) Case C-446/04 Test Claimants in the FII Group Litigation EU:C:2006:774, [2006] ECR I-11753, para. 179 to 181, and Case C-157/05 Winfried L. Holböck v Finanzamt Salzburg-Land EU:C:2007:297, [2007] ECR I-4051, para. 33 and 34.

65) Case C-251/98 C. Baars v Inspecteur der Belastingen Particulieren/Ondernemingen Gorinchem [2000] EU:C:2000:205, ECR I-2787.

66) Case C-370/05 Festersen EU:C:2007:59, [2007] ECR I-1129.

다. 회원국과 제3국 간 자본이동의 자유 보장

(1) 의의

유럽연합 운영조약 제63조에 따른 자본이동의 자유는 회원국과 제3국 간 거래에 대해서도 적용된다는 점에서 사업체 설립의 자유 및 서비스의 자유와는 구별된다.[67] 다만, 회원국들 간 금융시장 통합의 정도가 높다는 점을 고려하면 회원국들 간 관계에서보다는 회원국과 제3국 간의 관계에서 자본이동의 자유에 대한 제한은 이보다 쉽게 허용될 수 있다.[68]

다른 자유와 달리 자본이동의 자유가 회원국과 제3국 간 거래에 대해서도 적용된다는 점으로 인해, 구체적인 사안이 근본적 자유 중 어디에 해당하는지 구별할 실익이 있다.

(2) 사례

EU 회원국이 아닌 스위스의 금융기관 Fidium Finanz는 온라인으로 독일 거주자들에게 대출을 실행하였는데, 독일 감독당국은 제3국 금융기관의 독일 내 대출 영업에 있어 사전 인가를 요구하는 법률 규정(독일 내에 사무소가 없는 금융기관은 인가를 받을 수 없도록 되어 있었다)을 들어 위 대출 실행을 금지하였고, 이에 Fidium Finanz는 위 조항이 유럽연합 운영조약 제63조 위반임을 주장하며 독일의 법원에 소송을 제기하였다.

그러나 선결적 판단을 요청받은 EU 사법재판소는 본 사건 거래의 주된 관심은 서비스의 제공에 있고 자본 이동은 그에 따른 부수적 효과에 불과하므로,[69] 제3국 금융기관의 서비스 제공에 인가를 요구하는 독일 법령이 EU법에 위반되지 않는다고 판단하였다.

라. 직접적 효력

자본이동의 자유에 관한 제63조는 사인(私人)에 대해 직접적 효력을 가진 것으로 이해된다. 즉, 유럽연합 운영조약 제63조는 사인에게 명확하고 무조건적

67) Case C-101/05 Skatteverket v A [2007] ECR I-11531, para 27.

68) Case C-101/05 Skatteverket v A EU:C:2007:804, [2007] ECR I-11531, para. 37; Case C-446/04 Test Claimants in the FII Group Litigation EU:C:2006:774, [2006] ECR I-11753, para. 170~171.

69) Case C-452/04 Fidium Finanz AG v Bundesanstalt für Finanzdienstleistungsaufsicht EU:C:2006:631, [2006] ECR I-9521, para. 47~48.

인 권리를 부여하는 것이어서 사인은 구체적으로 이를 실행하는 다른 법률 없이도 재판에서 위 조항을 원용할 수 있다.[70]

다만, 위 조항이 사인 간에 수평적으로 직접적인 효력이 있는지에 대해서는 이를 직접 언급한 판결례가 발견되지 않는다.

마. '황금주'와 관련된 판결례

(1) Volkswagen 민영화법에 대한 판결

유럽연합 집행위원회는 공기업의 민영화 과정에서 정부가 기간산업 등을 통제할 권리를 보유하도록 하는 이른바 황금주(Golden Share)와 관련하여 지속적으로 EU 사법재판소에 그 적법성을 묻는 소송을 제기하였다. 대표적인 사례로서 EU 사법재판소 사건들 중 가장 긴 심리기간을 기록하였고 격렬한 논쟁을 불러일으켰던 Volkswagen 사건을 소개하고자 한다.

Volkswagen 제1사건[71]

[쟁점]

독일의 Volkswagen 민영화법은 1960년 제정 당시 각 20% 지분을 보유한 대주주였던 독일 연방정부와 Saxon 주정부 간 협약에 기초하여 대주주로부터 근로자를 보호할 목적으로 제정되었다.

위 법은 Volkswagen의 주식 소유 구조에 관한 내용을 담고 있다. 쟁점이 되는 조항들은 다음과 같다.

- 제4조 제1항: 독일 연방정부 및 Saxon 주정부는 Volkswagen의 주주로 있는 한 감독이사회의 이사를 각 2명씩(총 4명)을 지명할 권리가 있음.
- 제2조 제1항: 어떤 주주라도 20%를 초과하여 의결권을 행사할 수 없음.
- 제4조 제3항: 회사법이 의결권 75% 이상 동의를 요구하는 중요한 사항들에 대해 Volkswagen의 경우 예외적으로 80% 초과 지분의 동의가 필요함.

[EU 집행위원회의 주장]

집행위원회는 Volkswagen 민영화법이 유럽연합의 투자자들에게 경영상 의사

70) Joined Cases C-163, 165 and 250/94 Criminal Proceedings against Sanz de Lera EU:C:1995:451, [1995] ECR I-4821, para. 41.

71) Case C-112/05 Commission v Germany ECLI:EU:C:2007:623, [2007] ECR I-8995.

결정에 대한 참여 또는 통제를 목적으로 한 Volkswagen 주식 취득, 나아가 보다 큰 주식 블록 취득을 보다 덜 매력적인 것으로 만들기 때문에 자본이동 및 사업체 설립의 자유를 위반한다고 주장하였다.

또한, 집행위원회는 Volkswagen법이 주주들 간 협약을 반영한 것에 불과하다는 독일 정부의 주장에 대해, 위 3개 조항이 입법화된 이상 회사법상 권리 행사의 통상적인 결과라기보다는 Saxon 주정부가 공적 기관으로서 권한을 행사한 데 따른 것이라고 반박하였다.

[EU 사법재판소의 판단]

EU 사법재판소는 우선 제4조 제1항이 독일 회사법상 허용되는 황금주의 이사 지명권 한도(이에 따르면 연방정부 및 Saxon 주정부에 감독이사회 구성원 10명 중 최대 3명까지 지명권이 허용된다)를 초과하는 것인데 다른 주주의 권한을 상대적으로 약화시킴으로써 다른 회원국으로부터의 투자를 저해하는 것으로서 유럽연합법을 위반하였다고 판단하였다.

다음으로 법원은 제2조 제1항 및 제4조 제3항은 모든 주주에게 동일하게 적용되므로 그 자체로만 놓고 보면 주주에게 유리하다고도 불리하다고도 할 수 없다고 판시하였다. 다만, 법원은 당시 Saxon 주정부가 20% 주식을 보유하고 있다는 사실(연방정부는 종래 가지고 있던 20% 주식 중 상당 부분을 처분하였다)을 주목하였다. 이러한 사실관계 하에서 법원은 위 두 개 조항들은 결합하여(in conjunction with) 연방정부 및 주정부에게 비토권을 부여하고, 이는 Volkswagen에 대한 투자를 보다 덜 매력적인 것으로 만들기 때문에 자본이동의 자유에 대한 위법한 제한에 해당하는 것으로 판단하였다.

Volkswagen 제2사건[72)]

[독일 정부의 법률 개정]

위 제1사건 판결에 따라 독일 정부는 Volkswagen법의 EU법 위반을 시정할 의무를 부담하게 되었다. ① 그 의무 중 하나가 제4조 제1항의 폐지를 포함한다는 점은 별다른 논란의 여지가 없었다. ② 그런데, 독일 정부는 EU 사법재판소가 제2조 제1항 및 제4조 제3항이 결합하여 내는 효과를 문제 삼은 점을 주목하였다. 2008년 독일은 주주 의결권을 최대 20%로 제한한 제2조 제1항을 폐지하

72) Case C-95/12 Commission v Germany EU:C:2013:676.

고 중요사항에 대한 의결 정족수를 75%에서 80%로 가중한 제4조 제3항은 유지하는 방식으로 Volkswagen 민영화법이 개정되었다.

[EU 집행위원회의 소송 제기]

Saxon 주정부는 20% 지분을 보유하고 있었기 때문에 위 제4조 제3항만으로도 여전히 중요한 사항에 관하여 비토권을 행사할 수 있었다.

집행위원회는 회원국이 EU 사법재판소의 판결에 부합한 조치를 취하지 않은 경우 제소할 수 있도록 한 유럽연합 운영조약 제260조 제2항에 기하여 두 번째 소송을 제기하였다.

[EU 법원의 판단]

법원은 유럽연합 운영조약 제260조 제2항에 따른 소송이 EU 법원의 판결을 강제하기 위한 수단으로 정해진 특별한 절차이므로 심리의 대상은 이에 국한된다는 점을 전제로, 제1사건 판결이 제2조 제1항 및 제4조 제3항 두 개 조항이 결합하여(in conjunction with) EU법을 위반한 것으로 판단했던 이상 그중 제4조 제1항을 유지한 입법이 제1사건 판결에 반하는 것으로 볼 수 없다고 판단하였다(집행위원회 청구 기각).

(2) 검토

제2사건 판결은 회원국이 EU 사법재판소 판결의 기속력을 따랐는지 판단하는 형식적인 측면에 치중한 것으로 이해된다.

보다 중요하게 살펴볼 대상은 제1사건 판결에 있다. EU 사법재판소는 주주들 간 합의에 따른 정관을 반영한 것이더라도 일단 법제화가 이루어진 이상 해당 법률이 EU법을 준수해야 한다는 점을 분명히 하고 있다. 그것이, 주주들 간 정관으로 같은 내용을 정했다면 EU 조약 위반이 아니라는 취지인지는 불분명하다. 자본이동의 자유에 관한 유럽연합 운영조약 제63조가 이른바 수평적인 직접효력을 가진다면, 정관에 같은 취지의 조항이 포함되어 있는 경우, 그 역시도 EU법 위반으로서 효력을 상실할 여지가 있다.[73]

---

73) 이 점과 관련하여 Thessen Krupp 주주들은 독일 유한회사법(Aktiengesetz) Section 101(2)이 정한 바에 따라 25% 이상 보유 대주주들에게 감독이사회 이사를 선임할 권한을 부여한 위 회사 정관 규정의 효력을 문제 삼는 소송을 제기하였다. 그러나 독일 법원이 이

정부에 특별한 권리가 있는 황금주를 허용하는 조치가 자본이동을 저해한다는 제1사건 판결례의 취지는 유사한 다른 황금주 사건에서도 반복되고 있다.

총 15개의 유사한 EU 사법재판소 사건들 중 황금주가 EU법에 위반되지 않는다고 판단된 경우는 1건에 불과하다.

바. 예외사유

유럽연합 운영조약 제65조 제1항은 자본이동 자유에 대한 예외사유로서, (a) 거주지 또는 자본 투자지 등의 측면에서 동일한 상황에 있지 않은 납세자를 구분한 세법의 적용, (b) 국내 법률 및 규제에 대한 침해(특히 과세 영역, 금융기관에 대한 건전성 감독의 영역을 포함한다) 방지를 위한 조치, 행정적 또는 혹은 통계적 정보 확보 목적의 자본이동 신고 절차를 위한 조치, 공공정책 또는 공공안전을 근거로 정당화되는 필요한 모든 조치를 취하는 것을 규정하고 있다.

자본이동의 자유에 관한 조항들이 사업체 설립에 대한 제한으로서 본 조약과 양립가능한 것들의 적용을 배제해서는 아니된다(제65조 제2항). 제65조에 따른 조치와 절차들은 자의적인 차별 또는 자본이동 및 지급의 자유를 우회적으로 제한하는 것이어서는 아니된다(제65조 제3항).

Ⅲ. EU 증권규제의 적극적 통합

1. 서설

가. 적극적 통합의 필요성

앞서 설명한 대로 EU 법원 판결을 통한 소극적 통합 과정은 논리적으로 규제경쟁을 허용하는 결과를 낳고 있다.

금융기관 등이 규제의 소비자로서 자신의 등록지 회원국 등을 선택할 수 있다면 유럽연합 전체에 걸쳐 규제를 효율화하는 긍정적인 결과를 낳을 가능성이 있다.[74] 규제경쟁 하에서 시장 전체의 이익을 대변하는 감독자가 모든 것을

문제에 관하여 유럽연합 법원에 선결적 판단을 구하는 조치를 취하지 않음에 따라 EU 사법재판소의 입장을 확인해 볼 수는 없게 되었다. See Wolf-Georg Ringe, 각주 12, p. 472.

74) N. Moloney, 각주 22, pp. 19~20.

할 수 있다는 원리는 들어설 수 없고, 규제는 명백한 시장 실패에만 관여하는 부수적, 보조적 역할만 수행하며, 그에 대신하여 시장 경쟁이 촉진될 가능성이 있다.[75] 규제경쟁은 EU차원의 단일한 규정을 강제하지 않는다는 점에서 EU법상의 보충성 원칙에도 가깝다.[76] 미국의 경우 Delaware주가 주주 권리의 보호에 보다 적합하여 주가를 높인다는 연구 결과가 보고되기도 한다.[77]

그러나 이러한 모형에서는 경쟁이 규제의 수준을 결정하게 마련이어서, 금융 소비자 보호를 위한 최소한의 장치가 반드시 마련될 것이라고 단정할 수 없다. 예를 들어, 국경을 넘어 금융상품 및 금융서비스에 대한 접근이 허용된 조건에서 내부자거래에 대한 제재가 없는 회원국이 있다면, 이를 악용하는 행위가 발생할 가능성은 얼마든지 있다. 미국과 비교하여 유럽은, 제도적, 문화적, 언어적 차이가 크기 때문에 규제경쟁에 따른 법령의 통일 효과는 상대적으로 미미하고 속도도 더디지만, 일단 규제경쟁이 본격화되면 연방 차원에서 이를 막을 수 있는 제도적 장치가 부족하여 부정적 효과는 더욱 크게 나타날 가능성이 높다.[78]

EU가 공통의 법률을 제정하여 증권 규제에 관한 최소한의 기준을 정립하려는 것은 위와 같은 맥락에서 이해할 수 있다.

나. 적극적 통합의 한계

아래에서 설명하는 것처럼 증권 영역에 관한 EU 차원의 입법은 1999년 금융서비스 발전계획(Financial Service Action Plan) 이후 활발하게 진행되었다. 또한, 2008년 금융위기 이후에는 EU의 차원에서 이른바 자율규제에 맡겨져 있던 신용평가기관을 규제의 대상에 포함시키고, 헤지펀드의 과도한 레버리지 거래나 공매도 등에도 일정한 제한을 가하는 등의 개혁 작업이 이루어졌다. 이는 회원국의 개별적 입법 없이 유럽 차원의 제도가 곧바로 회원국 내에서 효력을 가지는 Regulation을 통해 이루어지고 있다는 점에서 여러 법령 통합 유형 중 최대

75) Harry McVea, The EU Financial Services Action Plan and Its Impact on Corporate Finance in Corporate Finance Law in the UK and EU, p. 405 (Dan Prentice & Arad Reisberg, Oxford University Press Otober 2010).

76) N. Moloney, 각주 22, p. 20.

77) Martin Gelter, 각주 35, p. 249.

78) Martin Gelter, 각주 35, p. 284.

한의 통합(maximum harmonization)을 지향한다고 할 수 있다.

다만, 최대한의 통합을 추진하는 경우에도 각 회원국의 법률 체계, 전통 및 해석이 각기 다른 이상 그러한 작업의 성격은 본질적으로 법률의 조화를 추진하거나('harmonization') 각 회원국 법률을 유사하게 만드는 작업('approximation')을 넘어서기는 어렵다.[79] 예컨대 EU법이 투자설명서 작성, 교부를 증권 발행자의 의무로 정할 수는 있지만 그것이 단순히 청약의 유인에 불과한 것인지 아니면 계약의 내용에 편입되는지의 문제는 회원국의 법률 개념에 따라 각기 달리 판단될 것이다.[80]

다. 규제경쟁과 적극적 통합

EU 금융시장에서 상당한 자유화(liberalization)가 진행되어 경쟁과 소비자 선택을 가로막는 각종 장벽이 철폐되었으나, 다른 한편으로는 전체 유럽 차원에서 최소한의 기준을 준수할 것을 요구하는 보다 많은 규제가 생겨났다는 점이 그간의 진행 경과에서 나타난 일종의 모순, 역설이라고 할 수 있다.[81] 유럽 전역에 걸친 단일한 증권시장을 창설하기 위해 두 가지 요소가 모두 필요한 측면이 있다고 생각된다.

마찬가지로, 규제의 최소한을 마련하는 공통의 입법에도 불구하고, 규제경쟁이 사라진 것이 아님은 물론이다. 예를 들어, 2004년 10월 London Alternative Investment Market(AIM)은 EU법에 따른 정규시장(regulated market)에서 벗어나 다자간 거래소(MTF)로 지위를 변경하였다.[82] 그에 따라 AIM에 상장하려는 회사들은 공모를 하지 않는 한 투자설명서 Regulation에서 요구하는 투자설명서 대신 보다 간이한 서류만을 제출하면 되는 것으로 바뀌었다.[83] 이는 신규 상장회사를 둘러싼 거래소들 간의 경쟁이 치열한 가운데 우위를 차지하기 노력의 일환이다.

---

79) Alastair Hudson, 각주 42, para. 7-26.

80) 위의 책, para. 7-38.

81) Harry McVea, 각주 75, p. 409.

82) Harry McVea, 각주 75, p. 417.

83) Harry McVea, 각주 75, p. 417.

2. Directive와 Regulation

가. 조약상의 근거

유럽연합 운영조약 제114조 제1항은 회원국들의 법률, 규제, 행정적 행위 등의 통일화를 중요한 목표로 설정하고 있다. 이러한 목표를 달성하는 중요한 수단 중 하나가 유럽연합 차원의 입법 활동인데, 그 근거는 유럽연합 운영조약 제288조에서 찾아볼 수 있다.

유럽연합 운영조약 제288조

유럽연합의 권한을 행사하기 위하여 유럽연합 기구들(institutions)은 Regulation, Directive, 결정, 권고 및 의견을 채택하여야 한다.

Regulation은 일반적으로 적용된다. 그것은 모두에게 구속력이 있고 모든 회원국에 대해 직접적으로 적용되어야 한다.

Directive는 수범자인 각 회원국이 Directive가 제시하는 목표를 달성해야 한다는 점에서 구속력이 있다. 다만 Directive는 목표 달성을 위한 입법 형식과 방법의 선택을 회원국에게 맡겨야 한다.

결정은 모두에게 구속력이 있다. 수범자가 특정된 결정은 그들에 대해서만 구속력이 있다.

권고와 의견은 구속력이 없다.

위 조항에서는 유럽연합에서 일반적, 추상적 규범, 곧 법률의 형태로서 Regulation와 Directive의 두 가지[84]를 상정하고 있다. Regulation과 Directive의 입법절차는 조약에서 정한 '통상적 입법절차'(ordinary legislative procedure)에 따라 이루어진다. 이러한 절차 하에서 집행위원회는 법안을 제안하고 이사회와 유럽의회가 모두 승인함으로써 EU법이 제정된다(유럽연합 운영조약 제289조 및 제294조). 따라서 입법절차는 위 3개 기구들 간의 복잡한 협상과정의 산물인 경우가 많다.

84) EU법을 소개한 국내 문헌에서는 Regulation을 '규정', Directive를 '지침'으로 번역하고 있다. 그러나 위 '규정', '지침' 등의 용어가 본래의 의미를 정확하게 전달하고 있는 것으로 보이지는 않는다. 본서에서는 'Regulation', 'Directive'라는 용어를 그대로 사용하기로 한다.

여기에 더하여 기술적인 사항에 관한 일종의 행정입법이 집행위원회에 의해 이루어지는데(유럽연합 운영조약 제290조 및 제291조) 이 과정에서 EU차원의 증권감독기구인 유럽증권시장청(ESMA)이 개입하기도 한다.[85)]

나. Regulation

Regulation은 별도의 입법 없이 곧바로 모든 회원국에 대해 구속력을 가진다. Regulation의 수범자는 모든 EU 시민이다. 단일의 EU 규정이 회원국의 입법 없이 곧바로 EU 시민에서 적용되므로 법령 통합의 보다 강화된 형태라고 할 수 있다.

다. Directive

(1) 의의

Directive는 각 회원국에게 그 내용에 따른 별도의 입법의무를 부여하고 그에 따라 각 회원국 내에서 규제의 목표가 실행된다. Directive의 수범자는 사인이 아닌 회원국이다.[86)] Directive의 목표는 서문(Recital)에서 설명되어 있으므로, 각 회원국은 이를 존중해 가면서 Directive의 조항을 국내법에 반영하여야 한다.

Directive에 따른 국내 입법 과정은 회원국마다 상당한 차이가 있는데, 영국(브렉시트 이전), 프랑스 같은 회원국들은 Directive의 상세한 규정을 거의 일대일로 국내법에 옮기는 경향이 있다. 입법비용의 절감과 함께 Directive를 부정확하게 반영할 위험을 제거하려는 데에 목표가 있다.[87)] Directive는 각 회원국들이 시행할 규제의 최소한의 내용을 정한 것이므로 각 회원국들은 다른 특별한 언급이 없는 한 Directive에서 요구하는 것보다 높은 수준의 규정을 국내법으로 제정할 수 있는데, 이는 증권법 영역의 경우 투자자들의 신뢰를 확보하는 수단이 될 수도 있다.[88)]

(2) 직접적 효력의 문제

Directive는 회원국에 대해 입법의무를 부과하고 이를 전제로 각 회원국에

85) 유럽증권시장청(ESMA)의 입법 권한에 대해서는 본서 제9편 제1장 참조.
86) Rudiger Veil, European Capital Markets Law, p. 37 (Hart Publishing 2017).
87) 위의 책, p. 37.
88) Alastair Hudson, 각주 42, para. 7-01.

서 구체화된 규범으로 나타난다. 따라서 Directive는 우선은 회원국들에게 효력이 있다.

그렇다고 회원국의 입법이 없는 한 Directive가 사인에게 아무런 법적 효력이 없다고 볼 수는 없다. Directive는 개인이 회원국에 대해 자신의 권리를 주장하는 근거가 되는 경우가 있다(수직적 직접효).[89] Directive가 직접적 효력을 가지기 위해서는 문제가 되는 Directive 조항이 회원국에게 아무런 여지도 없는 무조건적 입법의무를 부과하여야 하고, 충분히 구체적이어야 하며, Directive가 정한 입법 실행 기간이 만료되었어야 한다.[90]

다만, 회원국은 규정된 Directive의 입법 기간 만료 이전에라도 Directive가 달성하고자 하는 목표를 심각하게 해칠 수 있는 조치를 취하는 것을 자제하여야 한다.[91]

한편 Directive는 개인에 대해 어떤 의무를 부과하는 것이 아니므로 이에 대해 수평적 직접효를 인정하기는 어렵다.[92]

(3) Marleasing 원칙

직접적 효력과는 조금 다른 문제로서, 회원국의 법원은 국내법을 적용함에 있어, 문제가 된 국내법 조항의 제정 시점이 Directive의 채택 이전이든 이후이든 불문하고, 그 조항을 가능한 한 Directive의 문언 및 목적의 관점에서 해석해야 한다(이른바 Marleasing 원칙).[93]

89) Case 41/74 Van Duyn v the Home Office EU:C:1974:133, [1974] ECR 1337.

90) Case 8/81 Becker v Finanzamt Münster-Innenstadt EU:C:1982:7, [1982] ECR 53.

91) Case C-129/96 Inter-Environnement Wallonie ASBL v Région Wallonne EU:C:1997:628, [1997] ECR I-7411; C-144/04 Werner Mangold v Rüdiger Helm EU:C:2005:709, [2005] ECR I-9981.

92) Case 152/84 Marshall v Southampton and South-West Hampshire Area Health Authority (Teaching) EU:C:1986:84, [1986] ECR 723, para. 48.

93) C-106/89 Marleasing EU:C:1990:395, [1990] ECR I-4135; Joined Cases C-6 and C-9/90 Francovich and others v Italy EU:C:1991:428, [1991] ECR I-5357.

Ⅳ. EU 입법 및 사법 절차

1. 입법절차

가. 법률의 제정

(1) 개관

EU 공통의 법령을 제정하기 위한 절차는 유럽연합 운영조약에서 정하고 있다.

위 조약 제289조는 "보통입법절차는 위원회의 제안에 의거하여 유럽의회 및 이사회에 의해 공동으로 채택되는 Regulation, Directive 또는 결정으로 구성된다"고 규정하고 있다. 유럽시민들(회원국 국적자)의 직접 선거로 선출된 대표자들로 구성한 유럽의회와 각 회원국 각료들로 구성된 이사회 모두의 승인을 받도록 한 점에 입법 과정의 특징이 있다. 이는 미국 연방법의 입법이 유권자의 직접선거에 의해 선출된 대표자로 구성된 하원과 주(洲)의 대표자로 구성된 상원 모두의 승인을 거쳐 이루어지는 것과 유사한 면이 있다.

유럽통합과정 초기에는 이사회의 만장일치 의결로 EU 입법이 이루어졌다. 이는 모든 회원국들에게 저마다 거부권을 부여하는 것이었으므로 입법은 더딜 수밖에 없었다. 1986년 단일 유럽법(Single European Act) 제정 및 1987년 로마 조약 체결 이후 보통입법절차에서는 회원국의 55% 이상이 찬성하고 찬성 회원국의 인구 합계가 유럽연합 전체 인구의 65% 이상인 경우 법안을 의결하는 가중다수결 제도가 도입되었다.[94]

1993년 마스트리히트 조약에서 이사회와 유럽의회의 공동입법제도가 채택되었다.

(2) 구체적 입법절차

유럽연합 운영조약 제294조에서 입법절차를 상술하고 있다. 집행위원회가 이사회와 유럽의회에 의안을 제출하면 두 기관 모두의 승인을 받기 위한 절차가 개시된다.

① 제1독회: 유럽의회가 제1독회에서 자신의 입장을 채택하여 통보하면 이사회는 그에 대한 채택 여부를 결정하여 다시 이를 유럽의회에 통보한다. 이사

---

94) Catherine Barnard, 각주 2, p. 11.

회의 승인이 있으면 당해 법령은 유럽의회가 정한 문언대로 채택된다.

② 제2독회: 이사회가 유럽의회 입장을 채택하지 않는 경우, 유럽의회는 이를 통보받은 날로부터 3개월 이내에 이사회 입장에 대한 승인 여부를 결정하여야 한다. (i) 유럽의회가 이사회 입장을 승인하거나 3개월 내에 입장을 정하지 않는 경우 당해 의안은 이사회 입장대로 채택된다. (ii) 유럽의회가 재적의원 과반수의 찬성으로 이사회의 입장을 거부하는 경우 제안된 법안은 채택되지 않는다. (iii) 유럽의회는 과반수의 찬성으로 입장의 개정을 제안할 수 있다.

③ 위 (iii)의 경우 유럽의회는 개정안을 집행위원회 및 이사회에 송부하여야 하고 집행위원회는 의견을 제출하여야 한다. 이사회가 개정안 회부 후 3개월 내에 가중다수결로 승인하는 경우 개정안이 채택된다. 집행위원회가 개정안에 대해 부정적인 의견을 제출한 경우 개정안은 이사회의 전원일치 찬성으로 채택된다.

④ 조정: 이사회가 개정안을 승인하지 않는 경우 이사회 의장은 유럽의회 의장과 합의하여 6주 내에 조정위원회를 소집한다. 조정위원회는 이사회와 유럽의회 위원이 같은 수로 참여하고 6주 내에 공동 문안에 대한 합의를 도출한다. (i) 이사회 구성원 또는 이사회 대표자의 가중 다수결, 유럽의회 대표자의 다수결로 찬성한 경우 조정위원회 공동문안이 채택된다. (ii) 조정위원회가 소집된 때로부터 6주 내에 공동 문안을 승인하지 않는 경우 당해 법안은 채택되지 않는다.

나. 집행위원회 위임입법의 제정

법률은 집행위원회에 법률 중 본질적이지 않은 요소를 보완 또는 수정하는 내용으로서 일반적으로 적용되는 법령을 채택할 권한을 부여할 수 있다. 그 목적, 내용, 범위, 위임기간이 명시적으로 법률에 규정되어야 한다. 본질적인 요소는 법률에 규정되어야 하고, 따라서 위임의 대상이 될 수 없다(제290조 제1항).

법률은 명시적으로 위임에 관한 조건을 규정하여야 하는데, 여기에는 (i) 유럽의회 또는 이사회가 위임을 철회할 수 있다는 취지, (ii) 위임에 따라 제정된 집행위원회 입법은 법률이 정한 기간 내에 유럽의회 또는 이사회가 명시적으로 반대하지 않는 경우에만 효력을 가진다는 취지가 포함된다. 위임의 철회 및 집행위원회 입법 내용에 대한 반대는 유럽의회 다수결, 이사회의 가중 다수결에 따른다(제290조 제2항). 집행위원회가 제정한 법령에는 '위임된 법령'이라는 기재가 포함되어야 한다(제290조 제3항).

다른 한편으로 제291조는, 유럽연합 법률을 각 나라에 실행하는 과정에서 동일한 기준을 적용할 필요가 있는 경우 집행위원회에 실행 권한을 행사할 수 있도록 그에 관한 법규 및 일반원칙을 제정할 권한을 부여할 수 있다. 이에 대해서는 위임의 철회 등에 관한 제290조의 제한이 없다.

그러나, 제290조와 제291조의 관계가 명확한 것은 아니다. 위임 방법의 선택에 관한 문제가 쟁점이 된 사안(Case C427/12)에서, 집행위원회는 제290조가 본질적이지 않은 사항에 관하여 집행위원회에게 입법의 내용을 보충하는 준입법권을 부여한 반면 제291조의 대상이 EU법의 회원국 내 실행을 위한 순수하게 기술적인 사항에 한정된다는 주장을 제기하였다. 그러나, EU 사법재판소는 위임입법에 관한 제290조와 제291조의 선택에 관하여 입법자가 재량을 가진다고 판결하였다.

2. EU 사법절차

가. 개관

유럽연합 법원은 사법재판소(Court of Justice), 일반재판소(General Court) 및 전문재판소(specialized court)로 구성된다(유럽연합조약 제19조).

나. 사법재판소

(1) 법원의 구성

사법재판소는 각 회원국당 한 명의 재판관으로 구성되고 재판관은 11명 법무관(advocate general)의 보좌를 받는다(유럽연합조약 제19조 제2항, 유럽연합운영조약 제252조). 재판관은 공개법정에서 사안의 법률적 쟁점에 대한 상세한 의견을 개진한다(유럽연합 운영조약 제252조).

재판관 및 법무관은 독립성에 의심의 여지가 없고 각 회원국에서 최고의 재판관직에 필요한 전제조건을 충족하고 있는 인물 또는 탁월한 능력을 가진다고 인정되고 있는 법률가가 선임되어야 한다. 재판관 및 법무관은 패널의 협의 후 회원국 정부의 상호 합의에 의거하여 임용된다. 재판관 및 법무관은 6년의 임기로 운영된다(유럽연합 운영조약 제253조).

법원은 통상 3인 내지 5인의 재판관으로 구성된 소법정(chamber)을 통해 운영된다. 회원국 또는 EU 기관의 요청이 있는 경우에만 15명 재판관으로 구성된 대법정(Grand Chamber)을 통해 심리한다.

(2) 관할

유럽연합 법원은 EU 기관들의 입법행위 및 제3자에 대한 법률적 효력이 있는 행위의 적법성을 심사하는데, 사법재판소는 제2심으로서 이를 수행한다.

사법재판소는 선결적 검토에 대해서는 전적인 관할권을 가진다. 즉, 회원국 법원은 유럽연합 제조약의 해석 문제, 유럽연합의 기관·조직 및 부서가 제정한 법령의 유효성에 관한 판단 및 해석 문제가 재판에서 제기된 경우 이를 결정해 줄 것을 유럽연합 사법재판소에 요청할 수 있다(유럽연합 운영조약 제267조).

다. 일반재판소

(1) 구성

일반재판소 재판관의 수(數)는 사법재판소 규칙에 따라 결정된다(유럽연합 운영조약 제254조). 다만, 일반재판소 재판관은 각 회원국당 한 명의 재판관으로 구성되어야 한다(유럽연합조약 제19조). 재판관은 회원국들의 합의에 따라 6년의 임기로 지명되며 임기는 갱신할 수 있다(유럽연합조약 제19조 제2항, 유럽연합 운영조약 제254조). 일반재판소 재판관은 독립성에 의문의 여지가 없고 높은 사법적 직무를 수행할 능력이 있는 사람들 중에서 선임되어야 한다(유럽연합 운영조약 제254조 제2항).

일반재판소 역시 3인 내지 5인으로 구성된다. 일반재판소는 법률적 난이도가 높거나 사건의 중요도 혹은 특수한 사정을 고려하여 필요한 경우 15인으로 구성된 대법정(Grand Chamber) 또는 다른 수로 구성된 소법정(Chamber)이 사건을 담당한다(사법재판소 규정 제50조). 사법재판소와 달리 일반재판소 재판관들은 법무관의 역할을 수행하도록 요청 받을 수 있다(사법재판소 규정 제49조).

(2) 관할

입법행위의 적법성 및 유럽연합 기관들 행위의 적법성에 대한 사법심사 등은 전문재판소가 관할을 가진 경우를 제외하고는 제1심으로서 관할권을 가진다(유럽연합 운영조약 제256조). 자연인 또는 법인이 유럽연합의 기관, 기구, 사무소, 대행자 등을 상대로 제기한 소송, 회원국이 집행위원회 및 이사회를 상대로 제기한 소송 등도 일반재판소가 담당한다(유럽연합 운영조약 제268조).

라. EU 법원 판결례의 인용 방법

EU 법원의 판결례에는 사건번호, 당사자, 공식 판례집, 연도, 수록면수를 표시한다. 공식적인 판례집은 Report of Cases Before the Court of Justice of the European Union, 약칭 ECR[95]이다.

- Case 152/84 Marshall v Southampton and South-West Hampshire Area Health Authority (Teaching) [1986] ECR 723.
- Joined Cases 110 & 111/78 Van Wesemael [1979] ECR 35.

1989년 일반재판소 설립 이후에는 사법재판소와 일반재판소를 구분하여 표시한다.

- Case C-445/09 IMC Securities v Stichting Autoriteit Financiële Markten [2011] ECR I-5917.
- Case T-1/89, Rhone-Poulenc SA v. Commission of European Communities [1991] ECR Ⅱ-869.

2012년부터는 EU 사법재판소 판결례가 온라인으로만 제공된다. 판례 식별번호(European Case Law Identifier, ECLI)를 표기한다.

- Case C-174/12 Alfred Hirmann v Immofinanz AG EU:C:2013:856.

본서에서는 2011년 이전 선고되어 공식 판례집에 수록된 판례도 판례 식별번호를 함께 기재하기로 한다.

- Case C-101/08 Audiolux SA and Others v Groupe Bruxelles Lambert SA

95) European Court Report를 의미한다.

(GBL) and Others EU:C:2009:626, [2009] I-9823.

한편, EU 법원의 판결례를 비롯하여 여러 Regulation, Directive, EU 집행위원회나 유럽증권시장청 등 기관, 기구들의 공식 문서는 모두 'EUR-Lex' 웹사이트(https://eur-lex.europa.eu)에서 찾아볼 수 있다.

제2장

EU 증권법의 역사적 발전 과정

Ⅰ. 역사적 발전 과정의 개관

이하에서는 EU 증권법의 발전 과정을 세 단계로 나누어 살펴보고자 한다.

제1 단계는 1966년 Segré 보고서에서 증권시장 통합의 필요성을 언급한 후 더디지만 상장, 공시제도, 내부자거래 등에 관한 몇 가지 주목할 만한 입법이 이루어진 시기이다. 상당수 회원국에서 증권 규제가 체계적으로 정비되어 있지 않았던 탓에 EU 차원의 입법이 곧 회원국의 증권 규제를 마련하는 의미도 있었다. 다만, 공통의 입법보다는 규제경쟁에 기초한 최소한의 통합(minimum harmonization) 원칙이 지배하던 시기이다.

제2단계는 1999년 금융서비스 발전 계획(Financial Services Action Plan) 및 Lamfalussy 프로세스에 의해 증권법 분야에 특유한 신속한 입법과정이 마련되고 나아가 EU 증권법의 실행 및 감독에 관해서도 회원국들 간의 협력 체제가 강화되던 시기이다. 이 시기에는 초점이 규제경쟁에서 공통의 입법 및 감독/집행으로 이동하기는 하였지만 여전히 금융감독은 금융거래의 자유화를 촉진하는 방향으로 작용하고 있었다.

제3단계는 2008년 글로벌 금융위기 이후 유럽 단일의 감독기구를 마련하고 규제체계를 강화한 시기이다. 현행 EU 증권법, 곧 이 시기 채택되어 체계를 갖춘 여러 EU Regulation은 2008년 금융위기 이후 보다 강화된 개입주의적인 태도를 반영하고 있다.

Ⅱ. 금융 서비스 발전 계획(Financial Services Action Plan) 이전 초기 통합 과정

1. 배경

가. Segré 보고서[96)]

증권법 통합 과정의 역사는 1960년대로 거슬러 올라간다. EEC 집행위원회의 위임에 따라 Claudio Segré가 주도하는 일군의 전문가들이 작성한 Segré 보고서에서는, EU 증권시장의 중대한 구조적 결함으로서 회원국들이 상이한 규제 혹은 중복적인 규제를 시장 참여자들에게 부과함으로써 시장 통합이 저해되고 있다는 점을 지적하였다. 이러한 문제점을 해소하기 위한 방안으로 Segré 보고서는 특히 자본조달 과정 및 기업정보 공개에 관한 단일한 규정이 필요함을 제시하였다.

나. 회원국 증권 법제의 미비

우선 유럽의 개별 회원국 차원에서 증권에 관한 규제가 충실하게 갖추어져 있지 않았다. 12개 EU 회원국 중 7개 국가는 최초 상장(IPO)과 관련하여 투자설명서를 요구하지 않았고 9개 국가는 내부자거래에 관한 형사처벌 규정이 없었다.[97)] 이는 대공황 이후 1933년 증권법, 1934년 증권거래법을 제정하면서 일찌감치 증권법이 독자적인 법영역으로 발전하였던 미국의 경우와는 대별된다.

다. 유럽 공통 규정의 미비

유럽연합 차원에서도 1970년대까지는 공통의 증권법은 존재했다고 보기

---

96) Report by a Group of Experts Appointed by the EEC Commission, The Development of a European Capital Market (1966), p. 30.

97) Manning Gilbert III Warren, The European Union's Investment Services Directive, 15 University of Pennsylvania Journal of International Law, pp. 185~186 (1994).

어렵다. 이 시기 EU의 법률 통합은, 증권법 영역보다는, 회사 주주 보호에 관한 사항, 다른 회원국 법인들 간의 합병, 회원국이 아닌 유럽연합에 등록한 회사 등 회사법의 통합 내지 조정에 초점이 맞추어져 있었다.[98] 증권법의 통합 과정은 1977년 집행위원회가 증권거래의 행위규범에 대한 공동의 입법을 제안할 때까지는 별다른 진전이 없었다.

이러한 조건에서 외환 통제를 비롯한 각종 규제의 존재, 국적에 기반한 규제의 차별성이 단일한 증권시상의 출현을 가로막고 있었다.[99] 미국에서는 주간 통상을 규제하는 법률 제정을 의회가 가지고 있다는 점이 헌법적 원리로 승인되었기 때문에 주별로 다른 증권 제도가 증권법의 발전에 별다른 장애가 되지는 않았던 것으로 이해된다. 반면, 나라별로 상이한 증권 제도를 EU 차원의 단일한 틀로 규율하려는 시도는 1970년대 후반에서야 처음으로 초보적인 수준에서 나타나게 된다.

2. 주요 입법

가. 최초의 증권법 Directive

1979년 상장심사에 관한 공통의 기준을 만들려고 한 Admission Directive[100]를 시작으로 1980년 상장시 제출할 투자설명서에 관한 공통의 규정을 제정한 상장 제출 문서 Directive (Information Directive),[101] 1981년 EU 주식시장에 상장된 회사들에 대해 연 2회 재무제표 등의 공시를 요구한 중간 보고서 Directive (Interim Reports Directive)[102]가 차례로 제정되었다. 그 목표는 회원국들 법률 간의 커다란 차이를 좁히고 투자자들에게 충분하고 적합한 정보가 제공되도록 함

98) Takis Tridmas, EU Financial Regulation: Federalization, Crisis Management, and Law Reform in The Evolution of EU Law, pp. 784~785 (Paul Craig & Grainne De Burca, Oxford University Preess, 2nd edition 2011).

99) Manning Gilbert III Warren, 각주 97, p. 186.

100) 정식 명칭: Council Directive 79/279/EEC of 5 March 1979 coordinating the conditions for the admission of securities to official stock exchange listing.

101) 정식 명칭: Council Directive 80/390/EEC of 17 March 1980 coordinating the requirements for the drawing up, scrutiny and distribution of the listing particulars to be published for the admission of securities to official stock exchange listing.

102) 정식 명칭: Council Directive 82/121/EEC of 15 February 1982 on information to be published on a regular basis by companies the shares of which have been admitted to official stock-exchange listing.

으로써 전통적인 은행 의존 일변도에서 벗어나 자금조달 창구로서 증권시장의 비중을 높이는 데에 있었다.[103)]

나. 1980년대의 증권법 Directive

1980년대 들어 영국 대처행정부가 런던 증권거래소의 고정 수수료율을 폐지하고 딜러와 브로커 간 겸업을 허용하는 개혁조치(Big Bang)를 단행한 것을 비롯하여 유럽 전역에서 금융자유화를 위한 조치들이 시행되었다.[104)]

이 무렵부터 EU 증권 규제의 기본 골격을 형성하는 여러 입법들이 이루어졌는데, ① 10%, 20%, 50%, 3분의 2 지분을 취득한 자의 주식 취득 공시를 의무화한 Council Directive 88/627/EEC,[105)] ② 상장 시 발행되는 투자설명서에 관한 공통의 기준을 마련한 Council Directive 89/298/EEC[106)]가 제정되었다. 이는 79년부터 81년까지 제정된 Directive들을 대체하는 것이었으며, 현행 투자설명서 Regulation 및 유통공시 Directive로 계승되고 있다.

공시에 관한 문제 외에 ③ 내부자거래에 관한 Council Directive 89/592/EEC[107)] 역시 이 시기 처음으로 제정되었다. 위 Directive는 감독 및 경영 이사회 참여, 지분 보유, 고용, 직업 등에 따라 회사 내부 정보를 알게 된 자와 그 밖의 자를 구분한 후 전자에 대해서는 미공개중요정보를 이용하여 거래하는 행위 및 이를 다른 사람에게 누설하는 행위를, 후자에 대해서는 미공개중요정보를 이용하여 거래하는 행위만을 금지하고 있다(제2조 내지 제5조). 당시까지는 시세조종 등에 대한 EU 차원의 금지 규정은 존재하지 않았다. 현행 불공정거래행위 Regulation[108)]은 내부자거래 외에 시세조종까지 이를 규제의 대상으로 삼는 한편 내부자거래에 있어 모든 사람에게 미공개중요정보의 이용 및 누설 행위를

103) Recitals (12) of the Directive 80/390/EEC.

104) Manning Gilbert III Warren, 각주 97, p. 187.

105) 정식 명칭:Council Directive 88/627/EEC of 12 December 1988 on the information to be published when a major holding in a listed company is acquired or disposed of.

106) 정식 명칭: Council Directive 89/298/EEC of 17 April 1989 coordinating the requirements for the drawing-up, scrutiny and distribution of the prospectus to be published when transferable securities are offered to the public.

107) 정식 명칭: Council Directive 89/592/EEC of 13 November 1989 coordinating regulations on insider dealing.

108) 본서의 제6편 제1장 참조.

금지하고 있다.

또한, ④ 투자회사 및 투자서비스에 관한 Council Directive 93/22/EEC[109] 역시 제정되었다. 위 Directive 93/22/EEC를 통해 등록지 회원국이 EU 차원에서 행해지는 발행자의 자금 조달 활동을 관할한다는 원칙이 처음 도입되었다. 이는 현행 MiFID로 승계되었다. 감독의 관할에 관한 원칙은 다른 EU 법령에도 동일하게 적용된다.

3. 특징

위와 같은 입법은 모두 Directive의 형태로 이루어졌다. 이는 회원국들에게 입법 의무를 부과하는 것이다. 아직까지 증권 규제 체계를 갖추고 있지 못하던 여러 유럽 대륙 국가들은 이러한 과정을 통해 처음으로 독자적 법영역으로서 증권법을 마련한 것으로 평가된다.[110]

이 시기 입법은 최소한의 통합(minimum harmonization)에 초점을 두고 있었다. 즉, 유럽연합은 완전하게 통일된 법령에 의해 회원국들 간 법령의 차이를 제거하려 한 것이 아니다. 오히려, 이 시기 EU 입법은, 예를 들어 공시에 관한 규정의 경우, 회원국 법률이 증권 보유자에게 적절한 정보를 공개한다는 점만 보장된다면 회원국 법률을 인정하면서 조화를 도모하면 된다는 태도를 보이고 있었다.[111] 집행위원회 역시 공동의 공시기준을 제정하기보다는 회원국 법률의 상호 인정에 초점을 맞추고자 하였다.[112] 이는 상품 이동의 영역에서 채택된 EU 사법재판소의 Cassis de Dijon 판결에서 인정된 것이기도 했다.

4. 한계

최소 기준에 의한 법령 통합 과정은 명백한 한계를 가질 수밖에 없었다. 즉, Directive에 따라 제정된 회원국들의 법률은 상호 일치하지 않았고 입법 과

109) 정식 명칭: Council Directive 93/22/EEC of 10 May 1993 on investment services in the securities field.

110) Marvin Fechner & Travis Tipton, Securities Regulation in Germany and the U.S. (Comparative Corporate Governance and Financial Regulation Select Seminap Papers, Spring 2016), p. 1.

111) Recitals (12) of the Directive 80/390/EEC.

112) N. Moloney, 각주 22, pp. 22~23.

정은 때로는 지연되었다.[113]

또한, 회원국들의 금융감독 체계를 조율하는 과정 역시 발전하지 못하고 있었다.[114] 단순히 회원국 입법에 관한 지침을 마련하는 것으로는 단일의 증권시장을 형성하는 데에 장애가 있을 수밖에 없었다.

이러한 문제에도 불구하고 1999년 유럽 단일통화 도입 시점까지 유럽통합 과정에서 증권시장 통합은 정책적 우선순위에서 뒤로 밀려 있었다.[115]

Ⅲ. 금융서비스 발전 계획(Financial Services Action Plan) 이후 증권법 통합의 가속화 단계

1. 금융서비스 발전 계획(Financial Services Action Plan)

온라인 투자의 출현과 같은 기술적 발전, 자본이동 자유화의 진전, 투자자들의 범(凡) EU 증권시장에 대한 투자 확대와 함께 증권 법제 및 감독 역시 보다 높은 정도의 통합이 필요한 상황이 도래하였다.[116]

제2단계 통합과정은 1999년 단일통화 유로의 도입과 함께 EU 집행위원회가 금융서비스 발전 계획(Financial Services Action Plan, FSAP[117])을 제시하면서 시작되었다. FSAP는 EU 증권법의 입법과정이 너무 느리고 경직적이어서 빠르게 변화하는 시장 환경에 적절하게 대응할 수 없다는 점을 지적하였다. FSAP는 (1) 도매 금융서비스 분야의 단일 시장 창설, (2) 소매금융의 투명성 및 안전성 확보, (3) 건전성 규제 강화 등을 정책적 목표로 제시하였다. FSAP은 이러한 목표를 달성하기 위해 광범위한 분야에 걸쳐 회원국 국경을 뛰어넘는 단일한 규정을 신속하게 만들어 실행할 필요가 있다는 점을 강조하였다.

---

113) Rainer Kulms, European Corporate Governance after Five Years with Sarbanes-Oxley in Perspectives on Corporate Governance, p. 429 (F. S. Kieff, & T. A. Parades, Cambridge University Press, 2010).

114) N. Moloney, 각주 22, p. 24.

115) Rainer Kulms, 각주 113, p. 429.

116) N. Moloney, 각주 22, pp. 24~25.

117) Financial Services: Implementing the Framework for Financial Markets: Action Plan (Communication of the Commission, 1999. 5. 11).

2. Lamfalussy 프로세스

가. Lamfalussy 보고서의 골자

이어 경제, 금융 관료들로 구성된 경제금융위원회(Economic and Financial Affairs Council, ECOFIN)는 Alexander Lamfalussy를 위원장으로 하는 위원회를 구성하여 유럽 증권시장의 발전 정도를 평가하고 새로운 규제 틀을 만들어 이를 신속하게 실행하는 데 필요한 새로운 입법절차를 고안할 것을 요구하였다.

위원회의 2001. 2. 15.자 보고서는 유럽 증권시장법의 발전을 가로막는 가장 중요한 장애는 너무 느린 입법절차에 있다는 점을 지적하였다. 위 보고서에 따르면 회원국들 간, EU 기관들 간에 정치적 합의가 끝난 상황에서도 증권시장 입법에는 2년 이상의 시간이 소요되었다.[118] 또한, EU Directive에 대한 해석, 적용이 회원국마다 상이하다는 점 역시 문제로 지적되었다.[119]

위 보고서는 보다 집중적인 법률 제정 프로세스를 제안하였는데, 이는 핵심적인 큰 틀의 원칙과 보다 상세한 규정의 준별, 단일한 입법을 넘어서 감독 및 법령 집행 과정의 통일성 확보를 핵심으로 하는 것이었다.[120]

나. Lamfalussy 프로세스: 증권법에 관한 4단계 접근

Lamfalussy 프로세스는 EU 법률 규정 및 해석의 통합, 집행 과정의 통일을 강화하는 한편으로 입법 속도를 개선하기 위한 이른바 4단계 접근 방법을 제안하고 있다.[121]

① 제1수준: 이사회와 의회가 정하는 EU 법률은 정치적 합의를 기초로 원칙과 기본적 내용에 집중하며, 세부적 사항은 집행위원회에 위임한다. 집행위원회가 법안을 제안하기에 앞서 그 골자에 관해 이사회와 유럽의회가 합의하도록 한다. 이를 통해 입법 과정이 금융시장 변화를 좇아가지 못하는 문제를 해결할

---

118) Final Report of the Committee of Wise Men on the Regulation of European Securities Markets (Brussels, 15 Februaryt 2001), pp. 14~15.

119) 위 보고서, p. 102.

120) Catherine Barnard, 각주 2, pp. 597~599; Harry McVea, EU Financial Services Action Plan in Corporate Finance in the UK and EU, pp. 400~401 (Dan Prentice & Arad Reisberg, Oxford University Press, October 2010).

121) 각주 118, p. 102.

수 있다.[122]

② 제2수준: 집행위원회는 제1수준 입법에서 정한 바에 따라 일종의 행정 입법을 제정할 권한을 위임 받는다. 집행위원회는 그중 보다 전문적, 기술적, 세부적 사항에 대해 다시 유럽 증권감독위원회(Committee of European Securities Regulator, CESR[123]))에 이를 위임한다.[124] 유럽 증권감독위원회가 입법 과정에 참여함으로써 시장 참가자들의 입장이 반영될 수 있다.[125] 큰 틀의 원칙을 정한 제1수준 입법을 주로 Directive 형태로 한다면, 보다 세부적인 제2 수준 입법은 Directive와 Regulation의 두 가지 형태 중 적절한 것을 택한다.

③ 제3수준: 제1, 2수준 입법을 회원국 국내법으로 옮기는 과정, 혹은 회원국 내에서 EU 법령을 실행하는 과정에서 필요한 공통의 기준을 정교하게 마련할 필요가 있다. 이는 유럽증권규제위원회 주도로 회원국 감독당국의 협의를 통해 달성될 수 있다.

④ 제4수준: EU 법령 집행의 일관성 역시 강화할 필요가 있다.

다. 유럽증권감독위원회(CESR)의 역할

위와 같은 제안에 따라 각국 감독당국으로 구성된 유럽증권감독위원회(Committee of European Securities Regulators, CESR)가 구성되었다.

유럽증권감독위원회의 역할은 (1) 회원국 감독당국 간의 협력을 강화하고, (2) EU 증권 법률에 관한 가이드라인, 권고, 기준을 만들어 회원국들 간 해석의 통일성을 유지하며, (3) 증권 감독 EU 법률의 실행에서도 일관성을 확보하고, (4) 집행위원회의 자문기관으로 활동하도록 되어 있다. 즉, EU 증권법은 실체법의 통일을 지향에서 더 나아가 그 실행 및 감독의 통일까지도 지향하게 된 것이다.

3. 평가

1999년 이후 EU 증권법에 도입된 4단계 프로세스는 빠르게 변화하는 금융

---

122) 각주 118, p. 19.

123) 현재는 상설기구인 유럽증권시장청(European Securities and Market Authority, ESMA)로 개편되었다.

124) 그 밖에 제2수준 입법에는 유럽증권위원회(European Securities Committee, ESC), 유럽증권규제위원회(European Securities Regulators Committee, ESRC) 등이 관여한다.

125) N. Moloney, 각주 22, p. 868.

시장에 대응하여 입법절차의 신속성을 도모하는 외에 감독, 규제의 통합까지도 지향하는 의미가 있다. 즉, 변화된 체제 하에서 증권법의 통합은 단순히 법률을 통해 금융서비스, 자본, 사람의 이동을 가로막는 장벽을 제거하고 시장실패를 보완하는 수준에서 벗어나 보다 적극적으로 전체 EU 금융시장을 대상으로 한 집중화된 규제체계를 창설하는 데에 초점이 놓이게 되었다.[126)]

Lamfalussy 보고서는 증권법에 관한 한 EU 차원의 법률과 개별 회원국의 법률이 공존하고 EU차원의 감독기구가 입법 및 집행에 관여하는 일종의 '연방'을 구성하려 한 것으로 평가될 수 있다.[127)] 이는 보충성의 원칙에 따라 개별 회원국의 권한이 강조되던 종전의 입장에서 선회한 것이다. 이는 회원국 증권시장의 통합이 상당한 경제적 이익을 가져다 줄 것이고 이를 위해서는 EU 차원의 규제체계가 반드시 필요하다는 공통된 인식에 기초한 것이었다.

4. 중요입법

이 시기에 불공정거래행위 Directive (Market Abuse Directive),[128)] 투자설명서 Directive (Prospectus Directive),[129)] 유통공시 Directive (Transparency Directive),[130)] MiFID[131)] 등이 제정되어 1979년부터 1982년 사이에 제정된 Directive를 대체하였다. 이러한 법안의 내용을 간략히 소개하면 다음과 같다.

---

126) N. Moloney, 각주 22, p. 27.

127) Takis Tridmas, 각주 98, p. 787.

128) 정식 명칭: Directive 2003/6/EC of the European Parliament and of the Council of 28 January 2003 on insider dealing and market manipulation (market abuse).

129) 정식 명칭: Directive 2003/71/EC of the European Parliament and of the Council of 4 November 2003 on the prospectus to be published when securities are offered to the public or admitted to trading and amending Directive 2001/34/EC.

130) 정식 명칭: Directive 2004/109/EC of the European Parliament and of the Council of 15 December 2004 on the harmonisation of transparency requirements in relation to information about issuers whose securities are admitted to trading on a regulated market and amending Directive 2001/34/EC.

131) 정식 명칭: Directive 2004/39/EC of the European Parliament and of the Council of 21 April 2004 on markets in financial instruments amending Council Directives 85/611/EEC and 93/6/EEC and Directive 2000/12/EC of the European Parliament and of the Council and repealing Council Directive 93/22/EEC.

가. 불공정거래행위 Directive

불공정거래행위 Directive는 이전부터 다뤄지던 내부자거래 외에 처음으로 시세조종 등(market manipulation)까지 포함하였다.

또한, 내부정보의 신속한 공개의무를 규정한 것 역시 중요한 진전이다. 집행위원회 단계의 입법(Level 2)에 의해 현재에 이미 확정된 사실 외에 미래에 벌어질 일을 예단할 수 있도록 하는 폭넓은 정보까지 규율 대상에 포함하게 되었다. 결국 불공정거래행위 Directive 체계 하에서 폭넓은 정보를 가급적 신속히 공개해야 하고 그 이전까지는 누구도 당해 정보를 이용해서는 안 되게 되었다.[132]

나. MiFID

MiFID는 투자회사, 정규시장(Regulated Market), 다자간 거래소(MTF) 등의 개념을 정립하였다. 또한 MiFID는 투자회사의 인가, 운영조건, 행위규범 등에 관한 상세한 내용을 규정하였다. 이를 기초로 MiFID는 한 회원국에서 받은 인가가 다른 회원국에도 미치는 이른바 패스포팅(passporting) 시스템을 규정하고 있다.

MiFID의 중요한 진전은 모든 증권거래를 하나의 시장에서 수행하도록 한 이른바 거래집중원칙(concentration rule)을 폐지함으로써 정규시장, 다자간 거래소, 자기거래집행업자(SI)가 경쟁할 수 있는 제도를 도입한 것이다.[133]

다. 투자설명서 Directive 및 유통공시 Directive

투자설명서 Directive(Prospectus Directive)와 유통공시 Directive(Transparency Directive)는 이전 시기에 회원국 또는 거래소가 독자적인 공시규정을 적용할 수 있도록 되어 있던 상황에서 벗어나 정규시장의 증권 발행 및 유통 과정에서 최소한의 공통 정보가 공개될 수 있도록 하였다.

라. 기업인수 Directive

이 시기 또 한 가지 중요한 입법이 기업인수 Directive(Takeover Directive)이다. 각국의 인수합병 제도를 유럽연합 차원에서 통일적으로 규율하고자 하는

---

132) Rudiger Veil, 각주 86, p. 11.
133) Takis Tridmas, 각주 98, p. 789.

입법적 시도가 계속된 끝에 2004년 어렵게 기업인수 Directive가 제정되었다. 당초 집행위원회의 안은 영국의 시티 기업인수 코드(City Takeover Code)를 기초로 경영권 방어수단의 철폐, 공격적 M&A 시도에 대한 이사의 중립의무 등을 규정하였으나, 이에 대해 스칸디나비아 국가들을 포함한 여러 국가들의 광범위한 반대가 제기되어, 결과적으로 위와 같은 조치들의 채택 여부를 회원국 또는 회사에 선택에 맡기는 것으로 정리되었다.

Ⅳ. 2008년 글로벌 금융위기 이후 단일 규정의 마련

1. Larosière 보고서

가. 배경

2007년 초부터 서브프라임 모기지 사태가 불거지고 이에 따라 제도개혁의 필요성에 대한 논의가 다시 제기되면서 향후 각 회원국의 규제권한 강화를 주장하는 '적은 유럽(Less Europe)'과 EU 차원 규제의 강화를 옹호하는 '많은 유럽(More Europe)' 간의 논쟁이 진행되었다. 사태 초기에는 투자회사 인가 등의 상호인정(Passporting) 시스템의 제한, 회원국 감독의 강화를 주장하는 의견이 우세하였으나, 한 회원국의 위기가 쉽게 EU 전체의 위기로 전이되는 상황을 목도하면서 EU 차원의 대응을 강화할 필요성에 대한 공감대가 확대되었다. 글로벌 금융위기를 거치면서 회원국들은 쉽게 단일 규정집(single rulebook)을 도입하고 EU 감독기구의 권한을 강화할 필요가 있다는 점에 합의하고 있었다.[134]

금융위기가 진행 중이던 2008년 11월 집행위원회는 Larosière를 위원장으로 하는 '현인위원회(Wise Men Committee)'를 구성하여 유럽 금융규제의 문제점과 개혁방안을 제출할 것을 요청하였다. 그 결과 제출된 Larosière 보고서를 기초로 증권규제에 관한 개혁이 추진되었다.

나. 주요 내용

(1) 단일 규정집의 마련

Larosière 보고서의 핵심은 이전까지 Directive에 의존하던 방식에서 벗어나

---

134) N. Moloney, 각주 22, p. 889.

Regulation 중심의 단일한 규정집(single rulebook)을 마련, 시행하는 데에 있었다.[135)]

또한, Larosière 보고서는 은행과 같은 금융기관들이 초래한 위기를 당국이 예측, 관리하는 데 실패한 점을 지적하면서[136)] 헤지펀드 규제,[137)] 중앙청산소에 의한 파생상품 결제 의무화[138)] 등 새로운 개혁 방안을 제안하고 있다.

이는 향후 EU 증권법이 종래의 자율규제에서 벗어나 보다 많은 규제 및 개입을 추구할 것임을 예고하는 것이었다.[139)]

(2) EU 차원 증권감독의 강화

단일규정집과 함께 감독제도의 개선이 제안되었다. 위 보고서는 EU 시장 전체에 적용되는 일관된 규제 체계가 부족하여 규제 차익 및 경쟁 왜곡의 위험을 야기하는 한편으로 회원국 국경을 넘는 거래에 대해 불필요한 비용과 비효율성을 초래하고 있다고 지적하였다.[140)] 즉, 규제의 통일을 기하기 위해 마련한 회원국 감독당국 간 상호검토 제도(peer review)가 실효성이 없는 점,[141)] 위기 상황에서 의사결정 메커니즘의 부재,[142)] EU 차원의 거시건전성 감독의 부재[143)] 등이 EU 시장을 취약한 상황에 놓이게 하였다는 것이다.

그중 가장 핵심적인 부분은 EU 법률 해석의 일관성을 확보하는 강력한 제도가 존재하지 않는다는 점에 있다고 지적되었다. 따라서, 위 보고서는 일관된 법률뿐만 아니라 이를 개별 회원국에서 옮기는 과정(Lamfalussy 프로세스의 Level 3 과정)에서도 일관성을 확보하는 제도화되고 구속력 있는 체계가 필요함을 주장하였다.[144)]

이를 위해 위 보고서는 EU 차원 법률 및 그 위임에 따른 집행위원회의 법령, 이를 회원국 법률로 전환하는 과정(Level 1, 2, 3 과정)에서 중요한 역할을 수

---

135) Alastair Hudson, 각주 42, p. 138.

136) Larosière Report (25 February 2009) (https://ec.europa.eu/economy_finance/publications/pages/publication14527_en.pdf , 최종방문: 2020. 8. 2), p. 28.

137) 위 보고서, p. 25.

138) 위 보고서, p. 25.

139) Alastair Hudson, 각주 42, para. 7-42.

140) Larosiere Report, pp. 27~28.

141) 위 보고서, pp. 40~41.

142) 위 보고서, p. 66.

143) 위 보고서, pp. 39~40.

144) 위 보고서, p. 29.

행할 상설 기구의 설립을 제안하였다. 자본, 서비스, 인력 이동의 자유가 보장된 상황에서 한 회원국의 규제 미비는 EU 전체의 위기를 낳을 수 있는데, Larosière 보고서는 EU 차원의 공통된 규정을 마련하고 해석의 통일을 기하는 방식으로 보다 강력하게 규제를 시행함으로써 그러한 위험을 통제하고자 한 것이다.[145)] Larosière 보고서는 2010년 유럽증권시장청(European Securities and Market Authority, ESMA)을 비롯한 EU차원의 감독기구를 설립하는 배경이 되었다.

2. 이 시기의 주요 입법

앞선 시기 제정된 이사회·집행위원회 입법(제1수준 입법)은 Directive의 형태를 띠고 있었다. 그러나, 2008년 글로벌 금융위기를 거치면서 입법은 보다 강화된 통일화, 곧 Regulation의 형태로 바뀌게 된다.

가장 중요한 개혁 조치는 신용평가기관에 대한 규제의 도입이다. 금융위기가 발생한 이후 신용평가기관은 엄격한 조사의 대상이 되었는데, 복잡한 구조화 금융상품에 대한 느슨한 신용평가는 강한 비판을 받았다. 신용평가기관이 평가의 대상인 증권의 발행자로부터 보수를 받는 구조, 그로 인해 발생할 수 있는 잠재적인 이해상충이 문제로 지적되었다. 새로 제정된 신용평가기관 Regulation 하에서 신용평가기관들은 유럽증권시장청(ESMA)에 등록하여야 하고 이해상충의 회피 및 신용평가의 적정성 확보를 위해 마련된 각종 제도를 따라야 할 의무가 있다. 위 Regulation이 특히 중요한 의미를 가지는 것은 규제기관으로서 회원국의 감독당국이 아닌 EU 기구, 곧 유럽증권시장청(ESMA)을 지정하고 있다는 데에 있다.[146)]

금융위기 이후 위기를 초래하였거나 이를 증폭시킨 것으로 지목한 헤지펀드(Hedge Fund) 및 사모펀드(PEF)의 레버리지 거래 역시 개혁의 대상이 되었다. 또한, 공매도 및 신용부도스왑(Credit Default SWPAP, CDS) 거래에 대해서도 새로운 규율체계가 마련되었다.

3. EU 차원의 감독 권한 강화

금융위기 이후 회원국을 넘어선 유럽 차원의 금융감독이 보다 강화되었는

---

145) Niamh Moloney, 각주 22, p. 881.
146) Takis Tridmas, 각주 98, p. 789.

데, 이는 유럽시스템위기위원회(European Systemic Risk Board, ESRB)와 유럽금융감독시스템(European System of Financial Supervisors, ESFS)의 두 가지 기구를 축으로 한다.

유럽시스템위기위원회는 거시 건전성 감독을 주된 업무로 한다. 금융위기가 전개되는 과정에서 종래의 건전성 감독이 개별 금융기관에 집중되어 거시경제의 위험요소를 놓치고 말았다는 반성이 위 위원회 출현 배경이 되었다. 유럽시스템위기위원회는 거시경제적 변동에서 전체 금융시스템의 건전성에 위험이 될 만한 요소를 감시, 식별하는 역할을 한다. 유럽시스템위기위원회는 추세를 분석하고 시장 내의 불균형을 식별하며 위기요소를 발견할 책무가 있다. 유럽시스템위기위원회는 위기 요인이 출현하면 이를 조기에 경고하고 그에 대처하기 위한 권고사항을 발표할 수 있다.

유럽금융감독시스템은 그와 대조적으로 미시적 차원의 건전성 감독, 곧 금융기관을 일상적으로 감시, 감독하는 역할을 수행한다. 유럽금융감독시스템은 각 회원국 감독당국과 새로 창설된 3개의 EU 감독기구, 곧 유럽은행청(European Banking Authority, EBA), 유럽증권시장청(European Securities and Markets Authority, ESMA), 유럽보험·직업연금청(European Insurance and Occupational Pensions Authority, EIOPA)의 네트워크이다.

회원국 감독당국은 금융기관에 대한 일상적 감독업무를 수행한다. 금융기관이 파산하는 경우 EU 차원의 구제제도가 마련되어 있지 않은 이상 감독의 최종적 책임을 회원국에게 부여한 것이다.

그러나, 다른 한편으로 회원국 간 협력의 필요성을 강화할 필요성이 제기된다. 유럽은행청, 유럽증권시장청, 유럽보험·직업연금청은 각 회원국 감독기구의 감독과 관련한 정보를 취합하고 이들의 이견을 조율하는 역할을 수행한다.

4. 평가

Lamfalussy 프로세스에서 시작된 증권법의 연방화는 글로벌 금융위기 이후 더욱 강화되었다고 할 수 있다. EU 입법이 신용평가기관, 신용부도스왑(Credit Default SWAP, CDS), 공매도 등의 영역까지 포괄하게 되어 그 범위가 확대되었고, 종래에 Directive에 의존하던 데에서 Regulation 중심으로 변모하였으며, 보다 많은 집행위원회 입법(Level 2 입법)이 출현하여 회원국의 법령 해석 및 집행을 통일하게 되었다.

또한, 새로운 감독기구가 회원국 감독당국들 간 조정 역할은 물론 신용평가기관 등록 등 일정한 영역에서 독자적인 감독권한까지 가지게 되었다.

'최대한의 통합'은 여러 회원국에 투자하려는 사람에게 단일한 기준을 제공함으로써 법적 안정성을 제공할 수 있고, 이를 통해 거래비용을 절감하여 자본의 자유로운 이동을 촉진하는 측면이 있다. 규제경쟁이 야기할 수 있는 투자자 보호의 허점을 막을 수 있다는 장점도 있다. 법원이 주도하는 소극적 통합과 비교하면, 각 회원국 대표로 구성된 이사회 및 EU 시민에 의해 직접 선출된 유럽의회의 입법권에 의존한다는 점에서, 민주적 정당성의 확보 역시 용이한 면이 있다.

그러나, EU에 집중되는 권한은 회원국 정부에 비해 정치적 통제가 어렵다는 비판이 제기된다. 입법비용의 관점에서 적극적 통합이 소극적 통합보다 너무 많은 금전적, 시간적 비용이 소요되는 면도 있다. 규제경쟁이 없다면 규제체제가 보다 경직적으로 바뀔 가능성도 있다. EU 차원의 입법이 개별 회원국의 특수한 사정을 반영하지 못할 위험을 배제할 수 없고, 특히 빠르게 변화하는 시장 상황의 구체성을 포착해 내지 못할 가능성도 있다.

Ⅴ. 향후 전망

EU 집행위원회는 2015. 9. 30. 보다 통합된 단일증권시장을 위한 계획(Capital Markets Union Action Plan)을 통해 향후 유럽 증권시장이 기업의 자금조달 창구로서 기능을 충실히 수행하도록 하기 위한 청사진을 제시하였다. 이와 관련하여 집행위원회는 2015년 11월 투자설명서에 관한 규율을 Directive에서 Regulation으로 변경할 것을 제안하였고, 이에 따라 현재 투자설명서 Regulation(Prospectus Regulation)이 제정, 시행되고 있다.[147] 집행위원회는 위 계획의 일환으로 자산의 유동화, 벤처캐피탈, 사회적 기업 펀드 등에 대한 EU 공통의 입법을 추진하고 있다.[148]

147) Rudiger Veil, 각주 86, pp. 20~21.

148) https://ec.europa.eu/info/business-economy-euro/growth-and-investment/capital-markets-union/capital-markets-union-action-plan_en (최종방문: 2020. 7. 1).

한편 유럽 내에서 금융시장의 중심지 역할을 하던 영국이 2016년 6. 23. 국민투표결과에 따라 2020. 1. 30. 유럽연합을 탈퇴하였다. 이는 유럽의 증권 법제에 큰 변화를 몰고 올 것으로 예상되는데, 이와 관련된 문제는 제1편 제5장에서 다루기로 한다.

제3장

유럽 증권 규제의 체계 및 법원(法源)

Ⅰ. 현행 EU 증권법제의 체계

EU 차원의 증권법제는, 투자회사의 조직 및 행위규제, 발행공시, 유통공시, M&A 제도, 집합투자기구, 불공정거래행위 등 각 주제별로 하나의 Regulation 또는 Directive가 제정되어 있다.

1. Regulation 위주의 입법

2010년까지 증권 규제와 관련한 이사회 및 집행위원회 입법(제1수준 입법)에서 Regulation은 큰 비중을 차지하지 못했다. 과거 EU 증권 규제와 관련된 입법은 이사회 및 집행위원회 입법(제1수준)은 Directive, 집행위원회 위임입법(제2수준)은 Regulation의 형태로 이루어졌다.

그러나 글로벌 금융위기를 거치면서 EU 차원에서 보다 강화된 증권 규제가 필요하다는 공감대가 형성되었다. 유럽연합 이사회와 의회는 신용평가기관에 대한 Regulation 이후 불공정거래행위 Regulation(Market Abuse Regulation), 공매도 및 신용부도스왑 Regulation을 제정하는 등 법률(제1수준)에 있어서도 Regulation에 의존하는 태도를 보이고 있다.

투자회사, 금융상품, 거래소 등 증권시장의 근간이 되는 사항들이 종래에는 MiFID 한 곳에 규정되어 있었으나, 이 중 회원국 입법 없이 EU 전체에 단일하게 적용될 사항들은 별도의 Regulation(MiFIR)을 제정하여 여기에 이관하기도 하였다. 또한, EU 집행위원회 제안에 따라 투자설명서에 관한 규율이 과거 Directive 체제에서 현재는 Regulation으로 전환된 상태이기도 하다.[149)]

이처럼 Regulation의 비중이 높아진 것은 금융위기 이후 집행위원회의 의뢰로 작성, 제출된 Larosière 보고서가 Directive 방식의 규율 하에서 회원국들이 보유하는 재량이 법령의 통일적 해석, 적용을 곤란하게 했다는 비판을 제기한 데서 비롯된 것이다.[150)]

Regulation은 회원국 증권시장에 대해 직접 적용된다. 다만, EU 회원국들 법률은 대개 EU Regulation과 동일한 내용을 다시 반복하여 규정하거나 그 시행에 필요한 보다 구체적인 내용을 정하고 있다.

2. Directive에 의한 입법 지침의 제시

EU 증권시장의 근간을 이루는 투자회사 규제, 거래소 규제 등은 MiFID에, 정규시장 상장회사의 공시에 관한 사항은 유통공시 Directive에서 정하고 있다. 회원국은 이러한 Directive의 내용을 입법에 반영하여 자기 영역 내에서 시행할 의무가 있다.

Ⅱ. 주요 EU 회원국들의 증권법

1. 개설

각 회원국의 입법은 EU 차원의 여러 Regulation 및 Directive의 주제들을 하나 혹은 몇 개의 증권법률 내에 망라하여 포함하는 방식으로 이루어지는 것이 일반적이다. 독일의 증권거래법이 그러한 경우에 해당한다. EU에서 탈퇴하기 전 영국의 금융서비스시장법(Financial Services Market Act, FSMA) 역시 그러한 방식으로 제정되어 현재까지 효력을 유지하고 있다.

---

149) Rudiger Veil, 각주 86, p. 36.
150) Rudiger Veil, 각주 86, p. 36.

2. 독일[151)]

가. 법률

① 증권 규제에 관한 가장 중요한 법률은 2018. 7. 5. 대폭 개정된 증권거래법(Wertpapierhandelsgesetz, WpHG)이다. 증권거래법은 연방 증권감독기구인 BaFin(Bundesanstalt für Finanzdienstleistungsaufsicht)의 조직 및 권한, 불공정거래행위, 신용평가회사, 장외파생상품 거래, 중요한 지분 취득의 보고, 공매도 및 파생상품 규제, 투자회사에 대한 행위규제, 부정확한 정보 공개 등에 따른 책임, 행정적 제재 및 형사처벌의 내용 등을 망라하고 있다.

② 증권거래소법(Börsengesetz, BörsG)은 거래소의 인가, 설립, 기관 및 증권 거래방법에 관한 사항을 규율하고 있다. 증권거래소법 제32조는 정규시장에 상장하려는 회사는 반드시 투자설명서를 제출하고 상장심사를 받아야 한다는 점을 규정하고 있다. 상장신청 시 은행, 투자회사 등이 상장 주관회사(sponsor)로 지정되어야 하는데, 상장 주관회사는 상장과정에서 필요한 행정적 사무를 지원하는 한편으로 투자설명서를 실사하고 신청 회사가 기업공개와 관련된 규정을 준수하도록 하는 역할을 수행하여야 한다.

③ 투자설명서법(Wertpapierprospektgesetz,[152)] WpPG)은 독일 내에서 공개되어 정규시장에서 거래가 허가되는 증권에 대해서는 반드시 투자설명서가 작성되어야 한다는 점을 규정하고 있다(제3조 제1항). EU Prospectus Regulation(투자설명서 Regulation)의 시행에 관련된 사항, 즉, 투자설명서의 내용과 형식, 승인 및 공표 절차, 중요사항 허위공시 또는 공시누락에 따른 손해배상책임 등을 규정하고 있다.

④ 증권인수합병법(Wertpapiererwerbs- und Übernahmegesetz, WpÜG)은 EU 기업인수 Directive를 독일 국내법으로 전환한 것이다. 공개매수 등에 따른 공시사항 등을 규정하고 있다.

⑤ 자본투자법(Kapitalanlagegesetzbuch, KAGB)은 유럽연합의 UCITS Directive

---

151) 독일 연방금융감독청 BaFIN 웹사이트(https://www.bafin.de/EN/Homepage/homepage_node.html)에서 증권거래법 등 법령 자료를 찾아볼 수 있다.

152) 정식 법률명칭: Gesetz über die Erstellung, Billigung und Veröffentlichung des Prospekts, der beim öffentlichen Angebot von Wertpapieren oder bei der Zulassung von Wertpapieren zum Handel an einem organisierten Markt zu veröffentlichen ist.

및 대체투자펀드 관리회사 Directive (AIFM Directive)에 따라 펀드 투자자의 보호에 필요한 사항을 규정하고 있다.

EU법과 독일 국내법 간 대응관계는 다음과 같다.

구분	EU법	독일 국내법
강제공개매수	Takeover Directive	증권인수합병법(WpÜG)
투자권유 시 핵심정보문서 교부의무	PRIIPs Regulation	투자설명서법(WpPG)
투자설명서 작성의무	Prospectus Regulation	
정규시장 운영	MiFID	증권거래소법(BörsG)
투자회사 행위규제		증권거래법(WpHG)
계속공시	Transparency Directive	
불공정거래행위 규제	Market Abuse Regulation	
불공정거래행위 형사처벌	Market Abuse Directive	
공매도 규제	Short-selling Regulation	
신용평가회사 규제	CRA Regulation	
개방형 펀드(UCITS) 규제	UCITS Directive	자본투자법(KAGB)
대체투자펀드 규제	AIFM Directive	

나. 주요 하위 법령

위의 법률들은 재무성 등이 제정한 행정입법에 의해 그 내용이 보충되고 있다.

증권거래소 상장규정(Börsenzulassungs-Verordnung)은 증권거래소법의 내용을 구체화하는 규정으로 연방 재무성이 제정하였다.

증권거래법의 하위법령 중 비중 있는 것으로서, 투자회사의 영업행위 및 조직에 관한 규정(Wertpapierdienstleistungs-Verhaltens- und Organisationsverordnung, WpDVerOV)은 2014년 개정된 MiFID 및 그 위임에 의해 EU 집행위원회가 제정한 Delegated Regulation 2017/565/EU, Delegated Directive 2017/593/EU의 내용을 반영하고 있다.

증권인수합병법의 하위 법령으로서 WpÜG-Angebotsverordnung[153]은 임의

153) 정식 법률명칭: Verordnung über den Inhalt der Angebotsunterlage, die Gegenleistung bei Übernahmeangeboten und Pflichtangeboten und die Befreiung von der Verpflichtung zur Veröffentlichung und zur Abgabe eines Angebots.

적 또는 의무적 공개매수 시 공개매수설명서에 포함되어야 할 내용, 인수대가의 산정 등에 관한 기술적 사항을 포함하고 있다.

다. BaFIN의 법령 및 의견

독일 연방증권감독청(BaFIN)은 EU법 또는 독일 국내법의 위임에 따라 일반적 효력을 가지는 행정입법을 제정, 공표하고 있다. 또한, BaFIN은 consultation, guidance 등의 명칭으로 법률 조항 등의 해석에 관한 의견을 제시하고 있는데, 이는 법규로서의 효력은 없는 것으로 이해된다.

3. 프랑스

프랑스에서 증권법의 주요 法源은 화폐금융법(Code monétaire financier, C. mon. fin.)으로서 위 법은 은행과 증권에 관한 규정을 망라하고 있다. 또한, 상법은 주요 주주 공시 등에 관한 조항과 회사법(Code de commerce)을 포함하고 이다.

행정부에서 제정하는 다양한 하위 규정들(ordonnances)이 화폐금융법 등의 조항을 직접 참조해 가면서 법률을 보충하는 역할을 한다. 예컨대 법률 조항이 'Art. L. ….C. mon. fin.'이라면 관련된 규정의 조항들은 'Art. R. … C mon. fin.'와 같이 번호가 매겨진다. 법률이 기술적 사항을 포함하기 어렵고 구체적인 내용을 제시하지 않는 경우가 많기 때문에 이러한 하위 규정들이 실제 중요한 지침을 제공한다.

프랑스 금융감독당국인 Autorité des marchés financiers(AMF, 프랑스 주식시장감독국)가 제정하고 경제부 장관이 부서(副署)하는 일반규정(RG AMF)이 실질적으로 중요한 의미가 있다. 금융감독당국 AMF는 이른바 '칙서'를 통해 RG AMF에 관한 해석을 제공하고 특정한 의무에 관한 면제 대상을 결정한다. AMF는 통지(avis), 일반원칙(principes généraux), 핸드북(vade-mecum), 보도자료(communiqués), 권고의견(recommendations), 입장(positions) 등 다양한 형태의 문서를 발표하는데, 법원은 부분적으로 이를 입법에 준하는 것으로 취급하고 있다.

4. 이탈리아

증권과 관련된 규정은 이탈리아 통합 금융법(Testo Unico della Finanza, TUF)이 망라하고 있다.

TUF는 감독당국인 Consob에게 규정(regolementi)의 제정 권한을 부여하고 있는데, 그중에는 Consob과 중앙은행(Banca d'italia)이 함께 제정해야 하는 규정도 있다. 중요한 것으로 발행자에 관한 규정(Regolamento Emittenti), 금융시장에 관한 규정(Regolamento Mercati), 금융중개기관에 관한 규정(Regolamento Intermediary)이 있다.

감독당국인 Consob에서 발행하하는 통신(commimoazione)은 시장참여자가 자신에게 제기한 법률적 문제에 관해 다룬다. 통신은 원칙적으로 법적 구속력이 없으나 Consob은 그에 기하여 공법적 규제에 나서는 경우가 많으므로 사실상 구속력이 없다고 할 수 없다. 다만, 통신은 주어진 문제에 대한 답변을 포함하고 있을 뿐이어서 유사한 모든 상황을 전부 고려한 답변은 아니다.

5. 스페인

증권시장에 관한 1988. 7. 28.자 법률 24호(Ley 24/1988, de 28 de julio del Mercado de Valores, LMV)가 가장 중요한 法源에 해당한다. 위 법률은 주식회사법(ISA)에 대한 특별 규정에 해당하는 것으로 이해된다.

위 법률을 정점으로 정부가 발령하는 왕령(Royal Decree), 부(部)가 제정하는 Orden이 상위 법령의 내용을 보충하는 구조이다. 증권 관련 Orden은 대부분 경제금융부(Ministerio de Economia y Hacienda EHA)에 의해 제정된다. 스페인의 증권감독위원회 Comisión Nacional del Mercado de Valores(CNMV)가 제정하는 규정이 다시 다시 상위 규정을 보충한다.

6. 스웨덴

법률 체계는 의회에서 제정한 법률(lagar), 행정부가 제정하는 규정(förordningar), 금융감독기구가 제정하는 규정(föreskrifter)으로 구성된다. 법률은 하위 규정에 의해 그 내용이 보충된다. 자율규제기구의 권고 의견 역시 증권법의 해석, 운용에 있어 중요한 역할을 한다.

대부분의 증권법 조항들은 스웨덴 금융상품거래법(Lag om handel med finansiella instrument, LHF, SFS 1991:980[154])과 증권시장법(LVM, SFS 2007:528)에

154) 1825년 이후 제정된 모든 의회 입법 및 정부 규정 조항들은 공식 스웨덴 법령집(Swedish Code of Statutes)에 포함되어 있다. 이들 조문들은 입법연도 및 각 해당연도별 일련번호

망라되어 있다. 금융상품거래법(LHF)은 투자설명서, 공개매수, 주요 주주 공시, 금융감독기구(Finansinspektionen)에 관한 조항들을 포함하고 있다. 2007. 11. 1. 제정된 증권시장법(LVM)은 증권시장 및 청산법(Lan om borsoch clearingverksamhet, SFS 1992:543) 및 증권거래법(Lag om värdepappersrorelse, SFS 1991:981)을 대체한 것이다. 증권시장법은 금융 중개기관의 건전성에 관한 규정, 정기공시 및 수시공시, 정규시장 감독자의 의무, 감독기구의 투자회사 및 발행자 규제 권한 등을 다루고 있다. 그 밖에 특정한 금융상품의 소유구조 공개에 관한 법률(Lag om Anmalningsskyldighet Vissa Innehav av Finansiella lnstrument), 기업인수법(the Lag om offentliga uppköpserbjudanden på aktiemarknaden, SFS 2000: 1087), 투자펀드법(Lag om investeringsfonds, SFS 2004:46)이 증권법의 법원을 이루고 있다.

내부자거래 및 시장조작 행위를 금지하는 내용의 시장남용행위법(Lag om straff för marknadsmissbruk vid handel med finansiella instrument, SFS 2005:377)은 EU 불공정거래행위 Regulation에 의해 대체되었다.

Ⅲ. 영국의 증권법[155)]

1. 개관

증권을 비롯하여 금융 전반을 규율하는 성문 법률로서 금융서비스시장법(Financial Services and Markets Act 2000, FSMA)이 제정되어 있다. 위 법률 내용은 금융감독기구인 Fincnial Conduct Authority가 제정한 규칙, 곧 FCA 핸드북(Handbook)[156)]에 의해 보충된다.

에 의해 분류된다. 예컨대,'SFS 2005:551'는 2005년 551번째 법령을 의미한다. 각 법령들은 장(章)과 조항으로 구성된다.

155) 영국의 법령은 의회 웹사이트(www.legislation.gov.uk)에서, 영국, 아일랜드 공화국, 영연방 국가들의 판결례는 British and Irish Legal Information Instuitute (BAILII) 웹사이트(https://www.bailii.org/)에서 찾아볼 수 있다. 영국의 금융감독기관 FCA 웹사이트(https://www.fca.org.uk/)에서 핸드북 등을 확인할 수 있다.

156) 'Handbook'은 우리말로는 대개 '편람', '안내서' 등으로 번역된다. FCA Handbook이 여러 주제에 관해 방대한 지침을 제공하고, 이러한 용어가 적절한 측면도 있다. 그러나 FCA Handbook은 금융감독기구인 FCA 자신은 물론 감독의 대상인 여러 금융기관들에 대해 구속력을 가지는바, '편람', '안내서' 등은 이러한 측면을 포착하지 못한다고 생각된다. 본서에서는 원문 그대로 이를 '핸드북'으로 부르기로 한다.

다른 법원(法源)으로서 보통법의 판례법리가 특히 중요한 역할을 수행한다.

2. 원칙 중심 규제

가. 의의

영국의 증권법제가 유럽 대륙과 크게 차이나는 점은 이른바 원칙 중심 규제에 있다. 이러한 태도는 과거 감독기관인 FSA(Financial Services Authority), 현행 감독기관인 FCA(Financial Conduct Authority)가 금융감독에 관하여 취하는 접근방식이다. 원칙 중심 규제는 세부적, 처방적인 규정보다는 추상적인 기준과 목표(곧 원칙)를 제시하고자 한다.

예를 들어 FCA 핸드북(handbook)은 '11개 높은 차원의 기준(11 High Level Standard)[157]을 제시하고 있는데, 여기에는 정직(integrity), 기술·숙련·성실(Skill, care and diligence), 경영관리 및 통제(Management and control), 재무적 건전성(Financial Prudence), 행위규범의 준수(Market conduct), 고객과의 의사소통(Communication with clients), 이해상충 방지(Conflicts of interest), 수탁자로서의 책임(relationship of trust), 고객 자산의 보호, 규제 당국에 대한 협조가 포함된다.

나. 대륙 증권법제 등과의 비교

대륙 국가들은 보다 상세한 규정'(Rule)' 중심의 규제를 지향하여 명확하게 행위규범을 규정하고 각종 가이드라인, 감독당국의 게시판, 지침, 언론보도 등을 통해 위 행위규범의 내용을 최대한 세세하게 정하려고 하는 경향이 있다.

반면 영국은 이른바 원칙 중심 규제(Principle-based regulation)를 지향하여 규제의 목적 및 이를 달성하기 위한 추상적, 일반적 원칙을 제시한다.[158] 구체적인 달성 경로에 대해서는 피감독 금융기관에게 재량이 부여된다. FCA는, 예컨대 과당매매에 관하여, 그에 관한 세부적인 판단 기준, 이를 방지하기 위한 세부적인 교육훈련 프로그램, 세부적인 감독제도 등을 제시하기보다는, 과당매매를 금지한다는 취지의 규정을 만들면 된다는 것이다.[159]

이는 보다 상세한 규정에 의존하는 미국 SEC의 태도와도 구분된다.[160]

---

157) 영국 FCA 핸드북(handbook), Principles for Business, 2.1.1.항.

158) British Bankers Assoiciation, v. Financial Services Authority & Financial Ombudsman Service [2011] EWHC 999 (Admin) 50.

159) Committee on Capital Market Regulation, Interim Report 2006, pp. 63~64.

다. 평가

영국 FCA의 접근방법에 대해서는 관료주의의 폐해를 줄이고[161] 감독대상인 금융기관 자신의 전문적 지식을 활용할 수 있으며[162] 변화하는 환경에 신축적으로 대응할 수 있는 가능성을 열어 둠으로써[163] 영국 금융산업의 경쟁력 확보에 기여한다고 보는 견해가 있다.[164]

다른 회원국에서 상세한 규정이 금융기관의 잘못된 행위를 막지 못했다는 것이 FCA의 원칙 중심 규제를 뒷받침하는 근거가 되고 있다. 규제의 목표만 제시하고 그 구체적인 방법을 규정하지 않는 방식이 규제에 대한 순응 정도(compliance)를 높일 수 있다. 시장의 상황과 기술 발전이 급하게 이루어지는 현실에서 이러한 접근이 효용성을 가질 수도 있다고 생각된다.

그러나 원칙 중심 규제에 대해서는 법적 불확실성 측면의 우려가 제기된다. 또한, 이러한 문제 때문에, 금융기관과 감독당국 간에 이루어지는 비공식적인 접촉은 규제의 투명성을 저해할 우려가 있다.[165]

원칙 중심 규제는 유럽 대륙의 엄격한 성문법 전통, 포괄적 위임을 금지하는 헌법적 원칙과는 부합하기 어려운 것으로 보인다. 상세한 행위규범이 제시되지 않은 상태에서는 규제 위반에 대한 제재가 결국 FCA의 해석에 따라 결정될 수밖에 없기 때문이다.[166]

FCA의 접근방법은 유럽 내에서, 나아가 전 세계적으로도 유일한 것으로 보인다. 다만, 스웨덴 등 일부 국가에서는 일부 금융 규제에 대해 원칙 중심 규제의 적용 가능성에 대한 논의가 진행되고 있다.[167]

---

160) Rainer Kulms, 각주 113, p. 413.

161) Rüdiger Veil, Enforcement of Capital Markets Law in Europe – Observations from a Civil Law Country, 11(3) European Business Organization Law Review, pp. 414~415 (2010).

162) R. David, D. Awrey & W. Blair, Between Law and Markets: Is There a Role for Culture and Ethics in Financial Regulation, 39 Delaware Journal of Corporate Law, p. 219 (2013).

163) Rüdiger Veil, 각주 161, pp. 416~417.

164) Rüdiger Veil, 각주 161, pp. 414~415.

165) Rudiger Veil, 각주 86, p. 61.

166) 위의 책, p. 61.

167) 위의 책, p. 62.

3. 감독당국의 광범위한 행정입법권

영국 증권법제의 또 다른 특징으로서 금융서비스시장법(FSMA)은 규제당국에게 광범위한 입법권한은 물론 조사, 제재, 기소 권한을 부여하고 있다. 이러한 권한은 금융서비스시장법(FSMA)에 규정되어 있으나 보다 상세한 내용은 FCA 및 PRA[168]가 제정한 규칙을 모은 핸드북(Handbook)에 포함되어 있다. 보다 상세한 내용은 제9편 제1장 증권감독기구 부분에서 상술하기로 한다.

4. 브렉시트 관련 문제

영국은 2020. 1. 31. 유럽연합을 탈퇴하였으나, 영국과 EU 간 2019. 10. 19. 체결된 유럽연합 탈퇴조약(The EU-UK Withdrawal Agreement)에 따라 EU의 증권법제는 이행기간이 종료되는 2020. 12. 31.까지 영국 내에서 효력을 유지하였다. 또한, 영국은 2018년 유럽연합 탈퇴법(European Union Withdrawal Act of 2018)을 제정하여, 별도의 입법이 이루어질 때까지 EU법이 영국 내에서 효력을 미치도록 하였으므로, 2021. 1. 1. 이후에도 당분간 EU Regulation 등이 영국 내에서도 적용[169]될 것으로 보인다.

향후 영국은 EU와는 다른 독자적인 증권법제 입법에 나아갈 것으로 보이는데, 그 궤적을 추적하는 것은 이론적, 실무적 차원에서 모두 의미가 있다고 생각된다. 보다 상세한 내용은 제1편 제5장에서 다루기로 한다.

Ⅳ. 본서의 서술 체계

본서는 독자들의 편의를 위하여 현행 EU 증권법제를 가급적 우리나라 자본시장법 체계에 맞추어 서술하였다. 그에 따라 MiFID 등 일부 EU 법률은 본서의 여러 장(章)에 걸쳐 그 내용이 나누어 소개되고 있다. 현행 EU 증권법률의 주요 내용 및 본서의 대응 관계는 다음과 같다.

---

168) 'Prudential Regulation Authority'. 금융기관의 건전성 감독을 수행하는 기관을 말한다.
169) 다만, EU법은 영국의 국내법으로 그 법적 성격이 전환된 상태로 영국 내에서 적용된다.

법률의 명칭	주요 내용	본서의 해당 부분
MiFID, MiFIR	금융상품, 투자활동의 개념	제2편 제1장 및 제2장
	투자회사의 인가 및 패스포팅 시스템	제3편 제1장
	투자회사의 조직구조 및 내부통제	제3편 제2장
	투자회사 영업행위 규제	제3편 제3장
	거래소에 대한 규제	제8편 제1장
	고빈도 거래 관련 투자회사 의무 사항	제6편 제4장
	상품 파생상품 포지션의 보고 및 그에 관련된 감독기구의 권한	제8편 제4장
투자설명서 Regulation	일정 규모 이상 증권 발생 시 투자설명서 작성, 교부 의무 등에 관한 사항	제4편 제1장
유통공시 Directive	연차보고서 등 정기공시 의무에 관한 사항	제4편 제1장
	5% 이상 지분 취득에 따른 공시의무	제5편 제1장
회계감사 Directive	기업 외부회계 의무에 관한 사항	제4편 제2장
신용평가기관 Regulation	신용평가기관의 등록 및 규제에 관한 사항	제4편 제4장
자산유동화 Regulation	자산유동화 시 준수할 의무 및 '단순하고 투명하며 표준화된 유동화'의 내용에 관한 사항	제4편 제5장
기업인수 Directive	의무적 공개매수 제도, 이사의 중립의무 및 경영권 방어장치의 폐지 등 EU 공통의 인수합병 제도에 관한 사항	제5편
불공정거래행위 Regulation	내부자거래, 시장조작 행위의 개념, 범위, 행정상 제제에 관한 사항	제6편 제1장 및 제2장
	중요한 내부정보의 적시 공개(수시공시, 공정공시)에 관한 사항	제4편 제1장 제Ⅳ항
불공정거래행위 Directive	불공정거래행위에 대한 형사처벌 입법 의무	제6편 제2장
	고빈도 거래 관련 투자회사 의무 등	제6편 제4장
UCITS Directive	개방형, 환매형 집합투자기구(UCITS)에 관한 규제	제7편 제2장
대체투자펀드 관리회사 Directive	UCITS을 제외한 다른 펀드에 관한 규제	제7편 제3장
공매도 및 신용부도스왑 Regulation	공매도, 신용부도스왑(Credit Default SWAP, CDS) 거래의 제한 및 포지션 보고에 관한 사항	제8편 제2장
파생상품 Regulation	중앙청산소를 통한 파생상품 결제의무 등	제8편 제4장

본서는 위와 같이 EU 법률을 소개하면서 해당 부분에서 영국, 독일 기타 유럽 국가들의 국내 법률을 함께 소개하고자 한다.

제4장

유럽 증권법제의 통합과 다양한 자본주의론

Ⅰ. 서설

EU는 투자자와 자금 수요자 모두에게 보다 많은 기회를 부여하는 단일한 증권시장을 창설하겠다는 목표 아래 증권법제의 통합 작업을 진행해 왔다. 그러나, 엄연한 주권국가로서 서로 다른 정치, 경제, 사회 체제를 갖춘 회원국들의 시장을 통합하고 정치적 공동체까지 나아가겠다는 구상이 당연히 쉬운 일일 수는 없다. 특히 증권법, 보다 넓게는 회사법의 영역에서 상존하는 여러 차이들이 통합을 가로막는 면이 있다.

'다양한 자본주의론'(Varieties of Capitalism, VOC)은 유럽 증권법의 통합 과정을 설명하는 하나의 유용한 틀이 될 수 있다고 생각된다. 다양한 자본주의론의 관점에서는 자유주의적 시장경제체제(Liberal Market Economy)를 갖춘 영국과 조정적 시장경제체제(Coordinated Market Economy)를 갖춘 독일, 프랑스 등 대륙의 주요 국가 간의 차이가 통합을 가로 막는 요인으로 작용할 수 있다.

물론 이러한 관점은 사태를 지나치게 단순한 틀로 보는 것이어서, 예를 들어 이러한 구도 하에서는 경제구조와 발전 정도가 다른 남유럽 국가들과 선진 국가들 사이의 갈등을 이해할 수 없다. 다만, 후술하는 것처럼, 기업인수

Directive 등의 제정 과정에서 자유주의적 시장경제체제와 조정적 시장경제체제 간의 대립으로 설명할 수 있는 여러 갈등이 표명된 바 있고, 최근 영국의 유럽연합 탈퇴 역시 그러한 틀에서 이해될 수 있는 측면도 있다고 생각된다.

Ⅱ. 두 종류 다른 체제의 이질적 요소

1. 지분 분산 정도의 차이

영국과 대륙 국가들은 우선 지분 소유 구조에서 차이가 확인되고 있다. 런던 증권거래소(London Stock Exchange, LSE)에 상장된 회사들 중 약 90%는 25% 이상의 의결권을 가진 대주주가 없는 반면 독일의 상장회사들 중 약 85%는 그러한 대주주가 있다.[170] 2002년 기준 오스트리아, 벨기에, 핀란드, 프랑스, 독일, 아일랜드, 이탈리아, 노르웨이, 포르투갈, 스페인, 스웨덴, 스위스, 영국의 총 5,232개 상장기업을 조사한 결과, 이들 기업들 중 지분구조가 분산된 경우는 36.93%, 가족이 통제하는 경우는 44.29%로 조사되었는데, 전자는 영국과 아일랜드에, 후자는 유럽 대륙에 주로 분포하는 것으로 확인되고 있다.[171]

최종적인 지분구조를 따져 볼 때 최대주주가 현금흐름에 대해 가지는 지분은 독일 48.54%, 오스트리아 47.16%, 프랑스 46.68% 순으로 높았다. 반면, 최대주주의 현금흐름에 대한 지분이 낮은 곳은 아일랜드(18.82%), 영국(22.94%), 노르웨이(24.39%), 스웨덴(25.15%), 핀란드(32.98%) 등이었다. 최종적인 지분구조를 따져 산정한 최대주주의 의결권 비율 역시 이와 다르지 않았다. 의결권 지분율은 독일 54.50%, 오스트리아 53.32% 순서로 높았다. 가장 낮은 국가들은 아일랜드(21.55%), 영국(25.13%), 스웨덴(30.96%), 노르웨이(31.47%), 핀란드(37.43%) 등이었다.[172]

영국과 대륙 국가들의 지분구조 차이는 상장 기업들을 중심으로 나타나고 있다. Marc Goergen & Luc Renneboog에 따르면, IPO 시점에서 대주주들이 보유한 의결권은 독일의 경우 약 76.4%, 영국의 경우 약 63.8% 수준이었다.[173] 두

170) Marc Goergen & Luc Renneboog, Why are the levels of control (so) different in German and UK companies? Evidence from initial public offerings (European Corporate Governance Institute Working Paper, No. 07/2003), p. 1.

171) Faccio, M., & L.H.P. Lang, The Ultimate Ownership of Western European Corporations, 65(3) Journal of Financial Economics, p. 365 (2002).

172) Faccio, M., & L.H.P. Lang, 위의 논문, p. 389.

나라 기업들 모두 기업공개 이전까지 대주주에게 지분이 집중되어 있다는 점에서 차이가 없다. 그러나, 상장 후에는 차이가 나타난다. 영국의 기업들이 상장 후 빠른 속도로 분산된 소유구조로 전환되는 반면 독일의 지배주주는 높은 의결권 수준을 그대로 유지하고 있기 때문이다.[174] 영국 기업들의 경우 평균 2년 후에는 대주주 지분율이 50% 밑으로 떨어졌지만, 독일 기업들의 대주주는 5년 후까지도 50% 이상의 지분율을 확보하고 있었다. 독일 기업들은 6년이 되는 시점까지 지분의 35% 정도만 손바뀜이 일어났다.[175]

Olaf Ehrhardt & Eric Nowak 역시 유사한 결과를 내어 놓고 있다. 1970년 1월부터 1991년 12월까지 독일에서 신규 상장된 모든 기업들을 분석해 보면, 가족기업으로 분류된 105개 기업들의 경우 IPO 시점의 대주주가 10년이 지난 이후 시점까지도 경영권을 행사하고 있었다.[176]

2. 기업지배구조의 차이

소유구조의 차이는 기업지배구조에 영향을 미친다. 집중된 지분 소유구조 하에서는 기업집단이 형성될 가능성이 높다. 대규모 지분의 보유는 곧 유동성이 묶인다는 것을 의미하므로, 기업 지배에 소요되는 자금을 줄이기 위해서는 다층적인 지분 소유 구조가 필요하기 때문이다. 실제로 유럽 대륙에서 이러한 구조가 흔히 사용된다.

영국의 경우 피라미드식 지배구조가 금지되지는 않지만 흔히 사용되지는 않는다. 그 이유로 일찍부터 영국의 공시제도가 의결권 행사와 관련한 약정을 맺은 개인, 기업 주주들의 내역을 완전히 공개할 것을 요구하였기 때문이라는 설명이 있다.[177] 다른 한편으로 의결권 없는 주식을 발행한 회사들은 1990년대 초반 런던 증권거래소 및 기관투자자들의 요구에 따라 이를 의결권부 주식으로 전환한 반면, 독일 등 유럽 대륙에서는 의결권 없는 주식이 광범위하게 사용되

173) Marc Goergen & Luc Renneboog, 각주 170, p. 4.
174) Marc Goergen & Luc Renneboog, 위의 논문, p. 3.
175) Marc Goergen & Luc Renneboog, 위의 논문, p. 22.
176) Olaf Ehrhardt & Eric Nowak, Private Benefits and Minority Shareholder Expropriation – Empirical Evidence from IPOs of German Family-Owned Firms, (Center for Financial Studies No. 2001/10), p. 1.
177) Marc Goergen & Luc Renneboog, 각주 170, p. 8.

어 비교적 적은 자본으로도 기업 경영권을 확보할 수 있는 가능성을 높이게 되었다고 한다.178)

집중된 소유구조 하에서 기업집단이 형성되면 대주주는 자신의 경영권을 통해 소수주주로부터 사적 이익을 전용(轉用)해 오기 쉽다. 반면 분산된 소유구조 하에서는 대리인인 경영자가 주주와는 구별되는 독자적 이익을 추구하거나 자신의 지위를 유지하기 위해 회계상의 이익을 조작하는 등의 일이 회사법의 주요한 관심사로 제기된다.179)

Ⅲ. 서로 다른 두 체제의 내적 정합성

1. 문제의 소재

금융시장의 글로벌화와 함께 자유주의적 시장자본주의 혹은 앵글로 색슨(Anglo-Saxon) 모형이 대세가 되었다고 할 수 있으나, 영국과 미국을 제외한 다른 지역에서 집중된 소유구조가 근본적으로 변화한 것으로는 보이지는 않는다.180) 금융과 기업의 글로벌화에도 불구하고 서로 다른 체제가 유지되는 것은 각 체제가 가진 나름의 내적 정합성 때문에 가능하다고 생각된다. 두 개의 다른 체제에서 나타나는 차이가 단편적인 것이 아니라 상당 기간 계속되게끔 하는 요인이 존재한다는 것이다.

2. 조정적 시장자본주의의 내부 구조

조정적 시장자본주의의 경우 기업들의 주된 자금 조달 통로는 은행의 장기대출이다. 은행의 장기대출, 곧 '인내심이 많은 자본'은 기업들이 경기변동에 즉각적으로 반응하지 않고 불황기에도 숙련된 노동력181)을 보유하면서 이익을 낼

178) Marc Goergen & Luc Renneboog, 위의 논문, p. 9.

179) Jeremy Grant et al., Financial Tunnelling and the Mandatory Bid Rule, 10 European Business Organization Law Review, pp. 234~235 (2009).

180) Vincenzo Bavoso, Explaining Financial Scandals: Corporate Governance, Structured Finance and the Enlightened Sovereign Control Paradigm (University of Manchester Doctoral Thesis 2012), p. 45.

181) Peter A. Hall & David Sockie, An Introduction to Varieties of Capitalism, Oxford Scholarship Online, www.oxfordscholarshp.com (최종방문: 2020. 3. 8), p. 28.

때까지 상당한 시간이 걸리는 장기 프로젝트에 집중할 수 있도록 해 준다.[182]

장기적 성장을 추구하기 위해서는 은행 대출의 '인내심' 외에도 ① 노사간 협력 시스템이 필요한데, 이는 이중적 이사회, 곧 상위의 감독이사회에 근로자 대표가 참여하는 구조를 통해 확보된다. ② 장기적 성장을 가능하게 하는 다른 한 축은 기업들 간의 결합 관계이다. 독일의 대기업들은 하나의 그룹 안에 속해 있거나 주식의 상호 보유 등을 통해 결합되어 있는 경우가 많다.[183] 그룹 지배주주는 감독이사회를 통해 경영이사회 및 경영진을 감시한다. 이들은 보다 장기적 관점에서 성장 정책을 추구하는 경향이 있다.

위와 같은 체제가 유지되기 위해서는, 은행의 장기대출을 가능하도록 하는 메커니즘이 필요하다. 기업의 경영진과 기술자들은 은행 담당자와 장기간에 걸친 신뢰관계를 유지하면서 기업 상황에 대한 신뢰할 만한 정보를 은행 담당자에게 제공하는 경향이 있다. 은행은 단순히 재무정보 외에 기업의 성과를 면밀히 감시할 수 있는 다른 장치를 확보하는 것이다.[184] 다른 한편으로 독일 기업들이 그룹 집단에 속해 있는 이상 다른 계열회사들의 존재는 신용을 보강함으로써 장기 대출을 가능하게 한다.[185] 이처럼 비시장적 관계[186]를 중심으로 한 상호 결합된 요소들이 '도이칠란드 주식회사'를 구성하고 있다.[187] 숙련된 노동을 장기간 보유하면서 장기적 성장을 추구하는 조정적 시장자본주의는 점진적 혁신에 유리하다.[188]

3. 자유주의적 시장자본주의의 내적 구조

자유주의적 시장자본주의 기업들은 기업집단에 속하지 않고 독립적인 특징이 있다. 이러한 기업들은 독일 기업들과 비교할 때 은행과의 장기적 협력관계를 구축하기가 상대적으로 어렵다. 영국 기업들에게 은행 혹은 다른 업체와의 협력 관계나 명성은 부차적인 요소에 불과하다. 그에 대신하여 강력한 시장

182) Peter A. Hall & David Sockie, 위의 논문, p. 26.
183) Peter A. Hall & David Sockie, 위의 논문, p. 28.
184) Peter A. Hall & David Sockie, 위의 논문, p. 27.
185) Marc Goergen & Luc Renneboog, 각주 170, p. 1.
186) Peter A. Hall & David Sockie, 각주 181, p. 9.
187) Hubert Zimmermann, British and German approaches to financial regulation in Global Finance in Crisis, p. 125 (Eric Helleiner et al., Routledge, 2010).
188) Peter A. Hall & David Sockie, 각주 181, p. 44.

규율 및 계약 자유의 원칙이 이들의 행동을 규율한다.[189]

대주주 없이 소유구조가 분산된 상태에서 주주들은 경영상의 문제에 '전략적 무관심'을 보이기 마련이고, 기업들이 기업집단으로 묶여 있지도 않은 이상, 기업의 경영자는 상당한 재량을 행사할 수 있다. 그러나, 자유주의적 시장자본주의 하에서 기업의 경영자는 적대적 M&A의 위험에 항시 노출되어 있으므로,[190] 기업의 경영진에게는 자신의 지위를 유지하기 위해 주식가격을 올릴 유인이 있다. 기업 경영진이 단기간에 경영성과를 개선하여 주가를 부양하려고 하는 이유가 여기에 있다.

이러한 구조 하에서는 근로자와의 장기간에 걸친 협력 관계를 기대하기는 어렵다. 그에 조응하여 노동시장은 충분히 유연한 구조를 갖추고 있고,[191] 근로자에 대한 교육, 훈련은 특정한 전문적 지식보다는 일반적 역량을 강화하는 데에 초점이 맞춰져 있다.[192] 자유주의적 시장자본주의 체제에서 산업별로 일자리의 증감이 수시로 나타나고 경제 전반의 구조조정 속도가 빠르다.[193] 독일 기업들은 상장 시점에서 업력이 50년 이상인 반면 영국의 IPO 기업들은 창립 후 평균 12년 정도이다.[194]

이처럼 자유주의적 시장자본주의 하의 기업이 이익을 극대화하기 위한 전략은 관계보다는 시장에 의존하는 것이다.[195]

자유주의적 시장경제 하에서는 자금 조달 창구로서 은행을 대신하여 직접금융의 비중이 높다. 발전된 증권시장에서 다양한 금융상품이 존재하고 시장의 변동성이 크기 때문에 신용평가기관들의 역할은 더욱 중요해질 수밖에 없다.[196] 증권시장이 발전하고 새로운 금융기법이 출현하는 상태에서 주택저당증권(Mortgage Backed Securities, MBS)과 같은 신용의 유동화 역시 활발하게 나타나는 경향이 있다.[197] 금융시장에 보다 의존하는 체제에서 벤처캐피탈이 출현하

189) Peter A. Hall & David Sockie, 위의 논문, p. 9.
190) Peter A. Hall & David Sockie, 위의 논문, p. 35.
191) Peter A. Hall & David Sockie, 위의 논문, p. 36.
192) Peter A. Hall & David Sockie, 위의 논문, p. 34.
193) Hubert Zimmermann, 각주 187, p. 126.
194) Marc Goergen & Luc Renneboog, 각주 170, p. 1.
195) Peter A. Hall & David Sockie, 각주 181, p. 20.
196) Hubert Zimmermann, 각주 187, p. 126.
197) Hubert Zimmermann, 위의 논문, p. 126.

여 급속한 혁신이 나타날 수 있고, 그것이 높은 노동유연성과 결합되어 기업 구조조정이 지속적으로 이루어지는 경향이 있다.[198]

자유시장 자본주의는 노동시장이 유연하다는 등의 사정 때문에 신기술로 시장을 크게 바꾸는 급격한 혁신에 유리하다.[199]

기업지배구조에 대한 감시, 감독이 유럽 대륙에서는 은행에 의해 수행되지만, 영국에서는 자금조달 창구로서의 은행의 비중이 상대적으로 낮다. 영국에서는 회사와 투자자 사이에 놓인 신용평가기관들이 대신 이를 담당하는 면이 있다.[200][201]

Ⅳ. 회사법 및 금융규제상 차이

1. 회사법학상 관심의 차이

다양한 자본주의론(VOC)은 경제활동에서 핵심적 지위를 차지하는 기업이 다른 행위자들과 관계를 맺는 방식을 중심으로 시스템의 내부 구조를 탐구하는 경제이론이다. 경제 구조 상의 차이에 조응하여 두 개의 서로 다른 체제에서 회사법학의 관심도 상이한 것으로 보인다.

영국의 회사법학은 경영자가 주주의 이해에 반하여 자신의 사익을 추구하는 이른바 대리인 문제가 주된 관심이다.[202] 영국에서는 단일 이사회 구조 하에서 대리인 문제를 해결, 완화하기 위한 장치로서 사외이사의 역할이 강조되는 경향이 있다. 실제로 전체 이사들 중 사외이사의 비중은 약 60% 수준에 이른다. 그러나 사외이사가 충분한 전문성을 갖추지 못한 탓에 금융기관들이 신용부도스왑(Credit Default SWAP, CDS) 같은 복잡한 파생상품에 무분별하게 투자하는 등 위험관리를 소홀히 했고 그것이 글로벌 금융위기로 이어졌다는 등의 비판이 제기되는 실정이다.

반면, 독일을 비롯한 유럽 대륙에서는 대주주가 직접 경영을 하거나 감독이사회를 통해 경영자를 감독하므로 대리인 문제는 조금 다른 형태로 나타난다.

198) Hubert Zimmermann, 위의 논문, p. 126.
199) Peter A. Hall & David Sockie, 각주 181, p. 46.
200) Hubert Zimmermann, 위의 논문, p. 126.
201) Vincenzo Bavoso, 각주 180, p. 165.
202) Vincenzo Bavoso, 위의 논문, p. 46.

즉, 대주주가 존재하는 상황에서 자신의 지위를 이용해 소수주주의 이익을 이전해 올 수 있다는 가능성이 회사법의 주된 관심사인 것으로 이해된다.

가령 독일의 주식법은 기업집단 내부 거래를 원칙적으로 허용하되 이를 통해 특정한 개별 회사의 소수주주가 피해를 보는 일은 막겠다는 태도를 취하고 있다.[203] 이탈리아 역시 이러한 제도를 받아들여 모기업은 정당한 사업상의 목적이 있고 전체적인 그룹 정책의 결과로 손실을 보상한다는 점을 전제로 자회사에게 손실이 되는 거래를 하도록 할 수 있다.[204]

2. 금융규제상의 차이

체제의 이질성은 금융규제상의 차이로 연결된다. 영국에서는 정치적 고려가 개입될 가능성이 높은 정부규제보다는 금융산업을 시장 자율에 맡기는 것이 바람직하다는 인식이 강하다. 또한, 영국은 금융 중심지로서의 지위를 유지하기 위해 자율규제 혹은 느슨한 규제를 선호하는 경향이 있다. 전체 경제에서 금융산업의 비중이 높다는 점과 무관하지 않다고 생각된다.

1985년 영국 재무성의 의뢰로 제출된 Gower 보고서는, 정부 감독 하에서 이루어지는 자율 규제가 유연성, 전문성을 통해 금융시장의 경쟁력을 유지하는 동시에 비효율적인 규제의 집행, 자율규제기관 구성원과 대중의 이해 충돌에 따른 위험을 제어할 수 있음을 주장하였다.[205] '정부가 감독하는 자율규제'의 원칙은 이후 1986년 금융서비스법(Financial Services Act)의 근간이 되었다. 자율규제기구가 산업을 감독하되 다시 정부가 이를 감독하는 모형은 국제증권관리

203) 지배계약 체결을 통해 콘체른이 형성된 경우 지배기업은 종속기업에게 자신 또는 콘체른 결합기업의 이익을 위해 해당 종속기업에 불이익이 되는 지시도 할 수 있고 해당 종속기업은 이에 따를 의무가 있는데(독일 주식법 제308조 제1항, 제2항), 그에 대신하여 지배기업은 종속기업 소수주주에게 보상으로서 일정한 연도별 이익을 이전하여야 한다(독일 주식법 제304조 제1항). 지배계약이 체결되지 않은 경우에도 지배기업은 불이익이 보상되는 한 종속기업에게 불이익한 법률행위 또는 조치를 할 수 있다(독일 주식법 제311조). 이 경우 종속기업의 이사회는 불이익한 법률행위에 상당하는 반대급부가 있었는지 여부 등에 관한 보고서를 작성하여야 하고(제312조) 위 보고서는 감사의 감사 대상이 된다(제313조). 콘체른 간 거래를 통해 경쟁 우위를 확보할 수 있도록 하면서 그로부터 발생하는 소수주주의 이익을 보호하려는 취지이다.

204) Lucas Enriques, Modernizing Italy's Corporate Governance Institutions: Mission Accomplished? (Law Working Paper No. 123/2009), p. 31.

205) L.C.B. Gower, Review of Investor Protection: Report (HM Stationery Office, Cmd., No. 9215, 1984), para. 3.09.

위원회기구(International Organisation of Securities Commissions, IOSCO)가 추천하는 것이기도 하다.[206] 그만큼 산업의 요구가 법령에 반영된 측면이 있다. 다른 한편으로 자율규제는 역사적으로 영국 금융시장을 특징짓는 중요한 원칙이었다고 한다.

자율규제를 존중하는 태도는 외국의 금융기관과 상장을 시도하는 기업들을 유치하여 런던을 금융중심지로 육성하기 위한 의도에서 비롯되었다고 할 수 있다.[207] 특히 2000년대 초반부터 2008년 글로벌 금융위기 이전까지 런던은 외환 파생상품 거래의 49%, 이자율 관련 파생상품 거래의 34%를 차지하여 미국보나도 높은 수준의 점유율을 기록하고 있었다.[208] 런던은 2000년대 중반 전체 IPO 시장에서 차지하는 비중이 25%까지 증가하였고, 2002년 이후 런던증권거래소(LSE)에 상장하는 미국 기업 들의 숫자도 급속히 증가하였다. 이러한 결과를 두고 보면 자율규제 위주의 접근이 증권 산업 발전에 상당한 기여를 했다는 평가가 가능해 보인다.

반면 유럽 대륙 국가들은 금융산업의 규제완화가 산업 전반에 초래할 수 있는 단기실적주의(short-termism)를 제어하고 여러 보완적 요소들로 이루어진 시스템의 통합성을 지켜야 한다는 인식이 강한 것으로 이해된다.[209]

Ⅴ. 두 종류의 자본주의가 유럽 증권법 통합에 미치는 영향

두 개의 다른 서로 체제는 그 내부에 서로 맞물려 돌아가는 보완적 요소들을 갖추고 있다. 기업지배구조의 차이가 금융 시장 운영의 측면에서도 차이를 낳고 다시 금융시장의 구조가 전체 시스템을 지탱하는 역할을 한다. 두 개 체제는 이미 전후 수십 년에 걸쳐 지속적인 성장을 이루어 왔으므로 모두 나름의 정합성을 유지하여 상당한 성과를 낼 수 있다고 보는 것이 타당하다.[210] 그에 따라 금융규제 역시 상당한 접근방법상의 차이가 나타난다.

유럽 통합 과정, 보다 넓게는 경제의 글로벌화는 이러한 조건을 전제로 한

---

206) Vincenzo Bavoso, 각주 180, pp. 78~79.
207) Vincenzo Bavoso, 위의 논문, p. 280.
208) McKinsey & Co., Sustaining New York's and the US' Global Financial Services Leadership (2007), http://www.nyc.gov/html/om/pdf/ny_report_final.pdf (최종방문: 2020. 8. 2), pp. 54~55.
209) Hubert Zimmermann, 각주 187, p. 126.
210) Peter A. Hall & David Sockie, 각주 181, p. 25.

다. 두 개의 서로 다른 체제가 유럽 통합을 통해 수렴하는 경향이 발견된다. 예를 들어 2000년대 초반부터 글로벌 금융위기 이전까지 대출채권의 유동화와 같이 시장에 기초한 금융기법은 전통적으로 은행 차입을 중심으로 운영되어 온 프랑스, 독일의 금융기관들 사이에서도 급속한 증가 추세를 나타낸 바 있다.[211] 그러나, 유럽 대륙 국가들은 영미식 시장자본주의에 기초한 규제완화가 내적 정합성 및 비교 우위를 해칠 수 있다는 우려 때문에 이에 소극적인 경향이 있는 것도 사실이다.[212]

다양한 자본주의론(Varieties of Capitalism)에 대해서는 경제 체제의 동태적 측면을 파악하는 데에 소홀하고 여러 경제 부문간의 차이를 무시한 채 기업이 맺는 관계만을 우위에 놓고 있다는 비판이 제기된다.[213] 뿐만 아니라 다양한 자본주의론은 발전한 선진 국가들 내부, 특히 미국·영국과 독일 간의 구조적 차이에 집중하고 있다. 이에 따라 자본주의 체제로 이행한 동유럽, 위 나라들과는 경제 발전 정도에 차이가 있는 남유럽 지역을 설명하는 틀이 되기에는 어려운 면도 있다고 생각된다.[214]

다만, 두 종류의 자본주의가 EU 차원의 증권시장 통합 과정에서 나타나는 여러 이견과 충돌을 설명하는 하나의 유용한 틀은 될 수 있다고 생각된다. 이는 유럽의 증권시장 통합, 나아가 법률 통합 작업이 몇몇 주요 나라들에 의해 주도되었다는 사정과 무관하지 않다. 두 종류의 자본주의를 상정하고 관찰한다면 각 체제가 나름의 내적 정합성을 갖추고 있어 외부에서 주어진 충격에도 자신을 지탱하는 힘을 가지고 있다.[215] 그런 관점에서 본다면 통합된 증권시장을 목표로 단일한 법제를 지향하는 과정은 처음부터 순탄치 않은 경로를 예정하고 있다고 할 수 있다.

자유주의적 시장자본주의는 적은 규제 및 당국의 촉진적 역할을 선호하는 반면 대륙식 조정적 시장자본주의는 보다 개입주의적인 태도를 선호하는 것으

211) Niamh Moloney, 각주 22, p. 18.

212) Peter A. Hall & David Sockie, 각주 181, p. 64.

213) Stefan Ćetković & Aron Buzogány, Varieties of capitalism and clean energy transitions in the European Union: When renewable energy hits different economic logics, 16(5) Climate Policy, p. 645 (2016).

214) Michael J. Piore, Varieties of Capitalism Theory: Its Considerable Limits", 44(2) Politics & Society, p. 239 (2016).

215) Niamh Moloney, 각주 22, p. 15.

로 요약될 수 있다. 지나친 단순화의 위험이 있지만, 금융서비스 및 자본의 자유로운 이동을 추구하는 EU 통합 과정은 그 자체로 시장주의적 속성을 가지고 있는 이상, 대륙의 조정적 시장자본주의 국가들이 이에 대해 저항할 것으로 예상할 수 있다. 반면, 영국식 시장자본주의 입장에서는 통합된 증권시장에 대한 개입주의적 규제에 반발하는 것이 당연하다.[216] 그 이전에 각 회원국들이 자신의 금융제도를 통합된 금융시장 전체에 확대하여 적용함으로써 경쟁 우위를 차지하려고 시도할 것을 예상해 볼 수 있다.[217]

예컨대, MiFID에서 규율하는 증권거래소 관련 입법에 대하여, 프랑스는 자신의 전통에 따라 모든 증권거래를 가급적 하나의 정규시장에 집중시키려는 태도를 보인 반면, 전 세계 딜러들의 중심지로서 장외거래(OTC)가 활발한 영국은 그와 상반된 태도를 보인 바 있다.[218] 기업인수 Directive, 대체투자펀드 관리회사 Directive, 신용평가기관 Regulation의 입법과정에서도 비슷한 맥락의 대립과 충돌이 나타난 바 있다. 다만, 입법은 EU 내의 기관들 간, 유럽의회를 구성하는 각 정당들 간, 여러 산업들 간의 다양한 이해관계가 충돌, 조정되는 과정이므로, 두 종류의 자본주의 간 충돌이 유일한 설명의 틀은 될 수 없을 것이다.

영국 런던에 헤지펀드 매니저 및 파생상품 딜러들이 집중된 탓에, 금융위기 이전까지는 영국은 금융규제의 방향을 결정하는 국제적 합의 과정에서 일종의 거부권을 행사할 후 있었다.[219]

그러나, 2008년 글로벌 금융위기 이후에는 상황이 변화하였다. 글로벌 금융위기의 충격, 미국 오바마 행정부 출범 등에 따른 변화된 논의 지형 속에 헤지펀드(Hedge Fund), 공매도 등에 대한 보다 강도 높은 규제 제도가 마련되었고, 2009년 4월 2일 런던에서 열린 G20 정상회담에서 헤지펀드 등록 등에 관한 합의가 마련되었다. 영국은 이에 반대하였으나 주식시장 붕괴 상황에서 헤지펀드들이 공매도를 통해 막대한 이익을 얻었다는 사실이 알려지는 등의 상황에서 규제제도를 마련하는 데에 동의할 수밖에 없었다.[220] 영국 내부 사정 역시 2007

---

216) Niamh Moloney, 위의 책, p. 16.
217) Niamh Moloney, 위의 책, p. 16.
218) 보다 상세한 내용은 제8편 제1장 참조.
219) Eric Helleiner & Stefano Pagliari, The End of Self-regulation? in Global Finance in Crisis, p. 75 (Eric Helleiner et al., Routledge, 2010).
220) Eric Helleiner & Stefano Pagliari, 위의 책, p. 83.

년 Northern Rock 파산 사태 등을 거치면서 금융감독당국의 느슨한 규제에 대한 비판이 제기되어 FCA의 태도는 실질적인 제재를 통한 규제의 강력한 집행으로 이동하는 것처럼 보인다.[221)]

본서에서 다루는 EU의 각종 Directive, Regulation은 넓은 범위에 걸쳐 상당히 개입주의적인 태도를 드러내고 있다. 이는 주요 EU 증권법령이 글로벌 금융위기 이후 출현하였다는 점과 관련이 있다. 애초 영국은 이러한 변화의 출발점이 되었던 Larosière 보고서에 대해 매우 비판적인 입장을 밝힌 바 있다.[222)] 런던의 금융중심지 시티 오브 런던(City of London)은 유럽연합 차원의 규제가 지나치게 개입주의적이어서 금융산업의 경쟁력을 떨어트린다는 입장을 표명하였다.[223)] 영국 금융산업의 입장에서는 EU 규정으로부터 강제되는 개입주의적 규제를 수용하기 어려운 것으로 보인다.[224)] 이와 같은 사정이 영국의 유럽연합 탈퇴의 한 배경을 이룬 면도 있다고 생각된다.

221) Vincenzo Bavoso, 각주 180, pp. 280~281.
222) Hubert Zimmermann, 각주 187, p. 133.
223) Hubert Zimmermann, 위의 논문.
224) Vincenzo Bavoso, 각주 180, p. 280.

제5장

브렉시트 이후 유럽의 증권규제

Ⅰ. 브렉시트의 진행 경과

영국에서 2016. 6. 23. 치러진 국민투표에서 유권자들의 51.89%가 유럽연합 탈퇴에 찬성하였다. 이후 영국 정부는 유럽연합조약 제50조에 따라 2017. 3. 29. 유럽연합 이사회에 영국의 유럽연합 탈퇴 의사를 통지하였다.

유럽연합조약 제50조는 위 통지 이후 2년이 되는 시점(2019. 3. 29)에서 유럽연합 탈퇴의 효력이 발생하는 것으로 규정하고 있다. 그러나 영국과 EU 간 향후 관계 설정을 위한 조약의 교섭 과정에서, 아일랜드 공화국과 (영국 영토의 일부인) 북아일랜드 간 통관 문제 등에 관한 영국과 EU 간 중대한 의견의 불일치가 거듭 확인되었다. 협상이 난항을 거듭하는 상황에서 영국과 EU는 합의를 통해 수 차례 브렉시트의 효력 발생 시기를 연기하였다. 이러한 과정을 거쳐 양측이 2019. 10. 19. 합의에 이른 유럽연합 탈퇴조약(The EU-UK Withdrawal Agreement)에 따라 영국은 2020. 1. 30. 유럽연합을 공식적으로 탈퇴하였다.

그러나, 위 유럽연합 탈퇴조약은 다시 유럽연합 탈퇴 시점부터 2020. 12. 31.까지를 이행기간으로 설정하였다. 위 유럽연합 탈퇴조약은 이행기간 동안 영국 내에서 EU법의 효력이 계속 유지되도록 하면서 영국과 EU가 향후 관계 설정에 관한 별도 협정을 체결하도록 요구함으로써 사실상 기존 관계의 중단 시기를 다시 뒤로 미루었다. 이 기간 동안에는 EU 증권법제의 근간을 이루는 패스포팅(Passporting) 시스템 역시 영국 및 EU 금융기관에 대해 그대로 적용되어 금융 서비스에 관해서도 기존 관계가 사실상 유지되었다.

다시 양자 간의 협상이 진행된 결과 영국정부와 EU 집행위원회는 2020. 12. 24. '무역 및 협력에 관한 협정(EU-UK Trade and Cooperation Agreement)'을 체결하였고, 위 조약은 이후 양측에 의해 비준되었다. 2020. 12. 24. 체결된 위 협정은 영국과 EU 간 관세 없는 상품의 자유로운 이동 등을 규정하고 있으나 금융을 포함한 서비스 분야에 대해서는 별다른 진전된 내용을 포함하고 있지 않다. 영국 정부는 금융 서비스에 관해 추후 EU 측과 별도의 협상을 통해 포괄적인 동등성 결정 등의 조치를 확보한다는 전략이지만 향방은 예측하기 어렵다.

Ⅱ. 영국 내에서 EU 증권법의 효력

1. EU법의 영국 내에서의 효력

가. 브렉시트 효력 발생 이전

유럽연합은 개별 회원국과 별개의 독자적인 입법기구(European Council, European Parliament) 및 사법기구(Court of Justice of European Union)를 통해 유럽연합 차원의 법률을 제정, 시행해 왔는데, 이는 회원국들에 직접 적용되거나 회원국 입법의 지침으로 기능하였다. 또한, 유럽연합 회원국들은 단일시장의 형성, 운용을 위해 각 회원국의 법제도를 통일시킬 필요가 있다는 합의에 터잡아 유럽연합 운영조약 등을 통해 이른바 유럽연합법 우위의 원칙을 채택하였다. 이러한 원칙에 따라 유럽연합법에 위반되는 회원국의 국내법은 효력이 없고, 회원국의 법원은 유럽 사법재판소(Court of Justice of the European Union)의 선례에 구속된다.

영국 국내법인 1972년 유럽공동체법[European Communities Act (ECA) 1972]은 유럽연합법이 국내에 적용되도록 하는 동시에 유럽연합법이 국내법보다 우위에 선다는 원칙을 수용하였다.

EU법 우위의 원칙은 EU 조약 및 영국의 1972년 유럽공동체법에 의해 브렉시트의 효력이 발생한 2020. 1. 30.까지 영국 내에서 적용되었다.

나. 유럽연합 탈퇴조약에 따른 이행기간 중

2019. 10. 19. 합의된 유럽연합 탈퇴조약 제4조 제1항은 이행기간 동안 유럽연합법(Union Law)이 EU 외에 영국에 대해서도 동일하게 적용된다고 규정하고 있다.

여기서 유럽연합법은 유럽연합조약(Treaty on European Union), 유럽연합 운영조약(Treaty on the Functioning of the European Union), 유럽연합 기본권 헌장(Treaties of Accession and the Charter of Fundamental Rights of the European Union) 등 외에 유럽연합의 기관, 기구 등에 의해 채택된 일체의 법령을 포함한다[제2조 (a)호]. 영국의 사법, 행정 당국은 EU법과 불일치하거나 양립할 수 없는 국내법 조항을 적용할 수 없고(제4조 제2항) EU법의 조항들은 이행기간 종료 이전에는 EU법원이 내린 관련 선례와 일치하는 방식으로 해석되어야 한다(제4조 제3항).

위 조약에 따라 이행기간이 끝나는 2020. 12. 31.까지는 EU법이 영국 내에서 당분간 효력을 유지하였다.

다. 유럽연합 탈퇴조약에 따른 이행기간 종료 후

(1) EU법 조항들의 영국 국내법으로의 전환

영국은 2018년 유럽연합 탈퇴법[European Union (Withdrawal) Act 2018]을 통해 이행기간이 종료하는 시점(2020. 12. 31)[225]에 위 1972년 유럽공동체법을 폐지하도록 하였다(제1조). 이는 영국이 EU법의 구속력에서 벗어나 독자적으로 법률을 제정할 수 있게 된 데 따른 것이다.

그러나, 유럽연합법 중 상당수가 별도 입법 없이 곧바로 영국 내에서 적용되어 왔던 상황에서 이를 일거에 폐지하는 경우 법률적 공백이 발생할 수밖에 없다. 유럽연합 탈퇴법은 이러한 사정을 고려하여, EU법에서 비롯된 영국 국내법(EU Directive에 따라 제정된 영국 국내법을 의미하는 것으로 이해된다) 및 곧바로 효력이 발생하는 EU법[EU Regulation(유럽의회와 이사회가 공동으로 제정한 것 및 집행위원회가 위임에 의해 제정한 것), 규제기술표준(RTS), 실행기술표준(ITS)[226] 등을 포

225) 당초 2018년 입법에서 '브렉시트 효력 발생 시점'으로 되어 있던 것이 2020년 법률 개정을 통해 '이행 기간 종료 시점'으로 변경되었다.

함한다]이 이행기간 종료 시점(2020. 12. 31)에서 곧바로 영국 내에서 효력이 발생한다고 규정하였다(제2조 및 제3조).

이에 따라 종전에 적용되던 유럽연합법은 2021. 1. 1.부터는 그 성격이 영국의 국내법으로 바뀐 채 사실상 동일하게 당분간 영국에서 효력을 유지할 수 있게 되었다.

(2) EU법 우위의 원칙 폐지

다만, 유럽연합 탈퇴법 제5조는 'EU법의 우위(Supremacy of EU law)' 원칙이 더 이상 적용되지 않는다는 점을, 제6조는 영국의 법원이 EU 법원의 선례 및 해석에 더 이상 기속되지 않는다는 점을 규정하였다. 기존 EU 법률 조항이 그대로 유지되더라도 적어도 영국 법원 및 행정부에 의한 독자적인 해석, 집행이 가능하게 된 것이다.

(3) 행정부의 수정 권한 및 잠정적 조치

유럽연합탈퇴법 제8조는 행정부에게 EU 법률을 영국 국내법으로 전환하여 실행하는 과정에서 발생하는 결함을 수정, 보완하는 행정입법을 발령할 권한을 부여하였다. 여기서 결함이란, 영국이 더 이상 EU 회원국이 아닌 상황에서 실행할 수 없게 된 조항 등을 의미한다.

특히 EU 금융 규제 중 상당 부분이 EU 차원의 감독 기구인 유럽은행청(EBA), 유럽증권시장청(ESMA), 유럽 보험·직업연금청(EIOPA)에서 맡겨져 있어 문제가 된다. 예컨대 EU 신용평가기관 Regulation은, EU 내에서 활동하려는 신용평가기관들에게 EU 차원의 증권 감독 기구인 유럽증권시장청(ESMA)에 등록할 것을 요구하고, 이후 유럽증권시장청이 위 신용평가기관에 대해 감독권한을 행사하도록 규정하고 있다.[227] 이러한 조항들은 영국 국내법으로서는 의미가 없거나 실행이 불가능하다. 재무부(Minister of Treasure)가 제정한 행정입법[228]은 유럽증권시장청(ESMA)의 권한을 영국의 금융가독기구인 FCA 및 PRA[229]에게 이

226) 유럽증권시장청(ESMA)이 초안을 작성하고 집행위원회가 채택하여 효력이 발생하는 규제기술표준(RTS), 실행기술표준(ITS)의 의미, 제정 절차 등에 대해서는 제9편 제1장 제I항 참조.

227) 제4편 제4장 제VI항 참조.

228) The Financial Regulators' Powers (Technical Standards etc.) (Amendment etc.) (EU Exit) Regulations 2018.

229) EU 차원의 감독기구인 유럽증권시장청 등에 대해서는 제9편 제1장 제I항을, 영국 금융감독기구인 FCA 및 PRA에 대해서는 제9편 제1장 제III항 참조.

전하도록 규정하였다.

영국 FCA는 위와 같은 권한에 기초하여, 신용평가기관들의 유럽증권시장청(ESMA)에 대한 등록이 2021. 1. 1.부터 그대로 FCA에 대한 등록으로 전환되는 것으로 간주하고,[230] 그처럼 간주된 등록에 기초해 적어도 당분간은 영국 기업의 증권 발행 시 기존 신용평가기관들이 발행한 신용평가를 활용할 수 있도록 하였다.[231] 영국 재무부, FCA 및 PRA는 2020. 12. 31. 이전까지 국내법으로 전환되는 개별 EU 법령별 검토를 거쳐 필요한 조치를 마련한 것으로 보고되어 있다.[232]

2. 향후 전망

영국은 향후 국내법으로 흡수된 EU 증권법률의 내용을 개정, 폐지하거나 독자적인 법령 제정에 나설 것으로 전망된다.

영국의 내각은 브렉시트 결정 이후 증권 분야에 관한 최초의 독자적 법안으로서 2020. 1. 21. 하원에 금융서비스법안(Financial Services Bill)을 제출한 상태이다. 위 법안 중 주요 내용으로 ① 바젤III에 따른 건전성 규제를 투자회사(증권회사)와 신용기관(은행 등)에 달리 적용하고, ② 런던 은행 간 금리(LIBOR)에 대한 금융기관의 의존을 줄이고 그에 대신하여 보다 신뢰성 있는 벤치마크가 도입될 수 있도록 하기 위해 FCA에게 필요한 권한을 부여하며, ③ 불공정거래행위에 대한 형사처벌의 상한을 사기죄와 마찬가지로 징역 10년으로 바꾸는 것 등이 포함되어 있다.[233]

이러한 개정안은 현행 EU 법률과 상충되지는 않는 것으로 보이고, 특히 위 ①의 경우는 EU법에서 이미 개정이 완료되어 이행기간 종료(2020. 12. 31) 이후 실행할 것으로 예정된 내용을 영국 국내법에 반영하는 취지이다. 즉, 이는 오히

230) https://www.fca.org.uk/firms/credit-rating-agencies 참조.

231) Commercial Bar Association, Brexit Report－Financial Services Subgroup, https://www.combar.com/media_manager/public/260/COMBAR%20Brexit%20Financial%20Services%20Report%20with%20intro.pdf (최종방문: 2020. 3. 1), at 6.

232) Practical Law (https://uk.practicallaw.thomsonreuters.com/w-012-5194?originationContext=document&transitionType=DocumentItem&contextData=%28sc.Default%29&comp=pluk, 최종확인: 2021. 1. 1) 참조.

233) 법안은 영국 의회 웹사이트에서 조회할 수 있다. https://services.parliament.uk/bills/2019-21/financialservices.html (최종확인: 2021. 1. 1) 참조.

려 EU 법률과 보조를 맞추는 것으로 이해할 수 있다. 그러나 브렉시트를 주도한 영국 보수당은 EU와는 다른 독자적인 법률을 만들어 시행할 것, 특히 금융서비스에 관해서 보다 유연한 규제를 도입할 것임을 공언해 왔다. 향후 영국의 금융 규제가 EU와는 다른 모습으로 전개되어 나갈 것을 예상해 볼 수 있다.

Ⅲ. 향후 EU와 영국 증권법제의 발전 전망

1. 서로 다른 방향의 발전 경로를 따르게 될 가능성

EU 증권법의 발전 과정은 지나친 단순화를 무릅쓰고 평가한다면 영국식의 주주자본주의와 대륙식의 이해관계자 자본주의가 충돌하는 과정이라고 볼 수 있다.[234] 영국의 보수당 정부는 브렉시트 이후 유럽연합의 개입주의적 규제를 벗어나 독자적인 입법을 시도할 예정임을 명확히 밝히고 있다. EU 역시 영국이 빠진 조건에서 대륙식 경제, 사회 체제에 맞는 나름의 입법을 시도할 것으로 예상된다. 이러한 전제에서는 브렉시트 이후 영국과 EU의 증권법이 서로 다른 나름의 독자적 발전 경로를 따르면서 간극이 벌어지게 될 가능성이 있다.

그간 EU 공통의 증권법 제정 과정에서 영국은 여러 독자적인 의견을 제시해 왔다. 당장 영국 금융감독기구 FCA가 채택하는 이른바 원칙(principles) 중심 규제가 Larosière 보고서 이후 구체적 상황을 전제로 가급적 세세한 규정(rules)을 제시하려는 EU 증권법의 입법 태도와 맞지 않는 면이 있다. 또한, 영국은 행위규제보다는 공시 등을 통한 투명성의 확보를, 당국의 개입보다는 시장 메커니즘에 의한 조정을 선호하는 태도를 보여 왔다.[235] 가령 영국은 MiFID 및 MiFIR 제정 과정에서 조직화된 거래소(OTF) 개념을 새로 도입하여 장외거래를 규제 대상에 포함시키는 방안에 반대하기도 하였다.[236]

영국은 EU의 금융규제를 적용함에 있어서도 비례원칙의 적용을 강력히 주장해 왔다.[237] 영국 금융감독기구 FCA는 은행 임직원의 성과급(bonus)에 대해

234) Niamh Moloney, 각주 22, p. 12.

235) Niamh Moloney, Brexit and EU financial governance: business as usual or institutional change?, 42(1) European Law Review, p. 3 (2017).

236) Niamh Moloney, 각주 22, p. 456.

237) Rosa M. Lastra, The Governance Structure for Financial Regulation and Supervision in Europe, 10 Coliumbia Journal of European Law 55 (2003).

상한을 설정하도록 한 유럽은행청(EBA)의 가이드라인('comply or explain' 원칙이 적용된다)에 관하여 과도한 규제라는 이유로 이를 채택하지 않았다.[238)]

영국은 EU 차원의 법령 통일보다는 회원국의 자율성을 선호하는 태도를 보여 온 것으로도 평가할 수 있다.[239)] 예를 들어 유럽증권시장청(ESMA) 및 그 전신인 유럽증권감독위원회(CESR)를 설립하는 과정에서 영국은 EU 차원의 감독기구 설립에 소극적이었던 반면 유럽대륙 나라들은 이에 적극 찬성하였다. 영국은 유럽증권시장청의 권한 확대에 반대하는 입장을 보여 왔는데, 그 단적인 사례가 공매도 및 신용부도스왑 Regulation에 관한 소송이라고 할 수 있다.[240)] 또한, 영국은 이사회 내에서 EU 금융시장에 대한 제3국 회사의 접근을 보다 용이하게 해야 한다는 점을 주장해 왔다.[241)]

이처럼 영국은 EU의 단일 증권 규제체계에 비판적인 태도를 유지해 왔다. 그럼에도 시티 오브 런던(City of London)에 위치한 금융기관들이 EU 내에 접근할 수 있도록 한 패스포팅 시스템의 혜택 때문에 영국은 그 전제가 되는 단일한 규정의 마련에 대해 기본적으로 찬성할 수밖에 없었던 것이다.[242)]

개별 회원국의 재량 대신 보다 많은 EU 규정을 통한 통합, EU 차원의 감독기구 권한의 강화는 2008년 글로벌 금융위기 이후 두드러지게 나타나고 있다. 예컨대 2004년 MiFID는 주식 시장만을 주된 규율 대상으로 삼았으나 현행 MiFID는 주식에서 더 나아가 채권, 상품 시장에 대해서도 엄격한 규제를 부과하고 있다. 또한, 남유럽 재정위기를 거치면서 유럽연합은 은행의 구제금융까지 EU 차원에서 담당하는 은행연합(Banking Union)을 지향하고 있기도 하다.

이른바 '두 종류의 자본주의' 관점에서 본다면, 2008년 이후 EU 증권법제는 보다 여러 영역에 걸쳐 보다 규제적인 태도로 선회하였고,[243)] 보다 자유주의적, 시장중심적 체제를 갖춘 영국의 그에 대한 반발이 브렉시트를 설명하는 하나의 배경이 되었다고 생각된다.[244)]

---

238) FCA, Statement on Compliance with the EBA Guidelines on Sound Remuneration Principles (February 2016), https://www.fca.org.uk/news/statements/pra-and-fca-statement-compliance-eba-guidelines-sound-remuneration-policies (최종방문: 2020. 3. 1).

239) Niamh Moloney, 각주 235, p. 3.

240) 보다 상세한 내용은 제9편 제1장 제I항 참조.

241) Niamh Moloney, 각주 235, p. 4.

242) Niamh Moloney, 각주 235, p. 5.

243) Niamh Moloney, 각주 22, p. 17.

글로벌 금융위기 이후 입법 과정의 추이를 살펴볼 볼 때 영국이 빠진 상황에서 EU는 시장주의적 관점보다는 강한 개입주의적 관점을 견지하게 될 가능성이 있다.[245] 반면, 브렉시트 이후 EU법의 구속력을 벗어나게 된 상황에서 영국 정부의 계획 중에는 시티 오브 런던(City of London)을 몰타, 두바이, 아부다비 등과 같이 한 국가 내의 다른 지역과 다른 법률, 규제가 적용되는 국제 금융중심지로 육성할 계획도 세운다는 내용도 포함되어 있다고 한다.[246] 영국 보수당 정부는 금융산업 경쟁력을 유지, 강화하기 위해 EU 차원에서 강제되던 환경, 노동 규제를 완화하는 친기업적 개혁을 수행하겠다는 입장을 밝히고 있기도 하다.[247]

위와 같은 사정들을 고려하면 영국과 EU의 증권규제가 각기 서로 다른 방향으로 발전해 갈 가능성을 상정해 볼 수 있다.

2. 유사한 증권 규제 제도의 발전 경로를 따르게 될 가능성

그동안 EU 공통의 입법 과정에서 드러난 영국과 대륙 국가들 간 갈등만으로 브렉시트 이후 영국과 EU 간 증권법의 괴리가 확대될 것으로 보기만은 어려운 이유도 있다.

EU 내에서는 은행에 기초한 금융시스템을 유지하는 독일, 프랑스 역시 발전한 증권시장을 갖추고 있고, 아일랜드, 룩셈부르크, 네덜란드 등 상당수 EU 회원국들 역시 경제규모에서 증권시장이 차지하는 비중이 매우 높다. EU 집행위원회는 자금조달의 은행 의존도가 높은 상황이 국민경제 전체를 대형은행의 안전성에 좌우되게끔 할 뿐만 아니라 기업의 혁신을 저해한다는 이유로 EU 전역에 거쳐 자본시장 발전을 촉진하겠다는 태도를 분명히 밝히고 있다.[248] 단순

244) Niamh Moloney, Financial services, the EU, and Brexit: an uncertain future for the City?, 17(S1) German Law Journal, p. 78 (2016).

245) Niamh Moloney, 각주 235, p. 6.

246) Commercial Bar Association, Brexit Report - Financial Services Sub-Group, https://app.pelorous.com/media_manager/public/260/COMBAR%20Brexit%20Financial%20Services%20Report%20with%20intro.pdf (최종방문: 2021. 1. 2), p. 12.

247) Lavery et al., New Geographies of European Financial Competition? Frankfurt, Paris and the Political Economy of Brexit (2018), http://eprints.whiterose.ac.uk/128826/2/Lavery%20-%20Geoforum%20Manuscript.pdf (최종방문: 2020. 8. 9), p. 22.

248) John Armour, Brexit and financial services, 33(S1) Oxford Review of Economic Policy, p. 56 (2017).

히 향후 EU 입법이 규제를 강화하는 방향으로만 가기 어려운 이유가 여기에 있다.

또한 영국이 빠진 상황에서 EU 회원국들 간에 시티 오브 런던(City of London)이 보유한 금융산업을 유치하기 위한 규제경쟁이 벌어질 가능성이 벌어질 가능성도 상정해 볼 수 있다.[249] 브렉시트를 전후하여 아일랜드 정부가 규제 차익을 노리고 EU법 위반 행위를 하고 있다면서 집행위원회에 룩셈부르크에 대한 불만을 제기하는가 하면, 프랑크푸르트가 위치한 독일 Hesse주(州)의 재무장관은 금융산업이 과잉규제의 돌멩이를 단 한 개라도 맞아서는 안 된다며 느슨한 규제의 필요성을 강조하기도 하였다.[250]

다른 한편으로, 영국 금융산업의 중요한 고객이 EU 회원국들이라는 점을 감안할 때 영국은 가능하기만 하다면 패스포팅 시스템과 유지한 효과를 거둘 수 있는 EU 집행위원회의 동등성 결정을 확보할 필요가 있고, 이를 위해서는 EU 규정에서 벗어나기 어렵다.[251][252] 동등성 결정은 제3국의 규제가 EU 법과 다르지 않다는 판단에 기초하여 해당 제3국 금융기관에게 EU 회원국의 별도 인가 등 없이 EU 내에서 활동할 수 있도록 하는 제도이기 때문이다. 유럽경제지역(EEA)에 가입한 스위스는 MiFID, 대체투자펀드 관리회사 Directive 등 EU 증권법령을 수용함으로써 EU 증권법의 원칙들을 국내법으로 수용하고 있는데,[253] 영국도 그와 크게 다르지 않은 경로를 쫓아갈 가능성이 있다.

결과적으로 영국은 브렉시트 이후 이사회 및 유럽의회를 통한 EU 증권 규제의 입법과정에 관여할 수단을 잃은 채 EU 규정을 따를 수밖에 없는 상황에 놓일 가능성도 상당하다고 생각된다. EU 규정의 개입주의적 성격 때문에 시티 오브 런던(City of London)의 경쟁력이 발휘될 수 없다고 믿는 관점에서도 브렉시

---

249) Leonard Seabrooke & Duncan Wigan, Brexit and Global Wealth Chains, 14(6) Globalizations, p. 6 (2017).

250) Lavery et al., 각주 247, pp. 21~22.

251) Commercial Bar Association, 각주 246, p. 12.

252) Matthias Lehmann & Dirk Zetzsche, How Does It Feel to Be a Third Country? The Consequences of Brexit for Financial Market Law (British Institute of International and Comparative Law Paper No. 14 - February 2018), https://papers.ssrn.com/sol3/papers.cfm?abstract_id=3155355 (최종방문: 2021. 1. 2), p. 1.

253) 신상우, 스위스 금융서비스(FIDLEG)상의 기록의무 및 교부의무, 홍익법학 제17권 제3호, 2016년, 533~534면.

트가 효과적인 전략이 될 수 없는 이유가 여기에 있다.

Ⅳ. 향후 증권 분야에서 영국과 EU 간 관계 설정의 방향

1. 서설

브렉시트는 우선 유럽의 증권 산업에 작지 않는 영향을 미치게 될 것이다. 앞서 설명한 것처럼, 유럽 사법재판소의 Centros 법리는 논리적으로 결국 각 회원국 법률의 상호인정을 허용하는 결과가 된다. 그런데 상호인정은 보다 많은 기업을 유치하기 위한 바닥치기 경쟁(race to the bottom)으로 귀결될 가능성이 높다. 이에 EU의 증권 법제는 최소한의 공통 규제를 마련하고 회원국들이 이를 준수할 것을 전제로 한 인가, 허가 등의 상호인정 시스템(패스포팅)을 마련하고 있다.[254] 즉, MiFID 등 증권 규제와 관련한 EU의 Regulation, Directive는 한 나라에서 투자회사, 금융상품, 집합투자기구, 투자설명서 등이 인가 등을 받으면 그러한 인가 등의 효력이 다른 회원국 내에도 그대로 미치도록 한 것이다.

유럽연합 탈퇴조약에 따른 이행기간 종료 시점(2020. 12. 31)부터 패스포팅 시스템이 적용될 수 없게 된 상황에서 영국과 EU 간 체결되는 협정에 이를 대신하는 내용이 포함될 것으로 기대되었다. 당초 유럽연합과 영국 간 향후 관계 설정의 방향으로서 상품, 서비스, 사람, 자본의 자유로운 이동을 보장하는 유럽경제지역 모형이 거론되었다.[255] 그러나, 2020. 12. 24. 체결된 협정은 관세 없

---

254) Niamh Moloney, 각주 244, p. 77.

255) 유럽경제지역(European Economic Area, EEA)은 (i) EU 회원국 외에 (ii) EU 회원국 전부와 개별적으로 유럽자유무역협정(EFEA)을 체결한 아이스란드, 노르웨이, 리히텐슈타인, (iii) EU와 별도의 협정을 체결한 스위스를 포괄하고 있다. EEA는 관세동맹, 공동 경제정책 등 EU 운영조약의 일부 내용을 포괄하지 않으나 이른바 4개의 근본적 자유와 관련된 EU 입법을 채택하도록 되어 있다.

영국이 EEA에 가입하게 된다면 영국은 EU 증권 규제를 그대로 수용하는 대신 MiFID 등이 정한 패스포팅(Passporting)의 이익을 그대로 누릴 수 있게 될 것이다. House of Lords European Union Committee, Brexit: financial services (9th Report of Session 2016-17), para. 1~4. 및 pp. 17~18 참조.

이러한 체제 하에서 패스포팅과 관련된 사법적 판단은 유럽자유무역지역 법원(European Free Trade Area Court)에서 맡게 되고 영국은 계속 EU 운영비용에 대한 분담금을 납부할 의무가 있다. House of Lords European Union Committee, 위 자료, p. 18. 참조.

다만, EEA는 관세동맹이 아니기 때문에 영국은 이 경우에도 다른 나라들과 무역에 관한 협상을 할 수 있다. Matthias Lehmann & Dirk Zetzsche, Brexit and the Consequences

는 상품의 자유로운 이동을 보장하고, 영국 해역 내에서 EU 회원국의 어로량을 단계적으로 축소하며, 영국과 EU 간 분쟁을 EU 법원이 아닌 제3의 중재인을 통해 해결한다는 것 외에 서비스 분야에 관해서는 특별한 내용이 포함되어 있지 않다.

과거 시티 오브 런던(City of London[256])을 중심으로 한 영국 금융 산업의 성장은 MiFID 등에 따른 투자회사 인가 등의 상호인정(Passporting) 시스템에 힘입은 바 작지 않다.[257] 유럽 시장에 진출하고자 하는 금융기관은 시티 오브 런던에 자회사를 설립하고 영국 금융감독기구로부터 자신이 하고자 하는 활동에 필요한 인가를 받음으로써 추가적인 절차 없이 유럽 대륙 전체를 상대로 활동할 수 있었다. 패스포팅을 통해 대륙에서 활동하는 영국 회사는 2,250개, 거꾸로 영국 내에서 활동하는 EU 회사는 988개로 집계된다.[258] 시티 오브 런던(City of London)은 금융 관련 시설과 전문 인력이 밀집된 점을 이용하여 유럽에서 활동하려는 금융기관들을 끌어모음으로써 미국 뉴욕과 함께 종합적인 금융 서비스를 제공하는 세계적인 금융 허브(Hub) 기능을 수행할 수 있었던 것이다.[259]

시티 오브 런던의 이러한 지위는 향후 금융 서비스 분야에 대한 영국과 EU 간 관계 설정 여하에 따라 달리 결정될 것으로 예상된다.

---

for Commercial and Financial Relations between the EU and the UK, https://papers.ssrn.com/sol3/papers.cfm?abstract_id=2841333 (최종방문: 2021. 1. 2), p. 3.

256) 영국 상원 보고서에 따르면 영국의 금융산업이 직접 고용한 인원은 약 110만 명, 여기에 법률, 컨설팅, 회계 등 금융산업과 연관된 분야에 종사하는 인원은 약 120만 명 수준이다. 런던의 금융중심지 City of London은 358개의 은행, 다수의 보험 및 기관투자자, 헤지펀드, 신용평가기관을 유치하고 있다. 유럽에서 가장 규모가 큰 증권시장, 파생상품시장, 청산·결제 시설을 보유하고 있으며 핀테크 산업이 성장하는 곳이기도 하다. Karel Lannoo, EU Financial Market Access After Brexit, 51 Intereconomics, p. 256 (2016) 참조.

257) Anne-Laure Delatte & Farid Toubal, Brexit: Seizing Opportunities and Limiting Risks in the Financial Sector, https://www.cairn-int.info/abstract-E_NCAE_045_0001--brexit-seizing-opportunities-and-limitin.htm (최종방문: 2020. 3. 1), p. 2.

258) Karel Lannoo, 각주 256, p. 257.

259) 발달된 금융산업을 중심으로 영국은 금융, 보험 상품을 수출해 왔는데, 영국 금융산업의 전체 매출액 약 2,000억 파운드 중 400억 내지 500억 파운드는 EU 내에서 발생하는 것으로 추정된다. House of Lords European Union Committee, Brexit: financial services (9th Report of Session 2016-17), para. 1~4.

2. 영국과 EU의 잠정적 조치

가. 영국

패스포팅 시스템은 각 EEA 회원국들의 규제에 대한 상호 신뢰를 바탕으로 별다른 추가적 인가 등 절차 없이 한 나라에서 받은 인가만으로 다른 나라에서도 각종 투자서비스 활동 등을 수행할 수 있도록 하는 제도이다. EU 회원국들 내에 설립되어 인가를 받은 투자회사, 집합투자기구 등이 패스포팅 시스템에 기초하여 영국 내에서 영업활동을 벌여왔다면, 이들 투자회사, 집합투자기구 등은 2021. 1. 1.부터 더 이상 패스포팅에 의존해서는 규제대상이 되는 행위를 벌일 수 없게 된다.

영국 재무성은 행정입법[260]을 통하여, 패스포팅 제도에 기초해 영국 내에서 규제 대상 활동(금융 서비스)를 제공해 온 투자회사 등이 영국 FCA 등으로부터 별도 인가를 받기 전까지 종래 수행하던 활동에 관해 인가 받은 것으로 간주하는 '일시적 허가 제도(Temporary Permission Regime)'을 도입하였다.

EU 증권 법제가 정한 패스포팅 시스템은 등록지 회원국에게 감독 권한을 부여하고 있으나, 영국이 더 이상 이러한 제도에 기속되지 않고 일시적 허가 제도가 FCA의 인가 등을 받은 것으로 의제하는 이상, 위와 같은 투자회사 등에 대한 감독 권한은 FCA가 행사한다.

나. 유럽연합

영국에 기반을 두고 전체 EU 시장에 금융 서비스를 제공해 온 다수 투자회사들은 영국의 브렉시트 결정 직후부터 2020년 말까지 프랑크푸르트, 암스테르담, 더블린 등의 도시로 본사를 이전하거나 새로운 별도 법인을 개설한 것으로 보도되어 있다.[261] EU 집행위원회 및 유럽증권시장청(ESMA)은 영국 재무부의 일시적 허가 제도 등과 유사한 잠정적 조치를 발표한 것이 없다.[262] 이에 따라

260) The EEA Passport Rights (Amendment, etc., and Transitional Provisions) (EU Exit) Regulations 2018.

261) What next for London, the world's second-largest financial center? (Deutsche Welle 2021. 1. 1), https://www.dw.com/en/what-next-for-london-the-worlds-second-largest-financial-center/a-56101977 (최종확인: 2021. 1. 2).

262) 패스포팅 시스템에 기초해 유럽 대륙에서 활동해 온 영국 투자회사 등이 자신의 고객들

영국에 본사를 둔 투자회사들은 2021. 1. 1.부터 EU 회원국 중 한 곳에서 감독기구의 인가 등을 받지 않으면 EU 내에서 고객에게 투자 서비스를 제공할 수 없게 되었다.

ESMA는 2020. 9. 28. 영국에 기반을 둔 ICE Clear Europe Limited, LCH Limited, LME Clear Limited 3개사가 2020. 12. 31. 이행기간 종료 후 2022. 6. 30.까지 EU 내에서 중앙청산소로서 활동할 수 있도록 허용하는 결정을 내렸다.[263) EU 증권거래 이후 청산, 결제에서 영국의 중앙청산소들이 차지하는 비중이 매우 높다는 점을 감안한 조치이다.

3. 동등성 결정의 의미와 가능성

가. 동등성 결정의 의의

EEA 혹은 그와 유사한 협정이 체결되지 않는 상황에서, 향후 금융 서비스에 대한 새로운 포괄적 합의가 나오지 않는다면, 증권 분야에서 영국과 EU 간 관계는 WTO의 일반 원칙에 따라 규율될 것이다. 영국은 EU에 대한 관계에서 제3국 지위에 놓이게 되고, 영국 금융기관들은 패스포팅(Passporting)과 유사한 권리를 누리기 위해서는 개별 Regulation 등이 정한 바에 따라 영국이 동등성 결정을 받아야 한다.

나. 대상

동등성에 관한 규정들은 EU 지역 외 제3국의 규제 체제가 EU와 동일한지 여부를 EU가 실질적으로 심사하도록 할 것을 요구하고 있다. 즉, 동등성 결정은 개별 투자회사가 아니라 국가 단위로 부여된다.[264)]

또한, 유럽경제지역(EEA) 외부 국가들에 대한 제3국 동등성 결정은 일괄적으로 주어지는 것이 아니며 각 Regulation 등이 정한 분야별로 각기 따로 적용된다. 지금까지 제3국에 대해 EU 회원국이나 EU 규정을 받아들인 EEA 국가들과 같이 포괄적인 동등성 지위를 부여한 경우는 찾아볼 수 없다.[265)]

에게 2021. 1. 1.부터 계좌 사용이 불가능하다는 등의 안내를 해 온 것으로 확인되고 있다. 예를 들어, https://www.barclays.co.uk/brexit/eea-changes/ (최종확인: 2021. 1. 1) 참조.

263) 유럽증권시장청 ESMA 웹사이트(https://www.esma.europa.eu/press-news/esma-news/esma-recognise-three-uk-ccps-1-january-2021, 최종확인: 2021. 1. 1) 참조.

264) Anne-Laure Delatte & Farid Toubal, 각주 257, p. 2.

현재까지 우리나라를 비롯하여 미국, 캐나다, 일본, 홍콩, 싱가포르를 포함한 총 33개국이 동등성 결정을 받았으나, 그러한 결정은 특정한 분야에 한정되어 있다.[266]

다. 형식 및 절차

동등성 결정은 법적으로 구속력 있는 행정입법, 곧 실행입법(implementing acts) 혹은 위임입법(delegated acts)의 형태로 내려지게 된다.[267] 따라서, 동등성 결정은 그러한 형태에 맞는 통상적인 입법절차를 따라 이루어진다. 즉, 집행위원회가 동등성 결정을 제안하면 유럽 이사회가 영국의 탈퇴 이후 남은 27개 회원국들의 가중 다수결(qualified majority)에 따라 이를 승인하는 절차가 필요하다.

동등성 결정은 조건부로 내려질 수도 있고 잠정적, 일시적으로 주어질 수도 있다.[268]

라. 효력

동등성 결정이 내려지는 경우에도 그 범위는 적격 거래상대방 및 전문투자자(일반투자자가 선택에 의해 전문투자자로 취급되는 경우를 제외한다)로 제한된다.[269] 즉, 제3국 금융기관이 동등성 결정에 의하여 EU 지역 내의 일반투자자에게 영업활동을 벌일 수는 없다.

마. 향후 전망

앞서 살펴본 것처럼 영국은 EU 회원국으로서 EU 규정에 따라 제정했던 각종 국내법을 그대로 유지하고 있다. 또한, 유럽연합탈퇴법에 따라 회원국에 직접 효력을 미치는 EU 법률 역시도 국내법으로 수용한 상태이다. 따라서, 집행위원회 결정 등의 절차적 문제는 논외로 하고 적어도 이론적으로는 당분간 동등성 요건을 충족하는 데에 무리가 없다. 그러나 향후 EU 규정이 변경되는 경우 영국은 그러한 변경을 국내법으로 수용하거나 기존 영국의 관련 규정으로도 변

---

265) Commercial Bar Association, 각주 246, p. 85.
266) Commercial Bar Association, 각주 246, p. 17.
267) Commercial Bar Association, 각주 246, p. 15.
268) Id. at 16.
269) Id. at 15.

경된 EU 규정과 동등한 효과를 달성할 수 있다는 점을 입증하여야 한다.

따라서 동등성 결정 제도는 영국의 증권 규제가 EU 규정에서 크게 벗어나기 어렵게 만드는 요인으로 작용할 가능성이 있다. 현실적으로 영국이 패스포팅의 이득을 포기하기는 어렵기 때문이다.

4. 각 EU 법률별 동등성 결정 제도[270)]

가. MiFID 및 MiFIR

(1) 동등성 결정의 내용

MiFIR 제46조는 동등성 결정에 관하여 규정하고 있다. 어떤 제3국이 MiFID 등 EU법이 정한 투자회사의 조직 구조에 관한 규정, 영업행위 규정, 건전성 규정 등과 동등한 효과를 가진 구속력 있는 법률, 감독 시스템을 갖추고 있고, 당해 제3국이 상호성의 원리에 따라 EU 회사들의 접근을 보장하는 경우, 집행위원회는 당해 제3국에 대해 동등성 결정을 내릴 수 있다. 동등성 결정을 받은 제3국의 회사는 지점을 설치하지 않고도 유럽연합 전역에 걸쳐서 적격 상대방 및 전문 투자자(일반투자자가 선택에 의하여 전문 투자자로 취급되는 경우를 제외한다)에 대하여 투자 서비스를 제공하거나 투자 활동을 수행할 수 있다(MiFIR 제46조 제1항).

브렉시트 이후 영국은 우선 투자회사 분야에 관하여 MiFID에 따른 EU 집행위원회의 동등성 결정을 받을 필요가 있을 것이다.

(2) 한계

동등성 결정에 따른 이점은 적격 거래상대방 등으로 제한된다. MiFID 제39조 제1항에 따르면, 회원국은 일반투자자(자신의 선택에 따라 전문 투자자로 취급되는 경우를 포함한다)에 대해 투자 서비스를 제공하거나 투자 활동을 수행하려는 제3국 회사에 대해 지점의 설치를 요구할 수 있다. 이 경우 당해 지점은 당해 회원국의 인가를 받아야 하고(MiFID 제39조 제2항) 그러한 인가는 유럽연합 전역에 대해 효력을 가진다(MiFIR 제47조 제3항). 따라서 영국이 동등성 요건을 충족하는 경우에도 시티 오브 런던(City of London)에 위치한 투자회사들이 곧바로 소매 영업을 수행할 수 있는 것은 아니다.

---

270) 각 Regulation, Directive와 관련된 부분 참조.

또한, MiFIR 제47조 제1항은 요건이 충족된 경우 집행위원회가 동등성 결정을 '내릴 수 있다'는 형식으로 규정하고 있으므로 집행위원회는 그에 대한 재량을 가지고 있다. 집행위원회는 재량의 행사에 있어 금융시장의 발전, 소비자 보호, 시장 안정성 확보 등과 같은 폭넓은 정책적 목표를 종합적으로 고려한다는 입장인데, 이는 곧 동등성 결정에 정치적 고려가 개입될 가능성이 높다는 점을 시사한다.[271] 이러한 결정에 대해서는 EU 회원국이나 제3국 모두 법률적으로 도전해 볼 수단이 없다.[272]

뿐만 아니라 제46조 제4항이 정한 동등성 결정 절차는 동등성 결정 신청을 접수한 후 30 영업일 이내에 서류의 완전성을 검사하고 다시 그로부터 180 영업일 이내에 심사를 할 수 있도록 규정하고 있으므로, 동등성 결정에는 상당한 시간이 소요될 가능성이 높다.

(3) 분쟁의 국제재판관할 문제 등

MiFIR 제46조 제6항은 유럽연합 내의 고객에 대한 관계에서 투자서비스를 제공하는 경우 제3국 투자회사는 그와 관련된 모든 분쟁을 회원국의 법원 또는 중재재판소에서 진행하도록 하여야 한다고 규정하고 있다. 제3국 법원, 중재재판소를 선택하는 조항은 EU 회원국 고객과 체결하는 계약에서 채택될 수 없다.

이는 브렉시트 이후 제3국 지위에 서게 되는 영국의 법률 및 중재 산업에 부정적 효과를 미칠 것으로 예상된다.[273] 법률 서비스에서 영국이 차지하던 몫을 두고 EU 회원국들 간에 경쟁이 펼쳐질 가능성도 배제할 수 없다.[274]

또한, 유럽 사법재판소 판결은 대륙법과 보통법의 중간적 접근방식을 받아

271) Matthias Lehmann & Dirk Zetzsche, 각주 252, p. 7

272) Matthias Lehmann & Dirk Zetzsche, 위의 자료, p. 7.

273) Commercial Bar Association, 각주 231, pp. 41~42.

274) 이러한 상황을 염두에 두고 네덜란드의 Rotterdam 지방법원은 2016년 1월부터 해양법 등과 관련된 소송에서 영어를 사용할 수 있도록 하였고, 2017년 설립된 네덜란드 상사법원(Netherland Commercial Court)은 영어를 사용하여 대형 상사사건을 진행하도록 하였다. 독일, 프랑스 역시 일부 소송에서 최근 통역 없이 영어를 사용할 수 있도록 하는 조치를 취하고 있다. 프랑스의 경우 영어의 사용에서 나아가 아예 영국법을 금융분쟁에 관하여 준거법으로 하는 재판을 수행하는 방안을 검토하고 있다. Uuriintuya Baatsaikhan & DirkSchoenmaker, Can EU actors keep using common law after Brexit?, https://www.bruegel.org/2017/06/can-eu-actors-keep-using-common-law-after-brexit/ (최종방문: 2021. 1. 2), p. 3 참조.

들인 것으로 이해되어 왔다. 그러나, 영국 법률가들이 활동할 길이 막힌다면 EU 법원 내에서 보통법의 영향력도 자연스럽게 축소될 수밖에 없을 것이다.[275)]

나. 대체투자펀드 및 대체투자펀드 관리회사와 관련된 문제

(1) 마케팅 활동 관련

대체투자펀드 관리회사 Directive 체제 하에서는, EU의 한 회원국에서 인가받은 대체투자펀드 관리회사가 EU 전역에 걸쳐 전문 투자자에게 EU 내에서 설립된 EU 대체투자펀드를 판매할 수 있다. 즉, 패스포팅 시스템은 EU 대체투자펀드 관리회사 및 EU 대체투자펀드를 대상으로 적용되며, EU 외 지역에서 설립된 대체투자펀드 관리회사의 영업활동 및 EU 외에서 설립된 대체투자펀드의 판매는 각 회원국 법률의 규제에 따른다.

따라서 브렉시트 이후 영국에서 설립된 대체투자펀드 관리회사는 패스포팅의 적용을 받을 수 없다. 이에 대해서는 非EU 대체투자펀드 관리회사에 의해 관리되는 대체투자펀드의 회원국 내 판매를 위한 조건을 규정한 대체투자펀드 관리회사 Directive 제42조[276)] 및 회원국 법률에 따른 요구사항이 준수되어야 한다.

EU 회원국 내에 설립된 대체투자펀드 관리회사가 영국의 대체투자펀드를 EU 내에서 판매하려고 하는 경우 대체투자펀드 관리회사 Directive 제35조[277)]가 적용될 것이다. 즉, 영국과 대체투자펀드 등록지 회원국 간에 대체투자펀드 관리회사 Directive 이행을 위한 협력 등 부가적 요건이 충족되어야 한다.

---

275) B. Hess, Brexit and European international private and procedural law (2016), https://www.mpg.de/10824865/back-to-the-past (최종방문: 2021. 2. 11).

276) 제42조는 비EU 관리회사가 대체투자펀드를 회원국 내에서 판매하도록 허용하는 경우 회원국 입법이 갖추어야 할 요구사항에 대해 규정하고 있다. 여기에는 비EU 관리회사가 본 Directive에서 요구하는 정보 공개 요구사항에 따를 것, 당해 제3국과 펀드 판매가 이루어지는 EU 회원국 간에 정보교환 등에 관한 협력 약정이 체결될 것, 당해 제3국이 자금세탁방지기구(Financial Action Task Force)가 지정한 비협력국가가 아닐 것 등의 요건이 포함된다.

277) 인가 받은 EU 대체투자펀드 관리회사가 자신이 운용하는 非EU 대체투자펀드를 요구사항을 정하고 있다. 여기에는 비EU 대체투자펀드가 설립된 제3국 감독기관과 EU 회원국 간에 적어도 정보 교환 등에 관한 약정이 체결되어 있어야 하고, 당해 제3국이 자금세탁방지기구(Financial Action Task Force)가 지정한 비협력국가는 아니어야 하며, 당해 제3국과 EU 회원국들 간에 조세회피 방지를 위한 OECD 모델 조세조약에 따른 기준을 충족하는 협약이 체결되어 있어야 한다는 등의 요건이 충족된다.

(2) 대체투자펀드 관리회사의 펀드 운용 관련

한편 대체투자펀드 관리회사 Directive 제33조는 EU 대체투자펀드 관리회사가 직접 혹은 지점을 통해 EU 대체투자펀드를 관리할 수 있다고 규정하고 있다. 그러나 브렉시트 이후 영국의 대체투자펀드 관리회사는 위 조항에 따른 권리로서 EU 내에서 설립된 대체투자펀드를 관리할 수는 없게 되었다.

(3) UCITS[278]와 관련된 문제

브렉시트는 UCITS의 관리에도 영향을 미칠 전망이다. UCITS Directive 제5조 제4항은 UCITS의 관리회사(우리 법률상의 집합투자업자)가 EU 회원국 내에서 인가받지 않은 경우 당해 UCITS이 인가를 받을 수 없다고 규정하고 있다. 그러므로, EU의 관리회사가 관리하지 않는 UCITS은 한 회원국 인가를 전제로 하는 패스포팅 시스템의 적용을 받을 수 없다.

위 규정에 따라 브렉시트 이후 영국의 UCITS는 영국 내에 설립된 관리회사가 관리하는 경우 EU 내에서 패스포팅의 혜택을 누릴 수 없다. 그러한 펀드는 EU법의 관점에서는 대체투자펀드의 범주에 속하게 되므로 대체투자펀드 관리회사 Directive 제42조의 요건이 충족됨을 전제로 EU 내의 전문 투자자에게만 판매될 수 있을 뿐이다.

마찬가지로, EU 회원국 내에서 설립되고 운영되는 UCITS는 영국 시장에 자동적으로 접근이 보장되는 것은 아니다. 여기에 대해서는 향후 변경되는 영국의 규정이 적용될 것이다.

여기서도 동등성 결정이 문제가 된다. UCITS과 관련한 동등성 결정에 대해서는 MiFID의 규정을 따른다(UCITS Directive 제36조). 즉, 집행위원회의 동등성 결정을 받은 제3국의 관리회사는 유럽 전역에 걸쳐 전문투자자에게 UCITS를 판매할 수 있다. 대체투자펀드 관리회사 Directive에 관해서는 (1) 대체투자펀드가 EU와 동등한 규제 체제가 시행되는 제3국에서 인가를 받고, (2) 당해 제3국이 EU 내에 주소를 둔 회사들에 대하여 자신의 시장에 관한 상호적 접근을 허용하고 있으며, (3) 제3국 규제당국이 EU와 규제 협력에 관한 약정을 체결하고 있는 경우, 당해 非EU 펀드 또는 관리회사는 EU 시장에 접근할 수 있다(대체투자펀드 관리회사 Directive 제34조 이하).

---

278) 개방형, 환매형의 집합투자기구를 의미한다. 보다 상세한 내용은 제7편 제2장 참조.

다. 중앙청산소(CCP)에 관한 문제

(1) 영국의 3개 중앙청산소에 대한 유럽증권시장청의 승인

파생상품 Regulation 제14조는 중앙청산소가 한 회원국에서 받은 인가는 유럽연합 전체에 걸쳐 효력이 있다고 규정하고 있다. 영국은 EU 회원국 지위에서 벗어났으므로 위와 같은 규정이 적용되지 않는다.

위 Regulation 제25조는 EU 외 지역에서 설립된 중앙청산소(CCP)가 유럽증권시장청(ESMA)의 승인(recognition)을 받으면 EU 내에 설립된 거래소 등에서 청산 서비스를 수행할 수 있도록 규정하고 있다. 유럽증권시장청의 승인은 (a) 제3국 CCP가 파생상품 Regulation이 정한 것과 동등한 구속력 있는 요구사항을 준수하였다는 점을 집행위원회가 인정하는 결정을 내리고, (b) 법률 및 감독체제가 법령의 효과적인 집행, 감독을 보장하며, (c) 제3국의 법률이 CCP에 관한 유사한 승인 시스템을 갖추고 있고, (d) 유럽증권시장청이 거래소, 거래 상대방 등과 관련된 회원국 규제당국의 자문을 거치고, (e) 유럽증권시장청과 제3국 간에 적절한 협력 약정이 체결되어 있고, (f) 제3국이 자금세탁방지 법률 및 테러리즘에 의한 자금 유입 방지 법률을 갖추고 있을 것을 요건으로 한다.

유럽증권시장청(ESMA)는 위 조항에 기초하여 2020. 9. 28. 영국에 기반을 둔 ICE Clear Europe Limited, LCH Limited, LME Clear Limited 3개사에 대한 승인 결정을 내렸다. 다만, 유럽증권시장청(ESMA)는 그 기간을 2022. 6. 30.까지로 한정하고 있다.

(2) 향후 전망

영국이 EU 소재 투자회사 등의 영국 내 서비스 제공을 계속 유지하기 위한 잠정적 조치를 내린 반면, EU는 그러한 조치에 소극적인 태도를 보여 왔다. 이는 시티 오브 런던과 경쟁 관계에 있는 EU 회원국 및 도시들의 이해를 반영한 면이 있다고 생각된다. 다만, 유로화 증권거래 중 영국에 소재한 중앙청산소가 차지하는 비중이 매우 높다는 점을 고려하여 유럽증권시장청이 위와 같은 결정을 내릴 수밖에 없었던 것으로 보인다.

유럽증권시장청은 기간을 2022. 6. 30.로 한정하면서 영국의 중앙청산소가 EU 지역의 청산, 결제 시스템에서 차지하는 비중 및 중요성을 계속 고려할 것임을 밝히고 있다. 이는 단순히 영국이 EU와 유사한 규제 시스템을 갖추고 있는지 등 요건의 충족 여부를 따지기보다는 다분히 정치적인 고려의 산물이라

고 할 수 있다.

한편 2011년 유럽중앙은행(ECB)은 금융안정에 대한 우려 때문에 유로화로 표시된 지급, 결제는 유로존 내에 있는 중앙청산소(CCP)에 의해 처리되어야 한다는 정책 목표를 제시하였다. 중요한 청산소들이 위치한 영국은 EU 일반법원(General Court)에 위 정책에 대한 소송을 제기하여 그러한 정책이 ECB의 권한 범위 밖에 있다는 판결을 받아낸 바 있다.[279)]

시티 오브 런던(City of London)의 지위는 이처럼 영국 정부의 정치적 개입에 의해 유지되어 온 측면이 있다.[280)] 현재까지도 유로로 이루어지는 거래 중 3분의 2 정도는 런던에서 청산, 결제가 이루어지고 있고, 그에 따라 감독자/규제자와 거래 간의 지리적 불일치는 두드러지게 나타나고 있다.[281)] 집행위원회는 2017년 6월 유럽의 청산소에 관한 감독이 회원국 대신 유럽증권시장청, ECB 등 EU 수준에서 재편되어야 하고, 시스템적으로 중요한 중앙청산소(CCP)의 활동은 유로존 내로 위치를 이동하도록 하여야 한다는 제안을 내어 놓았다.[282)]

영국이 Brexit 이후 종전과 같이 이에 적절하게 대응하기는 어려울 가능성이 높은 것으로 전망된다.[283)]

279) United Kingdom v ECB [2015] EU General Court Case T-496/11.
280) Lavery et al., 각주 247, p. 10.
281) Anne-Laure Delatte & Farid Toubal, 각주 257, p. 4.
282) Anne-Laure Delatte & Farid Toubal, 각주 257, p. 4.
283) John Armour, 각주 248, p. 60.

제 2 편

금융상품과 투자활동·투자서비스

제1장

금융상품

Ⅰ. MiFID의 연혁 및 체계

MiFID[1]는 자본시장의 가장 중요한 행위자인 투자회사의 인가 및 인가의 상호인정(Passporting) 시스템, 투자회사가 영위하는 투자활동 및 투자서비스의 범위, 투자회사에 대한 지배구조 규제 및 영업행위 규제, 양도증권 거래가 이루어지는 거래소 등 EU 자본시장 규제의 근간이 되는 사항들을 망라하고 있다.

1. 舊 Investment Service Directive

종래의 투자서비스 Directive(Investment Service Directive[2])는 유럽 자본시장에 관한 통일적 규정을 마련하고 패스포팅 제도를 도입한 최초의 시도였다.

그러나, 투자서비스 Directive에 대해서는, 적용대상인 투자 활동의 범위가 지나치게 협소하여 빠르게 변화하는 증권시장을 온전히 규율하지 못할 뿐만 아니라, 개별 회원국들이 패스포팅 규정에도 불구하고 다른 회원국 투자회사의 활동에 대해 추가적인 규제를 부과할 수 있도록 허용한 결과 증권시장의 통합

---

1) 정식 명칭: Directive 2014/65/EU Of the European Parliament and of the Council of 15 May 2014 on markets in financial instruments and amending Directive 2002/92/EC and Directive 2011/61/EU.

2) 정식 명칭: Council Directive 93/22/EEC of 10 May 1993 on investment services in the securities field.

을 가로막는다는 비판이 제기되었다.[3)]

2. 2004년 제정된 舊 MiFID

투자서비스 Directive를 대체한 최초의 MiFID는 2004년 4월 채택되어 2007년 11월부터 적용되었고, 회원국들의 증권법은 MiFID의 내용을 국내법으로 수용하였다.[4)] 2004년 MiFID는 투자서비스의 범위를 확대하고 상세한 행위규정을 제시하며 이를 통해 패스포팅 및 등록지 회원국 감독 원칙을 확립하였다.[5)]

그러나 2004년 MiFID 제정 이후 장외에서 이루어지는 파생상품 등의 거래 규모가 크게 늘어나면서 이를 규제할 필요성 역시 제기되었다.[6)] 또한, 2004년 MiFID는 알고리즘을 통한 초단타 매매 등의 출현에 따라 한계를 나타내기에 이르렀다.[7)] 예를 들어, 유럽증권시장청(ESMA)에 따르면 유럽 내의 고빈도 거래는 거래금액 기준 24% 내지 37%, 거래 횟수 기준 24% 내지 37%에 이르고 있었으나,[8)] 2004년 MiFID는 이에 관해 규제하는 규정을 담고 있지 않다. 이러한 배경 하에서 2008년 금융위기 이후 Jacques de Larosière가 주도한 자문위원회(High Level Group)는 EU 전체 증권시장에 적용되는 단일한 규정집을 제정, 적용할 것을 권고하였다.

---

3) Commercial Bar Association, Brexit Report – Financial Services Sub-Group, https://app.pelorous.com/media_manager/public/260/COMBAR%20Brexit%20Financial%20Services%20Report%20with%20intro.pdf (최종방문: 2021. 1. 2), p. 30.

4) 오성근, EU의 제2차 금융상품시장지침(MiFID Ⅱ)과 금융상품시장규정(MiFIR)의 기본구조 및 주요 내용, 증권법 연구, 제16권 제2호, 2015년, 241면.

5) Commercial Bar Association, 각주 3, pp. 30~31.

6) 2014년 개정 배경에 관하여 MiFID 서문 제(3)항 내지 제(4)항은 "최근 보다 많은 투자자들이 금융시장에 관심을 가지게 된 한편으로 훨씬 더 복잡한 금융서비스, 금융상품이 광범위하게 나타나게 되었다. 그러한 발전에 따라 유럽연합의 법적 틀은 투자자를 상대로 한 모든 활동을 포괄할 필요가 있게 되었다. 이러한 목적을 달성하기 위해서는 투자자에게 보다 높은 수준의 보호를 제공하고 투자회사들에게는 유럽연합 전체에 걸쳐 서비스를 제공할 수 있도록 하는 harmonization이 필요하다", "금융위기는 금융시장의 작동 및 투명성에 있어 취약성을 드러냈다. 금융시장의 발전은, 투명성을 강화하고 투자자를 보다 잘 보호하며 신뢰를 회복하고 규제되지 않던 영역을 포괄하며 그러한 목적 달성을 위한 감독당국의 역할을 보장할 수 있도록 장외거래(OTC)를 포함하여 금융상품 시장의 규율에 관한 틀을 강화할 필요가 있음을 보여주고 있다"고 밝히고 있다.

7) Peter Gomber, The German equity trading landscape, SAFE (Sustainable Architecture for Finance in Europe) White Paper, No. 34, p. 6.

8) 위의 논문, p. 7.

3. 현행 MiFID 및 MiFIR의 이원화 체계

2004년 MiFID의 개정은 두 가지 방향에서 이루어졌는데, 첫째로 개별 입법이 필요한 사항들은 2014년 전면 개정된 현행 MiFID(Directive 2014/65/EU)에 포함하고, 둘째로 회원국의 개별 입법 없이 EU 전역에 걸쳐 공통적으로 적용될 필요가 있는 기술적 사항들에 관한 조항들은 MiFIR(Regulation EU No 600/2014)[9]을 신설하여 이관하였다. 현행 MiFID 및 MiFIR는 두 개가 결합하여 EU 증권법의 근간을 이루는 사항들에 대해 하나의 규제체계를 구축하고 있다.

MiFID는 개별 회원국 입법이 필요한 Directive로서, 회원국별로 나름의 금융시장 상황, 역사적 발전과정, 규율체계 등을 고려할 필요가 있는 사항들을 규율의 대상으로 한다. 금융상품의 범위, 투자회사의 인가·지배구조 규제 및 영업행위 규제, 정규시장 등 거래소의 인가 및 활동에 관한 사항이 여기에 속한다. EU 및 개별 회원국의 증권법은 MiFID에서 제시된 양도증권, 금융상품, 정규시장(Regulated Market), 다자간 거래소(MTF), 조직화된 거래소(OTF) 등의 개념, 패스포팅 원칙에 기초하여 입법이 이루어지고 있다.

반면 거래정보 등의 공개에 관한 사항은 별도 회원국 입법 없이 곧바로 적용되는 MiFIR가 이를 규율하고 있다.[10]

4. 논의의 순서

MiFID 및 MiFIR에 규정된 사항들을 다음 순서에 따라 소개하기로 한다.[11]

본장(제2편 제1장) 및 다음 장(제2편 제2장)에서는 증권법의 기초가 되는 금융상품, 투자활동과 투자서비스 개념을 다룬다.

제3편에서 투자회사의 인가, 조직구조 및 내부통제에 관한 규제, 영업행위 규제를 다루기로 한다.

MiFID 및 MiFIR의 또 다른 중요한 주제는 정규시장, 다자간 거래소(MTF),

---

9) MiFIR의 정식 명칭은 다음과 같다: Regulation (EU) No 600/2014 of the European Parliament and of the Council of 15 May 2014 on markets in financial instruments and amending Regulation (EU) No 648/2012.

10) 오성근, 각주 4 논문, 245면.

11) 가급적 우리나라 자본시장법의 편제 및 교과서 순서에 따라 서술하기 위해 MiFID 및 MiFIR의 내용을 분리하여 소개한다.

조직화된 거래소(OTF), 자기거래집행업자(SI) 등 여러 유형의 거래소 개념 및 그에 대한 규제체제이다. 이 점에 대해서는 제8편 제1장에서 다루기로 한다.

Ⅱ. 금융상품의 개념 및 범위

1. 금융상품의 개념 및 범위

가. 금융상품의 범위

금융상품은 투자회사 영업행위 규제의 대상일 뿐만 아니라 불공정거래행위 Regulation(Market Abuse Regulation)에 따른 내부자거래, 시장조작 행위의 규제 대상에도 해당한다. MiFID는 규제가 필요하다고 판단되는 것들을 금융상품의 범주에 포섭하고 있다[MiFID 서문 (8)].

제4조 정의

1. 이 Directive에서 사용되는 용어의 정의는 다음과 같다:

(15) '금융상품'이란 부록 I, **Section C**에 제시된 것들을 의미한다.

SECTION C 금융상품

(1) 양도증권

(2) 머니마켓(Money-market) 상품

(3) 집합투자기구에 대한 지분

(4) 증권, 통화, 이자율, 탄소배출권, 다른 파생상품, 금융지표(financial indices or financial measures)를 기초자산으로 하는 옵션, 선물, 스왑, 선도 기타 파생상품. 현물결제 현금결제를 불문한다.

(5) 일반상품(commodities)을 기초자산으로 하는 옵션, 선물, 스왑, 선도 기타 파생상품으로서 현금으로 결제되어야 하거나 (부도 기타 계약 종료사유가 아닌) 당사자 중 일방의 선택에 따라 현금으로 결제될 수 있는 것

(6) 일반상품을 기초자산으로 하는 옵션, 선물,[12] 스왑, 기타 파생상품으로서 현물로 결제되고 정규시장, 다자간 거래소(MTF), 조직화된 거래소(OTF)에서 거래되는 것. 현물로 결제되어야 하는 조직화된 거래소의(OTF)의 거래상품 중 도매 에너지 상품에 관한 것은 제외한다.

(7) 일반상품을 기초자산으로 하는 옵션, 선물, 스왑, 선도, 기타 파생상품 중

현물결제되는 것으로서 제6항에서 언급되지 않은 것들 중 상업적 목적이 없고 금융상품에 포함되는 다른 파생상품의 속성(characteristics)을 가진 것

(8) 신용위험과 관련한 파생상품

(9) 차액을 정산하는 금융약정

(10) 기후와 관련된 변수, 항공 운임, 물가상승률 기타 공식적인 경제 통제와 관련된 옵션, 선도, 스왑, 선물 또는 다른 파생상품으로서 현금으로 결제되어야 하거나 당사자 일방의 선택에 따라 현금 결제될 수 있는 것(부도 기타 종료 사유에 따른 경우는 제외한다) 및 본 장에서 언급되지 않은 자산, 권리, 의무, 지수와 관련된 다른 파생상품으로서 (특히 정규시장, 조직화된 거래소, 다자간 거래소에서 거래되는지 여부에 관하여) 파생상품인 금융상품의 성격을 가진 것

(11) 탄소배출권

금융상품에는 양도증권 외에 머니 마켓(money market) 상품, 집합투자기구 지분, 파생상품, 탄소배출권 등이 포함된다.

MiFID는 파생상품의 개념을 규정하고 있지 않은 채 정규시장 등에서 거래되는 다양한 파생상품을 열거함으로써 이를 규율의 대상에 포함하고 있다.

나. 금융상품 개념과 관련된 문제

MiFID상의 금융상품 범위에 관한 조항은 그에 관한 개념 요소가 제시되어 있지 않다. 이는 투자성 혹은 원본 손실 가능성을 중심으로 금융투자상품 개념을 파악하는 우리나라 자본시장법과는 차이가 있다.[13]

---

12) 선도계약은 비정형적 계약으로서 정의상 다자간 거래소(MTF) 또는 조직화된 거래소(OTF)에서 거래될 수 없으므로 제6항에서는 선물계약만 포함되고 선도계약은 빠져 있다.

13) 우리나라 자본시장법 제3조는 제1항에서 "'금융투자상품'이란 이익을 얻거나 손실을 회피할 목적으로 현재 또는 장래의 특정(特定) 시점에 금전, 그 밖의 재산적 가치가 있는 것을 지급하기로 약정함으로써 취득하는 권리로서, 그 권리를 취득하기 위하여 지급하였거나 지급하여야 할 금전 등의 총액이 그 권리로부터 회수하였거나 회수할 수 있는 금전 등의 총액을 초과하게 될 위험(이하 "투자성")이 있는 것을 말한다"고 정의하면서 제2항에서 이를 증권과 파생상품으로 구분하고 있다. 그러므로, 자본시장법은 원본손실 위험을 중심으로 금융투자상품 개념을 파악하면서 이에 해당하는 항목들을 열거하는 방식을 취하고 있다.

한편, MiFID 상 금융상품의 일부인 양도증권은 일부 파생상품도 포함하고 있다. 이러한

다만, 금융상품 중 양도증권은 양도가능성, 유통가능성, 표준화의 개념을 핵심 표지(標識)로 하고 있어 MiFID에서 직접 규정된 것에서 나아가 확장이 가능한 것으로 해석하는 견해가 우세하다. 또한, 부록 I, Section C는 파생상품 개념에 대한 정의 없이 금융상품에 포함되는 파생상품의 종류를 열거하고 있으나 위임입법이 의해 그 범위를 넓힐 수 있도록 하고 있다.

이러한 이유로 새로 출현하는 투자상품들을 금융상품 개념에 포섭하여 규제의 대상으로 삼을 수 있는 가능성이 열려 있는 것으로 생각된다.

2. 양도증권

가. 규정의 내용

MiFID 제4조 제1항 제44호는 양도증권의 개념을 다음과 같이 정의하고 있다.

(44) '양도증권(transferable securities)'이란, 지불수단을 제외하고, 다음 항목들과 같이 자본시장(capital markets)에서 유통이 가능한(negotiable[14]) 증권을 말한다.

(a) 회사의 주식, 회사·조합 기타 조직에 관하여 주식과 동등한 다른 증권 및 주식에 대한 예탁증서

(b) 채권(債券) 또는 다른 형태의 증권화된 부채. 그러한 증권에 관한 예탁증서를 포함한다.

(c) 양도증권을 취득하거나 팔 수 있는 권리를 부여하는 다른 증권, 양도증권·통화·이자율·일반상품 또는 다른 지표에 따른 현금결제의무를 발생시키는 다른 증권

양도증권에 대해서는 투자설명서 Regulation 및 유통공시 Directive에 따른 발행공시 및 유통공시 관련 의무가 적용된다.

점에서도 금융상품을 증권과 파생상품으로 구분한 우리나라 자본시장법과는 차이가 있다.

14) 영어판에는 "which are negotiable on the capital market", 독일어판에는 "die auf dem Kapitalmarkt gehandelt werden können"으로, 프랑스어판에는 "négociables sur le marché des capitaux"으로 표기되어 있다. '교섭가능성', '거래가능성'으로도 이해될 수 있으나, 이를 포괄하는 '유통가능성'으로 번역하기로 한다.

나. 양도증권의 개념 요소

위 정의규정상 양도증권에 해당하기 위한 전제로서 양도성, 유통가능성의 두 가지 요건을 충족해야 한다.

양도성은 당해 증권이 다른 사람에게 이전될 수 있다는 것을 의미할 뿐 권리를 표창하는 증서의 존재 또는 권리의 등록이 필요한 것은 아니다.[15] 단순히 양도를 제한하는 약정이 있다고 하여 양도성이 부정되지는 않는다.[16]

유통가능성(협상가능성)은 정규시장 등에서 양도가 쉽게 이루어지기 위한 전제이다. 이는 곧 시장에서 가격이 형성될 수 있어야 한다는 취지이다.[17]

MiFID에서 명시적으로 언급하고 있지 않으나, 양도성, 유통가능성의 전제로서 '표준화'가 개념 요소에 포함된다.[18] 이는 양도증권으로 발행되는 것들에 관하여 어느 정도는 동질성을 가질 것을 요구하는 개념이다.[19]

다. 양도증권의 범위

MiFID 제4조 제1항 제44호는 양도증권에 해당하는 것으로 지분증권, 채무증권과 함께 일정 범위의 파생상품을 포함하고 있다.

우리 자본시장법이 증권 개념에 원본을 초과하는 손실의 발생 가능성이 없다는 점을 포함시켜 파생상품을 증권에서 제외한 것과는 대별된다. 위 조항에 따르면, 양도증권을 취득할 수 있는 권리를 부여하는 워런트, 옵션, 선물 및 양도증권 등을 기초자산으로 한 현금결제형 파상품은 양도증권 개념에 포함된다.

---

15) Valeria Ferrari, The regulation of crypto-assets in the EU – investment and payment tokens under the radar, 27 Maastricht Journal of European and Comparative Law, p. 331 (2020).

16) Philipp Hacker & Chris Thomale, Crypto-Securities Regulation: ICOs, Token Sales and Cryptocurrencies under EU Financial Law, https://papers.ssrn.com/sol3/papers.cfm?abstract_id=3075820&download=yes# (최종방문: 2020. 8. 4), p. 20.

17) Giuliano G. Castellano, Towards a General Framework for a Common Definition of "Securities": Financial Markets Regulation in Multilingual Contexts, 17 Uniform Law Review, p. 465 (2012).

18) Tessa Schembri, The Legal Status of Cryptocurrencies in the European Union, https://www.researchgate.net/profile/Tessa_Schembri/publication/328498024_The_Legal_Status_of_Cryptocurrencies_in_the_European_Union/links/5bd1adcb45851537f59a0bec/The-Legal-Status-of-Cryptocurrencies-in-the-European-Union.pdf?origin=publication_detail (최종방문: 2020. 8. 4), p. 38.

19) Valeria Ferrari, 각주 15 논문, p. 332.

다만, 이 경우 양도성, 유통가능성, 표준화 요건을 갖출 것이 요구된다. 가령 발행자에게만 팔 수 있는 파생상품, 장외거래 파생상품은 양도증권에 해당하지 않는다.[20]

라. 양도증권 개념의 확장 가능성

위 (a), (b), (c)호 목록이 한정적인지 예시적인지가 문제이다. 이는 금융시장에서 새로 출현하는 상품을 양도증권 개념에 포섭하여 규율할 수 있는지의 문제와 관련되어 있다. MiFID 제4조 제1항 제44호은 그것이 지녀야 할 속성에 따라 양도증권을 규정한 것이어서 (a), (b), (c)호는 예시로 보아야 한다는 주장과[21] (a), (b), (c)호가 양도증권 범위를 한정한 것으로 보아야 한다는 주장이 있다.[22]

이와 관련하여 비트코인(Bitcoin)과 같은 가상자산이 양도증권 개념에 포섭되는지 문제이다. 가상자산은 양도가능성, 유통가능성, 표준화의 요건을 갖추고 있고, 투기적 성격을 고려하면 규제의 필요성도 인정되기 때문이다.

유럽 사법재판소는 Case C-264/14 Skatteverket v David Hedqvist 사건(문단 55)에서 "가상화폐는 재산권을 수여하는 증권이나 비슷한 성격을 가진 증권으로 볼 수 없다"고 판시하고 있다.[23] 다만, 위 판결은 유럽 공통의 부가가치세 제도에 관한 것이어서 MiFID의 해석에 관한 법원의 입장을 보여준다고는 단정할 수는 없다.

유럽증권시장청(ESMA)이 조사한 바에 따르면, EU 회원국 감독기관들은 가

---

20) 영국 FCA 핸드북(handbook) 중 "PERG 13.4 Financial Instruments", Q28, https://www.handbook.fca.org.uk/handbook/PERG/13/4.html (최종방문: 2020. 7. 5).

21) Niamh Moloney, EU Securities and Financial Markets Regulation, 226 (Oxford Legal Research Library, 3rd Edition, 2014).

22) Philipp Hacker & Chris Thomale, 각주 16 논문, p. 24.

23) 이는 미국 증권거래법 제2a조의 증권 개념이 '투자계약'을 포함하고 있고, 미국 연방대법원이 위 투자계약의 개념요소를 ① 다른 사람들의 사업상, 경영상 노력에 의해 발생하는 ② 이익에 관한 합리적 기대를 가지고 ③ 공동의 사업 실체에 ④ 자금을 투자하는 경우로 파악함으로써 증권 개념이 확장될 여지를 남겨둔 것과 대별된다. SEC v W.J.Howey Co., 328 US 293, 301 (1946) 참조. 미국 증권거래위원회(SEC)는 DAO가 블록체인 기술에 기초하여 발행한 token이 Howey 판결에 다른 증권 개념에 해당한다고 결정한 바 있다. SER Release No. 81027 (July 25, 2017) 참조(https://www.sec.gov/litigation/invest-report/34-81207.pdf).

상화폐를 포함한 가상자산들이 그 구체적인 성격에 따라 상당 부분 MiFID상의 양도증권 또는 금융상품에 포함될 수 있는 것으로 인식하고 있다.[24)] 특히 가상화폐 또는 토큰의 최초 상장(Inicial Coin Offertings, ICO)과 관련하여 사기적 행위가 보고되고 있고 이를 규율할 필요가 있다는 점을 고려하는 것으로 보인다. 실제로 이탈리아의 금융감독기구 CONSOB은 토큰이 사실상의 금융상품 발행에 해당한다고 보아 투자설명서 Regulation 위반을 이유로 2018년 두 건의 블록체인 벤처기업의 토큰 발행 중단을 명령하기도 하였다.[25)]

이 문제에 대해 학실은 입장이 나누어진다. 우신, 가상자산에 대한 권리를 표상하는 토큰(Token)은 주식, 채권, 파생상품과 동일한 것으로 볼 수 없어 증권으로 취급할 수 없다는 입장이 있다.[26)] 반면 토큰 등 가상자산이 양도성, 유통가능성, 표준화의 요건을 갖추고 있고, MiFID상의 유통증권 개념을 한정적인 것으로 해석할 필요가 없으므로, 토큰 등 가상자산이 양도증권에 해당한다는 입장도 발견된다.[27)] 이러한 입장에 따르면, 가상화폐 기타 토큰 중 15% 내지 20% 정도가 해당 토큰 보유자에게 투자자와 유사한 권리를 부여하고 최초상장시 조달한 자금의 사용 내역 등에 관한 백서(white paper)가 발간되는 등 전통적인 증권상장과 다를 바 없는 행태가 나타나지만, 그것이 투자설명서 Regulation의 규율 대상에 포함되지 않아 백서 내용이 충실하지 않다는 점 등의 문제가 나타난다.[28)]

만약 ICO를 증권법제의 규율 대상으로 삼게 된다면, ICO는 투자설명서 Regulation의 적용을 받게 될 것이다. 그러한 경우 투자설명서 Regulation 외에 MiFID에 따른 행위규제나 유통공시 Directive, 불공정거래행위 Regulation 등 다른 법제의 규율 대상 역시 될 수 있다. 또한, 가상자산 거래소 역시 다자간 거래소(MTF)로서 규제될 여지가 생길 수 있다.

다만 가상자산이 양도증권에 해당하는지 여부와 별개로 증권법의 규제 체계가 분산원장 기술에 의존하는 가상자산을 규율하기에 적합한지는 따져볼 문

---

24) ESMA, Advice on Inticial Coin Offerings and Crypto-Assets, 9 January 2019, available at https://www.esma.europa.eu/sites/default/files/library/esma50-157-1391_crypto_advice.pdf (최종방문: 2020. 4. 21), para. 6.

25) Valeria Ferrari, 각주 15 논문, p. 336.

26) Philipp Hacker & Chris Thomale, 각주 16 논문, p. 24.

27) Valeria Ferrari, 각주 15 논문, p. 331.

28) Philipp Maume, Initial Coin Offerings and EU Prospectus Disclosure, https://papers.ssrn.com/sol3/papers.cfm?abstract_id=3317497 (최종방문: 2020. 11. 29), pp. 6~8.

제이다. 예를 들어 Prospectus Regulation은 투자설명서에 표시할 통화 단위로서 유로를 상정하고 있으나, ICO를 통해 조달하는 자금은 대개 비트코인 등 가상화폐이고, 그러한 가상화폐에 대해 공식적인 환율은 존재하지 않으므로, 현행 Prospectus Regulation 적용시 이러한 기술적 사항들을 어떻게 처리할 수 있을지 문제이다.[29)]

EU 집행위원회는 2020. 9. 가상자산에 대한 EU 차원의 규제를 정한 새로운 Regulation[30)]의 도입을 제안하였는데, 위 Regulation 안(案)은 가상자산 관련 서비스 제공자에 대한 회원국의 인가 및 그러한 인가가 EU 전역에 미치는 패스포팅(passporting) 제도, 마케팅 행위에 대한 규제, 시장남용행위 금지, 가상자산 발행 시 백서(white-paper) 공개 및 보고 의무 등이 포함되어 있다. 이는 현행 증권 규제 제도를 블록체인 기술 및 가상자산의 특성에 맞게 변형하여 도입하려는 시도로서 향후 입법 진행 과정을 지켜볼 필요가 있다.

3. 양도증권 외의 금융상품(부록 I, Section C)

가. 머니 마켓(money market) 상품(제1호)

머니 마켓 상품에는 국채, 예금 증서, 상업어음 등이 포함된다. 지불수단은 포함되지 않는다(제4조 제1항 제17호).

나. 집합투자기구 지분

간접투자상품에 대해서는 별도로 UCITS Directive(Directive 2009/65/EC), 대체투자펀드 관리회사 Directive(Directive 2011/61/EU)가 적용된다.[31)] 그러나 집합투지기구 지분은 금융상품에 해당하므로, MiFID에 따른 투자회사의 영업행위 규제, 투자설명서 Regulation(Prospectus Regulation) 및 유통공시 Directive(Transparency Directive)에 따른 공시의무 등도 적용된다.

29) Philipp Maume, 위의 논문, p. 15.

30) Proposal for a Regulation of the European Parliament and of the Council on Markets in Crypto-assets, and amending Directive (EU) 2019/1937.

31) 보다 상세한 내용은 제7편 참조.

다. 양도증권에 속하지 않는 파생상품

(1) 개관

파생상품은 MiFIR 제4조 제1항 제44호 (c) 및 부록 I., Section C, 제4항 내지 제10항에 규정된 금융상품을 말한다(MiFID 제4조 제1항 제49호, MiFIR 제2조 제1항 제29호). 즉, MiFID는 그 속성에 따라 파생상품의 개념을 정의하는 것이 아니라 일정한 범위의 파생상품을 열거하여 이를 금융상품 개념에 포함시키고 있다.

앞서 소개한 것처럼, 양도성, 유통가능성 등 일정 요건을 충족하는 일정한 파생상품은 양도증권에 포함된다. 부록 I, Section C의 제4항 내지 제10항은 양도증권에 속하지 않는 파생상품에 관한 규정이다.[32)]

부록 I, Section C는 기본적으로, 일반상품을 기초자산으로 하는 파생상품과 그 밖의 것을 기초자산으로 하는 파생상품을 구분한 후 규율의 범위를 달리 정하고 있다.

(2) 일반상품을 기초자산으로 하는 파생상품

일반상품을 기초자산으로 하는 파생상품의 경우 현금으로 결제되는 것은 전부가 금융상품에 해당한다(제5항).

일반상품을 기초자산으로 하는 파생상품 중 현물로 결제되는 것 역시 일부는 금융상품에 해당한다. 우선 (i) 정규시장, 다자간 거래소(MTF), 조직화된 거래소(OTF)에서 거래되는 것은 금융상품에 해당한다(제6항). (ii) 또한. 정규시장 등에서 거래되지 않더라도 헤지 목적(상업적 목적)이 아닌 투기적 목적으로 거래되는 것으로서 금융상품에 포함되는 다른 파생상품의 속성을 가진 것은 역시 금융상품에 해당한다(제7항).

MiFID의 의미를 보충하는 집행위원회 위임입법[Commission Delegated Regulation (EU) 2017/565 제7조]은 '금융상품에 포함되는 다른 파생상품의 속성'에 관하여, 제3국의 정규시장, 다자간 거래소(MTF), 조직화된 거래소(OTF)에서 거래되고, 중앙청산소(CCP)에 의한 결제가 이루어지며, 표준화된 것을 의미한다고 규정하고 있다.

현금 결제되는 것만을 금융상품에 포함시키는 경우 (금융상품에 적용되는)

---

32) MiFIR 제2조 제1항 제(29)호는 파생상품을 MiFID 제4조 제1항 제44호 (c)에 규정된 금융상품과 부록 I, Section C 제(4) 내지 제(10)항에 규정된 금융상품을 말한다고 정의하고 있다.

불공정거래행위 등의 규제에 공백이 발생할 수 있으므로 현물 결제되는 파생상품 역시 (EU 내외를 막론하고) 조직화된 거래소에서 거래된다는 등의 일정 요건을 충족시키는 경우 이를 금융상품의 범위에 포함시킨 것이다.[33]

(3) 그 밖의 것을 기초자산으로 하는 파생상품

증권, 통화, 이자율, 탄소배출권, 다른 파생상품, 금융지표를 기초자산으로 하는 파생상품은 현물결제와 현금결제를 불문하고 전부가 금융상품에 해당한다(제4항).

신용위험과 관련한 파생상품은 모두 금융상품에 해당한다(제8항). 신용위험과 관련한 전형적인 파생상품으로 Credit Default SWAP(신용부도스왑, CDS)[34]은 특히 주택저당채권의 신용위험 헤지 수단으로 활용되기 시작하였으나 금융위기 직전에는 신용부도스왑이 커버하는 잔액이 기초자산 잔액을 크게 초과하는 상황에 이르게 되었다.[35] 투자은행들을 상대로 신용부도스왑 불완전판매와 관련된 대규모 소송이 진행되기도 하였다. 신용부도스왑 등 신용위험 관련 파생상품은 금융상품 개념에 포섭되어 MiFID에 따른 영업행위 규제 등의 대상에 해당한다.[36]

제9항의 차액을 정산하는 금융약정(차액정산약정)은 예컨대 증권에서 나오는 현금흐름과 고정 대출채권의 현금흐름의 스왑계약으로서 차액만을 정산하는

33) 이 점과 관련하여 MiFID 서문에서는 다음과 같이 설명하고 있다: (10) The limitation of the scope concerning commodity derivatives traded on an OTF and physically settled should be limited to avoid a loophole that may lead to regulatory arbitrage. It is therefore necessary to provide for a delegated act to further specify the meaning of the expression 'must be physically settled' taking into account at least the creation of an enforceable and binding obligation to physically deliver, which cannot be unwound and with no right to cash settle or offset transactions except in the case of force majeure, default or other bona fide inability to perform.

34) 신용부도스왑의 보유자는 주택저당채권 등 기초자산에서 원리금을 상환받지 못하면 신용부도스왑 매도자로부터 약정된 금액을 상환받을 수 있다. 신용부도스왑이 주택저당채권 등의 위험회피수단으로 사용되는 것이 전형적이지만, 신용부도스왑 자체가 따로 유통되면 기초자산과 분리되어 투기적 목적으로 거래될 수 있다.

35) Janis Sarra, Credit derivatives market design : creating fairness and sustainability, https://papers.ssrn.com/sol3/papers.cfm?abstract_id=1399630 (최종방문: 2020. 5. 1), pp. 207~208.

36) EU 증권법은 글로벌 금융위기, 유럽 재정위기의 발생 및 확산 과정에서 신용부도스왑의 무분별한 사용이 중요한 역할을 했다는 판단 하에 여러 측면에서 규제제도를 마련하고 있다. 본서의 제8편 제2장(공매도 및 신용부도스왑 Regulation 관련) 및 제4편 제5장(자산유동화 Regulation 관련) 참조.

경우와 같은 약정을 의미한다. 기초자산에서 발생하는 현금흐름에 대한 권리를 사실상 모두 보유할 수 있게 하는 이른바 총수익스왑약정(Total Return SWAP)이 여기에 해당한다.

기후와 관련된 변수항공 운임, 물가상승률 기타 공식적인 경제 통제와 관련된 옵션, 선도, 스왑, 선물 또는 다른 파생상품으로서 현금으로 결제되어야 하는 것은 금융상품에 포함된다(제10호).

(4) 금융상품인 파생상품 범위의 확장 가능성

부록 I, Section C, 제10호의 두 번째 부분은 "본 장에서 언급되지 않은 자산, 권리, 의무, 지수와 관련된 다른 파생상품으로서 (특히 정규시장, 조직화된 거래소, 다자간 거래소에서 거래되는지 여부에 관하여) 파생상품인 금융상품의 성격을 가진 것"을 금융상품에 포함시키고 있다. MiFID 제1조 제2항이 집행위원회에게 이 부분의 내용을 보충하는 위임입법을 제정할 권한을 부여하고 있는바, 새로 출현하는 파생상품 중 규제의 필요성이 있는 것을 신속, 간이한 절차를 통해 규제의 대상에 포함하려는 취지이다.

Commission Delegated Regulation (EU) 2017/565 제7조에 제3항에 보다 세부적인 기준이 제시되어 있다. 즉, 기초자산이 통화 대역폭, 상품 저장 용량 등 제8조에 열거된 것이고, 현금으로 결제되며, 정규시장(Regulated Market)·다자간 거래소(MTF)·조직화된 거래소(OTF) 및 제3국의 유사 시장에서 거래되고, 표준화의 요건을 갖춘 파생상품은 금융상품에 해당한다.

MiFID는 파생상품의 개념 요소를 규정하지 않고 있고, 위 제10호의 두 번째 부분 역시 일정한 제한을 가하고 있으므로, 금융상품인 파생상품의 확장에 한계가 있는 것으로 보인다. 파생상품 규제의 확장 가능성과 관련해서 영국 금융감독기구 FCA는 가상화폐가 MiFID의 규율대상은 아니라고 하더라도 가상화폐를 기초자산으로 하는 파생상품은 MiFID에서 정한 금융상품의 범위에 포함될 수 있다는 입장이다.[37] 프랑스 감독당국인 AMF 역시 2018년 2월 가상화폐를 기초자산으로 한 차액정산형 파생상품은, 기초자산이 EU법의 규제대상인지 여부와 별개로, MiFID의 규제 대상에 해당한다는 입장을 밝혔다.[38]

---

37) Tessa Schembri, 각주 18, p. 42.

38) 위의 논문.

라. 탄소배출권

탄소배출권 역시 금융상품 개념에 포함되어 있다. 유럽에서는 탄소배출권 시장 도입 이후 허위·가공 탄소배출권의 거래, 해킹, 부가가치세 포탈 등 시장의 신뢰를 저해하는 사기적 행위들[39]이 발생하여 문제가 된 바 있다. 이러한 행위의 재발을 막기 위해 탄소배출권 등록 제도 등을 보완하는 한편으로 탄소배출권 거래를 금융규제의 영역에 포섭하기 위해 이를 금융상품으로 규정하게 된 것이다[MiFID 서문 (11)].

4. 개별 국가의 금융상품 개념

독일 증권거래법 제2조는 양도증권 및 금융상품 두 가지 개념에 관하여 규정의 체계 및 내용이 MiFID와 사실상 동일하다.

영국의 금융서비스시장법 제102A조는 MiFID에서 정한 양도증권 및 금융상품의 개념을 그대로 차용하고 있다.

39) 자세한 내용은 Anti-Corruption Resource Center, Carbon Market Corruption Risks and Mitigation Strategies, www.transparency.org 참조.

제2장

투자활동 및 투자서비스

Ⅰ. 투자활동 및 투자서비스의 개념

1. 조문의 내용

MiFID 제4조는 투자회사가 영위하는 투자활동 및 투자서비스에 관하여 다음과 같이 정의하고 있다.[40)]

MiFID 제4조
정의
1. 이 Directive에서 사용되는 용어의 정의는 다음과 같다:
(1) '**투자회사**'는 제3자에게 하나 또는 복수의 **투자서비스**를 제공하는 것 또는 전문적으로 하나 또는 복수의 **투자활동**을 수행하는 것을 일상적 사업으로 하

40) 우리나라 자본시장법 제6조는 금융투자업에 속하는 것으로 투자매매업, 투자중개업, 집합투자업, 투자자문업, 투자일임업, 신탁업의 여섯 가지를 규정하고 있다. 투자회사(금융투자업자)가 영위하고자 하는 투자서비스/투자활동의 종류를 정하여 인가를 받도록 한 것은 MiFID와 우리나라 자본시장법이 차이가 없다. 그러나, MiFID 부록 1 Section A에서 정한 각 투자서비스, 투자활동은 그 내용이 자본시장법이 정한 6개 금융투자업과 대응하지 않는다. 특히 MiFID에서는 신탁업이 투자서비스/투자활동에 포함되어 있지 않고 증권거래소 개념에 해당하는 다자간거래소(MTF), 조직화된 거래소(OTF) 운영이 포함되어 있다.

는 법인을 의미한다.

(2) 투자서비스 또는 투자활동은 부록 I Section C의 상품(금융상품)과 관련한 것으로서 부록 **I Section A**에 정한 서비스 또는 활동을 의미한다.

부록 I

서비스 및 활동, 금융상품의 목록

SECTION A 투자 서비스 및 활동

(1) 하나 또는 복수의 금융상품과 관련한 주문의 접수 및 전송

(2) 고객을 위한 주문의 집행

(3) 고유계정 거래

(4) 투자일임(포트폴리오 관리)

(5) 투자자문

(6) 총액인수 약정에 따른 금융상품의 인수 및 배정

(7) 총액인수 약정 없이 수행하는 금융상품의 배정

(8) 다자간 거래소(MTF)의 운영

(9) 조직화된 거래소(OTF)의 운영

2. 투자활동과 투자서비스의 구분

위 부록 I Section A는 투자서비스와 투자활동을 구분하여 규정하고 있지 않다. 그러나 MiFID 제24조가 투자회사 행위규제의 적용 범위에 투자서비스만을 포함하고 있으므로, 투자서비스와 투자활동을 구분할 실익이 있다.

MiFID 제4조 제1항의 문언에 따르면, 투자서비스는 투자회사가 제3자에게 제공하는 것을, 투자활동은 투자회사가 활동의 대상인 제3자를 따로 전제하지 않고 스스로 수행하는 것을 의미한다.

MiFID에 따라 제정된 네덜란드 법률(Wet op het financieel toezicht)은 고유계정 거래, 다자간 거래소(MTF) 및 조직화된 거래소(OTF)의 운영을 투자활동으로, 나머지를 투자서비스로 구분하고 있다.[41] 다자간 거래소와 조직화된 거래소에 대해서는 행위규제에 관한 제24조가 아니라 거래소와 관련한 별도의 규정이 적용된다는 점을 고려한 것으로 생각된다.

41) Danny Busch, Self-placement, dealing on own account and the provision of investment services under MiFID I & II, 14(1) Capital Markets Law Journal, p. 8 (2018).

3. 항목별 개념 및 범위

가. 고객 주문의 접수 및 전송

고객의 매수, 매도 주문을 받아 브로커에게 전송하는 경우가 여기에 해당한다. 우리 자본시장법상 투자중개의 개념에 가깝다. 고객의 집합투자기구 가입 혹은 상환 청구를 받아 전송하는 경우도 포함된다.

반드시 표준화된 거래소를 상정하는 것은 아니다. 여하한 형태이든 둘 이상 투자자를 연결시켜 그들 사이에 거래가 성사되도록 하는 경우가 포함된다 [MiFID 서문 (44)].

다만, 투자일임계약을 중개하는 경우는 제(1)호 주문의 접수 및 전송에 해당되지 않는다.

Case C-678/15 Khorassani v Kathrin Pflanz [2017] ECLI:EU:C:2017:451

[사실관계]

Ms. Pflanz는 독일 법률에 따른 투자서비스 인가를 받지 못하였음에도 2007. 11. 13. Mr. Khorassani에게 '그랜드슬램(Grand-Slam)'이란 투자방식을 권유하면서 리히텐슈타인 (EU 회원국이 아님) 법인 AG사와 투자일임계약을 체결할 것 등을 조언하였다.

이에 따라 Mr Khorassani는 위 AG사 등과 투자일임계약을 체결하고 투자금, 수수료를 납입하였다. 나중에 Mr Khorassani는 계약을 취소하면서 Ms. Pflanz 등을 상대로 하여 납입한 돈의 반환 및 손해배상을 청구하였다. Mr. Khorassani는 베를린 지방법원 및 독일 연방법원에서 Ms. Pflanz가 인가 없이 투자자문 및 투자중개 업무를 수행한 위법행위가 있었음을 주장하였다.

독일 연방법원은 Ms. Pflanz의 행위가 미인가 투자중개 업무에 해당하는지는 EU법에 속하는 MiFID의 해석에 관한 문제라고 판단하고 EU 사법재판소에 선결적 판단(Preliminary ruling)을 신청하였다.

[쟁점]

19. 독일 연방법원에 따르면, 관련 조항의 독일어본 문언, 'Annahme und Übermittlung von Aufträgen, die ein oder mehrere Finanzinstrument(e) zum Gegenstand haben'(하나 또는 복수의 금융상품과 관련한 주문의 접수 및 전송)

이란 특정한 금융상품의 매도, 매수와 관련된 계약의 중개(brokering of contracts)만을 의미하는 것으로 보인다. 반면, 스페인어본('en relación con'), 영어본('in relation to'), 프랑스어본('portant sur')은 중개된 계약과 금융상품의 매도, 매수 간에 간접적 연관만으로도 충분하기 때문에 보다 폭넓은 해석을 가능하게 하는 것으로 보인다.

21. 당해 법원은 Directive 2004/39의 입법목적이 투자자 보호에 있다는 점을 고려하면 '투자일임계약의 중개'가 부록 I, Section A에 포함된 투자중개 서비스(하나 또는 복수의 금융상품과 관련한 주문의 접수 및 전송')에 포함되지 않는 것으로 해석된다고 한다. 투자일임계약의 관리자 스스로가 당해 Directive의 여러 규정을 지켜야 하기 때문이다. 다만, 그와 같이 해석하는 경우, EU 비회원국 내에 등록된 투자회사에 의해 제공되는 투자일임계약에 대해서는, (MiFID가 투자일임계약에 대해 요구하는 법적 보호조치들이 적용되지 않으므로) 투자자 보호의 공백이 발생할 수 있다(이러한 해석상의 곤란 때문에 EU 사법재판소에 선결적 판단을 요청한 것이다).

[EU 사법재판소의 판단]

28. 만약 독일 연방법원의 지적처럼 MiFID의 문언이 영어본 등에서 그 자체로 직접적 연관을 요구하지는 않는다고 하더라도, '하나 또는 복수의 금융상품과 관련'이란 표현은 당해 주문이 금융상품의 구매 또는 판매와 관련된 것임을 보여 주고 있다.

30. '투자서비스'란 문언은 Directive 2004/39의 부록 I Section A, 제(1)항에서 보는 것처럼, 광범위한 내용을 포함하고 있다. 그러나 단순히 입법목적을 고려한 체계적 해석을 통해 '하나 또는 복수의 금융상품과 관련한 주문의 접수 및 전송'의 의미를 투자일임계약의 소개까지 포함하는 것으로 확대할 수는 없다.

위 제(1)항의 주문 접수 및 전송만을 영위하는 투자회사에 관해서는, 회원국들이 선택에 따라 MiFID를 적용하지 않을 수 있다[제3조 제1항 (b)호].

나. 고객을 위한 주문 집행

(1) 의의 및 범위

제(2)항의 '고객을 위한 주문 집행'이란 고객을 위하여 하나 또는 복수의 금융상품을 사거나 파는 계약을 체결하도록 행위하는 것을 말한다(제4조 제1항 제5호 1문).

여기에는 세 가지 경우를 상정할 수 있다.

우선, 투자회사는 브로커로서 프랑크푸르트 증권거래소 같은 정규시장, Turquoise 같은 다자간 거래소(MTF) 등에 주문을 전송하여 계약이 체결되도록 할 수 있다.[42] 이 경우는 다른 투자서비스인 '주문의 접수 및 전송'까지 함께 제공하게 된다. 조직화된 거래소에 주문을 전송하면서 이를 자신의 이름으로 하든 고객의 이름으로 하든 불문한다.[43]

두 번째로, 투자회사가 다른 고객들의 반대 방향 주문을 중간에서 연결시키는 경우이다.[44] 이 경우 투자회사는 양쪽 투자자 모두에 대해 주문 집행 서비스를 제공하는 결과가 된다. 매치된 자기자본 거래(중간에 선 투자회사가 동시에 매도자, 매수자 모두에 대해 각기 계약 당사자로 나서면서 수수료 혹은 마진을 취득하고 위험은 부담하지 않는 거래[45])는 고객 주문의 집행에 해당한다[MiFID 서문 제(24)].

세 번째로, 투자회사는 고객 주문을 집행하는 동시에 스스로가 반대편 계약 당사자 지위에 설 수도 있다.[46] 이는 동시에 제(3)항의 고유계정 거래에도 해당할 것이다. 집행위원회가 제정한 위임입법 조항[Commission Delegated Regulation (EU) 2017/565 서문 제(103)항]에서는, 투자회사가 고객과 자기계정으로 거래하는 경우는 고객 주문의 집행에 해당하는 것으로 보아야 하고, 그에 따라 MiFID의 요구사항, 특히 최선집행의무가 적용된다고 밝히고 있다.

(2) 투자회사 자신이 금융상품을 발행하는 경우

MiFID 제4조 제1항 제(5)호 2문은, 고객을 위한 주문의 집행에는 투자회사 또는 신용기관(credit institution)[47]이 금융상품을 발행하는 경우 그 발행시점에

42) Danny Busch, Agency and Principal Dealing under MiFID, https://ssrn.com/abstract=2899751 (최종방문: 2020. 7. 7), p. 3.
43) https://www.emissions-euets.com/internal-electricity-market-glossary/758-execution-of-orders-on-behalf-of-clients-mifid-definitions (최종방문: 2020. 7. 5).
44) Danny Busch, 각주 41, p. 4.
45) MiFID가 상정한 거래소 개념 중 조직화된 거래소(OFT)만 매칭된 자기자본 거래가 허용된다. 제8편 제1장 제I항 중 조직화된 거래소 부분 참조.
46) Danny Busch, 각주 41, p. 7.
47) 금융기관의 건전성 규제에 관한 사항을 포함하는 Regulation (EU) No 575/2013 제4조 제1항은 '신용기관(credit institution)'의 의미를 "일반 대중으로부터 예금 기타 상환의무 있는 펀드를 받고 자신의 계산으로 신용을 제공하는 사업체"로 정의하고 있다.

고객에게 당해 금융상품을 매도하는 계약이 포함된다고 규정하고 있다. 투자회사 스스로의 주식, 채권 발행은 물론이고 투자회사가 가령 고객과 이자율 스왑 계약을 체결하는 경우가 여기에 해당할 수 있다.[48]

개정 전 MiFID의 제4조 제1항 제(5)호에서는 위와 같은 제2문이 포함되어 있지 않았다. 그러나 불완전판매 사례 중에는 은행이나 투자회사가 자신의 자금 조달 목적으로 스스로 발행한 증권과 관련된 것들이 다수 존재하였으므로, MiFID가 이러한 사례를 규율할 수 있는지 여부에 대한 논란이 제기되었다.[49] 유럽 사법재판소는 개정 전 MiFID에 대하여 이러한 경우 역시 고객을 위한 주문 집행에 포함된다고 판단하였다.

C-688/15 and C-109/16 Agnieška Anisimovienė and Others v bankas „Snoras" AB, in liquidation and Others [2018] ECLI:EU:C:2018:209

리투아니아 은행인 Snoras는 투자자들에게 주식과 채권을 발행하였고 그에 따른 대금이 모두 납입되었다. 그 후 Snoras는 지급불능 상태가 되었다. 주주와 채권자들은 리투아니아 예금자 보호 제도 및 투자자 보상 제도에 따른 보상을 청구하였다. 여기서 투자자 보상 제도는 투자회사가 'MiFID에서 정의된 투자서비스'를 제공하면서 자신의 의무를 이행하지 못한 채 고객으로부터 받은 돈을 반환할 수도 없을 경우에 적용된다. 투자회사인 Snoras가 자기 스스로의 자금 소요를 충족하기 위해 주식, 채권을 발행한 행위가 투자서비스에 해당하는지 여부가 쟁점이 되었다. 이에 대해 EU 사법재판소는 다음과 같이 판단하였다.

63. '고객을 위한 주문의 집행' 개념은 고객을 위해 하나 또는 복수의 금융상품을 사거나 파는 계약을 체결하는 행위를 의미한다.

64. 금융상품의 인수약정이 계약에 해당한다는 점에는 의문이 없다. 그러나 주문 집행의 대상이 되는 계약은 고객을 위한 것이어야 한다. 이러한 문언상으로는, 투자회사가 중개자가 아니라 계약의 한 당사자 내지 고객이 취득하는 금융상품의 발행인이 되는 경우, 투자회사는 고객을 위한 주문의 집행 서비스를 제공하는 것으로 볼 수 없다.

65. 그러나, 위 문언은 맥락과 함께 이해되어야 한다. 특히 '고객을 위한 주문의 집행' 서비스 개념은 고유계정 거래와 비교하여 파악해야 한다. 고유계정 거

48) Danny Busch, 각주 41, p. 9.

49) Niamh Moloney, 각주 21, p. 344.

래는 자기자본으로 하나 또는 복수의 금융상품 거래를 체결하는 것을 말한다.
66. 이로부터 MiFID가, 한편으로 투자회사나 신용기관이 자기 자본을 이용하여 자기 스스로의 이익을 위해 금융상품을 사고 파는 약정을 종결하는 행위와, 다른 한편으로 투자회사나 신용기관이 고객의 자금을 이용하여 고객의 이익을 위해 금융상품의 매매를 종결하는 행위를 구분하고 있다는 점이 드러난다. 따라서, 고객이 수익자의 지위에 있고 자신의 자금을 동원하였다면, 금융기관이 관련된 금융상품의 발행자로서 약정의 상대방 당사자인 경우에도, 당해 약정은 고객을 위해 체결된 것으로 보아야 한다.
67. 이러한 해석은 MiFID가 추구하는 목적의 자연스러운 결과이다. 이 점과 관련하여 MiFID가 투자자에게 높은 수준의 보호를 제공하고 금융시스템의 신뢰성 및 전반적 효율성을 제고하며 금융거래의 투명성을 보장하려 한다는 점이 고려되어야 한다.
68. 위와 같은 목적을 고려하면, 신용기관이 판매하는 금융상품이 제3자에 의해 발행된 것인지 혹은 스스로 발행한 것인지는 중요한 문제가 아니다.
69. 모든 사정을 고려할 때, 신용기관이 스스로 발행하는 미래의 양도증권에 대하여 고객과 인수약정을 체결하는 경우 이를 투자서비스로 보아야 한다. 결과적으로 고객들이 이 사건 금융기관에게 지급한 돈은 투자자 보상 약정에 의해 보호될 수 있다.

현행 MiFID 제4조 제1항 제(5)호 제2문은 위 판례의 취지에 따라 도입되었다.

다. 고유계정 거래

자기 자본으로 거래하여 하나 또는 복수의 금융상품에 관한 거래를 종결시키는 것을 의미한다[제4조 제1항 제(6)호]. 고유계정 거래에서 투자회사는 투자자에 대한 서비스 제공 없이 투자자와 계약 상대방의 지위에 서게 될 것이다.

이에 대해서는 투자자 보호를 위해 마련된 적합성 원칙 등의 규정이 적용되지 않는다. 다만, 네덜란드 대법원 판례에 따르면, 금융기관은 위험하고 복잡한 금융상품 거래에 관한 한 단순히 투자자의 반대편 계약 당사자 지위에만 서는 경우에도 투자자에게 위험성을 고지하고 적합성 원칙을 지킬 의무를 부담한다고 한다.[50]

---

50) Danny Busch, 각주 41, p. 19.

라. 기타

제(4)항의 '투자일임'[51)]이란 고객이 수여한 권한에 따라 재량을 가지고 고객별로 하나 또는 복수의 금융상품을 포함하는 포트폴리오를 관리하는 행위를 의미한다(제4조 제1항 제8호).

제(5)항의 '투자자문'은, 고객의 요청에 의한 것인지 투자회사가 주도하는지 불문하고, 금융상품과 관련한 하나 또는 복수의 거래에 있어 고객에게 개인적 추천을 제공하는 것을 말한다(제4조 제1항 제4호).

제(6)항 및 제(7)항은 총액 인수 여부를 불문하고 새로 발행되는 금융상품을 배정하는 업무를 투자서비스에 포함하고 있다.

제(8)항 다자간 거래소(MTF) 및 제(9)항 조직화된 거래소(OTF)는 대개 공적 지위를 가지는 정규시장 외에 투자회사가 운영하는 거래소로서 우라나라 자본시장법의 다자간매매체결회사에 가깝다. 아래 제8편 제1장에서 상세히 다루기로 한다.

한편 투자서비스 및 투자활동, 금융상품의 범위에는 보험과 관련된 활동, 투자상품이 빠져 있다. 그러나, 보험 중 투자성을 가지는 상품이 적지 않으므로, 이들에 대한 규율이 문제가 된다. 여기에 대해서는 2002년 보험중개 Directive (Insurance Mediation Directive)[52)]가 규율하고 있다.

Ⅱ. 부수 서비스의 개념

부록 I, Section B가 부수서비스에 관하여 규정하고 있다.

SECTION B 부수 서비스

(1) 고객 계정을 통한 금융상품의 보관 및 관리. 자산 수탁 및 현금/담보 관리 등 관련된 서비스를 포함한다. 다만, Regulation (EU) No 909/2014 부록 Sectionn A 제(2)항에 따른 증권 중앙예탁기관의 증권 계정 제공, 관리 업무

51) 'portfolio management'. 이를 우리나라 자본시장법상의 투자일임업무로 이해할 수 있다. 고동원, 유럽연합(EU)「제2차 금융상품시장지침」(MiFID Ⅱ)의 규제 영향과 시사점, 증권법연구 제20권 제1호, 2019, 78면 참조.

52) Directive 2002/92/EC of the European Parliament and of the Council of 9 December 2002 on insurance mediation.

는 제외한다.

(2) 하나 또는 복수의 금융상품 거래를 수행할 수 있도록 투자자에게 신용 또는 대출을 제공하는 행위. 신용 또는 대출을 제공한 회사가 당해 거래에 개입한 경우에 한정한다.

(3) 자본 구조, 산업 전략, 기타 관련 문제에 관하여 사업체(undertakings)에게 자문을 제공하는 행위. 합병 및 사업체 인수에 관한 자문 및 관련 서비스

(4) 외환 서비스. 투자서비스 제공과 관련된 경우로 한정한다.

(5) 투사 리서치, 금융 분석, 금융상품 거래와 관련한 다른 형태의 일반적인 추천 행위

(6) 증권인수(引受, underwriting)와 관련된 서비스

(7) 부록 I, Section C의 제(5), (6), (7), (10)항에 따른 파생상품의 기초자산과 관련한 투자서비스, 투자활동 및 부수서비스. 다만, 그러한 서비스 및 활동이 투자서비스 또는 부수서비스에 해당하는 경우를 말한다.

부수적 업무 수행만을 위한 인가는 허용되지 않는다(MiFID 제6조 제1항).

제 3 편

투자회사 규제

제1장

투자회사 인가 및 상호인정(Passporting) 시스템

Ⅰ. 투자회사의 인가

1. 투자회사의 의미

MiFID 제4조 제1항 제1호는, '투자회사'의 의미에 관하여, 제3자에게 하나 또는 그 이상의 투자서비스를 제공하는 것 또는 전문적으로 하나 또는 그 이상의 투자활동을 수행하는 것을 일상적 사업으로 하는 법인을 의미한다고 규정하고 있다. 즉, 투자회사는 원칙적으로 법인의 형태로 운영된다.

회원국은 다음의 조건을 충족하는 경우 법인이 아닌 사업체를 투자회사의 정의에 포함할 수 있다(제4조 제1항 제1호): (a) 그 법적 형태가 법인에 의해 주어지는 것과 동일한 수준의 제3자 보호를 보장할 것, (b) 당해 사업체가 법적 형태에 적합한 동등한 수준 건전성 규제를 받을 것.

자연인이 제3자 펀드나 양도증권을 보관하는 것을 포함하는 서비스를 제공하는 경우, 본 Directive와 MiFIR를 적용함에 있어 투자회사로 간주된다. 그러한 경우 당해 자연인은, 본 Directive, 위 Regulation 및 Directive 2013/36/EU(건전성 규제 Directive[1])에 의해 부과되는 다른 요구사항을 해치지 않아야 하고 다음 조건을 충족해야 한다(제4조 제1항 제1호).

(a) 금융상품 및 펀드에 대한 제3자의 소유권이 도산, 압류, 상계 기타 회사 채권자 등에 의한 다른 행위로부터 보호되어야 한다.

(b) 회사는 자신 및 그 소유자의 지불능력을 감독하도록 설계된 규정을 따라야 한다.

(c) 회사의 연간 재무제표가 회원국 법률에 의한 자격을 갖춘 하나 또는 복수의 사람들에 의해 감사되어야 한다.

(d) 회사가 하나의 소유자만을 가진 경우, 그 소유자는 자신의 사망, 권리능력 상실 기타 유사한 상황에 따라 회사 사업이 중단되는 경우 투자자 보호를 위한 준비를 하여야 한다.

2. 투자회사 인가(Authorization)

가. 투자회사의 인가 받을 의무

MiFID는 투자회사의 인가 권한을 등록지 회원국(Home Member State)에게 맡기고 있다. 각 회원국들은 투자서비스의 제공 또는 투자활동의 수행을 계속적 사업으로 수행하려는 자가 사전에 인가를 받도록 하여야 한다(제5조 제1항[2]).

MiFID가 이러한 요구사항을 위반한 무인가 영업행위에 대해 직접 형사처벌 등의 제재를 마련하고 있지는 않으나, 그것이 각 회원국의 형사처벌 등 권한을 배제하는 것은 아니다.

제2조 제1항은 MiFID의 적용 제외 범위에 관하여 (a) 보험회사, (b) 모회사, 자회사, 모회사의 다른 자회사를 위해 전속적으로 투자서비스를 제공하는 회사, (c) 자신이 업(業)으로 수행하는 활동(법령 등에 의해 당해 활동이 규제되어야 한다)의 과정에서 부수적으로 투자서비스를 제공하는 회사, (d) 금융상품(상품 파생상품, 탄소배출권 등을 제외한다)을 고유계정으로 거래하는 회사 등으로 정하고 있

---

1) 정식 명칭: Directive 2013/36/EU of the European Parliament and of the Council of 26 June 2013 on access to the activity of credit institutions and the prudential supervision of credit institutions and investment firms, amending Directive 2002/87/EC and repealing Directives 2006/48/EC and 2006/49/EC.

2) 영문 원문은 다음과 같다: Each Member State shall require that the provision of investment services and/or the performance of investment activities as a regular occupation or business on a professional basis be subject to prior authorisation in accordance with this Chapter.

다. 이러한 경우에 해당하면 인가 없이도 MiFId가 정한 투자활동 및 투자서비스를 수행할 수 있다. 다만, 위 (d)의 경우 중 시장 조성자, 정규시장/다자간 거래소의 회원, 고빈도 알고리즘 거래를 수행하는 자 등은 MiFID의 적용대상에 해당한다.

나. 인가 권한을 가진 감독기관

등록지 회원국의 감독기관이 인가 권한이 있다. 투자회사가 자연인인 경우 주사무소(head office)가 있는 곳이, 투자회사가 법인인 경우 등록된 사무소가 있는 곳이 등록지가 된다. 투자회사가 등록된 사무소가 없는 경우 주사무소가 등록지가 된다[제4조 제(1)항 제55호].

다. 감독기구 간 협력 및 유럽증권시장청(ESMA) 역할

유럽증권시장청(ESMA)은 예외적으로 위기 상황에서만 직접 금융시장에 개입할 권한을 가지고 있다. 상시 인가, 감독 권한은 등록지 회원국 감독당국이 행사한다.[3] 개별 회원국 감독당국은 MiFID에서 요구한 사항들이 충족되지 않는 한 투자회사를 인가할 수 없다(제7조 제1항).

일정한 조건 하에서 감독당국은 투자회사 인가에 앞서 다른 회원국 감독당국의 자문을 얻어야 한다. 즉, 인가를 받으려는 투자회사가 (a) 다른 회원국에서 인가 받은 투자회사, 정규시장 운영자, 신용기관의 자회사인 경우, (b) 다른 회원국에서 인가받은 투자회사 또는 신용기관의 모회사의 자회사인 경우, (c) 다른 회원국에서 인가 받은 투자회사 또는 신용기관을 통제하는 동일한 자연인 또는 법인에 의해 통제되는 경우, 당해 다른 회원국 감독당국의 자문이 요구된다(제84조 제1항).

또한, 인가 받으려는 투자회사가 (a) 유럽연합 내에서 인가된 신용기관이나 보험회사의 자회사이거나, (b) 유럽연합 내에서 인가된 신용기관이나 보험회사의 모회사의 자회사이거나, (c) 유럽연합 내에서 인가된 신용기관이나 보험회사를 통제하는 같은 자연인 또는 법인에 의해 통제되는 경우, 위 신용기관 또는 보험회사의 감독당국으로부터 자문이 제공되어야 한다(제84조 제2항).

---

3) 회원국 감독기구와 EU 차원의 감독기구 간 권한 배분에 대해서는 제9편 제1장 참조.

자문은 특히 주주 및 지분권자의 적절성, 같은 그룹 안에 속한 다른 회사를 경영하는 사람들의 명성과 경험 등에 대해 이루어져야 한다(제84조 제3항). 위 조항은 투자회사가 규제차익을 노리고 다른 회원국 내에 관계회사를 설립하여 사업을 이전하는 행위를 막기 위한 것이다.[4)]

감독당국의 인가 및 인가 철회는 유럽증권시장청(ESMA)에게 보고되어야 한다(제5조 제3항 및 제8조). 유럽증권시장청은 웹사이트에 유럽연합 내에서 인가받은 투자회사의 리스트를 공개하여야 한다(제5조 제3항).

라. 인가의 대상

인가는 투자회사가 제공하는 투자서비스 및 투자활동의 범위를 정해서 이루어져야 한다. 인가는 부수 서비스를 포함할 수 있다. 부수적 업무 수행만을 위한 인가는 허용되지 않는다(MiFID 제6조 제1항).

인가의 상호인정(Passporting) 원칙은 인가된 서비스 및 활동에 한정하여 적용된다.

마. 기타 사항

회원국 감독당국은 투자 서비스 및 투자 활동의 성격을 고려한 적절한 자본금이 납입되지 않는 한 인가를 해서는 아니된다(MiFID 제15조). MiFID는 경영진의 평판 등을 인가의 요건으로 정하고 있다(MiFID 제9조). 회원국들은 투자회사들이 인가 받은 초기 조건을 계속 준수하도록 요구하여야 한다(제21조).

회원국 감독당국은 인가 후 12월간 영업을 수행하지 않는 등의 사유가 발생한 경우 인가를 철회할 수 있다(제8조). 금융기관 인가를 위한 세부적 기준은 유럽증권시장청(ESMA)이 정한다(제7조).

Ⅱ. 투자회사 인가의 상호인정(Passporting) 시스템과 제3국 지위

1. 인가의 상호인정(Passporting) 시스템

MiFID는 한 회원국에서 금융기관이 인가를 받은 투자 서비스 및 투자 활

4) Niamh Moloney, EU Securities and Financial Markets Regulation, p. 365 (Oxford Legal Research Library, 3rd Edition, 2014).

동을 다른 회원국에서도 아무런 제약 없이 수행할 수 있도록 하는 이른바 패스포팅(passporting) 시스템을 도입하고 있다. 즉, 회원국들은 다른 회원국에서 인가받아 감독을 받고 있는 투자회사가 자유롭게 자신의 영토 내에서 인가 받은 투자 서비스 및 투자 활동을 수행할 수 있도록 보장하여야 한다. 회원국들은 다른 회원국에서 인가 받은 투자회사에 대해 추가적인 요구사항을 부과할 수 없다(제34조 제1항).

다만, 부수 서비스의 경우 다른 회원국에서 그것만을 따로 수행할 수는 없고 그 전제가 되는 주된 투자 서비스 및 투자활동과 함께 수행될 수 있다(MiFID 제34조 제1항 1문).

다른 회원국에서의 사업은 사업체의 설립, 지점 설립 혹은 원격 서비스를 제공하는 방식에 의해 이루어질 수 있다(MiFID 제6조, 제34조).

가. 다른 회원국에 자회사를 설립하는 경우

다른 회원국에 별도 회사, 곧 자회사를 설립하여 진출하는 경우 당해 자회사는 진출한 회원국의 법인이고 당해 회원국의 인가 및 감독 하에 놓이게 되므로 따로 논의할 것이 없다.

나. 지점 등을 설립하는 경우

지점을 설립하거나 전속 대리인(tied agent[5])을 이용하여 다른 회원국에서 투자서비스 또는 투자활동을 수행하려는 투자회사는 자신의 감독당국에게 진출 대상 회원국, 운영계획, 지점의 조직 구조, 사용하려는 전속대리인에 관한 사항을 통보하여야 한다(제35조 제2항).

지점이 위치한 회원국 감독당국은 지점이 당해 영토 내에서 제공하는 서비스가 본 Directive 제24조 내지 제28조(투자자 보호의무), 불공정거래행위 Regulation (Market Abuse Regulation), 지점과 관련한 기타 규정들을 준수하도록 하여야 한다

5) MiFID 제4조 제1항 제(29)호: '전속대리인(tied agent)'이란 오직 하나의 투자회사를 위해, 고객 또는 잠재고객에게 투자서비스 및 부수서비스의 판매를 촉진하고, 투자 서비스 또는 금융상품에 관하여 고객으로부터 지시 또는 주문을 받아 전송하며, 고객 또는 잠재고객에게 금융상품을 배정하거나 금융상품 또는 서비스에 관한 자문을 제공하는 자연인 또는 법인을 말한다. 투자회사는 전속대리인의 행위에 대해 완전하고 무조건적인 책임을 진다.

(제35조 제8항). 즉, 지점에 대한 감독책임은 지점이 소재한 곳의 감독당국이 부담한다.

지점이 소재한 회원국들은 지점과 관련하여 자기 영토 내에서 본점의 감독당국(등록지 회원국 감독당국)이 자신의 감독책임을 이행하기 위해 지점에 대한 현장 조사를 수행할 수 있도록 허용하여야 한다(제35조 제8항). 본점 감독을 위해 지점 조사 역시 필요하다는 점을 고려한 것이다.

다. 자회사나 지점 등 없이 활동하는 경우

다른 회원국에서 원격 서비스 등의 방식으로 투자 서비스 및 투자 활동을 수행하고자 하는 투자회사, 다른 회원국에서 제공되는 서비스 및 활동의 범위를 변경하고자 하는 투자회사는 자신의 감독당국(등록지 회원국 감독당국)에게 영업활동을 수행하고자 하는 다른 회원국, 다른 회원국에서 제공하고자 하는 서비스/활동, 전속대리인을 사용할 계획이 있는지 여부 등을 포함한 운영계획을 통보하여야 한다(제34조 제2항). 이러한 경우 당해 감독당국은 1월 내에 투자 대상 회원국(Host Member State) 감독당국에게 이를 통보하여야 한다(제34조 제3항).

라. 거래소에 관한 인가의 상호인정(Passporting)

다른 한편으로 MiFID는 단일시장의 형성을 위해, 각 회원국들에게, 다른 회원국의 투자회사들 및 다자간 거래소, 조직화된 거래소 운영자들이 아무런 법적, 행정적 부담 없이 접근하여 거래할 수 있도록 보장할 것을 요구하고 있다(MiFID 제34조). 다자간 거래소, 조직화된 거래소 운영자들은 다른 나라에서 증권거래소를 운영하고자 하는 경우 이를 등록지 회원국(Home Member State)의 감독당국에게 통보하여야 하고, 등록지 회원국 감독당국은 이를 활동이 이루어지는 회원국(Host Member State) 감독당국에게 통보하여야 한다.

보다 상세한 내용은 제8편 제1장에서 소개하기로 한다.

2. 투자회사 인가의 상호인정(Passporting) 시스템과 규제 회피 행위

투자회사는 등록된 사무소가 있는 회원국에 주사무소를 두어야 하고, 법인이 아니거나 해당 회원국 법률에서 등록된 사무소를 요구하지 않는 법인은 실제로 사업을 영위하는 회원국 내에 주사무소를 두어야 한다(제5조 제4항). 실제 사업 장소와 무관하게 규제가 약한 곳을 찾아 등록하는 행위(이른바 forum shopping)를 막기 위한 것이다.

따라서 투자회사의 등록에 관한 MiFID의 규정은 유럽 사법재판소의 Centros 법리[6]로부터 이탈한 것으로 볼 여지도 있다. 그러나 MiFID 서문 제46조는 MiFID 등에 정해진 요건을 갖추지 못했거나 의무를 위반한 투자회사에 대해 등록지 회원국 감독기구가 인가를 거부하거나 이를 철회할 수 있어야 하고, 이를 위해 감독당국의 실질적인 감독이 필요하다는 점을 강조하면서, 이는 상호인정 및 등록지 회원국 감독원칙을 실현하기 위한 것임을 분명히 하고 있다. 다시 말해, MiFID가 정한 최소한의 규제는 바닥치기 경쟁(race to the bottom)을 방지하면서 상호인정 원칙을 관철하려는 것으로 이해할 수 있다.

3. 영국의 금융기관 인가와 브렉시트 문제

가. 법률 규정의 내용

금융기관이 인가받은 투자서비스 또는 투자활동만을 수행할 수 있다는 MiFID의 규정은 회원국의 개별 입법에 반영되어 있다. EU 회원국으로서 EU 법의 구속력 하에 놓여 있던 영국의 경우에도, 같은 취지의 제도가 증권, 은행, 보험에 관한 규제제도를 망라한 금융서비스시장법(Financial Services and Martket Acts, 'FSMA')에 포함되어 있다.

영국 금융서비스시장법은 MiFID에서 정한 투자서비스, 투자활동을 '규제 대상 행위(Regulated Activity)'란 개념으로 정의하고 있는바, 재무성은 위 법 제22조 제1항, 제5항 등의 위임에 따라 규제 대상 행위의 범위를 정한 금융서비스법상 규제대상 행위에 대한 명령[7]을 공표하였다. 금융서비스시장법은 규제 대상 행위에 대해 금융감독기관 FCA의 인가(Part IV permission)를 받을 것을 요구하고 있다(제55A조 내지 제55Z4조). FCA는 인가 여부에 대해 광범위한 재량권을 행사할 수 있고 특별한 조건을 붙일 수도 있다(금융서비스시장법 제55L조).

---

6) Case C-212/97 Centros ECLI:EU:C:1999:126, [1999] ECR I-1459. 본서의 제1편 제1절 제II항 중 '사업체 설립의 자유' 부분 참조.

7) The Financial Services and Markets Act 2000 (Regulated Activities) Order 2001.

나. 인가 받지 않은 투자서비스 활동의 형사상, 민사상 효과

금융감독기관 FCA의 인가 없이 투자서비스를 수행하는 경우 이는 형사처벌의 대상이 된다[금융서비스시장법 제23조 제(3)항]. 금융서비스시장법은 인가 받은 자 외에는 투자서비스를 일반적으로 금지하고 인가 받은 자는 행위규제 등을 담은 FCA 핸드북(handbook)을 통해 규제의 대상으로 삼겠다는 태도이다.

금융감독기관 FCA 인가 없이 투자서비스를 수행한 금융기관은 고객과 체결한 계약을 강제할 수 없고 고객은 그러한 계약을 취소할 수 있다(금융서비스시장법 제27조). 다만, 법원은 무인가 투자서비스에 대해서도 그 효력을 일률적으로 부정하는 것이 아니라, 계약을 이행하도록 하는 것이 공정한지 여부, 위반행위자와 상대방이 이를 알았는지 여부 등을 고려하여 계약의 이행을 강제할 수 있는 재량이 있다(위 법 제28조 제3항 내지 제8항).

미인가 투자서비스 제공 행위를 한 자가 자신의 법률 위반 행위를 몰랐다는 사실은 법원의 결정을 좌우하는 요소는 될 수 없으나 참고 사항은 된다고 한다.[8)]

다. 투자회사 상호인정(Passporting) 시스템과 브렉시트

영국 금융서비스시장법 제31조는 인가 투자회사를 "Part IV permission"을 얻은 국내 투자회사, 다른 EEA 회원국에 의해 인가받은 후 passport 제도에 따라 영국 내에 지점을 설치하거나 영국에 국경을 넘는 서비스를 제공하는 투자회사로 규정하고 있다. 후자의 투자회사는 FMSA 적용에 있어 자동적으로 인가를 받게 되고(제55조 제4항, 제55D조), 영국의 감독당국 FCA에 의해 영국 내 활동이 규제되지만, 그러한 규제는 EU법이 정한 회원국들(Home Member State, Host Member State) 간 책임 분배에 부합하는 것이어야 한다.[9)]

마찬가지로 영국 내에서 인가받은 투자회사들은 MiFID가 정한 패스포팅 시스템, 금융서비스시장법 제37조 및 Schedule 3, Part III 규정에 따라 다른 EU 회원국 내에서 투자서비스 및 투자활동을 수행할 수 있다. 이러한 제도에

---

8) Whiteley Insurance Consultants (A Firm), Re [2008] EWHC 1782 (Ch); [2009] Bus. L.R. 418; [2009] Lloyd's Rep. I.R. 212.

9) Jackson and Powell on Professional Liability, para. 14-011, 012 (Sweet and Maxwell, 8th edition, 2018).

힙입어 시티 오브 런던(City of London)에 위치한 투자회사들이 EU 전체를 대상으로 투자서비스를 제공할 수 있었던 것이다.

그러나 영국이 유럽연합을 탈퇴함으로써 시티 오브 런던(City of London)에 위치한 금융기관들이 더 이상 당연히 패스포팅의 혜택을 누릴 수는 없게 되었다. 2020. 12. 24. EU와 영국 간 체결된 '무역 및 협력에 관한 협정(EU-UK Trade and Cooperation Agreement)'은 금융기관의 패스포팅 혹은 동등성 결정에 관한 내용을 포함하고 있지 않다. 영국과 EU의 금융기관들이 향후 서로의 영역 내에서 어떤 절차와 요건 하에, 어띤 범위까지 활동힐 수 있게 될 깃인지는 EU와 영국 간 추가적인 협상 결과, 유럽증권시장청 등의 동등성 결정 여하에 달려 있다.[10)]

10) 본서의 제1편 제5장 참조.

제2장

투자회사의 조직구조 및 내부통제

Ⅰ. 경영진에 관한 요구사항

1. 문제점

유럽 국가들에서는 금융위기의 원인으로 금융기관 기업지배구조의 취약성, 곧 기업 이사회 및 경영진 내부의 견제, 균형이 작동하지 않음으로써 금융기관들이 무분별하게 위험한 투자를 인수하고 그것이 시스템 전체의 위기로 이어졌다는 비판이 제기되었다[MiFID 서문 (5)].

보다 구체적으로 MiFID 서문에서는, 투자회사·정규시장·정보보고 서비스회사의 경영진은 항상 충분한 시간을 투입해야 하고 전체 집단으로 볼 때 투자회사의 위험 및 활동을 이해할 수 있는 지식, 기술, 경험을 갖추고 있어야 한다는 점을 언급하고 있다. 나아가 집단사고(group thinking)의 위험을 배제하고 독립적 의견, 비판적 도전을 장려할 수 있도록 경영진 구성의 다양성이 확보되어야 한다고 한다[MiFID 서문 (53)].

MiFID는 이러한 문제의식 하에 각 회원국 법률이 따라야 하는 금융기관 지배구조에 관한 사항들을 규정하고 있다.

2. MiFID의 요구사항

MiFID는 회원국들의 법률이, 금융기관의 경영진으로 하여금 조직 내 권한의 분배, 이해상충의 방지를 포함하여 효과적이고 신중한 경영을 하도록 보장할 것을 요구하고 있다(MiFID 제9조 제1항, Directive 2013/36/EU 제88조 제1항).

또한, MiFID는 규모, 내부 조직, 수행하는 업무의 성격·범위·복잡성을 고려하여 중요한 투자회사가 경영진(management body) 내에서 집행(execution) 역할을 수행하지 않는 인사들로 구성된 추천위원회(nomination committee)를 구성하고, 위 추천위원회가 지식, 기술, 다양성, 경험 등의 요소를 반영한 적절한 인사를 경영진 구성원으로 추천하도록 요구하고 있다(MiFID 제9조 제1항, Directive 2013/36/EU 제88조 제2항).

경영진은 충분한 명성·지식·기술·경험을 가진 인사로 구성되어야 하고 충분한 시간을 경영 업무에 투입해야 한다(MiFID 제9조 제1항, Directive 2013/36/EU 제91조 제1항 및 제2항).

투자회사의 경영진은 기업지배구조의 실행, 효과적이고 건전한 경영, 권한의 분장, 이해상충 방지, 서비스·활동·상품에 관한 정책, 보수에 관한 정책 등 경영 전반을 감시할 책임을 부담한다(MiFID 제9조 제3항).

규모, 내부 조직, 수행하는 업무의 성격·범위·복잡성을 고려하여 중요한 투자회사의 경영진 구성원들은 동시에 (i) 하나의 상근이사와 두 개의 비상근이사 또는 (ii) 네 개의 비상근이사를 초과하여 겸임할 수 없다(MiFID 제9조 제1항, Directive 2013/36/EU 제91조 제1항 및 제3항). 다만, 회원국의 감독당국은 투자회사 인가 시 임원이 위 제한에 한 개의 비상근이사를 추가하여 수행하도록 허락할 수 있다(MiFID 제9조 제2항).

회원국 감독당국은 경영진 구성원들의 충분한 명성, 지식, 기술, 경험 보유 등에 관해 만족하지 못하는 경우 인가를 거부하여야 한다(제9조 제4항).

Ⅱ. 주주에 관한 요구사항

1. 인가 시 주요주주[11]에 대한 고려

회원국의 감독당국은 투자회사의 건전하고 신중한 경영을 확보할 필요를 고려할 때 직·간접적으로 행사할 수 있는 의결권이 10% 이상이거나 경영에 중대한 영향력을 행사할 수 있는 주주들('Qualifying Holding')[12]의 적합성에 관해 만족하지 못하는 경우 인가를 거부할 수 있다(MiFID 제10조 제1항 2문).

2. 주요주주 변경에 대한 허가

가. 감독기구의 허가권의 내용

회원국 법률은, 자연인 또는 법인이 함께 행동하여(acting in concert[13]) 직접적 또는 간접적으로 투자회사에 대해 경영에 중대한 영향력을 행사할 수 있는 지분(Qualifying Holding)을 취득하거나 의결권을 추가 확보하여 지분이 20%, 30%, 50%를 넘기거나 이를 통해 투자회사가 다른 회사의 자회사가 되도록 할 것을 결정하는 경우, 이를 감독당국에 서면으로 보고할 의무를 부과하여야 한다. 경영에 중대한 영향력을 행사할 수 있는 지분(Qualifying Holding)을 처분하거나 지분율이 20%, 30%, 50% 이하로 떨어지게 되는 경우에도 마찬가지이다. 다만, 회원국은 30% 기준을 적용하지 않을 수 있다(MiFID 제11조).

감독당국은 투자자의 평판, 그가 수행하는 사업의 내용, 재무적 건전성, 건전성 규제 준수 여부에 관한 이력, 자금세탁 및 테러자금 관여 이력 등을 종합적으로 고려하여 위와 같은 지분 취득을 허가하지 않을 수 있다(MiFID 제13조 제2항).

---

11) 여기서 설명하는 Qualifying Holding은 우리나라 자본시장법상의 '주요주주' 개념에 가까우므로 여기서 이러한 용어를 사용한다.

12) MiFID 제4조 제1항 제(31)호: 'qualifying holding'이란 10% 이상의 자본 혹은 의결권 혹은 투자회사의 경영에 중대한 영향력을 행사할 수 있는 주식 보유를 의미한다.

13) 우리나라 자본시장법 시행령 제141조 제1항은 본인과 합의나 계약 등에 따라 주식 등을 공동으로 취득하거나 처분하는 행위, 공동으로 의결권을 행사하는 행위 등을 하는 자를 '공동보유자'로 정하고 있는데, MiFID나 후술하는 EU 기업인수 Directive에서 말하는 '함께 행동하는(acting in concert)' 주주란 우리 자본시장법상의 공동보유자에 가깝다.

나. 감독기구 권한 행사의 한계

지분 취득에 대한 위와 같은 허가 제도는 감독당국이 투자회사에 대한 적대적 M&A를 막음으로써 자국의 거대 금융기관을 보호하는 위험을 낳을 수 있는바, MiFID는 이를 막기 위한 규정을 마련하고 있다.

즉, 감독당국은 취득해야 할 지분 수준에 관한 조건을 사전에 부과하거나 시장의 경제적 필요라는 관점에서 문제가 되는 지분 취득을 조사해서는 아니된다(제13조 제3항). 또한 경영에 중대한 영향력을 행사할 수 있는 지분을 취득하거나 동일한 투자회사에 대한 지분을 추기 취득하는 복수의 제안이 접수된 경우 감독당국은 이들을 비차별적 방식으로 다루어야 한다(제13조 제5항).

또한 감독당국은 직간접적인 의결권 또는 지분의 취득에 대한 통지, 승인에 대해 본 Directive에서 정한 것보다 엄격한 방식으로 이를 다루어서는 아니된다(제12조 제7항).

제3장

투자회사의 영업행위 규제

Ⅰ. MIFID에 따른 EU 차원의 영업행위 규제 개관

1. 서설

가. 최소한의 통합

MiFID는 고객 보호 의무에 관하여 회원국들이 법률에 규정할 최소한만을 제시하는 태도(Minimum Harmonization)를 취하고 있다.

따라서, 회원국들은 투자회사의 행위규제에 관한 제24조 관련 사항들에 관하여 추가적인 요구사항들을 부과할 수 있다. 다만, 그러한 요구사항들은 당해 회원국 상황에서 특별히 중요한 구체적 문제들과 관련하여 객관성, 비례성을 갖추어야 한다(제24조 제12항)

나. MiFID의 기본적 태도

2008년 글로벌 금융위기 이전까지 MiFID상의 영업행위 규제는 적합성 원칙, 설명의무, 이해관계의 공개에 관하여 원칙 중심의 규제 방식을 취하고 있었다. 이는 금융기관에게 적절한 내부통제를 설계, 시행할 것을 요구하고 고위 경영진으로 하여금 이를 감독하도록 하며 금융기관이 제시된 원칙에 부합하는 좋은 결과를 스스로 달성할 것을 요구하는 것이었다. 또한 MiFID는 사전적 관점에서 금융상품의 설명 및 판매를 규율하였다.

그러나, 글로벌 금융위기 이후 가령 리먼 브러더스가 설계한 구조화 상품에서 중요한 결함이 나타나 영국, 스페인, 독일에서 투자자들이 그와 관련한 다수 소송을 제기하는 등의 문제가 발생하였다. 과거 생각하기 어려웠던 복잡한 금융상품이 등장하는 가운데 추상적이고 모호한 원칙으로 적합성 원칙 등의 내용을 담아 내기에는 한계가 있다는 비판이 제기되었다.[14)]

이러한 배경 하에서 현행 MiFID는 원칙 중심 규제를 유지하면서도 그것에서 다소 벗어나 몇몇 주제에 관하여 보다 상세한 지침을 제시하게 되었다. 예를 들어 투자자문이 독립적 기준에서 이루어졌는지 밝힐 것을 요구하는 규정 등이 현행 MiFID에서 새로 도입되었다. 또한, 적합성 원칙의 예외 범위에서 구조화 금융상품을 제외하는 등의 개정이 이루어졌다.[15)]

가장 두드러진 변화는 감독당국이 사후적으로 금융상품의 판매 중단을 명령할 수 있도록 하는 제도가 도입된 것이다.

2. 투자자의 구분

가. 개관

MiFID는 일반투자자(Retail Clients), 전문투자자(Professional Client), 적격 거래상대방(Eligible Counterparties)의 3개 고객 범주를 도입하고 있다. 이러한 구분은 투자자 보호를 위한 MiFID상의 규제가 소매 고객에 초점을 맞추도록 하기 위한 것이다.

나. 투자자 분류에 관한 고지의무

투자회사는 새로운 고객 및 기존 고객 모두에게, 어떤 범주로 구분되었는지, 고객이 다른 범주로 재분류해 줄 것을 요구할 권리가 있다는 점을 알려야 한다[Commission Delegated Regulation (EU) 2017/565 제45조].

네덜란드 판결례 중에는 고객을 전문투자자로 분류하고 그러한 분류가 정

14) Niamh Moloney, Investor Model Underlying the EU Investor Protection Regime, 13 European Business Organization Law Review, pp. 176~177 (2012).
15) 위의 논문, pp. 179~180.

당했다 하더라도, 투자회사가 당해 고객에게 그가 전문투자자임을 알려 주지 않았다면, 민사상 효과로서 투자회사는 당해 고객을 일반투자자로서 보호할 의무가 있다고 인정한 경우가 있다.[16)]

다. 투자자 구분의 기준 및 내용

(1) 적격 거래상대방

적격 거래상대방은 투자회사, 신용기관, 보험회사, UCITS 및 그 관리회사, 연기금 및 관리회사, 다른 금융기관, 정부기관, 중앙은행, 국제기구를 의미한다(제30조 제2항). 이들 기관들은 투자회사의 단순 주문 접수, 집행 서비스와 관련하여 적격 거래상대방으로 구분된다. 회원국들은 어떤 양적 기준을 통과한 다른 기관들을 적격 거래상대방으로 지정할 수 있다(제30조 제3항).

고객을 위해 또는 자기계정으로 주문의 접수, 전송, 실행을 인가받은 투자회사들은 제24조에 따른 일반적 행위원칙 및 설명의무, 적합성 원칙, 최선집행 의무의 적용 없이 적격 거래상대방과 거래할 수 있다(제30조 제2항).

그러나, 적격 거래상대방과의 거래에 있어서도 양자의 권리, 의무를 정한 문서를 포함하여 기록이 유지, 관리되어야 하고 거래장소에 관한 기록이 요약, 공개되어야 하며, 투자회사 자신의 거래에 비해 신속하고 공정하며 간이한 방식으로 거래가 집행되어야 한다(제30조 제1항). 또한, 적격 거래상대방들과의 거래에 대해서도 정보 제공이 공정하고 명확하며 오도하지 않는 것이어야 한다는 원칙은 당연히 준수되어야 한다.

또한 적격 거래상대방은 일반적 차원에서 또는 거래 건별로 MiFID가 정한 행위규범의 적용을 받도록 요구할 수 있다(제30조 제2항).

(2) 전문투자자

(가) 원칙적으로 전문투자자로 취급되는 투자자

전문투자자는 경험, 지식, 전문성을 갖추고 스스로 투자 결정을 내릴 수 있고 그에 따른 위험을 적절히 평가할 수 있는 투자자를 말한다. 신용기관, 투자회사, 다른 인가받은 금융기관, 보험회사, UCITS(개방형, 환매명 집합투자기구를 말

16) Tom Loonen & Randy Pattiselanno, The effectiveness of MiFID provisions for professional clients: a critical review, 28(1) Journal of Financial Regulation and Compliance, pp. 4~5 (2019).

한다) 및 그 관리회사, 연기금 및 그 관리회사, 상품 및 상품파생상품 딜러, 선물거래소 회원(locals), 기관투자자, 자산 등의 일정한 규모 요건을 충족하는 대기업, 중앙 및 지방정부(정부부채 또는 지방부채를 운영하는 것)는 전문투자자로 구분된다.

이들은 선택에 따라 일반투자자로 구분되어 보다 폭넓은 투자자 보호제도의 적용을 받을 수 있다(부록 II, 제I항). 다만, 이에 대해서는 투자회사의 동의가 필요하다.

(니) 선택에 따른 전문투지지

거꾸로 원래 일반투자자로 구분되는 자들 중 거래규모 등 거래의 빈도와 규모, 금융상품 포트폴리오의 규모, 사회 경력 등 일정 요건을 충족하는 자는 선택에 따라 전문투자자로 구분될 수 있다(부록 II, 제II항).

부채를 발행하지 않은 지방정부는 원칙적으로 일반투자자로 구분되고, 선택에 따라 전문투자자로 취급될 수 있다. 회원국들은 선택에 따라 본래 일반투자자인 지방정부가 전문투자자로 취급될 것을 요청하는 경우 이를 허가하는 기준으로서 당해 지방정부의 전문성, 지식 등에 관해 구체적인 기준을 마련하여 적용할 수 있다(부록 Ⅱ. 제Ⅱ.1항). 현행 MiFID에 도입된 내용인데, 과거 회원국 지방정부들이 이자율 스왑 등 복잡한 금융상품에 가입하였다가 막대한 손실을 본 사정을 배경으로 한 것이다.[17)]

(다) 일반투자자

적격 거래상대방 및 전문투자자가 아닌 자는 일반투자자로 분류된다.

라. 보호 수준의 차이

(가) MiFID의 경우

일반투자자에 대해서는 MiFID 외에 실행지침에 따른 상세한 규정이 적용된다. 반면, 전문투자자에 대해서는 일정한 의무가 적용되지 않는다.

다만, 법률 수준에서 MiFID가 이를 정하지 않고 있고, EU 집행위원회의 위임입법에서 이를 정하고 있다.[18)]

집행위원회 위임입법(Delegated Regulation 2017/565/EU)에 따르면, 전문투자

---

17) Tom Loonen & Randy Pattiselanno, 각주 16 논문, p. 3.
18) Niamh Moloney, 각주 4, p. 354.

자들은 특정한 금융상품 또는 특정한 유형의 거래에 내재한 위험을 이해하는데 필요한 충분한 투자경험과 지식을 갖춘 것으로 추정된다(위 Regulation 제25조 제3항). 투자회사는 전문투자자에 관하여 비용 및 수수료에 관한 정보를 세부적으로 제공하지 않아도 되고(제50조), 패키지로 서비스 또는 상품을 제공하는 경우 구성 요소들에 대한 설명이 면제되며(위 Regulation 제48조), 최초 상장하는 증권의 경우 투자설명서를 이용할 수 있다는 사실을 알려 줄 필요가 없다(위 Regulation 제48조 제3항).

투자자의 구분은 적합성 원칙 등 개별적 마케팅 과정상의 의무 외에 금융상품 지배구조와 관련해서도 의미가 있다. MiFID 제16조 제3항, 제24조 제2항이 정한 금융상품 설계, 판매자의 의무와 관련하여 유럽증권시장청(ESMA)은 일반투자자에 대한 판매가 부적절한 복잡하고 위험도 높은 상품들을 예시하여 제시하고 있다.[19] 즉, 특정한 위험 상품은 원천적으로 일반투자자에 대한 판매가 금지된다.

(나) 기타 법령의 경우

패키지 소매투자상품과 보험형 투자상품에 관한 핵심정보문서 Regulation (PRIIP Regulation)은 일반투자자에 대해서만 적용된다.

대체투자펀드 관리회사 Directive에서 상호인정(Passporting)의 대상은 전문투자자에 대한 마케팅 활동으로 제한된다(제32조). 즉, 어떤 회원국에서 인가 받은 대체투자펀드 관리회사가 위 Directive에 기초하여 당연히 자신이 운용하는 대체투자펀드를 다른 회원국의 소매 투자자에게 판매할 수 있는 것은 아니다.[20]

Ⅱ. 금융상품의 설계, 판매 승인제도

1. 개관

현행 MiFID에 도입된 규정으로서 금융상품의 설계, 판매에 관한 사전적

19) ESMA, Guidelines on MiFID Ⅱ product governance requirements (ESMA 35-43-620, 5 February 2018).

20) 이와 달리 개방형, 환매형 집합투자기구인 UCITS에 대해서는 한 회원국 인가가 다른 회원국의 일반투자자에 대한 마케팅 활동에도 그 효력이 미친다. 보다 자세한 내용은 제7편 제2장 및 제3장 참조.

통제제도가 마련되어 있다. 잠재적 고객과 접촉하여 금융상품을 판매하는 과정에서 불완전판매가 발생할 수 있기 때문에 MiFID는 사전에 그러한 가능성을 차단하기 위해 금융상품 설계, 판매를 계획하는 단계에서부터 적절한 시스템을 갖출 것을 요구하는 것이다.[21)]

적합성 원칙과 중복되는 면이 있지만 개념상 구분되는 것으로 생각된다. 예컨대 투자회사는 영업행위 규제의 일부로서 이미 존재하는 금융상품 판매시 적합성 검사를 수행해야 하는 것과 별개로 처음 설계 단계부터 어떤 금융상품이 가령 일반투자자에게 맞는지 처음부터 검토하여야 한다. 금융상품의 설계, 판매 승인제도는 투자회사의 조직구조에 관한 규제 측면과 영업행위 규제 측면을 모두 포함하고 있다.[22)]

2. 금융상품 설계자에 대한 요구사항

고객에게 판매할 목적으로 금융상품을 설계(manufacture)하는 투자회사는 자신의 금융상품이 특정한 범주의 고객들 내지 표적시장의 요구를 충족하도록 설계하여야 한다. 금융상품 판매(distribution) 전략은 표적시장과 부합해야 한다. 투자회사는 금융상품이 표적시장에 배분되도록 하여야 한다(제24조 제2항).

고객에게 판매할 금융상품을 설계하는 투자회사는 금융상품의 마케팅 및 판매에 앞서 새로운 금융상품 및 이미 존재하는 금융상품의 중요한 변경에 관한 승인절차를 유지, 운영, 검토해야 한다. 금융상품 승인절차는, 각 금융상품에 대한 적절한 고객 범주 내에서 표적시장과 최종 소비자를 구체적으로 명시해야 하고, 그러한 표적시장에 관한 모든 위험을 평가해야 하며, 판매 전략이 식별된 표적시장과 부합하도록 하여야 한다(제16조 제3항).

3. 금융상품 판매자에 대한 요구사항

금융상품의 배분, 판매와 관련하여 투자회사는 그들이 청약 또는 추천하는 금융상품을 이해하고, 표적시장을 고려하여 자신이 투자서비스를 제공하는 고객들의 요구에 당해 금융상품이 부합하는지 평가하며, 금융상품이 고객 이익에

---

21) 신상우, 금융상품 지배구조-MiFID II의 규정 및 ESMA의 보고서를 중심으로, 홍익법학 제18권 제4호, 2017년, 302~303면.

22) 신상우, 위의 논문, 315면.

맞는 경우에만 그것을 청약 또는 추천하여야 한다(제24조 제2항).

또한 투자회사는 표적시장의 잠재적 위험에 중대하게 영향을 미치는 사건을 고려하여 자신이 청약하거나 마케팅 활동을 벌이고 있는 금융상품을 주기적으로 재검토해야 한다. 이러한 경우 적어도 금융상품이 표적시장의 필요에 계속 일치하는지, 판매 전략이 계속 적절한지에 대한 검토가 이루어져야 한다(제16조 제3항).

4. 금융상품 설계자와 판매자 간 정보교환

금융상품의 설계와 판매가 다른 투자회사에 의해 이루어지는 경우, 금융상품을 설계하는 투자회사는 이를 판매하는 투자회사에게 금융상품 및 상품 승인 절차에 관한 모든 적절한 정보(표적시장에 관한 정보를 포함한다)의 접근을 허용하여야 한다(제16조 제3항).

투자회사는 자신이 설계하지 않은 금융상품을 청약하거나 추천하는 경우 각 금융상품의 특성과 표적시장을 이해할 수 있도록 위 정보들을 얻을 수 있는 적절한 조치를 취해야 한다(제16조 제3항).

Ⅲ. MiFID상 투자회사의 행위원칙

1. 일반원칙

MiFID는 투자회사들이 투자서비스 및 부수적 서비스를 제공할 때에 고객의 이해에 부합하는 정직, 공정하고 전문가적인 행위를 할 것을 대원칙으로 정하고 있다(제24조 제1항). 이러한 규정은 큰 틀의 중요한 원칙 및 규제의 목표를 제시하고 세부적 지침, 규정은 각 금융기관이 스스로 마련하도록 하는 이른바 원칙 중심 규제를 채택한 것으로 볼 수 있다.[23)]

2. 이해상충 방지를 위한 원칙

MiFID는 이해상충을 규율하는 원칙을 정하고 있다. 투자회사들이 증권의 인수와 같은 전통적인 업무 외에 대규모 고유계정 거래, 증권발행, 유동화 업무 등

23) Alastair Hudson, The Law of Finance, para. 7-63 (Sweet & Maxwell, 2nd edition, 2013).

종합적인 서비스를 제공하는 이상 이해상충의 방지가 중요한 관심사가 되었다.24)

가. 내부통제

MiFID는 이해상충 방지를 내부통제에 의존하고 있다. 즉, 투자회사들은, (i) 그들 자신[경영자, 피용자, 전속대리인(tied agent), 통제(control) 관계에 의해 직간접적으로 관련된 기타 사람들을 포함한다]과 그들의 고객 사이에서, 또는 (ii) 한 고객과 다른 고객 사이에서, 투자 및 부수 서비스의 제공 과정[제3자로부터 투자권유(inducements)를 받는 경우, 투자회사 스스로 보수 기타 인센티브를 지급하는 경우도 포함한다]에서 발생하는 이해상충을 식별, 방지, 관리하기 위한 적절한 모든 조치를 취하여야 한다(제23조 제1항). 특히 투자회사는 이해상충이 고객의 이익에 부정적 영향을 미치는 것을 막을 수 있도록 효과적인 조직적, 행정적 체제를 유지, 운영하여야 한다(제16조 제3항).

만약 그러한 조직적, 행정적 조치(arrangements)가 고객 이익의 침해 위험을 충분히 방지하고 있다고 합리적으로 확신하기 어려운 경우, 투자회사는 해당 업무를 수행하기에 앞서 고객에게 이해상충의 일반적 성격, 원천(sources), 이를 완화하기 위해 취해진 조치를 명확하게 공개하여야 한다(제23조 제2항). 이와 같은 공개는 (a) 문서 등의 매체(durable medium25))로 이루어져야 하고, (b) 고객의 특성을 고려할 때, 이익 충돌이 일어나는 맥락을 이해한 가운데서 의사결정을 내릴 수 있도록, 충분히 세부적인 내용을 포함하고 있어야 한다(제23조 제3항).

나. 제3자와의 경제적 이득 수수 금지

MiFID는 고객 이외의 제3자로부터 받는 경제적 이득에 관하여 규정하고 있다. 투자회사가 제3자로부터 이익을 수령하는 경우 고객이 아닌 제3자의 이익을 위해 행위할 수 있다는 우려 때문이다.26)

---

24) Niamh Moloney, 각주 4, p. 371.

25) EU법 조문에서 등장하는 'durable medium'의 의미에 관하여 영국 FCA는 (i) 정보가 수령자에게 개인적으로 전달될 수 있어야 하고, (ii) 수령자가 해당 정보를 미래에도 일정 기간 확인할 수 있는 저장성을 갖추어야 하며, (iii) 저장된 정보를 변경되지 않은 상태로 재생해 낼 수 있어야 한다는 요건을 제시하고 있다.

26) 고동원, 유럽연합(EU)「제2차 금융상품시장지침」(MiFID Ⅱ)의 규제 영향과 시사점, 증권법연구 제20권 제1호, 2019, 86면.

(1) 투자일임 서비스의 경우

MiFID는 경제적 이득 수수와 관련하여 투자일임 서비스에 대한 특별한 규정을 두고 있다. 투자일임 서비스와 관련하여 투자회사는 제3자 또는 그를 위해 행동하는 사람이 지급하거나 제공하는 수수료(fees, commission) 기타 다른 형태의 금전적, 비금전적 이득을 수령, 보유하여서는 아니된다.

고객 서비스의 품질(quality)을 높일 수 있고 고객의 최선의 이익에 부합하게 행동해야 하는 투자회사의 의무 이행을 훼손하지 않을 것으로 판단되는 규모, 성격의 경미한 비금전적 이득은 제외한다. 다만, 그러한 이득은 투명하게 공개되어야 한다(제24조 제8항).

이는 기타 투자서비스의 경우보다 강화된 의무이다. 투자일임 서비스 제공시 특히 투자 대상이 되는 금융상품의 발행자로부터 금전 등을 받는 것이 이해상충의 소지가 있다는 점을 고려한 것이다.

이 조항과 관련하여 투자일임업자 등이 다른 투자회사로부터 무료로 애널리스트의 리서치 자료(조사분석자료)를 제공받아온 관행은 유지되기 어렵게 되었는데, 그것이 리서치 비용의 수수를 촉진하여 품질을 제고할 것인지 혹은 리서치 활용을 감소시킬 것인지에 대해서는 논의가 분분하다.[27)]

(2) 기타 투자서비스의 경우

투자회사는 투자서비스 및 부수서비스와 관련하여, 고객 및 고객을 대리하여 행동하는 사람을 제외한 다른 사람에게, 혹은 다른 사람으로부터, 수수료 혹은 비금전적 이익(위탁 수수료, 결제 수수료, 당국에 지급하는 부담금, 법률 비용 등은 제외한다)을 제공하거나 제공받은 경우, 제23조에 따른 이해상충 방지 의무 및 제24조 제1항에 따른 정직, 공정, 전문가적 행위 의무를 다하지 않은 것으로 추정된다.

가령 일부 거래소에서 주문을 유인하기 위해 사례금을 지급하거나 펀드 운용회사가 판매회사에게 여러 인센티브를 제공하는 경우가 여기에 해당할 가능성이 높다.[28)]

투자일임 이외의 투자서비스에 관해서는 제3자로부터의 금전 등 수령을

27) Deloitte, Navigating MiFID Ⅱ – Strategic decisions for investment managers (1 November 2015), www.mondaq.com/uk/Finance-and-Banking/439714/Navigating-MiFID-II--Strategic-Decisions-For-Investment-Managers (최종방문: 2020. 4. 30), p. 10.

28) 오성근, EU의 제2차 금융상품시장지침(MiFID II)상 알고리즘거래 규제에 한 분석 및 시사점, 기업법 연구, 제29권 제4호, 2015년, 355면.

금지하는 것이 아니라 소송상 이를 투자회사에 불리한 방향으로 추정하도록 하고 있다.[29]

다만, 위 수수료 혹은 비금전적 이익이 관련 고객에 대한 서비스의 수준을 높이도록 설계되어 있고, 고객의 최선의 이익에 따라 정직하고 공정하며 전문가적으로 행동할 투자회사의 의무를 훼손하지 않는 경우는 예외로 한다. 여기서 수수료 또는 비금전적 이익의 존재, 성격, 액수 및 산정 방법은 서비스 제공 이전에 고객에게 포괄적이고 정확하며 이해하기 쉬운 방식으로 공개되어야 한다(제24조 제9항).

다. 직원 보수에 관한 사항

이해상충 방지를 위한 다른 규정으로서, 투자회사는 고객의 최선의 이익을 위해 행동할 의무와 충돌하는 방식으로 직원의 성과를 평가하거나 보상해서는 아니된다. 예를 들어, 고객 필요에 부합하는 다른 금융상품이 있음에도 특정 금융상품의 추천과 성과급을 연동시키는 경우가 여기에 해당한다(제24조 제10항).

라. 여러 투자서비스를 함께 제공하는 경우에 관한 사항

투자서비스를 패키지로서 제공하려는 경우, 투자회사는 각 구성 요소들을 별개로 구매할 수 있는지 여부를 알리고 각 구성 요소들의 비용과 수수료에 관한 증거를 제공하여야 한다(제24조 제11항).

만약 소매고객에게 제공되는 패키지 또는 합의된 상품의 위험이 따로 각 구성 요소들과 관련된 위험을 단순히 합친 것과 다를 가능성이 있는 경우, 투자회사는 각 구성 요소들이 상호작용하여 위험을 발생시키는 데 대한 적절한 설명을 제공하여야 한다(제24조 제11항).

3. 설명의무

가. 일반적 원칙

MiFID 제24조 제3항[30]은, 마케팅 활동을 포함하여 투자회사가 제공하는 모

29) Christopher P Buttigieg, National marketing and product distribution rules for UCITS: a critical analysis, 7(4) Law and Financial Market Review, p. 196 (2013).

30) Article 24 General principles and information to clients.

든 설명은 공정하고 명확하여 오도하지 않는 것이어야 한다(fair, clear and not misleading)는 설명의무의 기본적 원칙을 규정하고 있다.

나. 설명의무의 대상(일반적인 경우)

투자회사는 고객 또는 잠재적 고객에게 적절한 시기에(in good time) 투자회사 및 그가 제공하는 서비스, 금융상품 및 제안된 투자전략, 거래를 실행할 거래소, 모든 비용 및 관련된 수수료에 관한 적절한(appropriate) 정보를 제공하여야 한다(제24조 제4항). 하나씩 살펴본다.

① '금융상품 및 제안된 투자전략에 관한 정보'는 당해 금융상품에 대한 투자나 특정한 투자 전략과 관련한 위험에 대한 안내 및 경고, 당해 금융상품이 일반투자자 혹은 전문투자자 중 누구를 대상으로 한 것인지에 관한 정보를 포함하여야 한다[제24조 제4항 (b)호].

② MiFID는 여러 거래소 간의 경쟁을 상정하고 있고, 실제로 하나의 증권이 복수 거래소에서 거래되기도 하기 때문에,[31] 투자회사가 거래를 실행할 거래소에 관한 정보 역시 투자자에게 의미를 가질 수 있다.

③ MiFID는 비용 및 수수료가 투자수익률에 영향을 미친다는 점을 고려하여 이를 설명의 대상에 포함하고 있다. 설명 대상인 정보에는 투자서비스, 부수서비스, 추천된 금융상품에 관한 비용, 지불방법, 제3자에게 지급할 비용이 포함된다[제24조 제4항 (c)호].

비용 및 수수료 금액뿐만 아니라 그것이 수익률에 비치는 누적적 효과에 관한 정보까지 제공되어야 한다. 고객이 요청하는 경우 항목별 비용 및 수수료 정보 역시 제공되어야 한다[제24조 제4항 (c)호].

그러한 정보는 가능한 경우 고객에게 정기적으로(최소한 연 1회 이상) 제공되어야 한다[제24조 제4항 (c)호].

---

3. All information, including marketing communications, addressed by the investment firm to clients or potential clients shall be fair, clear and not misleading. Marketing communications shall be clearly identifiable as such.

31) 보다 상세한 내용은 제8편 제1장 참조.

다. 투자자문 서비스의 경우

MiFID는 투자자문 서비스 제공시 이해상충의 가능성을 고려하여 설명의무의 대상을 보다 구체적으로 정하고 있다.

즉, 투자자문 서비스가 제공되는 경우, 투자회사는 투자자문을 제공하기 전에 고객에게, (i) 서비스가 독립적으로 제공되는지 여부, (ii) 자문이 다른 형태의 금융상품에 관해 폭넓은 분석에 기초한 것인지 혹은 제한된 분석에 기초한 것인지, 특히 그 범위가 투자회사와 긴밀한 연계, 계약과 같은 어떤 법적·경제적 관계를 가진 실체(entities)에 의해 발행 또는 제공되는 금융상품에 제한됨으로써 제공되는 자문의 독립적 기초를 위협할 수 있는지 여부, (iii) 투자회사가 고객에게 제공된 금융상품의 적합성에 대해 주기적 검토를 실시할 것인지 여부를 알려야 한다[제24조 제4항 (a)호].

투자회사가 고객에게 투자자문이 독립적 기초에 따라 제공된다고 설명한 경우 투자회사는 시장에 존재하는 충분한 범위의 금융상품, 즉 그 형태, 발행자 또는 상품공급자에 있어 충분하게 다양한 금융상품을 평가하여야 한다. 이를 통해 고객의 투자 목적이 적절하게 충족되어야 한다. 검토의 범위는 (i) 투자회사 자신 또는 투자회사와 가까운 연계를 가진 실체(entities) 또는 (ii) 투자회사가 계약관계와 같은 가까운 법적·경제적 연계를 맺고 있어 자문의 독립적 기초를 손상할 수 있을 위험이 있는 다른 실체에 의해 제공되는 것으로 한정되어서는 아니된다[제24조 제7항 (a)호].

또한, 투자회사는 (투자자문이 독립적 기초로 제공된다고 설명한 경우) 제3자 또는 고객에 대한 서비스 공급과 관련하여 제3자를 위해 행동하는 사람이 지급하거나 제공하는 수수료(fees, commission) 기타 다른 형태의 금전적, 비금전적 이득을 수령, 보유하여서는 아니된다. 고객 서비스의 품질(quality)을 높일 수 있고 고객의 최선의 이익에 부합하게 행동할 투자회사의 의무 이행을 훼손하지 않을 것으로 판단되는 규모, 성격의 경미한 비금전적 이득은 제외한다. 다만, 그러한 이득은 투명하게 공개되어야 한다[제24조 제7항 (b)호].

여기서 설명의무는 투자판단에 필요한 정보를 제공하는 외에 고객과 투자회사 간 잠재적인 이해상충을 통제하는 간접적 수단으로도 이해되고 있다.

4. 적합성 원칙 및 적정성 원칙

투자회사는 투자자문을 수행하거나 금융상품, 투자서비스, 부수서비스에 관한 정보를 제공하는 직원들이 필요한 지식과 설명의무 등에 관한 제24조 등의 요구사항을 준수할 수 있는 역량을 갖추도록 하여야 한다(제25조 제1항). 이러한 전제 하에 적합성 원칙은 투자 서비스의 종류에 따라 세 단계로 구분하여 적용한다.

가. 투자일임 및 투자자문의 경우

투자일임 및 투자자문의 경우 가장 엄격한 기준이 적용된다. 이 경우 투자회사는 (i) 문제가 되는 특정한 상품 또는 서비스와 관련한 고객의 금융 지식과 경험, (ii) 그 사람의 재무적 상황(손실 감수 능력을 포함한다), (iii) 위험 감수 성향을 포함한 투자목표에 관하여 필요한 정보를 획득하여야 한다. 투자회사는 이에 기초하여 특히 위험 감수 능력 및 손실 감수 능력에 부합하는 방식으로 고객 또는 잠재적 고객에게 투자 서비스 또는 금융상품을 추천하여야 한다(제25조 제2항).

결합된 서비스 또는 상품을 추천하는 투자자문이 이루어지는 경우 결합상품은 (이를 구성하는 개개 금융상품 모두가 적합할 필요는 없고) 전체적으로(overall) 적합하여야 한다(제25조 제2항).

나. 다른 투자서비스의 경우

다른 투자서비스에 대해서는 보다 완화된 기준이 적용된다. 제25조 제3항은 투자 서비스 중 제2항의 규율대상(투자일임 및 투자자문)을 제외한 것에 적용되는 기준이다. 특히 '하나 또는 복수의 금융상품과 관련한 주문의 접수 및 전송', '고객을 위한 주문의 집행' 서비스를 제공하는 경우가 대상이 될 것이다.

이 경우 투자회사는 고객 또는 잠재고객로부터 정보를 획득할 의무는 아니더라도 정보를 문의할 의무가 있다. 또한, 문의의 대상이 되는 정보는, 요청 받은 특정한 상품 또는 서비스와 관련한 투자영역에 관한 지식과 경험에 한정된다(재무적 상황, 투자목표에 관한 정보를 요청할 의무가 없다). 당해 상품이 부적정하다고 판단한 경우 투자회사는 고객에게 이를 경고하여야 하지만 거래를 그대로 진행할 수 있다. 또한, 고객이 요구된 정보를 제공하지 않거나 불충분한 정보를 제공한 경우 투자회사는 자신이 당해 서비스 또는 상품의 적정성을 평가할 수 있는 지위에 있지 않다는 점을 경고한 후 거래를 진행할 수 있다(제25조 제3항).

이는 곧 투자회사가 권유, 추천을 하지 않는 경우에도 금융업자는 해당 상품이나 서비스가 고객에게 적정한지 여부를 판단하기 위해 그에 관한 고객의 지식과 경험에 관한 정보제공을 요구하는 적정성 원칙을 규정한 것이다.[32)][33)]

다. 정형화된 금융상품의 주문, 접수의 경우

마지막으로, 투자 서비스가 고객에 대한 자금 대여 없이 단순히 주식, 채권 등 가장 빈번하게 거래되는 정형화된 금융상품 주문의 접수 및 전송에 국한되는 경우 투자회사는 일정한 조건이 충족됨을 전제로 적합성 심사를 하지 않을 수 있다(제25조 제4항). 이 역시 고객의 주도로 서비스가 제공되는 경우이다.

이 경우 투자회사는 금융상품 또는 금융서비스의 적정성을 평가할 것도 요구받지 않는다. 그러나, 투자회사는 고객에게 행위규제의 보호를 받지 못한다는 점에 대한 통지는 하여야 한다.

5. 최선집행의무

가. 의의

투자회사들은 위탁을 받아 거래하고자 하는 경우 가격, 비용, 속도, 거래 성사 및 결제 가능성, 규모, 성격, 기타 주문 집행과 관련된 다른 요소들을 종합적으로 고려하여 고객에게 가능한 한 가장 좋은 결과를 얻을 수 있는 조치를 취하여야 한다. 다만, 고객으로부터 구체적인 지시가 있는 경우, 투자회사들은 그러한 지시에 따라 주문을 집행하여야 한다.

MiFID 도입 이전 거래집중원칙이 적용되던 시기에는 최선집행의무가 별다른 의미를 가질 수 없었다. 그러나, MiFID 도입 이후 거래소 간의 경쟁이 본격화된 이후에는 투자회사가 다양한 거래소를 찾아 거래에 나서지 않는 한 고객

---

32) 박명환, 자본시장법상 투자자보호제도의 개선방안에 대한 연구, 연세대학교 법학박사 학위논문, 2010년, 113면.

33) Zheng Weiwei & DING Yu, An Examination of Retail Clients Investor Suitability Rules in the COBS and the Lessons for China, 13(2) Frontiers of Law in China, p. 266 (2018).

에게 유리한 결과를 보장하기 어렵게 되었다. 즉, 최선집행의무는 거래소 간 경쟁에 따른 효익을 금융 소비자에게 돌리는 역할을 한다.[34]

나. 의무의 내용

소매고객을 위하여 주문을 집행하는 경우 가능한 한 최선의 결과는 금융상품의 가격 외에 주문 집행과 직접 관련된 모든 비용(집행 장소와 관련된 수수료, 청산 및 결제 수수료 기타 주문 집행에 관련된 제3자에게 지급하는 모든 비용을 포함한다)을 합산한 전체 대가를 고려하여 결정하여야 한다. 최선의 결과를 달성함에 있어 하나의 금융상품 주문을 집행할 수 있는 여러 거래장소가 있는 경우 투자회사 자신의 수수료 및 여러 거래소의 집행비용이 함께 고려되어야 한다(제27조 제1항).

최선집행의무를 뒷받침하기 위하여 MiFID는 거래소 및 자기거래집행업자들에게, 거래할 수 있는 모든 금융상품과 관련하여 가격, 비용, 속도, 집행가능성 거래 집행의 수준(quality)에 관한 정보를 적어도 1년에 한 번 이상 무료로 공개할 것을 요구하고 있다(제27조 제3항).

최선집행의무는 이해상충 방지의 원칙을 내포하고 있다. 투자회사는 고객주문을 전달하는 것과 관련하여 특정한 거래소 기타 집행장소로부터 이해상충에 관한 요구사항을 위반할 소지가 있는 어떠한 보상, 할인, 비금전적 이익, 기타 여하한 유인도 받아서는 아니된다(제27조 제2항).

다. 미국 '전국최적호가 규정(NBBO Rule)'과의 비교

MiFID가 정한 최선집행의무는 가격 외의 다른 요소까지 고려한다는 점에서 가장 유리한 가격에 주문이 집행될 수 있도록 할 것을 요구하는 미국의 주문보호의무(Regulation NMS Rule § 242.611)와는 구분된다. 이에 따르면, 각 금융기관은 미국 전역에서 고객에게 가장 유리한 호가(최적 호가, National Best Bid and Offer, NBBO)를 찾아 최적 호가가 제출된 시장에 위탁 받은 고객 주문을 전송하여야 한다. 전국적 최적 호가(NBBO)의 확인은 매매정보집중시스템(Consolidated Tape System) 및 호가정보집중시스템(Consolidated Quotation System)을 통해, 다른

---

34) Niamh Moloney, 각주 4, p. 519.

거래소로의 전송은 시장간 거래시스템(Intermarket Trading System)을 통해 확보되고 있다.[35]

반면 유럽의 경우 이러한 시스템이 갖추어져 있지 않은 이상 중개업무를 수행하는 투자회사에게 최선의 상대호가로 고객 주문을 체결할 의무를 부과하기는 현실적으로 어렵다.[36] 즉, "동일 종목의 다수의 호가가 공개시장에서 거래된 역사가 상대적으로 짧고 통합 시장정보의 제공이 담보되지 않으며 국가간 장벽이 있는 유럽 전역에서 이를 수행하는 것이 비용대비 효용이 낮기 때문"[37]에 미국식의 전국최적호가규정(NBBO Rule)을 그대로 적용하기는 곤란하다. 또한, 가격 외에 거래소의 유동성, 집행속도 등의 다른 요인 역시 고객의 이익 보호를 위해 고려할 필요가 있다는 점 등이 원칙 중심의 최선집행의무 도입을 뒷받침하는 근거가 되고 있다.[38]

6. 전속대리인(tied agent)을 이용하는 경우

가. 투자회사의 책임

투자회사들은 회원국의 입법에 따라 전속 대리인을 지정하여 투자회사 서비스의 홍보, 사업의 촉진, 고객 또는 잠재적 고객 주문의 접수 및 전송, 금융투자상품 취득(place), 금융투자상품 또는 서비스의 조언 제공 등을 담당하도록 할 수 있다(제29조 제1항).

투자회사는 자신이 지정한 전속대리인의 행위 및 MiFID 준수에 대하여 완전하고 무조건인 책임을 부담한다. 투자회사들은 전속 대리인에게 자신이 부여 받은 권한의 범위에 관하여 이를 완전히 공개하도록 하여야 한다(제29조 제2항).

투자회사는 전속 대리인의 MiFID 준수를 보장하여야 한다(제29조 제2항). 또한, 투자회사들은 전속 대리인 지명에 따른 부정적 효과가 나타나지 않도록 적절한 조치를 취하여야 한다.

---

35) 장근영, 자본시장법상 금융투자업자의 최선집행의무, 상사법연구, 제32권 제3호, 2013년, 76~77면.

36) 신소희, MiFID Ⅱ의 주요 내용과 대응방안, 한국거래소 KRX Market, 2019년 여름호, 40~41면.

37) 신소희, 위의 논문, 40~41면.

38) Niamh Moloney, 각주 4, p. 520.

나. 회원국 감독기구의 역할

전속대리인 제도의 도입 여부는 회원국 입법에 달려 있다(제29조 제1항). 또한 회원국들은 자기 영역 내에 등록된 전속대리인과 관련된 추가적인 규칙을 제정할 권한이 있다(제29조 제6항). 즉, 전속대리인의 도입 여부 및 그와 관련된 투자자 보호에 대하여 회원국들은 재량을 가진다.

전속 대리인은 설립된 회원국의 공적 등록부(public register)에 등록하여야 하고, ESMS는 웹사이트를 통해 이들 등록부에 접근할 수 있도록 하여야 한다(제29조 제3항).

다. 전속대리인에 대한 요구사항

전속대리인은 충분하게 좋은 평판이 있고 투자서비스 및 부수 서비스를 제공할 수 있는 적절한 일반적, 상업적, 전문적 지식과 역량을 갖추고 있으며 제안된 서비스에 관해 모든 적절한 정보를 정확하게 투자자에게 제공할 수 있는 경우에만 등록할 수 있다.

회원국들은 자신의 재량으로 적절한 통제를 부과할 수 있고 투자회사에게 전속대리인의 충분한 평판 및 지식에 관해 이를 입증하도록 요구할 수 있다(제29조 제3항).

Ⅳ. MiFID상 영업행위 규제의 확장

1. 구조화 예금 및 일부 보험상품의 경우

MiFID가 처음 도입된 이후 집합투자기구 등은 영업행위규제를 회피하기 위해 MiFID가 적용되지 않는 생명보험 또는 구조화상품의 판매를 확대하는 경향이 나타났다고 한다.[39] 이에 대응하여 현행 MiFID는 규제의 범위를 다소 확대하고 있다.

39) Veerle Colaert, MiFID II in relation to other investor protection regulation: picking up the crumbs of a piecemeal approach (2016. 10), https://papers.ssrn.com/sol3/papers.cfm?abstract_id=2942688 (최종방문: 2020. 4. 29), p. 4.

가. 구조화 예금의 경우

구조화 예금이란 기초 금융상품 또는 지수와 관련된 산식에 따라 투자원본 손실의 위험이 있는 예금상품을 말한다[제4조 제1항 제(44)호]. MiFID 제1조 제4항은 투자회사 경영진에 관한 규정(제9조 제3항), 내부통제 및 이해상충 방지, 서비스 활동 기록에 관한 조항(제16조 제2, 3, 6항), 설명의무 및 적합성 원칙 등(제23조 내지 제26조)에 관한 조항 등을 구조화 예금에 확대하고 있다.

나. 일부 보험상품의 경우

MiFID 제91조는 보험중개 Directive(Indurance Mediation Directive, Directive 2002/92/EC)의 일부 개정에 관한 조항이다. 위 조항에 따르면, 보험중개 Directive의 적용을 받는 보험상품들 중 만기 또는 중도 환급금이 전체적 또는 부분적으로 시장 변동 위험에 노출된 것에 대해서는 MiFID와 동일한 이해상충 방지 규정 등이 적용된다. 보험중개 Directive가 가벼운 수준의 적합성 원칙만을 규율하고 있는 상황에서 보다 강화된 MiFID 규정을 적용하여 규제 회피 행위를 막고자 하는 데에 이러한 입법의 목적이 있다[MiFID 서문 (87)].

2. 핵심정보문서 Regulation(PRIIPS Regulation)

가. 적용범위

핵심정보문서 Regulation (PRIIPS Regulation)[40]은 특정한 금융상품에 대해 소매자에 대한 핵심정보문서(Key Information Document)의 제공을 요구하고 있다. 위 Regulation의 적용대상은 '패키지 소매투자상품(packaged retain investment product)'과 보험형 투자상품이다.

패지지 소매투자상품은 소매 투자자가 회수할 수 있는 금액이 특정한 지표(reference value) 혹은 직접적인 구매 대상이 아닌 하나 또는 복수 자산의 성과에 연동하여 변하는 금융상품[특수목적기구(SPV)가 발행한 금융상품을 포함한다]을 말한다(제4조 제1호).

또한, 보험형 투자상품(insurance-based vestment product)은 보험 상품 중에서

---

40) 정식 명칭: Regulation (EU) No 1286/2014 OF The European Parliament and of the Council of 26 November 2014 on key information documents for packaged retail and insurance-based investment products (PRIIPs).

만기 혹은 중도 해지 시점에서 투자자가 받게 되는 금액이 전적으로 혹은 부분적으로 시장 변동에 직간접적으로 연동된 것을 말한다.

이 둘을 합쳐 PRIIP(=package retail and insurance-based investment product)라고 한다. 중도 해지 없이 사망 등의 경우에만 보험금 수령이 가능한 일부 보험상품, 구조화예금을 제외한 예금 등은 PRIIPS의 범위에서 제외된다(제2조 제2항).

나. 핵심정보문서의 공개 의무

PRIIPS를 설계하는 자는 투자자들의 투자에 앞서 핵심정보문서를 작성하여 자신의 웹사이트에 이를 공개하여야 한다(핵심정보문서 Regulation 제5조 제1항).

PRIIP에 관해 자문하거나 판매하는 자는 PRIIP에 관한 구속력 있는 계약을 체결하기에 앞서 적절한 시기에 소매 투자자에게 핵심정보문서를 제공하여야 한다(제13조 제1항). 그러한 의무는 소매 투자자로부터 PRIIP 투자와 관련한 의사결정 권한을 부여받는 자에 대해 핵심정보문서를 제공함으로써 대신할 수 있다(제5조 제2항).

마케팅 과정에서 제공되는 다른 정보가 핵심정보문서에 포함된 내용과 모순되어서는 아니된다(제9조).

핵심정보문서가 보험 상품에 관한 것인 경우, 본 Regulation에 따른 의무는 보험계약을 체결하는 자 외에 수익자에 대해 이행되어야 하는 것은 아니다(제12조).

회원국들 감독기관은 자기 영토 내에서 마케팅 활동을 벌이는 PRIIP의 설계자 또는 판매자에게 핵심정보문서를 제출하도록 요구할 수 있다(제5조 제2항).

다. 핵심정보문서의 형식

핵심정보문서는 독립된 문서(stand-alone document)로서 다른 마케팅 자료와 명확하게 분리되어야 한다. 핵심정보문서는 본 Regulation에서 요구하는 정보와 관련된 것이 아닌 한 투자설명서 기타 문서에 대한 참조(cross-reference)를 포함해서는 아니된다(제6조 제2항).

핵심정보문서는 간결하게 쓰여져야 하고, A4 3쪽을 넘어서는 아니된다(제6조 제4항).

라. 핵심정보문서에 포함할 내용

핵심정보문서는 상품의 성격과 주요 특징, 위험, 손실보상제도, 비용, 불만 처리 절차 등이 포함되어야 한다(제8조).[41]

마. 손해배상책임

PRIIP의 설계자는 핵심정보문서가 오도하거나 부정확하거나 구속력 있는 계약문서와 어긋나지 않는 한 핵심정보문서만으로 민사상 책임을 부담하지는 않는다(제11조 제1항). 핵심정보문서가 오도하는 내용을 포함하는 등의 경우 핵심정보문서를 신뢰한 소매투사사는 회원국 법률에 따라 그러한 신뢰로부터 발생하는 손해의 배상을 구할 수 있다.

---

41) 핵심정보문서에 포함할 사항은 구체적으로 다음과 같다(제8조).

(a) 문서 서두에, PRIIP의 명칭, 설계자의 신원 및 연락처, 권한 있는 감독기관에 관한 정보 및 문서작성일자가 기재되어야 한다.

(b) 해당하는 경우, "당신은 단순하지 않고 이해하기 어려울 수도 있는 상품에 투자하려고 한다"는 문구가 기재되어야 한다.

(c) "이 상품은 무엇인가"라는 표제 하에 PRIIPS의 성격과 주요한 특징이 기재되어야 한다. 여기에는 다음 사항들이 포함된다: (i) PRIIPS의 종류, (ii) 투자목표 및 이를 달성하기 위한 수단. 여기에는 당해 투자목표가 기초 투자자산에 대한 직접 또는 간접의 노출을 통해 달성할 수 있는지 여부, 기초자산 또는 가치가 연동하는 지표에 관한 설명, 투자 대상 시장에 대한 상세한 설명 등이 포함된다. (iii) PRIIP이 보험금을 지급하는 경우 보험금에 관한 권리가 발생하는 상황 및 보험금의 상세 내역, (iv) PRIIP의 기간

(d) "위험은 무엇이고 나는 무엇을 돌려 받을 수 있는가"라는 표제 하에 위험과 수익에 관한 간략한 설명이 제시되어야 하는데, 여기에는 다음 사항들이 포함된다: (i) 중요한 위험 지표. 그러한 지표 및 지표의 한계는 '말'로써 설명(narrative explanation)되어야 한다. 위험 지표로 적절하게 포착되지 않는 중요한 위험 역시 설명되어야 한다. (ii) 투자한 원금의 상정 가능한 최재 손실 규모. 원금 전부의 손실이 발생할 수 있는지, 소매 투자자가 추가적인 납입의무를 부담할 수 있는지, 원본을 보장하는 장치가 있는지 여부를 포함한다. (iii) 성과에 관한 시나리오 및 그것의 전제가 되는 가정들, (iv) 투자자가 수익을 얻기 위한 조건, 수익의 상한에 관한 정보, (v) 소매 투자자를 관할하는 회원국의 세금 제도가 수익에 미치는 효과

(e) "만약 PRIIP 설계자가 지급 불능 상황이 된다면"이란 표제 하에 손실을 보상하는 보험제도가 있는지, 있다면 그러한 제도의 적용 범위 등

(f) "비용에 해당하는 항목"이란 표제 하에 당해 PRIIP과 관련한 비용항목들. 소매 투자자가 부담하는 모든 종류의 비용이 포함되어야 하고, 전체 비용의 누적적 효과 및 그것이 수익률에 미치는 영향에 관한 정보가 제공되어야 한다.

(g) "투자기간 및 조기 회수의 가능성"이란 표제 하에 조기 회수하지 못하는 기간이 있는지 여부, 최소 보유 기간에 관한 추천, 만기 전에 회수할 수 있는지 여부 및 가능한 경우의 수수료, 그것이 투자 성과에 미치는 영향 등에 관한 정보가 제공되어야 한다.

(h) "불만 처리 절차"란 표제 하에 소매 투자자가 투자상품 또는 PRIIP 설계자의 행위에 대해 불만을 제기하는 방법

Ⅴ. 투자회사에 대한 제재, 상품개입권 및 손해배상제도

1. 회원국 감독기관의 공법적 규제 권한

가. 감독 권한

MiFID는 회원국의 감독기관이 감독, 조사 및 금융시장 안정을 위해 필요한 조치등을 수행할 권한을 부여하고 있다. 감독기관의 권한은 다음 사항들을 포함하여야 한다(제69조 제2항).

(a) 감독기관이 자신의 의무 이행을 위해 적절하다고 판단하는 문서 또는 다른 여하한 형태의 정보에 대해 접근하여 당해 문서 등 혹은 그 복사본을 수령할 권한
(b) 관계자에게 정보의 준비를 요구하고 정보 취득을 위해 필요한 경우 소환하여 질문할 권한
(c) 현장검사 또는 현장조사를 수행할 권한
(d) 투자회사 등이 보유한 전화 통화, 전자 교신, 기타 다른 정보 교류에 관한 기록을 요구할 권한
(e) 자산의 동결 또는 몰수를 요구할 권한
(f) 프로페셔널 활동의 일시적 금지를 요구할 권한
(g) 감사 또는 인가받은 투자회사, 정규시장, 정보보고서비스 제공자에게 정보 제공을 요구할 권한
(h) 기소권한을 가진 기관에게 사건을 넘겨줄(refer) 권한
(i) 감사 또는 전문가에게 인증 또는 조사를 수행하도록 할 권한
(j) 상품 파생상품의 규모, 포지션의 목적, 노출(exposure), 기초자산에 포함된 자산 및 부채에 관하여 정보의 제공을 요구할 권한.
(k) MiFIR 및 그 하위 법률의 조항에 위반하는 것으로 판단하는 행위를 일시적 또는 영구적으로 중단할 것을 요구하고 재발을 방지할 권한
(l) 투자회사, 정규시장, 본 Directive 및 MiFIR가 적용되는 다른 사람들이 법률적 요구사항을 계속하여 준수할 수 있도록 하기 위해 필요한 조치를 취할 권한

(m) 금융상품의 거래 중단을 요구할 권한
(n) 정규시장 또는 다른 거래소를 상대로 금융상품을 거래대상에서 제외할 것을 요구할 권한
(o) 특정한 사람에게 포지션 및 노출(exposure)의 규모를 줄이기 위한 조치를 취할 것을 요구할 권한 …

회원국들은 2016. 7. 3.까지 감독당국에게 이와 같은 권한을 부여하는 입법을 완료한 후 이를 유럽증권시장청(ESMA)에게 보고하여야 한다(제69조 제2항 후단).

나. 회원국들의 입법의무 범위

회원국들은 MiFID, MiFIR 및 이에 따른 국내 입법 위반 행위에 대한 행정적 제재에 관한 법률을 제정, 실행하여야 한다. 행정적 제재는 효과적이고 비례성을 갖춘 것은 물론 위법행위를 억제하는 효과가 있어야 한다(제70조 제1항).

일부 회원국에서 규제 위반 행위에 대한 제재가 없다면, 투자회사 인가 등의 상호인정(Passporting) 제도에 의해 투자 서비스 및 자본의 자유로운 이동이 보장되는 유럽연합 체제 내에서, 규제차익(Regulatory Arbitrage)이 발생할 수 있다는 점을 고려한 것이다.

회원국은 MiFID의 조항이 형사처벌 대상인 경우 그에 대한 행정제재를 규정하지 않을 수 있으며, 그러한 경우 집행위원회와 협의하여야 한다. 회원국들은 2016. 7. 3.까지 행정제재에 관한 입법(형사처벌이 있는 경우의 예외를 포함)을 유럽증권시장청(ESMA)에게 보고하여야 한다(제70조 제1항).

MiFID는 투자회사 등의 위반 행위가 있는 경우 그에 대해 책임 있는 경영진, 기타 자연인 및 법인에 대해 회원국 법률에 따라 행정적 제재를 부과할 수 있다고 규정하고 있다. 이는 회원국들에게 재량을 부여한 것일 뿐 입법 의무를 부과한 것은 아니다(제70조 제2항).

2. 회원국 감독기관 및 유럽증권시장청(ESMA)의 상품개입권

가. 의의 및 적용 범위

MiFIR 제42조는 회원국 감독당국이 어떤 금융상품, 구조화예금(그중 일정한 특징을 가진 금융상품, 구조화예금으로 한정할 수도 있다)의 마케팅, 배분, 판매 행위

를 금지/중지시키거나 특정한 금융 활동 또는 실무를 금지/중지시킬 수 있는 권한을 부여하고 있다. 즉, 감독기관의 상품개입권은 특정한 금융상품의 제한, 금지(좁은 의미의 상품개입권)와 특정한 활동, 실무에 대한 제한/금지(행동개입권)의 두 가지를 포함한다.[42)]

MiFIR 제40조는 유럽증권시장청(ESMA)에게도 유사한 권한을 부여하고 있다. 유럽증권시장청이 특정한 금융상품의 판매를 금지, 제한한 명령은 3개월간 효력이 있다. 3개월마다 갱신되지 않으면 해당 명령의 효력은 중단된다(제40조 제6항). 유럽증권시장청의 명령은 회원국 감독당국의 앞선 명령에 우선한다(제40조 제7항).

위 규정은 수범자를 투자회사로 한정하고 있지 않으므로 가령 특정한 금융상품을 일회적으로 발행하려는 주식회사 역시 상품개입권 행사의 대상이 될 수 있다.[43)] 감독기관은 상품개입권 행사에 관한 재량을 가지고 있어서 권한 행사의 요건이 충족되는 경우 금융상품 판매 등에 조건을 붙이는 것도 가능한 것으로 해석된다.[44)]

나. 권한 발동의 요건, 한계(제42조)

상품개입권 발동의 요건으로는 (a) 우선, 금융상품, 구조화 예금, 혹은 어떤 금융 활동이 (i) 투자자 보호에 관한 심각한 우려를 낳거나, (ii) 금융시장, 상품시장 또는 최소한 한 개 이상의 회원국 내 금융시스템의 전부 또는 일부의 질서 있는 운영과 신뢰성에 위협을 초래하거나 혹은 (iii) 파생상품이 기초자산의 가격 형성 메커니즘에 부정적 영향을 미친다고 믿을 만한 합리적 근거가 있어야 한다. 또한 (b) 현재의 EU법상 요구사항이 당해 위험을 막기에 불충분하고 보다 나은 감독 또는 법률 집행으로 보다 나은 효과를 기대하기 어렵다는 조건이 충족되어야 한다.

다만, (c) 감독당국의 행동은 위험의 성격, 조치의 잠재적 효과 등을 고려할 때 비례성을 갖추고 있어야 하고, (d) 영향을 받는 다른 회원국 감독당국의 자문을 거쳐야 하며, (e) 당해 행동이 다른 회원국으로부터 제공되는 서비스 또는 활

42) 신상우, 금융시장 규제방법으로서 상품개입권, 홍익법학, 제19권 제4호, 2018년, 379면.
43) 위의 논문, 328면.
44) 위의 논문, 379면.

동에 차별적 효과를 가져서는 안 된다.

다. 사례

독일 BaFin 및 영국 FCA 등 회원국 감독기구들 및 유럽증권시장청(ESMA)은 2017년 및 2018년 차액정산약정(Contract for Differences), 바이너리 옵션(binary option)의 일반 투자자들에 대한 판매를 금지하는 명령을 내린 바 있다. 차액정산약정(Conctract for Differences[45]))의 경우 높은 레버리지로 인해 손실의 위험이 일반 투자자들이 감수할 수 있는 수준을 넘는다는 이유로, 바이너리 옵션[46]은 해당 상품에서 기대할 수 있는 순현금흐름가치가 금융 소비자에게 마이너스라는 점이 근거로 제시되었다.[47]

라. 평가

앞서 설명한 공법적 규제가 MiFID 위반 행위에 대한 사후적 제재에 초점을 맞추고 있다면 MiFIR 제42조의 상품개입권은 사전적, 예방적 관점에 기초하고 있다. 상품개입권에 대해서는 투자자 보호를 강화한다는 측면과 함께 후견적 개입을 통해 투자자의 자기결정권을 제한한다는 비판 역시 제기된다.[48] 또한, 현행 EU법 규정으로 금융상품의 위험을 막기에 불충분하다는 제42조 제2항 b호의 요건이 모호하여 자의적인 법집행으로 연결될 소지가 있다고 생각된다.

3. 손해배상책임

회원국들은 MiFID 및 MiFIR 위반 행위의 결과 발생한 손해에 관해 회원국 법률에 따라 전부 혹은 일부의 배상이 이루어질 수 있도록 할 의무가 있다(제69조 제2항 후단[49]). MiFID는 투자자 보호 의무 위반에 따른 민사상 책임의 내용에

45) 미국에서 흔히 총수익스왑약정(Totla Return SWAP)으로 불리는 금융상품이다.

46) 바이너리 옵션은 특정한 사건 특정한 사건이 발생하는 경우 약정된 현금흐름을 수취하지만 해당 사건이 발생하지 않는 경우 어떠한 현금흐름도 받지 못하도록 설계된 금융상품을 의미한다.

47) 유럽증권시장청(ESMA) 홈페이지(https://www.esma.europa.eu/policy-activities/mifid-ii-and-investor-protection/product-intervention) 참조 (최종방문: 2021. 2. 11.)

48) 위의 논문, 384~385면.

49) Member States shall ensure that mechanisms are in place to ensure that compensation may be paid or other remedial action be taken in accordance with national law for any

관해 별다른 규정 없이 이를 전적으로 회원국 법률에 맡겨 둔 것이다. 이러한 태도는 각 회원국들의 손해배상책임 제도가 저마다 다르다는 점을 고려한 것으로 보인다.

다만, MiFID가 정한 유럽 공통의 영업행위 규제 등이 회원국 손해배상책임의 내용에 크든 작든 영향을 미칠 수밖에 없을 것이다. 가령 영국의 금융서비스시장법 제138D조는 인가 받은 금융기관이 감독기구인 FCA 규정(rules[50])을 위반한 경우의 손해배상책임에 관한 조항인데, FCA 규정은 MiFID의 행위 규제를 포함하고 있기 때문이다. 금융기관의 영업행위 규정 위반은 네덜란드 민법 제6:162조, 독일 민법 823조 제2항[51]의 보호법규 위반으로서 일반적 손해배상책임 조항의 적용 범위에 포함된다.[52] 반면 룩셈부르크의 2009년 법원 판결은 규제에 관한 법률 조항이 사법상 손해배상청구의 근거가 될 수 없다는 입장을 선언하기도 하였다.[53]

다른 한편으로 私法 규정이나 계약에 있어 불확정적인 개념이 사용될 수밖에 없는 이상 공법적 규제에 속하는 MiFID 규정의 내용이 예컨대 계약상 금융기관의 권리, 의무에 관한 해석의 지침을 제공할 수도 있다.[54]

---

financial loss or damage suffered as a result of an infringement of this Directive or of Regulation (EU) No 600/2014.

50) 영국 증권법률에서 규정(rule)이란 보다 세부적인 행위 지침으로서 추상적·일반적인 원칙(principle)과 대별되는 개념이다.

51) 우리나라 민법 제750조와 같은 손해배상의 일반적 원칙을 정한 조항이다. 독일 민법 제823조는 생명, 신체, 건강, 자유, 재산, 기타 권리의 침해 및 보호 법규 위반을, 네덜란드 민법 제6:162조는 다른 사람의 권리 침해, 법령에 따른 의무(불문의 법률에 의해 적절한 사회적 행동으로 여겨지는 것을 포함한다)의 위반 또는 해태를 손해배상청구 사유로 정하고 있다.

52) Danny Busch, Why MiFID matters to private law – the example of MiFID's impact on an asset manager's civil liability", 7(4) Capital Markets Law Journal, p. 391 (2012).

53) 위의 논문, p. 393.

54) 위의 논문, p. 392.

제4장

개별 국가 법률상의 투자자보호 의무

Ⅰ. 개관

EU 회원국들 및 최근 EU를 탈퇴한 영국의 증권 관련 법률들의 투자회사 행위규제는 MiFID를 근간으로 하고 있으나, 그에 더하여 고유한 법률 체계 및 판례법에 의해 그 내용이 보완되고 있다. MiFID는 투자회사들이 준수해야 할 사항들을 제시하고 감독기관이 이를 위반하는 행위에 대해 공법적 제재 권한 를 행사할 수 있다는 점을 규정하고 있을 뿐 위반 행위에 따른 손해배상 등 민사상 효과에 대해서는 별다른 규정이 없다. 이는 회원국들의 입법에 맡겨져 있다.

Ⅱ. 영국

1. 금융서비스시장법(FSMA) 및 FCA 핸드북(handbook)

가. 영업행위 규제의 대상

금융서비스시장법은 금융상품의 판매촉진행위(financial promotion)에 관해 이를 일반적으로 금지하면서 예외적으로 피인가자(regulated person)에 의한 판매촉진행위 혹은 피인가자가 그 내용을 승인한 판매촉진행위를 허락하는 형식을 취하고 있다(제21조 제1,2항). 즉, 금융서비스시장법은 판매촉진행위에 관하여 피인가자 혹은 그의 승인을 받은 자만이 이를 수행할 수 있고 그러한 경우 감독기구 FCA가 정한 규칙을 따라야 한다는 태도이다.

여기서 판매촉진행위는 사업 수행의 일부로서 투자활동에 참여하도록 초대하거나 유도하는 의사소통을 의미한다(금융서비스시장법 제21조 제1항). 그 구체적인 범위는 재무성의 행정명령('Financial Promotion Order')에 규정되어 있다. 위 행정명령의 Schedule I은 초대 또는 유도 행위의 대상을 예금계약 체결, 투자자문과 같은 방식으로 세부적으로 열거하고 있다.

위 행정명령은 판매촉진행위를 방문, 전화통화, 기타 대화가 이루어지는 '실시간' 소통의 경우와 편지, 이메일, 출판물을 이용하는 경우인 '비실시간' 소통의 경우로 나누어 규율한다. 전자의 실시간 소통은 다시 고객이 먼저 요청하여 투자회사가 소통에 나서게 되는 '요청받은 실시간 소통(solicited real-time)'과 그렇지 않은 경우, 곧 '요청받지 않은 실시간 소통(unsolicited real-time)'으로 대별된다. 요청받은 실시간 소통보다는 요청받지 않은 실시간 소통에 대해, 실시간 소통보다는 비실시간 소통에 대해 보다 많은 판매촉진행위가 허용된다.

감독기구 FCA의 핸드북(handbook)[55] 중 'Perimeter Guidance (PERG)'는 판매촉진행위의 범위에 관한 FCA의 가이드라인을 포함하고 있다.

나. FCA 핸드북(handbook)에 따른 규제의 내용

FCA 핸드북(handbook)에서 일반적 원칙을 정한 PRIN의 11가지 원칙 중 영업행위규제와 관련성이 있는 것은, 기업은 진실성을 갖고 영업을 해야 한다는 제1원칙, 적절한 기술/배려/정당한 주의를 기울여 영업행위를 해야 한다는 제2원칙, 고객의 이익을 상당히 고려하여 그들을 공정하게 대하여야 한다는 제6원칙, 고객에게 필요한 정보를 적절히 감안하여, 명확하고 공정하며 오도하지 않는 방법으로 정보를 전달하여야 한다는 제7원칙, 의사결정을 할 권한이 있는 고객의 자유스러운 의사결정과 조언의 적합성이 보장되도록 합리적 주의를 기울여야 한다는 제9원칙이다.[56] 가장 핵심이 되는 원칙(rule)은 "Fair, clear and not

---

55) FCA의 핸드북은 https://www.handbook.fca.org.uk/handbook에서 찾아볼 수 있다.
56) 김원각, 영국에 있어서 PPI(지급보증보험) 상품의 대규모 불완전판매 사태와 그 시사점, 경영법률, 26권 1호, 2015년, 270면.

misleading communication"으로서 MiFID와 다르지 않다.

FCA 핸드북(handbook) 중 고객보호의무에 관한 가장 핵심적인 규정은 COBS(Conduct Of Business Standards) 부분이다. COBS 제정 당시의 규제기관이었던 FSA는 제정 목적으로서 두 가지, 곧 MiFID를 영국 국내법으로 도입하는 것과 함께 원칙에 기반한 규제(principle-based regulation)의 도입을 제시하고 있다.[57] COBS는 입법과정에서의 오류를 줄이기 위해 MiFID의 내용을 문언 그대로 옮기는 방식을 택하고 있다.[58]

위 규칙은 MiFID를 좇아 투자자 개념을 ① 일반투자자(Retail Client), ② 전문투자자(Professional Client), ③ 적격 거래상대방(Eligible Counterparty)의 3가지 유형으로 분류하여 금융상품의 판매촉진행위를 달리 규율하고 있다. 법원은 전문투자자에 대해서는 설명의무 위반 등의 인정에 소극적이어서 전문투자자가 문제된 금융상품과 유사한 투자 경험이 있는 경우, 전문투자자가 투기적인 거래를 하면서도 자문을 요청하지 않은 경우 등에 있어 금융기관의 원상회복의무 등을 부인하였다.[59]

MiFID를 보다 상세하게 규정한 조항들 중 특이한 사항으로서 COBS 4.2.4조는 투자회사에게 (1) 원본손실 위험을 명확히 표시할 것, (2) 단기 및 장기 전망 두 가지에 관하여 균형 잡힌 인상을 주는 수익률 수치를 제시할 것, (3) 수수료 부과 구조가 복잡하거나 투자회사가 복수의 보상을 받게 되는 투자 또는 서비스의 경우 판매촉진행위가 공정하고 명확하며 오도하지 않는 내용이 되어야 하고 고객의 필요를 고려하는 충분한 정보를 포함할 것, (4) FCA, PRA 등 관련된 규제당국을 표시하고 규제 대상이 아닌 행위 역시 표시할 것, (5) 패키지 상품 혹은 당해 투자회사가 만들지 않은 관계회사 상품(stakeholder product)에 대한 판매촉진행위의 경우 상품의 설계자 혹은 기초가 되는 투자 매니저에 대해 공정하고 명확하며 오도하지 않는 인상을 줄 것을 요구하고 있다.

---

57) Jung Hoon Kim, Mis-selling of Over-the-counter Derivatives: a Call for More Harmonized Interplay between Private Law and Financial Regulation (Thesis to Master of Philosophy, 2016), p. 47.

58) 위의 논문, p. 47.

59) Libya Investment Authority v Goldman Sachs International [2016] EWHC 2530 (Ch); Bankers trust international plc v. PT Dharmala Sakti Sejahtera, [1996] C.L.C. 518; JP Morgan Chase v. Springwell [2010] EWCA Civ 1221.

또한 COBS 4.2.5조는 판매촉진활동을 함에 있어 상품 또는 서비스에 관하여 '보장', '보호', '안전' 기타 유사한 문구를 사용해서는 안 된다고 규정하고 있다. 다만, 그러한 용어가 공정하고 명확하며 오도하지 않는 표현에 해당하고 투자회사가 필요한 모든 정보를 충분히 명확하고 뚜렷하게 알린 경우에는 그러한 용어가 허용된다.

다. 규제 위반의 효과

(1) 형사처벌

판매촉진 행위 규제 위반은 (i) 피인가자 아닌 자가 판매촉진행위를 한 경우와 (ii) 피인가자가 FCA 규정을 위반하여 판매촉진 행위를 한 경우의 두 가지가 있을 수 있다. 판매촉진 행위 규제를 위반하는 행위는 형사범죄에 해당하여 관련자에 대해서는 2년 이하의 징역에 처할 수 있다(금융서비스시장법 제25조).

(2) 계약이행의 미강제

위법한 판매촉진행위로 인해 체결된 계약에 관해 투자회사는 고객에 대해 이행을 강제할 수 없다. 고객은 이를 취소할 수 있고 이미 지급된 금전 또는 재산의 반환 및 손해의 배상을 청구할 수 있다(금융서비스시장법 제30조). 다만, 법원은 공정, 형평을 고려하여 자신의 재량으로 계약 또는 의무이행을 강제할 수 있다(제30조 제5항).[60]

(3) 금융서비스시장법 제138D조에 따른 손해배상청구

인가받은 금융기관이 FCA 규정(rules)을 위반한 경우 그로 인해 손해를 입은 사인(private person)은 그 배상을 청구할 수 있다(금융서비스시장법 138D조). 관련 행정입법[FSMA 2000 (Rights of Action) Regulations 2001 제3조]은 '사인'의 의미에 관하여 규제 대상 행위를 수행하지 않는 개인으로 제한하고 있다. 개인 아닌 사람은 '사업을 수행하는 과정에서 문제의 손실을 입은 것이 아닌 경우에만', 곧 사업과 무관하게 손실을 입은 경우에만, 위 규정에 따른 소권이 인정된다. 금융기관 혹은 증권시장 전문가가 위 조항에 따라 손해배상청구소송을 제기하는 것을 막고 이 규정이 원래 취지대로 소매 투자자들 보호의 목적에 사용되도록 하기 위한 것이다.[61]

60) Jackson and Powell on Professional Liability, para. 14-108 (Sweet and Maxwell 8th edition, 2018).

소송의 대상인 위반행위는 FCA 핸드북(handbook) 중 규정(rule)에 한정되고 증거에 관한 조항, 지침, 원칙은 원칙적으로 위 조항의 적용대상이 아니다.

(4) FCA 권한에 의한 민사적 배상 문제의 해결

FCA는 판매촉진행위 규제를 위반한 자 및 알면서도 그에 관여한 자에 대해 금지(injunction), 부당이득반환(disgorgement), 배상(compensation) 명령을 법원에 청구할 수 있다(금융서비스시장법 380조 및 382조).

FCA(전신인 FSA를 포함한다)는 불완전판매 등의 경우 규칙을 제정하여 원상회복(restitution) 등을 명할 수 있다.[62]

한 가지 관련된 사례로서, 이자율 헤지 상품(Interest Rate Hedge Product, IRHP) 불완전판매 사건은, FSA 규칙에 의해서가 아니라, 금융기관들이 FSA와의 자율적인 협약에 따라 피해자에게 손해를 배상하는 방식으로 처리되었다.

은행들은 고객 지급 의무에 상한이 설정되지 않은 스왑 상품(non-cap IRHS)의 가격, 조기 종결 시 지불할 비용 등의 정보를 고객들에게 정확히 설명하지 않은 것으로 드러났다. FSA와 은행들 간 협약은 배상을 받을 수 있는 자의 범위를 비전문적 소비자('non-sophisticated consumer')로 제한하였는데, 이 개념은 MiFID나 FSA의 핸드북상 일반투자자와는 다르다. FSA 발표에 따르면 연간 매출액, 자산 규모, 종업원 수 등이 일정 기준 미만인 회사들이 비전문적 소비자('non-sophisticated consumer')로서 피해를 보상받을 수 있다.[63]

FSA는 중도 종결 시 수수료가 7.5% 이상이라는 점을 알았다면 소비자는 당해 스왑 상품을 구입하지 않았을 것이라는 전제 하에 실제 구입가격과 수수료 7.5%인 IRHS 상품 가격 간 차이로 배상금액을 정하도록 하였다.[64]

FSA는 금융서비스시장법에 규정된 원상회복 명령(restitution order), 집단적 피해구제 절차(collective redress scheme) 등의 권한을 행사하는 경우 행정절차나 소송 제기 등으로 구제절차가 지연될 수 있다는 점을 고려하여 자율적 협약에

---

61) Palmer's Company Law, para. 11. 054 (Sweet & Maxwell, 2019).

62) 보다 상세한 내용은 제9편 제3장에서 다루기로 한다.

63) Financial Services Authority, Interest rate hedging products – Information about our work and findings, https://www.fca.org.uk/publication/archive/fsa-interest-rate-hedging-products.pdf (최종방문: 2020. 10. 2)

64) Financial Services Authority, Interest Rate Hedging Product Pilot Findings (2013. 3), https://www.fca.org.uk/publication/archive/fsa-interest-rate-swaps-2013.pdf (최종방문: 2020. 8. 4), pp. 14~15.

따른 구제절차를 진행하면서 금융기관들과의 협약을 용이하게 하기 위해 배상범위를 비전문적 소비자(non-sophisticated consumer)로 좁게 잡은 것으로 이해된다.[65)]

2. 판례법

가. 제정법과 판례법의 관계

금융서비스시장법 및 감독기관 FCA의 핸드북(handbook)은 위에서 본 것처럼 투자자 보호에 관한 여러 규정들을 마련하고 있다. 그러나 종래 판례에 의해 형성된 계약, 불법행위에 관한 보통법의 적용이 배제되는 것은 아니다. 보통법에 의한 청구, 예컨대 사기적 부실표시에 따른 손해배상청구, 부당위압(undue influence)에 기한 계약의 취소 등은 금융서비스시장법에 의해 규정되어 있지 않으나 여전히 법원에 의해 인정된다.

법원은 제정법상 규정된 것 외에 다른 의무, 책임을 인정할 재량이 있고 금융서비스시장법 138D조와 같이 제정법상 마련된 구제수단이 어떤 사안에 대한 유일한 법률적 효과에 해당하는 것은 아니다.[66)] 법원은 금융기관이 연금 판매시 고객 보호를 위해 준수해야 하는 주의의무는 제정법에서 요구하는 것으로 한정되어야 한다는 주장한 데 대하여 보통법이 더욱 많은 것을 요구할 때는 주의의무가 제정법에 한정되지 않는다고 판시하였다.[67)]

보통법은 자신의 기본적 원리를 계속 적용해야 하고 금융규제에 쉽게 의존할것은 아니지만, 예를 들어 '합리성', '주의의무' 등의 내용을 결정할 때에는 금융규제를 참고하여야 한다.[68)]

Bankers Trust는 인도네이사 회사인 Dharmala에게 이자율 스왑 상품을 판매하였고, Dhamala는 여기서 큰 손실을 입었는데, Dhamala는 미국 이자율의 변동에 따른 위험을 이해하지 못했고 Bakners Trust가 그 위험을 설명했어야 함을 주장하였다. 법원은 이러한 주장을 기각하였는데 그 근거는 위 Dhamala가 금융

65) Jung Hoon Kim, 각주 57, pp. 64~65.

66) Eva Lomnicka, The Impact of Rule-making by Financial Services Regulators on the Common Law – The Lessons of PPI in English and European Perspectives on Contract and Commercial Law, p. 65 (Louise Gullifer & Stefan Vogenauer, Hart Publishing, 2017).

67) Gorham v British Telecommunications Plc [2000] 1 W.L.R. 2129.

68) Beary v Pall Mall Investments [2005] ESCA Civ 415.

서비스시장법 등 금융규제의 기준에 비추어 경험이 부족한 투자자가 아니라는 점에 있었다.[69]

또한 Cowan de Groot Properties Ltd v Eagle Trust Plc 사건에서 법원은 피고가 "특정한 맥락에서 상업적으로 받아들일 수 없는 행위(commercially unacceptable conduct in the particular context)"를 하였다면 부정직한 것으로 볼 수 있다고 판시하였다.[70] 상업적으로 받아들일 수 있는 것인지 여부에 대한 일응의 판단은 결국 FCA 핸드북(handbook), 특히 COBS를 기초로 내려질 수 있다.

나. 사기적 부실표시

불법행위 중 하나로서의 사기적 부실표시(fraudulent misrepresentation)는 (i) 피고가 거짓의 표시(representation)를 하였고, (ii) 어떤 표시가 사실이 아닌 사실을 알았거나 당해 표시의 참과 거짓에 관해 무모하였으며, (iii) 원고가 그러한 표시를 신뢰하였던 경우에 성립한다. 사기적 부실표시가 인정되면 피고는 원고에게 잘못된 표시를 신뢰함으로써 발생한 손해를 배상할 책임이 있다. 허위로 기재된 투자설명서를 통해 투자자를 유치하는 등의 경우가 전형적인 사례에 해당한다.

(1) 적용 범위

'표시'란 조언, 구두설명, 정보 제공, 서비스 등을 포함한다.

전통적으로 사실을 말하지 않고 침묵하는 것은 사기적 부실표시에 해당하지 않는 것으로 이해되고 있으나, 증권의 영역에서는 이러한 법리가 적용되지 않는다.

연간 이익의 5분의 4에 해당하는 금액을 지급하기로 하고 진행 중인 소송을 종결한 회사가 투자설명서에 그러한 합의는 공개하지 않은 채 '진행 중인 소송이 없다'고만 기재하였다면, 위와 같은 합의를 누락한 것은 사기적 부실표시에 해당한다. 위와 같은 투자설명서를 접한 투자자는 소송을 통해 자금이 유출될 가능성이 없다는 잘못된 인상을 가지게 되기 때문이다. 투자자에게 부분적, 단편적인 사실만을 말하는 것은 그러한 사실을 완전한 허구로 만들어 버린다.[71]

---

69) Bankers Trust v Dhamala [1996] C.L.C. 252.
70) Cowan de Groot Properties Ltd v Eagle Trust Plc [1992] 4 All E.R. 700, 761.

어떤 특허로부터 이익을 얻을 것이 기대된다는 사실을 공시하면서 특허에 관한 법적 분쟁을 기재하지 않은 투자설명서는 사기적 부실표시에 해당한다.[72]

(2) 주관적 요건

피고가 중대한 과실이 있었다거나 아무런 합리적 근거도 없이 어떤 정보의 진실을 믿었다는 것만으로는 부족하고 타인을 기망하려는 마음 상태가 있던 경우에만 사기적 부실표시가 인정된다.

전통적으로 보통법에서는 상해, 사망, 재산에 대한 물리적 손상이 아니라 기대했던 이익을 얻지 못하는 등 '순수한 경제적 손해(pure economic loss)'만 있는 경우 단순한 과실에 의해서는 원칙적으로 불법행위법에 따른 손해배상책임이 인정되지 않는다.[73] 금융상품 투자에서 발생한 손실은 순수한 경제적 손실에 해당한다. 원칙적으로 사기적 부실표시 외에 과실에 의한 부실표시에 대해서는 손해배상책임이 없다.[74] 이 점이 금융서비스시장법 138D조와 차이가 나는 부분이다.

마력(馬力)으로 트램을 운영할 권리를 부여받은 회사가 투자설명서에 증기기관으로 트램을 운영할 권리가 있다고 기재한 경우에도 진실로 당해 회사가 그와 같은 권리가 있다고 믿었다면 이사는 어떤 책임도 부담하지 아니한다.[75]

다. 부당위압(Undue Influence)

부당위압은 계약의 한 당사자가 다른 당사자에 대해 부당하게 영향력을 행사한경우 계약을 취소할 수 있도록 한 형평법상의 법리이다. 물리적 폭력, 보다 직접적인 협박에 의해 계약을 체결하는 강박(duress)과는 다르다.

부당위압은 (i) 원고가 실제 부당한 영향력 행사가 있었음을 직접 증명해야 하는 경우와 (ii) 부당위압의 존재가 추정되어 계약의 유효를 주장하는 자가 반대사실을 입증해야 하는 경우로 구분된다. 후자는 부모와 자식,[76] 사제와 신

71) Peek v Gurney [1873] L.R. 6 H.L. 377.
72) Smith New Court Securities Ltd v Scrimgeour Vickers (Asset Management) Ltd [1994] 4 All E.R. 225.
73) Spartan Steel & Alloys v Martin [1973] Q.B. 27.
74) Derry v. Peek [1889] 14 App Cas 337, HK.
75) Derry v. Peek [1889] 14 App Cas 337, HK.
76) Allcard v Skinner [1887] 36 Ch.D. 145.

도,[77] 은행과 고객[78] 같은 전형적인 관계 또는 신뢰가 인정되는 관계를 전제로 특별한 설명이 필요한 이례적인 거래가 있는 경우를 의미한다.

소매 투자자는 전문적 지식을 지닌 투자회사 직원의 부당한 영향력에 따라 위험한 금융상품에 투자했다고 주장하는 경우가 빈번하므로 증권법의 맥락에서 부당위압은 중요한 의미가 있다. 고령의 은행 고객이 은행 직원의 안내에 따라 위험한 부채를 부담하게 되었다면 추정적 부당위압의 법리가 적용된다.[79]

남편이 자신의 사업 자금을 대출받기 위해 아내와 공동으로 소유한 자택을 담보로 제공하면서 부당한 영향력을 행사한 경우 당해 담보계약이 취소될 수 있다.[80] 부당한 영향력을 행사한 남편은 아내와 은행 간 담보설정계약 밖의 제3자에 해당하지만, 남편이 은행의 대리인으로 나선 경우 혹은 은행이 남편의 부당한 위압을 알았던 경우 아내와 은행 간의 계약 관계가 취소될 수 있다.

라. 신인의무

(1) 의의 및 범위

신인의무는 법률에 이를 규정한 경우 외에도 상황과 맥락에 따라 발생할 수도 있다. 후자의 상황은 (1) 수탁자가 재량 내지 권한을 보유하고 있고, (2) 수탁자는 일방적으로 이를 행사함으로써 수익자 또는 위탁자의 법률적, 실질적 이익에 영향을 미칠 수 있으며, (3) 결과적으로 수익자 또는 위탁자는 재량 내지 권한을 보유한 수탁자에 의해 이익이 침해될 위험이 있다는 것으로 특징지을 수 있다.[81]

신인의무는 수탁자가 충실하게 그 의무를 수행할 것을 요구하는데, 그에 따르면 수탁자는 신탁재산에서 자신의 이익을 취해서는 안 되고, 자신의 이익과 의무가 충돌하는 상황에 스스로를 두어서는 아니되며, 신탁자의 동의 없이 자신 또는 제3자의 이익을 추구해서는 안 된다.[82] 신인의무 개념은, 누군가가

---

77) Bainbrigge v Browne [1881] 18 Ch.D. 188.
78) National Westminster Bank v Morgan [1985] A.C. 686.
79) Lloyds Bank v Bundy [1957] Q.B. 326.
80) Royal Bank of Schotland v Etridge [2002] A.C. 773.
81) Law Commission, Fiduciary Duties of Investment Intermediaries (Law Com No. 350), p. 31.
82) Bristol & West Building Society v Mothew [1998] Ch. 1, p. 18.

다른 사람에게, 주어진 지위를 이용해서 다른 사람의 희생으로 자신의 이익을 추구하지 않을 것이라는 기대를 주는 관계에서 발생한다.[83)]

수탁자의 의무위반이 모두 신인의무 위반이라고 할 수는 없다. 변호사는 신인의무를 부담하는 수탁자 지위에 있지만 단순히 소유권을 조사하거나 임대차계약을 작성하는 과정에서 주의를 게을리하였다면 이를 두고 신인의무 위반으로 볼 수는 없다.[84)]

(2) 증권법 영역에 대한 적용

적합성 원칙 및 투자자 보호 의무는 MiFID 및 금융서비스시장법 입법 이전부터 신인의무에 따라 발생하는 것으로 이해되었다.[85)]

투자일임 서비스를 제공하는 자는 제정법에 의해 신인의무를 부담하지만, 투자자문에 대해서도 신인의무가 적용된다.[86)]

투자회사는 고객의 이익을 자기 이익보다 우선하여 보호할 충실의무를 부담하는데, 이러한 의무는 (a) 실제적 또는 잠재적인 이해관계 상충을 회피할 의무, (b) 수탁자 지위에서 발생하는 이익을 회피할 의무를 포함한다. 이러한 두 가지 의무 위반을 주장하기 위해서 과실이나 의도적 잘못을 입증할 필요가 없다.[87)]

신인의무 위반에 대해 당사자 간에 합의가 있었다는 것은 정당한 항변이 될 수 있으나, 동의는 모든 중요한 사실 및 당해 투자회사의 이익에 관한 완전한 공개가 있는 경우에만 유효하다.[88)] 신인의무를 배제하기로 하는 당사자들 간의 합의가 FCA가 규정한 투자자 보호의무에까지 미치는 것은 아니다.[89)]

---

83) Arklow Investments Ltd v Maclean [2000] 1 W.L.R. 594 at 598.
84) Hilton v Barker Booth & Eastwood [2005] UKHL 8 at [29].
85) Zheng Weiwei & DING Yu, An Examination of Retail Client's Investor Suitability Rules in the COBS and the Lessons for China, 13(2) Frontiers of Lan in China, p. 273 (2018).
86) 위의 논문, p. 274.
87) SPL Private Finance (PF1) IC Ltd & Ors v. Arch Financial Products LLP & Ors [2014] EWHC 4268 (Comm).
88) Zheng Weiwei & DING, 각주 85, p. 274.
89) 정다워, 장외생상품거래에서의 설명의무에 관한 연구, 서울대학교 법학석사 학위논문, 2013년, 52~53면.

Ⅲ. 독일

1. 법원(法源)

금융기관 행위규제는 증권거래법(WpHG, Wertpapierhandelsgesetz) 제63조 및 제64조에 규정되어 있는데, 사실상 MiFID의 내용을 그대로 옮겨온 것이다

독일 증권거래법에는 내부정보를 적시에 공시하지 않거나 그릇된 정보를 공시한 데 따른 책임(제97조, 제98조) 외에 다른 손해배상책임이 규정되어 있지 않다.

따라서 MiFID를 따라 제정된 증권거래법 위반 행위는 민법상의 불법행위법의 문제로 다루어질 수밖에 없다. 증권법상의 규제 사항에 대한 위반이 단순히 증권시장 질서를 바로잡는다는 측면을 넘어 원고의 이익을 보호하려는 취지인 경우에만 보호법규성이 인정될 수 있을 것인데,[90] 독일의 다수의견은 증권법상의 규제가 대부분 그러한 경우에 해당된다는 입장이다.[91] 즉, 증권거래법상 적합성 원칙 등은 보호법규로 인정되어 그에 대한 위반은 민법 제823조 제2항에 따른 손해배상청구가 인정된다.[92]

2. 판결례

가. 묵시적 조언계약

이른바 Bond 판결의 법리에 따르면 은행은 투자자에게 투자 기회를 제시하는 경우 묵시적 조언계약에 따라 고객에게 투자에 따른 기회와 위험에 관한 포괄적 정보 제공 의무를 부담하는 것으로 이해되고 있다. 이러한 의무의 범위는 금융상품의 복잡성 및 투자자의 경험에 따라 달라질 수 있다. 조언의무 위반이 인정되는 경우 민법 제823조 제2항에 따른 손해배상청구 외에 채권법상의 손해배상책임(민법 제280조), 계약체결상의 과실책임(민법 제311조)까지 인정될 수 있다.[93]

---

90) Danny Busch, 각주 52, p. 391.
91) 위의 논문, pp. 404~405.
92) 고은미, 부당한 투자권유규제에 한 연구, 인하대학교 법학석사학위 논문, 2008년, 84면.
93) 정다워, 각주 89, 32~33면.

나. 도이치뱅크가 설계한 스왑 상품(CMS Spread Ladder SWAP) 판결

도이치뱅크가 설계한 스왑 상품(CMS spread ladder SWAP)에 대한 독일 연방대법원의 2011년 판결은 복잡한 파상생품 거래와 관련한 정보제공의무의 범위를 다루고 있다.

(1) 사실관계

스왑 계약에 따라 피고 은행은 원고에게 200만 유로를 기준으로 연 3%의 고정이자를, 원고는 피고 은행에게 최초 연도에는 1.5%의 고정이자를, 2차 이후 연도에는 EURIBOR 2년 금리 및 10년 금리 간 차이에 연동하여 변화하는 변동이자를 각 지급하도록 약정되어 있었다. 장기금리가 단기금리보다 큰 경우 피고 은행의 부담은 증가하지만 그러한 부담에는 한도가 설정된 반면, 장단기 금리가 역전되는 경우 원고가 지급해야 하는 이자 금액에는 한도가 설정되어 있지 않았다.[94]

심리 과정에서 은행이 설정한 모형상으로 위 스왑 거래는 투자자들의 관점에서 부(負)의 시장가치가 있다는 점이 확인되었다.[95]

(2) 연방대법원의 판단[96]

연방대법원은, 은행들이 자신의 이익을 공개할 의무는 없으나, 고객 관점에서 계약 초기에 스왑의 가치가 마이너스인 특별한 상황에서는 (그것이 은행의 이익을 공개하는 결과가 되더라도) 위 스왑 가치를 공개할 의무가 있다고 판단하였다.[97]

법원의 관점에서는, 스왑계약 가치가 최초에 고객에게 마이너스라는 점이 은행에게 이해상충을 초래하고, 이러한 이해상충은 공개를 통해 해소될 수 있기 때문이다. 이러한 판시에 대해서는 법원이 판례를 통해 금융기관에게 이득이, 투자자에게 손실이 되는 금융상품의 판매를 사실상 금지한 것이라는 해석이 있다.[98]

---

94) Jacob Bonavita, The Regulation of 'Speculative Interest-Rate Bets' by the German Federal Court of Justice – New Dimensions of Market Intervention Hidden Behind the Old Information Model, 13 European Business Organization Law Review, pp. 273~274 (2012).
95) 위의 논문, p. 275.
96) BGH, Urteil vom 22. März 2011-XI ZR 33/10.
97) Jacob Bonavita, 각주 94, p. 278.
98) Jacob Bonavita, 각주 94, p. 278.

다만, 투자자가 변동이자율에 따른 대출계약에 내재한 위험을 줄이기 위해 스왑계약을 체결하는 경우에는 스왑계약의 최초 마이너스 가치에 대한 공개 의무는 인정될 수 없다. 마찬가지로 은행이 (스왑거래의 반대편 당사자가 아니라) 자문을 제공하는 지위에 있는 경우에는 이해상충의 문제가 없으므로 초기 마이너스 가치가 매우 중요하여 투자자의 장래 투자수익률에 중대하게 부정적인 영향을 미치는 경우가 아닌 한 스왑계약의 최초 시장가치를 공개할 의무가 없다.[99)]

99) BGH, Urteil vom 20 Jan. 2015 XI ZR 316/13.

제4편

증권발행 및 기업공시 관련제도

제1장

EU의 발행공시 및 유통공시 법제

Ⅰ. 서설

1966년 Segré 보고서는 이미 공시제도의 중요성에 관해 언급하고 있다. 위 보고서는 회원국들의 국가채무 시장이 크게 성장하였음에도 외국 투자자들의 접근이 제한되어 있다는 점, 기관투자자들이 접근할 수 있는 주식시장의 성장이 더디다는 점을 지적하면서 이를 극복하기 위한 대책 중 한 가지로 공시제도의 통합을 제시하였다.[1] 자본시장 통합에 관한 최초의 보고서가 공시 제도부터 언급한 것은 시사하는 바가 있다.

현행 EU 법제상 (i) 발행공시에 대해서는 투자설명서 Regulation[2]이, 정기공시에 대해서는 유통공시 Directive[3]가 이를 각 규율하고 있다. 다른 한편으로,

1) Report by a Group of Experts Appointed by the EEC Commission, The Development of a European Capital Market (1966), p. 30.

2) 정식 명칭: Regulation (EU) 2017/1129 of the European Parliament and of the Council of 14 June 2017 on the prospectus to be published when securities are offered to the public or admitted to trading on a regulated market, and repealing Directive 2003/71/EC.

3) 정식 명칭: Directive 2004/109/EC of the European Parliament and of the Council of 15 December 2004 on the harmonisation of transparency requirements in relation to information about issuers whose securities are admitted to trading on a regulated market and amending Directive 2001/34/EC.

(ii) 우리나라 자본시장법상의 수시공시, 공정공시에 해당하는 제도는 불공정거래행위 Regulation (Maeket Abuse Regulation) 제17조가 이를 규정하고 있다. (iii) 공시제도에 관한 다른 중요한 축인 외부감사인에 의한 회계감사에 대해서는 외부감사 Directive[4]가 EU 회원국 전체에 적용되는 원칙들을 정하고 있다.[5]

Ⅱ. 투자설명서 Regulation(발행공시 규제)

1. 개관

발행공시 제도에 관한 공통의 기준을 마련하는 작업은 일찍이 1980년대 상장 심사를 위해 제출할 문서에 관한 Directive[6]부터 출발하여 2004년 투자설명서 Directive로 이어졌다. 공시에 관한 유럽 차원의 공통된 원칙은 투자설명서에 대한 한 회원국의 승인이 다른 회원국에도 효력을 미치는 패스포팅(passporting) 시스템의 전제가 된다. 즉, 투자설명서에 관한 EU 공통의 규정은, 규모가 크고 유동성이 풍부하며 통합된 자본시장을 창설하고 이를 통해 회사들이 EU 차원에서 효율적으로 자본을 조달할 수 있도록 하는 전제가 된다.[7]

그러나, EU 차원에서는 일반적 원칙만 정하고 구체적 입법을 회원국에게 맡기는 Directive 형태의 규율 하에서 회원국들은 세부적, 기술적, 전문적 사항들에 대해 각기 다른 규정을 마련할 수밖에 없는데, 회원국들 간 사소한 규정 차이조차도 국경을 넘는 자본조달에 장애가 된다는 비판이 제기되었다.[8]

이에 따라 유럽연합은 2017년 투자설명서 Regulation을 제정, 실행함으로

---

4) 정식 명칭: Directive 2006/43/EC Of the European Parliament and of the Council of 17 May 2006 on statutory audits of annual accounts and consolidated accounts, amending Council Directives 78/660/EEC and 83/349/EEC and repealing Council Directive 84/253/EEC.

5) 공시제도와는 다소 거리가 있으나 증권 발행 과정에서 주요한 역할을 하는 신용평가기관에 대한 규제 역시 제4편에서 함께 다루기로 한다.

6) 정식 명칭: Council Directive 80/390/EEC of 17 March 1980 coordinating the requirements for the drawing up, scrutiny and distribution of the listing particulars to be published for the admission of securities to official stock exchange listing.

7) Rainer Kulms, European Corporate Governance after Five Years with Sarbanes-Oxley in Perspectives on Corporate Governance, p. 432 (F. S. Kieff, & T. A. Parades, Cambridge University Press, 2010).

8) 투자설명서 Regulation 서문 (5).

써 별도의 회원국 입법 없이 곧바로 투자설명서에 관한 전 유럽 차원의 단일한 규정을 적용하도록 하였다. 다만, 투자설명서 Regulation의 요구사항들은 최소한의 내용이어서 각 회원국의 감독당국이 법률, 규칙 여하한 형태로 거래소 운영이나 상장요건 등에 대한 규칙을 제정, 운영하는 것이 금지되는 것은 아니다.[9)]

2. 투자설명서 발행 의무

유립연합 내의 정규시장에서 상장하기 위해서는 사전에 투자설명서를 발행하여야 한다(제3조 제3항). 회원국은 다자간 거래소 기타 다른 시장 상장에 관한 요구사항을 별도로 입법할 수 있다[서문 제13항].

3. 적용 범위 및 예외

가. 적용 범위

투자설명서 Regulation은 증권을 공모하거나 정규시장(Regulated Market)에 상장하는 경우를 대상으로 한다(제1조 제1항). 여기서 '증권'이란 MiFID에 따른 '양도증권' 중 머니마켓 상품을 제외한 것을 말한다[제2조 (a)호]. 다자간 거래소(MTF), 조직화된 거래소(OTF) 상장 시에는 투자설명서 Regulation에서 요구하는 서류 제출이 요구되지 않는다.[10)]

또한 유럽연합 내에서 12개월에 걸쳐 100만 유로 이상 증권을 발행하는 경우에도 사전에 본 Regulation에 따른 투자설명서를 발행하여 한다(제3조 제1항, 제1조 제1항 및 제3항).[11)] 100만 유로의 기준은 소액 증권발행의 경우 투자설명서 발행에 따른 비용이 그 효익을 오히려 초과할 수 있다는 점을 고려한 것이다[서문 제(12)]항. 다만, 본 Regulation이 위 기준 이하의 소액 증권발행에 대해 회원국이 투자설명서 발행을 의무화하는 것을 금지하는 것은 아니다[서문 (14)].

---

9) 투자설명서 Regulation 서문 (8).

10) 다만 회원국의 입법 또는 거래소가 스스로 마련한 규정에 따라 다자간 거래소(MTF), 조직화된 거래소(OTF)의 상장에 관한 심사 제도를 두는 것은 당연히 가능하다.

11) 판결의 집행을 위한 주식의 강제경매 등은 Prospectus Regulation의 적용 대상이 아니다. Case C-441/12 Almer Beheer BV, Daedalus Holding BV v Van den Dungen Vastgoed BV, Osterhout II EU:C:2014:2226 참조.

나. 적용 예외

투자설명서 발행의무에 관하여는 두 가지의 예외가 적용된다.

(1) 투자설명서 Regulation이 정한 예외

제1조 제4항은 EU 차원의 예외사항을 규정하고 있는데, (a) 증권발행이 은행, 투자회사, 보험회사 등과 같은 적격투자자(qualified investor, MiFID상의 적격거래상대방과 전문 투자자를 의미한다)만을 대상으로 이루어지는 경우가 여기에 해당한다. (b) 또한, 적격투자자를 제외하고 증권 발행이 회원국별로 150명 미만의 자연인, 법인을 대상으로 이루어지는 경우에도 투자설명서 발행의무가 면제된다. 사모(私募)를 촉진하기 위한 것이다. (c) 발행되는 증권의 단위당 액면금액이 최소한 10만 유로를 초과하는 경우 및 (d) 증권발행 건별, 투자자별 납입금액이 10만 유로를 초과하는 경우 등에도 투자설명서 발행의무가 없다. 투자자의 위험 감수 능력이 큰 경우 예외를 인정하는 것이다.

(2) 회원국 선택에 의한 예외

각 회원국들은 스스로의 입법에 따라 다음 두 가지 조건이 충족되는 경우 투자설명서 발행을 면제할 수 있다. (a) 제25조에 따르면 증권발행자 등이 요청하는 경우 등록지 회원국의 감독기구는 자신이 어떤 투자설명서를 승인한 사실을 다른 회원국 감독기구에게 통지할 의무가 있는데, 이러한 경우가 아니어야 한다.[12] (b) 12월 간의 발행금액이 800만 유로를 초과하지 않아야 한다. 이러한 두 가지 조건이 충족되면 회원국은 투자설명서 발행의무 면제를 선택할 수 있다.

따라서, 12개월 기준 100만 유로 내지 800만 유로 사이의 증권발행에 대해서는 회원국마다 투자설명서가 의무일 수도 아닐 수도 있다.

회원국이 면제를 선택하는 경우 집행위원회 및 유럽증권시장청(ESMA)에 이를 통지하여야 한다(제3조 제2항).

4. 투자설명서의 형식, 내용, 구조

투자설명서는 투자자가 (a) 발행자 및 연대보증인(guarantor)의 자산·부채·손익·재무상황·미래전망, (b) 증권에 부착된 권리, (c) 발행이유 및 발행자에 미치는 영향을 평가하는 데에 필요한 중요한 정보를 포함하여야 한다. 그러한 정

12) 즉, 다른 회원국에서 증권이 발행되지 않는 경우 혹은 다른 회원국에서 증권을 발행하되 그 회원국에서 투자설명서를 승인받는 경우가 이에 해당한다.

보는 발행자의 성격, 증권의 유형, 발행자의 상황 등에 따라 달라질 수 있다(제6조 제1항).

투자설명서는 쉽게 분석할 수 있고, 간결하며, 이해하기 쉬운 형태로 작성되어야 한다(제6조 제2항).

투자설명서 Regulation은 분리형(separate documents)과 통합형(single document)의 두 가지 투자설명서 형태를 인정하고 있다. 먼저, 분리형은 등록문서(registration document), 증권에 관한 설명문서(securities note), 요약 설명문서(summary note)를 따로 제출하는 경우를 말한다. 발행자는 1년에 1회 발행자의 조직구조, 사업내용, 재무상태, 손익 및 전망에 관한 등록문서(registration document)를 감독당국으로부터 승인받아 발행할 수 있다(제9조). 이러한 경우, 위 발행자는 증권을 공모하거나 정규시장에 상장할 때마다 설명문서 및 요약 설명문서만을 발행할 수 있다(제10조 제1항). 공모 및 상장이 빈번한 회사의 경우 적합하다. 통합형은 위 세 가지 문서를 한꺼번에 승인받아 발행하는 경우를 말한다.

등록문서, 증권에 관한 설명문서, 요약 설명문서에 포함될 내용은 Chapter II에 상세히 규정되어 있다.

본 Regulation은 투자설명서 작성 시 재무제표가 법정감사인(외부감사인)의 회계감사를 받아야 한다는 명시적 규정은 포함하고 있지 않다. 다만, 본 Regulation은 요약 설명문서에 외부감사인이 누구인지 밝힐 것을 요구하고 있는데(제7조 제6항), 이러한 규정은 투자설명서에 포함된 재무제표에 대한 법정감사를 요구하는 것으로 이해된다. 본 Regulation은 주관회사, 신용평가기관, 인수인 등에 대해서는 별다른 언급이 없다.

5. 투자설명서에 대한 승인 및 위반 시의 제재

가. 승인

회원국의 감독당국은 투자설명서를 제출받으면 10 영업일 이내(추가로 20일을 연장할 수 있다)에 이를 심사한 후 승인 여부를 결정하여야 한다. 감독당국의 승인이란, 투자설명서에 포함된 정보의 완전성(completeness), 일관성(consistency), 이해가능성(comprehensibility)에 대해 감독당국이 이를 긍정하는 행위를 말한다(제2조 (r)호). 승인이 정보의 정확성이나 낙관적 투자전망을 표시하는 것은 아니다.

감독당국의 승인 없이 투자설명서를 발행할 수 없다(제20조). 승인받은 투자설명서는 승인받은 날로부터 12개월 간 유효하다(제12조 제1항).

나. 위반 시의 제재

회원국 감독당국은 승인 없이 투자설명서를 발행하는 등 본 Regulation 위반 행위에 대해 행정적 제재 및 적절한 조치를 취할 권한을 보유하여야 한다. 본 Regulation이 이러한 입법의무를 부여한다고 하여 회원국들이 같은 위반 사항에 대해 형사처벌을 할 수 없는 것은 아니다. 다만, 회원국들이 같은 위반 사항에 대해 형사처벌 규정을 두고 있다면 본 조항에 따른 행정적 제재에 관한 입법을 하지 않을 수도 있다(제38조).

6. 투자설명서 승인에 대한 상호인정(Passporting) 및 제3국 회사의 경우

가. 투자설명서 승인에 대한 상호인정(Passporting) 시스템

증권의 공모 또는 상장 신청이 복수의 정규시장에서 또는 발행자의 등록지 이외의 회원국에서 이루어지는 경우, 등록지 회원국에서 투자설명서 및 부속서류에 관하여 받은 승인은 다른 회원국의 정규시장에서도 유효하다. 다른 감독당국은 등록지 회원국 감독당국에서 승인받은 투자설명서 등에 대하여 그 어떠한 승인 또는 행정절차도 수행할 수 없다(제24조 제1항).

이는 국경의 제약 없이 등록지 회원국에서 승인 받은 투자설명서를 이용하여 다른 회원국에서도 자유롭게 자금을 조달할 수 있도록 보장하는 역할을 한다. 이러한 패스포팅 시스템은 투자설명서 Regulation 및 EU 집행위원회의 위임입법을 통해 투자설명서에 관한 상세한 지침을 정하는 것을 전제로 하고 있다. 이는 단순한 상호인정을 벗어난 보다 적극적인 통합 노력에 해당한다.[13)]

나. 제3국 회사의 경우

유럽연합 외의 제3국 회사가 유럽연합 내의 정규시장에 최초상장, 추가상장하려는 경우 그 회사는 당해 정규시장이 속한 나라의 감독당국 승인을 얻어

13) Iris H-Y Chiu, Initial Public Offers – the Supply and Demand Side Perspectives in the Legal Framework in Corporate Finance Law in the UK and EU, p. 142 (Dan Prentice & Arad Reisberg, Oxford University Press, 2010).

투자설명서를 발행하여야 한다(제28조). 이 경우 당해 제3국 관련 법률이 본 Regulation의 요구조건과 동일하고 당해 제3국 감독당국과 협력 약정이 체결되어 있는 경우 EU 회원국 감독당국은 제3국 법령에 따라 작성되고 승인받은 투자설명서를 그대로 인정할 수 있다.

일단 투자설명서 승인을 얻으면 본 Regulation의 원칙이 그대로 적용된다(제28조). 즉, 처음 승인을 얻으면 추가적인 절차 없이 다른 회원국 정규시장에서도 이를 이용하여 상장하거나 증권을 발행할 수 있다.

Ⅲ. 유통공시 Directive(정기공시 규제)

1. 개관

유통공시 Directive는 정규시장 상장증권 발행자의 주기적, 계속적 정보 공개에 관한 사항을 정하고 있다(제1조 제1항). 본 Directive는 폐쇄형 이외의 집합투자기구가 발행한 지분에 대해서는 적용되지 아니한다(제1조 제2항).

회원국들은 자국 내에 등록된 발행자들에 대해서는 본 Directive보다 엄격한 요구를 부과할 수 있다. 반면 회원국들은 다른 회원국에 등록된 발행자의 공시에 대해서는 자국 내에 있는 정규시장에서 본 Directive보다 엄격한 공시를 요구할 수는 없다(제3조).

2. 정기공시 의무

가. 연차공시

발행자는 매 회계연도 종료일로부터 4개월 이내에 연간 재무보고서(annual financial report)를 공시해야 하며 공시는 최소한 5년간 이루어져야 한다(제4조 제1항). 연간 재무보고서는 (a) 감사받은 재무제표, (b) 경영자 보고서(management report), (c) 발행인 회사 내의 책임 있는 사람이 재무제표 및 경영자 보고서가 공정하고 진실된 것임을 언급하는 진술서[14]를 포함한다(제4조 제2항).

---

14) 진술서에 기재되어야 할 내용은 다음과 같다: statements made by the persons responsible within the issuer, whose names and functions shall be clearly indicated, to the effect that, to the best of their knowledge, the financial statements prepared in accordance with the applicable set of accounting standards give a true and fair view of the assets, liabilities, financial position and profit or loss of the issuer and the undertakings included

연결감사보고서 제출의무가 있는 회사의 경우 공시 대상인 '감사받은 재무제표'에는 연결 감사보고서가 포함된다(제4조 제3항).

한편, 정규시장 상장회사들의 재무제표는 Regulation (EC) No 1606/2002에 따라 국제회계기준을 적용하여 작성되어야 한다.

나. 반기공시

주식 또는 채무증권을 발행한 자는 회계기간 중 최초 6개월에 관하여 (당해 기간 종료일로부터) 2개월 내에 반기 재무보고서를 공시하여야 한다. 반기 재무보고서에는 (a) 간략한 형태의 재무제표(the condensed set of financial statements), (b) 중간 경영자 보고서(the interim management report), (c) 발행인 회사 내에서 책임 있는 사람이 재무제표 및 경영자 보고서가 공정하고 진실된 것임을 언급하는 진술서가 포함된다(제5조 제1, 2항).

3. 공시와 관련된 책임

회원국들은 발행인, 발행인의 행정·경영·감독 조직이 본 Directive에 따라 정보의 취합 및 공시를 책임(responsibility)지도록 하여야 한다. 회원국들은 법령 또는 규제에 발행인, 발행인 내에 책임 있는 조직 또는 그에 속한 개인들의 책임(liability)을 규정하여야 한다(제7조[15]). 이 조항에 따르면, 발행자나 발행자에 속한 개인 중 누구에게, 혹은 양자 모두에게 손해배상책임을 부담시킬 것인지의 문제가 회원국 재량에 맡겨져 있다.[16]

한편, 유통공시 Directive가 정한 공시 대상 정보에는 그 범위를 한정짓는 요소로서의 '중요성(materiality)' 요소가 발견되지 않는다.[17] 이는 발행공시에 관

---

in the consolidation taken as a whole and that the management report includes a fair review of the development and performance of the business and the position of the issuer and the undertakings included in the consolidation taken as a whole, together with a description of the principal risks and uncertainties that they face.

15) 제7조의 표제는 'Responsibility and liability'(영어판), 'Verantwortung und Haftung'(독어판)으로 되어 있다. Responsibility, Verantwortung은 맡겨진 직분을 충실히 수행해야 한다는 다소 추상적인 의미에서의 책임을, liability, Haftung은 민사적, 행정적, 형사적 제재가 따를 수 있다는 의미에서의 책임을 말하는 것으로 해석된다.

16) Rainer Kulms, 각주 7, pp. 433~434.

17) Yvonne Ching Ling Lee, The Elusive Concept of Materiality under U.S. Federal Securities Laws, 40 Williamette Law Review, p. 688 (2004).

한 투자설명서 Regulation, 불공정거래행위에 관한 Market Abuse Regulation이 규율 대상인 정보에 관하여 중요성을 요구하는 것과 대별된다.

유통공시 Directive는 제9조 이하에서 일정 기준 이상의 지분 취득에 관한 공시의무 및 발행인 회사가 채택한 경영권 보호 장치에 관한 공시의무를 규정하고 있는데, 이에 대해서는 제7편 기업인수 Directive에서 다루기로 한다.

4. 등록지 회원국 감독 원칙

정기공시에 대해서는 회원국 소재지 감독당국의 승인이 필요하지 않다. 그러나, 정기공시에 대해서도 소재지 회원국 감독 원칙이 적용되는 것은 마찬가지이다(제19조). 당해 감독당국은 발행자, 증권 보유자, 외부감사인 기타 공시의무자들이 정보를 공시하도록 하여야 하고, 발행자가 요구 사항을 준수하지 않았다고 믿을 만한 이유가 있는 경우 등에는 증권의 거래를 제한할 수 있으며, 공시의무 준수 여부에 대한 조사권한을 행사할 수 있다(제24조).

다른 감독당국은 본 Directive 또는 불공공정거래행위 Regulation(Market Abuse Regulation)에서 정한 것보다 엄격한 기준을 자신이 관할하는 정규시장에 상장된 회사들에게 요구하여서는 아니된다(제3조 제2항).

Ⅳ. 불공정거래행위 제17조에 따른 내부정보 공개(수시공시, 공정공시)

불공정거래행위 제17조는 중요한 내부정보를 가능한 한 빨리 공개하도록 요구하고 있다. 또한, 고용, 직업, 의무 수행 과정 중 내부정보가 공개되면 이를 곧바로 다른 사람에게도 공개할 것이 요구된다. 이는 우리나라 자본시장법상의 수시공시, 공정공시 제도와 유사한 것으로 볼 수 있다. 수시공시, 공정공시 제도가 불공정거래행위 Regulation에서 규정된 것은, 공시 대상인 정보와 내부자거래의 대상인 정보가 일치하는 데에서 비롯된다. 보다 자세한 내용은 제6편 제1장에서 소개하기로 한다.

제2장

EU의 외부감사 법제

Ⅰ. 외부감사 Directive

1. 서설

법정 외부감사의 독립성에 대한 집행위원회의 2002년 권고의견(Recommendation)은 회계법인의 직업적 기준, 감사인의 책임, 이해상충 관리 등의 문제를 다룬 바 있다. 엔론 사태 및 팔라맛(Parmalat) 스캔들,[18] 미국의 사베인-옥슬리법(Sarbanes-Oxley Acts) 제정 등을 계기로 EU 차원에서 회계감사를 규율하는 법제가 제정되었다.[19]

외부감사 Directive는 회사의 이사회에 기초한 거버넌스 및 공공 감독(public oversight) 개념을 기초로 회계감사 제도를 규율하려고 하고 있다. 회원국 차원의 효율적인 공공 감독은 감사인의 등록 및 외부의 조사를 근간으로 한다. 피감사회사로부터의 독립성은 감사인이 피감사회사의 경영상 의사결정에 관여하지 않고 어떤 재무상 사업상, 고용상의 이해관계도 가지지 않을 것을 요구한다. 외부감사 Directive는 피감사회사에 대한 비감사업무 제공을 금지하지는 않

18) Parmalat S.p.A.는 이탈리아 축산, 식품 기업으로서 관계회사들 간의 가공거래를 통해 매출 및 자산을 부풀리는 등의 수법으로 약 140억 유로 규모의 회계분식을 실행한 사실이 드러난 후 2003년 파산하였다.

19) Rainer Kulms, 각주 7, p. 436.

지만, 외부감사인에게 그와 관련한 안전장치를 마련할 것을 요구하고 있다.

회원국들은 성공보수 및 감사업무와 비감사업무 간 수수료의 상호보조를 제한하는 등 외부감사수수료에 대한 기준을 제정할 것이 요구된다.

외부감사 Directive는 중요한 회사에 대해서는 외부감사인 순환(rotation) 제도를 마련할 것 역시 요구하고 있다.[20)]

2. 외부감사인 등의 자격

회원국의 감독당국은 교육 및 시험, 실무훈련을 마친 자에게 외부감사인(statutory auditor) 자격을 부여할 수 있다(제3조 내지 제14조).

회원국들은 회계감사인이 지분 및 경영진의 다수를 차지하는 회사로서 좋은 평판을 유지하는 법인 기타 조직만을 외부감사회사(Audit Firms)로 지정할 수 있다(제3조 제4항, 제4조).

3. 외부감사인 등의 독립성 기타 윤리

회원국들은 직업적 윤리규정을 마련하여 외부감사인 및 외부감사회사가 이를 준수하도록 하여야 한다(제21조).

회원국들은, 외부감사인 등이 피감사회사의 경영상 의사결정에 관여하지 않도록 하고, 직간접적으로 재정상·사업상·고용상·기타 이해관계를 가진 회사에 대해 외부감사를 수행하지 않도록 하여야 한다.

자기 스스로의 회계처리에 대해 검토하거나 이를 옹호하는 상황에 놓임으로써 발생하는 위험 등으로 독립성이 위협 받는 경우 외부감사인 또는 외부감사회사는 이를 완화하는 조치를 마련하여야 하고, 그것이 불가능한 경우 외부감사를 수행해서는 아니된다(제23조 제2항). 이와 관련하여 집행위원회는 위협, 안전장치 등에 관한 '원칙 중심'의 실행 조치들을 제정할 수 있다(제22조 제4항).

외부감사인 및 외부감사회사가 접근할 수 있는 정보, 문서에 대해서는 적절한 비밀유지 규정이 적용되어야 한다(제23조 제1항). 그러나 비밀유지의무가 본 Directive의 다른 조항들의 실행에 장애가 되는 것은 아니다(제23조 제2항).

---

20) 위의 논문, pp. 436~437.

회원국들은 외부감사 수수료에 관한 기준을 마련하여, 외부감사수수료가 피감사회사에 대한 다른 용역수수료에 좌우되지 않도록 하고, 어떠한 형태의 성공보수도 금지하여야 한다(제25조).

외부감사인 또는 외부감사회사는 주주총회에서 선임한다(제37조).

4. 회계감사기준

회원국들은 유럽연합 집행위원회가 채택한 국제회계감사기준이 준수되도록 하여야 한다. 만약 집행위원회가 국제회계감사기준을 채택하지 않는 경우 회원국들은 별도로 마련한 회계감사기준이 준수되도록 하여야 한다(제26조 제1항).

집행위원회는 아직까지 국제회계감사기준을 모든 EU 회원국들이 채택할 것을 결정하지는 않았으나 프랑스, 독일, 포르투갈을 제외한 나머지 회원국들은 이미 국제회계감사기준을 스스로 채택한 상황이다.[21]

5. 공공 감독 시스템

회원국들은 외부감사인 및 외부감사회사에 대한 공공 감독 시스템을 갖추어야 한다(제32조 제2항). 위 시스템의 지배구조는 이 분야에 대한 지식을 갖춘 비실무가가 주도하되 실무가 역시 소수로 참여하도록 하여야 한다(제32조 제3항).

공공 감독 시스템은 외부감사인 및 외부감사회사의 승인 및 등록, 직업윤리에 관한 규정 및 외부감사회사·외부감사에 대한 품질관리, 외부감사인에 대한 지속적 교육 및 조사 등의 권한을 행사하여야 한다(제32조 제4항).

각 회원국들은 공공 감독 기관이 독립적으로 외부감사결과를 감리하는 시스템을 갖추어야 한다(제29조). 회원국들은 외부감사가 부적절하게 시행된 사실이 발견되면 이에 대해 조사, 제재할 수 있는 시스템을 갖추어야 한다(제30조).

회원국들은 공공 감독 시스템을 운영하는 하나 또는 복수의 감독기관을 지정하여야 한다(제35조). 이러한 감독기관은 회원국 법률에 따라서는 외부감사인의 협회(professional association)가 될 수도 있다(제3조 제2항).

각 회원국은 외부감사인 및 외부감사회사를 승인한 다른 회원국(Home

21) Federation of European Accountants, Overview of ISA Adoption in the European Union (April 2015), https://www.accountancyeurope.eu/wp-content/uploads/MA_ISA_in_Europe_overview_150908_update-2.pdf (최종방문: 2020. 2. 23), p. 4.

Member State)의 공공 감독 시스템을 존중하여야 한다(제34조 제1항). 회원국들은 연결재무제표 계정 작성 시 포함되는 자회사가 다른 회원국에 등록된 경우, 연결 재무제표 회계감사의 일부로 수행되는 당해 자회사 재무제표 회계감사에 관하여, 자회사 회계감사인의 등록, 감리, 감사기준, 직업윤리, 독립성 등에 대한 어떠한 추가적인 규제도 하여서는 아니된다(제34조 제2항).

6. 중요기업에 대한 특칙

가. 외부감사인 순환 제도 (Rotation)

회원국들은 중요기업[public interest entities, 제2조 제13호에 따라 정규시장 상장회사, 대부기관(credit institutions), 보험회사, 기타 회원국이 지정하는 중요한 회사를 포함한다]의 경우 주요 감사 파트너가 최대 7년이 지나면 교체되고 그로부터 최소 2년이 지나기 전까지는 다시 당해 감사팀에 참여할 수 없도록 하여야 한다(제42조 제2항).

나. 감사위원회 설치 의무화

회원국들은 중요기업이 감사위원회를 두도록 하여야 한다. 감사위원회는 비상근이사 혹은 감독이사회 구성원으로 구성되며 그 임명은 주주총회의 승인을 받아야 한다(제41조 제1항).

외부감사인 또는 외부감사회사의 선임은 감사위원회의 추천에 기초하여야 한다(제41조 제3항).

감사위원회는 재무제표 작성 과정, 내부통제·내부감사·위험관리시스템, 외부감사 과정, 외부감사인 및 외부감사회사의 독립성을 감시, 감독할 책임이 있다(제41조 제2항).

외부감사인 및 외부감사회사는 외부감사 과정에서 발견한 중요한 문제점 등을 감사위원회에 보고하여야 한다(제41조 제3항).

Ⅱ. 외부감사인 책임 제한에 관한 논의

1. 배경

1970년대 이후 유럽 각국에서도 감사 대상 회사가 아닌 (외부감사계약 밖의) 투자자에 대한 외부감사인의 책임 범위가 확대되어 거의 모든 이해관계자들이 부실한 재무제표에 대해 외부감사인에게 책임을 물을 수 있게 되었다. 가령 1990년대 후반 영국 한 개 나라에서만 외부감사인에 대한 소송청구금액이 10억 파운드를 넘긴 것으로 보고되고 있다.[22)]

이에 대응해서 외부감사법인들은 유한책임회사(LLP) 체제로 전환하는 경향이 나타나기도 하였다.[23)] 다른 한편으로 강력한 책임 제도가 위험성이 높은 고객에 대한 회계감사를 꺼리는 경향을 낳고 감사 보수를 증대시키는 결과를 가져왔다는 비판도 제기되었다.

영국의 Caparo 판결 등이 외부감사인의 책임 범위를 좁히고자 한 것은 그간 외부감사인 책임이 확대되어 온 경향에 대한 반작용으로 이해할 수 있다. 반대로 프랑스와 같이 법정 회계감사의 공적 역할을 강조하는 나라는 책임의 범위를 확대하는 경향이 나타나고 있다.[24)]

2. 런던 경제학 그룹(London Economics Group) 보고서

가. 개관

외부감사 Directive 제31조는, 집행위원회에게 2006년 말까지, '외부감사에 관한 각 회원국들의 책임 규정이 유럽의 자본시장 및 외부감사인/외부감사회사의 보험 조건에 미치는 영향'에 관한 보고서를 발표할 것을 요구하고 있다. 위 보고서는 외부감사인의 책임제한 제도에 관한 분석 역시 포함하도록 할 것이 요구되었다. 또한, 위 조항은 이를 위해 필요한 경우 외부 기관에 자문을 받을 것을 요구하고 있다.

---

22) Anna Samsonova, Re-thinking auditor liability: The case of the European Union's regulatory reform, https://pdfs.semanticscholar.org/deff/20080a365ba34916b09430f5518c8c1293e0.pdf?_ga=2.145964276.1371748669.1596541128-2060356342.1594009861 (최종방문: 2020. 8. 4), p. 7.

23) Anna Samsonova, 위의 논문, p. 8.

24) 위의 논문, p. 9.

위 규정에 따라 유럽연합 집행위원회의 의뢰로 런던 경제학 그룹(London Economics Group_보고서[Study on the Economic Impact of Auditors' Liability Regimes (MARKT/2005/24/F), September 2006]가 작성, 제출되었다.

이 단체는 국제회계사연맹의 의뢰로 1998년에도 같은 주제를 검토한 적이 있었는데, 당시 유럽 각국의 손해배상책임 체제가 과도하여 감사 품질을 높이는 적절한 수단이 되지 못한다는 결론을 내린 바 있다. 런던 경제학 그룹은 외부감사회사들이 '명성'을 유지해야 하는 동기를 부여 받고 있으므로 과도한 책임 제도는 법정감사의 품질을 높이는 적절하고 효과적인 수단이 전략이 될 수 없다고 주장하였다. 이러한 태도는 2006년 EU 집행위원회에 제출된 보고서에서도 유지되고 있다.

나. 외부감사 시장의 문제점

(1) 4개 회계법인에 집중된 시장구조

런던 경제학 그룹 보고서는, 법정 외부감사 시장의 두드러진 특징으로 4개 대형 회계법인(Big Four) 네트워크의 집중도가 매우 높다는 점을 들고 있다. 위 보고서에 따르면, 중형 규모의 네트워크는 현재로서는 4대 대형 회계법인 네트워크를 대체할 가능성이 높지 않다.

(2) 보험이 활성화되기 어려운 상황

과점적 시장 구조가 유지되는 이유로는 명성, 네트워크와 같은 진입장벽 외에도 대규모 소송의 위험 역시 지적될 수 있다.

즉, 외부감사인의 손해배상책임보험과 관련한 보험금은 1980년대 대규모 소송의 증가와 함께 급증하였는데, 그에 따라 1982년부터 1992년까지 기간 중 보험회사들의 보험료 대비 보험금은 미국을 제외하더라도 266%에 이르고 있다.[25] 이러한 상황에서 보험회사들은 외부감사인의 보험 가입을 꺼리게 되고, 위험을 회피할 수단을 잃게 된 외부감사회사들은 굳이 규모를 키우려고 하지 않는다는 것이다.

---

25) London Economics, Study on the Economic Impact of Auditors' Liability Regimes (September 2006), https://londoneconomics.co.uk/wp-content/uploads/2011/09/auditors-final-report_en-2.pdf (최종방문: 2020. 8. 4), p. 101.

(3) 과점적 시장구조가 강화될 가능성

이러한 상황에서는 4개 대형 회계법인 중 한 곳이 파산하는 경우 중소 외부감사법인이 그 자리를 대신하여 경쟁을 촉진하는 결과를 낳기보다는 남은 3개 회계법인으로의 집중이 강화될 가능성이 높다고 한다. 예컨대 과거 4대 대형 회계법인 중 한 곳이었던 Arthur Anderson이 엔론 사태로 파산한 이후 위 법인의 감사 고객들 중 절반 이상은 나머지 대형 회계법인과 새로 계약을 체결한 것으로 확인된다.[26]

다. 대안에 대한 검토

(1) 보고서가 제시한 대안들

런던 경제학 그룹 보고서는 가입할 수 있는 보험 상품이 부족하여 위험을 분산시킬 수단이 없는 문제를 극복하기 위한 몇 가지 대안을 검토하고 있다.[27]

첫 번째 대안은 보험회사들이 공동의 보험기금을 조성하여 외부감사법인들이 이에 가입하도록 하는 것이다. 그러나 이는 단순히 소송에 따른 위험을 보험회사들에게 이전하는 것에 불과하고 기금이 단기간에 고갈될 위험이 높아 비현실적이다.

두 번째 대안은, 투자자들이 거래시마다 일정 금액의 보험료를 지불하거나 감사 대상회사들이 낸 자금으로 보험료에 충당하는 것이다. 그러나, 이러한 방법은 보험료를 내지 않은 외부감사인이 이익을 누리는 결과를 가져오므로 적절하지 않고 이러한 제도 하에서 외부감사인이 굳이 주의의무를 다할 필요가 없으므로 도덕적 해이를 낳을 우려가 있다.

세 번째 대안은 정부가 보험료를 부담하는 것인데, 세금으로 금융시장 참여자들을 보호하는 것 역시 적절하지 않다.

이러한 이유로 위 보고서는 네 번째 대안, 즉, 보험금에 대한 예측가능성을 높이기 위해 손해배상금액을 제한하는 방안이 현실적이라고 주장하고 있다.

(2) 책임 범위 제한이 필요한 이유

외부감사인 등의 책임 범위 제한을 정당화하는 근거는 다른 측면에서도 찾을 수 있다. 연대책임은 외부감사인으로 하여금 외부감사 수행 시 보다 높은 주

26) 위의 보고서, p. 126.
27) 위의 보고서, p. 112 이하.

의를 기울이도록 유도하는 효과가 있어 바람직한 면이 있기 때문이다.

그러나 (1) 이러한 제도 하에서 투자자들은 문제가 생기는 경우 투자금을 회수할 수 있다는 기대를 하게 될 것이고, 다른 조건이 동일하다면 이는 곧 증권의 가격을 정당한 수준보다 높이는 효과를 가져올 것이다.[28] (2) 공시된 이익에 대한 신뢰가 높아 가격이 그에 민감하게 움직인다면, 경영진 역시 회계기준이 일정 범위에서 선택권을 부여한 것 등을 이용하여 이익을 관리하는 데에 집중하게 될 것이고, 이는 곧 재무제표의 질을 떨어트리는 결과를 낳게 될 것이다.[29] 또한, (3) 높은 감사 위험은 회사가 지불하는 감사보수에 반영될 것이므로, 투자자들은 사후적인 손해배상금을 간접적인 방식으로 사실상 사전에 지불하는 결과가 발생할 수 있다.[30]

따라서 런던 경제학 그룹은 외부감사인의 주의의무 수준을 높이는 측면 외에 다른 여러 요소들을 종합적으로 고려하여 손해배상의 범위를 결정할 필요가 있다고 한다.

라. 외부감사인 책임 제한의 방법

런던 경제학 그룹은 세 가지 선택 가능한 책임 제한 방안을 제시하고 있다.

(1) 우선, 절대적인 배상금액 한도를 정하는 것으로서, 이러한 방법은 벨기에, 독일, 슬로베니아가 채택하고 있다. 벨기에와 독일의 경우 상장회사와 비상장회사 간에 한도 금액이 다르다.

(2) 두 번째로, 피감사회사 또는 외부감사회사의 규모에 비례하여 다양한 한도 금액을 설정하는 방법이 있다. 오스트리아는 피감사회사의 규모에 따라, 그리스는 외부감사법인이 받는 보수에 따라 책임 한도를 달리 설정하는 제도를 두고 있다.

(3) 세 번째로, 원고가 입은 손해의 일정 비율을 한도로 정하는 방법 역시 상정할 수 있다.[31]

위 보고서는, 손해배상책임에 관한 제도가 이미 일부 회원국들에서 시행되

28) 위의 보고서, p. 177.
29) 위의 보고서, p. 177.
30) 위의 보고서, p. 177.
31) 위의 보고서, p. 198.

고 있고, 그 내용이 저마다 다른 상황을 고려하면, 유럽연합 전체에 적용되는 하나의 책임 제한 제도를 마련하는 것은 현실적이지 않다는 결론을 내리고 있다.[32)]

3. EU 집행위원회의 2008. 6. 5.자 권고의견[33)]

가. 배경

외부감사 Directive 제31조에 따라 EU 집행위원회는 2008년 6월 회원국들의 외부감사인 책임 제도에 관한 권고 의견(Recommendation)을 발표하였다. 외부감사 Directive에 따라 이루어진 것이기는 하지만, 위 제31조가 통일된 지침을 마련할 것을 요구한 것이 아니고, 형식 역시 권고에 그친 이상, 회원국들이 이에 따를 법적 의무는 없다. 다만, 위 권고가 외부감사 Directive의 내용을 보완하는 이상 회원국들이 이를 고려할 만한 상당한 의미는 가진다고 할 수 있다.[34)]

위 권고 의견은 증권시장의 원활한 작동을 위해 회계감사 시장이 정상적, 경쟁적으로 유지되어야 함에도 무제한적인 연대책임이 감사법인들로 하여금 적극적인 경쟁에 뛰어드는 것을 막고 있다고 지적하였다. 다만, 위 권고 의견은, 책임의 제한이 직업적 의무를 의도적으로 저버린 경우에까지 적용되어서는 안되고, 투자자가 정당하게 배상 받을 권리를 침해해서도 안 된다는 점을 분명하게 밝히고 있다.

나. 선택적 대안

앞서 살펴본 것처럼 런던 경제학 그룹 보고서는 회원국들 간에 관련 제도가 상이하고, 그러한 차이는 민사법상의 일반적인 손해배상책임 제도의 차이에서 비롯된 면이 있다는 점을 언급하고 있다. 경제적 환경과 법 원칙이 제각기 다른 점을 고려할 때 현 단계에서는 단일의 기준을 마련하는 것이 현실적이지 않다.[35)] 집행위원회는 회원국들에게 외부감사인 책임을 제한하는 입법을 실시할 것을 권고하되 여러 선택적 대안들을 고려할 수 있다는 의견을 밝히고 있다.[36)]

---

32) 위의 보고서, p. 207.
33) Recommendation 2008/473/EC of 5 June 2008.
34) Cláudio Flores, New Trends in Auditor Liability, 12 European Business Organization Law Review, p. 420 (2011).
35) 위의 논문, p. 420.

첫 번째 대안은 최대한의 배상금액을 정하거나 이 금액을 도출하는 산식을 정하여 입법하는 것이다. 이는 독일, 슬로베니아 등 일부 회원국에서 이미 시행하고 있는 제도이다.[37)]

그러나 이 방법에 대해서는 위 회원국들에서는 이미 합리적인 한도 금액을 정하는 것이 불가능하여 그 자체가 논쟁의 대상이 되었고, 손해배상책임에 대한 민사법상의 일반적 원리에 반할 뿐만 아니라 부정의한 상황을 초래한다는 비판이 제기되어 왔다.[38)] 외부감사인을 상대로 제기되는 소송은 합의에 의해 종결되는 경우가 많은데, 화해금액이 법정 한도 금액에 수렴하는 경향이 있디고 한다. 한도금액이 너무 낮아지면 감사인의 주의의무 정도를 낮추는 효과가 있고, 거꾸로 한도금액이 너무 높아지면 중소형 회계법인의 시장진입을 억제하는 부작용이 발생하므로, 한도를 설정하는 방안이 바람직하지 않다는 견해도 제기된다.[39)]

두 번째 대안은, 외부감사인이 투자자 등의 실제 손실에 기여한 범위를 넘어서는 배상하지 않는 방식, 곧 비례 책임 제도이다. 이러한 제도 하에서 외부감사인은 다른 공동피고들과 일정 범위 밖에서는 연대책임을 부담하지 않게 된다. 스페인에서는 외부감사 Directive에 따라 제정된 2010년 회계감사법에서 이 제도를 도입하였는데, 위 법의 서문에서는 당해 제도가 집행위원회 권고에 따른 것임을 명시적으로 밝히고 있다.[40)]

마지막 대안은, 피감사회사와 외부감사인이 합의에 의해 손해배상책임의 한도를 정할 수 있도록 하는 것이다. 영국 회사법 534조 내지 538조에서 정한 내용을 옮긴 것이다. Caparo 판결을 통해 외부감사인이 회사의 주주 등 제3자에 대해 손해배상책임을 지는 경우가 매우 드물기 때문에, 위와 같은 제도가 영국에서는 의미를 가질 수 있다. 그러나 제3자에 대한 손해배상책임이 폭넓게 인정되는 법제에서는 적용되기 어렵다고 생각된다.[41)]

---

36) Recommendation 2008/473/EC of 5 June 2008, p. 5.
37) Lee Roach, Auditor Liability: Liability Limitation Agreements (2010), https://papes.ssrn.com/sol3/papers.cfm?abstract_id=1754713 (최종방문: 2020. 8. 4), p. 10.
38) Cláudio Flores, 각주 34, p. 421.
39) 위의 논문, p. 422.
40) 위의 논문, p. 424.
41) 위의 논문, pp. 422~423.

4. 평가

외부감사인 책임을 제한하는 데 대해 이를 찬성하는 견해들이 있다. 비례책임제를 도입하는 경우 입증책임을 피고에게 전환하는 효과가 발생하는데, 그것이 타당하다는 의견도 있다. 부진정연대채무의 경우 외부감사인이 피감사회사를 대신해서 회계부정이 없었다는 등의 주장을 제기할 수 있는데, 이는 독립성을 요체로 하는 회계감사 제도의 본질에 반하는 결과를 가져올 수 있기 때문이다. 다른 채무자들이 변제자력이 부족한 경우 회계법인에게 소송이 집중되는 부작용도 막을 수 있다. 찬성하는 입장에서는 비례책임제 하에서도 위법행위 억제 효과(deterrence)를 그대로 기대할 수 있다고 한다.[42] 책임 제한의 결과로 보험 범위가 확대되어 중소형 회계법인의 대규모 회사 감사 기회가 확대될 것으로 전망하는 견해가 있다.[43]

반면, 실증분석 결과 책임 제한 제도는 외부감사인이 위험회피의 유인을 줄임으로써 결과적으로 감사품질을 떨어트릴 수 있다는 우려도 제기되었다.[44] Arthur Anderson이 해체된 것은 민사소송이 아니라 고객의 이탈 때문이었다는 점을 고려하면, 과도한 손해배상책임이 4대 대형회계법인 중 한 곳을 파산시켜 과점 체제의 심화를 낳을 수 있다는 상황 인식 자체가 타당하지 않다는 비판도 있다. 또한, 집단소송이 활성화된 미국과 달리 유럽의 경우 손해배상책임이 과도한 것으로 볼 수 없다는 견해도 있다.[45]

Ⅲ. 글로벌 금융위기 이후 외부감사제도 개선 논의[46]

1. 배경

글로벌 금융위기 과정에서 투자은행들이 부외자산에서 대규모 손실을 입은 사실이 드러나면서 회계감사인이 적절한 역할을 수행하지 못했다는 비판이

42) Cláudio Flores, 앞의 논문, pp. 425~426.
43) Lee Roach, 각주 37, pp. 7~8.
44) Christopher Koch & Daniel Schunk, Limiting Auditor Liability? – Risk and Ambiguity Attitudes under Real Losses", 65 Schmalenbach Business Review, pp. 66~70 (2013).
45) Cláudio Flores, 각주 34, p. 427.
46) EU Commission, Audit Policy: Lessons from the Crisis (13 October 2010).

제기되었다. 특히 금융기관들의 채권 재매입(Repo) 약정과 관련해서 이를 발견하지 못한 E&Y 부실감사가 관심의 대상이 되었다. 이러한 배경 하에 EU 집행위원회는 보고서(Green Paper)를 통해 회계감사 제도의 개선을 위한 몇 가지 방안을 검토, 제안하고 있다. 위 보고서의 몇 가지 제안은 구체화된 수준은 아니지만 참고할 만한 시사점을 준다고 생각된다. 간략히 소개하면 다음과 같다.

2. 외부감사 제도의 개선을 위한 대안

가. EU 차원의 감독기구 설립

집행위원회는 유럽 전체에서 보다 통합된 감독이 이루어질 필요가 있다는 주장을 제기하였다. 이를 위해 집행위원회는 유럽회계감독기구그룹(European Group of Auditors' Oversight Bodies)을 유럽증권시장청(ESMA)과 유사한 위원회로 전환하거나 혹은 그와 유사한 새로운 EU 차원의 회계감독기구를 설립하는 방안을 제안하였다.

나. 공동회계감사 제도

집행위원회는 소수 회계법인이 점점 더 대형화됨으로써 대기업 회계감사 시장의 선택 폭이 줄어든다는 점, 대마불사(大馬不死)의 잘못된 믿음으로 도덕적 해이를 초래할 수 있다는 점을 문제로 인식하고 있다.

이를 개선하기 위한 방안으로 집행위원회는 공동 회계감사를 제시하고 있다. 이 제도는 한 회사에 대해 두 개의 다른 회계법인이 독립적으로 회계감사를 시행한 후 하나의 감사보고서를 발행하도록 하는 것을 말한다. 인도, 덴마크, 독일, 스위스, 영국에서 시행되고 있고, 특히 프랑스에서는 1966년부터 법률이 정한 의무가 되었다고 한다.

다만, 집행위원회에 따르면, 위와 같은 제도에 대해 중형 규모 회계법인을 대기업 회계감사에 보다 적극적으로 참여시키는 효과가 기대되었으나, 아직까지 그러한 효과가 뚜렷하게 나타나지는 않았다고 한다.

다. 기타

(1) 금융기관 및 대규모 회사의 경우 회계감사인의 선정 및 회계감사 계약을 피감사회사가 아닌 제3자(규제당국)가 주도하는 방안을 제안하고 있다.

⑵ 또한 위 보고서는 외부감사 Directive에서 이미 주요 감사 파트너를 의무적으로 교체하도록 한 데서 더 나아가 한 외부감사회사가 정해진 기간 이상 한 회사에 대해 회계감사를 수행하지 못하도록 하는 방안 역시 제시하였다.

⑶ 비감사용역의 경우 프랑스는 이를 전면 금지하는 반면 다른 회원국들은 그보다는 제한이 덜한 상황인데, 집행위원회는 모든 회원국에 걸쳐 회계감사와 비감사용역의 동시 수행을 보다 엄격하게 제한하는 제도를 도입할 필요가 있다고 한다.

⑷ 한 회사로부터 받는 회계감사 보수가 회계법인 전체 보수에서 차지하는 비중이 일정 수준 이하여야 하고 그와 관련된 정보가 공개될 필요가 있다.

⑸ 회계법인의 재무제표 역시 투명성 확보의 관점에서 검증의 대상으로 삼을 필요가 있다. 경쟁관계에 있는 회계법인들 간의 회계감사가 부적절하다면 감독당국에게 회계감사를 수행하도록 하는 방안 역시 고려할 필요가 있다.

⑹ 이해상충 방지와 독립성 강화를 위해 신용평가기관 Regulation에서 마련하고 있는 조직구조 등에 관한 규정(예: 일정 수 이상의 사외이사 도입)을 도입하는 것 역시 검토할 필요가 있다.

⑺ 현행 외부감사 Directive는 회계사들의 파트너십(조합)을 근간으로 하고 있으나, 손해배상책임 위험 등에 대응하여 회계법인 규모를 키울 필요가 있는 이상 외부 자금 조달이 가능한 구조 역시 고려할 필요가 있다.

제3장

각국의 공시제도 관련 손해배상책임

Ⅰ. 서설

1. EU 규정상의 책임

EU법은 투자설명서, 정기공시 및 수시공시에 따른 민사상의 손해배상책임에 대해서 원론적 차원의 입장만을 밝히고 있다.

가. 투자설명서와 관련된 책임

투자설명서 Regulation 제11조 제1항은 회원국들에게, 적어도 발행자 또는 그 행정·경영·감독조직, 정규시장 상장신청자 등이 투자설명서 및 부속서류에 기재된 정보를 책임(responsibility)지도록 할 것을 요구하고 있다. 위 Regulation 제11조 제2항은, 회원국들이 법령, 규정, 행정적 조항을 통해 제1항의 사람들에 대해 민사상의 책임(civil liability[47])을 부담하도록 할 것 역시 규정하고 있다.

유럽연합 시민 모두에게 직접 효력을 가지는 Regulation의 조항이 회원국을 상대로 입법 및 실행 의무를 규정한 것은 다소 이례적이다. 또한, 입법의무의 내용 역시 구체성을 결여하고 있다.

47) Responsibility와 Liability의 차이에 대해서는 각주 15 참조.

한편, 투자설명서 등의 중요정보 왜곡 등이 있는 경우 주주에게 발행된 증권과 상환으로 납입한 대금을 반환하도록 하는 회원국 법률은 회사법에 관한 제2차 Council Directive[48]상의 자본금 유지, 출자금 반환 금지, 채권자 보호 등에 관한 유한책임회사의 의무를 위반하는 것이 아니다.[49]

나. 유통공시와 관련된 책임

유통공시 Directive 제7조는, 공시되는 재무제표 등에 관한 법률, 규칙 혹은 행정법규상 책임에 관한 조항들이 최소한 발행자 또는 그 내부에서 책임 있는 개인들에게 적용되어야 한다는 일반적 언급만을 하고 있다.

이 조항 역시도 회원국들에게 개인들의 손해배상책임에 관한 조항을 규정할 것을 요구한 것이 아니다. 또한, 위 조항의 문언상 책임은 반드시 민사 책임일 필요가 없고 행정적 책임을 부과하는 것만으로도 회원국은 입법의무를 다한 것으로 볼 수 있다.

다. 외부감사인 책임

외부감사 Directive에서는 앞서 본 것처럼 집행위원회가 손해배상책임 제한 등에 관한 권고의견을 발표할 의무가 있다는 점만을 제시하고 있을 뿐 그 내용에 대해서는 별다른 규정이 없다.

2. 각국 손해배상책임 제도의 상이성

EU가 공시제도와 관련한 공통의 민사상 책임을 마련하는 방향으로 나아가지 않은 데에는, 각국의 민사상 책임 제도가 너무 달라 공통 규정을 만들기가 쉽지 않다는 점이 중요한 이유가 된 것으로 생각된다. 예를 들어, 대륙법계 나라에서 일반적으로 자본시장과 관련된 손해배상책임이 일반적인 불법행위의 문제로 다루어지고 있으나, 스페인에서는 투자설명서, 인수·합병과 관련된 손해배상책임이 계약책임의 연장선상에서 취급되고, 네덜란드에서는 투자설명서와

48) 정식 명칭: Council Directive 92/101/EEC of 23 November 1992 amending Directive 77/91/EEC on the formation of public limited- liability companies and the maintenance and alteration of their capital.

49) Case C-174/12 Alfred Hirmann v Immofinanz AG EU:C:2013:856.

관련된 민사책임이 잘못된 광고에 준하여 취급되고 있다고 한다.[50)]

EU 차원에서 구체적인 입법 내용이 정해지지 않은 상황에서 각국의 손해배상책임은 다양한 모습으로 나타난다. 예컨대, 투자설명서 Regulation 제11조 제1항은 손해배상책임의 부담 주체에 관해 “또는”이라는 문언을 사용하고 있어 각국은 발행회사와 그 내부의 이사 등 자연인들 중 어느 한쪽 또는 양쪽 모두에게 손해배상책임을 부담하도록 선택할 수 있다.[51)] 그에 따라 책임의 부담주체가 나라별로 상이하게 나타난다. 독일의 제정법은 발행회사 외에 그 내부의 이사 및 그 외부의 외부감사인, 인수인 등에 대해 별도로 손해배상책임을 규정하지 않고 있다. 반면 이탈리아 통합금융법(Testo Unico della Finanza, TUF) 제94조는 이들 역시 손해배상책임을 부담하도록 하고 있다.[52)] 프랑스의 경우 아예 별도의 제정법 없이 민법상의 불법행위 원칙[53)]에 따라 이 문제가 규율된다.

외부감사인의 손해배상책임 역시 통일되어 있지 않다. 이탈리아,[54)] 프랑

50) Wolf-George Ringe & Alexander Hellgardt, The international dimension of issuer liability – Liability and choice of law from a transatlantic perspective (Max Planck Institute for Intellectual Property, Competition & Tax Law Research Paper No. 10-05), http://ssrn.com/abstract=1588112, p. 13.

51) Carsten Gerner-Beuerle, Underwriters, Auditors, and other Usual Suspects: Elements of Third Party Enforcement in US and European Securities Law, 6(4) European Company and Financial Law Review, p. 492 (2009).

52) 이탈리아 통합금융법 제94조 제8항은 발행자, 제공자, 보증인 외에 투자설명서에 포함된 정보에 대한 책임이 있는 사람들을 손해배상책임의 부담 주체로 포함하고 있는데, 여기에는 회사의 이사 외에 외부감사인, 변호사 등이 포함된다. Dmitri Boreiko & Stefano Lombardo, Prospectus Liability and the Role of Gatekeepers as Informational Intermediaries: an Empirical Analysis of the Impact on the Statutory Provisions on Italian IPOs (European Corporate Governance Institute Working Papaer No. 359/2017), p. 11. 참조. 또한, 이탈리아 통합금융법 제94조 제9항은 금융상품의 배정을 담당한 중개기관, 곧 인수인에 대해서도 손해배상책임을 부담시키고 있다.

53) 프랑스의 공시 제도와 관련한 민사상의 책임은 민법 제1382조 및 제1383조(불법행위에 관한 일반적 조항)를 기초로 다뤄진다. 인과관계나 손해배상액은 원고가 입증책임을 부담하고 법원이 인과관계를 추정하는 등의 원칙을 채택한 바 없다. 투자자들에 대해서는 상당히 높은 수준의 입증이 요구된다. Bas J. de Jong, Liability for Misstatements – the Elements of Causation and Damages, http://ssrn.com/abstract=1688273, p. 2.

54) 이탈리아는 공시 제도와 관련하여 가장 엄격한 손해배상책임을 규정하고 있다. 외부감사인은 감사 대상 회사가 의도적으로 분식회계를 벌이고 허위 감사 자료를 제공한 경우에도 해당 회사에 대해 손해해배상책임을 진다. ‘자신이 벌인 위법한 행위와 관련하여 구제를 청구할 수 없다(Ex turpi causa non rotur action)’는 항변은 허용되지 않는다. Paulo Giudici, Auditors’ Multi-Layered Liability Regime, 13 European Business Organization Law Review, p. 526 (2012).

스[55] 법제는 감사인의 공적 역할을 강조하면서 감사대상회사 외의 제3자에 대한 책임을 비교적 폭넓게 인정하는 반면, 독일, 영국, 스페인 등에서 감사인은 감사대상 회사 혹은 집단으로서의 주주에 대해서만 선관주의 의무를 부담하고 있다. 영국, 아일랜드와 같은 보통법 체제에서는 감사인의 제3자에 대한 책임이 법원 선례에 의해서도 제한된다.[56]

3. 우리나라 및 미국과의 비교

공시와 관련한 유럽 각국의 손해배상책임 제도는, 아래에서 설명하는 것처럼, 우리나라나 미국과 비교하여, 대체로 상당히 제한적으로만 인정된다. 미국과 같이 시장사기이론(fraud-on-market theory)에 기초하여 거래인과관계를 추정하는 법리[57]는 대체로 받아들여지지 않는다.

전통적으로 회계감사가 회사 내부자에 의해 시행되었고 이들이 은행이나 상거래 채권자에 대한 관계에서 이사 등과 동일한 책임을 부담하였던 것과 관련이 있다고 한다. Paulo Giudici, 위의 논문 p. 534 참조.

55) 프랑스는 외부감사인에 대해서는 손해배상책임을 규정하는 조항이 있다. 상법 제234조는, 감사인이 고의 또는 과실로 직업적 의무를 위반함으로써 발생한 손해에 대하여 감사대상 회사 및 제3자에게 손해배상책임이 있음을 규정하고 있다. 여기서 제3자는 감사인이 구체적으로 알거나 예상할 수 있는 사람일 필요가 없고 합리적으로 예상할 수 있는 사람이면 충분하다. 다만, 외부감사인은 회사 경영진 및 직원(managers and corporate officers)에 의한 위반 사항에 대해서는 이를 알면서도 보고서에 기재하지 아니하였다는 사정이 없는 해당 부분에 대하여 제3자에게 손해배상책임을 부담하지 아니한다. 즉, 외부감사인은 비례책임을 부담한다. J. Chung et al., Auditor liability to third parties after Sarbanes-Oxley: An international comparison of regulatory and legal reforms, 19 Journal of International Accounting, Auditing and Taxation, p. 73 (2010) 참조.

56) 대부분의 나라들은 연대책임을 원칙으로 하면서 책임을 제한하는 제도들을 두고 있다. 그러나 책임의 제한에는 여러 대안적 방법들이 적용되고, 그 구체적 내용 또한 다르다. 상한(cap)을 설정하는 방법의 경우, 독일은 상한이 외부감사인의 감사대상 회사에 대한 책임에 관해서만 허용되는 반면, 벨기에, 오스트리아, 그리스의 경우 외부감사인의 제3자에 대한 책임에 대해서도 역시 상한이 설정되어 있다. Anna Samsonova, 각주 22, p. 9 참조.

57) 미국 연방대법원은 Basic 사건[Basic Inc. v. Levinson, 485 U.S. 224 (1988)]에서, 효율적 시장에서는 중요한 정보의 허위기재 또는 기재 누락이 주가에 영향을 미치고, 투자자들은 그러한 주가가 진실한 것을 믿고 거래하므로, 간접적으로 중요정보 허위 기재 등과 거래 간의 인과관계가 추정된다는 법리를 밝히고 있다. 이러한 논리에 따르면, 일정 기간 동안 주식 등을 거래한 opt-out 집단소송의 구성원들에 대하여 일률적으로 거래인과관계가 추정되므로, 결과적으로 연방민사소송규정(Federal Rules of Civil Procedure) 제23조에 따른 공통성 요건 등이 충족될 수 있다.

우리나라 대법원은 "주식거래에 있어서 대상 기업의 재무상태는 주가를 형성하는 가장 다만, 일부 전향적인 시도도 발견된다. 네덜란드 대법원은 투자설명서의 부실기재와 관련한 World Online 사건에서 문제가 되는 공시사항이 중요한 것이라는 점만으로 간접적으로 거래인과관계가 인정될 수 있다고 판단하였다.[58] 당해 공시사항의 허위 기재 또는 누락이 어떤 증권에 대한 시장의 지배적인 분위기를 오도하거나 투자자문 활동에 영향을 끼칠 수 있기 때문이다.[59] 독일의 법학이론은 투자설명서가 투자자들로 하여금 증권을 매수하도록 설득하는 분위기를 만들 수 있기 때문에 투자설명서에 대해 거래인과관계가 인정되어야 한다고 한다.[60]

Ⅱ. 독일의 공시 관련 손해배상책임 법제

1. 투자설명서법상의 손해배상책임

독일 투자설명서법(Wertpapierprospektgestz, WpPG[61]))은 EU 투자설명서 Regulation이 구체적으로 언급하지 않은 채 회원국 법률에 맡겨 둔 민사상의 손해배상책임에 관해 규정하고 있다.

가. 손해배상책임을 부담하는 자

적어도 투자설명서의 제공자, 발행자, 그 승인을 신청한 자 및 주관회사는 명시적으로 책임(Verantwortung, 즉 responsibility)을 부담하여야 한다. 투자설명서

중요한 요인 중의 하나이고, 대상 기업의 재무제표에 대한 외부감사인의 회계감사를 거쳐 작성된 감사보고서는 대상 기업의 정확한 재무상태를 드러내는 가장 객관적인 자료로서 일반투자자에게 제공·공표되어 그 주가 형성에 결정적인 영향을 미치는 것이므로, 주식투자를 하는 일반투자가로서는 그 대상 기업의 재무상태를 가장 잘 나타내는 감사보고서가 정당하게 작성되어 공표된 것으로 믿고 주가가 당연히 그에 바탕을 두고 형성되었으리라는 생각 아래 대상 기업의 주식을 거래한 것으로 보아야 한다"고 판시하였는데(대법원 1997. 9. 12. 선고 96다41991 판결), 이는 미국의 시장사기이론을 채택한 것으로 이해되고 있다.

58) Bas J. Dejong, Liability for Misrepresentation – European Lessons on Causation from the Netherlands, 8 European Company and Financial Law Review, p. 353 (2011).

59) 위의 논문, p. 356.

60) 위의 논문, p. 359.

61) 정식 법률명칭: Gesetz über die Erstellung, Billigung und Veröffentlichung des Prospekts, der beim öffentlichen Angebot von Wertpapieren oder bei der Zulassung von Wertpapieren zum Handel an einem organisierten Markt zu veröffentlichen ist.

Regulation 제3조 제1항에 따른 증권의 공모에 대해서는 투자설명서 제공자가 어떠한 경우에도 책임을 부담한다. 증권이 투자설명서에 기초하여 정규시장에 상장되는 경우 발행자 외에, 발행자와 함께 상장을 신청한 주관회사(신용기관, 투자회사, 독일 은행법 제53조 제1항 제1문 또는 제53b조 제1항에 따른 회사)가 투자설명서에 대한 책임을 부담한다. 증권에 대해 보증이 제공된 경우 보증인 또한 투자설명서 내용에 대해 책임을 부담한다(제8조).

제8조에 따라 자기 책임을 표시한 자는 투자설명서상 중요한 사항의 거짓 기재 또는 누락에 관하여 손해배상책임(Haftung)을 부담한다.

나. 증권상장의 경우 손해배상의 범위

증권 상장의 기초가 된 투자설명서에서 증권의 평가를 위해 필요한 본질적인 기재사항이 부정확하거나 불완전한 경우 투자설명서에 대한 책임(Verantwortung)을 떠안은 자 및 투자설명서를 발행한 자는, 증권 매수자의 증권 매수가 (i) 투자설명서 발행일로부터(始期), (ii) 증권 최초 상장 후 6개월까지(終期) 기간 중 이루어진 경우, 연대하여 증권의 매수자에 대해 매수가격(매수가격이 최초 발행가격을 초과할 수 없다) 및 증권 매수에 통상 수반하는 비용을 배상할 책임이 있다(제9조 제1항 제1문).[62]

발행가격이 설정되지 않은 경우, 발행가격은 증권의 상장 이후 처음 결정된 가격을 의미한다. 여러 국내 거래소에서 동시에 가격이 발견되는 경우 발행가격은 가장 높은 최초의 가격을 의미한다(제9조 제1항 제2문).

동일한 발행자가 발행한 증권으로서 특징, 기타 면에서 제1문의 증권과 구분되지 않는 증권의 매수에 대해서도 제1, 2문이 준용된다(제9조 제1항 제3문).

매수인이 더 이상 당해 증권을 보유하고 있지 않은 경우 당해 매수인은 자기 매수가격(최초 발행가격을 넘을 수 없다)과 매도가격 간의 차액 및 매도·매수와 관련한 통상적인 비용의 지급을 청구할 수 있다. 제1항의 제2문 및 제3문이 이 경우에도 적용된다(제9조 제2항).[63]

62) 손해배상청구권자가 6개월 이내 취득자로 제한된 점에 특색이 있는데, 그 이후의 증권 취득은 투자설명서와 인과관계가 있다고 보기 어렵기 때문이다.

63) 외국에 주소를 둔(mit Sitz im Ausland) 발행인의 증권이 외국 거래소에도 상장된 경우 독일 내에서 체결된 거래에 기하여 또는 전적으로/부분적으로 국내에서 이행된 증권 서비스에 따라 취득된 경우에만 제1항 또는 제2항에 따른 청구권이 인정된다(제9조 제3항).

다. 상장되지 않는 증권 발행의 경우 손해배상의 범위

제10조는 상장되지 않은 증권의 투자설명서에 대해서도 유사한 손해배상책임을 규정하고 있다. 투자설명서 Regulation 제3조 제1항에 따라 발행된 투자설명서 중 국내 증권 거래소 상장의 기초가 되지 않은 투자설명서에 증권의 평가를 위해 본질적인 정보가 부정확하거나 불완전하게 기재된 경우에도 제9조가 적용된다. 이 경우 6개월 기산점은 국내에서 최초로 공모를 한 시점으로 한다.[64)]

라. 면책사유

정보의 부정확성, 불완전성에 관해 몰랐고 모른 데에 중과실이 없는 자는 제9조 또는 제10조의 책임이 면책된다(제12조 제1항). 즉, 손해배상책임은 악의 또는 중과실이 있는 경우에만 성립한다. 다만, 입증책임은 피고가 부담한다(제12조 제1항).

또한 ① 증권을 투자설명서에 기초하여 취득하지 않은 경우, ② 투자설명서에 포함된 부정확하거나 누락된 정보가 주식가격의 하락에 기여하지 않은 경우, ③ 매수인이 매수 시점에서 투자설명서 정보의 부정확성 또는 불완전성을 알고 있었던 경우, ④ 발행자의 연간 또는 중간 재무제표에 따른 매수거래를 종결하기 전에 불공정거래 Regulation 제17조에 따른 내부정보의 공개가 이루어지고 그에 따라 이미 이루어진 정보의 부정확성, 불완전성에 대한 정정이 이루어진 경우, ⑤ 증권의 매수가 투자설명서 Regulation 제7조에 따른 요약설명서 등에 기초해서만 이루어졌고 위 요약설명서 등이 오도하거나 부정확하거나 투자설명서의 다른 부분과 모순되는 내용이 없는 경우 제9조 또는 제10조에 따른 손해배상책임이 성립하지 않는다(제12조 제2항).

마. 면책 약정의 효력

사전에 손해배상책임을 면제 또는 감경하는 약정은 무효이다. 이 조항은 계약 또는 위법행위에 따른 민사상 책임조항에 기한 청구에 영향이 없다(제16조).

---

64) 제9조 제3항은 외국에 주소를 둔 발행자가 외국에서 공모를 한 경우 당해 발행인에 대해 적용된다(제10조).

2. 증권거래법상의 손해배상책임

독일 증권거래법(Wertpapierhandelsgesetz) 제97조는 EU 불공정거래행위 Regulation(Market Abuse Regulation)이 정한 내부정보의 적시 공개의무 위반에 따른 손해배상책임을 규정하고 있다. 독일에서 EU 유통공시 Directive(Transparency Directive)가 정한 정기공시에 관한 손해배상책임을 규정한 제정법상의 조항은 발견되지 않는다.

가. 내부정보의 지연 공시에 따른 책임

독일 내 거래소에 상장하였거나 독일 내 정규시장 또는 다자간 거래소에 상장을 신청한 금융상품의 발행자가 자신과 직접적으로 관련된 내부정보를 지체 없이 공시하지 아니한 경우 당해 발행자는 ① 정당한 정보 공시 시점 이후에 금융상품을 매수하여 해당 내부정보가 알려진 시점에서 아직 이를 보유하고 있는 투자자 또는 ② 문제가 되는 내부정보와 관련된 사건 이전에 금융상품을 매수한 후 정당한 공시시점 이후에 이를 매도한 투자자에 대해 손해를 배상할 책임이 있다(제1항).

손해배상책임의 부담주체는 투자설명서와 달리 발행인(대개 법인)으로 한정되어 있다.

위 ①은 악재성 정보, 위 ②는 호재성 정보의 공시 지연을 상정한 것이다.[65] 위 ①의 경우 투자자가 매수 시점에서 당해 내부정보의 존재를 알았다면, 위 ②의 경우 투자자가 매도 시점에서 당해 내부정보의 존재를 알았다면 손해배상책임은 성립하지 않는다(제3항).

발행인이 정보 공시의 지연에 관해 고의가 아니고 중과실이 없었음을 입증하는 경우 면책된다.

나. 사실과 다른 내부정보 공시에 따른 책임

독일 증권거래법 제98조는 독일 내 거래소에 상장하였거나 독일 내 정규시장 또는 다자간 거래소에 상장을 신청한 금융상품의 발행자가 사실과 다른

65) 회사 주가와 반대 방향으로 움직이는 금융상품, 예컨대 주식을 기초자산으로 한 풋옵션의 경우라면 반대가 될 것이다. 제98조의 경우에도 마찬가지이다.

내부정보(EU 불공정거래행위 Regulation 제17조에 따른 공시로서 발행자와 직접적으로 관련된 것)를 공개한 경우 당해 내부정보의 정확성에 의존함으로써 발생한 제3자의 손해를 배상할 책임이 있다고 규정하고 있다(제1항).

이는 ① 투자자가 당해 부정확한 공시 이후 금융상품을 매수하여 당해 정보가 부정확하다는 점이 알려진 시점에 이를 보유한 경우 또는 ② 투자자가 당해 부정확한 공시 이전에 금융상품을 매수하여 당해 정보가 부정확하다는 점이 알려지기 이전에 이를 매도한 경우에 적용된다(제1항).

위 ①은 서짓의 호재싱 징보를 공시한 경우, 위 ②는 기짓의 악제성 정보를 공시한 경우를 염두에 둔 것으로 이해된다. 위 ①의 경우 투자자가 매수 시점에서 당해 정보의 부정확성을 알았던 경우, 위 ②의 경우 투자자가 매도 시점에서 당해 정보의 부정확성을 알았던 경우 손해배상책임이 성립하지 아니한다(제3항).

발행인은 당해 정보가 사실과 다르다는 점을 몰랐고 모른 데에 중과실이 없다는 점을 입증하면 면책된다(제2항).

다. 거래인과관계의 문제

위 두 개 조항과 관련하여 독일 연방대법원은 신뢰(거래인과관계)에 대한 실제 입증을 요구하며 미국식의 시장사기이론 등은 받아들이지 않는다.[66]

3. 상법 제323조의 손해배상책임(외부감사인의 경우)

독일 상법(Handelsgesetzbuch) 제323조는 외부감사인의 감사대상 회사에 대한 손해배상책임을 정하고 있다.

외부감사인 및 보조자, 외부감사법인의 대표자는 양심적이고 불편부당하게 회계감사를 수행할 의무 및 비밀을 유지할 의무가 있다. 고의 또는 과실로 이러한 의무를 위반한 경우 당해 회사 또는 관계회사의 손해를 배상할 책임이 있다. 여러 사람이 책임을 부담하는 경우 연대책임 관계에 있다(제1항).

과실에 의해 의무를 위반한 자의 손해배상은 회계감사 한 건당 100만 유로로 제한된다. 주식이 정규시장에 상장된 회사의 경우에는 한도를 400만 유로로

66) Brigitte Haar, Civil Liability of Credit Rating Agencies after CRA 3 - Regulatory All-or-Nothing Approaches between Immunity and Over-Deterrence (University of Oslo Faculty of Law Legal Studies Research Paper Series No. 2013-02), p. 6.

한다. 이러한 한도는 책임을 부담하는 사람이 여럿인 경우에도 그대로 적용된다. 다른 투자자들이 고의로 의무를 위반한 경우에도 한도에는 차이가 없다(제2항).[67]

이러한 손해배상의무는 약정에 의해 면제 또는 감면할 수 없다(제4항).

4. 민법상의 손해배상책임

우리나라의 수시공시에 해당한다고 볼 수 있는 내부정보 공개의무와 관련된 증권거래법 제97조 및 제98조는 공시와 관련된 발행회사 이사 등의 손해배상책임을 규정하고 있지 않다.

또한, EU 유통공시 Directive의 대상인 정기공시와 관련하여 손해배상책임을 정한 조항은 발견되지 않는다.

외부감사인에 대해서도 제3자의 투자자 등에 대한 손해배상책임을 정한 조항이 발견되지 않는다.

여기에 대해서는 일반 민법상의 손해배상책임의 적용 영역에 해당하는 것으로 해석된다.[68]

Ⅲ. 영국의 공시 관련 손해배상책임 법제

1. 발행회사 등의 손해배상책임

가. 발행공시에 관한 손해배상책임 규정

영국의 금융서비스시장법 제90조는 발행공시에 관한 손해배상책임을 규정하고 있다.

금융서비스시장법 제90조 상장시 제출서류 또는 투자설명서에 관한 손해배상책임

(1) 상장 시 제출서류에 관하여 책임 있는 모든 사람은[69] (a) 당해 서류가 적용되는 증권을 취득하고, (b) 당해 서류의 잘못된 또는 오도하는 내용, 제80조

---

67) 명시적으로 규정되어 있지 않으나, 연대채무를 부담하는 여러 의무 위반자들 중 일부가 고의인 경우 그러한 자에 대해서는 한도가 적용되지 않고 나머지 사람에 대해 100만 유로, 400만 유로의 한도가 적용되는 것으로 해석해야 할 것으로 보인다.

68) Bas J. Dejong, 각주 58, p. 360.

또는 제81조에 따라 포함될 것이 요구되는 정보의 누락에 따라 손해를 입은 사람에 대해 그 손해를 배상할 책임이 있다.

(1) 손해배상책임의 부담주체

투자설명서 Regulation이 정규시장을 규율 대상으로 삼은 것과 달리 영국 금융서비스시장법 제90조는 모든 거래소에 대한 상장서류를 대상으로 하고 있다.[70] 손해배상책임을 부담하는 사람은 발행자 외에 이사 및 서류 작성에 관여한 자연인을 포함하는 것으로 해석된다.[71] 외부감사인은 여기에 해당할 가능성이 높고, 만약 증권인수인이 서류 작성에 책임이 있었다면 그 역시도 손해배상책임을 부담할 가능성이 있는 것으로 해석된다.[72]

(2) 신뢰 요건의 필요성

위 조항은 유통공시에 관한 제90A조, Schedule 10의 경우와 달리 명시적으로 신뢰(reliance)를 요구하지 않고 있다. 구성요건으로서 신뢰가 필요하지 않다는 해석이 있으나[73] 다소 의문이다. 위 구성요건은 상장 제출 서류 등에 포함된 잘못된 내용 등에 따라 손해가 발생할 것을 요구하는데, 위 조항이 미국식의 시장사기이론(fraud on market theory)이 전제된 것으로 볼 근거는 없고,[74] 신뢰 요건 외에 잘못된 정보와 손해를 매개할 다른 요소들을 찾기 어렵기 때문이다.

(3) 면책사유

금융서비스시장법 Schedule 10은 위 제90조의 면책에 관한 사항을 정하고 있다.

첫째로, 피고가 투자설명서에 포함된 진술이 진실한 것으로 믿었던 경우 면책된다(제1항). 즉, 구성요건으로서 악의(scienter)가 요구되며 단순히 과실에 의한 미기재 또는 기재누락은 책임의 대상에서 제외된다.

두 번째로, 투자설명서 또는 부속서류에 포함된 사항 중 전문가의 진술 부

---

69) "Any person responsible for listing particulars."

70) Eilís Ferran, Are US-Style Investor Suits Coming to the UK?, 9(2) Journal of Corporate Law Studies, p. 319 (2015).

71) Hudson, The Law of Finance, para. 39-36 (Sweet & Maxwell, 2nd edition, 2013).

72) Carsten Gerner-Beuerle, 각주 51, p. 494.

73) Eilís Ferran, 각주 70, p. 325; Hudson, 각주 71, para. 39-37.

74) Eilís Ferran, 각주 70, p. 326.

분에 관한 것으로서 당해 전문가가 그러한 진술에 동의하였고 피고가 위 진술이 진실한 것으로 믿었던 경우이다(제2항).

세 번째로, 원고가 증권을 취득하기에 앞서 당해 진술에 대한 정정이 이루어졌고 그러한 정정이 관심을 환기시키는 적절한 방식으로 이루어진 경우 피고는 면책된다(제3항).

네 번째로, 전문가가 충분한 역량을 갖추지 못했거나 진술이 투자설명서 등에 포함되는 것에 동의하지 않은 경우, 원고가 증권을 취득하기에 앞서 그러한 사실이 공개되었고 그에 관해 적절하게 주의를 환기하였던 경우 피고는 면책된다(제4항).

다섯 번째로, 상장 부속서류 등을 정확하고 공정하게 옮겨서 발표한 경우 그러한 사람은 면책된다(제5항).

마지막으로 원고가 어떤 진술이 잘못되어 있거나 중요사항이 누락되어 있다는 점 혹은 당해 사실의 변경 등을 알고 있었던 경우 피고는 면책된다(제6항).

나. 유통공시에 관한 손해배상책임 규정

(1) 적용 대상

금융서비스시장법 제90A조 및 Schedule 10A는 유통공시에 관한 책임, 곧 연차 혹은 반기 보고서 등에서 오도하는 기재(misleading statement), 부정직한 누락(dishonest omission), 부정직한 정보 공개 지연(dishonest delay)이 있는 경우 그에 따른 발행자의 손해배상책임을 규정하고 있다. 발행공시 손해배상책임에 관한 제90조, Schedule 10과 달리 본 조항은 EU 유통공시 Directive에 따른 회원국의 입법의무를 이행하기 위해 새로 도입되었다.

제90A조는 정규시장 및 다자간 거래소를 적용대상으로 한다[Schedule 10A 제8(1)항]. 정규시장만을 대상으로 한 유통공시 Directive보다 적용범위가 넓다.

문제가 되는 정보가 상장 제출 서류, 투자설명서에도 포함되어 있고 발행자가 제90조에 따른 책임을 부담하는 경우 제90A조에 따른 손해배상책임은 적용되지 않는다(Schedule 10A, 제4항).

(2) 청구권자

어떠한 공개된 정보를 신뢰하여 증권을 취득, 보유 혹은 처분한 사람은 원고가 될 수 있다[Schedule 10A, 제3(1)항].

그런데 Schedule 10A 제8(3)항은 위 증권의 취득, 처분이 '증권에 관한 수익권(interest in securities)'을 취득, 처분하는 경우를 포함한다고 규정하고 있다. 현행 증권 거래 시스템은, 실물 증권 없이 주로 금융기관들이 명목상의 소유자로 등록되고, 브로커들(시스템 참여자들)이 위 명목상의 소유자에 개설된 자신의 계좌를 통해 주식을 보유하며, 최종적으로 실제 투자자들은 다시 위 브로커들이 개설한 계좌를 통해 주식을 보유하는 중층적 구조로 되어 있다. 영국법에서는 이러한 관계가 중층적인 신탁관계로서 이해, 규율된다. 위 Schedule 10A 제8(3)항이 이러한 사정을 반영한 것으로 이해되지만, 동일한 손해에 관한 중복청구의 가능성 등을 들어 위 문구가 청구권자를 증권의 명목상 소유자(중개업자)로 한정하는 취지라고 해석하는 견해도 있다.[75] 이러한 견해는 실제 증권 투자에서 손해를 본 자를 배제하여 금융서비스시장법 제90A조를 사실상 사문화하는 결과를 낳게 되므로 타당하지 못한 것으로 생각된다.

(3) 신뢰

신뢰에 관하여 시장사기이론 등에 의존할 수 없고 원고가 구체적인 사실관계를 들어 신뢰의 존재를 입증하여야 한다.[76]

(4) 손해배상의무를 부담하는 자

제90A조는 발행사의 배상책임을 정하였을 뿐 이사 등 개인을 피고로 정하지 않고 있다. Schedule 10A 제7(2)항은 보다 명확하게 이사 등 개인은 발행자에 대해서만 관련된 손해에 관한 배상책임이 있다고 규정하고 있다. 즉, 금융서비스시장법 하에서 이사 등 개인은 회사 외부의 투자자에 대해 유통공시와 관련한 손해배상책임이 없다.

한편 Schedule 10A 제7(1)항은 발행자가 정보의 허위기재, 오도, 누락, 부정직한 지연에 관하여 다른 민사상 책임을 부담하지 않는다고 규정하고 있다. 다만, 제7(3)항은 위 제7(1)항 및 제7(2)항이 형사책임, 과징금 외에 금융서비스시장법 제90조, 2006년 회사법 제954조에 따른 인수합병 Panel의 명령 등에 기한 손해배상책임 등 몇 가지 민사책임에 대해서는 적용되지 않는다고 정하고 있다.

---

75) J Benjamin & L Gullifer, Stewardship and Collateral: The Advantages and Disadvantages of the No Look Through System in Intermediation and Beyond, p. 237 (L. Gullifer & J Payne, 2019); A Hudson, Securities Law para. 23-13 (Sweet & Maxwell, 2nd edition, 2013).

76) Eilís Ferran, 각주 70, p. 326.

또한 제7(4)항은 금융서비스시장법 제382조 및 제384조에 따른 원상회복(restitution) 명령 등에도 영향이 없다고 한다.

결국 위 Schedule 10A 제7(1)항은 보통법상의 부실표시에 따른 발행자 및 관련 개인들의 손해배상책임을 배제하는 것으로 이해된다.[77]

(5) 주관적 요건

발행자는 발행자 내에서 경영상의 의무를 부담하는 자가 당해 진술이 사실이 아니거나 오도한다는 점에 관해 알았거나 그에 관해 무모하였을(reckless) 경우에만 책임을 진다[Schedule 10A, 제3(2)항]. 여기서 '무모함'이란 부정확한 정보공시의 위험이 명백함에도 이를 필사적으로 외면하는 심리상태를 말하는 것으로, 과실 또는 중과실과는 다르다.

정보의 누락에 관해서는 경영상의 의무를 부담하는 자가 '당해 누락은 중요한 사실의 부정직한 은폐에 해당한다'는 점을 알았을 경우에[Schedule 10A, 제3(3항)], 정보 공개의 지연에 관해서는 경영상 의무를 부담하는 자가 정보 공개를 지연함에 있어 부정직하게 행동하였을 경우에 각 발행자가 책임을 부담한다[Schedule 10A, 제5항].

경영상의 의무를 지는 사람은 이사 등을 말한다[Schedule 10A, 제8(5)항]. 즉, 주관적 요건은 발행자 회사의 이사 등을 기준으로 판단한다.

(6) 손해배상의 범위

손해배상은 원고의 재산상태를 거짓의 공시가 없었을 경우 형성되었을 수준으로 돌려 놓는 것이어야 한다. 원고는 증권 취득 시의 완전한 매입가격에서 당해 증권의 진정한 가격을 차감한 잔액을 청구할 수 있다.

그러나 취득일을 기준으로 하는 위와 같은 방법이 항상 적용되는 것은 아니다. 대법원(House of Lord[78])은 계산상의 곤란 때문에 증권사기의 피해자에게 불공정한 결과를 가져오는 경우에는 이러한 방법을 적용하지 않을 수도 있다고 한다.[79]

77) Hudson, 각주 75, para. 39-48.

78) House of Lords는 영국의 상원을 의미한다. 영국에서 2009년 대법원(Supreme Court of the United Kingdom) 설립 이전까지는 상원 구성원 중 일부(Law Lords)가 최종 심급을 담당하였다.

79) Eilís Ferran, 각주 70, p. 325.

다. 금융서비스시장법 제90조 및 제90A조에 대한 평가

위 두 개 조항에 근거한 손해배상청구가 받아들여진 사례는 찾아보기 어렵다. 이에 대해 제정법에 마련된 조항이 별다른 실효가 없다는 입장과 사전적 규제가 효과적으로 작동한 데 따른 자연스러운 결과라는 상반된 평가가 모두 나오고 있다.[80]

2. 외부감사인의 손해배상책임

가. 제정법

(1) 감사대상회사에 대한 책임

2006년 회사법 Part 16, Chapter 6에서 외부감사인의 책임을 규정하고 있으나, 그 범위는 재무제표를 이용하는 제3자가 아니라 피감사회사로 한정되어 있다. 과실, 의무 위반, 수탁책임(trust)의 위반 등에 따른 외부감사인의 책임을 면제하는 약정은 원칙적으로 무효이다(제532조).

그러나 2006년 회사법 제534조에 따르면 그에 대한 예외로서 외부감사인이 피감사회사와의 계약에 의해 책임을 제한할 수 있도록 하고 있는데, 이러한 계약은 각 회계연도별로 체결되어야 한다. 위 계약은 피감사회사 주주총회의 승인을 받아야 하고 그 금액은 공정하며 합리적이어야 한다. 그러나 문제가 된 회계부정에 대해 알았거나 무모했던 경우는 책임이 제한되지 아니한다.

2006년 회사법은 책임 제한의 방법에 대해서는 아무런 제약을 두고 있지 않아서 제535조 제4항은 "책임 제한 약정이 체결되는 방법은 중요하지 않다. 특히 제한된 금액이 계약서상에 합계 금액이나 산식(formula)으로 적시될 필요가 없다"고 규정하고 있다.

(2) 감사대상회사 외 제3자에 대한 책임

외부감사인의 제3자에 대한 책임을 명시적으로 언급한 제정법 조항이 발견되지 않는다. 다만, 외부감사인이 투자설명서 내용 중 일부에 관하여 책임이 있다면 앞서 소개한 금융서비스시장법 제90조에 따른 손해배상책임을 부담할 여지가 있는 있는 것으로 이해된다.

80) Eilís Ferran, 위의 논문, p. 319.

나. 보통법

(1) 감사대상회사에 대한 책임

보통법은 외부감사인이 회계감사계약의 상대방(감사대상회사)에 대해 주의의무를 부담함을 전제로 외부감사인의 과실이 손해의 원인이 된 경우 감사대상회사에 대한 손해배상책임을 인정한다. 1844년 주식회사법(Joint Stock Companies Act of 1844)이 투자설명서 발행 시 3년간의 손익에 관한 외부감사인의 보고서를 요구한 이후 외부감사인은 주주총회에서 선임된 주주의 대리인으로서 경영진을 감시한다는 관념이 자리잡고 있었고, 그러한 관념은 외부감사인이 이사의 부정행위를 발견하지 못한 경우 손해배상책임을 부담하도록 하는 근거가 되었다고 한다.[81)]

다만, 1인 회사를 지배하는 자가 기망 행위를 벌인 경우 회사는 '자신이 벌인 위법한 행위와 관련하여 구제를 청구할 수 없다(Ex turpi causa non rotur action)'는 법리에 따라 감사인에게 손해의 배상을 구할 수 없다.[82)]

(2) 투자자 등 제3자에 대한 책임

보통법은 외부감사인의 제3자에 대한 책임을 제한적으로 인정한다.

본래 보통법(불법행위법)은 순수한 경제적 손실(pure economic loss)에 대해서는 단순한 과실에 의한 손해배상책임을 인정하지 않는다.

그러나 Hedley Byrne 판결[83)]은 원고와 피고 간 특별한 관계가 있는 경우 잘못된 진술(표시)에 따른 손해배상책임이 인정될 수 있다는 법리를 선언하고 있다. 즉, 원고가 피고의 기술, 판단, 조사능력을 신뢰하여 거래하였고 피고는 원고의 신뢰를 알았거나 알 수 있었으며 원고가 피고를 신뢰하는 것이 문제의 상황에서 합리적인 경우, 잘못된 표시에 따른 손해배상책임이 발생한다. 이러한 법리에 따르면, 외부감사인이 감사보고서 등의 이용자에 대해 제한적인 범위에서 손해배상책임을 부담할 여지가 생긴다.

다만, Caparo 판결에 따르면, 외부감사인의 제3자에 대한 주의의무가 성립하기 위해서는, 제3자가 외부감사인과 근접한 관계에 있어야 하고(proximity), 누

---

81) Paulo Giudici, 각주 54 논문, p. 523.

82) Stone & Rolls Ltd (In Liquidation) v Moore Stephens [2008] EWCA Civ 644; [2009] UKHL 39.

83) Hedley Byrne & Co Ltd v Heller & Partners Ltd [1964] A.C. 465.

가 보고서를 이용할 것인지 및 이용 목적이 감사인에게 알려져 있어야 하며, 주주 또는 투자자가 특정 거래를 위해 당해 보고서를 이용할 것이라는 점까지도 알려져 있어야 한다. 따라서 외부감사인의 제3자에 대한 책임은 예컨대 M&A 과정에서 매수인 측의 의뢰로 작성되는 실사보고서에 관해서는 성립할 수 있어도 불특정 다수의 투자자가 참조하는 정기적인 감사보고서에 대해서는 성립하기 어렵다.

계약관계가 없는 자들 간에 순수한 경제적 손실은 불법행위법의 적용 대상이 아니라는 보통법의 예외는 결과적으로 매우 제한적으로 인정된다고 할 수 있다.

Caparo 판결이 정한 요건을 충족하여 예외적으로 손해배상책임이 인정되는 경우 이는 계약책임의 연장이므로 감사인과 감사대상 회사 간 책임 제한 약정이 그대로 적용된다고 보는 것이 타당하다.[84)]

다. 경쟁법 집행기관의 시장조사결과

영국의 경쟁법 집행기구인 CMA(Competition Market Authority)는 2019년 법정 외부감사 시장에 대한 조사결과[85)]를 발표하였다. 이 보고서에서 CMA는 지속적으로 발생하는 회계부정의 배경으로서, Big 4 회계법인이 대기업 회계감사 시장을 과점하여 활발한 경쟁이 이루어지고 있지 않은 점을 들고 있다.

CMA는 회계법인들이 글로벌 네트워크로 연결되어 있는 시장 구조 상 영국 내에서만 Big 4를 분할해 내는 것은 현실적으로 곤란한 것으로 판단하고 있다.

대신 CMA는 복잡하고 중요한 대기업들에 대해 Big 4 외에 중소 회계법인이 의무적으로 공동회계감사를 수행하는 방안을 제시하고 있다.

84) J. Chung et al., 각주 55, p. 70.

85) 영국의 경쟁법 감독, 집행기관인 CMA(=Competition Market Authority)는 담합이나 시장지배적 지위 남용 행위와 같은 구체적, 개별적인 경쟁법 위반 행위가 아니라 경쟁을 저해하고 소비자 후생을 감소시키는 시장의 구조적 문제에 초점을 맞춘 '시장조사'를 수행할 권한을 가지고 있다. 시장조사 결과에 따라 CMA는 시장지배적 사업자의 분할, 일부 사업 매각 등과 같은 처분까지도 내릴 수 있는 강력한 권한을 가지고 있다. 이에 대해서는 지나치게 개입주의적이고 재산권을 침해한다는 비판도 제기된다.

제4장

신용평가기관 규제

Ⅰ. 규제의 배경

1. 서설

신용평가기관에 대한 규제사항은 글로벌 금융위기 이후 제정된 신용평가기관 Regulation[86]이 이를 다루고 있다.

신용평가기관은 사전에 마련된 평가기법에 기초하여 기업이나 정부 혹은 금융상품(주로 채무증권)의 신용도에 대한 의견, 곧 신용평가를 담당하는 기관을 말한다.[87] 신용평가가 처음 출현한 1800년대 중반부터 1970년대까지 신용평가

---

86) 정식 명칭: Regulation (EC) No. 1060/2009 of the European Parliament and of the Council of 16 September 2009 on Credit Rating Agencies. 이후 Regulation No 513/2011을 통해 대폭 개정되었다.

87) 신용평가기관이 존재하는 근거로는 일종의 규모의 경제 효과를 들 수 있다. 다시 말해, 투자자들은 채권 매입 등 투자에 앞서 차주 등의 신용도 정보가 필요하지만, 이를 개별 투자자들이 파악, 평가하는 데에는 시간과 비용이 많이 들기 때문에, 투자자를 대신해 의견을 제시할 기관이 필요하다는 것이다. Timothy E. Lynch, Credit Rating Agencies in the Current Regulatory Environment (Indiana University Maurer School of Law-Bloomington Legal Studies Research Paper Number 133, September 2010), p. 241. 신용평가는 투자자들을 대신해 채권의 회수가능성을 평가하여 의견을 제시하고, 이러한 의견은 이자율 등에 영향을 미치게 마련이다. 나아가 기업은 신용평가기관의 평가기법을 신경 쓸 수 밖에 없기 때문에 신용평가는 기업 경영에 대한 감시, 감독의 역할까지 수행하는 측면이 있다.

에 대한 대가는 정보이용자, 곧 잠재적인 대출자들이 지불하였다.[88] 그러나 1970년대 이후 채권 발행 시 신용평가에 대한 요구가 증가하고,[89] 미국 증권거래위원회(SEC)가 국가공인통계평가기관(Nationally Recognized Statistical Rating Organization, NRSRO) 지정제도[90]를 도입함으로써 신용평가결과가 더욱 중요한 가치를 가지게 되었으며, 통신 수단의 발전과 문서 복사 기술의 보급으로 신용평가기관들이 대가를 지급하지 않은 투자자들로부터 자신의 신용평가 결과를 떼어 놓기가 점점 더 어려워지면서[91] 신용평가에 대한 대가는 사용자가 아니라 채권의 발행자가 지불하는 방식으로 변화하였다.

현재 전 세계적으로 약 100여 개의 신용평가기관이 존재하는 것으로 알려져 있다. 그러나, 미국에서 설립된 스탠다드 앤 푸어스, 무디스, 피치[92] 3개사가 세계 시장의 95%를 차지하고 있다.[93] 신용평가기관 Regulation은 신용평가시장에서 미국 회사들의 시장 점유율이 높다는 점을 고려하여 동등성(equivalence) 평가를 통해 외국 신용평가기관들을 규제 대상에 포함시켰다.

2. 문제점

신용평가기관들은 1990년대 후반 동아시아 금융위기, 2000년대 초반 엔론 사태 및 2008년 글로벌 금융위기에 이르기까지 위기를 올바르게 예측해 내지 못했다는 비판을 받아왔다.[94] 특히 2008년 금융위기 이후 금융개혁 논의 과

---

88) Timothy E. Lynch, 위의 논문, p. 241.

89) 1970년대 초반 오일쇼크로 닥친 불황과 함께 철로 건설 회사였던 Penn Central의 8,200만 달러 채무 불이행 사태가 발생하면서 투자자들은 새로운 증권 발행 시 하나 이상의 신용평가를 요구하기 시작하였다. Timothy E. Lynch, 각주 87, p. 239.

90) 국가인증통계평가기관(NRSRO)는 연방증권거래위원회에 등록된 신용평가기관을 의미한다. 규제 목적에 신용평가결과를 사용하기 위해서는 연방증권거래위원회 등록이 먼저 이루어져야 한다. Frank Partnoy, How and Why Credit Rating Agencies Are Not Like Other Gatekeepers (Legal Studies Research Paper No. 07-46, May 2006), p. 64.

91) Frank Partnoy, 위의 논문, p. 64.

92) Fitch는 제2사무소를 영국 런던에 두고 있다.

93) Timothy E. Lynch, 각주 87, p. 238.

94) 거꾸로 신용평가기관들은 일단 위기가 시작되면 신용평가를 실제 수준보다도 크게 강등함으로써 비이성적인 군집 현상(herd behavior)을 촉진하여 위기를 가중시킨다는 비판 역시 받았다. Andreas Kruck, Resilient blunderers: credit rating fiascos and rating agencies' institutionalized status as private authorities, 23(5) Journal of European Public Policy, pp. 755~756 (2016).

정에서 신용평가기관들은 Mortgage 관련 유동화 증권[95]의 위험을 과소 평가함으로써 위기의 출현과 확산을 막지 못했다는 거센 비판에 직면하였다.

가. 신용평가방법의 문제점

신용평가는 기본적으로 개별 회사의 신용위험을 평가할 뿐 시장 전체의 위험을 평가 대상으로 삼지 않는다. 그러나 개별 회사의 신용위험 역시 시스템 위기에 좌우된다는 점에서 신용평가 모델에 근본적인 취약점이 있다.[96] 또한 주택저당채권(Mortgage Backed Securities, MBS)과 부채담보부증권(Collateralized Debt Obligation, CDO)에 대한 평가기법이 공개되지 않아 이를 객관적으로 검증할 방법이 없다는 점이 문제로 지적된다.[97] 신용평가가 과거 데이터에 의존할 수밖에 없다는 점,[98] 특히 모기지 관련 상품들의 역사가 비교적 짧아 호황기의 데이터밖에 없음에도 그에 의존하여 신용평가가 이루어졌다는 점에 대해 비판이 제기되었다.[99]

나. 발행자가 보수를 지불하는 구조의 문제점

근본적으로 발행자가 보수를 지불하는 구조에서 신용평가의 객관성을 기대하기 어려운 면이 있다.[100] 특히, 신용평가기관들은 평가를 받는 회사들에게 신용평가 외에 '위험관리 서비스', '금융상품 컨설팅'과 같은 부수적 서비스를

95) '유동화'란 금융상품 익스포져에 따른 위험이 복수의 계층(tranche)으로 나누어지는 거래 또는 구조로서 (a) 당해 계층들의 성과에 따라 지급할 금액이 결정되고, (b) 계층마다 손실의 배분이 달리 결정되는 경우를 말한다[Regulation (EU) 2010/402 제2조 제1항]. 유동화 상품은 위와 같은 유동화 거래의 결과로 발행된 금융상품 기타 자산을 의미한다[신용평가기관 Regulation 제3조 제1항 (l)호].

96) 시스템의 문제는 평가모형에 투입될 변수들의 상관관계에 반영되는데, 국제결제은행은 신용평가기관의 평가모형이 이를 다루는 데에 결함이 있음을 지적하였다. S&P는 스스로 변수들 간 상관관계를 다루는 데 문제가 있다는 점을 알면서도 이를 별다른 수정 없이 사용한 사실을 인정하였다. Frank Partnoy, 각주 90, p. 78.

97) Timothy E. Lynch, 각주 87, p. 265.

98) 위의 논문, p. 249.

99) 위의 논문, p. 264.

100) 발행자가 대가를 지불하는 모형으로의 전환을 전후하여 신용평가가 보다 느슨해졌다는 통계적 연구결과가 있다. 예를 들어 무디스의 BBB 등급 채권의 부도 확률은 1970년대 1% 정도 수준에서 발행자 지불 구조가 확립된 1980년대 말에는 3% 내지 4.5% 수준으로, B 등급 채권의 부도 확률은 같은 기간 10% 내지 15%에서 35%까지 상승하였다. Timothy E. Lynch, 각주 87, p. 256.

제공하였다. 이러한 문제는 부채담보부증권(Collateralized Debt Obligation, CDO) 등 유동화 상품(Securitisation instruments) 시장에서 더욱 두드러졌는데, 이는 신용평가기관들이 스스로 상품의 구조를 설계하면서 이를 평가하는 기법까지 함께 개발하였기 때문이었다.[101] 스스로 설계한 금융상품에 대해 객관적으로 평가할 것을 기대하기는 어려울 수밖에 없다.[102] 이런 사정을 알기 때문에 발행회사는 신용평가기관에게 채권 발행에 앞서 부수적 용역 기회를 제공해야 한다는 압박을 받게 된다.[103]

다. 기타 이해상충 요소

신용평가기관과 채권 발행 회사 간의 인적 교류,[104] 애널리스트 보수가 신용평가기관의 경영 성과에 좌우되는 구조[105] 등이 이해상충 문제를 심화시켰다.

라. 과점(寡占)과 경쟁에 관한 상반된 입장

S&P, Moody's, Fitch 3개 회사가 전체 시장을 지배하는 과점적 시장구조가 시장의 규율을 깨트림으로써 위기를 초래하였다는 비판이 제기되었다. 경쟁이

---

101) 구조화 증권의 특성상 tranche를 어떻게 설계하느냐에 따라 신용평가결과는 달라지게 되므로, 발행회사들은 사전에 그에 관한 의견을 들을 만한 유인이 있다. 신용평가기관이 별도의 용역계약을 통해 상품의 구조를 설계하고 발행회사가 그러한 자문에 따라 채권을 발행한다면, 신용평가기관이 나중에 스스로 자문했던 채권의 신용에 대한 부정적 의견을 제시하기는 곤란할 것이다. Vincenzo Bavoso, Explaining Financial Scandals: Corporate Governance, Structured Finance and the Enlightened Sovereign Control Paradigm (University of Manchester Doctoral Thesis, 2012), p. 166.

102) 오히려 신용평가기관들은 자신이 자문했던 SPV 발행 채권에 실제보다 높은 가치를 매기기 위해 신용평가에 동원되는 가정과 수학적 산식을 조정할 만한 유인이 있었다. Vincenzo Bavoso, 각주 101, p. 167.

103) Vincenzo Bavoso, 각주 101, p. 166; Frank Partnoy, 각주 90, pp. 71~72.

104) 월드컴은 무디스 소속 인사를 이사로 영입하였는데, 월드컴 채권은 시장에서 가격이 폭락하던 시기까지도 높은 신용등급을 유지하고 있었다. 다른 금융기관들과 달리 신용평가기관은 그와 같은 이익충돌을 제거할 것을 요구받지 않았다. Frank Partnoy, 각주 90, p. 69.

105) 미국 증권거래소 보고서는 애널리스트 보수가 대체로 연공서열 및 경험에 기초하고 있으나 보너스는 개인적 성과 및 회사의 경영 상황에 기초하였다는 점을 지적하였다. 특히 애널리스트들은 주식매수선택권을 부여받았으므로, 이들의 수입은 결국 회사의 경영 상황에 의해 결정되었다. Timothy E. Lynch, 각주 87, p. 254.

사라짐으로써 신용평가 수준을 높일 만한 동력이 사라졌다는 것이다.[106)]

반면 거꾸로 경쟁이 상황을 악화시켰다는 의견도 있다. 종전에는 무디스(Moody's)와 스탠다드앤드푸어(Standard & Poor's)가 시장을 양분하여 각기 자기 고객들을 유지하는 체제가 유지되었으나, 제3의 업체인 피치(Fitch)가 성장하고 경쟁이 심화되면서 이해상충의 문제가 악화되었다는 것이다.[107)]

마. 신용평가에 지나치게 의존하는 규제의 문제

모든 문제를 신용평가기관에게만 돌릴 수 있는 것은 아니다. 감독기관은 회사 및 채권에 대해 위험 및 신용등급에 기초한 규제 정책을 실행하기 위해 신용평가기관을 인증하고 권한을 부여하였다.[108)] 미국의 경우 국가공인통계평가기관(NRSRO) 제도 하에서 일부 투자자들의 투자 대상을 인증된 신용평가기관이 일정 수준 이상의 등급을 부여한 것들로 한정하는 규제가 존재하였다.[109)][110)][111)] 은행 감독에 관한 바젤(Basel) 위원회 소속 EU 회원국들은, 독일을 제외하고는, 건전성 평가를 위해 신용평가를 사용하였다. 특히 2006년 EU Capital Requirements Directive[112)]는 신용평가기관이 매긴 신용등급에 기초하여 은행에게 요구되는 자본금 수준을 결정하는 방식[113)]을 채택하였다.[114)]

106) Andreas Kruck, 각주 94, p. 756.

107) Claire A. Hill, Limits of Dodd-Frank Rating Agency Reform, 15(1) Chapman Law Review, p. 138 (2011).

108) Andreas Kruck, Asymmetry in Empowering and Disempowering Private Intermediaries: The Case of Credit Rating Agencies, 670(1) The Annals of the American Academy of Political and Social Science, p. 134 (2017).

109) Claire A. Hill, 각주 107, p. 139.

110) Timothy E. Lynch, 각주 87, p. 245.

111) Andreas Kruck, 각주 94, p. 758.

112) Directive 2013/36/EU of the European Parliament and of the Council of 26 June 2013 on access to the activity of credit institutions and the prudential supervision of credit institutions and investment firms, amending Directive 2002/87/EC and repealing Directives 2006/48/EC and 2006/49/EC. 위 Directive는 전 EU 차원에서 Basel Ⅱ 및 Basel Ⅲ 규칙에 따른 감독체제를 도입하고 있다.

113) Arad Reisberg, The Future Role of Credit Rating Agencies in Contemporary Financial Markets – A Theoretical Perspective in Corporate Finance Law in the UK and EU, p. 170 (Dan Prentice & Arad Reisberg, Oxford University Press, 2010).

114) 은행들은 위 Directive에서 정하는 표준화된 방식 대신 내부적인 평가기법을 동원할 수 있었으나, 이 역시도 대부분 신용평가기관에 의존하여 이루어졌다. Andreas Kruck, 각주 94, p. 758.

이런 과정을 통해 신용평가는 사실상 금융규제의 한 부분으로 편입되었다. 왜냐하면, 자금을 차입하려는 자는 자신의 행동을 신용평가기관이 공개한 평가기준에 맞추려고 하였기 때문이다. 즉, 신용평가기관은 회사나 채권의 신용등급만 결정한 것이 아니라 회사가 기준에 부합하게 행동하는지를 평가하는 상황이 생기는 것이다.[115] 이는 금융시장에서 정부 또는 감독기구가 자신의 역할을 축소하고 그중 일부를 민간에게 넘기는 하나의 사례라고 할 수 있다.[116]

3. 개혁 논의

가. 글로벌 금융위기 이전

신용평가기관은 글로벌 금융위기 이전까지 국제증권관리위원회기구(International Organization of Securiites Commissions, IOSCO) 행위규정에 의해 가볍게 규제되었을 뿐이다.[117] 그 배경에는 명성, 평판이 신용평가의 품질을 보장하는 충분한 근거가 된다는 믿음이 깔려 있으나, 그것이 정확하고 신뢰도 높은 신용평가를 제공할 강한 동기가 된다고는 보기 어렵다.[118] 막연하게 신용을 유지하려는 동기에 의존한 자율적 규제는 그만큼 한계가 뚜렷한 것으로 생각된다.[119]

유럽연합 집행위원회는 2002년 4월 처음으로 신용평가기관에 대한 규제의 필요성을 거론하였다.[120] 미국 기업 엔론 및 이탈리아 기업 Palarmat의 분식회

---

115) Andreas Kruck, 위의 논문, p. 757.

116) Vincenzo Bavoso, 각주 101, p. 168.

117) Niamh Moloney, EU Securities and Financial Markets Regulation 634 (Oxford Legal Research Library, 3rd Edition, 2014).

118) 만약 그와 상반되는 이익이 명성보다 더욱 크다면 명성이 품질을 담보할 수는 없다. 또한, 대형 신용평가기관들이 구축한 평판 그 자체가 진입장벽이 되어 새로운 진입까지는 상당한 시간이 걸린다는 점도 고려할 필요가 있다. 평판이 훼손되더라도 당장 수입이 감소하지 않는다면 신용평가기관들은 굳이 품질 유지에 얽매일 필요가 없다. 또한, 시장참여자들은 무엇이 정확한 신용평가인지 판정할 기준이 없으므로 부정확한 신용평가에 따른 평판의 훼손은 미래에 중대한 경제적 변동이 나타난 이후의 일일 뿐이다. Timothy E. Lynch, 각주 87, pp. 252~253; Vincenzo Bavoso, 각주 101, p. 168; Matthias Lehmann, Civil liability of rating agencies-an insipid sprout from Brussels, 11(1) Capital Markets Law Journal, p. 63 (2016) 등 참조.

119) 심지어 평판에 대한 우려가 반대 방향으로 작용하는 경우도 있었다. 미국 증권거래위원회는, 한 신용평가기관의 감사위원회가 평가 모형의 오류로 인해 약 10여 개 증권의 신용등급이 정상적인 수준보다 높게 책정된 것을 발견하였음에도 잘못을 시인하고 신용등급을 강등할 경우 예상되는 명성의 훼손을 우려하여 이를 공개하지 않은 사실을 발견하기도 하였다. Timothy E. Lynch, 각주 87, p. 263.

계가 드러나기까지 신용평가기관이 제 역할을 하지 못했다는 비판이 제기되면서, 유럽연합 집행위원회는 2006년 신용평가기관에 대한 규제 방안을 마련하기도 하였다. 그러나 EU 집행위원회는 논의 끝에 IOSCO 규정에 계속 의존하는 것으로 결론내렸다.[121)]

이미 신용평가기관에 의존한 규제 체제가 작동하는 이상 이를 수정하기는 어렵다는 '경로의존성' 때문에 강력한 규제를 펼치기가 어려웠던 것이다.[122)] 다른 한편으로, 신용평가는 본질적으로 매우 주관적인 측면이 있어 이에 도전하기 어려운 면이 있다. 일반적으로 신용평가는 '표현의 자유'에 의해 보호받는 것으로 이해되었고,[123)] 그것이 신용평가기관에게 법적 책임을 묻기 어렵게 한 측면이 있다.

나. 글로벌 금융위기 이후 국제적 합의

2008년 글로벌 금융위기 이후 논의 지형이 변화하였다. 특히, 2008년 11월 워싱턴, 2009년 4월 런던에서 열린 G20 정상회의에서는 신용평가기관 규제에 관한 입법을 마련하기로 하는 합의가 이루어졌다.

다. 미국의 신용평가기관 개혁 작업

미국에서는 2010년 Dodd-Frank Act 제정 과정에서는 우선 신용평가 보수를 발행자가 지급하는 시장구조를 개혁하는 방안이 논의되었다.[124)] 또한, 구조화 증권의 신용평가를 위해서는 신용평가기관 선정 시 의원회의 검토를 거치도록 하는 방안, 하나의 채권 발행에 대해 두 개의 신용평가기관을 선임하여 두 개의 의견을 받도록 하는 방안을 포함한 수정안도 제시되었다.[125)] 그러나, 이러한 방안들은 소수의견에 불과하여 입법으로 이어지지는 못하였다.

그에 대신하여 Dodd-Frank법은 감독당국이 신용평가기관에 의존하도록 한

---

120) Rudiger Veil, European Capital Markets Law 16 (Hart Publishing, 2017).

121) Niamh Moloney, 각주 117, pp. 644~645.

122) Andreas Kruck, 각주 94, p. 759.

123) Timothy J. Sinclair, Passing Judgement: Credit Rating Processes as Regulatory Mechanisms of Governance in the Emerging World Order, 1(1) Review of International Political Economy, p. 140 (1994).

124) Claire A. Hill, 각주 107, p. 146; Timothy E. Lynch, 각주 87, p. 236.

125) Claire A. Hill, 위의 논문, p. 147.

여러 제도들을 폐지하고자 하였다. 그러나 감독당국이 위험평가와 관련한 각종 규제제도를 실행함에 있어 신용평가기관을 대체할 방안을 찾기는 현실적으로 쉽지 않았다. 위험도가 높은 자산에 투자하면 그에 맞춰 자본을 늘려야 하는 Basel 협약 하에서 감독당국이 일관된 기준을 적용하여 위험을 평가할 만한 다른 대안, 예를 들어 국가가 운영하는 제3의 신용평가기관은 준비되지 않은 상황이었다.[126] 은행 스스로 제시하는 내부평가 모형은 감독당국이 이를 그대로 신뢰할 수도 없었다.[127]

결과적으로 위와 같은 제인은 실제로 입법에 이르지는 못하였다. 대신 Dodd-Frank법은 신용평가기관이 이해상충을 방지하기 위한 내부통제를 갖출 것을 요구하고(제932조), 증권 발행과 관련한 손해배상책임을 부담하는 주체에 신용평가기관을 포함하며(제933조), 연방 기구들이 신용평가에 의존하는 각종 규정들의 적정성을 평가하여 필요한 개정을 위한 조치를 취하도록 하는 등(제939A조)의 내용을 포함하고 있다.

라. 유럽의 경우

EU 집행위원회 역시 2008년 신용평가기관에 대한 과도한 의존 문제를 해결할 필요를 강조하는 자문보고서(consultation report)를 발표하였다.[128] 그러나 미국의 Dodd-Frank Act 입법과정을 통해 신용평가기관의 영향력을 배제할 만한 다른 대안을 찾기 곤란하다는 점은 이미 충분히 알려져 있었다. EU 집행위원회의 2013년 보고서는 미국의 경험이 짧은 시간 내에 실현가능한 대안을 찾기 어렵다는 점을 보여 주고 있는 이상 EU 역시 짧은 시간 내에 금융감독에서 신용평가기관을 배제하는 조치를 취하기를 원하지는 않는다는 점을 명확히 밝히고 있다.[129]

EU 차원의 공적 기구를 통해 신용평가를 수행하는 방안도 제시되었으나, 공공자금으로 신용평가기관을 설립하기 위해서는 약 5년에 걸쳐 대략 3억 내지 5억 유로의 비용을 지출해야 한다는 현실적 문제와 함께, EU 회원국의 자금으

126) Andreas Kruck, 각주 108, p. 145.
127) Id. at 146.
128) Andreas Kruck, 각주 94, p. 760.
129) Andreas Kruck, 각주 108, p. 146 (2017).

로 설립, 운영되는 새로운 신용평가기관이 회원국들을 평가하는 경우 그에 대한 신뢰도가 떨어질 수 있다는 우려가 제기되었다.[130] 2010년의 새로운 바젤 III (Basel III 협약) 역시 위험가중 최소자본기준 및 최소 유동성 비율 산정에 있어 신용평가에 그대로 의존하는 태도를 유지하고 있다.[131]

결국 여러 개혁 방안이 활발하게 논의되었음에도 불구하고 현행 신용평가기관 Regulation은 신용평가기관의 유럽증권시장청(ESMA)에 대한 등록을 의무화하고 평가방법 및 내부통제절차에 대한 원칙을 준수할 것을 요구하며 손해배상책임을 규정하는 등 다소 간접적인 방식으로 신용평가기관을 규율하는 태도를 취하고 있다. 이러한 점은 미국과 큰 차이가 없는 것으로 보인다.

Ⅱ. 신용평가기관에 대한 요구사항

1. 개관

제1조 목적

… 신용평가활동의 진실성(integrity), 투명성, 책임성, 좋은 지배구조 및 신뢰성을 강화함으로써 유럽공동체 내에서 발행되는 신용평가의 질을 제고하고, 이를 통해 높은 수준의 소비자 및 투자자 보호를 실현함과 동시에 내부시장(internal market)의 원활한 운영을 도모하는 데에 있다.

본 Regulation에 따라 신용평가기관은 미리 유럽증권시장청(ESMA)에 등록하여야 하고 신용평가는 본 Regulation의 요구사항을 준수하여야 한다. 본 Regulation은 등록 요건, 신용평가 발행의 요건, 독립성을 강화하고 이해상충을 막기 위한 신용평가기관의 조직 구조 및 행위 규범 등을 담고 있다.

2. 신용평가기관의 ESMA에 대한 등록 의무

제4조

1. 신용기관, 투자회사, 보험회사, 재보험회사, 직업연금기금, 관리회사, 집합투

130) Andreas Kruck, 각주 94, p. 762.
131) 위의 논문 p. 760.

자회사 관리자, 대체투자펀드 관리회사 및 중앙청산소는 신용평가가 EU 내에서 설립되고 본 Regulation에 따라 등록된 경우에만 신용평가를 규제 목적으로 사용할 수 있다.

여기서 '규제 목적'이란 EU법 혹은 EU법을 실행하는 회원국 법률의 준수를 위해 신용평가를 사용하는 경우를 말한다[제3조 제1항 (g)호]. 또한, 신용평가기관 Regulation 제4조 제1항은 "투자설명서가 신용평가를 언급하는 경우, 정규시장에 상장허가를 신청한 발행자 등은 신용평가가 본 Regulation에 따라 설립, 등록된 신용평가기관에 의해 발행된 것인지 여부를 당해 투자설명서에 명확하게 밝혀야 한다"고 규정하고 있다.

본 Regulation은 원칙적으로 EU 내에서 설립, 등록된 신용평가기관들이 발행한 신용평가만을 사용할 수 있도록 하겠다는 취지이다. '설립'은 곧 신용평가기관이 물리적으로 EU 내에 존재할 것을 요구하는 것인데, 이는 유럽증권시장청(ESMA)의 감독권한 행사의 전제가 된다.[132]

다만, 제5조는 제3국이 독립성 확보 및 이해상충을 방지하기 위한 제도를 갖추었다는 등의 일정한 동등성(equivalence) 요건이 충족되는 경우 제3국에서 설립된 신용평가기관의 신용평가 역시 규제 목적으로 이용할 수 있도록 하고 있다.

3. 신용평가기관이 준수할 사항

가. 독립성 및 이해상충의 회피를 위한 조직상, 운영상 요구사항(제6조)

신용평가기관은 신용평가 혹은 신용평가에 관한 전망이, 주주, 경영자, 애널리스트, 종업원 기타 자신의 통제 하에 있는 다른 자연인 또는 지배관계에 의해 자신과 직간접적으로 연관된 모든 사람을 포함하여, 존재하는 혹은 잠재적으로 존재하는 이해관계 또는 사업상 관계의 상충을 피하기 위한 모든 조치를 다하여야 한다(제6조 제1항).

이를 위해 신용평가기관은 부록I의 Section A가 정한 조직 관련 요구사항, Section B가 정한 운영 관련 요구사항을 준수해야 한다(제6조 제2항). 여기에는 이해상충의 식별 및 관리, 지분 관계가 있거나 보수가 일정 수준 이상인 경우

132) Niamh Moloney, 각주 117, p. 656.

취해야 하는 조치 등이 상세하게 규정되어 있다.133)

---

133) 신용평가기관의 운영과 관련된 요구사항 중 중요한 내용을 소개하면 다음과 같다.

1호. 신용평가기관은 신용평가 애널리스트, 피고용인, 자신의 지휘·통제 하에 있고 신용평가에 직접적으로 관여하는 다른 자연인, 신용평가 및 평가전망을 승인하는 사람들의 분석 및 판단에 영향을 미칠 수 있는 실제적 또는 잠재적 이해상충을 명확하고 분명하게(clearly and prominently) 식별, 제거, 관리, 공개하여야 한다.

2호. 신용평가기관은 자신의 연간 수입 중 5% 이상을 차지하는 평가대상 회사 및 그와 관련된 제3자들의 이름을 대중에게 공개하여야 한다.

3호. 신용평가를 수행할 수 없는 경우: 신용평가기관은 (i) 다음과 같은 상황 하에서는 신용평가 또는 평가전망을 발행하지 않거나, (ii) 신용평가 또는 평가전망이 이미 존재하는 상황에서는 그것이 다음과 같은 상황에 의해 잠재적으로 영향을 받을 수 있다는 점을 즉시 공개하여야 한다.

(a) 신용평가기관 또는 제1항에 언급된 사람들이 평가 대상 회사 또는 관계된 제3자의 금융상품을 직접적 또는 간접적으로 소유하고 있거나 다른 직·간접적 소유관계를 가진 경우. 다만, 분산된 집합투자(연금 펀드 및 생명보험을 포함한다)를 통해 보유한 경우는 제외한다.

(aa) 신용평가기관의 자본 또는 의결권의 10% 이상을 보유한 주주/지분 보유자(member) 또는 다른 방식으로 신용평가기관의 사업활동에 대한 중요한 영향력을 행사할 지위에 있는 자가 평가대상회사 또는 그와 관계된 제3자의 자본 또는 의결권의 10% 이상을 보유한 경우. 다만, 분산된 집합적 투자 또는 연금펀드나 생명보험과 같이 관리되는 펀드를 보유한 경우로서 그 사람이 당해 집합적 투자 등에 대한 중대한 영향력을 행사할 지위에 있지 않는 경우는 제외한다.

(b) 신용평가기관의 통제를 통해 직간접적으로 연관된 회사 또는 그와 특수관계에 있는 제3자에 대한 신용평가가 이루어진 경우

(ba) 평가대상회사 또는 관련된 제3자가 신용평가기관 자본 또는 의결권의 10% 이상을 보유한 경우

(c) 제1항에 언급된 사람들이 평가대상 회사 또는 그와 특수관계 있는 제3자의 경영이사회 또는 감독이사회 구성원인 경우

(ca) 신용평가기관의 자본 또는 의결권의 10% 이상을 보유한 주주, 지분 보유자(member) 또는 다른 방식으로 신용평가기관의 사업활동에 대한 중요한 영향력을 행사할 지위에 있는 자가 평가대상회사 또는 그와 특수관계 있는 제3자의 경영이사회 또는 감독이사회 구성원인 경우

(d) 신용등급 결정에 참여한 신용평가 애널리스트 또는 신용평가를 승인한 사람이 평가대상회사 또는 그와 특수관계 있는 제3자에 대해 이해상충을 초래할 수 있는 관계를 가졌거나 가진 경우

또한, 신용평가기관은 신용평가를 다시 하거나 이미 발행된 신용평가 또는 평가전망을 철회할 필요가 있는지 즉시 평가하여야 한다.

3a호. 신용평가업무를 수행하되 일정한 사항을 공개해야 하는 경우: 신용평가기관은 존재하는 신용평가 또는 평가전망이 다음 사항들에 의해 잠재적으로 영향을 받을 수 있는 경우 이를 공개하여야 한다,

(a) 신용평가기관의 자본 또는 의결권의 5% 이상을 보유한 주주/지분 보유자(member) 또는 다른 방식으로 신용평가기관의 사업활동에 대한 중요한 영향력을 행사할 지위에 있는 자가 평가대상회사 또는 그와 관계된 제3자의 자본 또는 의결권의 5% 이상

나. 신용평가 애널리스트 및 피고용인 관련 요구사항(제7조)

신용평가기관은 신용평가 애널리스트, 종업원, 기타 자신이 통제하거나 신용평가활동에 직접 관여하는 다른 사람들이 배정된 직무 수행에 필요한 적절한 지식과 경험을 갖추도록 하여야 한다(제7조 제1항).

또한, 신용평가기관은 제1항의 사람들이 평가대상회사, 그와 관련된 제3자, 그와 지배관계에 의해 직간접적으로 연관된 다른 사람들과 수수료나 지급

을 보유한 경우. 다만, 분산된 집합적 투자 또는 연금펀드나 생명보험과 같이 관리되는 펀드를 보유한 경우로서 그 사람이 당해 집합적 투자 등에 대한 중대한 영향력을 행사할 지위에 있지 않는 경우는 제외한다.

(b) 신용평가기관의 자본 또는 의결권의 5% 이상을 보유한 주주/지분 보유자(member) 또는 다른 방식으로 신용평가기관의 사업활동에 대한 중요한 영향력을 행사할 지위에 있는 자가 평가대상회사 또는 그와 특수관계 있는 제3자의 경영이사회 또는 감독이사회 구성원인 경우

3b호. 제3호의 (aa), (ba), (ca) 및 제3a호에 따른 의무는 다음 사항들 역시 고려하여야 한다.

(a) 유통공시 Directive (Directive 2004/109/EC) 제10조에 따른 간접적 주식소유

(b) 직접적 또는 간접적으로 신용평가기관에 대한 지배적 영향력을 통제하거나 행사하는 회사로서 유통공시 Directive (Directive 2004/109/EC) 제10조에 해당하는 것

3c호. 신용평가 및 부대 서비스의 대가로 고객에게 청구하는 수수료는 차별적이어서는 안 된다. 위 수수료는 실제 비용에 기초하여야 한다. 신용평가에 대한 수수료는 신용평가기관이 발행한 신용평가의 수준 또는 수행한 업무의 결과에 따라 결정되어서는 안 된다.

4호. 신용평가기관 및 신용평가기관의 자본 또는 의결권의 5% 이상을 보유한 주주, 지분 보유자(member) 또는 다른 방식으로 신용평가기관의 사업활동에 대한 중요한 영향력을 행사할 지위에 있는 자는 평가대상 회사 또는 그와 관련된 제3자에게 회사 및 법률 구조, 자산, 부채, 활동에 관한 컨설팅 기타 자문서비스를 제공하여서는 아니된다.

신용평가기관은 신용평가의 발행 외에 다른 부수 서비스를 제공할 수 있다. 여기서 부수 서비스란 신용평가활동의 일부가 아닌 것으로서 시장 예측, 경제 추세에 대한 추정, 가격 평가 기타 다른 일반적 데이터 분석 및 배포 서비스를 포함한다.

신용평가기관은 부수 서비스가 신용평가활동과 이해상충을 일으키지 않도록 하여야 하고, 최종 신용평가보고서에 평가 대상 회사 또는 그와 특수관계 있는 제3자에게 제공된 부수 서비스의 내용을 공개하여야 한다.

5호. 신용평가기관은 신용평가 애널리스트나 신용평가를 승인하는 사람으로 하여금 당해 신용평가기관이 신용평가를 수행할 것으로 예상되는 구조화 금융상품의 설계에 관하여 공식적이든 비공식적이든 제안, 추천을 할 수 없도록 하여야 한다.

6호. 신용평가기관은 제1항에 언급된 사람들이 상업적 기초에서 수행되는 신용평가기관의 다른 활동들로부터 독립성을 확보할 수 있도록 보고 및 의사소통 채널을 설계하여야 한다.

7호. 신용평가기관은 적절한 기록, 감사 기록을 유지하여야 한다.

에 관한 협상을 시작하거나 참여하지 않도록 하여야 한다(제7조 제2항).

신용평가기관은 제1항의 사람들이 부록 I Section C의 요구사항을 충족하도록 하여야 하는데(제7조 제3항), 평가대상 회사가 발행한 금융상품 보유의 제한, 금전 기타 이익 수령의 금지, 평가대상 회사에 대한 취업의 제한 등이 여기에 포함된다.[134)]

신용평가기관은 신용평가 애널리스트 등에 관해 적절한 점진적 순환보직(gradual rotation) 체제를 갖추어야 한다. 순환보직 체제는 전체 팀 단위가 아니라 개인 단위로 실행되어야 한다. 우선, 책임자급[135)]은 4년을 초과할 수 없다. 발행자 및 관련된 회사가 선임하지 않은 신용평가기관, 국가 신용평가를 수행하는 신용평가기관의 경우, 애널리스트는 5년, 승인자는 7년을 초과할 수 없다. 신용평가에서 배제되면 그 후 2년 간은 다시 해당 신용평가를 수행할 수 없다(제7조 제4항).

---

134) Section C 신용평가 애널리스트 및 신용평가활동에 직접 관련된 사람들에 대한 규정

1. 자신이 주된 분석업무를 수행하는 영역에 속한 어떤 평가대상이 발행하거나 지급보증을 제공하거나 다른 방식으로 지원하는 금융상품을 사거나 팔거나 그 거래에 관여하여서는 아니된다. 다만, 연금 기금 또는 생명보험과 같이 관리되는 펀드를 포함하여 분산투자가 이루어지는 집합투자는 제외한다.
2. 평가대상회사 혹은 그와 관련된 회사의 금융상품을 보유하고 있거나 이해관계의 충돌을 일으키는 것으로 일반적으로 받아들여지는 금융상품을 보유한 자, 평가대상회사와 최근 고용, 사업, 기타 이해상충을 야기할 수 있거나 이해상충을 야기할 수 있다고 일반적으로 받아들여지는 관계를 맺고 있는 자는 신용평가에 참여하거나 그에 영향을 주는 행위를 할 수 없다.
3. 신용평가기관은 자산 및 정보의 보호, 비밀의 준수를 위한 절차를 갖추어야 한다.
4. 종업원 등은 신용평가기관이 사업상 관계를 맺고 있는 어떤 사람으로부터도 금전, 선물, 기타 혜택을 제공받아서는 아니된다.
5. 종업원 등이 위법해 보이는 행위에 관련된 경우 이를 발견한 사람이 부정적 결과에 대한 고려 없이 당해 정보를 컴플라이언스 담당자에게 보고할 수 있어야 한다.
6. 애널리스트가 고용관계를 종료하고 그가 신용평가에 관여한 회사 등에 취업하는 경우, 신용평가기관은 당해 애널리스트가 퇴직 전 2년간 수행한 관련 수행 업무 내용을 검토하여야 한다.
7. 종업원 등은 신용평가 등을 발행한 날로부터 6개월 이내에 평가대상회사 또는 관련된 제3자의 중요 경영상의 직위를 맡을 수 없다.

135) 'lead rating analyst' means a person with primary responsibility for elaborating a credit rating or for communicating with the issuer with respect to a particular credit rating or, generally, with respect to the credit rating of a financial instrument issued by that issuer and, where relevant, for preparing recommendations to the rating committee in relation to such rating [제3조 제1항 (e)호].

신용평가 또는 신용평가전망에 관여하는 종업원 및 이를 승인하는 종업원의 보상과 성과평가는 평가대상회사 및 그와 관련된 제3자로부터 얻은 수익에 연동하여서는 아니된다(제7조 제5항)

다. 신용평가 방법 및 결과 관련 요구사항

(1) 신용평가 방법론의 공개 등

신용평가기관은 신용평가과정에서 사용된 방법론, 모델, 주요 가정을 대중에게 공개하여야 한다(제8조 제1항). 신용평가의 변경은 신용평가기관의 공개된 평가방법론에 부합하여야 한다(제8조 제2a항).

신용평가기관은 엄격하고 체계적이며 계속적인 방법으로서 역사적 경험에 의해 검증된 방법론(Back-testing[136])을 사용하여야 한다(제8조 제3항). 신용평가기관은 자신이 발행하는 신용평가 등이 자신의 방법론에 따라, 분석에 필요한 활용가능한 모든 정보를 철저하게 분석하여 이루어질 수 있도록 하여야 한다. 신용평가기관은 자신이 사용하는 정보가 신뢰할 수 있는 출처 및 높은 질적 수준을 갖출 수 있도록 필요한 모든 조치를 다하여야 한다(제8조 제2항).

신용평가기관은 신용평가를 발표하면서 신용평가가 당해 기관의 의견이며 제한된 범위에서만 활용될 수 있다는 점을 기재하여야 한다(제8조 제2항).

또한, 신용평가기관은 신용평가 과정을 감독하여야 한다. 신용평가기관은 신용평가 및 방법론을 계속하여, 적어도 연 1회 검토하여야 한다. 특히 신용평가에 영향을 미치는 중요한 변화가 일어나는 경우 검토가 이루어져야 한다. 신용평가기관은 거시경제상황 또는 금융시장의 변화가 신용평가에 미치는 영향을 지속적으로 모니터링하기 위한 내부조직을 갖추어야 한다(제8조 제5항).

(2) 외주(outsourcing)

신용평가기관은 자신의 내부통제나 유럽증권시장청(ESMA)의 감독 권한 행사를 중대하게 훼손하는 방식으로 중요한 기능을 외주할 수 없다(제9조).

(3) 신용평가결과의 공개

신용평가기관은 신용평가 결과 등을 공개하야 한다. 신용평가기관은 비차별적인 방식으로 적절한 시간에 신용평가를 중단하기로 하는 결정 역시 공개해

136) 신용평가기관이 사용한 방법론이 얼마나 타당한 것이었는지 사후적으로 확인하는 과정을 말한다.

야 한다. 신용평가를 중단하기로 한 결정의 경우 그 이유 역시 공개되어야 한다(제10조 제1항).

신용평가기관은 신용평가 및 신용평가전망을 제시함에 있어 중요한 가정 등을 표기하고 책임자급 애널리스트를 명기하는 등 부록 I, Section D에 제시된 요구사항을 준수하여야 한다. 신용평가기관은 신용평가와 무관한 사항들을 제시하여서는 아니된다(제10조 제2항).

신용평가결과를 공개하기 이전까지 신용평가 전망 및 그와 관련된 정보는 내부정보로 간주된다(제10조 제2a항). 아직 공개되지 않은 신용평가 결과를 통한 내부자거래를 차단하기 위하여 마련된 확인적 규정이다.

4. 제3국에서 발행된 신용평가

신용평가기관 Regulation 제5조는 제3국에서 발행된 신용평가가 EU 내에서 사용되기 위해 갖추어야 할 요건으로 다섯 가지를 정하고 있다.

제5조 동등성 및 그에 기초한 인증

제3국에서 설립된 신용평가기관이 제3국에서 발행된 금융상품에 대해 발행한 신용평가는 다음 조건을 충족하는 경우 EU 내에서 사용될 수 있다.

(a) 신용평가기관이 인가를 받거나 등록되어 있으며 당해 제3국에서 감독을 받을 것(인가 요건)

(b) 당해 제3국의 법률 및 감독체계가 본 Regulation의 요구사항과 동일하다는 집행위원회 결정이 내려졌을 것(동등성 요건)

(c) 본조 제7항에 따른 협력 약정이 운영되고 있을 것(협력 요건)

(d) 당해 신용평가기관의 신용평가 및 신용평가활동이 하나 또는 복수 회원국 금융시장의 안전성과 신뢰성에 대해 체계적 중요성이 없을 것(체계적 중요성 요건)

(e) 신용평가기관이 유럽증권시장청(ESMA)에 의해 인증받았을 것(인증 요건)

집행위원회는 ① 제3국 신용평가기관이 인가 또는 등록을 마치고 계속하여 효과적인 감독 및 법률 집행 하에 놓여 있고, ② 독립성, 이해상충 방지, 평가방법·모형 및 주요방법의 공개와 같이 본 Regulation 제6조 내지 제12조, 부록 I과 동등한 것으로 평가되는 구속력 있는 규정 하에 놓여 있으며, ③ 당해 제3국의 규제 체계가 신용평가 및 방법에 관하여 감독당국 및 다른 공공기구의 간섭을 막고 있다는 조건이 충족되는 경우 위 (b)호의 동등성 요건이 충족되었다는 결정을 내릴 수 있다(제5조 제6항).

유럽증권시장청(ESMA)은 동등성 요건을 충족한 것으로 평가된 국가의 권한 있는 감독 당국과 협력 약정을 체결하여야 한다. 그러한 약정은 (a) 정보 교류의 방법, (b) 감독 활동의 조정에 관한 절차를 포함하여야 한다(제5조 제7항).

Ⅲ. 과점적 시장구조 등의 개혁을 촉진하기 위한 제도

1. 문제점

신용평가시장은 Fitch, Moody's, Standard & Poor's 3개 회사의 과점 상태이다. 유럽증권시장청(ESMA)에 등록된 신용평가기관은 명목상 33개사에 이르지만, 이들 중 16개사는 주요 3개 회사의 관계회사들에 불과하다. 유럽 전역에서 활동하는 신용평가기관은 사실상 3개 회사 외에 없고, 3개 주요회사의 실질적인 시장점유율은 95%에 이른다.[137] 이러한 시장 구조는 평판이라는 진입 장벽이 작용한 외에 BASEL Ⅱ가 주요 신용평가기관에 의존한 결과로 볼 수 있다.[138]

신용평가기관 Regulation은 금융규제가 신용평가에 의존하는 정도를 낮추기 위한 조치들을 도입하고 있다.

2. 감독기관의 준수사항

BASEL Ⅲ 역시 신용평가를 요구하는 등 신용평가에 대한 의존에서 완전히 탈피한 것은 아니다. 그러나, 신용평가기관 Regulation은 이를 완화하기 위한 몇 가지 조치들을 포함하고 있다. 즉, 신용기관이나 투자회사 등 제4조 제1항에 언급된 금융기관들은 어떤 회사나 금융상품의 신용도를 평가함에 있어 유일하게 혹은 기계적으로 신용평가에 의존하여서는 아니 된다(제5a조 제1항). 회원국 감독당국은 그들 활동의 성격, 규모, 복잡성을 고려하여 신용기관, 투자회사 등의 신용 위험 평가 과정의 적절성을 감시하고 신용평가를 사용하는 방식을 평가하며 필요한 경우 신용평가에 유일하고 기계적으로 의존하는 데 따른 영향을 줄

137) Niamh Moloney, 각주 117, p. 650.
138) 위의 논문, p. 639.

이도록 하여야 한다(제5a조 제2항).

다만, 위와 같은 조항이 선언적 수준을 넘어 실질적인 내용을 포함하고 있지는 않은 것으로 보인다.

3. 집행위원회 등의 준수사항

유럽증권시장청(ESMA) 등 EU 차원의 감독기구는 가이드라인, 추천, 기술표준 등을 작성함에 있어 신용평가기관의 신용평가에 전적으로 또한 기계적으로 의존할 수 있도록 하는 내용을 포함해서는 아니된다(제5b조).

집행위원회는 유럽연합 법령 내에서 신용평가에 의존하는 조항들이 감독당국, 부문별 감독당국, 제4조 제1항에 언급된 회사들 기타 금융기관 참여자들의 신용평가에 대한 유일한 혹은 기계적 의존을 초래하는지 여부를 계속 검토하여야 한다(제5c조). 유럽연합 집행위원회는 정해진 일정에 따라 신용위험 평가에 관한 적절한 대안을 마련, 입법하여야 하고(제39b조), 이를 전제로 2020년 1월까지 EU 법령에서 신용평가에 의존하는 내용을 모두 삭제하는 것을 목표로 EU 법률에서 신용평가에 대한 전적인 혹은 기계적인 의존을 초래하였거나 초래할 위험이 있는 내용을 검토하여야 한다(제5c조).

4. 복수의 신용평가기관을 지정하는 경우 고려할 사항

발행인 또는 그와 관계된 제3자가 동일한 발행 혹은 회사에 대해 최소한 두 개의 신용평가기관을 지정하려는 경우 전체 시장점유율이 10% 이하인 신용평가기관을 하나 이상 지정하는 것을 고려하여야 한다(제8d조).

그러나 이는 강제적인 사항은 아니다. 위와 같은 느슨한 입법이 신용평가기관에 대한 의존도를 줄일 수 있을지에 대해서는 의문이 있다.[139)]

Ⅳ. 특수한 신용평가에 대한 요구사항

1. 유동화 상품 관련 요구사항

글로벌 금융위기가 입법에 미친 영향이 가장 두드러지게 드러나는 것이 부

139) Niamh Moloney, 각주 117, p. 668.

채담보부증권(Collateralized Debt Obligation, CDO)[140] 등 자산유동화에 대한 규제이다. 유럽 증권법률은 부채담보부증권 등을 포함한 '자산 유동화'를 규제의 대상에 포함시켰다.[141] 신용평가기관 Regulation은 유동화 상품에 관하여 다음과 같은 요구사항을 포함하고 있다.

- 신용평가기관은 기초자산 또는 유동화 상품에 관하여 다른 신용평가기관의 신용평가를 이용하는 경우 그러한 이유로 신용평가를 거부하여서는 아니된다. 신용평가기권은 기초자산 또는 유동화 상품에 관하여 다른 신용평가기관의 신용평가와 다른 결론을 내리는 경우 이를 정당화하는 근거를 기록하여야 한다(제8조 제4항).
- 유동화 상품에 대한 평가를 공개함에 있어 신용평가기관은 다른 금융상품 등과는 명확히 구분되는 추가적인 기호를 사용하여 그것이 유동화 상품에 대한 것임을 인식할 수 있도록 하여야 한다(제10조 제3항).
- 유동화 상품에 대한 신용평가는 최소한 둘 이상의 신용평가기관이 각기 독립적으로 이를 수행하여야 한다. 이들 신용평가기관은 계열회사 관계 등으로 연관되어 있지 않아야 한다(제8c조). 이러한 경우 발행자 또는 그와 관계된 제3자는 동등한 종류의 신용평가를 수행할 수 있는 신용평가기관들 중에서 시장점유율이 10% 미만인 자를 포함시킬 것을 고려하여

---

140) 부채담보부증권의 기본적 구조는, 특수목적회사(SPV)가 투자대상인 대출채권을 모으고(pooling) 이를 기초로 증권을 발행하면서, 발행 증권을 서로 다른 신용위험 및 수익률을 가진 몇 개의 구분되는 집단(tranche)으로 나누는 데에 있다. 이로써 투자자의 다양한 수요를 충족시키고 유동성 확보를 용이하게 할 수 있다. Vincenzo Bavoso, Filling the Accountability Gap in Structured Finance Transactions: The Case for a Broader Fiduciary Obligation, 23 Columbia Journal of Europena Law, p. 371 (2017).

141) Regulation (EU) 2017/2402 Article 2 Definitions

(1) 'securitisation' means a transaction or scheme, whereby the credit risk associated with an exposure or a pool of exposures is tranched, having all of the following characteristics:

(a) payments in the transaction or scheme are dependent upon the performance of the exposure or of the pool of exposures;

(b) the subordination of tranches determines the distribution of losses during the on-going life of the transaction or scheme;

(c) the transaction or scheme does not create exposures which possess all of the characteristics listed in Article 147(8) of Regulation (EU) No 575/2013.

야 한다. 그렇게 하지 않는 경우 그 이유를 문서화하여야 한다(제8d조).

- 재유동화에 대한 신용평가계약을 체결하는 경우 신용평가기관은 대주(originator)가 같은 기초자산을 가진 재유동화에 대하여 4년을 초과하여 신용평가를 발행할 수 없다(제6b조 제1항). 재유동화에 대한 신용평가계약을 체결하려는 경우 신용평가기관은 발행자에게 (a) 하나의 대주로부터 비롯된 기초자산들과 관련한 재유동화에 대한 신용평가계약을 체결하는 신용평가기관의 수를 밝힐 것과 (b) 하나의 대주로부터 비롯된 기초자산들의 재유동화와 관련된 신용평가로서 현재 유효한 것들 중 각 신용평가기관이 발행한 신용평가가 차지하는 비율을 계산해 제시할 것을 요청하여야 한다(제6b조 제2항). 최소한 4개 신용평가기관이 그 시점에서 유효한 재유동화상품 신용평가에 대해 각기 10% 이상을 평가한 경우 위 제1항의 제한은 적용되지 아니한다.

2. 정부부채에 대한 신용평가

2011년 이후 포르투갈, 그리스, 이탈리아, 스페인의 재정위기를 거치면서 정부부채 신용평가에 관한 특수한 규정들이 마련되었다.

- 국가에 대한 신용평가는 특정한 국가의 개별적, 구체적 사정을 고려한 분석에 기초하여야 한다(제8a조 제1항).
- 정부부채에 대한 신용평가는 6개월마다 다시 검토되어야 한다(제8조 제5항).
- 신용평가결과는 전년도에 미리 설정된 일정에 따라 발표되어야 한다(제8a조 제3항 및 제4항).
- 국가에 대한 신용평가는 관련된 가정 및 방법론을 설명하는 조사 보고서와 함께 제출되어야 한다(제8a조 제1항).

그러나 위와 같은 제도들이 국가부채 위기가 미치는 영향의 중대성을 충분히 반영한 것인지는 의문이 있다. 당초 집행위원회는 유럽증권시장청(ESMA), 유럽중앙은행(ECB) 또는 집행위원회 자신이 국가부채에 대한 평가업무를 담당하는 급진적 개혁안을 검토하였으나 정치적 갈등 관계 속에서 그러한 방안은 채

택되지 않았다.[142)]

V. 신용평가기관에 대한 민사소송 제도

1. 개관

신용평가기관에 대해서는 원칙적으로 민사소송 제기가 쉽지 않았다. 미국의 맥락에서 신용평가는 수정헌법 제1조에 따른 표현의 자유에 의해 보호되는 것으로 이해되어 손해배상청구가 쉽게 허용되지 않았다.[143)] 미국 연방법원은 신용평가가 공적 관심에 속하는 사안이므로 '공적 관심 사항에 관해서는 원고가 악의(malice)의 존재, 곧 문제가 된 표현이 거짓임을 알았거나 당해 표현의 참과 거짓에 관해 무모하였다는 점을 입증하지 못하는 한 손해배상을 구할 수 없다'는 법리[144)]가 신용평가에도 적용될 수 있다는 입장을 유지해 왔다. 이러한 판단은 발행회사가, 특히 자신이 의뢰하지 않은 신용평가에 대하여, 낮은 신용등급을 이유로 명예훼손에 따른 손해배상을 구하는 경우뿐만 아니라 투자자들이 지나치게 낙관적인 신용평가에 대해 손해배상을 구하는 경우에도 모두 적용되었다.[145)]

유럽 각국에서도, 투자자는 신용평가기관과 직접적 계약 관계에 있지 않다는 점, 신용평가에 대해 대가를 지불하지 않았다는 점, 신용평가를 신뢰했음을 입증하기 어렵다는 점 등 때문에 투자자의 신용평가기관에 대한 손해배상청구가 쉽지 않은 것이 사실이었다.[146)] 또한 신용평가기관과 발행자 간 계약에는 대부분 책임 면제에 관한 조항이 포함되는데, 프랑스 화폐금융법(loi de régulation bancaire et financière)이 이를 명시적으로 무효로 한 것을 제외하고는, 대부분의 회원국이 그 유효성을 인정하였다.[147)]

그러나 2008년 글로벌 금융위기 이후 이러한 상황이 다소 변화한 것으로

142) Niamh Moloney, 각주 117, pp. 669~670.
143) 예를 들어 Newby v. Enron Corp., 2005 US Dist. LEXIS 4494.
144) Compuware v. Moody's Inv. Servs., Inc., 499 F.3d 520 (6th Cir. 2007).
145) Norbert Gaillard & Michael Waibel, The Icarus Syndrome: How Credit Rating Agencies Lost Their Quasi Immunity, 71(4) SMU Law Review, pp. 1099~1100 (2018).
146) Brigitte Haar, 각주 66, p. 2.
147) Brigitte Haar, 각주 66, p. 2.

보인다. 미국의 경우 종래에는 증권 발행(공모) 시 책임 범위에 포함되는 등록서류에서 신용평가를 제외하였으나, 2010년 Dodd-Frank Act가 이를 폐지함으로써, 신용평가기관은 이제 1933년 증권법에 따른 손해배상책임을 부담할 가능성하에 놓이게 되었다. 또한, 호주 연방법원이 신용평가는 표현의 자유로서 보호되고 손해배상책임에는 엄격한 계약의 당사자성(privity)이 요구된다는 종래의 판례를 깨트리고 Rembrandt로 알려진 유동화 금융상품의 신용평가와 관련하여 S&P의 과실책임을 인정하였다.[148)]

EU법의 맥락에서도 신용평가기관 Regulation은 위법행위에 대한 억제효과(deterrence)를 고려하여 정책적으로 신용평가기관의 손해배상책임을 도입하고 있다.[149)]

2. 조항의 내용

제35a조 민사책임

1. 신용평가기관이 고의 또는 중과실로 부록 Ⅲ에 열거된 위반행위를 저지르고, 그러한 위반행위가 신용평가결과에 영향을 미친 경우, 투자자 또는 발행자는 신용평가기관에 대하여 그러한 위반행위로 인해 발생한 손해의 배상을 청구할 수 있다.

   투자자는 신용평가가 다루고 있는 금융상품의 투자, 계속 보유, 처분을 결정함에 있어 제5a조 제1항(금융기관이 신용평가에 유일하고 기계적으로 의존하지 아니할 의무)을 준수하고 상당한 주의(due care)를 다한 결과로서 신용평가를 합리적으로 신뢰한(reasonably relied) 경우 본 조항에 따라 손해배상을 청구할 수 있다.

   발행자는 (i) 자신 혹은 자신이 발행한 금융상품이 신용평가의 대상이고, (ii) 발행자가 직접적이든 혹은 대중에게 알리는 간접적 방식에 의해서든 오도하는(misleading) 혹은 잘못된 정보를 제공함으로써 신용평가기관의 위반행위를 야기한 경우가 아닌 한 본 조에 따라 손해배상을 청구할 수 있다.
2. 신용평가기관이 본 조에 따른 위반행위를 저질렀다는 점, 위반행위가 신용평가에 영향을 미쳤다는 점에 관하여 정확하고 상세한 정보를 제출할 책임은

148) Bathurst Regional Council v. Local Government Financial Services Pty Ltd (No.5) [2012] FCA 1200. FCA는 Federeal Court of Australia를 의미함.

149) Matthias Lehmann, 각주 118, p. 62.

투자자 또는 발행자에게 있다.

회원국 법원은 투자자 혹은 발행자가 순전히 신용평가기관의 영역 내에 있는 정보에 접근할 수 없을 수도 있다는 점을 고려하여 무엇이 정확하고 상세한 정보에 해당하는지 판단하여야 한다.

3. 제1항에 따른 민사책임은 (a) 책임의 제한이 합리적, 비례적이고, (b) 제4항에 따라 회원국 법률이 이를 허용하는 경우에만 제한될 수 있다. 그렇지 않은 책임제한 혹은 민사책임에 대한 전면적 부정은 법적 효력이 없다.
4. '손해배상(damage)', '고의(intention)', '중과실(gross negligence', '합리적 신뢰(reasonably relied)', '상당한 주의(due care)', '영향(impact)', '합리성(reasonable)', '비례성(proportionate)'과 같이 이 조항에서 사용되었으나 정의되지 않은 용어들은 민사에 관한 국제사법(private international law)의 관련 규정에 따라 결정되는 회원국 법률에 따라 해석, 적용되어야 한다. 민사책임에 관한 문제로서 본 Regulation에서 정하지 않은 것은 민사에 관한 국제사법의 관련 규정에 따라 결정되는 회원국 법률에 따른다. 투자자 혹은 발행자가 제기하는 민사책임에 관한 청구를 결정할 권한이 있는 법원은 민사에 관한 국제사법의 적절한 규정에 따라 결정된다.
5. 본 조항은 회원국 법률에 따른 다른 민사책임 청구를 배제하지 아니한다.
6. 본 조항에 따른 배상청구권은 제36a조에 따른 유럽증권시장청(ESMA)의 완전한 권한(과징금 부과 권한) 행사를 배제하지 아니한다.

3. 검토

신용평가기관 Regulation 제35a조는 EU 법률이 투자자에게 명시적으로 소권을 부여한 예외적인 사례에 속한다. 다만, 제35a조에 따른 손해배상책임은 신용평가기관의 고의, 중과실로 제한된다. 그러나, 회원국 법률이 단순한 과실의 경우에 손해배상책임을 인정한다면, 제35a조가 이를 배제하는 것은 아니다.

투자자는 신용평가기관의 규정 위반, 그러한 위반 사실과 잘못된 신용평가 간의 인과관계 및 잘못된 신용평가에 대한 신뢰(거래인과관계)에 관하여 입증책임 부담을 부담한다(제35a조 제2항). 위반행위가 적어도 신용평가 결과에 영향을 미쳤어야 한다. 또한, 신뢰는 합리성을 갖춘 것이어야 한다. 금융기관의 경우 신용평가기관의 신용평가를 유일하게 또한 기계적으로 활용해서는 안 되고 나름의 방식으로 신용평가를 수행했어야 한다(제35a조 제1항).

신용평가를 이용한 투자자 외에 발행회사는 잘못된 신용평가가 자신이 제공한 정보에 기하지 않은 경우에만 신용평가기관에 대한 손해배상청구를 할 수 있다. 현실적으로 상정하기 어려운 경우라고 생각된다.

성립요건에 대한 해석은 각 회원국 법률에 맡겨져 있다. 위 35a조는 각 회원국 법률이 부여한 다른 청구권을 배제하지 않는다. 결국 위 35a조는 EU 회원국들 내에서 신용평가기관에 대한 손해배상책임이 인정된다는 점만을 선언한 것이고 실제 내용에 있어서는 각 회원국이 나름의 방식으로 책임의 내용을 결정하도록 한 셈이다. 이에 대해서는 법률의 통일이 아니라 회원국 법률 간 차이를 인정하고 오히려 공고하게 한다는 비판이 제기된다.[150)]

4. 입법과정

당초 집행위원회의 案에는 “신용평가기관이 발행한 신용평가가 위반행위가 없었을 경우 발행되었을 결과와 다르다면 당해 위반행위는 신용평가에 영향을 미친 것으로 추정된다(shall be considered)”, “신용평가기관이 부록에 포함된 위반사항을 범하였다고 추론할 수 있는 사실들을 제시한 경우 신용평가기관은 자신의 위반행위가 없었거나 위반행위가 발행된 신용평가에 영향을 미치지 않았다는 점을 입증할 책임이 있다”는 내용이 포함되어 있었다. 이에 대해서는 다양한 비판이 제기되었다.

비판자들은, 이러한 조항이 입법되는 경우 신용평가기관은 위의 입증을 위해 자신의 평가방법과 모델에 들어가는 투입요소들을 모두 공개해야 할 것인데, 그러한 공개는 보다 나은 평가방법에 관한 경쟁을 제거해 버릴 것이고, 그에 따라 경쟁을 통해 신용평가제도의 문제점을 개선하겠다는 집행위원회의 시도는 성공할 수 없다고 주장하였다. 또한, 민사책임을 지나치게 강화하는 경우 새로운 경쟁자는 막대한 규모의 손해배상 위험을 부담하면서까지 시장에 진입하지 않으려 할 것이고, 그에 따라 경쟁의 도입은 더욱 어려울 것이라는 주장 역시 제기되었다. 또한, 신용평가에 관한 규제제도가 복잡하다는 점을 고려하면, 투자자들은 조금이라도 의문스러운 점이 있으면 이를 위반행위로 제시하려고 할

150) Matthias Lehmann, 각주 118, pp. 76~77.

것이고, 위 조항이 적용되는 경우 부당하게 책임이 확대되는 경우가 발생할 수 있다.[151] 상당한 논란 끝에 이사회, 유럽의회의의 공동 입법 과정에서 추정 규정은 삭제되었다.

손해배상책임을 확대하여 인정하는 경우 신용평가에 대해 과도하게 의존하는 문제가 발생할 가능성을 우려하는 견해가 있다.[152] 다른 한편으로 신용평가가 위기에 적절하게 대응하지 못했던 데에는 신용평가 이용자, 특히 그중에서도 금융기관들이 오히려 양호한 신용평가를 유도했던 점도 한몫하였다는 비핀이 제기되기도 한다. 투자 대상인 금융상품의 신용등급이 높아야 투자에 따라 확보해야 하는 자본금 수준이 작아지고 그에 따라 담당자의 재량이 커질 수 있기 때문이다.[153] 반면, 신용평가기관의 평가모형이 복잡하고 이해하기 어려워 신용평가기관의 과실을 입증하기 어렵다는 점을 고려하면 당초 집행위원회 안과 같은 추정 규정이 필요하다는 입장도 있다.[154]

Ⅵ. 유럽증권시장청(ESMA)의 확대된 역할

신용평가기관 Regulation은 회원국 감독당국이 아니라 유럽연합 차원에서 유럽증권시장청(ESMA)에게 감독 및 제재 권한을 부여한 최초의 법률이다.[155] 신용평가기관들은 금융시장의 이해관계자들 중 소수여서 감독권한을 집중하는 데 따른 반발이 적다는 점, 신용평가 활동이 유럽 전역에 걸쳐 이루어지는 이상 회원국에 맡기는 경우 유사한 규제가 중복 적용될 가능성이 높다는 점, 신용평가의 파급효과가 개별 회원국에 한정되지 않아 EU 차원 감독의 정당성을 확보하기 쉽다는 점 등이 이러한 입법의 배경이 되었다.[156]

유럽증권시장청은 신용평가기관들에 대해 모든 필요한 정보를 요구할 수 있고(제23b조), 본 Regulation에서 요구하는 신용평가 방법론 준수 여부에 대한 조사, 현장 방문조사를 포함하여 필요한 조사를 수행할 수 있다(제22a조, 제23c조 및 제

151) Brigitte Haar, 각주 66, pp. 12~13.
152) Matthias Lehmann, 각주 118, pp. 63~64.
153) Arad Reisberg, 각주 113, p. 192.
154) Nobert Gaillard & Michael Waibel, 각주 145, p. 1081.
155) Niamh Moloney, 각주 117, p. 656.
156) Niamh Moloney, 위의 책, p. 670.

23d조). 또한 유럽증권시장청은 위반 사항이 발견되면 등록 철회, 영업행위 중단 등의 제재조치를 발령할 수 있다(제23e조, 제24조). 신용평가기관이 고의 또는 과실로 이해상충 방지, 조직 및 영업규제와 관련된 사항 등 부록 III에 기재된 사항들을 위반한 경우 유럽증권시장청은 과징금(fines)을 부과할 수 있다(제36a조).

다만, 회원국 감독기구들의 역할이 완전히 배제된 것은 아니다. 유럽증권시장청은 회원국 감독당국에게 현장조사 등을 위임할 수 있다(제30조). 다른 한편으로 투자회사 등이 유럽연합 내에서 설립·등록된 신용평가기관이 발행한 신용평가만을 규제목적에 사용해야 한다는 제4조의 요구사항을 위반한 경우 회원국 감독기구는 그에 대한 제재조치를 마련하여 실행해야 한다(제36조). 또한, 회원국 감독기구는 투자회사 등이 신용평가에 대한 의존도를 줄여야 하는 의무(제5a조) 및 구조화 금융상품과 관련한 공시의무 등(제8b조)에 대한 감독업무 역시 담당하고 있다.

Ⅶ. 신용평가기관 규제에 대한 평가

1. 발행자가 보수를 지불하는 구조를 바꾸지는 않음

글로벌 금융위기 이후 개혁 논의 과정에서는 신용평가기관이 서브 프라임 모기지 관련 증권의 위험을 제 때에 경고해 내지 못한 근본적 원인을 발행자가 보수를 지급하는 구조에서 비롯된 이해상충에서 찾는 입장이 설득력을 얻었던 것이 사실이다. 실제로 증권 발행의 성공을 조건부로 신용평가기관이 수수료를 수취하는 형태의 계약이 광범위하게 체결되었다고 한다.[157] 이에 대해 정부 혹은 EU의 기금으로 운영되는 공공의 신용평가기관을 설립, 운영해야 한다는 주장이 제기되기도 하였다.[158] 그러나, 신용평가 제도에 대한 개혁이 그러한 수준까지는 나아가지 못하였다. 대신 신용평가기관 Regulation은 이해상충을 방지하기 위한 조직 구조 및 보수 구조 등에 관한 규제, 과점적 시장구조를 완화하기 위한 복수 신용평가 등을 도입하였다. 주로 신용평가기관의 거버넌스에 초점을

157) Brigitte Haar, 각주 66, p. 8.

158) M. Ahmed Diomande et al., Why U.S. Financial Markets Need a Public Credit Rating Agency, (The Economists' Voice, June 2009), https://www.peri.umass.edu/media/k2/attachments/Why_U_S_Financial_Markets_Need_a_Public_Credit_Rating_Agency.pdf (최종 방문: 2020. 8. 9).

맞춘 이러한 태도에 대해서는 신용평가의 품질 제고를 이끌어 내기에 미흡하다는 비판이 있다.[159)]

2. 신용평가기관에 대한 의존을 탈피하려는 시도에 대하여

신용평가기관 개혁 논의 과정에서 신용평가시장이 과점 체제로 운영되고 있을 뿐만 아니라 금융규제가 신용평가기관에 의존한다는 점이 문제로 지적되었고, 이를 해소하기 위한 방안으로 신용평가기관 Regulation 제5a조 제1항은 금융기관들이 신용평가기관에 유일하게 혹은 기계적으로 의존해서는 아니된다는 내용을 포함하게 되었다. 그러나 위 조항이 선언에 그칠 뿐 실질적인 의미를 가지지는 못한 것으로 보인다. 신용평가기관 Regulation 제5c조는 집행위원회가 신용평가에 의존하는 유럽연합 법령의 내용을 조사하여 가능하다면 2020. 1. 1.까지 이를 삭제하도록 할 것을 요구하고 있으나, 이에 따라 삭제된 조항은 아직까지 보고되지 않았다.

3. 경쟁을 촉진할 필요가 있다는 주장에 대하여

신용평가의 품질을 높이기 위해 신용평가시장의 과점 구조를 해소할 필요가 있다는 주장은, 경쟁이 심하지 않은 시장 구조에서 신용평가기관들이 신용도에 대한 분석 품질을 제고할 유인이 없다는 점을 전제로 한 것으로 이해된다.[160)] 그러나, 발행자로부터 보수를 지급받는 구조에서 경쟁 수준이 높아지면 이해상충의 문제가 더욱 악화될 가능성도 있다고 생각된다. S&P와 Moody's 2개 회사 경쟁체제에서 Fitch까지 포함된 3개 회사 경쟁체제로 전환된 이후 신용평가의 품질이 하락했다는 연구결과[161)]는 참고할 가치가 있다.

---

159) Bart Stellinga, Why performativity limits credit rating reform, 5(1) Finance and Society, p. 21 (2019).

160) Giulia Mennillo & Timothy J. Sinclair, A hard nut to crack: Regulatory failure shows how rating really works (2019), http://wrap.warwick.ac.uk/113520/ (최종방문: 2020. 5. 1), p. 6.

161) Bo Becker & Todd Milbourn, How did increased competition affect credit ratings? (NBER Working Paper 16404, September 2010), p. 10.

제5장

자산유동화 규제

Ⅰ. 서설

1. 자산유동화의 의의

자산유동화란, 주택 담보 대출채권, 상업용 건물 담보 대출채권, 신용카드 채권, 상거래 채권 등 원천을 불문하고 쉽게 현금화하기 어려운 대출채권을 기초로 제3자에게 쉽게 양도될 수 있는 채무증권을 발행하는 기법을 의미한다.

유럽연합 내에서 자산유동화에 대한 규제는 유동화 Regulation[162)]이 이를 정하고 있는데, 위 Regulation 제2조 제(1)항은 유동화의 개념 요소로서 (a) 유동화 거래에 따른 손익이 기초자산의 성과에 의해 결정되고, (b) 유동화 증권 집단(tranche)별로 손익의 배분이 달리 결정되며, (c) 당해 유동화가 특정한 재산의 구입과 관련되고 상환 자금 원천이 해당 재산에만 의존하는 것이 아닐 것(즉, 여러 채권을 기초로 할 것)을 제시하고 있다.

---

162) 정식 명칭: Regulation (EU) 2017/2402 of the European Parliament and of the Council of 12 December 2017 laying down a general framework for securitisation and creating a specific framework for simple, transparent and standardised securitisation, and amending Directives 2009/65/EC, 2009/138/EC and 2011/61/EU and Regulations (EC) No 1060/2009 and (EU) No 648/2012.

2. 자산유동화의 긍정적 측면

통상 양도인인 금융기관과 별개 법인격을 가지고 도산 절연 효과가 확보된 유동화 특수목적회사(Securitisation Special Purpose Entity, SSPE)가 유동화 자산을 양수하여 유동화 증권을 발행하는 방식으로 자산유동화가 이루어진다. 따라서 금융기관의 입장에서는 자신이 보유한 대출채권을 자신의 재무상태표에서 분리시킬 수 있고[163] 그에 따라 각종 유동성 비율이 개선되고 자본 수익률이 향상되는 효과가 있다.[164] 자산유동화의 혁신적 측면은, 여러 대출채권 등을 한 곳(특수목적회사)에 모은 후 이를 기초로 신용위험 및 수익률이 서로 다른 몇 종류의 유동화 증권을 발행함으로써 투자자의 다양한 수요를 충족시킨다는 점에 있다.[165]

---

163) Vincenzo Bavoso, 각주 101, p. 132.

164) Vincenzo Bavoso, 위의 논문, p. 135.

165) 자산유동화가 가치를 창출하는 메커니즘을 간략히 살펴본다. 금융기관이 B1과 B2 두 채무자에 대해 각 1,000유로의 채권을 보유하고 있고, 각 채권은 10%의 부도위험이 있으며, 그에 따라 각 채권의 기대가치는 900유로라고 가정한다. 위험회피적인 투자자는 대손위험을 고려하여 위 각 채권에 대해 900유로보다는 적은 가격을 지불할 것이다.

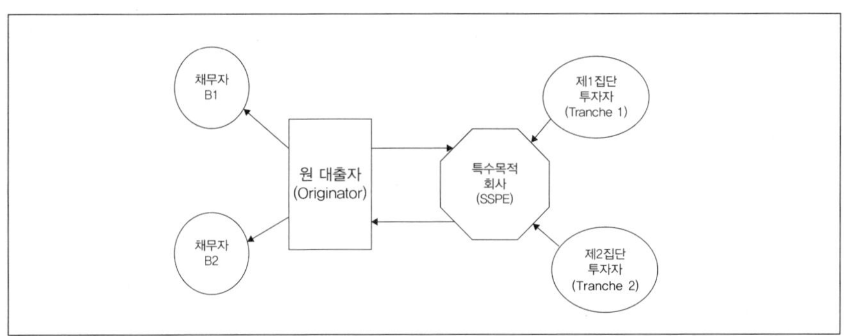

위 두 개 채권을 유동화 자산으로 하여 자산유동화가 이루어지는 경우를 상정해 본다. 특수목적회사는 위 두 개 채권을 양수하면서 자신의 채무자들에게 두 개 종류(tranche)의 유동화 증권을 발행한다. 제1종 채무증권 보유자는 먼저 회수되는 1,000유로를 확보하고, 제2종 채무증권 보유자는 나머지를 회수하도록 약정되어 있다고 전제한다.

그렇다면 제1종 채무증권 보유자는 유동화 자산인 B1과 B2가 모두 부도 나는 경우에만 자기 채권을 회수할 수 없게 되는데, 그 확률은 10% × 10% = 1%이다. 즉, 제1종 유동화 증권 보유자는 99%의 확률로 특수목적회사로부터 채권을 회수할 수 있다. 부도확률 1%는 AAA 등급에 해당하는 것이고, 이는 원 대출자가 보유한 B1 및 B2 채권에 비해 높다.

한편 제2종 유동화 증권 보유자는 B1 및 B2 채권이 모두 회수되는 경우에만 자기 채권을 회수할 수 있게 되는데, 그 확률은 90% × 90% = 81%이다. 부도확률은 100% − 81% =

원 대출자가 자신의 대출채권을 조기에 현금화하고 이를 다시 투자 재원으로 활용한다면[166] 전체 경제 활동을 촉진하는 효과가 있다. 복잡한 수학적 모형을 세우고 이를 통해 위험을 관리함으로써 위험과 수익률의 다양한 조합을 투자자에게 제공하는 기법이 새롭게 가치를 창출해 낸 점을 부인할 수 없다.[167]

3. 규제의 필요성

그러나, 금융기관은 특수목적회사에 대출채권을 양도하고 나면 더 이상 회수 노력 등 대출채권 관리를 수행할 유인이 없어지게 된다. 그에 따라 특수목적회사 이후 여러 단계의 유동화가 이루어지고 나면 유동화 증권 투자자들은 자신이 통제할 수 없는 위험을 떠안게 되는 문제가 있다.[168] 또한, 여러 단계에 걸쳐 위험자산을 만들어 내고 이를 떠안을 투기적 수요를 끌어들임으로써 높은 시스템 리스크가 창출된다는 점 역시 간과할 수 없다.[169] 2008년 글로벌 금융위기의 배경을 이루는 서브프라임 모기지의 부실은 이러한 구조를 배경으로 하고 있다.

특히 보다 복잡한 자산유동화 구조가 사태를 악화시킨 면이 있다. 전통적 자산유동화(traditional securitisation)는 원 채권자(originator)기 특수목적회사(SSPE)에게 채권을 양도하는 등의 방식으로 유동화 자산에 관한 경제적 이해가 완전히 이전되는 형태를 말한다[170][제2조 제(9)호]. 반면 합성 유동화(synthetic securitisation)는 유동화 자산을 여전히 원 대출자가 보유한 가운데 신용파생상품 또는 지급보증 등에 의해 유동화 자산의 위험이 이전되는 형태를 의미한다[제2조 제(10)호]. 특수목적회사가 유동화 자산을 보유한 금융기관에게 유동화 자산의 부

19%이다. 이는 고위험, 고수익의 정크본드에 해당한다.

B1, B2 채권을 모은 후 이를 기초로 두 개 집단(tranche)으로 나누어 유동화 증권을 발행한 결과 기초자산에 비해 신용등급이 보다 양호한 제1종과 신용등급이 보다 불량한 제2종의 두 가지 채무가 창출되었다. 제1종 유동화 증권의 프리미엄 증가 효과가 제2종 유동화 증권의 프리미엄 감소 효과보다 크다면, 특수목적회사는 이러한 자산 유동화를 통해 이익을 확보할 수 있다.

166) Vincenzo Bavoso, 각주 140, p. 371.

167) Vincenzo Bavoso, 각주 101, p. 80.

168) Vincenzo Bavoso, 위의 논문, p. 136.

169) Vincenzo Bavoso, 각주 101, p. 81.

170) 이러한 구조 하에서는 특수목적회사가 발행하는 증권이 원 대출자의 상환 의무를 표창하지 않는다.

도 발생 시 원리금을 지급할 의무가 있는 신용부도스왑(Credit Default SWAP, CDS)을 발행하는 경우가 여기에 해당한다. 금융기관은 가령 복수의 신용부도스왑을 매입하여 신용부도스왑이 커버하는 금액이 기초자산(유동화 자산) 금액보다 크다면 유동화 자산에서 부도가 나는 것이 오히려 유리하다.[171] 이러한 상황이 이해상충을 낳을 소지가 있다.[172]

자산유동화에 따라 유동화 증권을 발행하는 경우 원칙적으로 투자설명서 Regulation 등 여러 차원의 공시 규정이 적용된다. 그러나 증권의 매입자가 적격투자자인 경우가 대부분이고 사모를 통해 발행되는 경우 역시 직지 않아 공시 규정의 적용이 배제되는 경우가 빈번하였다. 결과적으로 유동화 증권시장의 성장에 따른 위험이 증가하는 상황에서도 이에 대한 모니터링이 이루어질 수 없었고 그것이 2008년 금융위기의 원인이 되었던 것으로 지적된다.[173]

신용평가기관들이 시스템 위기에 취약한 유동화 증권의 위험성을 과소평가했다는 비판이 제기된다. 우선 순위를 가진 유동화 증권 보유자들이 기초 유동화 자산에서 발생하는 현금흐름에 대해 우선권을 가진다고 해도 금융시장 전체가 붕괴하는 경우 채권을 회수하지 못할 위험이 있음에도 신용평가기관들은 이러한 시스템 위험을 간과하고 높은 신용등급을 매겼다는 것이다.[174] 또한, 신용평가기관들이 다른 채권들과 달리 유동화 증권 신용평가에서 훨씬 더 많은 가정과 모델에 의존하면서 기초자산에 대한 실사는 소홀히 하였다는 점 역시 비판의 대상이 되었다.[175]

---

171) THE FINANCIAL CRISIS INQUIRY COMMISSION, Final Report of the National Commission on the Causes of the Financial and Economic Crisis in the United States, https://www.govinfo.gov/content/pkg/GPO-FCIC/pdf/GPO-FCIC.pdf (최종방문: 2020. 12. 26), p. 236.

172) Janis Sarra, Credit derivatives market design : creating fairness and sustainability (2009. 5. 9), https://papers.ssrn.com/sol3/papers.cfm?abstract_id=1399630 (최종방문: 2020. 5. 1), pp. 212~213.

173) Vincenzo Bavoso, 각주 101, p. 148.

174) Arad Reisberg, The Future of Credit Rating Agencies in Contemporary Financial Markets – A Theoretical Perspective in Corporate Finance La in the UK and EU, p. 191 (Dan Prentice & Arad Reisberg, Oxford University Press, October 2010).

175) Vincenzo Bavoso, 각주 101, p. 166.

4. 유동화 Regulation의 목적

유동화 Regulation은 EU 집행위원회가 자본시장연합에 관한 장기 계획, 곧 전통적인 은행 의존 대신 다양한 자본 조달 수단을 활성화하여 일자리의 창출과 경제의 안정적 성장에 기여하도록 하겠다는 구상 중 일부로서 제정되었다. 이는 글로벌 금융위기 이후 규모가 대폭 축소된 자산유동화를 다시 활성화시키고자 하는 의도를 가지고 있다. 반면, 그 내용상 자산유동화가 시스템 위기의 원천이 되지 않도록 무분별한 자산유동화를 억제하겠다는 목표 역시 가지고 있다. 그러한 점에서 유동화 Regulation은 상충될 가능성이 있는 두 가지 목표를 추구한다고 볼 수 있다[서문 제(3)항 및 제(4)항].

본 Regulation에 대해서는 유동화 증권이 같은 신용등급을 가진 다른 금융상품에 비해 위험하다는 잘못된 전제에 서서 현실을 탄력적으로 반영할 수 없는 지나치게 상세하고 세부적인 지침을 제공함으로써 유동화 시장의 발전을 가로막고 전체 신용 시장 구조를 왜곡시킨다는 비판도 제기된다.[176]

Ⅱ. 자산유동화에 대한 일반적 규제사항

1. 일반투자자에 대한 유동화 증권 판매 시 적합성 테스트 수행

유동화 증권은 MiFID 제25조 제(2)항에 따른 적합성 평가를 거친 후에만 MiFID에 따른 일반투자자에게 판매될 수 있다(제3조 제1항).

유동화 증권 판매자는 일반투자자의 금융상품 포트폴리오가 500,000유로를 넘지 않는 경우에는 당해 일반투자자의 금융상품 포트폴리오 중 10%를 초과하여 유동화 증권에 투자되지 않도록 하여야 한다(제3조 제2항).

이러한 의무 이행에 상응하여 일반투자자는 유동화 증권을 포함하여 자신의 금융상품 포트폴리오에 관한 정보를 유동화 증권 판매자에게 제공하여야 한다(제3조 제3항), 이 때 금융상품 포트폴리오는 예금과 금융상품을 포함하고 담보로 제공된 금융상품은 제외된다(제3조 제4항).

---

176) Marke Raines, UK regulation of term securitization following a hard Brexit, 13(4) Capital Markets Law Journal, p. 536.

2. 기관투자자의 실사 의무 등

유동화 Regulation은 유동화 증권을 보유하는 기관투자자들에게 실사 의무를 부과하고 있다. 자산유동화 과정에서 투자자들이 신용평가기관의 신용평가에 지나치게 의존한 것이 서브프라임 모기지 사태의 배경이 되었다는 반성에서 비롯된 규정이다.

가. 기관투자자가 인증할 사항

기관투자자들이 유동화 증권을 보유하기에 앞서 실사를 통해 인증할 사항 중에는 기초 채권의 신용도 확인과 관련한 사항이 포함된다. 즉, 원 대출자가 투자회사나 신용기관이 아닌 경우 또는 원 대출자가 EU 외의 제3국에 소재한 경우, 기관투자자는 기초 채권(유동화 자산)의 발생과 관련하여, 건전하고 명확한 규정 및 절차에 따라 신용이 제공되었거나 혹은 채무자 신용도에 대한 철저한 평가가 이루어졌다는 점을 인증하여야 한다[제5조 제(1)항 (a) 및 (b)호]. 원 대출자가 EU 내에 설립된 투자회사 또는 신용기관이 경우에는 기관투자자에게 그러한 의무가 없다.

완전 통제형 유동화 어음 프로그램(fully supported ABCP programme)의 경우 이러한 인증은 유동화 증권을 보유하는 기관투자자가 아니라 주관회사(sponsor)가 하여야 한다(제5조 제2항).

또한 기관투자자들은 원 대출자 또는 주관회사가 제6조에 따라 자산유동화의 대상인 기초 채권에 관하여 중대한 경제적 이익을 계속 유지한다는 점을 인증하여야 한다[제5조 제(1)항 (c) 및 (d)호].

나. 기관투자자 실사의 대상

기관투자자는 유동화 증권을 보유하기 앞서 실사를 통하여 위험을 평가하여야 하는데, 여기에는 (a) 개별 유동화 증권 및 기초자산이 가진 위험, (b) 유동화 증권의 성과에 중대한 영향을 미칠 수 있는 구조적 특성(계약상 유동화 증권 상환의 우선순위, 상환과 관련된 조건, 신용 보강, 부도에 관한 사항 등을 포함한다), (c) 단순하고 투명하며 표준화된(STS) 유동화의 경우 그와 관련한 요구사항의 충족 여부 등이 포함된다[제5조 제(3)항].

다. 기타 준수사항

제5조 제4항은 유동화 증권을 보유하는 기관투자자가 준수할 사항들을 정하고 있다. 기관투자자는 유동화 증권의 위험에 비례하여 위험평가 등과 관련한 사항의 준수 여부를 계속 모니터링하는 절차를 문서화하고 실행하여야 한다. 여기에는 노출된 위험의 종류, 상환기일이 30일, 60일, 90일 경과한 채권의 비율, 부도율, 선지급 비율, 경매절차가 진행되는 채권의 내용, 회수율, 채권의 재구매, 채권 약정의 변경, 상환 유예, 담보의 종류, 신용 평점 기타 채권 신용도를 평가하는 주기 등이 포함된다[(a)호].

기관투자자는 주관회사의 상환능력에 대해(완전 통제형 유동화 어음 프로그램의 경우) 혹은 기초자산의 현금흐름 및 담보가치에 대해(그 밖의 경우) 주기적으로 스트레스 테스트를 시행하여야 한다[(b) 호 및 (c)호].

3. 유동화 자산에 대한 5% 이상 경제적 이익 보유

가. 원칙

원 대출자, 채권 양도자, 주관회사는 자산유동화와 관련하여 최소한 5% 이상의 중대한 경제적 이해관계를 계속하여 보유하여야 한다(제6조 제1항).

글로벌 금융위기를 평가하는 과정에서 원 대출자가 채권을 특수목적회사에 양도할 것을 전제로 차주의 신용도를 엄격히 평가하기보다 대출 규모를 무분별하게 늘린 점이 문제로 지적되었다.[177] 이에 위 조항은 금융기관과 투자자들 간의 이해관계 불일치 혹은 이해상충을 막고 금융기관이 적절한 신용 기준을 통과한 경우에만 대출을 실행할 수 있도록 유도하려는 데에 목적이 있다. 2009년 피츠버그(Pittsburg)에서 열린 G20 정상회담의 합의사항을 EU 차원에서 반영한 것이다.[178]

원 대출자, 채권 양도자, 주관회사 간에 내부적으로 계속 보유할 경제적 이익의 배분에 관한 합의가 이루어지지 않는 경우 원 대출자가 이를 보유하여야

177) Luis A. Aguilar, Skin in the Game: Aligning the Interests of Sponsors and Investors (미국 SEC 위원장의 2020. 10. 22.자 연설문), https://www.sec.gov/news/public-statement/2014-spch102214laa (최종 검색: 2020. 12. 26).

178) LEADERS' STATEMENT THE PITTSBURGH SUMMIT(SEPTEMBER 24 - 25 2009), available at https://www.mofa.go.jp/policy/economy/g20_summit/2009-2/statement.pdf, 문단 12. 다만, 5%의 구체적인 비율이 합의된 것은 아니다.

한다(제6조 제1항).

원 대출자, 주관회사 등이 그들 내부에서 경제적 이해관계를 각기 다른 형태로 나누어 보유해서는 아니된다. 이들이 보유한 경제적 이익에 대해서는 위험을 완화하는 조치 내지 헤징을 취해서는 아니된다(제6조 제1항).

원 대출자는 손실을 전가하기 위해 특정한 채권만을 선별하여 특수목적회사에 양도할 수 없다. 구체적으로 원 대출자는 유동화 거래 기간 중에(최대 4년 동안으로 제한한다) 자신의 재무제표상 비교할 수 있는 다른 자산보다 더 높은 손실이 특수목적회사에서 발생하도록 하여서는 아니된다. 이를 위반한 결과가 발생하고 그것이 원 대출자의 의도적인 유동화 자산 선별에서 비롯된 경우 감독기구는 제재를 부과하여야 한다(제6조 제2항).

나. 이해관계 보유의 내용

이해관계의 보유는 다음 다섯 가지 중 하나의 방식으로 이루어져야 한다(제6조 제3항).

(a) 각 유동화 증권 집단(tranche) 혹은 투자자들에게 이전되는 명목 가액의 최소한 5% 보유
(b) 유동화 증권 금액 혹은 유동화 자산 금액이 변동하는 자산 유동화(revolving securitisation)의 경우 원 대출자가 각 유동화 자산 명목 금액의 5% 이상 보유
(c) 유동화하려는 자산이 100개 이상인 경우 유동화 자산 명목 금액의 최소한 5% 이상으로서 무작위로 선정된 자산의 보유
(d) 유동화 증권 명목금액의 최소한 5% 이상이 될 것을 전제로 가장 먼저 손실이 발생하는 유동화 증권 집단(tranche) 순서로 보유(다만, 투자자들에게 양도되는 것보다 만기가 먼저 도래해서는 아니된다)
(e) 모든 유동화 증권에 대해 가장 먼저 손실이 발생하는 부분의 최소한 5% 보유

다. 예외

다만, 유동화 자산이 중앙정부, 중앙은행, 지방정부 등의 완전하고 무조건

적인 지급보증을 제공받는 경우, 이러한 의무가 적용되지 아니한다(제5항).

4. 정보 공개 의무

원 대출자, 주관회사, 특수목적회사는 최소한 다음 정보들을 유동화 증권 보유자, 감독기구 및 잠재적 투자자들에게 공개하여야 한다(제7조 제1항).

(a) 최소한 1년에 4회 유동화 자산에 관한 정보가 공개되어야 한다. 다만, 유동화 어음의 경우 기초 채권을 매월 공개하여야 한다.

(b) 거래를 이해하는 데 있어 중요한 모든 문서들. 여기에는 (i) 최종 거래 종결 문서, 최종 청약 문서 또는 투자설명서(다만, 법률적 의견에 관한 문서는 제외한다), (ii) 전통적 유동화의 경우 채권의 매매, 양도, 경개 기타 채권 이전에 관한 계약서 및 관련 신탁 문서, (iii) 관련된 파생상품 및 지급보증 약정, 담보에 관한 문서, (iv) 자산관리, 행정 및 현금 관리에 관한 약정, (v) 신탁증서, 담보증서, 위탁약정, 계좌 관리에 관한 은행 약정, 지급보증 계약 등이 포함된다.

(c) 투자설명서가 작성되지 않는 경우 거래의 요약 및 특성에 관한 문서

(d) 단순하고 투명하며 표준화된(STS) 유동화에 해당하는 경우 그러한 사실

(e) 연 4회 투자자 보고서(유동화 어음의 경우 월간 투자자 보고서). 여기에는 (i) 기초 채권의 신용 및 성과에 관한 중요한 데이터, (ii) 지급의 우선 순위, 거래 상대방에 변화를 초래하는 사건에 관한 정보. 유동화 어음이 아닌 거래의 경우 기초 자산이 창출하는 현금 및 유동화에 의한 채무에 관한 데이터, (iii) 원 대출자가 보유한 경제적 이해관계에 관한 사항이 포함된다.

원 대출자, 주관회사, 특수목적회사는 그들 중에서 위와 같은 정보 공개 의무를 실행할 자를 지정하여야 한다(제7조 제2항).

5. 재유동화 금지

유동화의 기초자산으로서 유동화 증권이 포함되어서는 안 된다(제8조 제1항). 재유동화[179]는 거래의 투명성을 저해하기 때문에 원칙적으로 금지된다[서문

제(8)항]. 서브프라임 모기지 사태가 발전하는 과정에서 주택저당채권을 기초로 한 여러 단계의 유동화가 거래를 복잡하게 하고 시스템 위기에 취약한 상황을 초래하였으며[180] 모델링에 기초한 신용위험 평가 역시 매우 어려울 수밖에 없다[181]는 비판적 인식에서 비롯된 입법이다.

다만 예외적으로 재유동화가 오히려 투자자 보호를 위해 필요한 경우가 있을 수 있다. 본 Regulation은 적법한 목적이 있는 경우 재유동화가 허용되는 것으로 규정하는데, 여기서 적법한 목적은 (a) 신용기관, 투자회사 기타 금융기관의 청산을 촉진하기 위한 목직, (b) 칭신을 피하고 신용기관 등을 계속기업으로 유지하려는 목적, (c) 유동화 자산이 부실채권인 경우 투자자의 이익을 보호하려는 목적을 말한다(제8조 제3항). 감독기구는 적법한 목적을 위해 필요하다고 인정되는 경우 재유동화를 허용할 수 있다(제8조 제2항).

또한, 유동화 어음 프로그램은 유동화 어음을 차환 발행하는 등의 운영구

---

179) 재유동화의 원리를 간단히 소개하기 위하여 각주 165번에서 발행된 제2종 유동화 증권(부도확률: 19%) 두 개를 유동화 자산으로 하여 다시 유동화가 진행된다고 가정해 보자.

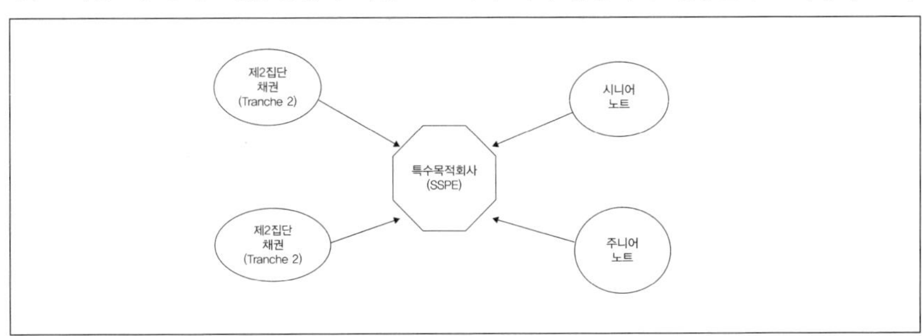

시니어 노트 보유자는 최초로 회수되는 1,000유로를 확보하고, 주니어 노트 보유자는 나머지 금액을 회수할 권리가 있다고 가정한다. 시니어 노트 보유자는 두 개의 제2종 채무증권이 모두 부도가 나는 경우 자기 채권을 회수할 수 없게 되는데, 그 확률은 19% × 19% = 3.6%이다. 시니어 노트는 신용등급 AAB에 해당한다.

주니어 노트 보유자는 두 개의 제2종 유동화 증권(기초자산)이 모두 회수되는 경우, 곧 81% × 81% = 65.61%의 확률로 자기 채권을 회수할 수 있다. 즉, 주니어 유동화 증권의 부도 확률은 100% - 65.61% = 34.39%이다.

각주 165번의 제2종 유동화 증권의 부도확율은 19%였는데, 이를 기초로 다시 한 번 자산유동화를 실행한 결과 보다 안전한 시니어 채무증권과 그보다 보다 위험한 주니어 채무증권의 두 개 유동화 증권이 발행되었다.

180) Marke Raines, 각주 176, p. 535.

181) EBA, Guidelines on STS Criteria for Non-ABCP Securitisation, para. 31 of 'statements on background and rationale'.

조상 일률적으로 재유동화를 금지하기 곤란하다[서문 제(16)항]. 유동화 어음 프로그램을 구성하는 개별 거래(유동화 어음 거래)의 수준에서 유동화 증권이 기초자산에 포함되어 있지 않고, 프로그램 수준에서 서로 다른 종류의 유동화 증권이 발행되지 않으며, 완전통제형인 경우, 당해 유동화 어음 프로그램은 재유동화가 아닌 것으로 간주한다(제8조 제4항).

Ⅲ. 단순하고 투명하며 표준화된 자산유동화

1. 의의 및 효과

유동화 Regulation에 따른 규제는 두 단계로 구성되어 있다. 즉, 위에서 설명한 제II.항의 내용은 EU 내에서 이루어지는 모든 자산 유동화에 적용된다. 원대출자, 주관회사, 특수목적회사는 여기에 더하여 본 Regulation 제4장(Chapter 4)의 요구사항이 충족되는 경우 유럽 증권시장청(ESMA)에게 통지한 후(제27조 제1항) '단순하고 투명하며 표준화된 유동화(Simple, Transparent and Standardized Securitisation, STS 유동화)'라는 표시를 사용할 수 있다(제18조).

이러한 표시를 사용하는 유동화의 경우 해당 유동화 증권을 보유한 금융기관에게 보다 느슨한 자산건정선 규정이 허용된다.[182)]

STS 유동화는 유동화 증권이 위험이 없다거나 유동화 자산의 신용 수준이 높다는 것을 의미하지는 않는다. 다만, 신중한 투자자는 STS 요건을 충족한 유동화 거래에 내재한 위험을 스스로 분석해 낼 수 있다는 점에 의미가 있다[서문 제(16)항].

STS 유동화의 요건은 유동화 증권이 비교적 장기인 일반적인 경우와 단기인 유동화 어음(=Asset Backed Commercial Paper)의 두 가지로 나누어 정해져 있다.

---

182) 보다 자세한 내용은 금융기관 자산건전성을 규율하는 Regulation (EU) 2017/2401 of the European Parliament and of the Council of 12 December 2017 amending Regulation (EU) No 575/2013 on prudential requirements for credit institutions and investment firms 제243조 등 참조.

2. 일반적인 자산유동화의 경우

가. 단순성의 요건(제20조)

(1) 진정한 매각(true sale)

단순성의 요건을 충족하기 위해서는 진정한 매각이 이루어져야 한다. 유동화 자산의 소유권이 채권 양도 혹은 같은 그와 법률적 효과를 가지는 형태(매도자 또는 다른 제3자에 대해 구속력이 있어야 한다)에 의해 특수목적회사에게 실제로 완선하게 이전(true sale)되어야 한다(제20조 제1항).

매도인은 자신이 아는 한 진정한 매각을 가로 막거나 그것에 부정적으로 영향을 미칠 만한 조건들이 없다는 점에 관해 진술과 보장을 제공하여야 한다(제6항).

합성 유동화는 진정한 매각으로 볼 수 없는 전형적인 경우이다. 특수목적회사가 금융기관(유동화 자산 보유자)에게 신용부도스왑을 발행하여 유동화 자산의 위험만을 이전 받는 경우는 거래 상대방과 관련한 또다른 위험을 창출할 뿐만 아니라 거래를 복잡하게 하여 투명성을 저하시키므로 STS 표시를 할 수 없다[서문 제(24)항].

(2) 도산 절연

유동화 자산은 한 번 이전되면 매도인이 지급불능(insolvency)이 된 경우 매도인에게 환수되는 약정이 없어야 한다(제1항). 채권 매도인이 원 대출자가 아닌 경우 당해 매도인에게 채권이 이전되는 과정에 대해서도 마찬가지이다(제4항).

청산인 혹은 매도인이 단순히 지급불능에 이르기 이전 일정 기간 내에 계약이 체결되었다는 이유만으로 유동화 자산 매각을 무효화할 수 있도록 허용하는 약정, 특수목적회사가 이를 막기 위해 채권 매매 시점에서 지급불능 사실을 몰랐다는 점을 입증해야만 하도록 하는 약정이 그러한 경우에 해당한다(제2항)

다만, 개별 회원국의 도산법률이 사기적 이전 거래(fraudulent transfer), 채권자들에게 불공정한 행위(unfair prejudice) 혹은 특정한 채권자를 다른 채권자들보다 부적절하게 우대하는 이전 거래의 경우 청산인 또는 법원으로 하여금 이를 무효로 할 수 있도록 한 경우 이는 제1항의 환수 약정에 해당하지 아니한다(제3항).

(3) 단순성에 관한 기타 요건

채권을 이전시키는 방법으로서 채권 양도(assignment)가 이루어지고 그 효력이 거래 종결 이후 나중에 발생하는 경우에, 효력 발생 요건은 최소한 (a) 매도자 신용 상태의 심각한 악화, (b) 매도인의 지급불능, (c) 매도인의 부도를 포함하여 매도인이 계약상 의무를 불이행하고 그에 대한 구제수단이 없는 경우 등의 요건을 포함하여야 한다(제5항). 회원국 법제에 따라 채권 양도의 통지를 통해 채권 양도 계약의 효력이 발생할 수 있는데, 이러한 경우에도 채권 양도 효력이 부인될 가능성을 최소화하려는 취지이다.[183]

유동화 자산은 사전에 문서로 규정된 명확한 적격성 요건을 충족해야 한다. 재량에 따른 유동화 자산 포트폴리오 관리가 허용되어서는 아니된다(제7항).

자산유동화는 계약의 내용, 신용 위험 등 현금 흐름과 관련한 구체적 특성을 고려할 때 동질적인 것으로 평가되는 채권들을 기초로 이루어져야 한다. 유동화 자산은 한 가지 자산 유형으로 이루어져 있어야 하고 채무자 및 보증인에 대해 계약상 구속력을 가지는 것이어야 한다(제8항).

유동화 자산에 유동화 증권이 포함되어서는 아니된다(제9항). 즉, 재유동화가 예외적으로 허용된 경우라도 단순성 요건은 충족하지 못한다.

유동화 자산은 원 대출자의 정상적 사업 수정 과정에서 발생한 것이어야 한다(제10항). 즉, 사전에 유동화할 것을 전제로 대출을 실행하는 경우는 단순성 요건을 충족하지 못할 가능성이 높다. 또한, 유동화 대상이 아닌 채권과 비교하여 보다 느슨한 유동화 자산 인수 기준이 적용되어서는 아니된다. 인수 기준 및 그에 관한 중대한 변화는 잠재적 투자자들에게 지체없이 완전하게 공개되어야 한다(제10항).

유동화 자산이 주택담보대출인 경우, 대주가 차주로부터 제공받은 정보를 검증하지 않을 것임을 차주(대출 신청자)가 알았다는 가정 하에 판매, 인수되는 채권은 유동화 자산에 포함되어서는 아니된다(제10항). 대출 신청자의 자기 인증만으로(대주의 검증 없이) 실행된 대출채권의 유동화는 STS의 범위에서 제외된다(제10항).

차주의 신용도에 대한 평가는 차주가 제공한 충분한 정보 및 적절한 데이터베이스에 기초하여 이루어져야 한다. 대출 실행 후 대출 금액이 증가하는 경우 차주의 채무 상황에 관해 변동된 정보에 기초하여 다시 심사가 이루어져야

183) EBA, 각주 181, para. 20 & 22 of 'statements on background and rationale'.

한다(제10항).

유동화 자산의 선별 시점에서 원 대출자가 아는 한[184] 부도, 채무자 또는 보증인 신용의 중대한 손상이 존재하지 않아야 한다(제11항). 이 요건으로 인해 부실채권의 유동화는 STS 표시를 붙이기 어려운 것으로 보인다.

유동화 자산이 이전되는 시점에서 최소한 1회 채무자의 지급이 이루어졌어야 한다. 다만 유동화 자산의 내역이 변동하는 형태의 자산유동화(revolving securitisation[185]))로서 유동화 자산이 1회에 상환하도록 되어 있거나 만기가 1년 이내인 때는 예외로 한다(제12항). 유동화 자산을 최소한 1회 이상 채무 상환이 이루어진 채무로 한정함으로써 자산유동화를 통한 기망 행위의 가능성을 차단하기 위한 것이다.[186]

유동화 증권의 상환이 주로 유동화 자산의 재산의 매각 여부에 의해 달리 결정되는 구조여서는 아니된다(제13조). 금융위기의 경험에 비추어 상업용 건물을 담보로 한 대출채권이 이러한 경우에 해당하므로 이러한 대출채권을 유동화 자산으로 한 유동화는 STS 표시를 할 수 없다[서문 제(29)항].

나. 표준화의 요건(제21조)

표준화 요건은 투자자들이 거래 문서를 통하여 유동화 거래의 구조를 곧바로 이해하고 투자에 따른 위험까지 보다 쉽게 평가할 수 있도록 하기 위한 것이다.[187] 특히 표준화 요건 중 상당 부분은 비전형적이고 복잡한 구조, 변수, 산식이 없어야 자산유동화 거래를 모델링하기에 용이하다는 점을 고려한 것이다.[188]

---

184) 원 대출자가 가능한 모든 수단을 동원해서 채무자 등의 신용상태를 조사할 의무가 있는 것은 아니며 대출 실행, 채권 관리 등 통상의 사업 수행 과정에서 확인된 신용 손상이 없으면 된다고 한다. EBA, 각주 181, para. 40 of 'statements on background and rationale'.

185) 제2조 정의 규정 중 revolving securitisation의 내용은 다음과 같다. (16) 'revolving securitisation' means a securitisation where the securitisation structure itself revolves by exposures being added to or removed from the pool of exposures irrespective of whether the exposures revolve or not;

186) EBA, 각주 181, para. 41 of 'statements on background and rationale'.

187) EBA, 각주 181, para. 49 of 'statements on background and rationale'.

188) EBA, 각주 181, para. 53 of 'statements on background and rationale'.

(1) 제6조에 따른 경제적 이해관계 보유

원 대출자 및 주관회사는 본 Regulation 제6조에 따른 위험 보유 요건을 충족하여야 한다(제21조 제1항).

(2) 위험 회피 및 파생상품

유동화에 따른 이자율 위험 및 통화 위험을 완화하기 위한 조치가 이루어지고 공개되어야 한다(제2항). 예컨대 유동화 자산의 현금흐름이 고정이자율, 유동화 증권 현금흐름이 변동이자율로 정해져 있다면, 이자율 스왑이 유용한 위험 완화 수단이 될 수 있을 것이다.

그러나 특수목적회사는 이자율 위험 또는 통화 위험을 헤지하기 위한 목적 위에는 파생상품 계약을 체결해서는 아니된다. 또한, 유동화 자산 중에 파생상품이 포함되어서도 아니된다(제2항). 위험회피와 무관한 파생상품의 존재는 거래와 위험의 내용을 복잡하게 만들어 투자자의 실사 수행을 어렵게 하기 때문이다.[189)]

파생상품계약(이자율, 통화 위험 회피 목적으로 체결된 계약)의 내용은 공통의 국제금융 기준에 따라 부합하여야 한다(제2항). 국제 스왑 파생상품 협회(International SWAPs and Derivatives Association, ISDA)의 표준계약서가 이러한 기준에 해당한다고 한다.[190)]

유동화 자산, 부채의 기초가 되는 이자 지급은 일반적으로 통용되는 시장이자율 혹은 자금 조달 비용을 반영한 부문별 이자율에 기초하여야 한다. 이자율이 복잡한 공식이나 파생상품에 따라 결정되어서는 아니된다(제3항).

(3) 유동화 증권의 상환에 관한 표준화

특수목적회사에 대한 집행 또는 기한이익 상실에 관한 통지가 이루어지는 경우 (a) 특수목적회사는 정상적인 운영을 보장하기 위하여 혹은 유동화 계약 조건에 따라 투자자에게 정상적으로 원리금을 상환하기 위하여 필요한 수준을 넘는 현금을 보유하여서는 아니된다(제4항). 다만, 투자자들의 최선의 이익을 위하여 혹은 기초자산의 신용 수준을 악화시키는 것을 방지하기 위하여 필요한 경우는 예외로 한다. (b) 유동화 자산으로부터 회수한 자금은 유동화 증권의 우선순위에 따라 투자자 상환에 사용되어야 하고, (c) 우선순위가 뒤바뀌어서는

---

189) EBA, 각주 181, para. 51 of 'statements on background and rationale'.
190) EBA, 각주 181, 제5.1조.

아니 되며, (d) 기초 채권을 시장가격에 따라 자동적으로 청산하여서는 아니된다(제4항). 이러한 조항은 투자자들이 채권 회수를 위한 조치에 나아가는 경우 확보할 수 있는 현금흐름을 합리적으로 예측할 수 있도록 하기 위한 것이다.[191]

우선순위에 따라 순차적으로 상환하지 않는 조건(유동화 자산 회수금액에 비례하여 유동화 증권을 상환하는 조건)인 유동화의 경우 우선순위에 따른 순차 상환으로 변경되는 조건이 정해져 있어야 한다. 그러한 조건은 미리 정해진 수준 이하로 유동화 자산의 신용도가 악화되는 경우를 포함하여야 한다(제5항). 위 조항에 따르면 전체 유동화 증권 보유자에게 균등하게 상환하는 형대의 유동화는 상환 조건을 우선순위에 따라 달리 정하는 것으로 변경하는 약정이 없다면 STS가 될 수 없다.

거래문서에는 유동화 증권 조기 상환의 조건들이 포함되어 있어야 한다. 여기에는 적어도 (a) 유동화 자산의 신용 수준이 사전에 정해진 기준 이하로 떨어지는 경우, (b) 원 대출자 또는 자산관리 위탁기관(servicer)의 도산 등이 발생하는 경우, (c) 특수목적회사가 보유한 유동화 자산의 가치가 일정 기준 이하로 떨어지는 경우, (d) (유동화 자산이 변동하는 revolving 유동화에 있어서) 신용 기준을 충족하는 새로운 유동화 자산이 없는 경우 등이 포함되어야 한다. 신용 상황이 악화되는 경우 조기에 유동화 자산을 회수하여 투자자의 손실을 막고자 하는 것이다.[192]

(4) 유동화 거래 문서에 관한 표준화

거래 문서는 자산관리 위탁회사(servicer), 수탁회사 기타 관련된 자의 계약상의 의무, 자산관리 위탁회사가 부도 또는 지급불능인 경우에도 해당 업무를 계속 수행하여야 한다는 점 및 이를 담보하기 위한 방안(업체의 교체 등), 파생상품 거래의 상대방, 유동성 공급자, 계좌개설은행 등이 부도 또는 지급불능인 경우 이들을 대체하기 위해 필요한 내용이 포함되어 있어야 한다(제21조 제7항).

자산관리 위탁회사는 해당 업무에 대한 전문성을 갖추고 있고 문서화된 정책, 절차, 위험 관리 방안을 마련해야 한다(제21조 제8항).

거래 문서는 채무자의 채무불이행 및 부도에 관한 구제수단 및 대응 방법, 채무 재조정, 면제, 상환 유예, 상환 기일의 조정 등에 관한 내용을 명확하고 일

191) EBA, 각주 181, para. 61 of 'statements on background and rationale'.
192) EBA, 각주 181, para. 55~58 of 'statements on background and rationale'.

관되게 서술하고 있어야 한다. 또한 거래 문서는 유동화 증권 상환의 우선 순위, 그러한 우선 순위를 변경하는 조건 및 그러한 조건 변경의 보고 등을 명확하고 구체적으로 정해야 한다(제21조 제9항).

거래 문서는 다른 종류 유동화 증권 보유자들 간 분쟁을 적시에 해결하는 절차를 명확히 규정하고 있어야 하고, 의결권은 유동화 증권 보유자들 사이에서 명확히 배분되어야 하며, 수탁회사 기타 수탁의무를 부담하는 관계자들의 책임에 관한 사항 역시 명료하게 규정되어야 한다(제21조 제10항).

다. 투명성에 대한 요건(제22조)

원 대출자와 주관회사는 유동화 증권의 가격을 책정하기에 앞서 잠재적 투자자들에게 최소한 과거 5년 이상에 걸친 기간 동안 유동화 자산과 실질적으로 유사한 채권들(유사하다고 판단하는 근거 역시 공개되어야 한다)의 과거 부도율, 손실률에 관한 데이터를 제공해야 한다(제22조 제1항). 투자자들이 충분한 데이터에 기초하여 다양한 조건을 전제로 보다 정확하게 위험을 분석할 수 있도록 하기 위한 것이다.[193)]

유동화 증권 발행에 앞서 적절하게 독립적인 외부자가 샘플링의 방식으로 기초 채권의 존재를 인증해야 한다. 이러한 인증에는 기초 채권에 관하여 제공된 정보가 정확하다는 점이 포함되어야 한다(제22조 제2항).

원 대출자 또는 주관회사는 유동화 증권 가격 책정에 앞서 잠재적 투자자에게 투자자, 원 대출자, 주관회사, 특수목적회사, 다른 제3자 등의 계약상 관계를 정확히 반영하여 작성된 현금흐름 모형을 공개하여야 한다. 원 대출자 또는 주관회사는 해당 모형을 투자자에게는 계속하여, 잠재적 투자자에게는 요청에 따라 공개하여야 한다(제22조 제3항).

3. 유동화 어음 발행의 경우

가. 유동화 어음 거래 및 유동화 어음 프로그램의 의의

유동화 어음 프로그램은 유동화 거래를 통해 발행하는 증권의 만기가 1년 이내인 프로그램을 말한다[제2조 제(7)호 및 (8호)]. 유동화 어음 프로그램은 유동

193) EBA, 각주 181, para. 72 of 'statements on background and rationale'.

화 어음 만기가 도래하면 새로 발행되는 유동화 어음으로 차환되는 방식으로 흔히 운영된다[서문 (16)].

유동화 어음 거래는 유동화 어음 프로그램을 구성하는 개별 유동화 거래를 의미한다.

나. 유동화 어음 거래에 관한 STS 요건

유동화 어음 거래가 단순하고 투명하며 표준화된 유동화로 평가되기 위한 요건은 제24조에서 정해져 있다. 제24조가 정한 요건은 제20조 내지 제22조에서 정한 일반적인 STS 요건 중 단기 자산유동화에 부합하지 않는 일부 내용만이 제외되어 있다.

다. 유동화 어음 프로그램에 관한 요건

주관회사가 완전한 지원을 제공하고 그밖의 일정한 요건을 충족하는 유동화 어음 프로그램은 단순하고 투명하며 표준화된 유동화로 평가될 수 있다.

(1) 주관회사의 의의 및 역할

주관회사(sponsor)는 제3자로부터 기초 채권(exposure)을 매수한 수 이를 기초로 발행되는 유동화 어음 프로그램(asset-backed commercial paper programme)을 만들고 운영하는 신용기관 또는 투자회사를 말한다. 주관회사는 일상적인 포트폴리오 운용을 다른 투자회사 등에게 위임할 수 있다[제2조 제(5)호].

유동화 어음 프로그램이 STS로 평가되기 위해서는 완전통제형의 요건을 갖추어야 한다. 즉, 주관회사는 유동화 증권 투자자에게 원리금 상환을 완전히 보장하기 위하여 유동성 위험, 신용위험, 유동화 증권의 희석 위험을 책임 지고 그에 필요한 비용을 부담하여야 한다(제25조 제2항).

주관회사가 되려는 신용기관은 권한 있는 감독기구에게 제2항에 따른 의무의 이행이 극단적인 시장 상황에서도 자신의 지급능력 및 유동성을 위험에 빠트리지 않는다는 점을 보여 주어야 한다(제25조 제3항).

주관회사는 본 Regulation 제5조 제1항 및 제3항에 따른 인증 및 실사 의무를 부담한다. 또한, 주관회사는 유동화 자산의 매도자가 채권 회수 등 채권관리를 수행할 능력이 있다는 점을 인증하여야 한다(제25조 제4항). 부실한 채권이 유동화 자산에 포함되는 것을 막기 위한 것이다.

유동화 자산의 매도자 및 주관회사는 각기 개별 거래 및 프로그램의 수준에서 제6조에 따른 위험 보유 요건을 충족하여야 한다(제25조 제5항).

또한, 주관회사는 제7조에 따른 정보공개의무를 부담한다(제25조 제6항).

(2) 유동화 어음 프로그램의 내용에 관한 요건

유동화 어음 프로그램에 속하는 모든 유동화 어음 거래들이 제24조에서 정한 요건을 충족하여야 한다(제26조 제1항).

다만, 제24조 제9항 내지 제11항의 요건(유동화 시점에서 유동화 자산에 부도 이력이 있어서는 안 되고, 유동화 자산의 차주가 1회 이상 지급하였으며, 유동화 증권 상환 여부가 유동화 자산 담보의 매각 등에 의존해서는 아니된다는 요건)은 완화되어 적용된다. 즉, 유동화 어음 프로그램을 통해 자금을 조달하는 유동화 거래에서 위 요건을 충족하지 않는 유동화 자산이 5% 이내인 경우는 STS라는 표시를 붙일 수 있다(제26조 제1항).

유동화 어음 프로그램의 기초를 이루는 유동화 자산의 가중평균 만기는 2년 이내이어야 한다(제26조 제2항).

유동화 어음 프로그램은 제25조 제2항에서 정한 대로 주관회사에 의해 완전한 지원을 받아야 한다(제26조 제3항).

유동화 어음 프로그램은 재유동화를 포함해서는 아니되고, 주관회사가 제공하는 신용 보강을 통해 프로그램 수준에서 우선 순위가 다른 유동화 증권의 집단이 창출되어서는 아니 된다(제26조 제5항).

제 5 편

기업 인수합병 제도

제1장

EU 차원의 기업 인수합병 제도

Ⅰ. 서설

본 장에서는 M&A에 관한 EU 공통의 법제로 마련된 EU 기업인수 Directive[1]를 다룬다. 기업인수 Directive는 강제공개매수, 회사 이사회의 중립 의무, 경영권 방어장치의 무력화 등의 원칙을 담고 있다. 이는 영국의 The City Code of Takeover(이하 '시티 기업인수 코드')에 포함된 내용을 EU 전역에서 M&A 관련 법제의 원칙으로 확립하고자 한 시도이다. 유럽 대륙의 회사법 회사법 제도와 충돌할 수 있는 내용이므로 입법 과정에서 그만큼 많은 논란을 겪었다.

실제로 위 Directive는 앞서 1989년 이후 두 차례나 유사한 내용의 입법 시도가 좌절되었다가 2004년 채택되었는데, 그 경위를 우선 소개한다.

1) 정식 명칭: Directive 2004/25/EC of the European Parliament and of the Council of 21 April 2004 on takeover bids (이하 'EU 기업인수 Directive').

Ⅱ. 입법연혁

1. 1989년 최초의 입법 시도

집행위원회는 1989. 1. '회사법에 관한 EU Council 제13차 Directive' 초안[2)]을 통해 M&A 제도에 관한 EU 차원의 공통 입법을 마련하고자 시도하였다. M&A 제도의 차이를 극복하여 EU 전역에 걸쳐 공정한 경쟁이 이루어지는 경영권 시장을 활성화함으로써 지배구조의 개선까지 도모하고자 한 것이다.

회사법에 관한 제13차 Directive는 강제공개매수와 같이 영국의 시티 기업인수 코드를 원형으로 한 규정들을 담고 있었다.[3)] 영국이 가장 활발하게 적대적 인수합병이 이루어지고 있었을 뿐만 아니라 다른 회원국들과 달리 그에 대한 규제 체계까지 갖추고 있었기 때문에 공통의 규정을 마련함에 있어 영국의 시티 기업인수 코드가 표준이 된 것이다.[4)]

그러나, 이는 앵글로 아메리카 자본주의를 이식하려는 무모한 시도로 평가되며 다른 회원국들의 반발을 샀다.[5)] 당시 EU 법률의 제정은 이사회의 가중다수결을 통해 이루어졌는데, 이러한 관문을 통과할 수 없음이 분명한 상황에서 집행위원회는 제13차 회사법 Directive를 철회하였다.[6)]

2. 1996년 두 번째 Directive 입법 시도

집행위원회는 두 번째로 1996년 기업인수 Directive 초안을 제출하여 2000년 유럽 이사회의 승인을 거쳤다.

그러나 유럽의회는 1997. 6. 20여 항목에 대한 수정의견을 제출하여 이를 이사회에 송부하였다.[7)] 집행위원회 초안은 세부적 규정 없이 큰 틀의 원칙만을

---

2) EU Commission, Proposal for a Thirteenth Council Directive on Company Law concerning takeover and other general bids (1989. 1. 19).

3) Vanessa Edwards, The Directive on Takeover Bids – Not Worth the Paper It's Written On?, 1 ECFR, p. 418 (2004).

4) Blanaid Clarke, The EU Takeovers Directive: a shareholder or stakeholder model? in Embedded Firm, p. 236 (Cynthia A et al. Cambridge University Press, 2011).

5) Blanaid Clarke, 위의 논문, p. 236.

6) Report of the High Level Group of Company Law Experts (Chairman: Jaap Winter) on Issues Related to Takever Bids, Brussels, (2002. 1. 10), p. 13.

7) 위 보고서, p. 14.

포함하였으나, 유럽의회는 그것이 법령 통합(harmonization)으로서는 미흡하다는 점을 하나의 문제로 지적하였다.[8] 그러나 유럽의회 내에서 보다 논란이 된 부분은 경영권 방어장치를 부인하는 조항의 도입과 함께 인수합병시 근로자를 보호하는 조치가 없다는 점에 있었다.[9] 유럽의회는 이사회와 함께 조정위원회(conciliation committee)까지 거친 끝에 2001. 7. 4. 표결에 들어가 273 대 273 찬반 동수로 이를 부결하였다.

기업인수 Directive에 관한 논란은 결국 서로 다른 두 개 자본주의 체계의 충돌로 이해될 수 있다. 유럽연합 집행위원회는 시티 기업인수 코드가 정한 1주 1의결권 원칙, 이사회의 중립의무, 경영권 방어장치의 불인정을 근간으로 공통의 인수합병 규정을 마련하고자 하였다.[10] 그러나, 이러한 조항들은 격렬한 반발을 불러일으켰다. 위 조항이 이해관계자 자본주의의 내적 정합성과 안전성을 해치는 것으로 이해되었기 때문이다. 독일에서는 이사의 중립의무가 주주 외에 다른 이해관계자를 고려하지 않을 뿐만 아니라 노조와 주주 간 타협에 기초한 이중적 이사회 구조와 양립할 수 없는 것으로 받아들여졌다.[11]

다른 한편으로 독일은 유럽연합만이 복수의결권 제도와 같은 경영권 방어장치를 폐지하고 경영권 시장을 발전시키게 된다면, 회사법상 여러 유형의 경영권 방어장치가 인정되는 미국과 비교하여 유럽연합이 불리한 위치에 놓이게 된다는 입장을 개진하였다. Ford가 Volkswagen의 경영권 인수를 시도하던 상황에서 독일 정부는 거꾸로 적대적 인수·합병을 막기 위한 조치를 고려하고 있었다.[12]

결국 1997년 Directive는 주주 자본주의와 이해관계자 자본주의의 충돌로 좌초되었다고 할 수 있다.[13]

8) 위 보고서, pp. 14~15.
9) 위 보고서, p. 15.
10) Ben Clift, The Second Time as Farce? The EU Takeover Directive, the Clash of Capitalisms and the Hamstrung Harmonization of European (and French) Corporate Governance, 47(1) Journal of Common Market Studies, p. 62 (2009).
11) Blanaid Clarke, 각주 4, p. 237.
12) Ben Clift, 각주 10, p. 63.
13) Ben Clift, 위의 논문, p. 63.

3. 현행 기업인수 Directive의 입법 과정

가. Winter 보고서의 내용

집행위원회는 Jaap Winter를 책임자로 하여 기업지배구조 및 회사법 전문가들로 구성된 자문위원회(High Level Working Croup)를 구성하고 유럽연합 내의 좋은 기업지배구조를 확립하기 위한 공통의 인수합병 규정에 대한 의견을 제출하도록 하였다.[14]

그 결과로 제출된 Winter Group 보고서는 다시 한 번 주주 자본주의의 입장을 두둔하였다. 위 보고서는 (1) 인수합병을 받아들일 것인지 여부는 이사회가 아니라 주주가 결정해야 하고, (2) 그러한 결정에서 모든 주주는 동등한 권한을 가져야 한다는 두 가지 원칙을 제시하였다.[15] 이러한 전제에서 위 보고서는 시티 기업인수 코드와 같은 내용, 곧 이사회의 중립의무, 경영권 방어장치의 무력화를 다시 제안하였다.

이러한 논리의 근거는 주주권의 우위에 있다. 이는 곧, 경영권 시장의 활성화가 경영자로 하여금 주식 가치 제고를 위해 노력하도록 유도함으로써 소위 대리인 비용을 줄일 것이고, M&A의 활성화가 시너지를 통해 효율성을 증대시킬 것이며,[16] 나아가 그것이 주주뿐만 아니라 다른 이해관계자들에게도 도움이 될 것이라는 믿음에 기초한 것이었다.[17]

그러나 Winter 보고서의 제안은 회원국들 사이에서, 또한 여러 회사들 사이에서 각기 다른 반응을 낳을 수밖에 없었다. 새로운 제안은 다시 한 번 EU 내에서 지배주주 및 경영자에게 그동안 존재해 오던 방어수단을 포기하도록 요구하였기 때문이다.

---

14) Ben Clift, 위의 논문, p. 64.

15) Report of the High Level Group of Company Law Experts (Chairman: Jaap Winter) on Issues Related to Takever Bids, Brussels (2002. 1. 10), pp. 20~21.

16) David Kershaw, The Illusion of Importance: Reconsidering the Uk's Takeover Defence Prohibition, 56(2) The International and Comparative Law Quarterly, pp. 268~269 (2007).

17) Blanaid Clarke, Articles 9 and 11 of the Takeover Directive (2004/25) and the market for corporate control, Journal of Business Law, p. 357 (2006).

나. 기업인수 Directive 案의 쟁점

집행위원회는 2002년 10월 Winter Group 보고서를 기초로 새로운 Directive 안을 마련하여 제출하였다. 주주들이 동등한 대우를 받아야 하는 것은 물론 정확한 정보에 기초한 의사결정(informed decision)을 내리기 위해 필요한 충분한 정보와 시간을 보장받아야 하고, 대상 회사의 이사회는 회사의 이익을 위해 행동해야 한다는 것이 중요한 원칙으로 제시되었다. 이러한 토대 위에서 종업원에 대한 공개매수 관련 정보의 제공, 회원국별 일정 기준을 넘는 주식 인수자의 강제공개메수 의무 외에 이사회의 중립의무, 경영권 방어장치의 포기가 제안되었다.

특히 위 Directive안은, 회원국 회사법에 따라 달리 마련되어 있는 경영권 방어장치의 존재를 극복하기 위한 방편으로 2003년 가을 새로운 '효력상실 조항(breakthrough rule)'을 마련하였다(제11조). Winter 보고서에 의해 제안된 이 방식에 따르면, 인수자가 회원국 법률이 정한 일정한 기준 이상의 지분(Winter 보고서는 당초 75%를 제안하였다)에 도달하면, 새로운 다수 주주는 경영권 방어장치를 무력화시킬 수 있다. 이 방식은 차등의결권, 의결권 상한 및 주식이전의 제한 등과 같은 경영권 방어장치들을 무효화하여 M&A를 자유롭게 수행할 수 있도록 하는 것이었다. 그 목적은 EU 회원국 내의 상이한 자본시장 구조 및 법률제도의 차이를 극복하고 전 유럽 차원의 새로운 인수합병 시장을 창설하는 데에 있었다.[18)]

또한, 새로운 Directive안은 인수합병 시행 이후 처음 열리는 정기 혹은 임시주주총회에서 차등의결권 제도의 작동을 멈추고 1주 1의결권 원칙을 관철하도록 되어 있었다.

다. 기업인수 Directive에 대한 반대론

효력상실 조항은 주주 자본주의의 옹호자들이 집중된 소유구조를 가진 이해관계자 자본주의의 경영권 방어책을 공격하는 핵심적 수단으로 마련되었다. 당연히 이에 대한 반발도 거셀 수밖에 없었다.

반발은 스칸디나비아 지역, 특히 스웨덴에서 두드러졌다. 스웨덴에서는 복

---

18) Report of the High Level Group of Company Law Experts (Chairman: Jaap Winter) on Issues Related to Takever Bids, Brussels, (2002. 1. 10), p. 4.

수 의결권을 가진 주식과 하나의 의결권을 가진 주식이 함께 발행되는 차등의결권 제도가 널리 활용되었는데, 스웨덴 출신 유럽의회 의원들은 그것을 스웨덴 자본주의 모델의 핵심으로 이해하고 있었다. 더욱이, 새 제안은 그것이 분리된 두 개 주식이 아니라는 이유로 프랑스의 이중 투표권 제도(2년 이상 보유한 주주에게 복수의 의결권을 부여하는 제도)를 용인하고 있었는데, 스웨덴 출신 의원들은 그 때문에 새로운 제안이 공정한 경쟁의 장을 만들지도 못할 것이라고 지적하였다.

독일, 프랑스는 미국 회사의 이사회가 '포이즌필(poison pill)'과 같은 폭넓은 경영권 방어수단을 가지고 있는 상황에서 새 안(案)이 공정한 경쟁의 장을 만들 수 없다고 주장하였다. 즉, 새로운 안은 이해관계자 자본주의의 일관된 틀을 해치는 것은 물론이고, 유럽회사들에게서 자신을 방어할 수단을 빼앗아 감으로 미국 기업에 비하여 불리한 경쟁조건을 만든다는 것이다. 독일은 1주 1의결권 원칙, 경영권 보호장치의 무력화는 그 어떤 곳에서도 표준이 아니며, 경기장은 불공정하게 될 것이라고 주장하였다.

라. 절충안을 통한 입법

새로운 제안은 상당수 회원국들에게 받아들여질 수 없는 것이어서 2003. 5. 19. 열린 이사회에서는 합의가 도출되지 못하였다. 이러한 상황에서 포르투갈의 절충안이 제시되었다. 이는 회원국들이 자기 관할 내에 등록된 회사들에 대해 논란이 되는 이사의 중립의무(제9조) 및 효력상실 조항(제11조)을 적용하지 않을 수 있도록 선택권을 부여하는 것이었다.[19] 이사회는 회원국들의 회사법에 존재하는 차이를 고려할 때 이러한 조치가 필요한 것으로 판단하였다. 결과적으로 위 선택권이 포함된 상태로 EU 기업인수 Directive가 채택되었다.

결국, EU 기업인수 Directive는 주주자본주의에 기초한 이사의 중립의무 및 효력상실 조항을 원칙으로 유지하면서 그 채택 여부를 회원국에 맡김으로써 인수·합병에 관한 단일한 법령을 만드는 데에는 사실상 실패하였다.

---

19) Blanaid Clarke, 각주 17, p. 372.

Ⅲ. EU 기업인수 Directive의 일반 원칙

본 Directive는 정규시장에 상장된 증권의 인수합병과 관련된 법률, 규정, 행정규칙, 직업규약, 시장 규제를 담당하는 기관의 조치 등에 대해 통일된 기준을 마련하는 데에 그 목적이 있다(제1조). 즉, 본 Directive는 정규시장에 상장된 증권에 대하여 적용되며 다른 형태의 거래소 상장회사 및 비상장회사를 대상으로 포함하고 있지는 않다. 본 Directive에 적용되는 일반적 원칙은 다음과 같다.

제3조 일반원칙

1. 본 Directive를 실행함에 있어 회원국들은 다음 원칙이 준수되도록 하여야 한다.

(a) 같은 종류의 대상회사 증권을 보유한 모든 사람은 동등한 대우를 받아야 한다. 한 사람이 회사의 지배권을 획득하는 경우 다른 사람들은 보호되어야 한다.

(b) 대상회사 증권을 보유한 사람은 인수에 관해 적절하고 분별 있는 의사결정(a properly informed decision)을 내릴 수 있도록 충분한 시간과 정보를 제공받아야 한다. 대상회사 이사회는 증권 보유자들에게 조언을 하는 경우 고용, 고용조건, 회사 사업 장소에 미치는 인수 실행의 영향에 대해 자신의 의견을 밝혀야 한다.

(c) 대상회사 이사회는 회사 전체의 이익을 위해 행동해야 한다. 대상회사 이사회는 증권 보유자들이 공개매수를 찬성하는 결정을 내릴 기회를 부정해서는 아니된다. …

Ⅳ. 인수·합병과 관련한 정보 공개 의무

1. 경영권 보호장치 등에 대한 공개 의무

기업인수 Directive는 인수합병을 시도하는 자가 잠재적인 장애요인을 파악할 수 있도록 회사가 채택한 경영권 보호장치를 공개하도록 요구하고 있다.

제10조 정규시장에 상장된 회사에 관한 정보

1. 회원국들은 정규시장에 상장된 회사들이 다음 사항에 대한 상세한 정보를 공개하도록 하여야 한다.

(a) 정규시장에 상장되지 않은 증권을 포함하여 회사의 자본 구조. 종류주식이 발행된 경우 그 사실, 각 종류주식별로 권리와 의무의 내용 및 전체 자본에서 차지하는 비중

(b) 증권의 보유에 대한 제한, … 회사나 다른 증권 보유자의 승인을 요구하는 것과 같은 증권 이전에 관한 제한

(c) 중요한 직간접적 주식 보유(피라미드 구조 및 교차보유를 통한 간접적 보유를 포함한다)

(d) 특별한 지배권을 가진 주식 보유자 및 그 지배권의 내용

(e) 종업원 보유 주식이 종업원들에 의해 직접 행사되지 않는 경우 종업원 보유 주식 통제에 관한 현황

(f) 일정 비율 이상 의결권 제한, 의결권 행사의 기한(deadline) 등 투표권 제한에 관한 사항 또는 회사와의 협력에 따라 증권에 부착된 경제적 이익에 관한 권리와 증권 보유가 괴리되는 시스템에 관한 사항[20)]

(g) 회사가 알고 있는 주주들 간의 약정으로서 증권 또는 투표권의 이전에 대한 제약을 초래할 수 있는 것

(h) 이사회 구성원의 임면, 정관의 개정에 관한 규정

(i) 이사회 구성원들의 권한, 특히 주식을 발행하거나 되사올 수 있는 권한

(j) 회사가 일방당사자인 중요한 약정으로서 공개매수가 있으면 회사 지배권에 대해 영향을 미치거나 변경, 종료를 초래할 수 있는 약정의 내용. 다만, 공개하는 경우 회사에 중대한 불이익을 초래하는 경우를 제외한다. 그러나 이러한 예외가 특별히 다른 법령의 요구사항에 따라 그러한 정보를 제공할 의무까지 면제하는 것은 아니다.

(k) 회사와 이사 혹은 종업원 간의 약정으로서 정당한 이유 없이 또는 공개매수로 인해 사임 또는 해고하는 경우 보수를 제공하기로 한 약정

---

20) 원문: systems whereby, with the company's cooperation, the financial rights attaching to securities are separated from the holding of securities.

2. 주요 지분 취득 통지 의무

가. 주요 지분 취득 통지 의무

(1) 유통공시 Directive 규정의 내용

EU 유통공시 Directive(Transparency Directive)는 위와 같은 정보 공개의무에 상응하여 일정 지분 이상의 주식을 취득하는 자에 대해 통지의무를 부과하고 있다.

즉, 유통공시 Directive 제9소 제1항은 "회원국들은, 주주가 정규시장 상장 주식으로서 의결권이 있는 주식을 취득, 처분함으로써 그 지분율이 5%, 10 %, 15%, 20%, 25%, 30%, 50% 및 75%를 도달하거나, 초과하거나, 그 이하로 떨어질 때에, 당해 주주가 지분율을 회사에 통지하도록 하여야 한다"고 규정하고 있다.

여기서 지분율은 의결권이 있는 모든 주식을 기준으로 계산되며, 일부 주식의 의결권 행사가 정지된 경우에도 이를 포함하여 의결권을 산정한다. 지분율을 회사에 통지할 때에 의결권이 있는 동일한 종류주식을 기준으로 한 지분율 역시 통지되어야 한다(유통공시 Directive 제9조 제1항).

증권 딜러가 명목상의 소유자로 주식을 보유하는 등의 경우와 같이 경영권에 영향을 미치지 않는 경우 위와 같은 보고 기준에 대한 예외가 인정된다[제9조 제6항 등].

(2) 회원국별 공개 기준 지분율

위에서 살펴본 것처럼 유통공시 Directive 제9조 제1항은 EU 차원에서 주식 취득에 따른 통지의무가 발생하는 기준 지분율(threshold)을 통일하고 있다. 다만, 회원국들은 선택에 따라 30% 대신 3분의 1 기준을, 75% 대신 3분의 2 기준을 적용할 수 있다(제9조 제3항). 개별 회원국들은 그 내용에 있어 보다 엄격한 기준을 설정할 수는 없으나 위 지분율보다 낮은 기준을 설정하는 것은 허용된다[제3조 (1a)항].

본 조항에 따라 총 13개 회원국들이 보고 의무의 발생 기준이 되는 지분율을 낮추었는데, 독일의 경우 기준을 5%로 설정하였고, 일부 국가들은 2% 내지 3% 지분만 초과하면 지분 취득 공개 의무를 부과하기도 하였다.[21] 자국 회사

21) Holger Fleischer & Klaus Ulrich Schmolke, 각주 10, pp. 127~128.

들을 경영권 위협으로부터 보호하려는 의도이다.[22)]

나. 보고 대상의 인적 확장

제10조는 다른 사람이 보유한 지분에 대해서도 통지의무를 부담하는 경우를 정하고 있다. 즉, 다음 중 하나 또는 그 이상에 해당하는 경우로서 자연인 또는 법인이 의결권을 취득, 처분, 행사할 수 있다면, 제9조 제1항 및 제2항에서 정한 통지의무는 당해 자연인 또는 법인에게 적용된다.

(a) 자연인 또는 법인이 맺은 약정이 제3자로 하여금 의결권의 통일적 행사(concerted exercise)를 통해 발행회사의 경영과 관련하여 상당 기간 지속되는 공통 정책을 채택하도록 강제하는 경우 당해 제3자 보유 의결권
(b) 문제가 되는 의결권을 당해 자연인 또는 법인에게 일시적으로 이전하는 약정이 있는 경우 제3자 보유 의결권
(c) 자연인 또는 법인에게 주식이 담보로 제공되고 당해 자연인 또는 법인이 의결권을 행사할 수 있는 권리를 제공받았으며 이를 행사할 의사를 표명한 경우의 의결권
(d) 자연인 또는 법인이 종신 소유권(life interest[23)])을 보유한 경우 당해 주식에 붙은 의결권
(e) 당해 자연인 또는 법인이 통제하는 사업체가 보유한 의결권으로서 위 (a)항 내지 (d)항에 따라 보유하거나 행사할 수 있는 의결권
(f) 자연인 또는 법인에게 예탁된 증권에 붙은 의결권으로서 주주로부터 구체적인 지침이 없이 당해 자연인 또는 법인이 재량을 행사할 수 있는 경우의 의결권
(g) 당해 자연인 또는 법인을 위하여 제3자 이름으로 보유하고 있는 의결권
(h) 자연인 또는 법인이 주주로부터 구체적인 지침 없이 재량으로 의결권을 행사할 수 있는 경우 대리인으로 행사하는 의결권

22) 위의 논문, p. 128.
23) 대개 신탁에 의해 설정되는 법률관계로서, 종신 소유권의 보유자(수익자)는 사망할 때까지만 해당 재산을 수익할 수 있고 해당 재산의 처분은 제한된다.

위 (a)항 및 (d)항은 특수관계인과 함께 혹은 여러 주주들이 함께 적대적 M&A에 나서는 경우를 상정한 것이다. 그 밖의 경우들은 명목상의 주주가 아닌 자가 의결권을 행사할 수 있는 경우에 해당한다.

다. 통지 대상 권리의 확장

(1) 확장된 보고 대상

파생상품 기타 약정을 통해 위와 같은 통지 기준을 우회하는 행위를 막기 위해 2014년 위 제9조의 적용 범위를 확대하는 개성이 이루어졌다.

제13조 제1항은, 제9조에 따른 통지의무가 직접적 또는 간접적으로 다음 금융상품을 보유한 자연인 또는 법인에게도 적용된다고 규정하고 있다.

(a) 만기 시점에서 약정에 따라 그 보유자에게, 정규시장 상장주식 발행자의 이미 발행된 의결권 있는 주식을 무조건적으로 취득할 권리 또는 선택에 따라 취득할 권리를 부여하는 금융상품
(b) 제(a)호에 해당하지 않는 금융상품으로서, 실제로 주식을 보유할 권리를 부여하는지 여부와 무관하게, 위 제(a)항에 언급된 주식과 관련되어 있고 위 제(a)호에 언급된 금융상품과 유사한 경제적 효과를 가지는 것

나아가 유통공시 Directive 제13조 제1b항은, 양도증권, 옵션, 선물, 스왑, 선도 이자율 약정, 차액 정산 약정(contract for difference) 및 기타 계약, 약정 역시 위 (a) 또는 (b)와 동일한 효과를 가진다면 이 역시 통지의무를 부담하도록 규정하고 있다. 파생상품을 결합하는 등의 방식으로 주식을 취득할 권리 혹은 그와 유사한 경제적 효과를 가지는 권리를 설계하는 경우 역시도 포섭하고자 한 것이다.

통지의무는 당해 금융투자상품이 위 (a)항과 (b)항 중 어디에 해당하는지 및 실제 보유할 권리와 현금 청산 중 어느 것을 부여하는지를 포함하여야 한다 (제13조 제1항).

(2) 의결권 산정 방법

의결권의 수는 금융상품에 내재한 주식을 완전히 고려하여 산정되어야 한다. 즉, 의결권의 수는 델타 조정 방식, 즉 기초자산인 주식의 명목상 수량에 당

해 금융상품의 델타를 곱하여 산정한다. 다만, 금융상품이 현금청산만을 제공하는 경우는 예외로 한다. 이러한 목적 하에 보유자는 하나의 동일한 발행자에 대하여 모든 금융투자상품을 집계하여 이를 통지하여야 한다. 의결권의 계산에 대해서는 매수 포지션(long position)만을 고려하여야 한다. 매수 포지션은 동일한 발행자에 대한 매도 포지션과 상계하여서는 아니된다(제13조 제1a항).

(3) 총수익스왑약정(Total Return SWAP) 사례

Schaeffler社의 Continental AG 지분 취득 사례[24)]

- 배경, 사실관계

Schaeffler는 2008년 Continental AG 발행주식에 관한 세 종류의 거래를 하였는데, 그 내용은 (1) 직접적인 지분 취득 2.97% (2) 4.95% 지분을 실물 인도받을 수 있는 스왑계약 및 (3) 현금청산형의 약 28% 지분 스왑 계약이며, 이를 모두 고려한 대상 지분율의 합계는 약 36%이다. Schaffler는 이러한 상태에서 공개매수에 나아갔는데, 독일 금융감독기구 BaFIN은 EU 유통공시 Directive를 국내법으로 전환한 독일 증권거래법(WpHG)상 공시의무 위반 여부에 대한 조사를 진행하였다.

- 위 (1) 주식 및 위 (2) 콜옵션 부분

이 부분은 당시 독일 증권 법령상 문제가 되지 않았다. 직접적으로 취득하는 지분율이 3% 미만인 경우 공개 대상이 아니고, 실물 청산형의 스왑, 옵션 계약의 경우 대상 지분율이 5% 미만인 경우 공개 대상이 아니며, 공개 대상 지분의 기준을 판단함에 있어 이 두 가지를 합산하도록 하는 규정도 없었기 때문이다. 따라서, 투자자는 최대 8% 미만 수준까지는 직접적 지분 취득과 옵션 등을 취득하는 방식으로 이를 공개하지 않고 취득할 수 있었다.[25)]

다만, 개정된 현행 독일 증권거래법(WpHG) 제33조 및 제34조는 최소 공개 기준을 지분율 3%로 정한 것 외에 유통공시 Directive의 내용을 사실상 동일하게 받아들였으므로, Chaeffler 사안의 위 (1), (2)는 현재는 공개 대상에 해당한다.

24) Dirk Zetzsche, Hidden Ownership in Europe: BAFin's Decision in Schaeffler v. Continenta, 10 European Business Organization Law Review, pp. 116~117 (2009).

- 위 (3) 총수입스왑약정 부분

당시 법령 하에서 쟁점이 된 것은 (3) 부분의 총수익스왑약정(Total Return SWAP)이다. 구조는 다음 그림과 같이 요약될 수 있다.[26)]

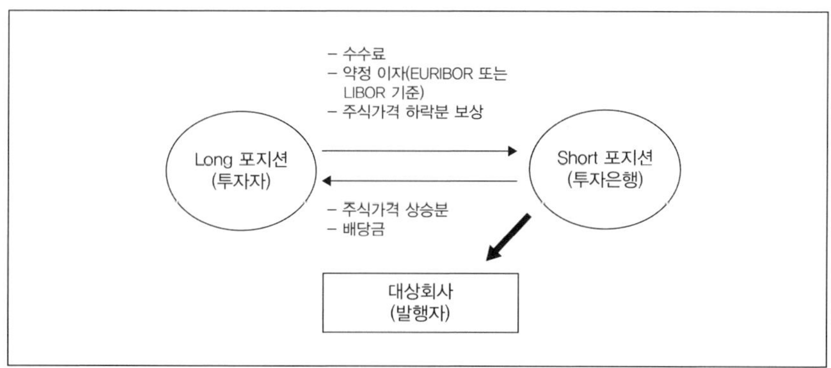

Scheffler는 스왑계약 상대방에게 수수료, 이자, 주식가치 가격 하락에 따른 보상을 제공하는 대신 상대방으로부터 주식가치 가격 상승에 따른 차익, 주식 배당금을 지급받도록 되어 있었다. Schaffler는 스왑계약 상대방으로부터 Continental AG 발행주식을 취득할 권리가 없었다. 당시 독일 증권 관련 법령 하에서 현금청산형 주식스왑은, 거래 상대방의 동의 없이 일방적 의사에 따라 주식을 취득할 권리가 부여되어 있지 않는 한, 공시 대상이 아니었다.[27)]

다만, Schaffler는 위 스왑계약을 일방적으로 종결할 권리가 있었는데, 그러한 권리가 쟁점이 되었다. 위 스왑 거래의 상대방은 Merrill Lynch였는데, Merrill Lynch는 위 short position에 따른 위험을 상쇄하는 조치를 취하도록 한 은행 규제에 따라 다른 8개 은행들과 약정을 통해 반대 포지션, 곧 Continental AG 주식에 대한 매수 포지션을 취하고 있었다. Schaeffler가 위 스왑 약정을 일방적으로 종결하게 된다면, Merrill Lynch는 은행 규제상 다른 8개 은행과 맺은 Long position을 청산할 수밖에 없었다. 이러한 상황에서 Schaeffler가 공개매수 혹은 다른 인수 제안에 나서는 경우 Merrill Lynch가 이에 응할 가능성이 높다는 점에서 (3) 부분이 논란이 된 것이다.[28)]

- BaFIN의 결정

이에 대해 독일 금융감독기구 BaFin은 위 (3) 부분이 공시 규정을 어긴 것이 아니라는 판단을 내렸다.

총수익스왑약정[29]은 위 Schaffler 사건뿐만 아니라 다른 곳에서도 공개의무를 발생시키지 않으면서 지분을 확보하는 편법적 수단으로 활용되어 왔고 그에 대응하여 규제체제가 마련되었다. 현행 유통공시 Directive[30] 및 독일 증권거래법상 현금청산형으로 일방적 선택에 따라 주식을 취득할 권리가 부여되어 있지 않은 약정 역시 공개 대상에 해당한다.

영국 시티 기업인수 코드(City Takeover Code)는 2006년 5월 총수익스왑약정 및 그와 유사한 다른 형태의 계약에 대해 공개의무를 부담하도록 개정되었다.[31]

라. 절차 및 방법

통지는 가급적 빨리 이루어져야 하되 해당 사실을 안 날로부터 최대 4 영업일을 넘길 수 없다(제12조 제2항). 독일 증권거래법 제34조는 통지가 안 날로부터 4 거래일 이내에 이루어져야 하고, 지분 기준을 넘긴 날로부터 2일이 지나면 주주가 이를 알게 된 것으로 간주한다. 영국의 경우 보고 기간이 지분 취득 후 2 영업일로 되어 있는 반면 미국의 경우 10일로 되어 있다. 결국 영국 기업을 인수하려는 자는 미국 기업과 비교하여 지분 취득 후 공시에 앞서 경영권 확보 등을 위한 추가 작업을 할 시간적 여유가 부족하게 된다.[32]

통지 대상 주식 등 취득은 제10조, 제13조에서 확장된 범위를 모두 고려한다(제13a조). 예컨대, 주주 A가 甲 회사 주식을, 주주 A와 함께 의결권을 행사하기로 약정한 주주 B가 甲 회사 주식에 관한 총수익스왑약정(Total Return SWAP)을 체결하고 있고, 해당 지분 합계가 5%를 넘으면 이는 통지 대상에 해당한다.

---

25) Dirk Zetzsche, 위의 논문, pp. 116~117.
26) Dirk Zetzsche 논문의 그림을 옮겨온 것이다. 위의 논문, p. 121 참조.
27) 위의 논문, p. 120.
28) 위의 논문, p. 124.
29) MiFID는 차액정산계약(contracts for differences)으로 표현하고 있다. MiFID상 금융상품에 해당한다.
30) 앞서 소개한 제13조 제1항 (b)호.
31) John Armour & David A. Jr. Skeel, Who Writes the Rules for Hostile Takeovers, and Why – The Peculiar Divergence of U.S. and U.K. Takeover Regulation, 95 The Georgetown Law Journal, pp. 1750~1751 (2007).
32) John C. Coffee & Darius Palia, The Wolf at the Door: The Impact of Hedge Fund Activism on Corporate Governance, 1(1) Annals of Corporate Govervance, p. 75 (2016).

Ⅴ. 강제공개매수 제도

1. 개관

EU 기업인수 Directive는 일정한 기준 이상의 지분을 취득하여 지배권을 획득한 경우 나머지 지분 전부에 대해 매수 청약을 하도록 하는 강제공개매수 제도를 규정하고 있다.[33)]

EU Takeover Directiv상의 강제공개매수 제도는 영국에서 처음 도입되었다. 영란은행(Bank of England)은 1968년 인수합병에 관한 시티 기업인수 코드(City Takeover Code)를 도입하면서, 위 코드가 추구하는 목표로서 대상회사 이사회의 인수합병 방어를 금지하는 것과 함께 인수합병 과정에서 주주들에 대한 동등한 대우를 제시하였다.[34)] 두 번째 목표와 관련하여 시티 기업인수 코드는 회사 유통주식의 30% 이상을 취득한 매수인에게 전년도에 거래된 가장 높은 가격으로 남은 주식들을 매수할 것을 요구하였다.

1980년대 전 유럽 대륙에 걸쳐 인수합병 움직임이 활발하게 나타나면서 다른 일부 나라들 역시 영국 제도를 모델로 강제공개매수를 도입하기 시작하였다. 그와 함께 유럽연합 집행위원회는 EU 단일의 기업인수 Directive를 작성하는 작업에 착수하였는데, 이러한 Directive는 모두에서 설명한 우여곡절을 거쳐 2006년 5월에서야 발효되었다.

강제공개매수를 단일한 지침으로 삼았다는 점은 미국과 구분되는 유럽 M&A 규제의 핵심적 부분이라고 할 수 있다.[35)] 그렇다고 해서 강제공개매수

---

33) 우리나라 자본시장법 제133조는 제1항에서 '공개매수'의 의미에 관하여 불특정 다수인에 대하여 주식 등의 매수 청약 등을 하고 증권시장 밖에서 당해 주식을 매수하는 것으로 이를 정의하고 있다. 또한, 같은 조 제3항은 일정 기간 동안 증권시장 밖에서 일정한 수 이상의 자로부터 매수 등을 하고자 하는 자는 그 매수 등을 한 후에 본인과 그 특별관계자 보유 주식이 5%를 초과하는 경우 공개매수를 하여야 한다고 규정하고 있다.
 반면, EU 기업인수 Directive에 따른 공개매수는 증권시장 내·외부를 구분하지 않고 일정 지분을 넘겨 취득하는 자에게 일반적으로 적용된다.
 또한, 기업인수 Directive가 아래에서 설명하는 것처럼 공개매수가격을 과거 일정 기간 중 지불했던 최고 가격으로 책정한 반면 우리나라 자본시장법 제141조 제2항은 단순히 균일한 가격만을 요구하고 있다는 점에서도 양자는 차이가 있다.

34) Jeremy Grant et al, Financial Tunnelling and the Mandatory Bid Rule, 10 European Business Organization Law Review, p. 235 (2009).

35) Jeremy Grant et al, 위의 논문, p. 237.

제도의 존재로부터, 지배주주는 지배권의 획득 또는 강화를 위한 지분 취득과 동일한 조건으로 소수주주와 거래해야 한다는 EU법상의 일반적 법원리가 도출될 수 있는 것은 아니다.[36]

본 Directive 도입 이후 강제공개매수 제도가 네덜란드에서 최초로 도입되었고, 그리스, 체코, 스페인은 발동요건을 종전보다 완화하는 입법을 시행하였다.[37]

2. 공개매수 의무의 발동 요건

가. 조항의 내용

자연인 또는 법인이, 자신 및 함께 행동하는 사람들의 정규시장 상장증권 취득의 결과로, 자신 및 함께 행동하는 사람들이 기존에 보유하고 있던 정규시장 상장증권과 합쳐서, 직간접적으로 회사를 지배할 수 있는 일정한 지분을 보유하게 되는 경우, 회원국들은 당해 회사의 소수주주를 보호하는 수단으로서 그러한 사람이 공개매수를 하도록 의무화하여야 한다(제5조 제1항).

나. 의무의 부담주체

'함께 행동하는 사람들'이란, 명시적이든 묵시적이든, 구두로든 문서로든, 대상회사 지배권을 획득하거나 성공적인 인수를 좌절시킬 것을 목적으로 한 약정에 근거하여 인수자 또는 인수대상회사와 협력하는 자연인 또는 법인을 의미한다[제2조 (d)호].

영국의 시티 기업인수 코드와 마찬가지로 의결권의 위임 기타 여하한 구체적인 행위 태양을 요구하지 않고 있다.

다. 회원국 법률이 정할 사항

제1항에서 지배권 확보를 가능하게 하는 지분율 및 그 계산방법은 회사가 등록 사무소를 가지고 있는 회원국(Home Member State)의 법령에 따라 결정한다

36) Case C-101/08 Audiolux SA and Others v Groupe Bruxelles Lambert SA (GBL) and Others EU:C:2009:626, [2009] I-9823.

37) Andrew Johnston, Varieties of Corporate Governance and Reflexive Takeover Regulation in Company Law and Economic Protectionism: New Challenges to European Integration, p. 169 (Ulf Bernitz & Wolf-George Ringe, Oxford University Press, 2010).

(제5조 제3항). 기업인수 Directive는 강제공개매수의 발동 요건인 지분율에 대해서 단일한 기준을 제시하지 않고 이를 회원국의 재량에 맡기는 데에 그칠 수밖에 없었다. 독일, 이탈리아 등 상당수 국가들은 영국과 마찬가지로 30%를 기준으로 정하고 있다.

3. 공개매수자의 정보공개 의무

가. 의무의 내용

인수자는 공개매수(강제공개매수를 포함한다)를 결정하면 지체없이 관련 정보를 공개해야 한다.

회원국들은 공개매수를 하기로 한 결정이 지체없이 공개되고 감독당국에도 통보되도록 하여야 한다. 회원국들은 공개매수 결정이 공개되기 이전에 감독당국이 미리 통지를 받도록 할 수 있다. 공개매수 결정이 공개되면 인수자 및 대상회사 이사회는 곧바로 종업원 대표 혹은 (종업원 대표가 없는 경우) 종업원들에게 이를 통지하여야 한다(제6조 제1항).

공개매수설명서가 공개되기에 앞서 인수자는 감독당국와 그 내용에 관해 협의(communicate)하여야 한다. 공개매수설명서가 공개될 때 대상회사 및 인수자의 이사회는 각자의 종업원 대표 혹은 (종업원 대표가 없는 경우) 종업원들과 그 내용을 협의하여야 한다(제6조 제2항).

나. 공개매수설명서 및 공개할 정보

인수자는 적절한 시기에 공개매수설명서(offer document)를 작성하여 공개해야 한다. 공개매수설명서에는 대상회사 증권 보유자들이 공개매수에 관하여 적절하고 분별있는 결정을 내릴 수 있도록 하기 위해 필요한 정보가 포함되어야 한다(제6조 제2항).

공개매수설명서에는 적어도 다음 사항이 포함되어야 한다(제6조 제3항).

(a) 공개매수의 조건
(b) 인수자의 신원. 인수자가 회사인 경우 회사의 종류, 상호, 등록된 사무소
(c) 공개매수 대상이 되는 증권 또는 증권의 종류
(d) 각 증권 또는 종류증권에 대해 제안된 가격 및 구체적인 지급방법. 강

제공개매수인 경우 그 가격의 산정근거

(e) 제11조 제4항 효력상실조항의 결과로 소멸하는 권리에 대해 지급할 대가, 이를 산정한 근거 및 구체적인 지급방법

(f) 인수자가 취득하기로 결정한 최대, 최소 지분율 또는 증권 수량

(g) 인수자가 이미 보유하고 있는 지분에 관한 정보. 함께 행동하는 사람들에 관한 사항

(h) 공개매수의 제반 조건(all the conditions to which the bid is subject)

(i) 대상회사의 미래 사업에 대한 인수자의 의도, 그것이 인수자 회사 미래 사업에 미치는 영향, 종업원 및 경영진의 고용보장에 대한 인수자의 의도(중대한 고용조건 변화에 관한 내용을 포함한다), 특히 두 회사에 대한 인수자의 전략적 계획 및 그것이 고용 및 회사의 사업장소에 미칠 영향

(j) 인수를 승낙하는 기간

(k) 매수대가에 여하한 종류의 증권이 포함된 경우 그러한 증권에 관한 정보

(l) 공개매수를 위한 자금조달에 관한 정보

(m) 인수자 혹은 대상회사와 함께 행동이는 사람들의 신원

(n) 공개매수의 결과로 인수자와 대상회사 증권 보유자 간 체결되는 계약에 적용되는 준거법 및 관할 법원

다. 검토

위와 같은 정보 공개 의무는 소수주주 이익을 보호하기 위한 것이다. 그러나 기업인수 Directive는 위와 같은 의무의 위반에 대해 어떤 제재도 규정하고 있지 않아 문제이다.

예를 들어, Kraft Foods Inc.는 2010년 경쟁자인 영국의 Cadbury plc.사에 대한 인수합병을 시도하면서 이미 영국 내 공장을 폐쇄하고 생산기지를 폴란드로 옮길 계획을 세웠음에도 이를 공개하지 않았다. 그러나, 영국 내에서 M&A에 관한 분쟁을 다루는 시티 오브 런던(City of London)의 패널은 유감을 표명하였을 뿐 그에 대한 어떠한 제재도 내린 바 없다.[38)]

위 제도의 실효성을 확보하기 위해 회원국들이 스스로 공시의무 위반시 제

38) Blanaid Clarke, 각주 4, pp. 250~251.

제를 규정할 필요가 있다고 생각된다.[39)]

다른 한편으로 공개매수에 관한 정보를 공개하도록 한 것은 내부자거래의 가능성을 차단하기 위한 의도도 있다[서문 제(13)항]. 따라서, 공개매수 시도가 아직 확정적이지 않더라도 그것에 나설 충분한 가능성이 있는 시점에서 '결정'이 이루어진 것으로 보아 이를 공개해야 하는 것으로 해석된다.[40)]

4. 인수자의 증권 등 취득 의무

회원국 법률에 따른 강제공개매수의 요건이 발동되면, 그러한 공개매수는 당해 증권의 모든 보유자들에게, 모든 보유 지분에 대해, 가장 빠른 기회에, 공정한 가격으로 이루어져 한다.

가. 매수대가의 책정

(1) EU 기업인수 Directive상의 원칙

공정한 가격이란 공개매수 이전 최소 6개월, 최대 12개월 범위에서 회원국이 결정하는 기간 중 인수자 또는 그와 함께 행동하는 사람들이 지불했던 최고가격으로 한다. 만약 공개매수 제안 후 승낙 기간 종료 이전까지 기간 중 제안자 혹은 그와 함께 행동하는 자가 제안가격보다 높은 가격에 증권을 매입한 경우 제안자는 공개매수가격을 그에 맞추어 인상하여야 한다(제5조 제4항).

기업인수 Directive는 과거 거래가격 중 가장 높은 가격을 공개매수가격으로 설정하도록 함으로써 경영권 프리미엄을 소수주주들에게 최대한 돌려 주도록 규정하고 있는 셈이다.

(2) 인수가격 조정에 관한 회원국 법률의 재량

기업인수 Directive는 회원국들에게 이에 관한 재량을 허용하고 있다. 즉, 회원국 감독당국은, 제3조가 정한 인수합병의 일반적 원칙이 준수됨을 전제로, 입법 여하에 따라 매도인, 매수인 간 합의와 같은 특정한 상황이 충족되면 위 인수가격의 조정을 인가하는 권한을 보유할 수 있다(제5조 제4항).

39) Wolf-George Ringe & Alexander Hellgardt, The international dimension of issuer liability – Liability and choice of law from a transatlantic perspective (Max Planck Institute for Intellectual Property, Competition & Tax Law Research Paper No. 10-05), http://ssrn.com/abstract=1588112, p. 8.

40) Rudiger Veil, European Capital Markets Law, p. 83 (Hart Publishing, 2017).

강제공개매수 이전 12개월 내에 인수자가 (Pirelli사의 모회사로서) 상장회사인 Camfin SpA 주식을 낮은 가격에 매수하고, 그 대신 Pirelli사 주식을 높은 가격에 매수하며, 두 가지 거래의 가격 결정이 연관되어 있었다면, 감독기구는 Camfin SpA 주식의 강제공개매수 가격을 조정할 수 있다.[41]

나. 매수대가의 선택

인수자는 증권, 현금 혹은 양자를 대가로 지급할 수 있다.

그러나, 인수 대가인 증권이 정규시장에 상장된 유동성 있는 증권이 아닌 경우 주주가 현금 교부를 대안으로 선택할 수 있어야 한다.

또한, 공개매수자 혹은 그와 함께 행동하는 자가 대상회사 의결권의 5% 이상을 현금으로 매수하였다면, 현금 지급이 적어도 대안으로 선택될 수 있어야 한다.

회원국들은 주주가 어떤 경우에도 현금 지급을 대안으로 선택할 수 있게끔 법률을 제정할 수도 있다(제5조 제5항).

Ⅵ. 이사회의 중립의무 및 효력상실 조항, 회원국의 선택적 도입

1. 이사회의 중립의무

가. 내용

공개매수가 개시되면 이사회는 중립의무를 부담하는바, 그 내용은 다음과 같다(제9조 제1항).

제9조 대상회사 이사회의 의무

2. 대상회사 이사회는, 대안적 공개매수를 제외하고는, 공개매수를 좌절시킬 수 있는 어떤 행동(특히 인수자의 지배권 취득에 장기간 장애가 될 수 있는 신주발행을 포함한다)에 앞서 그에 대한 주주총회의 사전 승인을 얻어야 한다 주주총회의 승인은 늦어도 대상회사 이사회가 공개매수에 관한 제6조 제1항 1문의 정보(공개매수 결정에 관한 정보)를 수령한 시점부터 공개매수 결과가 공개되거나 공개매수기간이 끝나기 이전까지 기간 중 이루어져야 한다. 회원

41) Case C-206/16 Marco Tronchetti Provera SpA v Comsob EU:C:2017:572.

국들은 그러한 승인이 가급적 빠른 단계에서, 예를 들어 대상회사 이사회가 공개매수가 임박했다는 점을 알게 된 시점에서 이루어지도록 하여야 한다.

3. 제2항 2문에서 정한 기간이 시작되기 전에 내려졌으나 아직 부분적, 전체적으로 실행되지 않은 결정에 대해서는, 그것이 통상적인 사업과정의 일부가 아니고 그 실행이 공개매수를 좌절시킬 수 있는 것인 경우, 대상회사 주주총회가 당해 결정을 승인 또는 추인하여야 한다.
4. 제2항 및 제3항의 사전적 또는 사후적인 권한 부여, 승인, 추인(prior authorization, approval or confirmation)을 위하여 회원국들은 단기간에 주주총회를 소집할 수 있도록 하는 규정을 채택하여야 한다. 다만, 이 경우 주주총회가 소집통지 수령일로부터 2주 이내에 열려서는 아니된다.
5. 대상회사 이사회는 공개매수에 관한 자신의 의견 및 그에 대한 근거를 담은 문서를 작성하여 공개하여야 한다. 위 문서에는 공개매수 실행이 회사의 이익, 특히 고용에 미치는 영향, 인수자의 전략적 계획이 대상회사에 미치는 영향, 그것이 고용 및 회사 사업 장소에 미칠 영향이 포함되어야 한다. 대상회사 이사회는 동시에 자신의 의견을 종업원 대표 또는 (종업원 대표가 없는 경우) 종업원들에게 알려야 한다. 이사회가 적절한 시기에 종업원 대표로부터 공개매수가 고용에 미치는 영향에 관한 별개의 의견을 수령한 경우, 그 의견은 문서에 첨부되어야 한다.

요컨대 대상회사 이사회는 공개매수가 회사에 미치는 영향 등에 관한 자신의 의견을 밝힐 수 있을 뿐 주주총회의 위임, 승인 없이 공개매수를 막기 위한 어떠한 행동도 할 수 없다.

나. 찬반 논의

입법 논의 과정에서 경영권 보호장치에 대해 수정된 형태의 경영판단원칙(business judgement rule)을 적용하는 방안 역시 고려되었으나, 이러한 원칙이 적용되는 경우 주주보호 제도가 덜 발달한 유럽의 맥락에서 기업 경영진에게 지나치게 유리한 결과가 나타날 수 있다는 우려로 인해 채택되지 않았다.[42]

---

42) Christian Kirchner & Richard W. Painter, Takeover Defenses Under Delaware Law, the Proposed Thirteenth EU Directive and the New German Takeover Law: Comparison and Recommendations for Reform", 50(3) Americal Jounrla of Comparative Law, p.460 (2002).

이사회 중립의무를 옹호하는 입장에서는, 이사들이 주주로부터 권한을 위임받은 자들로서 자신이 아니라 주주의 최선의 이익을 추구할 의무가 있으므로, 위 제9조는 이러한 원칙을 적대적 M&A 상황에 적용한 타당한 입법이라고 한다.[43]

그러나, 미국 Unocal 판결의 상황과 같이, 주주들에게 이에 응하지 않으면 큰 불이익이 있다는 식의 강압적 방식으로 공개매수가 이루어지는 경우, 경영권 보호장치가 오히려 주주들의 이익에 부합하는 경우도 있을 수 있다고 생각된다.

뿐만 아니라, 이사의 중립의무에 관한 위 조항은, 경영권 보호를 위한 이사회의 대응이 매수가격을 상승시켜 오히려 기존 주주들에게 유리하게 작용할 가능성이 있다는 점,[44] 이사회가 주주 외에 채권자 등 다른 이해관계인의 이익 역시 고려할 필요가 있다는 점[45]을 간과하였다는 비판 역시 제기되고 있다.

2. 효력상실 조항[46]

가. 의의

이사의 중립의무와 함께 영국의 시티 기업인수 코드(City Takeover Code)를 좇아 주주자본주의 원칙을 적용하려 한 것이 효력상실 조항이다. 위에서 설명한 제9조는 공개매수가 개시된 상황에서 이사회가 사후적으로 방어수단을 채택하는 행위을 금지하고 있다. 제11조의 효력상실 조항은 이미 대상회사가 사전적으로 마련해 두고 있던 경영권 방어조치를 공개매수 개시 이후 사후적으로 무력화하는 취지라고 할 수 있다.

이는 차별적인 의결권 부여, 의결권 상한, 피라미드 구조 등 회원국들의 회사법에서 허용되는 여러 제도들이 주주의 이익에 부합하지 않는다는 관념을 전제로 한 것이다.[47] 각국 회사법이 저마다 달리 규정하고 있는 특유한 의결권

---

43) Christian Kirchner & Richard W. Painter, European Takeover Law: Towards a European Modified Business Judgment Rule for Takeover Law, 1(2) European Business Organization Law Review, p. 357 (2000).

44) David Kershaw, 각주 16, p. 270.

45) Christian Kirchner & Richard W. Painter, 각주 43, p. 357.

46) 'Breakthrough' 규정. '돌파구'를 의미하는 말로 기존에 존재하는 경영권 방어장치를 무력화하고 적대적 M&A를 가능하게 한다는 취지로 읽힌다. 여기서는 권종호를 좇아 이를 '효력상실'로 번역한다. 권종호, 적대적 M&A에 대한 방어수단의 국제비교와 시사점, 기업법연구 제20권 제1호, 108면 참조.

제도 등을 부정하는 것이므로 그만큼 논란이 제기될 수밖에 없었다.

효력상실 조항은 조항은 회사에 관하여 유럽연합법에 규정된 다른 권리, 의무에 영향이 없다(제9조 제1항). 즉, 증권이전의 제한 등의 효력을 상실시키는 것은 공개매수 상황으로 한정된다.

나. 증권이전 제한 규정 등의 효력 상실

대상회사 정관에 규징된 증권의 이전에 대한 제한은 제7조 제1항에 따른 공개매수 승낙 기간 동안 공개매수자에 대하여 적용되지 아니한다.

본 Directive 채택 이후 체결된 대상회사와 증권 보유자 간 혹은 증권 보유자들 간 약정에 따른 증권 이전에 대한 제한은 제7조 제1항에 따른 공개매수 승인 기간 동안 공개매수자에 대해 적용되지 아니한다(제11조 제2항).

다. 의결권 제한, 복수 의결권에 관한 규정 등의 효력 상실

대상회사 정관에 규정된 의결권에 대한 제한은 제9조에 따라 경영권 방어장치에 대한 결정을 내리는 주주총회에서 효력이 없다.

본 Directive 채택 이후 체결된 대상회사와 증권 보유자 간 혹은 증권 보유자들 간 약정에 따른 의결권에 대한 제한은 제9조에 따라 경영권 방어조치에 대한 결정을 내리는 주주총회에서 효력이 없다.

복수의 의결권이 있는 증권은 제9조에 따른 경영권 방어조치에 대한 결정을 내리는 주주총회에서 하나의 의결권만 있다(제11조 제3항).

의결권에 대한 제한이 특정한 금전적 이익에 의해 보상되는 경우 제3항에 따른 의결권 제한의 효력상실 규정은 적용되지 아니한다(제11조 제6항).

라. 공개매수 이후의 주주총회

공개매수 이후 인수자가 의결권 있는 주식 중 75% 또는 그보다 많은 주식을 보유하게 된 경우 제2항의 증권 이전 제한, 제3항의 의결권 제한, 대상회사 정관에 따라 부여된 이사회 구성원의 임면에 관한 특별한 주주 권리는 적용되지 아니한다. 복수의 의결권은 공개매수 종료 후 정관 변경 또는 이사 해임을

47) Blanaid Clarke, 각주 4, p. 240.

위해 인수자에 의해 열리는 최초의 주주총회에서 하나의 의결권만 있다.

위 목적을 위하여 인수자는 짧은 기간 통지를 통해 주주총회를 소집할 수 있어야 한다. 다만, 이 경우 주주총회 통지로부터 소집까지 2주 이상의 기간이 보장되어야 한다(제11조 제4항).

의결권에 대한 제한이 특정한 금전적 이익에 의해 보상된다면 공개매수 이후 주주총회에서 의결권 제한의 효력을 상실시키는 제4항의 규정은 적용되지 아니한다(제11조 제6항)

마. 권리를 행사하지 못하는 데 대한 공정한 보상

제2항 내지 제4항에 따라 권리를 행사하지 못하는 권리 보유자의 손실에 대하여 공정한 보상이 이루어져야 한다. 회원국들은 보상 규모를 결정하는 기준 및 지급 방법을 정해야 한다(제11조 제5항).

3. 선택적 적용 및 상호성 원칙

가. 회원국 수준의 선택적 적용

모두에서 설명한 것처럼 경영권 방어조치를 불허하는 입법은 EU 회원국들 사이에서 격렬한 반발을 불러일으켰다. 결국 EU 기업인수 Directive는 이사의 중립의무 및 효력상실 조항을 통해 원칙적으로 경영권 방어수단을 불허하되 위 두 가지 조항의 도입 여부를 회원국의 선택에 맡기게 되었다.

즉, 회원국들은 자기 영토 내에 등록된 법인들에 대하여 제9조 제2항 및 제3항(이사회의 중립의무), 제11조(효력상실조항)를 적용하도록 요구하지 않을 권리를 보유한다(제12조 제1항).

나. 회사 수준의 선택적 적용 및 상호성 원칙

이사회 중립의무, 효력상실조항을 채택하지 않는 경우 회원국들은 자기 영역 내에 등록된 사무소를 가진 회사들에게 선택에 따라 그러한 조항을 적용할 권리를 부여하여야 한다. 이 경우 회사들은 이를 철회할 수 있어야 한다.

회사의 결정은 등록된 사무소가 있는 회원국에서 정관의 개정에 관하여 적용되는 법률 규정에 따라 주주총회에서 내려져야 한다. 회사의 결정은 등록된 사무소가 있는 회원국의 감독기구, 당해 회사의 증권이 상장되었거나 상장 승인을 신청한 정규시장들의 모든 감독기구에게 통지되어야 한다(제12조 제2항).

다른 한편으로, 이사의 중립의무 및 효력상실 조항을 채택한 회사들은 인수 시도에 나선 회사들(그 모회사를 포함한다)이 같은 조항을 적용하지 않는 경우 다시 자신이 채택한 중립의무 및 효력상실 조항을 적용하지 않을 수도 있다(제12조 제3항). 이러한 면제는 대상회사 주주총회의 승인을 받아야 한다. 그러한 승인은 제6조 제1항에 따른 인수 결정 공개로부터 18개월 이내에 내려져야 한다(제12조 제5항).

4. 회원국들 현황

이사회의 중립의무는 선택적 적용의 대상이므로 회원국들이 이를 따라야 할 의무는 없다. 기업인수 Directive 도입 이후 라트비아는 최초로 이사의 중립의무를 도입하였다.[48)]

반면 헝가리는 거꾸로 자국 법률 내에 존재하던 이사회 중립의무를 폐지하고 대신 경영진이 M&A에 대한 방어조치를 취할 수 없다는 취지를 정관에 삽입할 수 있도록 하였다.[49)] 이사회 중립의무에 관한 규정을 갖추고 있던 18개 회원국들 중 5개 회원국은 본 Directive 시행 이후 상호성 원칙을 새로 도입하기도 하였다.

효력상실 조항을 새로 도입한 국가들은 찾아볼 수 없다.[50)]

Ⅶ. 지배주주의 매도청구권 및 소수주주의 매수청구권

1. 의의

공개매수를 통해 회사의 지배권을 취득한 대주주의 입장에서 소수주주의 존재는 불확실성과 위험을 초래하게 마련이다. 또한 소수주주의 관점에서는 지배주주가 회사 이익을 전용(專用)하는 등의 위험을 우려할 수 있다.[51)] EU 기업

---

48) Andrew Johnston, Varieties of Corporate Governance and Reflexive Takeover Regulation in Company Law and Economic Protectionism: New Challenges to European Integration, p. 170 (Ulf Bernitz & Wolf-George Ringe, Oxford University Press, 2010).

49) 위의 논문.

50) Blanaid Clarke, 각주 4, p. 242.

51) Report of the High Level Group of Company Law Experts (Chairman: Jaap Winter) on

인수 Directive는 회원국들이 공개매수 종료 이후 지배주주 및 소수주주에게 각기 매도청구권 및 매수청구권을 부여할 것을 요구하고 있다.

2. 지배주주의 매도청구권(Squeeze-out)

가. 의의 및 요건

회원국들은 공개매수가 끝난 이후 당해 회사의 모든 남은 증권 보유자에 대하여 매도청구권을 인정하여야 한다(제15조 제1항).

공개매수자는 남은 증권 보유자들에게 공정한 가격에 당해 증권을 팔도록 할 것을 요구할 수 있다. 회원국들은 다음 중 하나의 상황에서 그러한 권리를 도입하여야 한다(제15조 제2항).

(a) 공개매수자가 의결권 있는 자본의 적어도 90% 이상 및 대상회사 의결권의 최소한 90% 이상을 보유한 경우
(b) 공개매수 청약의 승낙 이후 공개매수자가 취득하였거나 취득에 관한 확정적인계약을 체결한 대상회사 증권이 대상회사 의결권 있는 자본의 90% 이상, 공개매수 대상의 90% 이상인 경우

(a)의 경우 회원국들은 보다 높은 기준을 설정할 수 있으나 그러한 기준은 의결권의 95%를 초과할 수 없다(제15조 제2항).

회원국들은 위 지분율 계산 방법 등에 관한 규정을 마련하여야 한다. 대상회사가 여러 종류주식을 발행한 경우 회원국들은 위 제2항의 지분율을 넘긴 종류주식에 대해서만 매도청구권이 실행되도록 할 수 있다(제15조 제3항).

나. 시기

매도청구권의 행사는 제7조에서 정한 공매매수 청약기간 종료 후 3개월 이내에 이루어져야 한다(제15조 제4항).

다. 매수대가

회원국들은 매도청구권 행사 시 공정한 가격이 지급되도록 하여야 한다.

Issues Related to Takever Bids, Brussels (2002. 1. 10), pp. 11~12.

매수대가는 가격은 공개매수에서 제시된 대가와 같은 형태이거나 현금 형태이어야 한다. 회원국들은 현금을 적어도 하나의 선택가능한 대안이 되도록 규정할 수 있다.

임의 공개매수 이후 제2항의 (a) 또는 (b) 상황이 된 경우, 만약 인수자가 공개매수를 구성하는 의결권 있는 자본의 90% 이상을 표창하는 증권을 취득하였다면, 당해 공개매수에서 제안된 가격을 공정한 가격으로 추정한다.

강제공개매수가 있었던 경우 당해 공개매수에서 제안된 가격을 공정한 것으로 추정한다.

라. 회원국 도입 현황

체코, 그리스, 스페인은 본 Directive 시행 이후 지배주주 매도청구권을 도입하였다.[52]

3. 소수주주의 매수청구권(Sell-out)

공개매수 이후 남은 증권 보유자는 제15조 제2항에서 정한 것과 동일한 상황에서 공개매수자에게 자신의 증권을 공정한 가격에 매수해 줄 것을 청구할 수 있다(제16조 제2항).

지배주주 매도청구권에 관한 규정(제15조 제3항 내지 제5항)은 이 경우 상황을 바꾸어(mutatis mutandis) 적용된다(제16조 제3항).

---

52) Andrew Johnston, 각주 48, pp. 169~170.

제2장

유럽 주요 국가 M&A 관련 제도

Ⅰ. 영국의 M&A 제도

1. 시티 기업인수 코드(City Takeover Code)

가. 연혁

영국의 시티 기업인수 코드는 1959년 영란은행(Bank of England)이 '영국 기업체의 합병에 관한 노트(notes on amalgamation of British Business)'를 비공식적으로 간행하면서 시작되었다.

위 노트는 1968년 런던 금융중심지 시티 오브 런던(City of London)에 위치한 금융기관들에서 파견한 대표자들로 구성된 패널(City Panel)이 제정, 관리하고 런던 증권거래소가 제재, 감독권한을 행사, 집행하는 시티 기업인수 코드로 변경되었다.

처음에는 그러한 권한을 뒷받침하는 아무런 법률적 근거가 없이 실행되었으나[53] 현재는 2006년 회사법 제942조가 위 패널에게 EU 기업인수 Directive 시행에 필요한 사항을 정할 권한을 위임하고 있고 이에 기하여 시티 기업인수 코

53) Andreas Cahn & David C. Donald, Comparative company law: text and cases on the laws governing corporations in Germany, the UK and the USA, p. 758 (Cambridge University Press, 2nd ed. 2018).

드가 운용되고 있다.

시티 기업인수 코드는 영국, Channel Islands, Isle of Man에 등록된 회사들 중 증권이 정규시장 또는 다자간 거래소에서 거래되는 회사들에 적용된다. EU 기업인수 Directive가 대상을 정규시장으로 한정한 것보다 적용범위가 넓다.

나. 시티 패널(City Panel)의 역할

패널은 36명의 회원으로 구성되는데, 그중 상당수는 영국 금융산업 연합체들의 대표사들에 의해 지명되고, 이들 지명된 사람들이 다시 나머지 회원들을 지명하는 방식으로 구성된다.[54]

패널은 M&A와 공개매수 등의 과정에서 발생하는 쟁점에 대해 신속하고 신축적인 결정을 내릴 수 있고 변화하는 기술 및 실무에 맞추어 결정을 탄력적으로 변경해 온 것으로 평가된다.[55] 규제상의 문제들은 심지어 패널에 전화하여 문의하는 방식으로도 쉽게 결정을 받을 수 있고, 분쟁 해결 비용이 매우 낮으며, 그에 따라 M&A와 관련된 분쟁이 법정으로 가는 경우는 드문 것으로 알려져 있다.[56]

패널의 결정을 따르지 않는 기업은 런던 증권거래소(LSE) 상장이 폐지되고 동종업자들의 각종 협회가 해당 기업을 제명하고 있어 패널 결정의 규범력이 유지되고 있다.[57]

패널의 결정이 원칙적으로 사법심사의 대상에 해당하지만 법원은 매우 예외적인 경우가 아닌 한 대체로 시티 기업인수 코드에 대한 패널의 해석, 적용을 수용해 왔다.[58] 사법심사가 시간을 지연시켜 현재 진행 중인 인수, 합병을 좌절시키는 수단이 되지 않도록 하기 위한 것이라고 한다.[59]

54) 4(a) Introduction of City Takeover Code.
55) John Armour & David A. Jr. Skeel, 각주 31, p. 1729.
56) 위의 논문, pp. 1747~1748.
57) 위의 논문, p. 1762.
58) Vanessa Edwards, 각주 3, p. 420.
59) John Armour & David A. Jr. Skeel, 위의 논문, pp. 1746~1747.

다. 시티 기업인수 코드의 주요 내용

(1) 이사회의 중립의무

시티 기업인수 코드 제3조는 "대상회사 이사회가 회사 전체의 이익을 위해 행동하여야 하고 증권 보유자들에게 매수 제안의 유불리(merit)를 평가할 기회를 박탈하여서는 아니된다"고 규정하고 있다. 이는 EU 기업인수 Directive 제9조와 기본적으로 동일한 취지이다. 구체적인 내용은 다음과 같다.

시티 기업인수 코드
RULE 21. 매수제안을 좌절시키는 행위에 대한 제한
21.1. 주주들의 동의가 필요한 경우
(a) 공개매수(offer)의 과정에서, 만약 대상회사 이사회가 진실로 당해 제안이 임박해 있다고 믿을 만한 근거가 있는 경우 공개매수가 이루어지기 전이라도, 이사회는 주주총회 승인 없이는 공개매수를 좌절시키거나 주주들이 그 장단점을 판단할 기회를 부정하는 행위를 할 수 없다. 이사회는 다음 행위를 하여서는 아니된다.
 (i) 주식을 발행하는 행위. 자사주의 이전/매각 또는 그에 대한 승인, 상환청구권 혹은 회사 주식 매수선택권의 행사
 (ii) 미발행주식에 관한 옵션의 발행 또는 부여
 (iii) 주식 청약으로 전환될 수 있는 권리를 부여하는 증권의 창조(create) 또는 발행
 (iv) 중요한 금액적 가치가 있는 자산의 매도, 처분, 취득 혹은 그에 대한 동의
 (v) 정상적인 사업과정에서와는 다른 계약의 체결

시티 기업인수 코드는 강제공개매수 제도를 통해 인수자가 강압적인 방식으로 주식 취득에 나서 소수주주들의 이익을 침해하는 행위를 억제하는 한편으로 이사회가 주주들의 동의 없이 경영권 방어조치를 통해 인수 시도를 좌절시킬 수도 없도록 하고 있다.

영국의 2006년 회사법(549조 내지 551조)이 신주 발행에 관한 주주총회 동의를 요구하는 등 이사회의 재량을 규제하는 조치를 두고 있다. 또한, 차등의결권은 법률적으로 금지되지는 않지만 시장에서 통상 10% 내지 20% 수준의 큰 폭

의 할인을 받는 경향이 있으므로 이를 발행하는 경우가 흔치 않다. 그런 이유로 이사회의 경영권 방어는 제약을 받는다고 한다.[60)]

시티 기업인수 코드의 위와 같은 태도는 미국이 법원의 판례 법리에 의해 Poison Pill과 같은 다양한 경영권 방어조치를 인정해 온 것과 대비된다.[61)] 영국과 미국이 분산된 지분 소유 구조를 가지고 있고 보통법 체계를 갖추고 있음에도 M&A 관련 규제 제도는 상당한 차이를 보이고 있는 셈이다. 영국의 경우 기업 경영자들이 시티 기업인수 코드와 같은 규제를 마련하는 과정에 관여하지 못한 반면 미국 Delaware주의 회사법이 기업 경영자들의 관점을 받아들인 데서 그러한 차이가 비롯되었다고 한다.[62)]

(2) 강제공개매수 제도

① 요건

인수자가 취득하는 지분율이 30%를 초과하는 시점에서 EU 기업인수 Directive와 마찬가지로 공개매수 절차가 진행되어야 한다[시티 기업인수 코드 9.1.(a)].

Rule 9은 회사 지배권을 얻거나 공고하게 하기 위해 혹은 회사에 대한 인수 시도를 좌절시키기 위해 약정 또는 이해(understanding)에 의해, 공식적으로든 비공식적으로든, 협력하는 주주들을 '함께 행동하는'(acting in concert) 주주들로 정의하고 있다. City Code는 외양상 그러한 모습이 나타난다면 반증이 없는 한 함께 행동하는 주주들로 추정된다고 한다.[63)] 강제공개매수의 발동요건인 30%의 지분율은 함께 행동하는 주주들의 지분을 포함하여 산정한다.

② 절차

시티 기업인수 코드는 공개매수 절차에 관해 인수자(함께 행동하는 사람들을 포함한다)의 지분율이 30%에 도달하는 경우 이를 대상회사 이사회 등에 통지할 것을 요구하고 있다.[64)] 지분율 30%는 대상회사 경영권 취득에 관한 일응의 지

---

60) John Armour & David A. Jr. Skeel, 각주 31, pp. 1736~1737.

61) 위의 논문, p. 1729.

62) John Armour & David A. Jr. Skeel, 위의 논문, pp. 1754~1755.

63) 어떤 개념 혹은 행위규범에 대해 세세한 규정을 두기보다 어떤 원리나 달성해야 하는 바람직한 상황을 제시하고 이를 지킬 것을 요구하는 영국 증권법 제도의 특성이 여기서도 나타나고 있다.

64) Rule 1(a) of City Takeover Code.

표로 이해되는 것이다. 그러나, 만약 대상회사 경영권을 취득하려는 확고한 의도가 있는 경우 그 전에라도 인수자는 신원, 인수 조건, 대상회사 지분율(증권에 관한 옵션, 증권에 대한 차입약정 등을 포함한다) 등을 알려야 한다[시티 기업인수 코드 Rule 9.1(a), 3.1. 정의 규정].

대상회사 이사회는 주주들에게 당해 제안에 관한 의견을 배포(circulate)하여야 하는데, 여기에는 회사에 관한 인수자의 전략적 계획 및 그것이 고용, 회사 시설의 위치 등에 미치는 영향에 관한 의견이 포함되어 있어야 한다(시티 기업인수 코드 Rule 25.1).

③ 매수대가

매수대가는 각 종류주식별로 인수자 혹은 함께 행동하는 다른 사람들이 공개매수 발표 전 12개월 이내에 제시했던 최고가격 이상으로 결정되어야 한다(제9.5조).

④ 기타

지분율이 30% 이상 50% 미만인 자(함께 행동하는 자들을 포함한다)가 한 주라도 추가로 취득하려는 경우에도 나머지 주주들을 대상으로 공개매수에 나서야 한다[시티 기업인수 코드 9.1.(b)]. 보유 지분율이 경영권을 확실히 확보하는 50% 수준에 이를 때까지는 지속적으로 공개매수 의무를 부담하도록 함으로써 조금씩 지분을 확보하는 Creep-in 전략을 원천적으로 차단하려는 것이다.[65]

나아가 시티 기업인수 코드는 지분율 30% 미만인 증권을 대상으로 공개매수를 하는 경우 역시 규정하고 있다(Rule 36). 인수자는 공개매수에 대해 패널의 승인을 얻어야 한다. 주주들은 이 시점에서 자기 지분 비율에 따라 공개매수에 응할 권리가 있다(시티 기업인수 코드 Rule 36.1 및 36.7). 이는 미국법상 '공정한 대우' 원칙(fair treatment rule)과 유사하다.

2. 관련 보통법 판례 법리

Howard Smith 판결[66] 등은 이른바 인수합병에 관한 이사의 대응과 관련하

---

65) Christophe Clerc et al., A Legal and Economic Assessment of European Takeover Regulation, https://papers.ssrn.com/sol3/papers.cfm?abstract_id=2187837 (최종방문: 2020. 4. 22), p. 56.

66) Howard Smith Ltd. v. Amplo Petroleum Ltd [1972] A.C. 821 (PC).

여 '부적절한 목적'의 법리(Improper Purpose Doctrine)를 설시하고 있다.[67)]

사실관계: 원고는 회사 X의 지분 55%를 소유한 대주주, 피고는 위 회사 경영권을 확보하고자 하는 소수주주이다. 그러나 피고의 인수 시도는 대주주인 원고의 반대로 성공할 수 없었다. 그런데 X사의 이사들은 피고의 제안을 선호하였다. 이사들은 신주를 발행한 후 이를 피고에게 배정하였다. 그 목적은 (i) 새로운 원유 탱크를 매입할 자금을 조달하는 것과 함께 (ii) 원고의 지분율을 37%까지 낮춰 원고의 인수 시도를 성공시키는 데에 있었다. 원고는 신주 발행이 부적절한 목적을 위한 것임을 주장하며 소송을 제기하였다.

법원의 판단: 이사의 권한 행사에 관하여 법원은 객관적으로 무엇이 주된 목적인지 판단하여야 한다. 만약 주된 목적이 적절하다면, 설령 신주 발행의 부차적인 목적이 원고를 소수주주 지위로 떨어트리는 데에 있다고 하더라도, 이사의 의무 위반이 인정될 수 없다. 이 경우는 부적절한 목적이 주된 것으로 보이므로 X의 이사들은 적절한 목적에 따라 행위할 의무를 위반한 것이다.

Eclairs 판결[68)]

사실관계: JKX Oil & Gas plc ('JKX') 이사회는 JKX가 소수주주인 Eclairs Group Ltd('Eclairs')와 Glengary Overseas Ltd('Glengary')가 곧 경영권 인수를 시도할 것으로 판단하였다. 2006년 회사법 제793조는 회사가 특정한 사람에게 지분에 관한 정보 공개를 요구할 수 있도록 하고 있고, JKX 정관 제42조는 주주가 이러한 요구에 응하지 않는 경우 당해 주주가 의결권 행사를 하지 못하도록 규정하고 있다.

JKX는 Eclairs와 Glengary에게 위 제793조에 따른 정보를 요구하였으나, 이들이 제공한 정보는 불충분한 것이었다. 그에 따라 JKX는 정기주주총회에서 위 두 주주의 의결권 행사를 금지하였다. Eclairs와 Glengary는 위 정기주주총회에서 이사회가 제시하는 의안에 반대투표할 예정이었다. Eclairs와 Glengarys는 JKX 이사회가 자신들의 의안을 통과사키려는 부적절한 목적을 위하여 자신의 권한을 행사하였다고 주장하였고, 제1심 법원은 이러한 주장을 받아들였다. 그러나 항소법원은 의결권 행사 금지의 유효 여부를 판단하면서 숨은 목적은 부차적인 것이며 그것이 유효하다고 판단하였다.

67) David Kershaw, 각주 16, pp. 282~283.
68) Eclairs Group Ltd v. JKX Oil & Gas plc [2015] UKSC 71.

대법원의 판단: 대법원은 항소를 허용하면서 제1심 판결을 지지하였다. 대법원은 적절한 목적의 법리가 정관 제42조에도 적용된다고 판시하였다. 대법원은 회사 경영권에 관한 분쟁은 이사 권한 행사의 적절성 원칙이 가장 엄격하게 적용되어야 하는 영역이라고 판단하였다. 법원은 숨은 목적의 부당성 때문에 의결권 행사의 제한이 허용될 수 없고, 따라서 의안의 통과 여부를 판단함에 있어 원고들의 반대 투표가 고려되어야 한다고 판단하였다. 결과적으로 회사 이사회의 의안은 부결되었다.

Ⅱ. 독일의 M&A 제도

1. 독일 기업 인수합병법의 내용

독일은 M&A 제도에 관한 독자적인 입법에 앞서 EU 기업인수 Directive의 제정을 기다렸으나, 유럽의회가 2001년 7월 두 번째로 제안된 EU 기업인수 Directive 안을 부결시키자, 2001년 11월 독자적인 기업 인수합병법[Wertpapiererwerbs- und Übernahmegesetz (WpÜG)]을 통과시켰다. 위 법은 그 후 제정된 EU 기업인수 Directive 이후에 개정되었는데, 이사의 중립의무, 효력상실조항 등 위 Directive가 정한 표준적 조항을 충실하게 따르지는 않고 있다.

가. 이사회 중립의무의 불완전한 도입

즉, WpÜG 제3조는 '대상회사의 경영이사회 및 감독이사회가 대상회사의 이익을 위해 행위하여야 한다'는 일반적 원칙을 선언하고 있을 뿐 EU 기업인수 Directive 제9조와 같은 중립의무를 명시적으로 부여한 것은 아니다.

WpÜG 제33조에 따르면, 대상회사의 경영이사회는 공개매수 발표 후에는 원칙적으로 공개매수 제안을 좌절시키는 행위를 할 수 없다. 다만, 여기에는 세 가지 예외가 있다. 즉, ① 공개매수에 영향을 받지 않고 신중하고 양심적인 경영자가 취했을 조치 및 ② 대안적 공개매수를 물색하는 행위는 허용된다. 또한, ③ 대상회사 감독이사회가 동의한 행위는 허용된다(제33조 제1항). '신중하고 양심적인 경영자'란 표현 등을 통해 사실상 경영권 방어를 위한 여러 조치들을 취할 수 있는 길을 열어 놓은 것으로 평가된다.

주주총회는 경영이사회에게 사전적으로 공개매수를 방어하기 위한 조치를 채택할 권한을 부여할 수 있다. 이러한 권한 부여는 상세하게 규정되어야 하고 최대 18개월까지 유효하다. 그러한 주주총회 결의는 참여한 주주 중 최소한 의결권의 4분의 3 다수결을 요구한다. 의결정족수는 정관에 의해 보다 가중될 수 있다(제33조 제2항). 이러한 주주총회의 승인 권한은 제1항에 의해 경영이사회가 가지는 방어권을 제약할 수 없는 것으로 해석된다고 한다.[69] 한편, 대상회사는 정관으로 위 제33조의 적용을 배제할 수 있다.

즉, WpÜG은 EU 기업인수 Directive상 제9조 이사의 중립의무의 내용을 보다 완화하여 적용하도록 규정하면서 개별 회사가 이를 배제할 가능성을 허용하고 있다.

나. 효력상실 조항의 불채택

또한, 독일 WpÜG는 EU 기업인수 Directive 제11조 효력상실 조항을 채택하지 않았다.

다. 공개매수 제도

부분적 공개매수의 경우 인수자는 원칙적으로 기존 주주 지분비율대로 매수하여야 한다(WpÜG 제19조).

독일 기업 인수합병법(WpÜG)은 EU 기업인수 Directive 제6조의 요구대로 공개매수에 나서려는 인수자가 인수에 관한 정보를 문서로 공개할 것을 요구하면서 당해 공개매수를 평가함에 있어 중요한 사항이 부정확하거나 불완전한 경우 당해 문서를 작성, 준비한 자 및 당해 문서에 책임을 떠안겠다는 의사를 표시한 자는 그에 따른 손해배상책임을 부담하도록 규정하고 있다(제12조 제1항). 다만, 이러한 문서 작성자 등에게 문서의 부정확성, 불완전성에 대한 악의, 중과실이 없는 경우 등에는 손해배상책임이 인정되지 아니한다(제12조 제2항).

라. 평가

WpÜG는 회사의 감독이사회가 다양한 경영권 방어장치를 도입할 수 있도

69) 한상호, 적대적 기업매수와 경영권 방어행위에 관한 비교법적 고찰, 한국외국어대학교 대학원 법학박사학위 논문, 2012년, 145면.

록 허용하면서도 미국과 달리 법원에 이의를 제기할 수 있는 사법적 수단은 허용하지 않아서 문제라는 비판이 있다.70)71)

2. 독일 Takeover Code의 내용

기업인수합병법의 내용이 모든 기업에 대해 적용되는 것은 아니다. 재정부에 대한 민간 자문기구인 증권거래소 전문가위원회(Börsensachverständigenkommission)는 1979년 Takeover Code를 제정하였는데, 상당수의 독일 기업들이 자발적으로 여기에 서명하였다. 위 Takeover Code는 법적 구속력이 없어 서명하지 않은 기업들은 이에 따를 필요가 없다. 다만, 프랑크푸르트 증권거래소는 1998년 이러한 규정을 준수하는 것을 프리미엄 상장 요건으로 규정하였다.72)

독일의 Takeover Code에 따르면, 이사회는 공개매수를 좌절시키거나 주주들이 공개매수의 타당성(merits)에 대해 평가할 기회를 박탈해서는 안 되는데, 이는 영국의 시티 기업인수 코드와 같다. 즉, 공개매수 기간 중 신주발행, 중요한 자산의 취득 또는 처분 등은 주주총회가 승인한 경우에만 허용된다. 다만 '백기사'와 같은 몇몇 방어조치에 대해서는 이를 이사 중립의무의 예외로 규정하고 있다.

통상 주주총회 소집에 2개월 이상이 소요되는 점을 고려하면 프리미엄 상장회사들은 경영권 방어수단을 가지기 어렵다고 생각된다.73) 다만, 그와 별개로 기업집단 내 소속회사들 간 교차 주식보유와 같은 기업지배구조가 적대적 M&A를 어렵게 하고 있는 것으로 평가된다.74)

70) Christian Kirchner & Richard W. Painter, 각주 43, pp. 355~356.
71) Christian Kirchner & Richard W. Painter, 각주 42, p. 451.
72) Andreas Cahn & David C. Donald, 각주 53, pp. 764~765.
73) Christian Kirchner & Richard W. Painter, 각주 43, pp. 355~356.
74) 위의 논문, pp. 358~359.

제3장

유럽 M&A 제도에 대한 평가

EU 기업인수 Directive는 당초 영국 시티 기업인수 코드(City Takeover Code)의 내용을 유럽 전역에 도입하려고 시도하였다. 이는 기업 경영권 시장의 활성화를 통해 기업가치를 제고하겠다는 목표 하에서 시도된 것이다. 다른 한편으로 유럽 전역에 걸쳐 M&A에 관한 단일한 규정을 마련함으로써 각국의 M&A 제도가 상장할 시장의 선택에 영향을 미치는 일종의 규제차익(regulatory arbitrage)을 막겠다는 의도 역시 있었던 것으로 이해해 볼 수 있다.

논란 끝에 가장 핵심이 되는 이사의 중립의무 및 효력상실 조항의 채택 여부를 회원국의 선택에 맡기게 됨으로써 EU 기업인수 Directive는 M&A 제도의 통합에 일단 실패한 것으로 보인다. 미국에서 다양한 경영권 보호 조치가 인정되는 터에 시티 기업인수 코드의 이사 중립성 규정을 도입하면 유럽 기업들이 M&A의 대상이 될 수 있다는 우려도 크게 작용했던 것으로 보인다.[75]

서로 다른 기업지배구조를 가진 유럽 각국의 M&A 제도를 통합하는 일은 애초에 쉽지 않았던 것으로 생각된다. 기업의 지분 분산 정도가 높은 영국과 달리 유럽 대륙 각국은 가족 경영 혹은 기업집단 구조가 흔하게 발견된다.[76] 문제는 두 개의 서로 다른 자본주의 체제가 내적인 정합성을 갖추고 있다는 점이다.

75) Blanaid Clarke, 각주 17, p. 373.
76) Jeremy Grant et al, 각주 34, pp. 234~235.

즉, 독일식 제도는 이사회의 이원화, 감독이사회에 대한 노동조합 대표자의 참여, 은행(간접금융)에 대한 높은 의존, 은행과 기업 간의 장기적 관계, 개별기업의 신용에 대한 기업집단의 보완 등을 요소로 한다. 만약 이러한 구조 하에서 이사의 중립의무를 요체로 하는 기업인수 Directive가 도입되고 위 Directive가 의도하는 대로 기업 경영권 시장이 활성화된다면, 이는 상호보완적인 독일식 제도 내에 균열을 초래하는 결과를 가져올 가능성이 높다.77) 특히 장기적 성장을 지향하는 체제에 균열이 초래될 수 있다는 우려가 있었던 것으로 보인다.78)

결과적으로 EU 기업인수 Directive는 EU 통합(harmonization)에 별다른 기여를 하지 못했다는 비판이 제기된다. 예를 들어 프랑스의 경우에 위 Directive 도입 이전부터 이중 투표권 제도(2년 이상 보유한 주주에게 복수의 의결권을 부여하는 제도) 및 의결권 상한 제도를 갖추고 있었다.79) 그런데 EU 기업인수 Directive를 국내법으로 전환하는 과정에서 프랑스는 이사의 중립의무, 효력상실 조항을 도입하지 않은 것은 물론이고 거꾸로 포이즌필을 도입함으로써 경영권 보호를 더욱 강화하였다. 그러나, 상반된 평가도 있다. 다시 말해, 유럽 각국의 기업지배구조 및 법률적 전통이 달라 애초 M&A 제도를 통합하기 쉽지 않은 조건에서 EU 기업인수 Directive가 유럽 통합의 목표과 각국 제도의 다양성 간에 균형 잡힌 조치를 취하였다는 것이다.80)

EU 기업인수 Directive 도입을 전후한 M&A 사례들에 대해 통계학적 기법을 동원해 분석한 결과 EU 회원국들 전체적으로 위 Directive의 시행이 기업들의 자산 규모, 현금 보유량, 고정자본투자(CAPEX) 모두 증가시킨 것으로 나타나고 있다. EU 지역 외의 국가들과 상반된 결과이고, 회귀분석 결과에 통계적 유의성이 확인된다. 이는 EU 기업인수 Directive 시행 이후 기업의 지배주주 또는 경영자가 자산 규모를 키우는 방식으로 인수합병의 위험에 대비하려 하는 것으로 해석된다.81) 이러한 분석 결과에 따르면 EU 기업인수 Directive가 주주 가치 증대를 통한 효율성 제고에 성공적이었다고 평가하기는 어려울 것이다.

---

77) Andrew Johnston, 각주 37, p. 165.
78) Ben Clift, 각주 10, p. 58.
79) Ben Clift, 위의 논문, p. 70.
80) Andrew Johnston, 각주 37, p. 169.
81) Mark Humphery-Jenner, The impact of the EU takeover directive on takeover performance and empire building, 18 Journal of Corporate Finance, p. 13 (2012).

제 6 편

불공정거래행위 규제

제1장

EU 차원의 불공정거래행위 규제

Ⅰ. 입법연혁

1. 개설

EU 차원에서 우리나라 자본시장법상 내부자거래, 시세조종, 부정거래[1])에 대한 규제는 ① 규제의 대상 및 범위, 행정상 제재에 대해 정한 불공정거래행위 Regulation(Market Abuse Regulation,[2]) 별도의 회원국 입법 없이 유럽연합 시민에게 구속력이 있다)과 ② 회원국들에게 형사처벌 조항의 입법 의무를 부여한 불공정거래행위 Directive(Market Abuse Directive)[3])의 두 가지를 통해 다뤄지고 있다.

---

1) EU법에서는 우리나라 자본시장법상 미공개중요정보이용, 시세조종, 부정거래를 포괄하여 이를 '시장남용(Market Abuse)'이라는 개념으로 포착하고 있으나, 이하에서 우리나라 독자들에게 보다 익숙한 '불공정거래행위'란 표현을 사용하기로 한다.

2) 정식 명칭: Regulation (EU) No 596/2014 of the European Parliament and of the Council of 16 April 2014 on market abuse (market abuse regulation) and repealing Directive 2003/6/EC of the European Parliament and of the Council and Commission Directives 2003/124/EC, 2003/125/EC and 2004/72/EC (이하 'Market Abuse Regulation' 또는 '불공정거래행위 Regulation').

3) 정식 명칭: Directive 2014/57/EU of the European Parliament and of the Council of 16 April 2014 on criminal sanctions for market abuse (이하 'Market Abuse Directive' 또는 '불공정거래행위 Directive').

일찌감치 유럽 증권시장 통합의 필요성을 처음 거론한 1966년 Segré 보고서는 내부자거래 규제의 필요성을 지적하였다.[4] 이처럼 내부자거래 등 규제에 대한 필요성이 일찌감치 인식되었음에도 정작 회원국들은 1980년대까지도 내부자거래 규제에 대해 소극적인 태도를 유지하였다. 예컨대 독일은 내부자거래 문제에 관하여 감독당국의 권고(recommendation) 및 회사 감독이사회, 경영이사회에 의한 자율 규제를 대안으로 제시하였을 뿐 내부자거래를 금지하는 입법에는 반대하였다.[5]

결과적으로, EU 차원의 규제는 비교적 최근에 와서야 마련되었다. EU 차원에서 내부자거래에 대한 규제는 1989년에, 시세조종 등 다른 불공정거래행위에 대한 규제는 2003년에서야 도입되었다. 이는 이미 1934년 증권거래법에서부터 사기금지 조항을 통해 내부자거래를 규제한 미국과는 대별된다.

Regulation와 Directive로 이원화된 현행 체제는 2016년 도입되었다.

2. 1989년 Council Directive 89/592/EEC

EU 증권시장 및 증권 법률의 통합이 진전되는 과정에서 내부자거래 규제에 관한 공통의 법률을 제정한 필요성이 제기되었다. 특정 회원국이 내부자거래와 같은 불공정거래행위에 대해 제재하지 않는다면, 이는 단순히 당해 회원국에만 영향을 미치는 것이 아니라 일종의 규제차익(Regulatory arbitrage)을 허용하여 궁극적으로는 유럽 증권시장 전체의 발전을 저해하게 될 우려가 있다. 따라서, 내부자 거래 등에 대한 EU 차원의 통일된 규제가 전체 EU 증권시장 발전의 전제가 된다고 할 수 있다.

이러한 문제의식 하에 제정된 1989년 제정된 내부자거래 Directive(Council Directive 89/592/EEC[6])는 회원국들에게 내부자거래에 대한 규제 제도를 마련할 것을 요구하였다. 위 Directive는 회사의 내부자(직업적 이유로 내부정보를 알게 된 자, 곧 우리 자본시장법상의 준내부자를 포함한다)와 그 밖의 자를 구분하고, 내부자

---

4) Report of a Group of experts appointed by the EEC Commission, The Development of a European Capital Market, Brussels, November 1966, p. 31.

5) Niamh Moloney, EU Securities and Financial Markets Regulation, p. 706 (Oxford Legal Research Library, 3rd Edition, 2014).

6) 정식 명칭: Council Directive 89/592/EEC of 13 November 1989 coordinating regulations on insider dealing.

에 대해서는 정보 이용 및 누설 행위 모두를, 그 밖의 자에 대해서는 정보 이용 행위만을 금지하는 태도를 취하고 있었다(제2조 내지 제4조).

3. 2003년 Market Abuse Directive

Lamfalussy 프로세스[7]에 따라 제정된 최초의 Directive 역시 2003년 불공정거래행위 Directive[8](Market Abuse Directive, 이하 '구 불공정거래행위 Directive')이다. 구 불공정거래행위 Directive에서는 내부자 및 그 밖의 자 모두에 대해 정보 이용 및 누설 행위를 금지하는 것으로 개정되었다(제4조).

또한, 구 불공정거래행위 Directive에서부터는 내부자거래 외에 시장조작(market manipulation) 역시 금지하게 되었다.[9] 여기서 시장조작은 우리나라 자본시장법상 시세조종과 부정거래를 포괄하는 개념이다. 통상 내부자거래는 불공정하거나 부도덕한 행위라는 점에, 시장조작은 시장의 정상적인 가격 발견 기능을 저해한다는 점에 위법성의 중점이 있으나, 양자가 모두 시장에 대한 신뢰를 깨트린다는 점에서 공통점이 있으므로 두 가지를 하나의 체계 안에서 규율하게 된 것이다.[10]

4. 현행 체계: Regulation을 통한 불공정거래행위 금지 및 Directive를 통한 형사처벌의 도입

불공정거래행위에 대한 EU 규제는 2016년부터 불공정거래행위 Regulation(Market Abuse Regulation)과 불공정거래행위 Directive(Market Abuse Directive)의 두 가지 체계로 변경되었다.

즉, 불공정거래행위의 의미와 적용 범위, 공법적 제재에 관한 사항을 담은 불공정거래행위 Regulation은 회원국의 입법을 거칠 필요 없이 곧바로 개별 회원국에 적용된다. 종래 구 불공정거래행위 Directive를 통해 개별 회원국의 입

---

7) 보다 자세한 내용은 제1편 제2장 참조.

8) 정식 명칭: Directive 2003/6/EC of the European Parliament and of the Council of 28 January 2003 on insider dealing and market manipulation (market abuse).

9) Jesper Lau Hansen, Insider Dealing After the Market Abuse Directive in Corporate Finance Law in the UK and EU, p. 88 (Dan Prentice & Arad Reisberg, Oxford University Press, 2010).

10) Palmer's Company Law, para. 11. 101 (Sweet & Maxwell 2019).

법을 요구하는 방식에서 EU 차원에서 단일한 규정을 제정, 시행하는 것으로 변경된 것이다. 위 불공정거래행위 Regulation은 글로벌 금융위기 이후 불거진 LIBOR 조작 사건을 계기로 벤치마크(Benchmark) 조작 행위까지 규율 대상에 포함하게 되었다. 또한, 현행 불공정거래행위 Regulation은 EU 증권시장에서 비중을 커지게 된 고빈도거래 역시 일정한 요건을 충족하는 경우 시장조작에 해당할 수 있다는 점을 분명히 하고 있다.

구 불공정거래행위 Directive가 정규시장만을 규제 대상으로 삼았으나, 현행 불공정거래행위 Regulation은 다자간 거래소, 조직화된 거래소는 물론 장외거래까지 규제 대상에 포함하게 되었다[현행 불공정거래행위 Regulation 서문(8)].

다른 한편으로 새로 제정된 현행 불공정거래행위 Directive는 개별 회원국들이 개별 입법을 통해 내부자거래 등에 대한 형사처벌 규정을 마련할 것을 요구하고 있다.

Ⅱ. 내부자 거래에 대한 규제

1. 서설

EU의 내부자거래 규제는 내부자거래를 통한 이득 취득 행위에 초점을 맞추는 것이 아니라 증권시장에 대한 신뢰를 침해하는 행위를 금지한다는 이른바 시장접근법에 기초하여 이해되고 있다. 이른바 '레몬 이론', 곧 정보비대칭이 두드러지는 증권시장에서 내부자거래는 전체 증권시장의 저평가를 초래하므로 시장에 대한 신뢰를 저해하는 행위는 규제되어야 한다는 것이 내부자거래를 대하는 EU 증권법의 기본적 태도이다.[11] 이는 내부자 거래에 대한 규율이 시장에 대한 참여자들의 평등한 접근에 초점을 맞추어야 한다는 취지이다.[12]

내부자거래의 규율 범위가 매우 폭넓다는 점에서 주로 신인의무에 기초한 미국의 규제와는 구별된다.[13][14]

---

11) Jesper Lau Hansen, 각주 9, p. 89.
12) Niamh Moloney, 각주 5, pp. 701~702.
13) Jesper Lau Hansen, 각주 9, p. 87.
14) Roberta S. Karmel, The Case for a European Securities Commission, 38(9) Columbia Jounrnal of Transnational Law, p. 23 (1999).

2. 내부정보의 범위

가. 조문의 내용

제7조 내부정보

1. 본 Regulation에서 내부정보란 다음의 정보를 의미한다.
   (a) 하나 또는 복수의 발행인 혹은 하나 또는 복수의 금융상품과 직간접적으로 관련되어 있는 정밀한 정보로서, 공개되지 않았고, 만약 공개되었다면 당해 금융상품 또는 그와 관련된 파생금융상품의 가격에 중대한 영향을 미쳤을 정보 …

(1) 상장, 비상장 불문

위 조항에서 내부정보는 양도증권이 아니라 금융상품과 관련된 정보로 정의되어 있다. 뿐만 아니라 내부정보가 반드시 정규시장 기타 거래소에 상장된 금융상품과 관련되어 있을 것을 요구하지도 않는다.

불공정거래행위 Regulation 제2조 제3항은 본 Regulation이 모든 금융상품에 대해 어떤 장소에서 거래되었는지 상관없이 적용된다는 점을 명시적으로 밝히고 있다.

2003년 구 불공정거래행위 Directive의 경우 정규시장에 상장된 금융상품에 대한 내부자거래가 금지되었으나, 거래 비중이 증가한 다른 증권시장 및 브로커 교차 네트워크(Broker Crossing Network) 역시 규율할 필요성, 다른 거래장소에서 일어나는 내부자거래가 차익거래의 메커니즘을 통해 정규시장에까지 영향을 미치는 현실을 고려하여, 규제 범위가 확대된 것이다.[15]

(2) 발행회사 외부에서 생성된 정보 및 단순히 시장과 관련된 정보 역시 포함됨

위 정의 규정은 내부정보가 금융상품과 관련되기만 하다면 반드시 발행회사 내부에서 형성되었을 것을 요구하지 않는다. 복수의 발행인, 금융상품과 관련된 정보 역시 내부정보에 해당할 수 있다. 전체 증권시장에 관한 사건, 금융상품 가격에 영향을 미칠 수 있는 경제 변수 등까지도 아직 공개되기 전이라면 내부자 거래의 규율 대상이 될 수 있다.[16]

---

15) Niamh Moloney, 각주 5, p. 715.
16) Jesper Lau Hansen, 각주 9, p. 98.

예를 들어, 어떤 회사나 정부에 대한 신용평가등급의 변화를 알게 된 신용평가기관 직원, 이자율 정책 결정을 미리 알게 된 중앙은행 직원, 세법 개정을 미리 알게 된 공무원은 모두 내부정보를 보유한 것으로 평가될 수 있다.[17] 9.11. 테러 계획을 세운 테러범들은 그러한 정보를 판단 근거로 삼아 주식을 거래하면 불공정거래행위 Regulation을 위반한 결과가 될 것이다.[18]

결국, 폭넓게 '직간접적 관련성'만을 요구하는 불공정거래행위 Regulation의 대도는 내부자거래의 규율 범위를 확대하고 있다.

(3) 불공정거래행위 Regulation 제7조 제1항 (b)호 이하에 따른 범위 확대

불공정거래행위 Regulation 제7조 제1항 (b)호 이하는 다시 내부정보의 범위를 다소 확대하고 있다.

즉, (b)호는 상품 파생상품 또는 그와 관련된 현물 계약에 관한 정보를, (c)호는 탄소배출권 또는 그에 기초한 경매상품에 관한 정보로서 당해 탄소배출권, 경매상품 및 다른 관련된 파생상품에 영향을 미칠 수 있는 정보를 내부정보에 포함하고 있다.[19] MiFID에서 정한 금융상품 범위에 포섭되지 않는 일부 파생상품 등에서 규제의 공백이 발생하는 것을 막기 위한 것으로 이해된다.

또한 (d)호는 고객 주문을 집행할 책임이 있는 사람에 관하여, 고객에 관한 정보(information conveyed by a client[20]) 및 아직 실현되지 않은 주문에 관한 정보 역시 당해 금융상품, 관련 현물 및 파생상품 가격에 영향을 미칠 수 있다면 내부정보에 해당할 수 있음을 규정하고 있다. 이른바 선행매매를 금지하기 위한 규정이다.

(4) 문제점

이러한 태도는 내부자 거래에 대한 규율을 강화하는 측면이 있다. 그러나, 동시에 이러한 입법태도는 정상적인 정보 취득 활동마저 위축시킬 위험이 없지 않다고 생각된다. 특히 형사처벌에 관한 불공정거래행위 Directive 역시 내부정

17) Niamh Moloney, 각주 5, p. 723.

18) Jesper Lau Hansen, 각주 9, p. 92.

19) MiFID 제1조 제1항 제(15)호, 부록I, Section C 제11항은 탄소배출권을 금융상품으로 정의하고 있다. 따라서, 여기서는 탄소배출권에 기초한 경매상품에 관한 정보를 내부정보로 포함시킨 것에 의미가 있다.

20) 가령 시장에서 주목 받는 투자자(예컨대 워렌 버핏 같은 자를 상정해 볼 수 있다)가 어떤 종목에 관한 주문을 냈다는 사실이 다른 시장참여자들에게 영향을 미칠 수 있으므로 투자자의 신원 등에 관한 정보 역시 내부정보 규율대상에 포함시키고자 하는 것이다.

보에 관하여 위와 동일한 정의 규정을 사용하고 있으므로, 위와 같은 정의 규정이 형사처벌의 범위를 지나치게 확대할 위험이 있다.

제7조 제1항의 내부거래 개념은 문언상 '정밀성'과 '중요성'의 두 가지 요소를 요건으로 하고 있는데, 그 의미는 각기 7조 제2항 및 제4항에서 설명되고 있다.

나. 정보의 정밀성(precise nature)

(1) 조문의 내용

제7조 내부정보

2. (i) 만약 어떤 정보가, 현재 시점에서 존재하거나 미래에 존재할 것으로 합리적으로 예상되는 일련의 상황 혹은 이미 일어났거나 미래에 일어날 것으로 합리적으로 예상되는 사건을 보여주고(indicate), (ii) 일련의 상황 또는 사건이 금융상품, 관련 파생상품, 관련 현물 상품계약, 탄소배출권에 대한 경매상품의 가격에 미칠 수 있는 효과에 관하여 결론을 이끌어 낼 수 있을 정도로 충분히 구체적이라면, 당해 정보는 제1항 정의와 관련하여, '정밀'하다. 이 점에 관하여 특정한 상황 또는 사건에 이르는 지속적인 절차가 있다면 당해 상황 또는 사건뿐만 아니라 중간 단계 역시 정밀한 정보가 될 수 있다.
3. (특정한 상황 또는 사건에 이르기까지 상당한 시간이 소요되는 경우) 과정 중의 중간 단계는 만약 그 자체로 이 조항에서 언급된 내부정보의 기준을 충족시키는 경우 내부정보가 될 수 있다.

위 문언상 '정밀성(precise)' 개념이 반드시 올바른 정보, 곧 정보의 정확성을 전제하는 것은 아닌 것으로 이해된다. 오히려 '정밀성' 개념은 정보가 상당한 수준의 구체성을 갖출 것을 요구하는 취지로 이해할 수 있는데, 이는 정보로서 별다른 가치가 없는 일반적 정보, 또는 구체성이 결여된 단순한 추측, 의견, 풍문을 규제 대상에서 제외하고자 하는 것이다.[21]

다만, 구체성의 정도에 관하여 어떤 양적 기준을 제시하기는 어렵고 각 사안마다 개별적으로 판단할 수밖에 없을 것이다.[22]

---

21) Niamh Moloney, 각주 5, p. 720.
22) Jesper Lau Hansen, 각주 9, p. 93.

(2) 정밀성의 의미에 관한 EU 사법재판소의 판결례

어떤 정보가 정밀한 것으로 평가되기 위해 주가 방향(상승 또는 하락)에 대한 예측을 가능하게 해야 하는지 문제가 될 수 있는데, Lafonta 판결은 이 쟁점을 다루고 있다.

Lafonta 판결[23)]

〈사실관계 및 사건의 진행 경과〉

2006년, 2007년에 걸쳐 프랑스의 투자회사인 Wendel은 4개 은행과 건설자재 제조회사인 Saint-Gobain 발행주식 총 8,500만 주를 기초자산으로 한 총수익스왑약정(Total Return SWAP)[24)] 계약을 체결하였다. Wendel은 2007년 위 계약 조건에 따라 전체 발행주식의 17.6%에 해당하는 6,600백만 주를 실제 주식 보유로 전환하기로 결정하였다.

Sain-Gobain 주식가격 상승을 둘러싼 사실관계를 조사하던 프랑스 감독당국(the Autorité des marchés financiers, AMF)은 Wendel이 처음부터 Saint-Gobain의 상당한 지분을 취득할 의도를 가지고 있었고 이를 실행할 수 있는 권리가 총수익스왑약정에 포함되어 있었음에도 이를 공개하지 않은 사실을 발견하였다. 프랑스 감독당국은 Wendel 및 이사회 의장 Mr Jean-Bernard Lafonta에게 총 150만 유로의 벌금을 부과하였다.

Mr Lafonta는, Wendel의 주식취득이 Sain-Gobain의 주가를 상승시킬지 혹은 하락시킬지 예측할 수 없었으므로, 당해 정보가 정밀한 정보라고 할 수 없고, 따라서 공개의 대상이 되지 않는다고 주장하였다. 이에 대해 프랑스 감독당국은 어떤 정보가 정밀한 것으로 평가되기 위해 그 정보에 따른 주식가격의 변화 방향까지 예측할 수 있어야 하는 것은 아니라고 주장하였다. 프랑스 감독당국에 따르면, 제일 중요한 것은 당해 정보가 어떤 방향이든 가격을 변동시킬 것이라는 점이다.

---

23) Case C-628/13 Jean-Bernard Lafonta v Autorité des marchés financiers EU:C:2015:162

24) 이러한 계약에서 일방 당사자(보통 은행)는 일정 시간 동안 투자자에게 기초자산에서 발생하는 수입(이자, 배당금, 매매차익)을 제공하고, 투자자는 수수료(고정이자)를 지급하는 한편 기초자산 가격이 하락하는 경우 은행에게 손실분 역시 지급할 의무가 있다. 이러한 약정 하에서 투자자는 자산을 구매, 처분하지 않고도 자산에서 발생하는 현금 및 가치상승에 따른 이익을 누릴 수 있다. 즉, 투자자는 소유권을 취득하지 않은 채로 자산을 보유한 것과 동일한 경제적 상황에 처하게 된다.

프랑스 법원(The French Cour de cassation)은 이 쟁점에 대해 EU 사법재판소의 해석을 구하는 선결적 판단을 신청하였다.

〈EU 사법재판소의 판단〉

구 불공정거래행위 Directive는 내부자거래를 금지하면서 금융상품 발행자에게 자신과 관련된 내부정보, 곧 금융상품 가격에 중대한 영향을 미칠 것으로 보이는 정확한 정보를 공개할 것을 요구하고 있다. 당해 정보를 통해 문제가 되는 일련의 상황 또는 사건이 관련된 금융상퓸의 가격에 영향을 미칠 가능성이 있는지 판단할 수 있다면 당해 정보는 정밀한 것으로 해석된다.

'정밀성'에 관한 구 불공정거래행위 Directive의 문언이 가격 변동의 방향까지 예측할 수 있는 정보를 요구하는 것으로 해석할 만한 근거가 없다. 반대의 경우, 곧 '정밀하지 않은 정보'로 볼 수 있는 것은 모호하거나 일반적인 정보, 곧 그것을 통해서는 관련된 금융상품의 가격에 미칠 수 있는 영향에 대한 결론을 내릴 수 없는 경우에 한정된다. 합리적인 투자자는 반드시 금융상품 가격의 변동 방향을 결정할 수 있도록 해 주는 정보가 아니더라도 그 정보에 기초해 투자에 관한 결정을 내릴 수 있다.

더욱이 금융상품이 점점 더 복잡해지면서 금융상품 가격의 잠재적인 변화 방향을 정확하게 예측하는 것은 특히 어렵다. 만약 정보가 금융상품 가격 변화의 방향을 예측할 수 있도록 해 주는 정보만이 정밀한 정보라는 주장이 받아들여진다면, 그러한 정보를 알고 있는 자는 이를 공개하지 않은 채 오히려 불확실성을 이용하여 이득을 얻을 수 있게 될 것이다.

위 판결은 금융공학의 발전으로 주가의 상승 또는 하락이 아니라 주가 변동의 크기 자체에 따라 손익이 결정되는 파생상품[25]이 출현한 점을 고려한 것으로 생각된다. 다른 한편으로 내부정보가 수시공시의 대상에도 해당하므로, 정보가 그 방향이 어느 쪽이든 주가에 영향을 미칠 수 있다면, 위 판결례 취지대로 당해 정보의 공시를 촉진하는 측면도 있다고 생각된다.

앞서 설명한 것처럼, 불공정거래행위 Regulation 제7조 제1항은 정보가 생성된 곳을 묻지 않고 단순한 '관련성'만으로 내부정보를 규정하고 있다. 여기에 더하여 EU 사법재판소 판례가 주가 방향에 대한 예측이 어려운 정보까지 정밀

25) 에를 들어 스트레들(Straddle), 스프랭글(Sprangle)과 같은 파생상품 포지션.

한 정보의 개념에 포함함으로써 내부자거래의 규제 대상은 더욱 확대되는 것으로 보인다.

(3) 정보가 여러 단계에 걸쳐 생성되는 경우

위 제7조 제2항은 종전의 구 불공정거래행위 Directive 위임에 따라 마련된 EU 집행위원회의 실행입법(Implementing Directive 2003/124/EC)에서 규정되어 있던 것인데,[26] 이를 본법(本法)에 해당하는 현행 불공정거래행위 Regulation에 그대로 옮겨 온 것이다. 정보의 생성에 상당한 시간과 단계가 소요되는 경우 어느 시점에서 내부자거래의 규율 대상에 해당하는지의 문제가 우리나라 자본시장법에서는 '중요성'의 하위 범주로 인식되고 있는데, EU 불공정거래행위 Regulation에서는 이를 중요성(materiality)과는 구분되는 독자적 개념 요소로 포착하고 있다.

다만, 위 규정의 내용만으로는 과연 어느 시점에서 내부정보가 정밀한 정보가 되는지 불분명한데, Geltl v Daimler 판결은 문제를 다루고 있다.

Geltl v Daimler 사건 판결[27]

[사실관계]

다임러크라이슬러(Daimler-Chrysler AG)의 대표이사인 Shrempp는 2005. 5. 17. 이미 감독이사회 의장과 자신의 사임 문제에 관해 오랜 시간 논의하였고, 2005. 7. 1.에는 감독이사회의 다른 이사 두 명에게도 이를 알렸다. 회사의 공시 담당자(communication manager) 및 중역(executive secretary)은 2005. 7. 6. 이러한 사실을 통지 받은 후 2015. 7. 10.부터 언론에 대한 보도 등을 위한 준비를 진행하였다. 감독이사회 의장단(presiding committee)은 2005. 7. 27. 감독이사회에게 대표이사의 조기 퇴임 및 후계자 지정을 권고하기로 결정하였다.

다임러크라이슬러의 감독이사회는 2005. 7. 28. 회의(오전 9:50)에서 'CEO

26) 위 Directive에서 다음과 같이 정하고 있었다.
Article 1 Inside information
1. For the purposes of applying point 1 of Article 1 of Directive 2003/6/EC, information shall be deemed to be of a precise nature if it indicates a set of circumstances which exists or may reasonably be expected to come into existence or an event which has occurred or may reasonably be expected to do so and if it is specific enough to enable a conclusion to be drawn as to the possible effect of that set of circumstances or event on the prices of financial instruments or related derivative financial instruments.

27) Case C-19/11 Markus Geltl v Daimler AG EU:C:2012:397.

Shrempp가 2005. 12. 31. 사임하고 다른 이사회 구성원 Zetsche가 이를 맡는다'고 결정하였다. 몇 분 후 다임러크라이슬러는 위와 같은 정보를 수시공시하였고 주가는 상당폭 상승하였다.

수시공시 이전에 주식을 처분한 투자자들은 다임러크라이슬러를 상대로 총 550만 유로의 손해배상을 구하는 여러 소송을 제기하였다. 위 소송은 독일의 집단적 분쟁해결 절차인 모델소송[28]의 형태로 진행되었다.

[소송의 경과]

모델소송법(KapMuG)에 따른 모델소송[29]에서 내부정보의 개념이 쟁점이 되었다. 연방대법원은 CEO가 사임하겠다는 의사는 감독이사회의 동의와 함께 결합되는 경우 내부정보가 된다고 판단하였다. 감독이사회가 사임에 동의하기 전까지 당해 정보는 감독이사회의 동의가 충분히 현실적인 것일 때에(sufficiently probable) 내부정보로 분류될 수 있다. 독일 연방대법원(Bundersgerichtshof)은 감독이사회가 승인할 확률이 50%가 넘는 경우에만 당해 정보가 내부정보로 분류될 수 있다고 판단하였다.

Stuttgart 지방 고등법원(Oberlandesgericht Stuttgart)은 위와 같은 연방대법원 결정을 기초로, 감독이사회 구성원들은 2005. 7. 27.에 만장일치에 이르게 된 것으로 보이므로, 이 시점에서 당해 정보가 충분히 현실적인 것이 되었다고 판단하였다.

원고들은 이러한 해석이 구 불공정거래행위 Directive의 규제 목적에 부합하지 않는다고 주장하며 불복하였다. 이에 따라 연방대법원은 두 번째로 내부정보의 개념에 관해 판단하게 되었는데, 사건이 여러 단계에 걸쳐 진행되는 과정에서 어떤 중간 단계가 내부정보가 되는지에 대해 EU 사법재판소에 선결적 판단을 신청하였다.

[EU 사법재판소의 판단][30]

41. 독일연방대법원은 정밀성의 의미에 관하여, 일련의 상황 또는 사건이 발생할 가능성이 우세하거나 매우 높을 것을 요구하는지, 그 판단에 있어 상황 또는 사건이 가격에 미치는 영향의 정도가 고려되어야 하는지 문의하고 있다.

28) 보다 상세한 내용은 제9편 제3장 중 독일 부분 참조.
29) opt-in 집단소송의 일종인 독일의 모델소송에 대해서는 본서 제9편 제3장 제IV항 참조.
30) 판결문을 직역한 것이 아니라 맥락을 고려하여 일부 내용을 바꾸고 우리말 어법에 자연스럽게 고쳐서 제시하였다.

45. (첫번째 문제와 관련하여) 어떤 상황 또는 사건이 일어날 것으로 합리적으로 예상할 수 있는지와 관련한 판단은 해당 시점에 존재하는 여러 요소들에 기초하여 사건별로 달리 이루어져야 한다.

46. 조문에 사용된 '합리적 예상'이라는 문언은 문제가 되는 사건 또는 상황이 실현될 높은 가능성에 관한 입증을 요구하는 것으로 해석될 수 없다.

47. 미래 상황 또는 사건과 관련한 범위를 그와 같은 확실성의 정도로 제한하는 것은 입법목적, 곧 유럽연합 금융시장의 신뢰성을 보호하고 해당 시장에서 투자자의 자신감을 강화하려는 목적을 훼손하게 될 것이다. 그러한 제한된 해석 하에서 내부자들은 정밀하지 않은 것으로 해석되는 어떤 정보를 이용하여 그것을 모르는 사람들의 희생 하에 부당한 이득을 얻게 될 것이다.

48. 그러나 시장 참여자에게 법적 확실성을 부여하기 위해서는, 정밀한 정보가 벌어질 것 같지 않은 상황 또는 사건에 관한 정보까지 포함하는 것으로 해석되어서는 아니된다. 그렇지 않다면 발행인들은 구체적이지 않거나 금융상품 가격에 영향을 미치지 않을 것으로 보이는 정보까지 공개해야 하는 것으로 오도될 것이다.

49. 따라서 위 조항의 "합리적 예상"이라는 문구는 어떤 시점에서 존재하는 요소들에 대한 전반적 평가에 기초하여 미래 상황 또는 사건의 현실적 실현 가능성에 대한 판단을 요구하고 있는 것이다.

52. 두 번째로, 미래 사건이 관련 금융상품의 가격에 미칠 수 있는 효과의 정도가 클수록 정보가 정밀한 것으로 판정되기 위한 확실성의 정도가 낮아져야 한다는 해석은 내부정보에 해당하기 위한 두 가지 요건(정밀성, 중요성)이 상호의존적이어야 한다는 논리로 귀결된다.

54. 일어나지 않을 것으로 보이는 사건과 관련된 정보가 (만약 그러한 사건이 벌어지는 것을 전제할 때) 해당 증권의 가격에 영향을 미칠 수도 있다. 그것이 반드시 당해 사건이 일어남을 의미하는 것은 아니다. (따라서, 두 가지는 따로 판단되어야 한다).

독일 연방대법원은 위 EU 사법재판소 판결 취지에 따라 사건을 스튜트가르트(Stuttgart) 지방 고등법원에 다시 환송하면서, Schrempp가 최초로 감독이사회 의장에게 사임 의사를 밝힌 시점에서 다임러크라이슬러가 이를 공시했어야 한다고 판시하였다.

다. 정보의 중요성(materiality)

(1) 조문의 내용

내부정보의 개념요소 중 '중요성'에 관해서는 제7조 제4항에서 설명하고 있다.

> 제7조 내부정보
>
> 4. 제1항에서 '만약 공개되었다면 당해 금융상품, 파생상품, 관련 현물 상품계약 또는 탄소배출권에 관한 경매상품의 가격에 중대한 영향을 미쳤을 정보'란 합리적인 투자자가 자신의 투자의사결정의 일부로서 사용하였을 정보를 의미한다.

(2) 중요성의 해석

서문 제14항은 "합리적인 투자자는 활용가능한 정보를 이용하여 투자에 관한 결정을 내린다. 그러므로, 투자의사결정을 함에 있어 합리적인 투자자가 특정한 정보를 고려하였을 것인지 여부의 문제는, 주어진 상황에서 관련된 금융상품 발행자의 활동, 정보 원천에 대한 신뢰성, 금융상품 가격에 영향을 미치는 시장 변수 등을 고려하여 판단하여야 한다"고 밝히고 있다. 즉, 정보는 그 자체로 중요성을 따질 수는 없고, 정보가 주어진 상황과 맥락을 통하여 그 중요성의 유무가 결정된다.

위 조항의 문언상 중요성에 관한 판단은 사전적(ex-ante)이어야 한다. 이는 (아래에서 소개하는) Spector 사건[31]에서 유럽 사법재판소가 판시한 법리를 반영한 것이다.

(3) 독일 IKB Deutsche Industriebank 사건

독일의 IKB 은행 판결이 정보의 중요성에 관한 문제를 다루고 있다.[32] 미국 서브프라임 모기지 사태가 진행 중이던 2007년 7월 시점에서 '서브프라임 모기지 관련 상품이 IKB 은행의 투자자산 중 38.5%, IKB 은행 관련 특수목적법인 보유자산의 90%를 차지하고 있다는 정보'가 중요한 정보인지 여부가 쟁점이 되었다.

뒤셀도르프(Dusseldorf) 법원은 위 정보가 2007. 7. 27. 시점에서 IKB은행의

31) Case C-45/08 Spector Photo Group NV and Chris Van Raemdonck v Commissie voor het Bank-, Financie- en Assurantiewezen (CBFA) EU:C:2009:806, [2009] I-12073.

32) Rudiger Veil, European Capital Markets Law, pp. 204~205 (Hart Publishing, 2017).

주가에 중대한 영향을 미칠 수는 없다고 판단하였다. 위 은행의 포트폴리오에 포함된 서브프라임 관련 증권들에 대한 신용평가가 매우 안정적이었으므로, IBK 은행의 위 증권 보유 정보가 투자의사결정에서 별다른 의미를 가질 수 없다고 본 것이다.

그러나 연방대법원(BGH)은 다른 결론을 내렸다. 내부정보가 주식가격에 영향을 미칠 수 있는지 여부는 사전적 관점에서, 또한 내부자거래와의 관련성 하에서 판단되어야 한다. 위 법원은 2007년 7월 중순 신용평가기관들이 (IKB 및 관련 SPV가 보유한 상품은 아니더라도) 서브프라임 모지지의 신용등급을 내리고 있었고, 시장에서는 IKB은행이 미국 서브프라임 모기지 상품과의 관련성 때문에 상당한 위험에 놓여 있다는 소문이 돌고 있었다. 그에 따라 이미 IKB은행의 주가가 상당한 폭으로 떨어지던 상황이었다. 합리적인 투자자라면 시장 투자자들의 비합리적 반응까지 고려하였을 것인데, 정보 중요성을 판단함에 있어 이러한 점까지도 고려해야 한다는 것이다.

따라서, 서브프라임 모기지 관련 상품이 IKB은행의 투자자산 중 38.5%, IKB은행 관련 특수목적법인 보유 자산의 90%를 차지하고 있다는 정보는 중요한 정보에 해당한다는 것이 연방대법원의 판단이다.

3. 내부자의 범위

가. 조문의 내용

제8조 내부자거래

4. 이 조항은 다음의 결과로 내부정보를 보유하게 된 사람에게 적용된다
   (a) 발행자 또는 탄소배출권 시장 참가자의 행정·경영·감독기구 구성원
   (b) 발행자 또는 탄소배출권 시장 참가자 지분의 보유
   (c) 고용, 직업, 의무이행에 따른 정보 접근
   (d) 범죄행위 연루

   이 조항은 위 (a) 내지 (d) 외의 상황에서 정보를 취득한 다른 사람이 내부정보임을 알았거나 알 수 있었던 경우(ought to have known)에도 적용된다.
5. 그 사람이 법인인 경우 이 조항은, 개별 회원국 법률에 따라, 관련 법인의 계산(account)으로 (금융상품의) 취득, 처분, (주문의) 취소, 정정을 실행하는 결정에 관여한 자연인에 대해 적용된다.

나. 검토

위 제4항은 내부자를 두 개의 범주로 나누어 설명하는 방식을 취하고 있으나, 내부정보임을 알았다면, 발행인과의 관계 여부를 불문하고, 모두 규제의 대상이 된다. 즉, 내부자거래 규제의 수범자는 모든 사람이다. 우리나라 자본시장법이 내부자 및 제1차 수령자만을 규율 대상으로 삼는 것이나 미국 연방법원 판례가 원칙적으로 이른바 신인의무를 부담하는 자에 한정하여 처벌대상으로 삼는 것과는 대별된다.

4. 금지되는 행위

가. 조문의 내용

불공정거래행위 Regulation은 다음 세 가지 유형의 행위를 금지하고 있다.

제14조 내부자거래 및 내부정보의 위법한 공개 금지
어떤 사람도 다음 행위를 하여서는 아니된다.
(a) 내부자거래에 참여하거나 이를 시도하는 행위
(b) 다른 사람에게 내부자거래 참여를 추천 또는 유도하는 행위
(c) 위법하게 내부정보를 공개하는 행위

나. 제1유형: 내부자거래 참여

(1) 내부자거래의 의미

제14조 (a)호가 금지하는 내부자거래는, 내부정보를 보유한 상태에서 그 정보를 이용하여 자신 혹은 제3자의 계정(account)으로, 간접적 또는 직접적으로, 당해 정보와 관련된 금융상품을 취득 또는 처분하는 경우를 말한다(제8조 제1항). 내부정보를 취득하기 전에 주문을 제출한 자가 내부정보를 이용하여 당해 정보와 관련된 금융상품에 대한 주문을 취소, 정정하는 행위 역시 내부자거래로 본다(제8조 제1항).

추천 또는 유도를 받은 사람이, 만약 당해 추천 또는 유도가 내부정보에 기초한 것임을 알았거나 알 수 있었던 경우, 당해 추천 또는 유도를 이용하는 행위는 내부자거래에 해당한다(제8조 제3항).

(2) 내부정보 이용의 의미

Georgakis 판결은 1989년 내부자거래 Directive(Insider Dealing Directive)에 관한 것이기는 하지만 '이용 행위'의 의미에 관하여 판시하고 있다.

판결례: Case C-391/04 Ypourgos Oikonomikon and Proïstamenos DOY Amfissas v Charilaos Georgakis [2007] I-03741

그리스 당국은 시장조작(시세조종)에 대한 행정적, 형사적 제재가 없던 당시 상황[1989년 Insider Dealing Directive에서는 내부자거래만을 규제하였고 그리스 국내 입법 역시 시장조작을 처벌하는 조항이 없었다]에서 대주주들이 주가 하락을 방어하기 위해 서로 간에 주식을 사고 판 행위를 시장조작(시세조종) 대신 내부자거래로 의율하고자 하였다.

이에 대해 EU 사법재판소는 시세조종을 시도하고 있다는 사실은 내부정보에 해당하지만, 그러한 정보가 거래의 당사자들 간에 공유되고 있는 경우 거래의 두 당사자가 동일한 조건에 있고, 따라서 어느 한쪽이 정보의 우위에 선다고 볼 수 없으므로, 이를 두고 내부정보를 이용한 것으로는 볼 수 없다고 판단하였다.

여기서 내부정보는 이를 보유하지 못한 다른 투자자에 비해 그 보유자에게 우위를 가져다 주기 때문에 이를 이용하는 행위를 금지하는 것으로 이해되고 있다.[33] 그 기저에는 시장 신뢰를 확보하는 데에 초점을 맞추어 내부자거래 규제를 이해하고 태도가 깔려 있다고 생각된다. 만약 내부자의 정보 우위가 실제 거래로 연결되는 것을 용인한다면, 정보비대칭 상황에서 투자자는 전체 주식의 가치를 낮게 평가하게 될 것이고, 그에 따라 시장의 발전을 기대할 수 없게 될 것이므로, EU차원의 건전한 자본시장 육성을 위해서는 내부자거래 규제가 필요하다는 것이다.[34]

(3) 내부정보 이용의 추정

내부정보를 '이용'한다는 요건과 관련하여 EU 사법재판소의 Spector 판

33) Lars Klohn, Inside information without an incentive to trade? What's at stake in 'Lafontav AMF', 10(2) Capital Markets Law Journal, p. 171 (2015).

34) Jesper Lau Hansen & David Moalem, The MAD disclosure regime and the twofold notion of inside information: the available solution, 4(3) Capital Markets Law Journal, p. 330 (2009).

결[35]은 내부정보를 보유한 상태에서 그와 관련된 금융상품을 자기 또는 제3자의 계산으로, 직접적 또는 간접적 방식으로 취득, 처분하거나 취득, 처분을 시도하는 경우 그 사람은 내부정보를 이용한 것으로 추정된다고 판시하고 있다. 즉, 내부정보의 보유는 곧 내부정보 이용을 추단하는 근거가 된다. 이는 투자자들이 동일한 조건에서 경쟁하고 있다는 확신에 기초하여 시장에 대한 신뢰를 확보하고 투자자들의 자신감을 강화하려는 내부자거래 규제의 입법목적에 비추어 타당하다고 한다.

다만, EU 사법재판소는 위와 같은 추정이 방어권을 침해하는 것은 아니며 번복될 수 있다고 한다. 현행 불공정거래행위 Regulation의 서문 (24)는 위 판결 내용을 반영하여 내부정보를 가진 사람이 금융상품을 취득, 처분하는 경우 그는 그 정보를 이용하였다는 번복가능한 추정을 받는다고 설명하고 있다.

다. 제2유형: 추천, 유도

제14조 (b)호에서 금지하는 추천, 유도의 의미는 다음과 같다.

제8조 내부자거래

2. 본 Regulation에서, '추천' 또는 '유도'란 내부정보를 가진 자가 (a) 내부정보에 기초하여 다른 사람에게 당해 정보와 관련된 금융상품을 취득 또는 처분할 것을 추천하거나 취득, 처분을 유도하는 경우, (b) 내부정보에 기초하여 다른 사람에게 당해 정보와 관련된 금융상품의 주문을 취소, 정정할 것을 추천하거나 취소, 정정을 유도하는 경우를 의미한다.

종래의 내부자거래 Directive(Insider Dealing Directive)의 경우와는 달리, 현행 불공정거래행위 Regulation에서 추천, 유도 행위는 내부자 외에 내부자 아닌 자에 대해서도 금지된다.

---

35) Case C-45/08 Spector Photo Group NV and Chris Van Raemdonck v Commissie voor het Bank-, Financie- en Assurantiewezen (CBFA) EU:C:2009:806, [2009] I-12073.

라. 제3유형: 정상적인 경로 외 정보의 공개

(1) 의미

제14조 (c)호가 금지하는 위법한 내부정보 공개의 의미는 다음과 같다.

> 제10조 내부정보의 위법한 공개
>
> 1. 본 Regulation에서, 내부정보의 위법한 공개란, 내부정보를 보유한 자가 고용, 직업, 의무의 정상적 과정을 제외한 방식으로 내부정보를 다른 사람에게 공개하는 경우를 말한다. …
> 2. 본 Regulation에서, 제8조 제2항에 따른 추천 또는 유도를 받은 자가, 당해 추천 또는 유도가 내부정보에 기초한 것임을 알았거나 알 수 있었던 경우, 추천 또는 유도를 공개하는 행위는 내부정보의 위법한 공개에 해당한다.

제10조가 금지하는 내부정보의 위법한 공개는, 다른 사람에게 내부정보를 이용하게 하려는 의사가 반드시 요구되지 않는다는 점에서, 추천 또는 유도 행위와는 구분된다. 의도가 어찌 되었든 내부정보가 다른 사람에게 알려질 경우 이를 이용하는 거래행위가 벌어질 가능성이 높아지므로 내부정보의 유포 행위 자체를 차단하려는 취지이다.[36]

(2) 내부정보 공개가 허용되는 범위

이 조항에서 내부정보 공개가 허용되는 '고용, 직업, 의무의 정상적 과정'의 범위가 문제가 된다.

덴마크 회사법은 공동결정제도를 실행하기 위해 감시이사회에 노동조합을 대표하는 이사가 참여하도록 하고 있다. 덴마크 금융회사의 노동조합 이사들은 이사 업무 수행 과정에서 경쟁 금융기관의 M&A 계획을 알게 되자 인력 구조조정에 대한 대응을 위해 노동조합 간부들에게 이 사실을 알렸으며, 이를 알게 된 간부들 중 일부가 내부자거래로 나아갔다. 이러한 사실관계 하에서 EU 사법재판소는 해당 정보를 노동조합에 알린 이사들의 법률 위반 여부는 회원국마다 다른 기업지배구조 관련 법률이 이들에게 부여한 의무의 내용에 따라 달리 결정된다고 판결하였다.[37]

---

36) Jesper Lau Hansen, 각주 9, p. 112.

37) Case C-384/02 Criminal Proceedings against Grongaard and Bang EU:C:2005:708, [2005] ECR I-9939.

EU 사법재판소가 판시한 '고용, 직업, 의무의 정상적 과정'을 판정하는 기준은 (1) 정보와 고용 등의 긴밀한 관련성 유무, (2) 당해 정보의 민감성, (3) 공개의 필요성 및 비례성, (4) 당해 정보 공개가 내부자 거래에 이용될 위험성 등으로 요약된다.[38)]

위 판결에 따라 덴마크 최고법원은 이들 이사들의 행위가 그들의 임무 수행에 필요한 범위를 벗어나지 않는다고 보아 이들에게 무죄를 선고하였다.[39)]

(3) 사전시장조사의 경우

M&A 등 거래에 앞서 성사 가능성, 거래조건 등을 타진하기 위해 그러한 거래의 존재를 알리는 행위는 '고용, 직업, 의무의 정상적 과정'으로서 허용된다.

즉, 불공정거래행위 Regulation은, 어떤 거래를 공개하기 앞서 증권 발행자 등이 거래 성사 여부 및 잠재적 거래 조건을 타진하기 위해 잠재적 투자자를 대상으로 이를 문의하는 절차(market sounding, 사전시장조사)에 대해서는 이를 허용하고 있다(제11조 제1항).

인수, 합병을 준비하는 자가 이를 타진하기 위해 증권 보유자 등에게 문의하는 절차 역시 당해 정보가 증권 보유자들의 의사 결정에 합리적으로 필요한 것인 한 허용된다(제11조 제2항).

정보를 공개하는 자는 그것이 필요한 이유를 미리 문서화하여 감독당국이 요청하면 이를 제출하여야 하고(제11조 제3항), 당해 정보를 받는 사람에게 이를 이용해서는 안 된다는 점 등을 설명하고 비밀유지에 관한 동의를 받아야 한다(제11조 제5항).

5. 내부정보의 적시 공개

가. 내부정보의 신속한 공개 의무

(1) 의의

제17조 내부정보의 공개

1. 발행자는 자신과 직접 관련된 내부정보를 가능한 한 빨리 대중에게 알려야 한다.

---

38) Niamh Moloney, 각주 5, pp. 725~726.

39) Jesper Lau Hansen, 각주 9, p. 114.

발행자는 대중이 빠르게 접근할 수 있고 완전하게 정확하며 시의적절하게 당해 정보를 평가할 수 있도록 하는 방식으로 내부정보가 공개되도록 하여야 한다. 발행자는 가능한 경우 Directive 2004/109/EC 제21조에서 공식적으로 정한 방법(회원국마다 정한 정보 공개 메커니즘)을 사용하여야 한다. 발행자는 내부정보의 공개를 자기 활동의 홍보와 함께 해서는 아니된다. 발행자는 대중적으로 공개할 의무가 있는 모든 내부정보를 최소한 5년간 웹사이트에 공개, 유지하여야 한다.
본 조항은 금융상품의 정규시장 상장을 신청하였거나 허가 받은 발행자, 다자간 거래소 또는 조직화된 거래소에서만 거래되는 금융상품의 경우 다자간 거래소 또는 조직화된 거래소 상장을 승인 받은 발행자 또는 다자간 거래소 상장을 신청한 발행자에 대해서도 적용된다.

불공정거래행위 Regulation은 내부정보에 대한 신속한 공개를 요구하고 있다.[40] 정보가 비대칭인 상황에서는 매수자, 매도자 간의 경쟁을 통한 효율적 시장의 달성이 곤란하므로 그러한 상황을 해소하기 위해서는 빠른 정보 공개가 필요하다는 판단에서 비롯된 것이다.[41] 내부자거래를 막는 간접적인 조치로도 볼 수 있다.[42]

(2) 내부자거래와 공개 대상 정보 간의 관계

내부자거래의 대상과 공개의 대상은 일치한다. 우리나라 대법원 판례는 미공개중요정보가 수시공시 대상에 한정되지 않는다는 취지로 설시하고 있으므로,[43] 위와 같은 점이 우리 자본시장법 해석과의 차이라고 할 수 있다. EU 차원에서는 불공정거래행위 제17조 제1항 외에 우리나라 자본시장법상 수시공시에 대응하는 규정이 없다.

---

40) 미국 제2연방항소법원의 Texas Gulf Sulphur 판결[SEC v. Texas Gulf Sulphur Co., 401 F.2d 833 (1968)에 따르면, 미국 증권거래위원회 규칙(SEC Rule) 제10b-5조는 회사가 내부정보를 정당하게 공개하지 않을 수 있으나, 만약 정보 공개를 유보하기로 결정하였다면 내부자는 그러한 정보에 기한 거래를 하지 않을 의무를 부담할 뿐이라고 한다. EU 불공정거래행위 Regulation은 원칙적으로 정보가 중요한 것으로 되는 시점에서 바로 이를 공개할 것을 요구한다는 점에서 미국 증권규제의 태도와는 차이가 있다.

41) Jesper Lau Hansen, 각주 9, p. 90.

42) Niamh Moloney, 각주 5, p. 734.

43) 대법원 2000. 11. 24. 선고 2000도2827 판결, 대법원 2010. 5. 13. 선고 2007도9769 판결, 대법원 2008. 11. 27. 선고 2008도6219 판결.

(3) 내부정보 적시공개의 예외

불공정거래행위 Regulation 제17조 제4항은 증권 발행자 등에게 일정한 경우 내부정보 공개를 늦출 수 있도록 허용하고 있다.

그 요건으로 (a) 정보의 공개가 발행자 등의 합법적 이익을 침해할 가능성이 있고, (b) 정보 공개의 지연이 대중을 오도할 가능성이 없으며, (c) 발행자 등이 비밀을 유지할 수 있어야 한다. 이러한 경우 증권 발행자 등은 위 요건이 충족되었는지 여부를 설명하는 문서를 작성하여 (개별 회원국 입법에 따라) 스스로 혹은 감독당국의 요청으로 이를 제출하여야 한다(제17조 제4항).

금융기관인 발행자는 금융시스템의 안정을 확보하기 위해 일정한 요건 하에 중앙은행으로부터 유동성 지원을 받았다는 사실 등의 공개를 미룰 수 있다(제17조 제5항).

나. 정보의 공정한 공개

제17조 제8항은 우리 자본시장법상의 공정공시와 유사한 제도를 도입하고 있다.

즉, 증권 발행자 등은 고용, 직업, 의무를 수행하는 과정에서 제3자에게 내부 정보를 공개한 경우, 의도적 공개였다면 동시에, 비의도적 공개였다면 신속하게, 대중에게 완전한 공개를 하여야 한다. 다만, 처음 정보를 제공받은 자가 비밀유지 의무가 있는 경우 본 조항은 적용되지 않는다.

6. 관련 문제

가. 내부정보와 관련한 보고의무 등

내부자거래 규제의 실효성을 확보하기 위해 불공정거래행위 Regulation은 금융상품 발행회사 등이 고용, 자문, 신용평가, 회계감사 등을 통해 내부정보에 접근할 수 있는 사람의 명단을 작성하여 이를 회원국 감독당국에게 보고할 것을 요구하고 있다(제19조 제1항).

발행회사 등은 위 명단에 있는 사람들이 내부자거래에 관한 법률상, 규제상의 의무 및 그에 대한 제재를 이해할 수 있도록 합리적인 노력을 기울여야 한다(제19조 제2항).

또한 발행회사의 경영진 등은 자기계산으로 5,000유로 이상(회원국 감독당국은 이를 20,000유로로 증액할 수 있다)의 발행회사 주식, 채권 등을 거래하는 경우 발행회사 및 감독당국에 이를 보고하여야 한다(제19조 제1, 2, 8, 9항). 정규시장 또는 다자간 거래소(MTF)에 상장을 신청하였거나 이를 승인받은 회사 또는 조직화된 거래소(OTF) 거래를 승인받은 회사의 경우에도 마찬가지이다(제19조 제3항).

나. 기타

EU법 차원에서 우리나라 자본시장법상의 단기매매차익 반환제도와 유사한 규정은 발견되지 않는다.

Ⅲ. 시장조작행위에 대한 규제

1. 기본적 구성 요건

가. 거래에 기초한 시장조작

(1) 의의

불공정거래행위 Regulation 제12조 제1항 (a)호는 거래에 기초한 시장조작을 규정하고 있다. 우리나라 자본시장법에 따른 시세조종 개념에 해당한다.

제12조 시장조작

1. 본 Regulation에서 시장조작은 다음의 행위들을 말한다.

(a) 거래를 실행하거나 거래 주문을 제출하거나 다른 여하한 행위로서 다음 결과를 초래하는 것

(i) 금융상품, 관련 현물 상품계약, 탄소배출권 경매계약의 공급, 수요, 가격에 관해 거짓 또는 오도하는 신호를 주거나 줄 가능성이 있는 행위

(ii) 하나 또는 몇 개의 금융상품, 관련된 현물 상품계약, 탄소배출권 경매계약의 가격을 비정상적인 혹은 가공의 수준에 고정시키거나 고정시킬 가능성이 있는 행위

금융상품 등 가격이 비정상적인 혹은 가공의 수준에 유지되는 데에 상당한 시간이 요구되는 것은 아니다.[44]

44) Case C-445/09 IMC Securities v Stichting Autoriteit Financiële Markten EU:C:2011:459, [2011] ECR I-5917.

(2) 거래에 기초한 시장조작을 판정하는 지표

부록 I에는 거래에 의한 시장조작을 판정하는 지표들이 제시되어 있다. 다만, 이러한 지표들은 참고할 사항에 불과하고 이러한 지표에 해당한다고 해서 곧바로 시세조종에 해당한다고 단정할 수 있는 것은 아니다.

A항은 제12조 제1항 (a)호와 관련된 지표에 해당한다.

A. 잘못된 혹은 오도하는 신호, 가격 고정과 관련된 시장조작적 행위의 지표

(a) 특히 거래 또는 주문이 가격의 중대한 변화를 초래하는 경우, 당해 거래 또는 주문이 관련된 금융상품 등의 일간 거래량 중 차지하는 비중

(b) 금융상품 등에 관하여 상당한 매수, 매도 포지션을 가진 사람이 낸 주문이 어느 정도로 가격의 중대한 변화를 초래하는지 그 정도

(c) 거래가 금융상품 등의 실질 소유자(beneficial ownership[45])에 변동을 초래하지 않는지 여부

(d) 거래 취소, 주문 철회가 짧은 시간 내에 이루어졌는지, 관련 금융상품 등의 일간 거래 중 어느 정도의 비중을 차지하는지, 가격 변동과 어느 정도나 연관되어 있는지

(e) 거래 또는 주문이 거래시간 중 어느 정도의 시기에 집중되어 있는지, 집중된 거래가 초래한 가격 변동이 나중에 뒤집히는지 여부

(f) 주문이 금융상품 등에 관해 실행가능한 최선의 매도·매수 호가, 나아가 전체 호가표를 변동시키는지 여부, 또한 당해 주문이 실행되기 전에 철회되는지

(g) 주문이 기준가격(reference price), 청산가격(settlement price) 혹은 가치평가(valuation)가 결정되는 시기에 집중되는지 여부, 주문이 그러한 가격 및 가치평가를 좌우하는지 여부

(3) 거래에 기초한 시장조작의 예시

집행위원회가 위임받아 작성한 Regulation 2016/522[46]의 부록 II Section I에

---

45) 주식의 보유가 신탁관계를 통해 이루어져서 주문을 위탁받아 집행하는 브로커가 수탁자, 실제 소유주는 신탁자 내지 수익자의 지위에 있음을 전제로 한 규정이다.

46) 정식 명칭: Commission Delegated Regulation (EU) 2016/522 of 17 December 2015 supplementing Regulation (EU) No 596/2014 of the European Parliament and of the Council as regards an exemption for certain third countries public bodies and central banks, the indicators of market manipulation, the disclosure thresholds, the competent authority for notifications of delays, the permission for trading during closed periods and types of no-

는 다시 위 기준을 보다 구체화한 세부 기준 및 전형적인 시세조종 방법이 제시되어 있다. 몇 가지를 소개하면 다음과 같다. 다만, 이는 예시에 불과할 뿐이어서 모든 시세조종이 망라된 것이 아니고, 아래 사항에 해당한다고 하여 곧바로 이를 시세조종으로 단정할 수 있는 것도 아니다.

- IPO 과정에서 주식을 받은 투자자들이 유통시장에서 통정매매를 통해 가격을 끌어올리는 행위. 한 사람 혹은 소수의 사람이 여러 다른 계좌를 이용하고 거래가 집중되기 마련이다.
- 가격이 특정 수준 이상으로 올라가거나 특정 수준 이하로 내려가지 못하도록 하는 행위(Creation of a floor/ceiling). 신주 발행, 상환청구권 행사, 관련 파생상품 또는 전환증권 행사 시점 이전 등에 나타날 수 있다.
- 사전에 호가 정보가 공개되지 않는 다크풀 거래의 존재를 확인하기 위해 소량의 주문을 내어 놓는 수법(Ping Orders).[47] 가령 일정 가격 이상으로 소량의 매수주문을 내어 보았는데 곧바로 체결된다면 알고리즘은 즉시 잠재적인 대규모 매도주문의 존재를 알아채고 주문을 낼 수 있다.[48]
- 하나 또는 일련의 주문을 제출하여 다른 시장참여자의 주문을 발견한 후 당해 정보를 이용하여 거래하는 행위(Phishing)
- 시장 지배적 지위를 가진 자가 자신의 중대한 영향력을 활용하여 다른 사람들이 계약상 의무를 이행해야 하는 가격을 왜곡시키는 행위(Abusive squeeze)
- 어떤 거래소 내 하나의 금융상품 가격을 왜곡하기 위해 다른 거래소 또는 거래소 밖에서 당해 금융상품의 가격에 부당하게 영향을 미치는 행위(거래소 간 시세조종). 이러한 수법 하에서는 거래소 간 스프레드 움직임이 전략 실행의 지표가 된다.
- 어떤 거래소 내에서 관련 금융상품의 가격을 왜곡시키기 위해 당해 거

---

tifiable managers' transactions.

47) Deutsche Bank Research, High-frequency trading, Better than its reputation? (2011. 2. 7), pp. 3~4.

48) Diego Leis & Kern Alexander, High Frequency Trading – Market Manipulation and Systemic Risks from an EU Perspective (2012. 2. 29), ssrn.com/abstract=2108344 (최종방문: 2020. 3. 16), pp. 23~24.

래소, 다른 거래소 혹은 거래소 밖에서 주문을 내는 행위(상품 간 시세 조종)

- 하나의 투자자 혹은 한 투자자가 소유한 두 개 회사가 각기 매도, 매수 주문을 내서 주문을 체결하여 가격을 이끄는 행위(Wash trade), 즉, 우리나라 자본시장법상 가장매매. 소수의 주주들 간에 이상거래가 반복적으로 나타나고 포지션 변경 없이 포지션의 가치가 변동하는 특성이 있다.
- 대중에게 공개되는 호가창에서 거래가 활발하거나 가격이 변동하는 것과 같은 인상을 주기 위해 거래를 수행하는 행위(painting the tape)
- 공모자들 간에 조작된 가격으로 거래하는 수법(Improper matched orders). 우리나라 자본시장법상 가장매매에 해당한다. 충분하지 않은 유동성으로 가격이 고정되는 효과가 나타난다.
- 공시규정을 위반하여 다른 사람의 명의로 거래함으로써 금융상품의 실질적 소유관계를 은폐하도록 설계된 거래(concealing ownership).
- 롱(Long) 포지션을 취한 후 가격을 상승시킬 목적으로 추가 매수를 실행하거나 그릇된 정보를 유포하는 행위. 가격이 비정상적으로 높은 수준까지 오르면 포지션을 청산한다(pump and dump).
- 쇼트(Short) 포지션을 취한 후 가격을 하락시킬 목적으로 추가 매도에 나서거나 그릇된 부정적 정보를 유포하는 행위. 가격이 하락하면 포지션을 청산한다(trash and cash).
- 주로 고빈도 거래자들이 수행하는 수법으로 대규모 주문 및 취소/변경 주문을 내서 시장 참여자들에게 불확실성을 야기하여 고빈도 거래자들의 거래 기회를 확보하는 행위(quote stuffing).
- 다른 시장참여자들의 행동을 한쪽 방향으로 유도하기 위해 일련의 주문을 내는 행위(Momentum Ignition).
- 장 종료 시점 등에 주식 매매를 집중하여 종가에 영향을 미치는 행위(Marking the close). 선물/옵션 만기, 포트폴리오 가치를 평가하는 기준이 되는 일자 등에 이루어지는 경우가 많다.[49]
- 오더북의 한 편에 주문을 낸 후 반대편에 대량 주문을 빈번하게 제출하여 취소하는 행위(Spoofing 또는 layering).

49) Diego Leis & Kern Alexander, 위의 논문, p. 34.

- 충분한 주문이 있는 것처럼 가장하기 위해 계약을 체결할 의사가 없는 주문을 제출하는 행위(허수주문)
- 시장에 대한 지배력을 이용하여 매도-매수 호가 차이를 조작하거나 유지하는 행위(Excessive bid-offer spread)
- 높은 호가의 소수 주문을 제출하여 가격을 올리는 행위(Advancing the bid)
- 주문을 게시하여 전통적 투자기법을 이용하는 느린 투자자들을 유인한 후 주문을 그들에게 불리한 방향으로 급하게 변경하는 행위(Smoking)
- 금융상품 또는 관련 현물 상품계약의 결제가격을 비정상적 수준에 고정시키기 위하여 보험, 운임과 같은 상품계약 관련 비용을 왜곡하는 행위

(4) 수용된 시장관행 등

불공정거래행위 Regulation 제13조 제1항은, 합법적 이유 혹은 수용된 시장관행이 있는 경우 제12조 제1항 (a)호가 성립하지 않는다고 규정하고 있다.

(가) 합법적 이유

불공정거래행위 Regulation은 합법적 이유에 관해 아무런 구체적 규정을 두고 있지 않다.

영국 금융감독기구 FCA의 핸드북(handbook)은 합법적 이유에 해당하는 경우로서 (i) 이미 존재하는 제3자에 대한 법률상, 규제상의 의무를 이행하기 위한 거래, (ii) 전체를 두고 볼 때 시장 혹은 경매장을 공정하고 효율적으로 운영하기 위한 필요에 의해 실행된 거래, (iii) 거래가 일반적으로 포지션을 닫아 위험을 줄이는 것이 아니라 포지션을 열어 스스로를 위험에 노출시키는 경우, (iv) 거래가 보고의무 등 거래소 규칙 등을 준수하여 이루어진 경우를 들고 있다.[50)]

(나) 수용된 시장관행

불공정거래행위 Regulation 제13조는 '수용된 시장관행'이 회원국 감독당국에 의해 받아들여지는 관행을 의미한다고 규정하고 있다.

영국 감독기구 FCA, 독일 감독기구 BaFIN은 아직까지 수용된 시장관행을 인정한 것이 없다.

프랑스 감독기구 Autorité des Marchés Financiers, 이탈리아 감독기구

---

50) FCA 핸드북(handbook) 중 Market Conduct 1.1.6.항.

Consob 등은 정규시장에 상장된 회사가 주식가격의 급격한 변동을 막기 위해 투자회사에게 주식, 자금을 맡기고 자신을 위해 거래하도록 하는 자기주식 매입계약(Share Buy-Back Program)을 수용된 시장관행으로 인정하고 있다.[51)]

나. 가공적 수단, 기타 다른 형태의 기망 또는 기교

불공정거래행위 Regulation 제12조 제1항 (b)호는 시장조작의 유형으로 "가공적인 수단, 기타 다른 형태의 기망 또는 기교(fictitious device or any other form of deception or contrivance)를 이용하여, 하나 또는 몇 개의 금융상품, 관련된 현물 상품계약, 탄소배출권 경매계약의 가격에 영향을 미치거나 영향을 미칠 수 있는 거래를 실행하거나 거래 주문을 제출하는 행위 또는 기타 활동, 행위"를 제시하고 있다.

이 조항은 (a)호의 거래에 기초한 시장조작, (c)호의 정보에 기초한 시장조작에 포착되지 않는 유형의 불공정거래행위를 규제하는 규정에 해당한다. 우리나라 자본시장법 제178조 제1항 제1호와 같은 포괄적 조항으로 이해될 수 있으나 적어도 기망성을 요건으로 하는 것으로 이해된다.[52)]

부록 Ⅰ B항은 제12조 제1항 (b)호와 관련된 지표들을 제시하고 있다.

> B. 가공적인 수단 기타 다른 형태의 기망 또는 기교의 이용과 관련한 시장조작 행위의 지표
>
> 본 Regulation 제12조 제1항 (b)호를 적용함에 있어 시장 회원 또는 감독당국이 조사를 할 때에는 다음 예시적 지표들을 고려하여야 한다(그 자체로 반드시 시장조작에 해당한다고 볼 수는 없다).
>
> (a) 어떤 사람의 거래주문 또는 실행된 거래가 그 사람 또는 그와 관련된 사람의 거짓 또는 오도하는 정보에 선행하거나 뒤따르는지 여부
>
> (b) 어떤 사람의 주문 또는 거래가, 자신 혹은 그와 관련된 사람이 오류가 있거나 편향되거나 물질적 이해관계에 영향 받았음이 입증되는 투자추천을 만들거나 전파하기 이전 또는 이후에 이루어졌는지 여부

51) 그 밖에 수용된 시장관행은 유럽증권시장청(ESMA) 도서관 website(https://www.esma.europa.eu/databases-library/esma-library/%2522Accepted%2520Market%2520practices%2522?perpage=100)에서 확인할 수 있다.

52) 임철희, 독일의 시장조작 형법, 형사법연구 제28권 제2호, 2016년, 207면.

다. 정보에 기초한 시장조작

제12조 제1항 (c)호는 정보에 기초한 시장조작을 규정하고 있다.

(c) 당해 정보가 거짓이거나 오도할 수 있다는 점을 알았거나 알 수 있었던 자가, 인터넷을 포함한 미디어 또는 다른 어떤 수단을 통해, (i) 금융상품, 관련 현물 상품계약, 탄소배출권 경매계약의 공급, 수요, 가격에 관해 거짓 또는 오도하는 신호를 주거나 줄 수 있는 정보 또는 (ii) 하나 또는 몇 개의 금융상품, 관련된 현물 상품계약, 탄소배출권 경매계약의 가격을 비정상적인 혹은 가공의 수준에 고정시키거나 고정시킬 수 있는 정보를 널리 전파(disseminate)하는 행위. 소문을 널리 전파하는 행위를 포함한다.

허위의 재무제표 공시, 거짓된 정보의 수시공시 등을 통해 가격을 조작하는 행위가 여기에 해당할 수 있다.

이러한 규정의 적용에 있어 출판, 표현의 자유에 관한 규정들을 함께 고려하여야 한다. 다만, 관련된 자 또는 그와 가까운 자가 문제가 되는 정보의 공개 또는 전파로부터 발생하는 이익을 직간접적으로 얻은 경우 또는 정보의 전파가 금융상품의 수요, 공급, 가격에 관하여 시장을 오도하려는 의도 하에 이루어진 경우는 예외로 한다(제21조).

독일의 경우, 포르쉐(Porsche)가 2005. 9. 폭스바겐(Volkswagen) 주식을 취득하면서 경영권을 취득할 의도가 없다고 밝힌 사안, IKB Deutsche Industriebank AG가 2007. 7. 20. 미국 서브프라임 모기지에 의한 보유자산 감액이 없을 것이라고 공시한 사안이 (구 불공정거래행위 Directive 적용 시기) 독일증권법 등에 기해 기소된 사례가 있다.[53)]

라. 벤치마크(Benchmark) 조작

(1) 조항의 내용

제12조 제1항 (d)호는 벤치마크 조작에 관하여 규정하고 있다.

제12조 시장조작

(d) 정보 또는 투입변수(input)가 거짓이거나 오도할 수 있다는 점을 알았거나

53) Rudiger Veil, 각주 32, pp. 233~234.

알 수 있었던 자가 벤치마크에 관하여 거짓이거나 오도하는 정보 또는 투입 변수(input)를 보내는(transmit) 행위. 기타 벤치마크의 산정 과정을 조작하는 여하한 행위

(2) 제정 경위

2008년 금융위기에 대한 조사를 통하여, 전 세계 금융시장 시장이자율 결정의 기초가 되는 리보 금리(LIBOR)의 산정 과정에서 광범위한 조작이 벌어졌다는 사실이 밝혀져 문제가 되었다. 리보금리는 세계적 명성을 가신 은행의 트레이더들이 매일 다양한 변수를 고려한 하루 중의 은행 간 이자율 예측치를 제시하면 예외적으로 높거나 낮은 예측치 일부를 제외한 나머지를 평균하여 산정되고 있다. 그런데, 바클레이즈(Barclay), UBS, 스코틀랜드 은행(Royal Bank of Scotland) 기타 세계적인 금융기관의 트레이더들이 2000년대 초반부터 자신의 이해관계에 따라 이자율 예측치를 실제 자신의 객관적 전망보다 높거나 낮게 제시함으로써 이를 조작해 왔다는 점이 드러나게 된 것이다.[54][55]

위 조항은 리보 금리(LIBOR) 스캔들이 밝혀진 이후 2012년 신설되었다. LIBOR, EURIBOR 등의 벤치마크가 내부자거래의 규율대상인 금융상품에 해당하는지 여부가 불분명하다는 점을 고려한 입법이다.

(3) 벤치마크 Regulation(Benchmark Regulation)의 제정

다른 한편으로, EU는 2012년 이후 논의 과정을 거쳐 LIBOR, EURIBOR 등의 벤치마크 산정 과정에 대한 별도의 입법을 마련하였다. 2016년의 벤치마크 Regulation(Benchmark Regulation)[56]은 벤치마크를 산정, 발표하는 벤치마크 관리자(administrator)의 감독당국에 대한 인가(제34조), 벤치마크 관리자의 이해상충 방지 등을 위한 내부통제의 설정(제4조 이하) 및 정보 산정 방법에 대한 투명

54) Patrick McConnell, Systemic operational risk: the LIBOR manipulation scandal, 8(3) Journal of Operational Risk, p. 60 (2013).

55) HSBC 등 투자은행에 대한 EU 집행위원회의 처분 및 그에 대한 행정소송은 Case T-105/17 HSBC an Others v. Commission EU:T:2019:675.

56) 정식 명칭: Regulation (EU) 2016/1011 of the European Parliament and of the Council of 8 June 2016 on indices used as benchmarks in financial instruments and financial contracts or to measure the performance of investment funds and amending Directives 2008/48/EC and 2014/17/EU and Regulation (EU) No 596/2014.

한 공개(제12조 내지 제14조), 산정 과정에 투입되는 정보를 제공하는 금융기관 등에 대한 행위규정 마련(제15조 이하) 등을 규정하고 있다.

2. 확장된 구성요건

가. 의의

제12조 제2항은 "특히 다음 행위들은 시장조작으로 간주[57]된다"고 하면서 증권시장의 신뢰성 등을 해치는 몇 가지 행위유형을 제시하고 있다. 이 중에는 제1항의 시장조작 개념을 예시한 것으로 볼 수 있는 행위 유형도 있으나 그렇게 보기 어려운 행위유형 역시 포함되어 있다.

구 불공정거래행위 Directive 제1조 제2항 제2호의 정의규정에서 시장조작행위에 관해 규정하고 있었는데, 위 구법 조항은 현행 법률의 제12조 1항 및 제12조 제2항의 내용을 제시하면서 후자에 관하여 "시장조작의 개념은 새로운 유형들을 포괄할 수 있도록 확장되어야 한다"고 하고 있었다. 이러한 입법연혁을 고려하면 현행 불공정거래행위 Regulation 제12조 제2항은 개념적으로는 제12조 제1항이 정한 불공정거래행위 개념에 포섭되기 어렵지만 시장에 대한 신뢰를 확보하기 위해 규제할 필요가 있는 몇몇 행위들에 대해 불공정거래행위의 외연을 확장하는 조항으로 이해할 수 있다.

앞서 설명한 것처럼 현행 불공정거래행위 Directive는 불공정거래행위 중 회원국들이 형사처벌 대상으로 삼아야 하는 사항들을 규정하고 있는데, 본 불공정거래행위 Regulation 제12조 제2항의 확장적 구성요건은 그러한 형사처벌 대상에서 제외되어 있다. 제12조 제2항이 단순히 시장의 안전성을 저해할 위험이 있는 행위들까지 규정하고 있어 이를 처벌 대상으로 삼기는 곤란하다는 점을 고려한 것이다.

---

57) 영어본은 "The following behaviour shall, inter alia, be considered as market manipulation", 독일어본은 "Als Marktmanipulation gelten unter anderem die folgenden Handlungen", 프랑스어본은 "Les comportements suivants sont, entre autres, considérés comme des manipulations de marché"으로 기재되어 있다. 문언만을 두고 보면 우리 법률 개념상의 '간주'를 의미하는지 불분명하다. 그러나, 입법연혁 등을 고려하면 제12조 제1항이 정한 '시장조작'의 기본적 개념의 외연을 확장하는 취지이므로 이를 '간주'로 번역하였다.

나. 우월적 지위의 확보[(a)호]

한 사람 또는 협력하여 행동하는 여러 사람들이, (직간접적으로 매도, 매수 가격을 고정시키거나 다른 불공정한 거래 조건을 만들 우려가 있는), 금융상품 등의 공급 및 수요에 관한 우월적(dominant) 지위를 확보(secure)하는 행위는 불공정거래행위에 해당한다.

우월적 지위가 시세조종의 가능성을 높이므로, 우월적 지위를 실제로 활용하여 거래에 의한 시세조종 기타 여하한 시장조작에 나서지 않았더라도, 우월직 지위의 획보 및 유지 행위 그 자체를 규제하려는 것으로 이해된다.

다. 시종가 주문[(b)호]

시장의 개시 및 종료 시점에서 금융상품을 매도, 매수하는 행위로서 시가 및 종가를 포함하여 게시되는 가격에 기초하여 행동하는 투자자들을 오도하거나 그러한 우려가 있는 행위는 금지된다. 시세조종의 전형적인 예시에 해당한다.

라. 알고리즘 거래[(c)호]

(c) 알고리즘 및 고빈도 거래 전략과 같은 이용가능한 거래수단(전자적 수단을 포함한다)을 동원하여, 거래소에 주문을 제출하거나 원주문을 취소·정정하는 행위로서, 다음 방식으로 의하여, 제1항 제1호 (a) 또는 (b)의 효과를 가져오는 행위

(i) 거래소의 거래시스템 작동을 중단, 지연시키거나 그럴 우려가 있는 방식

(ii) 다른 사람이 거래소의 거래시스템에서 진정한 주문을 확인하는 것을 어렵게 하거나 그렇게 할 우려가 있는 방식. 호가표에 부담을 주거나 이를 불안정하게 하는 주문을 제출하는 것을 포함한다.

(iii) 금융상품의 수요, 공급, 가격에 관하여 거짓 또는 오도하는 신호를 만들거나 만들 우려가 있는 방식. 특히 가격 추세를 시작하거나 강화하는 방식

(c)호의 경우 고빈도거래의 위험성을 고려하여 이를 특별히 규정한 것이다. Stuffing, layering, spoofing 등이 여기에 해당할 수 있다.[58]

---

58) Diego Leis & Kern Alexander, 각주 48, p. 54.

마. 이해상충 공개 없이 금융상품 등에 대한 의견을 전파하는 행위[(d)호]

사전에 금융상품 등에 관한 포지션을 갖춘 후, 적절하고 효과적인 방법으로 대중에게 이해상충에 관해 공개하지 않은 채, 전통적 혹은 전자적 매체를 통하여 금융상품 등 및 그 발행자에 관한 의견을 전파한 후, 그러한 의견 전파가 금융상품 등의 가격에 미치는 영향을 이용하여 이득을 얻는 행위는 불공정거래행위에 해당한다.

'의견'의 전파를 대상으로 삼고 있다는 점에서 제12조 제1항 (a)호 및 (c)호가 각기 '신호' 또는 정보'의 문제를 다루고 있는 것과는 구분된다. 의견은 참과 거짓을 구별할 수 없다는 점에서 제12조 제1항 (b)호의 '가공적인 수단 기타 다른 형태의 기망, 기교'에 해당한다고 보기도 어려울 수 있다.[59] 그러한 이유로 제12조 제2항 (d)호는 제12조 제1항이 정한 시장조작 행위에 대한 예시라기보다는 시장조작의 구성요건을 확대한 것으로 이해된다.

특히 시장에 영향력을 가진 자가 예컨대 어떤 주식 가격이 상승할 것이라는 의견을 가지고 스스로 당해 주식을 매입한 후 자신의 의견을 전파하는 경우에도 본 구성요건에 해당할 수 있다. 결국, 여기서 비난 가능성의 핵심은 시장에 영향을 미칠 수 있음에도 이해관계를 공개하지 않은 행위에 있다. 이 조항에 대해서는 어떤 종목을 긍정적으로 평가하여 해당 종목을 매수한 사람이 긍정적 의견을 피력하는 것은 자연스러운 일임에도 위 조항이 정직한 의견 표명을 제재의 대상으로 삼는 것은 부당하다는 비판이 제기된다.[60]

위 제12조 제2항 (d)호는 불공정거래행위 Directive에 따른 형사처벌 대상에서는 제외되어 있다. EU법이 불공정거래행위 Regulation에 따른 금지 행위들 중 일부를 형사처벌 대상에서 제외한 것은, 우리나라 자본시장법이 따로 시장질서 교란행위 규정(제178조의2)을 마련하여 형사처벌이 아닌 과징금 부과 대상을 정하고 있는 것과 유사하다.

한편, 위 제12조 제2항 (d)호와 관련하여 불공정거래행위 Regulation 제20조 제1항은 "투자추천 또는 투자전략을 추천하거나 제시하는 다른 정보를 생산 또는 전파하는 자는 그러한 정보가 객관적으로 제시되도록 하여야 하고 당해 정

59) 오성근, 영국 법제상 자본시장질서 교란행위의 유형, 과징금부과단계 및 형사책임, 증권법연구 17권 제2호, 2016년, 279면.

60) Hudson, The Law of Finance, para. 12-26 (Sweet & Maxwell, 제2판, 2013년).

보와 관련된 금융상품에 관한 자신의 이해 또는 이해상충을 공개하여야 한다"고 규정하고 있다. 또한, 제2항은 금융시장에 중요한 영향을 미치는 통계 또는 예측을 전파하는 공적 기관은 투명성, 객관성을 갖추어 정보를 전파할 것을 요구하고 있다.

바. 탄소배출권 경매가격에 대한 시장조작[(e)호]

탄소배출권 경매[61]에 앞서 탄소배출권의 유통시장 또는 관련 파생상품 시장에서 매매함으로써 경매 결제가격을 비정상적이거나 인위적인 수준에 고정시키거나 경매입찰자들을 오도하는 행위는 시장조작에 해당한다.

3. 예외사유

자기주식 매입(Buy Back) 또는 증권의 발행 직후 일정 기간 진행되는 시장 안정화는 일정한 요건과 절차를 갖추는 경우 내부자거래 및 시장조작 금지 규정이 적용되지 아니한다(제5조).

61) 탄소배출권 경매는 Regulation (EU) No 1031/2010에 따라 규율되고 있다.

제2장

불공정거래행위에 대한 제재

Ⅰ. 행정적 제재

1. 개관

EU 증권법은 불공정거래행위에 대한 민사적 구제수단에 관해 규정하지 않은 채 이를 전적으로 회원국들의 입법에 맡기고 있다.

대신 불공정거래행위 Regulation은 회원국들에게 감독기구가 적절한 행정적 조치와 제재 권한을 가지도록 하는 입법을 수행할 것을 요구하고 있다(제30조 제1항).

2. 제재의 대상(제30조 제1항)

불공정거래행위 Regulation이 정한 제제의 대상은 내부자거래 및 내부정보의 위법한 공개 행위(제14조), 시장조작(제15조) 외에도 다음 사항들을 포함한다.

- 거래소 운영자 및 전문적으로 거래를 중개·실행하는 자가 불공정거래행위를 예방, 적발할 수 있는 시스템을 갖출 의무(제16조 제1, 2항) 위반
- 내부 정보의 신속한 공개 의무(제17조) 위반

- 내부정보에 접근할 수 있는 사람의 명단 작성 및 보고 의무(제18조) 위반
- 경영진 등의 당해 회사 주식 등 관련한 거래의 보고 의무(제19조) 위반
- 투자자문을 수행하는 자의 이해상충 회피 의무(제20조 제1항) 위반
- 조사에 대한 협조 거부 및 불응(제30조 제3항).

3. 회원국 감독기구의 제재권한 및 조치(제30조 제2항)

회원국 법률에 따른 제재권한은 적어도 다음 사항들이 포함되어야 한다.

(a) 위반행위자에게 당해 위반행위의 중단 및 재발 금지를 명령할 권한
(b) 위반행위로 얻은 이득 또는 회피한 손실의 추징
(c) 위반행위자 및 위반행위의 성격을 표시하는 공개적 경고
(d) 투자회사 인가의 철회 또는 정지
(e) 투자회사 경영진 또는 위반행위 관련자의 투자회사 경영활동 관여에 대한 일시적 금지
(f) 내부자거래, 위법한 내부정보 공개 및 시장조작 행위가 반복되는 경우 투자회사 경영진 또는 위반행위 관련자의 투자회사 경영활동 관여에 대한 영구적 금지
(g) 투자회사 경영진 또는 위반행위 관련자의 자기계정 거래에 대한 일시적 금지
(h) 과징금 부과: 불공정거래행위 Regulation 제30조 제1항 (h)호 및 (i)호는 개인과 법인, 위반행위의 종류별로 과징금의 최소 한도를 규정하고 있다.

Ⅱ. 형사처벌

1. 개관

현행 불공정거래행위 Directive는 회원국들에게, 내부자거래 및 시장조작 행위에 관하여, 적어도 심각한 경우 이를 처벌하는 조치를 마련할 것을 규정하고 있다(제4조 및 제5조). 본 Directive는 유럽연합 운영조약 제83조 제2항에 따라

공동의 형사처벌 규정을 입법화한 최초의 사례이다.[62]

불공정거래행위에 대한 회원국들의 제재 수준이 대체로 약하고 회원국마다 그 내용이 상이하며 특히 모든 회원국이 금전적 제재를 마련하고 있지는 않다는 점이 문제로 지적되었다[불공정거래행위 Directive 서문 (3), (4)항]. 불공정거래행위 Directive는 적어도 중대한 위반 행위에 대해서는 보다 강력한 수단으로서 형사적 제재수단이 최소한의 공통 기준으로 도입될 필요가 있다고 한다[서문 (5)항]. 형사처벌이 없는 경우, 내부자거래 등에 나선 투자자는 공법적 제재를 부당한 투자수익을 얻기 위한 비용 정도로 받아들일 수 있으므로 행정제재의 위법행위 억제 효과가 부족할 수 있다는 판단에 따른 것이다.[63]

2. 형사처벌의 대상 및 범위

형사처벌의 대상은 앞서 설명한 내부자거래, 다른 사람에게 내부자거래 참여를 추천 또는 유도하는 행위, 위법하게 내부정보를 공개하는 행위 및 시장조작 행위를 포괄하고 있다(제3조, 제4조, 제5조).

다만 세부적으로는 행정제재의 대상에 관한 불공정거래행위 Regulation의 내용과 다소 차이가 있다.

가. 위반행위의 중대성 요구

회원국들이 의무적으로 형사처벌 규정을 도입해야 하는 대상은 위반행위 중 사안이 중대한 경우로 한정된다[불공정거래행위 Directive 서문 (11) 및 (12)]. 다만, 불공정거래행위 Directive가 중대한 경우에 관해 구체적으로 규정한 것은 아니다.

나. 불공정거래행위 Regulation 위반 사항 중 처벌 대상 비교

구체적인 조문을 살펴 보면, 내부자거래의 적용범위에 있어서는 (행정상 제재의 범위를 정한) 불공정거래행위 Regulation과 (형사처벌에 관한) 불공정거래행위 Directive) 사이에 차이가 없다. 독일 증권거래법 제119조 제3항은 EU Directive에서 정한 것과 동일하게 (a) 내부자거래에 참여하는 행위, (b) 다른 사람에게

62) Niamh Moloney, 각주 5, p. 766.
63) Diego Leis & Kern Alexander, 각주 48, p. 55.

내부자거래 참여를 추천 또는 유도하는 행위 및 (c) 위법하게 내부정보를 공개하는 행위에 대하여 1년 이상 10년 이하의 징역형을 부과할 수 있도록 규정하고 있다. 위 행위에 대한 미수 역시 처벌된다.

시장조작의 경우 행정상 제재의 대상에는 금융상품 등의 공급, 수요, 가격에 관해 거짓 또는 오도하는 신호를 줄 '가능성'이 있는 행위, 금융상품 등 가격을 비정상적인 혹은 가공의 수준에 고정시킬 '가능성'이 있는 행위가 포함되지만[불공정거래행위 Regulation 제12조 제1항 (a)호 (i) 및 (ii)] 형사처벌 대상에는 그러한 행위가 포함되어 있지 않다(불공정거래행위 Directive 제5조 제2항). 독일 증권거래법 제119조 제1항은 시장조작 행위에 따른 형사처벌의 요건으로서 금융상품의 실제 가격이 영향을 받았을 것을 요구하고 있는데, 위 Directive 규정의 태도를 반영한 것으로 이해된다.

또한, 불공정거래행위 Regulation 제12조 제2항의 우월적 지위의 확보 등 행위는 형사처벌 대상에는 포함되어 있지 않다. EU법 수준의 차원에서 우리나라 자본시장법이 불공정거래행위에 대한 처벌 규정과 시장질서교란행위(제178조의2)를 이원적으로 규정한 것처럼 행정상 제재와 형사처벌의 대상을 차등적으로 정한 것으로 이해될 수 있다.[64] 불공정거래행위 Directive는 형사처벌 대상으로 삼아야 할 최소한의 사항을 정한 것이므로 형사처벌과 행정적 제재 간의 구분은 각 회원국마다 달리 나타날 것이다.

3. 형사처벌의 범위 및 한계

형사처벌은 효과적이고 비례성을 갖추어야 하며 위법행위를 억제하는 효과가 있어야 한다(제7조 제1항).

형사처벌의 상한은 최소한 4년 이상이어야 한다(불공정거래행위 Directive 제7조 제2항).

회원국들은 내부자거래 및 시세조종에 대한 교사 및 방조, 미수범에 대해서도 이를 처벌하는 규정을 마련하여야 한다(제6조). 대표권 등을 가진 개인이

64) 다만, 우리나라 자본시장법 제174조는 내부자 및 제1차 정보수령자의 미공개중요정보 이용행위를 형사처벌의 대상으로, 제178조의2는 그 밖의 자의 미공개중요정보이용행위를 과징금 부과의 대상으로 정하고 있다. EU의 내부자거래 규제는 그러한 구분이 없고, 따라서 내부자거래 중 일부를 형사처벌 대상으로, 나머지를 행정상 제재의 대상으로 삼는 시도가 상정될 수 없다.

법인의 이익을 위하여 내부자거래 및 시장조작을 실행한 경우 당해 법인에 대해서도 처벌 규정이 마련되어야 한다(제8조).

4. 형사처벌과 행정상 제재 간의 관계

형사처벌 규정을 마련한 회원국은 행정적 제재에 관한 규정을 도입하지 않을 수도 있다(불공정거래행위 Regulation 제30조 제1항 2문단).

EU 사법재판소[65]는 하나의 불공정거래행위에 대해 형사처벌의 성격을 가지는 행정적 제재와 형사처벌을 모두 부과하는 회원국 법률은 1950. 11. 4. 체결된 인권 및 기본적 자유의 보호를 위한 유럽협약 제50조가 정한 일사부재리 원칙(ne vis in idem)원칙을 위반한 것이라고 한다. 불공정거래행위에 따른 부당이득의 3배 내지 10배의 과징금을 부과하는 행정적 조치는 위법행위의 피해를 회복하는 데서 나아가 위법행위의 억지효과가 있고 제재의 정도가 강력하여 형사처벌의 성격을 가진 것이므로, 이러한 제재를 받은 자를 기소할 수는 없다.[66]

이탈리아의 소송법은 형사소송의 유무죄에 관한 판단이 중요한 사실관계를 같이하는 민사 및 행정절차를 기속하는데, 이러한 회원국 법률 규정은 불공정거래행위를 막기 위한 적절하고 효과적인 제재 조치를 마련할 것을 요구하는 불공정거래행위 Regulation 규정을 위반하는 것이 아니다. 형사소송에서 무죄판결을 받았음에도 행정적 제재를 부과하기 위한 절차를 계속하는 것은 오히려 금융시장 보호의 목적 달성에 필요한 범위를 넘는 조치로서 비례원칙을 위반한 것이다.[67]

---

65) Garlsson Real Estate SA et al. v. Consob [2018] EUECJ C-537/16.
66) 위 판결 문단 33 내지 35.
67) Joined Cases C-596 and 597/16 Enzo Di Puma v. Consob and Consob v. Antonio Zecca EU:C:2018:192.

제3장

영국의 불공정거래행위 규제

Ⅰ. 불공정거래행위에 대한 규제 개관

1. 서설

종래 구 불공정거래행위 Directive가 적용되던 시기 영국에서는 금융서비스시장법 2000(Financial Services and Markets Act of 2000, 'FSMA') Part VIII에 내부자거래 규제, 시장조작에 관한 내용이 규정되어 있었다. 그러나 EU 불공정거래행위 Regulation 도입에 따라 지금은 종전 규정들인 거의 대부분 폐지되고, 현행법의 Part Ⅷ은 EU 불공정거래행위 Regulation에 따른 규제를 집행하기 위해 필요한 조항들만 포함되어 있다. 감독기구 FCA의 핸드북(handbook) 중 '시장행위(Market Conduct)' 부분에서 EU 불공정거래행위 Regulation 시행에 필요한 구체적 내용이 규정되어 있다.

종래 금융서비스시장법 Part VIII에서 내부자거래의 규율 대상은 "관련되어 있으나 일반적으로 알려져 있지는 않은 정보(relevant information not generally available(이하 'RINGA')"라고 되어 있었고, RINGA 개념은 발행인(발행회사)와의 관련성을 요구하였다. 그러나, 이러한 개념 대신에 보다 폭넓은 EU 불공정거래행위 Regulation의 내부정보 개념이 적용된다.

EU 불공정거래행위 Regulation은 브렉시트 이행기간 종료 후인 2021. 1. 1. 부터 영국의 국내법으로 그 성격이 전환되어 영국 내에서 효력을 미친다. EU법의 구속력에서 벗어나게 된 영국이 향후 불공정거래행위에 관하여 어떠한 독자적인 규율 체계를 갖추어 나갈 것인지 지켜볼 필요가 있다.[68]

2. 영국 금융감독기구 FCA의 권한

가. 행정상 제재와 관련된 권한

FCA는 EU의 불공정거래행위 Regulation 위반 행위에 대해 과징금(fines)을 부과할 수 있는데, 한도에는 제한이 없다(FSMA 제123조 제1항).

FCA는 불공정거래행위 Regulation 위반 행위에 대해 법원에 금지명령(injunction) 등을 청구할 수 있다. 어떤 사람이 불공정거래행위 Regulation 위반 행위를 장차 하려 하거나 이미 한 불공정거래행위 Regulation 위반 행위를 계속하거나 반복한다고 볼 만한 합리적 가능성이 있는 경우 법원은 당해 위반행위를 금지할 수 있다. 또한 법원은 그와 관련된 자산을 처분, 거래하려 한다고 볼 만한 근거가 있는 경우 이를 금지할 수 있다(FSMA 제381조).

나. 민사상 구제와 관련한 권한

감독기구 FCA는 불공정거래행위 Regulation 위반 행위에 대해 법원에 원상회복(restitution[69])을 청구할 수 있다. 법원은 위반자에게, (i) 위반자가 이득을 얻은 경우 이득 금액을, (ii) 위반행위로 인해 손실을 입은 자가 있는 경우 그 손실 금액을, (iii) 두 가지 모두 해당하는 경우 손실을 한도로 한 이득 금액을 반환할 것을 명할 수 있다(FSMA 제383조).

반환의 상대방은 FCA이다. FCA는 위 (i)의 경우 이득이 돌아갈 수 있는 사람들에게, (ii)의 경우 손실을 입은 자에게 이를 지급 또는 (법원의 지시에 따라) 배분하여야 한다(FSMA 제383조).

FCA는 피규제회사(regulated firms, 인가받은 금융기관을 말한다)에 대해서는

68) 증권법 영역에서 브렉시트가 미치는 효과에 대해서는 본서 제1편 제5장 참조.

69) restitution은 부당하게 얻은 이득이 있다면 상대방에게 손실이 없는 경우에도 성립할 수 있다는 점에서 우리 법률상의 손해배상과 다르고, 반드시 상대방의 손실이 없는 없더라도 성립할 수 있다는 점에서 우리 법률상의 부당이득 개념과도 다르다.

법원에 대한 청구 없이 직접 원상회복(restitution)을 명령할 수 있다(FSMA 제384조).

다. 공소 제기권

FCA는 불공정거래행위 Regulation 위반 행위에 대해 공소를 제기하여 형사재판을 진행할 수 있다(FSMA 제384조 제1항).

3. 민사상 손해배상청구권 등의 부존재

내부자거래의 상대방 등 피해자가 손해배상을 구할 수 있는 금융서비스시장법(FSMA)상의 규정은 발견되지 않는다.[70] 위에서 소개한 대로 금융감독기구가 직접 혹은 법원에 청구하여 위반 행위자에게 원상회복(restitution)을 명하는 경우가 있을 수 있다.

이사가 내부정보를 이용하여 거래한 경우에는 충실의무(fiduciary duty)를 위반한 것으로서 회사에 대해 이익을 반환할 의무를 부담하게 될 것이다.

Ⅱ. 내부자거래에 대한 형사처벌

1. 개관

영국은 불공정거래행위에 대해 형사처벌 도입을 의무화한 현행 EU 불공정거래행위 Directive 제정 이전부터 형사처벌 규정을 두고 있었으며, 그러한 규정이 현재까지도 적용된다.

영국에서 내부자거래에 대한 형사처벌은 1980년 회사법에서 처음 도입되었는데, 입법의 취지는 회사 또는 주주의 수탁자 지위에 있는 회사의 이사 등 내부자가 내부 정보를 이용하여 이익을 얻는 기망행위를 막으려는 데에 있었다.[71] 그러나, 이후 개정 과정에서 내부자거래는 EU 입법에 맞추어 시장의 신

70) 금융서비스시장법 138D조의 경우 FCA가 제정한 규정의 위반으로 손해를 입은 자를 청구권자로 규정하고 있다. 이는 제382조, 제384조 등이 '관련 규정(relevant requirement)' 위반을 요건으로 정한 것과는 대별된다. 내부자거래 규제는 FCA가 제정한 규정에 따른 것이 아니므로, 내부자거래에 대해서는 제382조 및 제384조만 적용되고 제138D조는 적용되지 않는다.

71) Palmer's Company Law, para. 11. 102 (Sweet & Maxwell, 2019).

뢰성을 유지하는 데에 초점이 맞춰지게 되었다.[72)]

현행 1993년 형사법(Crominal Justice Act 1993)이 금지하는 내부자거래의 유형은 (i) 내부 정보를 이용한 실제 거래 행위, (ii) 다른 사람에게 거래하도록 권유하는 행위 및 (iii) 다른 사람에게 내부정보를 공개하는 행위의 세 가지이다(제52조).

2. 구성요건

가. 증권

구성요건을 보다 자세히 살펴보면, 금지행위의 대상은 '증권'인데(제52조), 증권은 Schedule 2에 열거된 주식, 채무증권, 주식 또는 채무증권에 대한 인수권(warrants), 예탁증서, 옵션, 선물, 차액정산계약으로서 재무성이 정한 요건을 충족하는 것을 말한다(제54조 제1항, Schedule 2). 위임에 의해 재무성이 제정한 내부자거래 행정명령[The Insider Dealing (Securities and Regulated Markets) Order 1994]은 증권이 유럽경제지역(European Economic Area) 소속 국가에 공식적으로 상장되었거나 정규시장에서 거래될 것을 요구하고 있다.

다만, 기초자산이 되는 증권이 이러한 요건을 충족하면 그와 관련된 파생상품은 정규시장 등에 상장되지 않았더라도 증권에 해당한다.

한편, 재무성은 새로운 투자기구, 불공정거래행위의 대상 증권이 등장하면 명령으로 위 Schedule 2의 내용을 변경할 권한이 있다(제54조 제2항).

EU 불공정거래행위 Directive가 양도증권이 아니라 금융상품 전부를, 정규시장이 아니라 전체 증권거래를 내부자거래 규제의 대상으로 삼는 것과 비교하면 영국의 1993년 형사법이 정한 처벌 대상의 범위는 제한적이다.

나. 내부정보

(1) EU 규정과의 비교

영국 1993년 형사법의 '내부정보'는 특정 증권, 특정 증권발행인과의 관련성을 가진 것을 의미한다.

증권 일반 혹은 증권 발행인 일반과 관련된 정보는 내부정보가 아니다(제56

72) 위의 책, para. 11. 103.

조 제1항). 이러한 점에서도 영국의 내부자거래 처벌 범위가 EU 불공정거래행위 Regulation 및 EU 불공정거래행위 Directive보다는 제한적이다.

그러나 어떤 회사에 관한 정보뿐만 아니라 회사의 사업 전망에 영향을 미치는 정보는 특정 증권발행인과 관련된 정보에 해당한다(제60조 제4항). 따라서 어떤 회사가 속한 산업 분야, 회사의 공급자 혹은 수요자와 관련된 정보 역시 내부정보에 해당할 수 있다.[73)]

(2) 개념 요소

내부정보는 구체적이거나 정밀하여야 하고(precise or specific)) 공개되기 전이어야 한다[영국 1993년 형사법 제56조 제1항 (b)호 및 (c)호].

EU 불공정거래행위 Regulation이 내부정보의 개념요소로 정밀성을 요구하고 있는 반면 여기서는 정밀성 또는 구체성 중 하나의 요건을 충족하면 규제 대상인 내부정보가 될 수 있다. 예컨대, '실적이 컨센서스를 초과한다'는 정보는 수치가 제시되지 않은 이상 정밀하다고 할 수는 없으나 구체적인 정보에 해당한다.[74)]

내부정보는 만약 공개된다면 당해 증권의 가격에 중대한 영향을 미칠 수 있는 것이어야 한다[제56조 제1항 (d)호].

다. 내부자

내부자거래 행위에 따른 형사적 처벌의 대상이 되기 위해서는 어떤 개인(자연인)이 내부자로서 내부정보를 보유하고 있어야 한다(제52조 제1항).

내부자란 (i) 문제가 되는 정보가 내부정보이고, (ii) 당해 정보의 원천이 회사 내부이며, (iii) 당해 개인이 위 두 가지 사실을 알고 있는 경우를 의미한다(제57조 제1항).

두 가지 경우를 상정할 수 있는데 (a) 당해 개인이 증권 발행자의 이사, 피고용인, 주주이거나 고용, 공적 직무(office),[75)] 직업에 기초하여 당해 정보에 접근할 수 있는 경우 및 (b) 당해 개인이 가진 내부정보의 직접적 또는 간접적 원천이 위 (a)에 속하는 사람인 경우이다(제57조 제2항). 내부자가 회사 내부의 이

---

73) 위의 책, para. 11. 108.
74) 위의 책, para. 11. 108.
75) 공무원을 의미한다. 위의 책, para. 11. 115 참조.

사 등으로부터 반드시 직접 정보를 얻을 것을 요구하는 것은 아니다.

따라서, 정보의 원천이 내부임을 알고 있는 한 인적 범위에 제한이 없다.

3. 피고인의 항변

가. 제53조에 따른 항변사유

1993년 형사법 제53조는 내부자거래의 성립을 저지하는 항변사유(defences)를 정하고 있다.

우선, 내부정보를 이용한 거래 및 다른 사람에게 내부정보를 이용하도록 하는 행위에 대해 (a) 피고인은 당해 증권과 관련된 내부정보로 인해 거래로부터 이익을 낼 것(손실의 회피를 포함한다)을 기대하지 않았거나, (b) 문제가 된 정보가 충분히 알려져 있어서 거래에 참여하는 사람들이 당해 정보와 관련하여 이득을 얻거나 손실을 볼 것으로 믿지 않을 만한 합리적 근거가 있었거나, (c) 당해 정보가 없었던 경우에도 피고인이 동일한 행위를 하였을 것이라는 점을 입증함으로써 형사책임을 면할 수 있다.

내부정보를 공개하는 행위에 대해서는 (a) 다른 사람이 자신의 정보 공개로 정규시장에서 거래할 것으로 기대하지 않았거나, (b) 다른 사람이 문제가 된 정보가 가격에 미치는 영향으로 인하여 이득을 얻을 것으로 생각하지 않았다는 점에 관하여 피고인이 입증하면 피고인은 책임을 면할 수 있다.

나. Schedule 1에 따른 항변사유

1993년 형사법 Schedule 1은 특별한 항변사유를 정하고 있다.

첫째, 정규시장의 규칙을 준수하는 시장조성자가 시장조성행위의 일부로서 선의로 내부정보를 이용한 경우 형사책임을 면할 수 있다. '선의'의 의미는 불분명하지만 시장에서 수용되는 관행을 따른 경우를 의미하는 것으로 해석된다.[76]

둘째, Schedule 1, 제2조 이하는 시장정보의 항변을 규정하고 있다. 시장정보는 특정 증권에 대해 거래가 이루어지고 있거나 이루어질 것이라는 정보, 혹은 특정 증권에 대한 거래가 이루어지지 않거나 이루어지지 않을 것이라는 정보, 그러한 거래의 수량, 거래가 이루어지려는 가격, 관련된 사람들의 신원 정보

---

76) 위의 책, para. 11. 129.

를 의미한다(Schedule 1, 제4조). 이러한 정보는 시장 참여자들이 거래에 참여함으로써 알게 되는 정보들이다.[77]

시장정보에 관한 면책 사유는 두 가지로 나누어진다. ① 문제가 된 정보가 시장정보에 해당하고 그와 같은 지위에 있는 개인이 당해 정보를 가지고 있음에도 불구하고 내부거래로 나아가는 것이 합리적이라는 점을 입증하는 경우 피고인은 형사책임을 면할 수 있다. 합리성의 판단을 위해서는 당해 정보의 내용, 피고인이 정보를 얻은 환경 및 그의 지위, 피고인의 현재 지위 등이 고려되어야 한다(제2조 제2항). ② 위 시장 정보에 대하여 고려되고 있는 거래 또는 협상 내용에 따라 거래가 이루어진 경우는 면책된다(제3조).

셋째, 자사주 매입 프로그램, 시장 안정화 정책에 따른 거래는 내부자거래로 처벌되지 아니한다(제5조).

4. 기타 사항

1993년 형사법 제63조 제2항은 내부자거래를 이유로 계약이 무효가 되거나 이를 취소할 수는 없다고 규정하고 있다.

한편 2000년 Powers of Criminal Court (Sentencing) Act 제130조는 내부자거래의 유죄판결을 받은 사람에게 손해를 입은 투자자들에 대한 배상을 명할 수 있도록 규정하고 있다.

2005년 중대범죄 및 경찰법(Serious Organised Crime and Police Act 2005) 제71조는 FCA가 수사에 협조한 목격자에 대해 기소 없이 책임을 면제할 수 있는 권한을 부여하고 있다.

Ⅲ. 시장조작 행위에 대한 형사처벌

1. 개관

2012년 금융서비스법(Financial Services Act 2010) Part 7이 시장조작 행위에 관해 규율하고 있다. 다만 위 Part 7은 시장조작이라는 용어를 사용하지 않고 위반 행위를 '오도하는 진술(misleading statements)'과 '오도하는 인상(misleading im-

77) 위의 책, para. 11. 129.

pression)'의 두 가지로 정하고 있다. 이 두 가지는 상호 배제적인 것이 아니어서 하나의 행위가 두 가지 모두에 해당할 수 있다.

내부자거래와 달리 위 규정의 위반자는 개인과 법인 모두가 될 수 있다.

2. 오도하는 진술

오도하는 진술은, 피고인이 중요한 점에서 거짓이거나 오도한다는 점을 알면서 진술하는 경우, 피고인이 중요한 점에서 거짓이거나 오도하는지 여부에 관하여 무모한 상태로 어떤 진술을 하는 경우, 또는 피고인이 하는 진술과 관련되어 있는지 불문하고 중요한 사실을 부정직하게 은폐하는 경우에 성립한다(제89조 제1항).

범죄가 성립하기 위해서는 이에 더하여 주관적 요건으로서 피고인의 위법한 의도가 인정되어야 하는데, 이는 두 가지 중 하나에 해당하여야 한다. 첫째, 피고인이 진술을 하거나 사실을 은폐함으로써 다른 사람으로 하여금 어떤 약정을 체결하거나 체결하지 않도록 하기 위하여 혹은 어떤 투자에 수반한 권리를 행사하거나 행사하지 않도록 할 의도가 있는 경우 범죄가 성립한다. 둘째, 자신이 하는 진술 혹은 숨기는 진술이 다른 사람으로 하여금 위와 같은 행위로 나아가도록 할 수 있는지 여부에 관하여 무모한 경우에도 범죄가 성립한다(제89조 제2항)

3. 오도하는 인상

제90조는 어떤 투자와 관련한 세 가지, 곧 (i) 시장, (ii) 가격, (iii) 가치에 대하여 거짓된 혹은 오도하는 인상을 만들어 내는 행위를 규율의 대상으로 삼고 있다.

처벌 대상이 되기 위해서는 위와 같은 행위로서 두 가지 중 적어도 하나에 해당하여야 한다(제1항). ① 첫 번째로, 오도하는 인상을 만들어 냄으로써 다른 사람으로 하여금 어떤 투자를 취득, 처분, 가입(subscribe) 혹은 인수(undertake)하도록 하거나 그렇게 하지 않도록 할 의도 혹은 어떤 투자와 관련한 권리를 행사하거나 행사하지 않도록 할 의도가 인정되어야 한다(제2항). 다른 사람으로 하여금 위와 같은 행위에 나아갈 수 있는지 여부에 관해 무모했다는 점만으로는 부족하고 그보다 뚜렷한 의도성이 요구된다. ② 두 번째로, 피고인은 문제가 되는 인상이 거짓이거나 오도한다는 점을 알았거나 그에 관하여 무모했어야 하고 자신 또는 제3자가 이익을 취하고 그로 인해 다른 사람에게 손실 혹은 손실의 위험을 부담시키는 결과가 초래될 수 있다는 점을 알고 있었어야 한다(제3항 및 제4항).

제4장

알고리즘 및 고빈도 거래 규제

Ⅰ. 알고리즘 거래 및 고빈도 거래의 개념

1. 알고리즘 거래의 개념

MiFID[78] 제4조는 알고리즘 거래에 관하여 다음과 같은 정의 규정을 두고 있다.

(39) '알고리즘 거래'란 컴퓨터 알고리즘이 인간의 개입 없이 또는 이를 최소화하여 자동적으로 주문의 개시 여부, 주문의 시간·가격·수량 또는 제출된 주문을 어떻게 관리할 것인지 등과 같은 변수를 결정하여 이루어지는 금융상품 거래를 의미한다. 알고리즘 거래는 주문을 하나 또는 복수의 거래소에 전송하거나 거래 변수의 결정과 무관하게 주문을 처리하거나 실행된 거래 진행을 위한 사후적 주문 확인의 목적으로만 시스템을 사용하는 경우를 포함하지 아니한다.

78) 정식 명칭: Directive 2014/65/EU of the European Parliament and of the Council of 15 May 2014 on markets in financial instruments and amending Directive 2002/92/EC and Directive 2011/61/EU.

거래기술의 발전에 따라 인간의 개입이 최소화된 알고리즘 거래의 비중은 증가하고 있다.

2. 고빈도 거래의 개념 및 특징

가. 고빈도 거래의 개념 요소

고빈도 거래는 거래 시스템이 시장의 거래 데이터나 신호를 빠른 속도로 분석한 후 이를 기초로 짧은 시간 내에 대규모 주문을 제출, 정정하는 거래기법을 말하다. 고빈도 거래는 알고리즘 거래의 하위 범주로 이해되고 있다.[79]

MiFID 제4조는 고빈도 거래에 관하여 세 가지 개념 요소를 정하고 있다.

(40) '고빈도 알고리즘 거래 기법'은 알고리즘 거래 기법으로서 다음 특징을 가진 것을 말한다.

(a) 네트워크 및 다른 형태의 시간 지연을 최소화하는 기반시설(infrastructure)로서 적어도 주문 접수와 관련하여 동일 장소 서버 설치(co-location), 근접 장소 서버 설치(proximity hosting), 고속의 고객 직접 주문 전송 서비스(high-speed direct electronic access) 중 적어도 하나를 포함한다.

(b) 주문의 개시, 생성, 전송, 실행을 개별 거래 또는 주문에 관한 사람의 개별적 개입 없이 시스템이 결정한다.

(c) 일중 높은 주문의 제출 및 취소

고빈도 거래에서는 트레이더(인간)의 개입 없이 매우 짧은 시간 내에 주문의 개시, 생성, 전달, 집행이 수행되고, 따라서 포지션의 구축, 청산 역시 빠르게 이루어진다. 고빈도 거래는 높은 일간 포트폴리오 거래량, 높은 주문량 및 취소 비율, 장 마감 시 포지션 청산 등을 특징으로 한다.[80] 집행위원회는 (a) 어떤 거래소에서 거래되는 하나의 금융상품에 대해 적어도 1초에 1회 이상 주문, (b) 어떤 거래소에서 거래되는 모든 금융상품을 통틀어 적어도 1초에 4회 이상 주문의 두 가지 요건을 충족하는 경우를 고빈도 거래로 분류하고 있다.[81]

---

79) Peter Gomber et al., High-Frequency Trading, (House of Finance Goethe Universitat - Policy Platform White Paper, April 2011), p. 7.

80) MiFID 서문 (60).

81) Danny Busch, MiFID II: regulating high frequency trading, other forms of algorithmic trading and direct electronic market access, 10(2) Law and Financial Markets Review, p.

나. 고빈도 거래의 물리적 시스템

MiFID는 단순히 속도가 빠르다는 점뿐만 아니라 빠른 속도를 가능하게 하는 물리적 시스템을 개념요소로 포함하고 있다.

① '동일 장소 서버 설치(co-location)'란 시장 참여자들의 주문을 매칭하는 거래소의 컴퓨터와 인접한 장소에 자신의 컴퓨터 시스템을 두는 행위를 말한다.[82] 네트워크에서 다른 시장 참여자의 주문 정보를 받거나 자신의 주문을 보내는 데 걸리는 시간을 최소화하려는 데 목적이 있다.[83] 뉴욕 증권거래소(NYSE), 런던 증권거래소(LSE), 프랑크푸르트 증권거래소 등이 경쟁적으로 회원 또는 투자회사에게 서버를 설치할 수 있는 공간을 임대해 주고 있다.[84] EU 내에서 투자자에 대한 형평성 차원에게 부적절하다는 문제제기가 있었으나[85] MiFID는 이를 금지하는 대신 비차별성을 갖출 것을 요구하고 있다.

② '근접 장소 서버 설치(proximate hosting)'는 제3자가 거래소의 매칭 엔진에 근접한 곳에서 컴퓨터 시스템을 제공하는 행위를 말한다.[86]

③ '고객 직접 주문 전송 서비스(Direct Electronic Access)'는 거래소의 회원 또는 참여자가 자신의 고객들에게 거래코드를 부여하고 고객들이 당해 거래코드를 사용하여 (브로커의 개입 없이) 거래소에 직접 금융상품에 관한 주문을 전자적 방식으로 주문할 수 있도록 하는 것을 말한다.[87]

고객의 직접 주문 전송 서비스는 거래소 회원 또는 투자중개업자의 물적 설비(infrastructure)를 사용하는 Direct Market Access와 그러한 물적 설비의 사용이 없는 Sponsored Access의 두 가지로 구분된다.[88]

고객 직접 주문 전송 서비스의 핵심은 거래소 회원 또는 참여자가 주문을 내고 체결하기까지 얼마나 빨리 이를 처리할 수 있는지에 관해 고객 스스로 결

---

74 (2016).

82) BaFin 의견서 (https://www.bafin.de/SharedDocs/Downloads/EN/FAQ/dl_faq_hft_en.pdf?__blob=publicationFile&v=3) 참조.

83) Deutsche Bank Research, 각주 47, p. 4.

84) 오성근, EU의 제2차 금융상품시장지침(MiFID Ⅱ)상 알고리즘거래 규제에 관한 분석 및 시사점, 기업법연구, 제29권 제4호, 2015년, 353면.

85) 오성근, 위의 논문, 353면.

86) BaFin 의견서 (https://www.bafin.de/SharedDocs/Downloads/EN/FAQ/dl_faq_hft_en.pdf?__blob=publicationFile&v=3) 참조.

87) MiFID 제4조 제1항 (41)호.

88) MiFID 서문 (62).

정할 수 있다는 데에 있고, 이 점에서 단순히 고객의 주문을 전자적 방식으로 접수하는 거래 행태와는 구분된다.

위와 같은 세 가지 방법을 통해 수천분의 1초, 극단적으로 수백만의 1초 만에 주문을 생성하여 전달까지 완료하는 고빈도 거래가 가능하게 되었다.[89] 빠른 시간 내에 거래를 가능하게 하는 기술적 발전이 고빈도 거래의 발전을 추동해 온 것이다.[90]

다. 고빈도 거래의 특징

고빈도 거래는 무엇보다도 제출된 주문 중 상당 부분이 취소되는 양상을 나타내고 있다. 고빈도 거래 투자자들에서는 주문된 제출 중 80% 이상이 취소되는 경우가 드물지 않다.[91] 이는 알고리즘이 시시각각 시장의 변화를 포착하여 주문을 변경하도록 설계되어 있기 때문이다.[92] 고빈도 거래자는 짧은 시간 동안의 거래를 통해 발생하는 이익은 작지만 그러한 거래를 반복함으로써 이익 규모를 확보하는 전략을 구사하는 특징이 있다.[93]

고빈도 거래는 전형적으로 투자회사의 자기계정 거래로 이루어진다.[94] 고빈도 거래 이외의 알고리즘 거래가 고객 주문을 집행하는 데에 주로 사용되는 것과는 대별된다.[95]

고빈도 거래는 흔히 시장조성전략의 일부로 혹은 차익거래에 사용된다.[96] 다만, 시장조성자가 거래소와의 약정에 따라 일정 주문량 이상을 제출할 의무를 부담하는 반면, 대개의 알고리즘 거래자 또는 고빈도 거래자는 그러한 의무를 부담하지 않는다는 차이가 있다.[97]

---

89) Matt Prewitt, High-Frequency Trading: Should Regulators Do More, 19(1) Michigan Telecommunications and Technology Law Review, p. 134 (2010).
90) Peter Gomber et al., 각주 79, p. 9.
91) Deutsche Bank Research, 각주 47, p. 4.
92) Diego Leis & Kern Alexander, 각주 48, p. 19.
93) Id. at 19~20.
94) MiFID 서문 (59).
95) Peter Gomber et al., 각주 79, p. 6.
96) EU Commission, Public Consultation, Review of Markets in Financial Instruments Directive (MiFID), 8 December 2010.
97) EU Commission, 위의 문서.

Ⅱ. 문제점 및 규제 논의

1. 고빈도 거래가 시장에 미치는 영향

2010년 무렵 유럽 증권시장에서 고빈도 거래의 비중은 13%(Nasdaq OMX)에서 40%(Chi-X) 수준에 이르고 있다.[98] 2004년 MiFID가 거래집중원칙을 폐기하고 하나의 금융상품이 복수 거래소에서 매매될 수 있도록 길을 열면서 여러 거래소들 간 호가 차이에서 차익거래의 기회를 찾는 알고리즘 거래 규모가 증가할 것이라는 예상이 실현된 것이다.[99]

고빈도 거래는 2010. 5. 6. 불과 36분 만에 미국 다우존스 지수가 약 10% 폭락하였다가 곧바로 손실의 상당 부분을 만회한 이른바 플래시 크래시(flash crash) 사건을 계기로 주목을 받게 되었다.[100] 고빈도 거래가 시장에 미치는 영향에 대해서는 의견이 갈리는 것으로 보인다.

우선, 고빈도 거래가 시장의 유동성[101]을 공급한다는 것이 대체적인 의견으로 보인다.[102] 이는 알고리즘 거래가 주식 보유 물량보다 거래 물량에서 차지하는 비중이 높다는 점을 통해 확인된다.[103] 알고리즘 거래의 주문량이 많다는 점은 곧 시장에 풍부한 유동성을 제공하는 것으로 이해될 수 있다.[104] 그러나, 고빈도 거래자의 주문은 어차피 취소될 것을 전제한 '유령 유동성(Ghost Liquidity)'에 불과하고[105] 사실상 고빈도 거래자들끼리 주문을 주고 받으므로 장기 투자

---

98) Peter Gomber et al., 각주 79, p. 7.

99) Jean-Pierre Casey & Karel Lannoo, The MiFID Revolution (ECMI Policy Brief No. 3, November 2006), www.eurocapitalmarkets.org/publications/policy-briefs/mifid-revolution (최종 방문: 2020. 4. 30), p. 2.

100) 미국 선물거래위원회는 약 4년여의 조사를 거친 후 고빈도 거래가 이러한 사태를 초래한 원인이라고 할 수는 없지만 다른 시장 참여자들보다 즉각적이고 민감하게 시장 흐름에 반응함으로써 사태를 악화시키는 데 기여한 것으로 결론 내렸다. 그로부터 1년 후인 2015. 4. 21. 미국 법무부는 위 사건을 비롯하여 5년간 spoofing 수법으로 불공정거래행위를 했다는 이유로 고빈도 알고리즘 투자전략을 구사하던 영국인 투자자 Navinder Singh Sarao를 체포하였다. Danny Busch, 각주 81, p. 72 참조.

101) 어떤 증권에 관하여 현재의 시장 가격 혹은 그 근방에서 준비된 매도인, 매수인을 얼마나 쉽게 발견할 수 있는지의 문제를 의미한다. Matt Prewitt, 각주 89, p. 134.

102) THE KAY REVIEW OF UK EQUITY MARKETS AND LONG-TERM DECISION MAKING, July 2012, para. 5.6~5.8.

103) Niamh Moloney, 각주 5, p. 526.

104) Matt Prewitt, 각주 89, p. 134.

105) Danny Busch, 각주 81, p. 73.

자의 관점에서 유동성이 풍부해졌다고 볼 수으며,[106] 특히 시장 조건이 악화되는 경우 주문을 즉각 회수함으로써 오히려 필요한 시점에 유동성을 악화시킨다는 반론이 있다.

고빈도 거래는 시장 변화에 민감하게 반응함으로써 증권 가격의 발견을 쉽게 하는 것으로 이해되고 있다.[107] 그러나, 고빈도 거래가 초단타 매매로서 기업의 장기적, 근본적 가치를 고려하지 않기 때문에 가격 발견에 한계가 있다는 견해도 있다.[108] 고빈도 거래자가 주가의 단기적 변화 방향에 주목하는 기술적 분석에 치중한다면 고빈도 거래가 기업 정보를 가격에 적절하게 반영한다고 보기 어려울 수 있다.[109] 오히려 고빈도 거래는 기업과 관련된 호재와 악재가 나올 때마다 짧은 시간 내에 과도한 수준까지 가격을 변동시킨다는 비판도 있다.[110]

고빈도 거래가 가격 발견 기능을 가진다는 것은 곧 고빈도 거래가 다양한 거래소들 간에 가격 조정을 촉진할 수 있다는 것을 의미한다.[111] 이는 고빈도 거래가 기본적으로 차익거래 전략에 기초하고 있기 때문이다. MiFID가 다수의 시장 간 경쟁을 촉진함으로써 시장의 분절을 야기하고 있다면, 고빈도 거래의 가격 조정 역할이 증권시장의 가격 발견 기능을 향상시키기 위해 필요한 것으로 볼 수 있다. 그러나, 다른 한편으로 차익거래 전략은 전체 시장을 정상적인 가격 수준에서 함께 이탈시킬 위험 역시 내포하고 있다.[112]

고빈도 거래가 시장의 변동성(volatility)을 확대한다는 우려가 있다. 또한 고빈도거래자가 내는 대규모 주문량이 거래소에 과부하로 작용하여 거래의 안전성을 위협할 가능성이 제기된다. 또한 잘못 낸 주문이 일종의 신호로 작용하고 알고리즘이 이에 반응하여 일거에 한 방향으로 주문이 집중되면 거래 가격의 급격한 변동이 초래될 가능성도 있다.[113]

---

106) Matt Prewitt, 각주 89, p. 140.
107) THE KAY REVIEW OF UK EQUITY MARKETS AND LONG-TERM DECISION MAKING, July 2012, para. 5.10.
108) Matt Prewitt, 각주 89, p. 143.
109) Deutsche Bank, High Frequency Trading, Global financial markets research briefing (May 24 2016), at 4.
110) Matt Prewitt, 각주 89, p. 145.
111) Niamh Moloney, 각주 5, p. 526; Deutsche Bank Research, 각주 47, p. 4.
112) Matt Prewitt, 각주 89, p. 145.
113) MiFID 서문 (62)항.

불공정거래 행위의 가능성 역시 제기된다.114) 이 점과 관련해서 stuffing, smoking, spoofing 등의 고빈도 투자 기법이 문제가 된다. 다른 투자자들에게 시장 상황에 대한 그릇된 인상을 주기 위해 체결할 의사가 없는 주문을 낸 후 이를 취소하는 stuffing, 반대편 주문 제출을 이끌어 내기 위해 관대하게 책정된 지정가 주문을 낸 후 자기 주문을 취소하고 보다 유리한 조건으로 계약을 체결하는 smoking, 고빈도 거래자가 대규모 매도 주문을 내서 이에 영향을 받은 다른 사람들의 호가를 떨어트린 후 당해 주식을 매수하는 spoofing 등이 고빈도 거래와 관련한 시세조종 기법으로 알려져 있다.115)

2. 고빈도 거래에 관한 규제 논의

가. 입법에 이르지 못한 규제 방안

고빈도 거래가 시장에 미치는 부정적 영향에 주목하여 이를 억제하기 위한 다양한 방안들이 제출되었다. 당초 집행위원회 안(案)에 포함되었으나 업계의 반발로 MiFID 입법 과정에서 제외된 사항들 가운데 흥미로운 내용이 있어 소개한다.

① 유동성 공급의무: 당초 MiFID 수정안에서는, 고빈도 거래를 수행하는 자는 특정한 금융상품에 대해 상당한 수량의 거래를 실행하는 경우 지속적으로 유동성을 공급해야 한다는 내용이 포함되어 있었다.116)

② 유럽연합 집행위원회는 계약 대비 주문 수량 비율의 한도를 설정하는 방안을 제시하기도 하였다.117) 한 번 제출된 주문 중 취소되는 주문의 비중을 줄이고자 한 것이다.

유럽연합 차원에서 이러한 방안이 입법으로 연결되지는 않았으나, 2014년 시행된 독일 고빈도거래법(Hochfrequenzhandelsgesetz) 제1조 a항 j호는 거래소가 각 금융상품별로 실행된 주문과 정정·취소된 주문 간 비율의 한도를 설정하고 거래 참가자들에게 이를 실행하도록 할 것을 규정하고 있다. 또한, 프랑스 및

114) EU 불공정거래행위 Regulation 제12조 제2항이 알고리즘 거래에 관하여 금융상품의 수요, 공급, 가격에 관하여 거짓 또는 오도하는 신호를 만들거나 만들 우려가 있는 방식의 주문 제출 등을 금지하고 있다. 제6편 제1장 제Ⅲ항 참조.

115) Matt Prewitt, 각주 89, pp. 147~148.

116) Matt Prewitt, 위의 논문, p. 155.

117) Peter Gomber et al., 각주 79, p. 53.

이탈리아는 전체 거래 대비 취소 주문 비율이 일정 한도를 넘는 경우 세금을 부과하는 제도를 도입하였다.[118)]

③ 휴지기간: 유럽의회 경제사회위원회 논의과정에서는 투자자들이 낸 주문이 취소되기 전에 최소한 0.5초는 유지되도록 하는 案이 제기되었다. 이는 가공의 유동성을 만들어 내는 것을 막을 뿐만 아니라 stuffing, smoking, and spoofing과 같은 시세조종 행위를 막을 것으로 기대되었다.[119)]

④ 고객 직접 주문 전송 서비스(DEA) 등을 통한 거래를 제한하기 위해 거래의 속도를 인위적으로 낮추는 방안 역시 검토된 바 있다.[120)]

나. MiFID 등의 태도

유동성 공급의무의 경우 고빈도 거래자가 갑자기 유동성 공급을 취소하는 행위를 막기 위한 것이지만 알고리즘에 따라 주식을 매도해야 할 상황에 직면한 고빈도 거래자는 그러한 의무를 지키기보다는 행정적 제재를 선택할 것이어서 실효성이 없다는 비판이 제기되었다.[121)] 또한, 휴기기간을 두자는 제안 등에 대해서는 고빈도거래의 유동성 공급 효과를 무시할 수 없을 뿐만 아니라 알고리즘 거래는 기술적 진보의 자연스러운 결과로서 이를 되돌리기는 어렵다는 비판이 제기되었다.[122)]

이 점과 관련하여 EU의 경우 고빈도 거래에 대한 규제의 필요성이 덜하다는 주장이 제기되었다. 미국은 전국최적호가 규정(National Best Bid Best Offer Rule, NBBO rule)에 따라 주문을 접수한 거래소는 가장 유리한 가격을 제공하는 다른 거래소로 주문을 전송하거나 그것이 불가능한 경우 주문을 취소하도록 되어 있다. 반면, 유럽의 MiFID가 정한 최선집행의무는 투자회사가 가격 외에 속도, 비용, 체결가능성과 같은 다른 요소들을 고려하도록 정하고 있다. 이러한 차이 때문에 유럽의 경우 미국과 달리 고빈도 거래에 의한 시장 충격의 가능성이

118) Martin Haferkorn & Kai Zimmermann, The German High-Frequency Trading Act: Implications for Market Quality (27 October 2014), https://papers.ssrn.com/sol3/papers.cfm?abstract_id=2514334 (최종방문: 2020. 5. 3), p. 2.
119) Matt Prewitt, 각주 89, p. 158.
120) Deutsche Bank, High Frequency Trading (Global financial markets research briefing, May 24 2016), p. 4.
121) Peter Gomber et al., 각주 79, p. 53.
122) Peter Gomber et al., 위의 논문, p. 59.

높지 않고[123] 오히려 고빈도 거래가 분절된 시장을 통합하는 효과가 기대되므로 고빈도 거래 규제에 신중해야 한다는 것이다.[124]

결국 MiFID는 알고리즘 거래 및 고빈도 거래를 허용하면서, 고빈도거래가 거래소의 용량에 부담을 초래하지 않도록 하는 시스템을 갖출 것, 알고리즘 기법 등을 감독기구에 통지할 것 등을 요구하는 수준에서 규제 제도를 마련하고 있다.

또한, 불공정거래행위 Regulation (Market Abuse Regulation)은 고빈도 거래와 관련한 특별한 규정을 포함하게 되었다.[125]

Ⅲ. 고빈도 거래와 관련한 투자회사 및 거래소의 의무

1. 투자회사의 의무

가. 고유계정을 통한 고빈도 거래 수행 관련

MiFID 제2조 제1항 (d)호는 다른 투자서비스, 투자활동 없이 자기자본을 이용하여 금융상품에 투자하는 활동만 수행하는 사람을 MiFID의 적용 대상에서 제외하면서도 예외적으로 고유계정을 이용한 투자회사의 고빈도 거래에 대해서는 이를 MiFID의 적용 대상에 포함하고 있다.

따라서, 고빈도 거래만을 수행하는 회사라도 이를 계속하여 자기의 업으로 수행한다면 투자회사 인가를 받는 등 투자회사에 대한 규제가 적용될 수 있다 [MiFID 제4조 제1항 제(1)호].

나. 내부시스템의 구비

MiFID 제17조 제1항은 고빈도 거래가 투자회사의 자기자본 투자의 일환으로 사용되는 경우 투자회사가 갖추어야 하는 적절한 내부 시스템에 관해 규정하고 있다. 알고리즘 거래를 수행하는 투자회사는 고빈도 거래에 적합한 시스템과 위험 관리 체제를 갖추어야 한다. 이 중 거래 시스템은 회복력 및 충분한 용량을 갖출 것, 적절한 거래 기준(한도)가 설정될 것, 오류 주문을 방지할 것

---

123) Id. at 39~40.
124) Id. at 31.
125) 각주 114 참조.

등이 요구된다. 이는 알고리즘 거래가 시장의 불안정을 초래하거나 가중시키지 않도록 하기 위한 것이다.

투자회사의 거래 시스템 및 체제는 거래시스템이 불공정거래행위 Regulation(Market Abuse Regulation) 및 거래소 규정에 반하는 목적에 사용될 수 없도록 하여야 한다.

또한, 투자회사는 거래 시스템의 실패를 처리함으로써 사업의 영속성을 보장하는 효과적인 장치를 갖추어야 한다.

거래 시스템은 본 항의 요구 사항을 충족시킬 수 있도록 충분한 검증을 거치고 적절하게 감시되어야 한다.

다. 투자전략 등의 감독기관 제출

MiFID 제17조 제2항은 감독당국이 알고리즘 투자전략 등에 관한 정보의 제출을 투자회사에 요구할 수 있도록 하고 있다.

알고리즘 거래를 수행하는 투자회사는 자신의 회원국 감독기관, 회원 또는 시장참여자로서 알고리즘 거래를 수행하는 거래소의 회원국 감독기관에게 알고리즘 거래사실을 알려야 한다.

투자회사가 속한 회원국 감독기관은 투자회사에게 정기적으로 또는 수시로 알고리즘 거래 전략의 성격, 거래 변수 및 시스템의 한도, 제1항에 언급된 사항을 충족하기 위한 주요 컴플라이언스 및 통제장치의 보고를 요구할 수 있다. 투자회사의 회원국 감독당국은 투자회사가 알고리즘 거래를 수행하는 거래소의 회원국 감독당국이 요청하는 경우 지체없이 위 정보를 통지하여야 한다.

투자회사는 본항에 따른 문제와 관련한 기록을 유지하여야 한다. 위 기록은 감독당국이 법령 준수 여부를 감독하기에 충분한 내용이어야 한다.

고빈도 알고리즘 거래를 수행하는 투자회사는 자신이 제출한 주문(취소 주문을 포함한다), 실행된 주문을 보관하고 요청이 있는 경우 이를 감독당국에 제출하여야 한다(제17조 제2항).

감독당국이 알고리즘 기법을 확보하여 분석함으로써 시장에 미치는 충격 및 잠재적인 불공정거래행위의 가능성을 차단하려는 목적이 있다.

라. 시장조성전략 관련 의무

시장조성전략의 일환으로 알고리즘 거래에 참여하는 투자회사는 유동성, 당해 시장의 규모와 성격, 금융상품의 특성 등을 고려하여 (a) 거래시간 중 특정 비율의 시간 동안 계속적으로 시장조성전략을 수행함으로써 유동성의 공급이 규칙적이고 예측가능한 방식으로 이루어지도록 하고, (b) 거래소와 위 (a)와 관련한 투자회사의 의무가 포함된 구속력 있는 계약서를 문서로 작성해야 하며, (c) 위 계약에 따른 의무를 이행할 수 있도록 효과적인 시스템과 통제장치를 갖추어야 한다(제17조 제3항).

마. 고객 직접 주문 전송 서비스를 제공하는 자의 의무

거래소에 대한 고객 직접 주문 전송 서비스를 제공하는 투자회사는, (i) 당해 서비스를 이용하는 고객들이 적절하게 미리 설정된 거래 및 신용 기준을 초과하지 않도록 방지하고, (ii) 당해 고객들에 의한 거래가 적절하게 감시되며, (iii) 적절한 위험 통제장치가 투자회사 자신에게 위험을 창출하거나 시장의 무질서를 만들거나 그것에 기여하지 않으며 불공정거래행위 Regulation(Market Abuse Regulation) 혹은 거래소 규정에 위반되지 않도록, 당해 서비스를 사용하는 고객의 적합성을 적절하게 평가하고 검토하는 효과적인 시스템과 통제장치를 갖추어야 한다. 그러한 통제장치가 없는 경우 고객 직접 주문 전송 서비스는 허용되지 아니한다(제17조 제5항).

고객 주문 직접 전송 서비스를 제공하는 투자회사는 당해 서비스를 이용하는 고객들이 MiFID 및 거래소 규정을 준수하도록 보장할 책임이 있다. 투자회사는 위 규정들의 위반, 무질서한 거래조건, 불공정거래행위를 식별하고 그것이 감독기관에게 보고될 수 있도록 위 거래들을 감시하여야 한다. 투자회사는 투자회사와 고객 사이에 당해 서비스의 공급과 관련한 중요한 권리, 의무를 정한 구속력 있는 문서화된 약정을 체결하고 그러한 약정 하에서 당해 투자회사가 MiFID에 따른 책임을 유지할 수 있도록 보장하여야 한다(제17조 제5항).

2. 거래소의 의무

MiFID는 제48조는 고빈도거래와 관련한 정규시장(regulated market)의 의무를 정하고 있으나, 그러한 규정이 다자간 거래소(MTF) 및 조직화된 거래소(OTF)에도 적용된다(제18조 제5항). 즉, 제48조에 정해진 의무들은 EU 내의 거래소들[자기거래집행업자(SI) 제외]에 적용된다.

가. 시스템 유지, 안정을 위한 조치

MiFID는 거래소에 대하여 고빈도거래와 관련한 시장 충격을 방어할 수 있는 조치를 취할 것을 요구하고 있다. 회원국들은 정규시장에 대하여 효과적인 시스템, 절차, 조치를 갖춤으로써 (i) 거래시스템이 충격을 흡수할 수 있고(resilient), (ii) 최고의 주문 수량 및 주문 규모를 지탱할 수 있는 충분한 용량을 갖추고 있으며, (iii) 극심한 시장 충격 조건 하에서 질서 있는 거래를 보장할 수 있고, (iv) 그러한 조건이 충족되도록 충분한 검증을 거쳤으며, (v) 거래 시스템에 어떤 실패가 발생하더라도 서비스의 영속성을 보장할 수 있도록 하여야 한다(제48조 제1항).

또한, 회원국들은 거래소에 대하여 다음 사항을 요구하여야 한다: (i) 거래소의 회원 및 참여자들에게 알고리즘에 대한 적절한 테스트를 수행하도록 하고 스스로는 그러한 테스트를 촉진하는 환경을 제공하는 것을 포함하여 효과적인 시스템, 절차, 제도를 갖출 것, (ii) 알고리즘 거래가 시장의 무질서한 거래조건을 만들어내거나 그것을 악화시키지 않도록 보장할 것, (iii) 그러한 알고리즘 거래로부터 발생하는 무질서한 거래 조건을 관리할 것, (iv) 시스템 용량이 한계에 달할 위험이 있는 경우 주문의 흐름을 늦출 수 있도록 할 것, (v) 시장에서 거래될 수 있는 최소 호가 단위(tick) 규모를 제한, 집행할 것(제48조 제6항).

나. 알고리즘 거래의 식별

거래소는 알고리즘 거래에 의해 생성된 주문, 주문의 생성에 사용되는 다른 알고리즘, 그러한 주문과 관련된 사람들을 식별할 수 있도록 회원 또는 시장 참여자들로부터 알고리즘을 사용하고 있다는 정보를 제공받아야 한다(제48조 제10항).

감독기구는 거래소에 요청하여 위와 같은 정보에 접근할 수 있다(제48조 제10항). 감독기구가 고빈도 거래에서 큰 비중을 차지하는 투자회사로부터 직접 그에 관한 정보를 제공받는 외에 거래소를 통해서도 전체 알고리즘 거래의 현황을 파악할 수 있도록 함으로써 거래 시스템에 미치는 충격, 불공정거래행위의 가능성을 차단하고자 하는 것이다.

다. 동일 장소 서버 설치 서비스(co-location) 등 관련

거래소는 동일 장소 서버 설치 서비스(co-location)[126]에 관해서 그것이 투명하고 공정하며 비차별적으로 제공될 수 있도록 하여야 한다(제48조 제8항).

위 동일 장소 서버 설치 서비스가 거래소에 의해 제공된다면, 고객 직접 주문 전송 서비스는 시장의 회원 또는 투자회사가 이를 제공한다.

고객 직적 주문 전송 서비스(Direct Electronic Access)를 허용하는 거래소는 다음 사항들에 관한 효과적인 시스템, 절차, 제도를 갖추어야 한다: (i) 회원들 또는 참여자들이 MiFID에 따른 인가를 받은 투자회사이거나 신용기관[127]인 경우에만 그와 같은 서비스를 제공할 수 있음. (ii) 그와 같은 접근을 제공받는 사람들의 적합성에 관한 적절한 기준이 설정되고 적용될 것. (iii) 회원들 또는 참여자들은 그와 같은 서비스를 이용하여 실행되는 주문 및 거래에 관하여 MiFID의 요구사항들에 대한 책임을 계속 부담할 것(제48조 제7항).

또한 거래소는 투자회사 등에게 (i) 위험 통제 및 그와 같은 접근을 통해 거래하는 기준점(threshold)에 관한 기준(standard)을 설정하고, (ii) 그러한 접근을 이용하여 내는 주문 또는 거래를 같은 사람이 내는 다른 주문과 구별하고 필요한 경우 이를 중단할 수 있도록 할 것을 요구하여야 한다(제48조 제7항).

거래소는 본 항의 요구사항이 준수되지 않는 경우 회원 또는 참여자가 고객에게 고객 직접주문 전송 서비스의 제공을 중단 또는 종료하도록 하는 제도를 갖추어야 한다(제48조 제7항).

126) Co-location은 주문을 내는 곳을 거래소 서버와의 물리적 거리를 가깝게 둠으로써 시장 변화의 포착 및 그에 대한 대응을 신속하게 할 수 있도록 한다.
127) Credit Institution. Directive 2013/36/EU에 따른 인가를 받은 여신 금융 기관을 의미한다.

라. 수수료 관련 사항

거래소는 대하여 주문 취소에 관하여 주문이 유지된 시간에 따라 수수료를 조정할 수 있다(제48조 제9항).

또한 거래소는 실행되는 주문보다 나중에 취소되는 주문 제출에 대해 보다 높은 수수료를 부과할 수 있다. 또한 거래소는 주문이 시스템 용량에 미치는 추가적인 부담을 반영할 수 있도록 실행되는 주문 대비 취소되는 주문의 비율이 높은 참여자, 고빈도 알고리즘 거래를 수행하는 참여자에 대해 보다 높은 수수료를 부과할 수 있다(제48조 제9항).

Ⅳ. 고빈도 거래 관련 불공정거래행위 규제

한편 고빈도 거래는 속도와 연산능력 때문에 불공정거래행위와 그것이 아닌 경계에서 활동하는 경우가 많다.[128)]

불공정거래행위 Regukation은 알고리즘 거래가 불공정거래행위에 사용될 수 있다는 가능성을 고려하여, 알고리즘 거래 및 고빈도 거래가 (i) 거래 시스템의 기능을 막거나 지연시키는 방식(그러한 가능성이 있는 경우를 포함한다), (ii) 다른 사람이 거래 시스템 또는 거래소의 진정한 주문을 식별하기 곤란하게 하거나 그럴 가능성이 있는 방식(오더북에 과부하나 불안정을 초래하는 결과를 낳는 방식을 포함한다), (iii) 금융상품의 공급, 수요, 가격에 관해 거짓의 또는 오도하는 신호를 보내는 방식(특히 추세를 촉발하거나 가중시키는 방식을 포함한다)으로 가격의 왜곡을 초래하는 경우를 시장조작의 예(例)로 제시하고 있다[제12조 제2항 (c)호)].

---

128) Diego Leis & Kern Alexander, 각주 48, p. 29.

제7편

집합투자 규제

제1장

규제 체계

금융기관이 재량을 가지고 타인의 자산을 관리하는 형태는 투자일임계약과 집합투자의 두 가지를 상정할 수 있다. 유럽연합 내에서 전자는 MiFID에서 정한 투자서비스의 일종으로서 수수료 등 영업행위규제를 포함한 MiFID 규정의 적용을 받는다. 본 장에서는 집합투자에 대한 규제 사항을 다룬 두 개의 Directive를 소개하고자 한다.

우리나라의 자본시장법상 집합투자기구에 해당하는 것으로는 환매형 혹은 개방형 펀드인 Undertakings for Collective Investment in Transferable Securities ('UCITS')[1]와 그 밖의 펀드를 모두 포괄하는 대체투자펀드(Alternative Investment Fund, 'AIF')의 두 가지 형태가 있다. 이들은 각기 UCITS Directive[2] 및 대체투자펀드 관리회사 Directive[3]에 의해 규율되고 있다. 통계에 따르면 UCITS 시장은

---

1) 이를 직역하면 '양도증권에 대한 집합투자기구'이다. 그러나 후술하는 대체투자펀드 역시 양도증권에 투자한다는 점은 마찬가지이므로 이러한 번역은 개념을 정확하게 포착한다고 보기 어렵다. 유럽의 증권 실무 및 학술 문헌에서 사용하는 'UCITS'란 명칭을 여기서도 그대로 사용하기로 한다.

2) 정식 명칭: Directive 2009/65/EC of the European Parliament and of the Council of 13 July 2009 on the coordination of laws, regulations and administrative provisions relating to undertakings for collective investment in transferable securities (UCITS). 이하 'UCITS Directive'라고 한다.

3) 정식 명칭: Directive 2011/61/EU of the European Parliament and of the Council of 8 June 2011 on Alternative Investment Fund Managers and amending Directives 2003/41/EC and 2009/65/EC and Regulations (EC) No 1060/2009 and (EU) No 1095/2010. 이하 '대체

8조 유로 이상의 규모이고 그중 약 80% 정도는 국경을 넘어 거래되고 있다. 또한, 대체투자펀드(AIF)의 규모는 약 5조 유로로서 그중 국경을 넘어 판매되는 비율은 약 40% 정도이다.[4] 이처럼 집합투자기구는 오늘날 유럽 증권시장에서도 가장 일반적인 투자형태로서 의미가 있다.

UCITS Directive는 집합투자기구가 '환매형'임을 전제로 자산 배분 등에 관련한 당해 Directive의 규제에 따를 것을 선택하는 경우 적용된다. 그 외의 집합투자기구에 대해서는 대체투자펀드 관리회사 Directive가 적용되므로, 그만큼 위 Directive는 이질적인 여러 종류의 펀드를 규율한다고 할 수 있다. 즉, 대체투자펀드 관리회사 Directive가 집합투자기구에 관한 가장 기본적인 펀드 형태이고, 펀드가 선택에 의해 UCITS Directive의 적용 대상이 될 수 있다. UCITS Directive의 경우 한 회원국에서 인가를 받으면 전체 EU 지역에서 판매활동을 벌일 수 있는 패스포팅(Passporting)의 효력에 제한이 없는 반면, 대체투자펀드 관리회사 Directive는 그러한 효력이 전문투자자에 대한 판매로 제한되므로, 소매투자자를 상대로 영업활동을 벌이고자 하는 펀드는 UCITS로 인가를 받을 유인(誘因)이 있다.

UCITS의 경우 주로 소매 판매(일반투자자에 대한 판매)를 상정하고 있으므로 이를 규율하는 UCITS Directive는 위험 분산 및 환매 요구에 대한 대응 등 투자자 보호에 초점을 맞추어 투자 대상 및 한도 규제가 상세히 규정되어 있다. 반면 대체투자펀드 관리회사 Directive는 글로벌 금융위기 진행 과정에서 위기를 심화, 증폭시켰다는 비난을 받은 헤지펀드(Hedge Fund) 및 사모펀드(PEF)의 과도한 레버리지, 자산 벗겨먹기(asset stripping)에 대한 규제에 중점을 두고 있다. 대체투자펀드 관리회사 Directive의 이러한 규제가 2008년 글로벌 금융위기 이후 보다 개입주의적 입장으로 선회한 EU 증권법의 태도를 보여 주고 있다.

투자펀드 관리회사 Directive'라고 한다.

4) Commercial Bar Association, Brexit Report – Financial Services Subgroup, p. 84.

제2장

UCITS Directive

Ⅰ. 적용범위

UCITS는 대중으로부터 모은 자금을 위험분산의 원리에 따라 양도증권 또는 제50조 제1항에 열거된 다른 유동성 금융자산에 투자하는 것을 유일한 목적으로 하는 기구로서, 당해 기구에 대한 청구권(units)을 가진 자가 언제든지 당해 기구의 자산으로 상환 또는 환매를 청구할 수 있는 것을 말한다(제1조 제2항).[5]

UCITS Directive는 집합투자기구의 형태로서 계약형,[6] 신탁형, 회사형(investment company)의 세 가지 종류를 인정하고 있다(제1조 제3항).

본 Directive의 적용 범위와 관련하여 (a) 환매 또는 상환 청구가 허용되지 않는 폐쇄형 집합투자기구[제1조 제2항 (a)호가 정한 UCITS의 정의에도 포함되지 않는다] (b) 유럽연합 내에서 판매 활동을 하지 않는 집합투자기구 (c) 펀드규칙 등에 따라 유럽연합 외에서만 공모하는 집합투자기구 및 (d) 설립된 회원국의 규정에 따라 투자대상의 제한에 관한 제7장(Chapter VII) 및 차입 제한에 관한 제83조[7]가 적용되지 않는 UCITS는 본 Directive의 규율 대상이 아니다(제3조).

5) 지분의 증권시장 가치가 순자산가치로부터 중대하게 이탈하지 않도록 하기 위해 UCITS가 하는 거래행위는 상환 또는 환매와 동일한 것으로 본다[제1조 제2항 (b)호].

6) 프랑스, 룩셈부르크, 아일랜드에서 주로 사용되는 집합투자 형태이다.

7) Chapter VII 및 제83조가 회원국에게 투자대상 제한, 차입 제한에 관한 예외가 적용되는 펀드를 설립할 수 있는 가능성을 열어 두고 있다.

Ⅱ. UCITS 및 관리회사[8] 인가

1. UCITS의 인가

가. 개설

UCITS은 설립된 주소지 회원국 감독당국의 인가를 받지 않는 한 활동할 수 없다. 대체투자펀드 관리회사 Directive가 대체투자펀드 관리회사(AIFM)에 대한 인가 외에 대체투자펀드(AIF) 자체에 대해서는 EU법 차원에서 인가를 요구하지 않는 것과는 대별된다. UCITS가 한 회원국에서 인가를 받으면 그러한 인가는 모든 회원국에 대하여 효력이 있다(제5조 제1항).

나. 인가 시 심사 대상

계약형 및 신탁형 UCITS에 대한 인가는, 관리회사가 당해 펀드의 관리를 신청하고 그러한 신청을 받은 감독기관이 펀드규정(fund rules) 및 수탁회사(depository) 선택의 적정성을 검토한 후 이루어진다(제5조 제1항).

회사형 UCITS에 대한 인가는 감독당국이 정관(instruments of incorporation) 및 수탁회사의 선택이 적절한지 검토한 후 이루어진다. 회사형 UCTIS은 관리회사가 지정된 경우와 지정되지 않은 경우(UCTIS 회사가 스스로 관리하는 경우)의 두 가지 모두 허용된다. 전자의 회사형 UCITS 인가를 위해서는 감독당국이 관리회사의 펀드 관리신청[9]까지 검토하여야 한다(제5조 제2항).

다. 인가의 요건

감독기구는 투자신청의 내용이 회사형 UCITS의 의무에 관한 제5장(chapter V)의 조건을 준수하지 않거나 관리회사가 등록된 회원국에서 인가 받지 못하였다는 등의 사정이 있는 경우 UTICS를 인가하여서는 아니된다(제5조 제4항). 즉, 관리회사가 자신이 등록한 회원국에서 인가를 받는 것은 UCITS 인가의 전제 조건이다.[10]

---

8) 관리회사(management company)는 우리 자본시장법 제8조 제4항에 따른 '집합투자업자'에 해당한다.

9) 즉, 회사형 UCITS의 경우 관리회사의 관리가 필수적 요소는 아니다.

10) Niamh Moloney, EU Securities and Financial Markets Regulation, p. 218 (Oxford Legal Research Library, 3rd Edition, 2014).

UCITS의 회원국 감독당국은 수탁회사의 이사가 좋은 평판, 당해 UCITS 유형에 관한 충분한 경험을 갖추지 못한 경우 UCITS을 인가하여서는 아니된다. 이러한 목적을 위하여 수탁회사의 이사가 변경될 때마다 감독당국에 통지되어야 한다(제5조 제4항).

감독당국은 인가의 요건으로서 관리회사와 UCITS이 같은 회원국 내에서 등록하거나 관리회사가 UCITS 등록지 회원국에서 활동할 것을 요구하여서는 아니된다(제5조 제3항). 그러므로, UCITS Directive는 다른 회원국에 등록한 관리회사가 UCITS를 관리하는 경우를 허용하고 있다. EU 차원의 단일한 증권시장을 형성하기 위한 것이다.

다만, 감독당국은 UCITS가 펀드규정 등에 따라 등록지 회원국 내에서 마케팅 활동을 하는 것이 금지되어 있는 경우 당해 UCITS의 설립을 승인할 수 없다(제5조 제5항). 즉, 오로지 다른 회원국에 판매할 목적으로 설립되는 펀드는 승인을 받을 수 없다. 유럽연합조약에서 상정하는 서비스 및 기업 이동의 자유, 특히 Centros 법리에 반하는 면이 있다고 생각된다. UCITS에 대해서는 등록지 회원국이 이를 주로 감독하도록 되어 있으므로, 위와 같은 UCITS을 승인하는 경우 감독의 공백이 발생할 가능성이 높다는 점을 고려한 것이다.

2. 관리회사의 인가

관리회사 역시 인가를 받아야 한다. 등록지 회원국에서 받은 인가는 모든 회원국에 대하여 효력이 있다(제6조 제1항). 관리회사는 UCITS의 관리 및 그에 따른 부수적 업무(Annex II에 열거되어 있다), 감독당국이 승인하는 제한된 범위의 투자일임(제6조 제3항) 외에 다른 사업을 영위하여서는 아니된다(제6조).

최초 납입자본금은 125,000유로 이상이어야 하고, 관리회사에 참여하는 사람들은 좋은 명성과 충분한 경험을 보유하고 있어야 한다. 또한 관리회사의 본사(head office)와 등록된 주소(registered office)는 한 회원국 내에 있어야 한다(제7조 제1항). 등록된 주소가 속한 회원국이 감독 권한을 행사하는데, 만약 실제 사업상의 의사결정을 내리는 장소가 다른 회원국에 있다면, 감독의 공백이 발생할 수 있다는 점을 고려한 것이다.

회원국들은 관리회사의 행위규정을 마련하여 시행하여야 한다. 여기에는 UCITS의 최선의 이익을 좇아 행동할 의무, 이익충돌을 방지할 의무 등이 포함되어야 한다(제14조). 집행위원회는 세부 기준을 정하여 이를 시행하여야 한다(제14조 제2항). 한편, 관리회사는 당국의 인가를 받아 UCITS 운영 외에 연기금 등을 포함하여 투자 포트폴리오의 투자일임 업무(고객별 관리 및 재량적 운영)를 수행할 수 있는데(제6조 제3항), 이러한 경우 관리회사는 그러한 투자 포트폴리오의 전부 또는 일부를 자신이 관리하는 UCITS에 투자할 수 없다(제12조 제2항). 이해상충을 막기 위한 것이다.

미국의 1940년 투자회사법은 Mutual Fund(EU법상의 회사형 UCITS) 이사의 최소한 40%를 독립된 사외이사로 채울 것을 규정하고 있는 반면, UCITS Directive는 그러한 의무를 규정하지 않고 있다. 이러한 면에서는 시장 규율에 보다 의존하고 있다고 볼 수 있다.[11)]

3. 수탁회사(depository)[12)]

수탁회사에 대해서는 인가에 관한 규정이 없다. 따라서, 수탁회사에 대해서는 사상호인정(passporting) 시스템 역시 존재하지 않는다.[13)]

Ⅲ. 인가의 상호인정(Passporting) 시스템

1. 인가의 효력

UCITS 및 관리회사는 한 회원국에서 인가를 받으면 다른 모든 회원국에서 활동할 수 있다(제5조 제1항, 제6조 제1항). 펀드 및 관리회사 규모를 확대하여 자산 관리의 효율성, 비용 절감을 도모하고자 하는 데에 목적이 있다.[14)]

회원국들은 다른 회원국에서 설립된 관리회사가, 지점을 통해서든 서비스

---

11) Jan Jaap Hazenberg, Independence and focus of Luxembourg UCITS fund boards, 41 European Journal of Law and Economics, p. 118 (2016).

12) 'depositary'의 사전적 의미에 가깝게 '수탁회사'로 번역하였다. (i) 다만, depositary는 집합투기자기구의 재산을 보관하는 역할을 수행할 뿐 반드시 그 소유권을 이전받는 것은 아니다. 반드시 신탁형이 아니더라도 UCITS Directive가 상정하는 모든 유형의 UCITS에 대해 수탁회사가 지정되어야 한다. 따라서, 우리나라 자본시장법 제188조 제1항에 따른 신탁형 집합투자기구에 있어서의 신탁회사 개념과는 차이가 있다. (ii) 또한, depository는 관리회사의 운용지시에 따라 거래를 수행하는 외에 재산의 계산 등 업무를 수행한다. 즉, 우리나라 자본시장법 제254조 제1항에 따른 일반사무관리회사 업무 역시 수행한다.

13) 각주 10, p. 217.

14) 위의 책 p. 219.

제공의 자유를 통해서든(원격 서비스를 의미한다), (다른 회원국에서) 인가 받은 행위를 (자국 내에서) 할 수 있도록 보장하여야 한다(제16조 제1항). 따라서, 예컨대 프랑스에서 인가받은 관리회사가 룩셈부르크에서 인가받은 UCITS을 운영할 수 있다.

2. 지점 설립의 경우

가. 질차

관리회사는 다른 회원국에 지점을 설립하려는 경우 등록지 회원국 감독당국에 운영계획 등을 제출하여 이를 승인받아야 한다. 등록지 회원국 감독당국은 이를 진출하려는 회원국 감독당국에 통보하여야 한다(제7조 제1항 내지 제3항).

나. 감독 권한의 소재

지점에 대한 건전성 규제는 본점이 소재한 회원국(등록지 회원국)이 이를 담당한다(제10조 제2항). 그러나 지점은 지점 소재지 회원국이 제14조에 따라 정한 행위규범을 준수할 의무가 있고(제7조 제4항), 그에 대한 감독책임은 지점 소재지 회원국에 있다(제7조 제5항).

3. 지점을 설립하지 않는 경우

가. 원칙

다른 회원국의 관리회사가 지점을 설립하지 않고 다른 행위 없이 오직 UCITS 지분 판매 활동만을 하고자 하는 경우 감독당국은 다른 추가적 요구 없이 이를 승인하여야 한다(제16조 제1항, 제91조).

이러한 경우 관리회사는 UCITS 지분을 판매하는 당해 회원국 내에서 지분 보유자에 대한 지급, 지분의 환매 및 상환, 본 Directive에 따른 정보 제공이 이루어질 수 있는 장치를 마련하여야 한다(제16조 제1항, 제92조).

나. 감독 권한의 소재

이에 대한 감독 책임은 등록지 회원국에 있어서, 등록지 회원국 감독당국은 UCITS가 제출하는 주요 투자자 설명서(key investor information) 등의 정보가 완전한지 확인한 후 이를 지분 판매가 이루어지는 회원국 감독당국에 전송하여야 한다. 회원국 감독당국은 그밖에 다른 추가적인 정보를 요구할 수 없다(제93조 제2항 내지 제6항).

개정 전 Directive는 비등록지 회원국 내의 광고 등 판매활동에 관해 아무런 규정이 없어 이에 대해 각 회원국별로 상이한 규제가 이루어졌고, 그에 따라 UCITS는 마케팅 활동을 벌이는 회원국마다 서로 다른 다양한 정보의 제공을 요구받아 전 유럽 차원에서 활동하는 UCITS의 출현이 제한을 받았다.[15] 실제로 인가의 상호인정(passporting) 제도에도 불구하고 다른 회원국에 널리 수출되는 것은 룩셈부르크, 아일랜드, 영국 3개 나라 펀드에 제한되었고, 그에 따라 대부분의 지역에서 금융소비자의 펀드 선택의 폭은 확대되지 못하였다.[16] 그에 대한 반성에서 위와 같이 진출 대상 회원국이 아니라 등록지 회원국이 정보 제공을 감독하는 제도가 도입된 것이다.

다만, UCITS Directive 제94조 제1항은 다른 회원국 내에서 UCITS에 대한 마케팅 활동을 하는 경우 (정보의 내용이 아닌) 방법에 대해서는 그 다른 회원국 법령이 정하는 기준을 따를 것을 요구하고 있다. 마케팅 활동에 대해서는, UCITS Directive가 이를 구체적으로 언급하지 않고 있고, UCITS은 MiFID의 적용대상이 아니므로,[17] 마케팅 활동에 대한 규제가 사실상 전부가 회원국의 자율에 맡겨져 있다.

결과적으로 위 제94조 제1항이 다른 회원국 내에서 펀드(UCITS)의 자유로운 판매를 막는 우회적인 수단이 될 수 있다는 비판이 제기된다.[18] 다만, UCITS Directive 제14조는 각 회원국들이 관리회사의 행위규범에 관한 규정을 정할 것을 요구하고 있는데, 마케팅 방법에 관한 내용 역시 그러한 행위규범에 포함될 가능성이 높고, 이에 대해서는 Commission 차원에서 세부규칙을 정하도록 하고 있으므로, 마케팅 방법에 대한 법령 통일 작업이 전혀 이루어져 있지 않다고 할 것은 아니다.

15) Kevin R. Johannsen, Jumping the Gun: Hedge Funds in Search of Capital under UCITS IV, 5 Brooklyn Journal of Corporate, Financial and Commercial Law, p. 479 (2011).

16) 위의 논문, p. 482.

17) MiIFD의 적용대상인 투자서비스 또는 투자활동, 투자회사 개념 모두 UCITS에 관한 것을 포함하고 있지 않다.

18) Christopher P Buttigieg, National marketing and product distribution rules for UCITS: a critical analysis, 7(4) Law and Financial Market Review, p. 196 (2013).

Ⅳ. 투자대상의 제한 및 한도

1. 연혁

UCITS Directive는 개방형 펀드만을 허용하고 있으므로 고객들의 환매, 상환 요구에 곧바로 대응할 수 있도록 하기 위해 자산 운용에 있어 환가 가능성을 고려한 여러 제한을 두고 있다.

1985년 도입된 최초의 UCITS Directive는 투자대상을 양도증권(transferable securities) 및 유동성 자산으로 엄격히 제한하였다. 제1차 UCITS Dircctive 하에서 (i) 비유동성 자산 및 채무증권에 대한 투자는 펀드 재산의 10%, 다른 UCITS에 대한 투자는 펀드 재산의 5%를 넘을 수 없었고, (ii) UCITS가 아닌 다른 펀드에 대한 투자는 금지되었으며, (iii) 한 발행자의 증권에 대해서는 펀드 재산의 5% 이내로 투자가 제한되었고, (iv) 차입에 대해서도 엄격히 이를 제한하였다.[19] 이러한 엄격한 제한으로 인해 UCITS의 신축적인 자산 운용이 곤란한 문제가 있었다.[20]

2001년 도입된 상품 Directive (Product Directive)[21][22] 및 적격자산 Directive (Eligible Assets Directive)[23]는 UCITS의 자산 운용에 보다 큰 탄력성을 부여하여 머니 마켓(money market) 상품, 은행 예금, 재간접펀드(fund of funds), 정규시장에서 거래되는 금융상품 선물/옵션(표준화된 것에 한정된다), 주가지수상품에 대한 투자까지 허용하였다. 파생상품에 대해서는 헤지 목적이 아닌 투자 목적의 보유가 허용되었다. 차입은 펀드 가치의 100% 범위까지 허용되었고 동일한 발행인이 발행한 증권에 대한 투자 한도는 20%, UCITS이 아닌 펀드에 대한 투자 한

19) 각주 10, p. 224.
20) 각주 15, p. 478.
21) 정식 명칭: Parliament and Council Directive 2001/108/EC amending Council Directive 85/611/EEC on the coordination of laws, regulations and administrative provisions relating to undertakings for collective investment in transferable securities (UCITS), with regard to investments of UCITS [2002] ojL 41/35.
22) 2001년 당시 UCITS을 규율하는 두 개의 체계로서 Management Directive와 Product Directive가 도입되었다.
23) 정식 명칭: Commission Directive 2007/16/EC of 19 March 2007 implementing Council Directive 85/611/EEC on the coordination of laws, regulations and administrative provisions relating to undertakings for collective investment in transferable securities (UCITS) as regards the clarification of certain definitions.

도는 30%까지 확대되었다.24)

2014년 개정된 현행 UCITS Directive는 투자대상을 다시 확대하고 있는데 규정의 내용을 살펴보면 다음과 같다.

2. 투자적격자산

투자적격자산은 다음과 같다(제50조 제1항).

① 양도증권 및 머니 마켓(money market) 상품(a, b, c, d목)

EU 회원국은 물론 및 제3국의 정규시장에서 거래되는 양도증권 및 머니 마켓(money market) 상품이 포함된다. 최근에 발행된 양도증권으로서 정규시장 상장을 준비하는 등의 제한을 충족하는 것 역시 적격자산에 해당한다.

양도증권은 세부 종류별로 환금성의 정도에 차이가 있으나 기본적으로 MiFID가 정한 개념 규정 상 양도가능성을 핵심으로 하고 있다. 따라서 양도증권을 투자 대상으로 삼는 경우 UCITS 소비자의 환매 요구에 대응할 수 있다. 또한, 양도증권은 MiFID 규정에 따른 개념 요소로서 유통가능성, 곧 시장에서 가격을 확인할 수 있는 속성을 가지고 있으므로, UCITS Directive가 요구하는 주기적인 가치 평가(기준가격 산정) 역시 가능하다.25)

UCITS가 아닌 폐쇄형 펀드 역시 정규시장에 상장될 수 있으므로, UCITS의 투자대상은 UCITS 외의 다른 집합투자기구까지 확대된 것으로 볼 수 있다. 이 경우 투자대상이 되는 집합투자기구에 관한 제한(아래 ②)이 적용되지 않는 것으로 해석된다.

② UCITS 및 다른 집합투자기구의 지분. 다만 투자대상이 되는 UCITS 등이 (당해 UCITS의) 정관 등에 따라 다른 UCTIS 등에 대한 투자 한도를 10% 이내로 정하고 있는 경우로 한정한다(e목). 한 펀드의 부실이 연쇄적으로 그것에 투자한 다른 펀드의 부실까지 초래하지 않도록 하기 위한 것이다.

③ 신용기관(credit institutions)에 대한 예금으로서 요구불 또는 만기가 12개월 이내인 것. 신용기관은 EU 회원국에 등록되어 있어야 하고, 그렇지 않은 경우 당해 제3국이 EU와 동일한 수준의 건전성 규제를 갖추고 있어야 한다(f목).

④ 금융상품이 기초자산인 파생상품. 현금청산형을 포함한다. 정규시장에

24) 각주 15, pp. 481~482.
25) 각주 10, p. 226.

서 거래되는 것을 원칙으로 한다. 장외 파생상품 거래의 경우 거래 상대방이 건전성 규제를 받는 기관이어야 하고 정확한 가치평가가 가능해야 한다는 등의 일정한 요건을 충족해야만 적격투자자산에 해당한다. 보유 목적에 제한이 없으므로 헤지 목적이 아닌 투자 목적의 보유 역시 허용된다(g목).

⑤ 정규시장 밖에서 거래되는 머니마켓 상품으로서 일정한 요건을 충족하는 것(h목).

UCITS는 투자자산의 10% 이상을 투자적격자산 외의 자산에 투자할 수 없다. UCITS는 귀금속 또는 이를 표창하는 증서에 투자하여서는 아니된다. UCITS는 보조적으로 현금성 자산(liquid assets)을 보유할 수 있다(제50조 제2항). 현금을 지급할 의무가 발생하는 경우에 대비한 것이다.

회사형의 UCITS는 사업을 영위하는 데에 직접 필요한 중요한 동산 또는 부동산을 보유할 수 있다(제50조 제3항). 그 외의 부동산은 투자적격자산이 아니다. 따라서, 부동산에 투자하는 REITs는 UCITS이 될 수 없고 대체투자펀드 관리회사 Directive의 규율을 받는다.

3. 위험관리 및 투자한도 제한

가. 위험관리 원칙

관리회사 또는 회사형 UCITS는 투자위험을 관리, 감독하는 시스템을 마련하여야 한다(제51조 제1항).

UCITS의 파생상품에 대한 익스포져는 포트폴리오의 순자산을 초과할 수 없다(제51조 제2항).

나. 한 발행자에 대한 투자한도

(1) 기본적 원칙

위험을 분산시키기 위해 특정한 발행자가 발행한 금융상품에 대한 한도가 설정되어 있다. UCITS는 한 사람이 발행한 양도증권 또는 머니마켓 상품에 자산의 5% 이상, 한 사람이 발행한 예금에 자산의 20% 이상을 투자해서는 안 된다.

또한, 하나의 장외 파생상품 거래에서 UCITS의 exposure는 (i) 거래 상대방이 신용기관인 경우 자산의 10%, (ii) 그 밖의 경우 자산의 5%를 넘어서는 안 된다(제52조 제1항).

(2) 예외적 한도 확대

회원국들은 한 사람이 발행하는 양도증권 또는 머니마켓 상품에 대한 투자한도 5%에 대해 보다 완화된 기준을 적용할 수 있다. (i) 회원국들은 양도증권 및 머니마켓 상품에 대한 한도를 10%로 설정할 수 있다. 이러한 경우 5%를 초과하여 투자한 발행인들에 대한 투자의 합계가 UCITS 자산의 40%를 초과할 수 없다. 다만, 위 40% 제한은 건전성 규제를 받는 금융기관에 대한 예금 및 장외거래에 대해서는 적용되지 않는다(제52조 제2항).

회원국들은 정부 등이 발행한 양도증권 또는 머니마켓 상품에 대해서는 35%, 일정한 조건을 충족하는 신용기관이 발행하는 회사채에 대해서는 25% 기준을 선택할 수도 있다(제52조 제3항 및 제4항). 여기서 정부 등 및 신용기관 발행 금융상품은 위 (i)의 한도 40%에 포함되지 않는다(제52조 제5항).

회원국들은 기업집단에 대한 투자에 20% 한도를 설정할 수 있다(제52조 제5항).

다. 다른 집합투자기구에 대한 투자한도

앞서 제2.나.항의 ②에서 살펴본 것처럼, 어떤 집합투자기구(A)의 다른 집합투자기구(B)에 대한 전체투자한도가 10% 이내로 정해진 경우에만 당해 집합투자기구(A)는 UCITS(C)의 투자 대상이 될 수 있다(제50조 제1항 e목). 또한, UCITS(C)의 다른 집합투자기구(A)에 대한 개별적 투자 한도는 펀드 자산의 10% 이내로 제한된다(제55조 제1항). 한 집합투자기구의 부실이 다른 간접투자상품의 부실까지 연쇄적으로 확대되는 사태를 막기 위한 것이다.

다만, 회원국들은 위 개별적 투자한도 10%를 20%로 확대할 수 있다(제55조 제1항).

UCITS을 제외한 다른 집합투자기구에 대한 투자한도 총계는 자산의 30%를 넘어서는 안 된다(제55조 제2항).

관리회사 또는 그와 관련된 회사가 관리하는 집합투자기구들 간의 지분 취득 및 상환에 있어 수수료가 부과되어서는 아니된다(제55조 제3항). 이해상충을 방지하기 위한 것이다.

라. 기업 경영에 중대한 영향력을 미치는 투자 등의 금지

본 Directive는 위험 분산을 장려하는 외에 UCITS이 투자 목적을 벗어나 기업 경영 관여로 나가는 것을 억제하는 장치 역시 마련하고 있다. 집합투자회사는 발행회사의 경영에 대한 중대한 영향력 행사를 가능하게 하는 의결권을 취득하여서는 아니된다. 관리회사 및 그것이 관리하는 펀드들을 합한 지분 취득 역시 중대한 영향력을 행사할 수준에 이르러서는 아니 된다(제56조 제1항).

또한, UCTIS는 발행회사의 의결권 없는 지분, 채무증권, 머니마켓 상품의 10%, 다른 한 집합투자기구 지분(units)의 25%를 초과하여 취득해서는 아니된다(제56조 제2항). 다만, 제56조 제1, 2항의 제한은 당해 금융상품이 회원국 정부의 지급보증을 받았다는 등의 사유가 있는 경우 그 적용이 배제된다(제56조 제3항).

Ⅴ. 특수한 형태의 UCITS

UCITS Directive는 특정한 자산에 집중하는 특수한 펀드를 장려하기 위해 위와 같은 제한을 완화, 배제하는 내용을 규정하고 있다.

1. 정부채 펀드

회원국들은 펀드 자산 전부를 정부, 지방정부, 국제기구(적어도 하나의 EU 회원국이 참가하여야 한다) 등이 발행하는 양도증권 및 머니마켓 펀드에 대해 투자하는 펀드를 허용할 수 있다. 이 경우 증권은 최소한 6회 이상의 다른 시점에 발행된 것이어야 하고, 한 시점에서 발행된 증권의 보유가 전체 자산의 30% 이상이면 안 된다(제54조 제1항).

회원국 정부는 (투자한도 제한에 관한) 제52조와 동일한 수준의 투자자 보호를 제공하는 UCITS에 한하여 이러한 투자를 허용할 수 있다(제54조 제1항). 다만, 그 기준이 명확히 규정되어 있지는 않다.

정부채 펀드라는 사실은 펀드 규정이나 설립정관, 투자설명서에 명확하게 기재되어야 한다(제54조 제2항, 제3항)

2. 주가지수 펀드

회원국들은 주가지수 등을 추종하는 UCITS에 대해서는 하나의 발행자에

대한 투자한도를 20%로 정할 수 있다. 하나의 주가지수에서 특정한 회사의 비중이 20%를 초과하는 경우에도 주가지수 펀드를 운용할 수 있도록 하기 위한 것이다.

이 경우 당해 UCITS의 펀드 규정 등에 주가지수 등을 추종한다는 펀드 목적이 기재되어 감독당국의 승인을 얻어야 한다. 또한, 추종의 대상인 당해 주가지수 등은 충분한 분산투자, 시장의 대표성 등 요건을 충족하여야 한다. 또한 당해 펀드가 주가지수 등을 적절하게 좇아 투자할 수 있는 역량이 있어야 한다(제53조 제1항).

정규시장에서 특정한 주식 등의 비중이 매우 높다는 등의 예외적인 사정이 있는 경우 회원국은 위 20% 한도를 35%로 높여 적용할 수 있다(제53조 제2항).

3. 모자형 펀드(Master-Feeder UCITS)

자펀드 UCITS는 특별한 승인을 얻어 자기 자산의 85% 이상을 다른 UCITS, 곧 모펀드 UCITS에 투자하는 UCITS를 말한다(제58조). 풀링(pooling)을 이용한 위험 분산, 국경을 넘는 펀드 투자의 활성화를 위해 이러한 형태의 투자가 필요하다는 업계의 요구를 받아들여 2009년 개정된 UCITS Directive에서 도입되었다. 투자대상 제한 규정에 대한 중요한 예외를 이루고 있다.

그런 만큼 펀드의 부실이 다른 펀드로 이전될 수 있는 위험을 내포한다고 볼 수 있는데, 이를 방지하기 위한 몇 가지 규정들이 있다. 여기에는 자펀드 UCITS에 대한 사전 승인(제59조), 모펀드 UCITS의 자펀드 UCITS에 대한 정보 제공(제60조), 자펀드 UCITS의 나머지 15% 자산을 현금 확보, 헤지 목적의 파생상품 보유 등에 사용해야 한다는 투자 원칙(제58조), 자펀드 및 모펀드 UCITS의 수탁자, 감사인 간 협력(제61조 및 제62조), 자펀드 UCITS의 투자설명서, 사업보고서, 반기보고서에 포함되어야 하는 사항에 대한 규정(제63조), 이미 운용 중인 UCITS을 모자 펀드 구조로 전환하는 절차(제64조), 모펀드 UCITS와 관련한 자펀드 UCITS의 특별한 감독 및 모펀드 UCITS의 자펀드 UCIT, 감독당국에 대한 의무(제65조 및 제66조) 등이 포함된다.

Ⅵ. 수탁회사와 관련된 문제들

1. 문제의 소재

수탁회사는 UCITS의 재산을 소유, 관리하면서 자산 평가와 관련한 기술적 업무를 수행하고 있다.[26)]

2009년 개정 UCITS Directive까지는 EU 차원에서 수탁회사를 규율하는 독자적인 체계가 따로 존재하지 않았다. 그러나, 장기간 계속된 마도프(Madoff) 폰지 사기의 배경으로 수탁회사가 관리회사와 독립적 입장에서 펀드 관리 업무를 수행하지 않았다는 점이 지적되고, 룩셈부르크 및 아일랜드의 몇몇 펀드들이 마도프 사기로 손해를 입은 점이 드러나면서, 수탁회사에 대한 감시, 감독 강화가 중요한 쟁점으로 제기되었다.[27)]

2012년 UCITS Directive 개정 시 수탁회사에 대한 규제를 강화하는 내용이 포함되었다. UCITS Directive 하에서 수탁회사는 펀드 재산을 보관하는 동시에 관리회사의 행위에 대한 감시의무까지 부담함으로써 펀드 투자자 보호를 위한 중심 역할을 담당하게 되었다.[28)]

2. 수탁회사에 대한 규제

가. 수탁회사의 지정

UCITS에 대해서는 개별적으로 수탁회사가 지정되어야 한다(제22조 제1항). UCITS와 수탁회사의 계약은 문서로 작성되어야 한다(제22조 제2항).

수탁회사는 UCITS의 등록지 회원국 내에 등록된 사무소를 가지고 있거나 당해 회원국에서 설립되어야 한다(제23조 제1항).

---

26) 각주 12 참조.

27) 각주 10, pp. 243~244.

28) Mohammed K. Alshaleel, Undertakings for the Collective Investment in Transferable Securities Directive V: Increased Protection for Investors (2016), http://repository.essex.ac.uk/19658/1/Undertakings%20for%20the%20Collective%20Investment%20in%20Transferable%20Securities%20Directive%20V%20Increased%20Protection%20for%20Investors.pdf (최종 방문: 2020. 4. 23), p. 2.

나. 수탁회사와 관리회사 등 역할의 분리

어떤 회사도 수탁회사와 관리회사 두 가지로 활동할 수 없다. 또한, 어떤 회사도 수탁회사와 회사형 UCITS의 두 가지 역할을 모두 수행할 수 없다(제25조 제1항).

수탁회사는 UCITS, UCITS 투자자, 관리회사, 자신 간에 이해상충을 일으키는 방식으로 활동하여서는 아니된다. 수탁회사는 잠재적 이해상충을 불러일으킬 수 있는 업무들을 기능적, 수직적으로 분리하여야 하고, 이해상충의 위험을 식별·관리·감시·공개하여야 한다(제25조 제2항).

다. 수탁회사의 의무

수탁회사는 관련된 법령에 따라 UCITS 지분의 판매, 발행, 재구매, 상환, 취소 등을 실행하여야 하고, UCITS 지분을 적절하게 평가해야 하며, 법령이나 펀드 규정에 위배되지 않는 한 관리회사 또는 집합투자회사의 지시에 따라 거래를 수행하여야 하고, UCITS 자산과 관련된 대가를 통상의 시간 내에 지급하여야 한다(제22조 제3항).

특히, 수탁회사는 UCITS의 현금흐름을 적절하게 감시해야 하고, 특히 UCITS 지분에 대한 투자자의 납입이 이루어지도록 하며, UCITS의 모든 현금거래가 적절히 장부에 기록되도록 할 의무를 부담한다(제22조 제4항). 또한, 수탁회사는 UCITS이 보유한 금융자산을 수탁하여 관리하고 다른 재산에 대해서는 UCITS의 소유권이 유지되도록 하여야 한다(제22조 제5항).

수탁회사는 제22조 제3항 및 제4항의 감시 업무 등을 제3자에게 위탁할 수 없고, 일정한 요건이 충족됨을 전제로 제22조 제5항의 수탁 관리 의무 등만을 위탁할 수 있다[제22(a)조].

위와 같은 규제는 마도프(Madoff) 사기와 유사한 일이 다시 발생하는 것을 막기 위한 것이다. 다만, 유럽 내에서 판매되는 UCITS들이 버진 아일랜드(Virgin Island), 버뮤다(Bermuda) 같은 이른바 역외금융센터에서 설립되고 그 곳의 수탁회사들이 자산을 관리한다는 사정을 고려하면, 이러한 지역까지 규제할 수 없는 위와 같은 규정들이 사기 행위에 따른 EU 투자자들의 피해를 막는 데에는 일정한 한계가 있다고 생각된다.

3. 수탁회사의 손해배상책임 등

수탁회사는 위탁 받은 금융상품을 분실한 경우 동일한 종류의 금융상품을 지체없이 UCITS 또는 관리회사에게 반환하여야 한다. 다만, 손해가 자신이 통제할 수 없는 외부적 사정에 의해 발생하였거나 모든 합리적인 노력을 다하였을 경우에도 같은 결과가 발생하였을 것이라는 점을 입증하는 경우 수탁회사는 책임을 부담하지 않는다(제24조 제1항 2문단).

또한, 수탁회사는 고의 또는 과실로 본 Directive에 따른 자신의 의무를 다하지 않음으로써 발생한 다른 손해에 대하여 UCITS 또는 그 투자자에게 이를 배상할 책임이 있다(제24조 제1항 3문단). 제2문단의 금융상품 분실 외의 다른 경우에 관한 손해배상책임인데, 예를 들어 금융상품 범위에 속하지 않는 장외 파생상품과 관련한 기장에 오류가 있거나 권리자 확인에 착오가 있어 손해가 난 경우 등이 포함될 것이다.[29] 고의, 과실을 요구한다는 점에서 금융상품 분실 등에 따른 손해배상책임과 구분된다.

수탁회사는 일부 업무를 위탁하였다는 점으로 위 두 가지 책임을 면할 수 없다(제24조 제2항).

두 가지 책임은 약정에 의해 배제 또는 제한될 수 없다(제24조 제3항). 그러한 약정은 무효이다(제24조 제4항).

UCITS 지분 보유자는 직접적 방식으로, 또는 관리회사나 집합투자회사를 통하는 간접적 방식으로 수탁회사에 대한 책임을 구할 수 있다. 이러한 경우 배상책임을 이중으로 묻거나 UCITS 지분 보유자를 불균등하게 대우하는 결과가 생겨서는 아니된다(제24조 제5항). UCITS 지분 보유자의 직접 청구는 이른바 간접손해의 배상을 구하는 것이므로, 위 조항은 이중청구가 없어야 한다는 등의 제한을 전제로 펀드 및 펀드 투자자 모두가 손해배상을 구할 수 있도록 한 것이다.

---

29) 위의 논문, p. 12.

제3장

대체투자펀드 관리회사 Directive

Ⅰ. 개관

1. 규제의 대상

대체투자펀드 관리회사 Directive는 대체투자펀드 관리자를 규율하는 법률이다. 대체투자펀드는 UCITS을 제외한 다른 펀드들을 의미한다. 대체투자펀드 관리회사 Directive가 규제의 대상으로 상정한 가장 전형적인 대체투자펀드는 헤지펀드, 사모펀드로 이해되고 있다.

가. 헤지펀드

대체투자펀드 관리회사 Directive는 헤지펀드에 대한 정확한 개념 규정을 포함하지 않고 있다. 보통 헤지펀드는 몇 가지 특징을 통해 정의된다. 헤지펀드는 다양한 시장과 자산군에 투자하고 투자전략 역시 다양하며 거래규모가 매우 크고 절대적 수익을 추구한다. 헤지펀드의 구조를 살펴보면, 유한책임사원(General Partner)은 통상 관리수수료로 1~2%, 성과수수료로 15~25%를 받고, 투자회수기간은 약 6개월이며, 소수의 대규모 투자자들로부터 자산을 조달하는 것이 특징이다.[30] 투자자들은 대개 기관투자자나 고액 자산가들로 한정된다.[31][32]

이런 특성 때문에 집합투자기구에 대한 규제 밖에 놓이는 상황이 지속되었다.

1990년대말 약 40억 달러 정도였던 헤지펀드의 운용자산 규모는 급속도로 성장하여 2007년말에는 약 2조 달러에 이르고 있다. 금융위기 직후 다소 감소하던 헤지펀드의 자산 운용 규모는 2012년말 현재 2조 2,500억 달러로 추산된다. 이러한 급속한 성장세에도 불구하고 헤지펀드 운용규모는 전 세계 주식시장 가치의 약 1% 정도로서 그 비중이 높다고는 할 수 없다.

그러나 헤지펀드가 UCITS와는 달리 몇 개 주식에만 투자하는 경우가 빈번하고 높은 레버리지를 활용하기 때문에 실제 주식시장에 미치는 영향력은 그보다 훨씬 더 크다.[33] 헤지펀드는 1990년대 후반 아시아 및 러시아 금융위기 과정에서 파산한 롱텀 캐피탈 매니지먼트(Long Term Capital Magagement) 사태를 통해 시장에 미치는 파급력이 매우 크다는 점이 확인된 바 있다.[34] 그러나 헤지펀드는 오랜 동안 별다른 규제가 없어 종목의 선택과 전략 구사에 별다른 제약이 없고 보수도 자유롭게 결정할 수 있었기 때문에 공격적인 투자전략을 구사하였고 이를 통해 시장의 불안정성을 확대하는 역할을 한 것으로 평가된다.[35]

나. 사모펀드

사모펀드에 대한 정의 규정 역시 대체투자펀드 관리회사 Directive에 포함되어 있지 않다. 사모펀드는 펀드 창설자 외에 재간접펀드, 연기금, 투자펀드, 고액 자산가들과 같이 자산 규모가 큰 다른 투자자들로부터 자금을 조달한다. 투자자들은 대개 환매권 없이 투자기간 내내 자신의 자금을 묶어 두는 경향이 있다. 따라서, 투자대상이 반드시 환금성이 좋아야 할 필요가 없다. 사모펀드는 비상장회사에 투자되는 경우가 많고, 상장회사를 인수하여 상장폐지를 추진하는 경우도 흔히 발견된다.

---

30) Dionysia Katelouzou, Myths and Realities of Hedge Fund Activism: Some Empirical Evidence, 7 Virginia Law and Business Review, p. 469 (2013).

31) Eilís Ferran, After the Crisis: The Regulation of Hedge Funds and Private Equity in the EU, 12 European Business Organization Law Review, p. 380 (2011).

32) 각주 10, pp. 270~271.

33) Jan Fichtner, Hedge funds: agents of change for financialization, 9(4) Critical perspectives on international business, pp. 359~360 (2013).

34) 각주 31 논문, p. 385.

35) 각주 33 논문, pp. 360~361.

글로벌 금융위기 이전까지 사모펀드의 규모 역시 비약적으로 증가하여, 예컨대 2006년 상반기 영국에 위치한 사모펀드의 펀딩 규모는 112억 파운드로서 같은 기간 런던 증권거래소의 IPO 금액 104억 파운드를 초과하고 있다.[36)]

사모펀드에서는 특히 대규모 레버리지 거래, 이른바 차입매수(Leveraged Buy Out) 기법이 사용된다. 차입매수 전략 하에서 사모펀드는 몇 단계의 특수목적회사를 거치면서 부채규모가 당초 투자규모를 크게 초과하는 경우가 많다. 헤지펀드가 스스로 레버리지를 일으키는 것과 대비된다.[37)] 차입매수를 통해 대규모 M&A가 가능해지고, 자기자본 투자수익률을 높일 수 있다.[38)][39)]

2. 대체투자펀드 관리회사 Directive의 도입 배경

가. 글로벌 금융위기와 사모펀드, 헤지펀드

대체투자펀드(AIF)는 소매투자자들의 가입 비중이 높지 않은 탓에 글로벌 금융위기 이전까지 유럽연합 차원에서는 그에 대한 별다른 규제 논의 자체가 진행되지 않았다.[40)] 그러나 대체투자펀드는 앞서 본 것처럼 금융시장에 미치는 영향이 작지 않다. 2008년 글로벌 금융위기의 주범으로 지목되어 이후 그에 대한 규제 논의가 진행되었다.[41)]

이들 대체투자펀드가 시스템 위기를 초래하는 것은 두 가지 경로를 통해 설명될 수 있다.

첫 번째 경로는, 이들 펀드가 대규모 자금을 차입하는 특성상 투자 실패시, 특히 금융위기 사태가 발생하는 경우, 자금을 빌려준 은행의 부실화를 초래할 수 있다는 것이다.[42)] 이 점과 관련해서 사모펀드(PEF)가 구사하는 차입매수(LBO) 전략이 비판의 대상이 된다.[43)]

---

36) Jennifer Payne, Private Equity and Its Regulation in Europe, 12 European Business Organization Law Review 560 (2011).
37) 위의 논문, p. 565.
38) Niamh Moloney, EU Securities and Financial Markets Regulation, p. 273 (Oxford Legal Research Library, 3rd Edition, 2014).
39) 각주 31, p. 381 (2011).
40) Wulf A. Kaal, Hedge Fund Valuation: Retailization, Regulation and Investor Suitability, 28 Review of Banking & Financial Law, p. 608 (2009).
41) 오성근, 영국의 집합투자업에 관한 규제, 증권법 연구 제18권 제1호, 2017년, 207면
42) 각주 31, pp. 382~383.
43) 위의 논문, p. 385.

두 번째로, 헤지펀드 등의 투자양상이 공격적이고 규모가 크다는 점이 관심의 대상이 된다. 또한 헤지펀드들은 비슷한 전략, 위험관리 기법을 사용하는 경향이 있다. 따라서 위기가 닥치면 헤지펀드들이 일시에 한 방향으로 움직이면서 수요와 공급의 균형에 의해 움직이는 시장의 정상적 기능과 유동성을 교란시킬 위험이 있다.[44] 2008년 글로벌 금융위기 과정에서 대체투자펀드들이 투자자들의 환매 요구에 대응하기 위해 일시에 증권 매도에 나선 것이 위기를 증폭시켰다는 비판이 제기되었다.[45] 또한 헤지펀드등이 대규모로 공매도에 나선 것도 위기를 가중시킨 요인으로 지목되었다.[46]

다른 한편으로 헤지펀드는 비교적 단기의 투자자금을 유치한 후 이를 비유동적인 자산에 투자하므로 일종의 그림자 금융 역할을 수행한다.[47] 그럼에도 은행 등과 비교하여 투명성이 부족하여 위기를 가중시킬 수 있다는 비판 역시 꾸준히 제기되어 왔다.[48]

이들이 영미식의 주주자본주의를 전파하는 첨병(尖兵)으로 작용했다는 비판 역시 있다. 예컨대, 2005년 헤지펀드들이 연합하여 독일 증권거래소(Deutsche Börse)의 런던 증권거래소(London Stock Exchange) 인수계획을 좌절시켰는데 이는 독일 내에서 상당한 논쟁을 촉발하였다.[49]

나. 입법 배경

대체투자펀드에 대해서는 주로 국제증권관리위원회기구(International Organization of Securities Commissions, IOSCO)에 의한 자율규제가 이루어지고, EU 혹은 회원국 차원에서 이를 규제하려는 별다른 움직임이 없었다. 그러나, 2008년 글로벌 금융위기 이후 헤지펀드, 사모펀드(PEF) 등이 위기를 증폭시켰다는 비판이 제기되면서 상황이 달라졌다. 2008년 워싱턴, 2009년 런던에서 열린 G20 정상회담에서는 헤지펀드 등에 관한 규제가 필요하다는 합의가 이루어졌다.[50] EU

44) 위의 논문, pp. 382~383.
45) 위의 논문, p. 385.
46) 각주 36, p. 565.
47) 위의 논문, p. 576.
48) 각주 31, p. 385.
49) I. Simensen, Activist Investors Seek Success in Germany, Financial Times (2007. 12. 7).
50) 각주 38, p. 279.

집행위원회 의뢰로 작성된 Larosière 보고서는 "투자펀드와 관련하여 EU차원의 공통 규정을 마련할 것"을 권고하고 있다.[51] EU 내에서 헤지펀드의 중심지인 영국은 이에 대해 반대하는 입장이었던 반면, 프랑스와 독일은 보다 강력한 규제를 요구하였다.[52] 유럽 연합 공통의 입법에 이르기까지 유럽의회 의원들이 무려 1,000번이 넘게 수정안을 제출하였고, 유럽연합과 이사회가 각기 독자적인 입법안을 마련하기도 하였다.

대체투자펀드 관리회사 Directive는 이러한 배경 하에서 2011년 제정되었다. 미국에서도 헤지펀드의 증권거래위원회(SEC) 등록을 의무화하는 Dodd-Frank Act가 시행되었다. 이로써 헤지펀드에 대한 규제는 일종의 자율규제기관인 IOSCO에 의한 가벼운 규제로부터 감독기구 개입에 의한 보다 강력한 규제로 선회하게 되었다.[53]

다른 한편으로 헤지펀드의 공매도 전략 역시 위기를 증폭시킨 요인으로 지적되고 있는데, 공매도에 대한 규제는 제8편 제2장에서 설명한 바 있다.

Ⅱ. 적용범위

1. UCITS Directive와의 관계

본 Directive에서 'AIF', 곧 대체투자펀드란 미리 정의된 투자정책에 따라 투자할 목적으로 다수 투자자로부터 자금을 조달하는 집합투자기구(집합투자를 수행하는 부문을 포함한다)로서 UCITS Directive에 따른 인가가 필요하지 아니한 것'을 의미한다(제1조).

UCITS Directive의 적용대상이 아닌 펀드들은 본 Directive의 규제대상이다. 다시 말해, 펀드에 대한 EU법상의 규제는 기본적으로 대체투자펀드 관리회사 Directive가 적용되고, 환매가 항상 가능하고 투자 대상이 제한되는 등의 일정한 요건을 갖춘 펀드만이 스스로의 선택에 따라 인가를 받아 UCITS Directive의 적용 대상이 된다.

이처럼 집합투자기구에 대한 EU법상의 규제는 우리 자본시장법이 사모(私

---

51) Report of the High-Level Group on Financial Supervision in the EU (2009. 2), p. 26.
52) 각주 50.
53) 각주 33, p. 388.

募)의 방법에 따라 모집되어 투자자 총수가 49인 이하인 경우를 집합투자업 규율 대상에서 제외하는 것과는 다른 체계를 갖추고 있다.[54)]

2. 규율의 대상

대체투자펀드 관리회사 Directive는 대체투자펀드 자체가 아니라 이를 관리하는 대체투자펀드 관리회사를 규율 대상으로 한다. 대체투자펀드는 EU 혹은 제3국에서 그 나라 법률에 따라 인가를 받거나 등록해야 하지만[EU 대체투자펀드 관리회사 Directive 제4조 제1항 (k)호, (aa)호] 본 Directive가 그에 관해 통일된 기준을 마련하려는 것은 아니다. 대부분의 헤지펀드들이 역외금융센터에서 설립되고 있어 이들에 대한 EU차원의 규제가 실효를 거둘 수 없다는 점을 고려한 것이다.[55)]

대신 대체투자펀드 관리회사 Directive는 회원국들에게, 각 대체투자펀드마다 하나의 대체투자펀드 관리회사가 지정되고, 당해 관리회사가 본 Directive를 준수하도록 할 것을 요구하고 있다. 다만, 외부 관리회사가 지정되는 경우 외에, 대체투자펀드가 내부적인 관리가 가능한 조직 구조인 경우 당해 대체투자펀드는 선택에 따라 외부 관리회사를 지정하지 않을 수도 있다. 그러한 경우 당해 대체투자펀드 자체를 관리회사로 간주한다(제5조 제1항).

3. 적용의 예외

본 Directive는 (a) EU 대체투자펀드 관리회사(EU 대체투자펀드와 非EU 대체투자펀드를 관리하는 경우를 불문한다), (b) EU 대체투자펀드를 관리하는 비EU 대체투자펀드 관리회사 및 (c) EU 대체투자펀드와 비EU 대체투자펀드에 관해 유럽연합 내에서 마케팅 활동을 벌이는 비EU 대체투자펀드 관리회사 대해서도 적용된다(제2조).[56)]

관리회사는 자신 혹은 자신의 모회사·자회사, 위 모회사의 다른 자회사가 투자한 대체투자펀드만을 관리하는 경우 본 Directive가 적용되지 않는다(제3조

54) 각주 41, 218면.

55) Hubert Zimmermann, British and German approaches to financial regulation in Global Finance in Crisis, p. 132 (Eric Helleiner et al., Routledge, 2010).

56) 대체투자펀드 Regulation 서문 제(13) 문단.

제1항).

Ⅲ. 대체투자펀드 관리회사에 대한 인가 및 상호인정(Passporting)

1. 인가의 범위

인가받지 않은 대체투자펀드 관리회사는 대체투자펀드를 관리할 수 없다.57)

대체투자펀드 관리회사는 포트폴리오 및 위험 관리 기타 부수적인 마케팅 활동, 행정적 업무 외에 다른 업무를 수행할 수 없다(제6조 제2항).

다만, 대체투자펀드 관리회사(대체투자펀드가 스스로를 관리하는 경우를 제외한다)는 등록지 회원국의 인가를 받아 연기금 등으로부터 위임 받은 투자자문 등 비핵심 업무를 수행할 수 있다(제6조 제4항).

2. 인가 절차

인가 절차에 관한 사항은 제7조에 규정되어 있다. 대체투자펀드 관리회사는 인가를 받기 위해 등록지 회원국의 감독당국에게 (a) 펀드의 유형(예컨대 재간접펀드인지) 및 레버리지 사용을 포함한 투자전략, 위험요소, 관리하는 대체투자펀드가 설립되는 회원국 또는 제3국, (b) 당해 대체투자펀드가 자펀드(Feeder Fund)인 경우 모펀드(Master Fund)가 설립된 장소, (c) 관리하는 각 대체투자펀드의 정관 혹은 규칙, (d) 각 대체투자펀드와 관련한 수탁회사의 지정에 관한 사항, (e) 투자자에 대한 정보공개와 관련된 사항을 보고하여야 한다(제7조 제3항).

UCITS 관리회사가 대체투자펀드 관리회사로 인가 받고자 하는 경우 회원국 감독당국은 기존 인가 당시 제출된 문서 또는 정보를 다시 제출할 것을 요구해서는 아니된다(제7조 제4항).

3. 인가 요건

대체투자펀드 관리회사는 인가를 받기 위해 본 Directive의 요구사항을 준수하여야 한다(제6조 제1항).

---

57) 미국의 경우에도 헤지펀드 및 사모펀드 매니저들을 SEC에 등록하도록 하는 개혁이 시도되어 Wall Street 개혁법 및 2010년 소비자 보호법에 반영되었다.

제9조는 인가의 조건으로 최소 자본금 및 자기자본 규제를 정하고 있다. 즉, 회원국들은 관리회사 없는 대체투자펀드에 대해서는 30만 유로 이상의 자본금(initial capital)을 요구하여야 한다(제9조 제1항). 그 밖의 경우 대체투자펀드 관리회사는 125,000유로의 최초 자본금을 갖추어야 한다(제9조 제2항).

대체투자펀드 관리회사가 관리하는 대체투자펀드의 포트폴리오 가치가 2억 5,000만 유로를 초과하는 경우 위 관리회사는 추가로 자기 자금(own funds)을 마련하여야 한다. 요구되는 추가 사기 자금은 포트폴리오 가치가 2억 5,000만 유로를 초과하는 부분의 0.02%로 하되 최초 자본금 및 추가 자기 자금의 요구되는 합계 금액이 100만 유로를 넘어서는 안 된다(제9조 제3항).

잠재적인 손해배상책임에 충당하기 위해 내부적으로 관리되는 대체투자펀드, 대체투자펀드 관리회사는 (a) 추가적인 자기 자금을 보유하거나, (b) 위험 수준에 적합한 책임 보험에 가입하여야 한다(제9조 제7항).

추가적인 자기 자금을 포함하여 대체투자펀드 관리회사의 자기 자금은 유동성 자산 또는 단기간 내에 현금으로 즉시 전환할 수 있는 자산에 투자하여야 한다. 자기 자금에 관하여 투기적 거래를 하여서는 아니된다(제9조 제8항).

4. 소규모 대체투자펀드 관리회사에 대한 예외

한편 (i) 총자산 규모가 1억 유로 미만인 펀드를 관리하는 관리회사 및 (ii) 총자산 규모가 5억 유로 미만이면서 레버리지가 없고 5년간 환매권을 행사할 수 없는 펀드를 관리하는 관리회사(이하 '소규모 관리회사')는 등록지 감독당국에 대하여 (인가가 아닌) 등록 및 자료제출 등의 한정된 의무만을 부담한다(제3조 제2항).

그러나 소규모 관리회사가 본 Directive에 따른 패스포팅(passporting) 등의 권리를 행사하기 위해서는 본 Directive에 따른 모든 의무를 다할 것을 신청할 수 있다(opt-in 제도).[58]

이러한 규정에 대해서는 위 1억 유로 및 5억 유로의 기준이 지나치게 낮아 시스템 위기를 초래하지 않는 대체투자펀드에 대해서까지 본 Directive의 의무를 강제하는 결과를 낳는다는 비판이 제기된다.[59]

---

58) 본 Regulation 서문 문단 (17).
59) 각주 31, p. 399 (2011).

5. 대체투자펀드에 대한 상호인정(Passporting)

가. EU 대체투자펀드의 마케팅 활동

인가받은 대체투자펀드 관리회사는 자신이 관리하는 EU 대체투자펀드를 등록지 회원국은 물론 그 밖의 회원국 내에서 판매할 수 있다(제31조 제1항 및 제2항).

대체투자펀드 관리회사가 다른 회원국 내에서 EU 대체투자펀드를 판매하려는 경우 이를 등록지 감독당국에게 문서로 통지하여야 한다. 등록지의 감독당국은 접수일로부터 20일 이내에 승인 여부를 결정하여야 하는데, 관리회사의 경영진이 본 Directive의 요구사항을 준수하지 않거나 준수하지 않으려고 하는 경우에만 승인을 거부할 수 있다(제32조 제3항). 등록지 감독당국은 마케팅 활동의 대상이 되는 다른 회원국 감독당국에게 위 승인을 통지하여야 한다(제32조 제3항).

다른 회원국 감독당국이 위 통지를 받은 날로부터 대체투자펀드 관리회사는 곧바로 다른 회원국에서 마케팅 활동을 수행할 수 있다.

즉, 다른 회원국에서 벌이는 마케팅 활동 역시 등록지 회원국 감독당국의 심사를 거치면 허용된다.

다만, 패스포팅(Passporitng) 시스템은 모든 투자자가 아니라 전문 투자자에 대한 마케팅 활동에만 국한된다는 점에 특징이 있다. 이 점에 UCITS에 대한 패스포팅과의 차이점이다.

나. 비EU 대체투자펀드의 마케팅 활동

인가받은 EU 대체투자펀드 관리회사는 (관리회사 등록지 회원국인지 여부를 불문하고) EU 회원국 내에서 전문 투자자에게 비EU 대체투자펀드 지분을 판매할 수 있다(제35조 제1항).

이 경우 위 관리회사가 본 Directive의 규정을 준수하는 외에 관리회사 등록지 감독당국과 당해 대체투자펀드가 설립된 제3국 감독당국 사이에 본 Directive의 의무와 관련한 정보 교환 등을 위한 협력 조치가 마련되어 있다는 등의 요건이 충족되어 한다(제35조 제2항).

다. EU 대체투자펀드의 관리

인가받은 관리회사는 다른 회원국에 지점 설립을 통해 혹은 지점 없이 다른 회원국에서 설립된 EU 대체투자펀드를 관리할 수 있다(제33조).

라. 비EU 대체투자펀드의 관리

인가받은 관리회사는 자신의 감독당국이 대체투자펀드가 소재한 제3국 감독당국과 적어도 정보 교환 등에 관한 협력 약정이 체결된 경우 당해 비EU 대체투자펀드를 관리할 수 있다(제34조).

Ⅳ. 투자자 보호를 위한 조치

1. 이해상충 방지

회원국들은 대체투자펀드 관리회사 경영진 등의 보수가 건전하고 효과적인 위험관리를 촉진하고 대체투자펀드의 정관 등에서 정한 위험관리 규정을 저해하지 않는 방식으로 책정되도록 하여야 한다(제13조).

또한, 회원국들은 관리회사와 그것이 관리하는 대체투자펀드 간의 혹은 관리회사가 관리하는 복수의 다른 대체투자펀드들 간의 이해상충을 식별할 수 있는 합리적 수단, 그러한 이해상충을 식별, 예방, 관리, 감독할 수 있는 조직적, 행정적 수단을 유지, 운영하도록 요구하여야 한다(제14조).

2. 위험 관리

가. 위험관리를 위한 내부통제

대체투자펀드 관리회사는 위험관리 기능과 영업 기능(포트폴리오 관리를 포함한다)을 기능적, 수직적으로 분리하여야 한다(제15조 제1항).

관리회사는 각 대체투자펀드의 투자전략과 관련한 모든 위험을 적절하게 식별, 측정, 관리, 감독할 수 있는 적절한 위험 관리 시스템을 실행하여야 한다. 관리회사는 신용평가회사가 발생한 신용평가에 유일하게 혹은 기계적으로 의존하여서는 아니된다. 관리회사는 최소한 1년에 1회, 필요할 때마다 적절한 주기로, 위험관리 시스템을 검토하여야 한다(제15조 제3항).

나. 대체투자펀드의 실사 등

위험관리와 관련하여 (a) 대체투자펀드에 투자할 때마다 실사절차를 수행하여 하는데, 이러한 실사 절차는 투자전략, 대체투자펀드의 목적 및 위험에 부합해야 하고 실사 결과가 주기적으로 업데이트되어야 한다. (b) 관리회사는 대체투자펀드의 각 투자 포지션과 관련된 위험 및 그것이 전체 포트폴리오이 미치는 영향이 계속하여 적절하게 식별, 측정, 관리, 감독될 수 있도록 하여야 한다. 여기에는 스트레스 테스트 절차가 포함된다. (c) 대체투자펀드의 위험 요소들은 펀드의 규정, 정관, 투자설명서 등에 제시된 대체투자펀드의 규모, 포트폴리오 구조, 투자전략에 부합하여야 한다(제15조 제3항).

3. 투자자 등에 대한 정보 공개

대체투자펀드 관리회사는 자신이 관리하는 EU 대체투자펀드, 유럽연합 내에서 마케팅 활동을 벌이는 대체투자펀드에 관하여 회계연도 종료 후 6개월 이내에 연차 사업보고서를 작성하여 투자자들의 요구에 따라 이를 제공하여야 한다. 관리회사는 자신의 등록지 회원국, 필요한 경우 대체투자펀드의 등록지 회원국 감독당국이 이를 볼 수 있도록 하여야 한다(제22조 제1항).

사업보고서에 포함된 재무제표는 대체투자펀드의 등록지 회원국에서 인정되는 회계기준에 따라 작성되어야 한다. 위 재무제표에 대한 회계감사 실시 후 감사보고서 역시 제출되어야 한다(제22조 제3항).

대체투자펀드 관리회사는 자신이 관리하는 EU 대체투자펀드 및 자신이 유럽연합 내에서 마케팅 활동을 벌이는 대체투자펀드에 대해 펀드 규정 또는 정관이 정한 바에 따라 투자자들이 투자전략, 투자목표, 투자정책 등을 알 수 있도록 하여야 한다(제23조 제1항[60]).

---

60) 투자자들에게 알려야 할 구체적인 사항들은 다음과 같다.

(a) 대체투자펀드의 투자전략 및 목표에 대한 설명, 재간접펀드(Fund of Fund)인 경우 투자 대상인 대체투자펀드의 설립지 및 기초 펀드(underlying funds)의 설립지, 대체투자펀드가 투자하는 자산의 종류에 대한 설명, 대체투자펀드가 채택하는 테크닉 및 관련된 위험, 투자에 대한 제한 사항, 대체투자펀드가 레버리지를 사용하는 상황, 레버리지의 종류, 원천 및 관련된 위험, 관리회사가 대체투자펀드를 위해 사용할 수 있는 레버리지의 최대 한도

(b) 대체투자펀드가 투자전략 및 투자정책을 바꾸는 경우의 절차에 관한 설명

(c) 투자 목적을 위해 체결한 중요한 계약의 법적 의미에 관한 설명(국제재판관할, 준거

4. 펀드의 평가

가. 원칙, 주기

대체투자펀드 관리회사는 자신이 관리하는 각 대체투자펀드에 대하여 자산의 적절하고 독립적인 평가가 이루어질 수 있도록 절차를 마련하여야 한다(제19조 제1항). 펀드 자산의 평가 및 펀드 지분 단위당 순자산 가액의 산정은 회원국 법률, 설립 정관 등에 따라 이루어진다(제19조 제2항).

개방형 펀드(open-ended fund)의 경우 자산 평가는 대체투자펀드의 자산, 발행 및 환매 빈도 등을 고려하여 정해진 적절한 주기마다 이루어져야 한다. 폐쇄형 펀드(closed-ended fund)의 자산 평가는 관련 대체투자펀드의 자본 증감이 있는 경우 이루어져야 한다. 투자자들은 대체투자펀드 설립정관 또는 규정에 따라 위와 같은 평가결과를 통지받아야 한다(제19조 제3항).

나. 독립적 제3자에 의한 평가

자산평가는 대체투자펀드, 대체투자펀드 관리회사, 그들과 가까운 사람들과는 독립된 평가자에 의해 수행되는 것이 원칙이다. 자산평가가 투자자에 대한 환매, 자산 운용 담당자에 대한 성과평가 등의 기준이 되어 투자자와 대체투자펀드 관리회사 등 사이의 이해상충 원천이 될 수 있으므로 독립적 평가를 원칙으로 정한 것이다.

수탁회사는 자산 평가가 수탁 업무와 기능적, 계층적으로(hierarchically) 분리되고 잠재적 이해상충이 적절하게 식별, 관리, 감독, 공개되는 경우에만 외부 평가자로서 자산 평가를 수행할 수 있다(제19조 제4항).

외부 평가자는 자신의 업무를 제3자에게 위임할 수 없다(제19조 제6항).

감독당국은 필요한 경우 다른 평가자를 지정할 수 있다(제19조 제7항).

대체투자펀드 관리회사는 예외적으로 자산 평가를 스스로 수행할 수 있는데, 이는 자산 평가 업무가 포트폴리오 관리와 기능적으로 독립되고 보수 기타 정책이 이해관계의 충돌을 완화하며 피고용자에 대한 부당한 영향력을 방지하

법, 대체투자펀드가 설립된 지역 내에서 승인 및 집행을 위한 법적 수단의 존재 여부를 포함한다).

(d) 대체투자펀드 관리회사, 수탁회사(depository), 감사인, 기타 서비스 제공자의 신원(identity) 및 그들의 역할, 투자자들의 권리에 관한 설명 등

는 조치가 마련된 경우에만 가능하다(제19조 제4항).

이 경우 회원국 감독당국은 관리회사의 자산 평가에 대한 외부 평가자 혹은 감사인의 인증을 요구할 수 있다(제19조 제9항).

5. 수탁회사의 감시기능 수행

다른 한편으로, 미국의 Madoff 사기 사건에서는 펀드 관리회사가 수탁자(depositary) 역할까지 함께 수행한 것이 폰지 사기를 가능하게 한 배경이 되었던 사실이 드러나게 되었다. 이 점과 관련하여 Larosière 보고서는 수탁자와 관리인이 독립적 역할을 수행하도록 하는 공통의 규정을 포함할 것을 권고하고 있다.[61] 본 Directive 제21조는 투자자 보호를 위해 이러한 규정 역시 포함하고 있는데, 그 내용은 UCITS Directive와 대동소이하다.

6. 평가

투자자 보호를 염두에 둔 이상의 규정들에 대해서는 기관투자자나 고액 자산가 등 위험 감수 능력이 있는 투자자들이 가입하는 대체투자펀드에 대해 불필요한 규제라는 비판이 있다.[62] 다른 한편으로 헤지펀드 등의 모집 활동이 유럽 지역 내로 국한되지 않고 전 지구적 차원에서 이루어지는 이상 EU 차원의 단일한 규정이 별다른 실효성이 없다는 비판 역시 제기된다.[63]

Ⅴ. 레버리지 제한

1. 레버리지 한도의 설정

대체투자펀드 관리회사는 자신이 관리하는 각 대체투자펀드별로 레버리지의 최대한도 등을 설정하여야 한다(제15조 제4항[64]).

레버지리 한도를 대체투자펀드 관리회사가 스스로 결정하는 것은 유럽의

61) Report of the High-Level Group on Financial Supervision in the EU (2009. 2), p. 26.
62) 각주 36, p. 582.
63) 위의 논문, p. 583.
64) 이 경우 다음 사항들을 고려하여야 한다: (a) 대체투자펀드의 형태, (b) 대체투자펀드의 투자전략, (c) 레버리지의 원천, (d) 시스템 위기를 초래할 수 있는 다른 금융 서비스 기관과의 관계, (e) 하나의 상대방에게 노출되는 위험을 제한할 필요성, (f) 레버리지가 담보에 의해 보장되는 범위, (g) 자산-부채 비율(제15조 제4항).

회가 처음 지지했던 방안이었다. 당초 집행위원회는 집행위원회가 공통의 한도를 설정하는 안을 제안하였고, EU 이사회는 레버리지 한도의 설정 자체를 반대하였다. 집행위원회의 방안은 대체투자펀드 관리회사들에 대해 적용되는 한도가 펀드들의 개별적 특성을 고려할 수 없고 오히려 시스템 위기를 악화시킬 위험이 있다는 반대에 부딪혔다. 예를 들어 금융 위기 상황에서 헤지펀드들이 일률적으로 정해진 한도에 맞추어 일시에 레버리지를 조정하게 된다면 그것이 오히려 위기를 악화시킬 수 있다는 것이다. 결과적으로 대체투자펀드 관리회사가 스스로 펀드별 한도를 설정하는 방안의 입법이 이루어졌다.[65]

그러나 집행위원회가 이에 관여할 길이 완전히 없어진 것은 아니다. 즉, 집행위원회는 위임입법을 통해, 레버리지의 방법 및 산정 공식을 구체화하여야 한다(제15조 제5항). 이러한 위임에 따라 Commission Delegated Regulation (EU) No 231/2013[66]이 제정되어 있다.

2. 레버리지에 관한 정보 공개

위에서 설명한 것처럼 각 대체투자펀드가 사용하는 레버리지의 규모 및 최대 한도의 변화는 고객에게 제공되는 정보에 포함되어야 한다(제23조 제5항)

또한, 상당한 규모로 레버리지를 사용하는 대체투자펀드 관리회사는 고객에 대한 정보 제공 외에 감독당국에 대한 보고의무도 부담한다. 보고 대상에는, 각 펀드 레버리지의 전체적 수준, 전체 레버리지가 현금 또는 증권의 차입에서 비롯된 레버리지와 금융파생상품에 내재된 레버리지로 나누어지는 경우 그에 관한 내용, 펀드의 (담보로 제공되는) 자산이 레버리지 약정 하에서 다시 (담보로) 사용될 수 있는지 등이 포함된다. 또한 대체투자펀드 관리회사는 각 대체투자펀드의 현금 또는 증권 차입의 가장 중요한 원천 5개 및 위 각 원천으로부터 받은 레버리지의 규모에 관한 정보 역시 감독당국이 알 수 있도록 하여야 한다(제24조 제4항).

비EU 대체투자펀드 관리회사의 경우 위와 같은 보고 의무는 자신이 관리하는 EU 대체투자펀드, 유럽연합 내에서 마케팅 활동을 벌이는 비EU 대체투자

65) 각주 31, p. 403.

66) 정식 명칭: Commission Delegated Regulation (EU) No 231/2013 of 19 December 2012 supplementing Directive 2011/61/EU of the European Parliament and of the Council with regard to exemptions, general operating conditions, depositaries, leverage, transparency and supervision.

펀드에 한정된다(제24조 제4항).

3. 회원국 감독당국의 권한, 책임

회원국 감독당국은 레버리지 등에 관하여 보고 받은 정보를 이용하여 레버리지의 사용이 시스템 위기의 형성에 기여하는 정도 및 장기 경제성장에 미치는 위험을 식별하여야 한다(제25조 제1항).

대체투자펀드 관리회사의 등록지 감독당국은 대체투자펀드 관리회사로부터 얻은 정보를 다른 회원국 감독당국, 유럽증권시장청(ESMA), 유럽시스템위기위원회(ESRB)가 이용할 수 있도록 하여야 한다. 대체투자펀드 관리회사의 등록지 감독당국은, 당해 관리회사 또는 그 관리 하에 있는 펀드들이 다른 회원국의 신용기관 또는 다른 시스템상 중요한 관련 기관에 잠재적인 상대방 위험의 원천이 되는 경우, 다른 회원국 감독당국 등에게 정보를 제공하여야 한다(제25조 제2항).

대체투자펀드 관리회사는 자신들이 관리하는 펀드별로 정해진 레버리지 한도가 합리적이고 항상 준수되고 있다는 점을 입증하여야 한다(제25조 제3항).

감독당국은 대체투자펀드 관리회사들이 그 관리 하에 있는 펀드들과 관련하여 사용하는 레버리지가 초래할 수 있는 위험을 평가하여야 한다. 감독당국은 금융시스템의 안전성과 신뢰성(integrity)을 확보하기 위해 필요하다고 판단하는 경우, 레버리지의 사용이 금융시스템 내에서의 시스템 위기를 형성하는 데 기여하는 정도를 줄이기 위하여 대체투자펀드 관리회사가 사용할 수 있는 레버리지 한도를 제한하거나 대체투자펀드 운영에 관한 다른 제한을 부과하여야 한다(제25조 제3항).

이 경우 위 감독당국은 유럽증권시장청(ESMA), 유럽시스템위기위원회(ESRB) 및 대체투자펀드 소재 회원국 감독당국에게 사전에 통보하여야 한다(제25조 제3항).

4. 유럽증권시장청(ESMA)의 역할

유럽증권시장청(ESMA)은 위 제25조 제3항의 조치와 관련하여 회원국 감독당국들 간 일관성을 확보하기 위하여 촉진, 조정 역할을 수행하여야 한다(제25조 제5항).

회원국 감독당국이 레버리지 한도 제한 등을 통지하는 경우 유럽증권시장청은 당해 감독당국에게 제안된 방안에 대한 조언을 제공하여야 한다(제25조 제6항).

5. 기타

한편 대체투자펀드 관리회사 Directive는 레버리지를 사용하지 않는 폐쇄형 펀드에 대해 유동성 관리 정책을 세우고 이를 준수할 것을 요구하고 있다(제16조).

Ⅵ. 투자대상 회사와 관련한 제한

1. 적용 대상 및 예외

가. 적용 대상

본 Directive는 비상장회사 경영권을 획득하는 펀드 매니저 회사에게 몇 가지 특별한 의무를 부과하고 있다. 이러한 의무들은 주로 사모펀드(PEF)들이 과도한 레버리지에 의존하여 기업을 인수하는 이른바 차입매수(Leverage Buy Out)를 대상으로 한 것이지만, 일정한 기준을 넘는 회사 지분을 취득하는 헤지펀드 역시 적용의 대상이다.

제26조 이하의 규정은, 약정에 따라 개별적으로 혹은 공동으로 행동하는 하나 또는 복수의 대체투자펀드를 관리하는 관리회사가, 또는 여러 관리회사들이, 협력하여 비상장회사의 경영권을 획득하는 경우에 적용된다(제26조 제1항).

나. 지분율 산정 시 고려할 사항

제25조 이하의 지분율 산정 시 대체투자펀드가 경영권을 보유(보유 지분율 50% 이상을 의미한다)하는 다른 회사, 대체투자펀드 또는 위 다른 회사가 제3자 명의로 취득한 지분을 포함하여야 한다. 또한, 지분율 산정 시 의결권 행사가 정지된 지분 역시 포함하여야 한다(제26조 제5항).

다. 적용의 예외

본 장은 인수 대상 회사가 중소기업인 경우에는 적용되지 아니한다(제26조 제2항). 즉, 본 Directive는 중소기업들에 대한 투자를 적용 대상에서 제외함으로써 벤처캐피탈의 투자는 제한하지 않으려는 태도를 취하고 있다.

부동산 투자 펀드 역시 적용 대상에서 제외된다(제26조 제2항).

2. 비상장회사 지분 취득과 관련한 정보 공개

가. 비상장회사 지분 취득 사실의 보고

대체투자펀드 관리회사는 자기 관리 하에 있는 대체투자펀드의 비상장회사에 대한 의결권이 일정 기준, 즉 10%, 20%, 30%, 50%, 75%를 넘을 때마다 혹은 위 기준 아래로 떨어질 때마다 자신의 감독당국에 대해 보고의무를 부담한다(제27조 제1항).

정규시장 상장회사들 지분 취득에 대해서는 이미 유통공시 Directive에서 같은 취지의 의무가 규정되어 있는데,[67] 대체투자펀드 관리회사 Directive는 주식 취득자가 대체투자펀드인 경우 그와 같은 의무를 비상장회사에까지 확대한 것이다.

나. 경영권 취득에 따른 통지 및 정보 공개

(1) 경영권 취득 사실의 통지

대체투자펀드가 단독으로 혹은 협력하여 경영권을 취득(비상장회사 의결권 지분율 50% 이상을 취득)하는 경우, 위 펀드의 관리회사는 당해 대상 비상장회사, 신원 및 주소를 확인할 수 있는 주주들 및 자신(관리회사)의 감독당국에 경영권 취득 사실을 통지할 의무가 있다(제27조 제2항).

위와 같은 통지에는 의결권에 미치는 영향, 관여한 다른 주주들의 신원에 관한 내용을 포함한 경영권 취득의 조건, 경영권 취득 일자 등의 정보가 포함되어야 한다(제27조 제3항).

위와 같은 통지와 함께 (a) 대체투자펀드 관리회사의 신원, (b) 이해상충을 막기 위한 정책, (c) 회사 내외부와의 의사소통 방식(특히 근로자 관련 문제에 대한 의사소통을 포함한다) 등 역시 고지되어야 한다(제28조 제1항, 제2항).

대체투자펀드 관리회사는 대상회사의 이사회에게, 위와 같은 정보들이 종업원 대표 혹은 종업원들에게 전달될 수 있도록 해 줄 것을 요청하여야 한다. 대체투자펀드 관리회사는 위 종업원 대표 등이 당해 정보를 알 수 있도록 최대

---

67) 본서의 제5편 제1장 제III항 참조.

한 노력하여야 한다(제27조 제4항, 제28조 제3항).

(2) 장래 사업계획 등에 관한 공개

나아가 대체투자펀드 관리회사는 비상장회사 및 신원, 주소를 알거나 알 수 있는 주주들에게, 당해 비상장회사의 장래 사업에 관한 의도, 그것이 고용에 미치는 잠재적 영향(근로 조건에 관한 중요한 변화를 포함한다)을 공개하여야 한다(제28조 제4항).

(3) 자금 조달에 관한 정보의 공개

대체투자펀드 관리회사는 비상장회사 경영권을 취득하는 데에 소요되는 자금의 조달에 관한 정보를 자신의 감독당국, 펀드의 투자자들에게 알려야 한다(제28조 제5항).

3. 비상장회사 경영권을 취득한 대체투자펀드 연차보고서의 내용

대체투자펀드 관리회사가 경영하는 비상장회사 및 대체투자펀드 자신의 연간 사업보고서는 회사의 사업 발전에 관한 공정한 평가 및 회계연도 종료 후에 일어난 중요한 사건, 회사의 상정 가능한 미래 발전, 주식 환수(buyback)에 관한 정보를 포함하여야 한다(제29조).

대체투자펀드 관리회사는 회사 이사회가 연간 사업보고서에 포함된 위 정보를 종업원 대표 또는 종원들에게 전달할 수 있도록 하여야 한다. 당해 정보는 대체투자펀드의 투자자들도 이용할 수 있어야 한다(제29조).

4. 투자대상 회사 보유 자금 유출의 제한

단독으로 혹은 협력하여 비상장회사 경영권을 취득한 대체투자펀드의 관리회사 또는 발행자는 당해 경영권 취득일로부터 24개월 간 배당, 감자, 주식 상환청구, 회사에 의한 자기주식 취득을 촉진, 지지, 지시해서는 안 되며, 위와 같은 의안이 주주총회에 상정되는 경우 이에 찬성투표를 하여서도 안 된다. 나아가 관리회사는 어떠한 경우에도 이러한 의결을 막기 위한 최선의 노력을 다하여야 한다(제30조 제1항).

대체투자펀드 관리회사 Directive는 단기적 이익을 추구하는 사모펀드(PEF) 등의 '자산 벗겨 먹기'(asset stripping)에 대해 제한을 가하고자 하는 것이다.

다만, 배당의 경우 그러한 제한은, 배당의 결과 순자산이 납입자본 아래로 떨어지는 경우 혹은 배당이 회계상의 이익잉여금을 초과하는 경우에 적용된다(제30조 제2항 (a)호 및 (b)호). 즉, 배당에 대한 제한은 제2차 회사법 Directive에 의해 이미 상장회사들에 대해 적용되는 기준(우리나라 회사법과도 같은 내용이다)을 사모펀드 등이 비상장회사를 취득한 경우로 확대하면서 그 기간을 2년으로 잡은 것이다.

그러나 유상감자, 상환청구, 자기주식 취득은 예외 없이 엄격하게 제한된다. 이에 따라 사모펀드 등이 세금을 절감하면서 투자수익을 회수할 수 있는 선택의 폭은 제한되는 결과가 발생할 수 있다.

5. 기타

자산유동화 Regulation은 글로벌 금융위기 이후 부채담보부증권(Collateralized Debt Obligation, CDO) 등 유동화 증권에 관해 규제 사항을 정하고 있다.[68] 대체투자펀드 관리회사 Directive 제17조는 대체투자펀드가 보유한 유동화 증권에서 위 Regulation 위반 사항이 존재하는 경우 관리회사가 투자자 보호를 위하여 이를 시정하기 위한 조치를 위할 것을 요구하고 있다.

---

68) 본서의 제4편 제5장 참조.

제4장

스튜어드십 코드와 주주행동주의

Ⅰ. 스튜어드십 코드

스튜어드십 코드(Stewardship Code)는 2010년 영국에서 가장 먼저 도입되었다. 위 코드는 기업의 배당 확대와 지배구조 개선을 통해 주주이익을 극대화하자는 취지로 만들어졌다. 이른바 연성규범(soft law)으로서 'comply or explain' 원칙에 따라 각 기관투자자의 구체적 사정을 고려한 신축적 적용을 가능하게 한다고 한다.

지침의 핵심은 기관투자자가 투자대상 회사의 경영에 보다 적극적으로 목소리를 내야 한다는 것이다. 영국의 2020년 스튜어드십 코드 제9원칙은 '본 코드에 서명한 자는 자산의 가치를 유지 또는 강화하기 위해 발행자 회사에 참여하여야 한다'고 정하고 있다. 위 코드는 참여의 방법으로 이사회 의장 또는 구성원과의 만남, 경영진과의 만남, 우려스러운 사항에 관한 서신의 발송, 회사 자문기관들을 통한 중요한 문제의 제기 등을 들고 있다. 또한, 위 코드 제1원칙은 필요한 경우 본 코드에 서명한 자들이 주주, 다른 투자자들과의 공동행동까지도 나서야 한다는 원칙을 제시하고 있다.

독일의 '자산관리회사를 위한 기업지배구조 코드(Corporate Governance

Code)'는 영국의 스튜어드십 코드와 대동소이한 내용을 포함하고 있다. 가령 자산관리회사(UCITS Directive 등의 관리회사)는 위탁받아 관리하는 재산에 관하여 주주 또는 채권자로서의 권리를 독립적으로 행사하여야 하고 이 때 투자자의 이익만을 고려하여야 한다(제1.1조). 자산관리회사들은 투자자의 이익 관점에서 검토하지 않고 주주총회 의안에 대해 투표할 수 없고 다른 사람에 대한 위임에 의해 투표하는 경우 반드시 지침을 제공해야 한다(제2.1조 및 제2.2조).[69)]

Ⅱ. 주주행동주의

1. 의의

스튜어드십 코드는 주식시장에서 기관투자자들의 역할이 크게 증대한 현실을 배경으로[70)] 기관투자자의 적극적 경영 개입을 통해 기업의 대리인 문제 등을 해결하려는 시도로 이해해 볼 수 있다.

특히 영국과 같이 분산된 주식 소유 구조 하에서는, 주주들이 매매차익의 실현에 관심이 있을 뿐 주주권의 행사에는 소극적이고, 사실상 주인이 없는 회사의 경영자가 사익을 추구하여 회사 가치를 떨어트리는 이른바 대리인 문제가 발생하지만, 적은 수의 지분을 보유한 개인 투자자들이 경영진의 성과를 감시하는 등의 비용을 부담할 것을 기대하기는 어려우므로,[71)] 유의미한 의결권을 가진 기관투자자들이 이를 바로잡아야 한다는 것이다.[72)]

2007년 제정된 EU 주주권 Directive(Shareholder's Rights Directive)[73)] 역시 명

---

69) Stewardship Code는 일종의 국제적 표준이 된 것으로 보인다. 우리나라를 비롯하여 일본, 인도, 대만, 태국, 홍콩, 미국, 캐나다, 남아프리카 공화국, 케냐, 네덜란드, 덴마크, 독일, 벨기에, 스위스, 이탈리아 등이 유사한 연성규범을 채택한 것으로 확인되고 있다.

70) 가령 G20과 OECE가 함께 제정한 Corporate Governance Guideline의 2015년 개정본은 종전의 2004년본에는 없던 "III. 기관투자자, 주식시장, 다른 중개기관"을 새로 포함하게 되었는데, 이는 주식시장에서 기관투자자의 비중이 확대되는 현실을 반영한 것이다. 위 가이드라인은 기관투자자들이 주주총회 의결권 행사는 물론 경영진 및 이사회와의 직접적인 접촉과 대화 등을 시도할 필요가 있다는 점을 거론하고 있다.

71) Ronald J. Gilson & Jeffrey N. Gordon, The Agency Costs of Agency Capitalism: Activist Investors and the Revaluation of Governing Rights, 113 Columbia Law Review, p. 865 (2013).

72) Lee Roach, The UK Stewardship Code, 11(2) Journal of Corporate Law Studies, pp. 463~464 (2011).

73) 정식 명칭: Directive 2007/36/EC of the European Parliament and of the Council of 11

시적으로 효과적인 주주의 권리 행사가 건전한 기업지배구조의 전제가 된다고 언급하고 있다[서문 제(3)항].

그러나, 문제가 그렇게 간단한 것은 아니다. 주주행동주의에 대한 이론적 논의를 간략히 소개한다.

2. 펀드의 전략적 무관심

개인 주주들 외에 기관투자자들 역시 자신의 수익률 극대화를 추구하므로 그것에 도움이 되지 않는다면 굳이 기업지배구조에 관심을 기질 이유가 없기 때문이다. 펀드들은 UCITS Directive 제1조 제2항의 정의규정에서 설명하는 것처럼 위험분산의 원리에 따라 운영되어야 하고, 이러한 원리는 결국 분산투자에 의해 실현될 수밖에 없다.[74] 시장 포트폴리오를 기준으로 일부 종목의 비중을 조정해 가는 펀드들이 주주행동주의적 개입을 통해 특정 종목의 수익률을 개선할 수 있다고 하더라도, 그에 따른 비용 지출은 확실한 반면 한 종목의 지배구조 개선이 펀드 전체 수익률에 미치는 효과는 불확실하고 미미하다.[75] 만약 적극적인 주주권 행사에 따른 비용이 그에 따른 포트폴리오 수익률 개선 효과를 초과한다면, 기관투자자는 굳이 주주행동주의에 나설 이유가 없다.[76][77]

한편 주주행동주의적 개입에 따른 편익은 모든 주주가 나누어 가지게 되므로 무임승차자가 발생하게 마련이다. 이러한 상황에서 펀드매니저는 다른 펀드들이 나설 것을 기다리는 것이 합리적이고 굳이 자신이 비용을 들여 주주행동주의에 나아갈 유인이 적다.[78]

3. 헤지펀드 주주행동주의

그런 이유 때문에 주주행동주의는 일부 행동주의 헤지펀드들이 주도하는 경우가 많다. 헤지펀드는 반드시 시장포트폴리오를 좇는 시장전략을 구사할 이

July 2007 on the exercise of certain rights of shareholders in listed companies.

74) 각주 71, pp. 869~870.

75) 위의 논문, p. 892.

76) Marcel Kahan & Edward B. Rock, Hedge Funds in Corporate Governance and Corporate Control, 155(5) University of Pennsylvania Law Review, p. 1051 (2007).

77) 각주 71, p. 891.

78) 위의 논문, p. 890.

유가 없고, UCITS와 달리 유동성이 부족한 자산에 투자할 수 없다는 법적 제한이 없으며,[79] 특히 글로벌 금융위기 이전까지는 파생상품 이용,[80] 공매도나 레버리지 이용 등에도 별다른 제약이 없었는데,[81] 이러한 요인들이 주주행동주의적 개입을 가능하게 한 것으로 평가된다.

또한, 일정 기준을 넘는 초과수익에 대한 높은 성과보수, 관리회사 스스로도 무한책임사원(General Partners, GP)으로서 펀드에 투자하는 점 등으로 인해 헤지펀드는 적극적으로 지배구조 문제를 제기하여 단기간 내에 높은 수익을 얻는 전략에 나아갈 수 있다.[82]

기관투자자들의 합리적 무관심과 헤지펀드의 적극적 태도는 서로 보완적이어서 기관투자자들은 헤지펀드가 제기하는 문제에 함께 움직이는 경향이 있다.[83]

4. 비판적 검토

행동주의 헤지펀드가 주도하는 주주행동주의가 그 속성상 단기 업적주의(short-termism)를 낳는다는 여러 비판들이 제기되고 있다. 현실에서 시장은 완전하게 효율적일 수는 없기 때문에 주주행동주의가 종종 추구하는 단기 투자수익의 실현이 기업의 장기적 성장 추구 전략과 모순될 가능성이 높다는 것이다.[84] 이는 궁극적으로 경제 전체의 성장을 저해하는 요인으로 작용할 수 있다.

헤지펀드 개입 이후의 높은 투자수익률이 실제로 기업가치를 창출한 데 따른 결과인지에 대해서도 의문이 제기된다. 공격 목표가 동일한 경우에도 공격 양상이 거칠수록 주식시장이 보다 크게 반응하는 경향이 있는데 이는 주가 상승이 본질적 가치와는 괴리되었을 가능성을 시사하기 때문이다.[85] 주주행동주

79) 각주 76, p. 1063.
80) 위의 논문, p. 1063.
81) April Klein & Emanuel Zur, Entrepreneurial Shareholder Activism: Hedge Funds and Other Private Investors, 64(1) The Journal of Finance, p. 191 (2009).
82) 각주 76, p. 1064.
83) 각주 71, p. 899.
84) Andrea Sacco Ginevri, The Rise of Long-Term Minority Shareholders' Rights in Publicly Held Corporations and Its Effect on Corporate Governance, 12(4) European Business Organization Law Review 596 (2011).
85) John C. Coffee & Darius Palia, The Wolf at the Door: The Impact of Hedge Fund Activism on Corporate Governance, 1(1) Annals of Corporate Govervance 12 (2016).

의 개입 이후 주주들의 초과수익이 경영성과를 설명하는 변수들의 변화와 통계적으로 유의하게 관련되어 있지는 않고[86] 기업의 이익 증대 역시 반드시 경영성과의 개선에서 비롯된 것은 아니라는 통계적 연구도 있다.[87]

5. 주주행동주의와 두 종류의 자본주의[88]

가. 자유주의적 시장자본주의의 맥락

기관투자자에 의한 기업 경영의 감시는 전형적으로 영국 주식시장의 맥락에서 비교적 쉽게 인정될 수 있는 관념으로 보인다. 중요한 거래에 대한 주주총회 승인 의무화, 1주1의결권 원칙, 유상증자 시 주주우선 배정의 원칙, 사외이사의 역할에 대한 강조나 공개매수 시도 시 주주의 중립의무를 규정한 시티 기업인수 코드(City Takeover Code[89])는 모두 영국 회사법의 근간을 이루는 제도들이다.

영국 주식시장은 미국과 함께 대주주가 없이 지분구조가 분산된 체제로 이해되어 왔으나, 1980년대부터 기관투자자의 비중이 급증하면서 이들의 주식 보유는 미국의 경우 공개회사 주식의 약 절반, 영국의 경우 약 3분의 2에 이르는 것으로 보고되고 있다.[90][91] 결과적으로 이들 주식시장은 더 이상 분산된 지분구조가 아니라 기관투자자에 의해 집중된 시장으로 규정지을 수 있다.[92]

나. 조정적 시장자본주의의 맥락

조정적 시장자본주의는 기업들이 장기적 발전전략을 추구할 수 있다는 점이 강점으로 이해되고 있다.[93] 특히 기업의 집중된 소유구조가 장기적 성장을

86) 위의 논문, p. 59.
87) 각주 81, p. 226.
88) 유럽 증권법제를 설명하는 이론적 틀로서의 '두 종류의 자본주의론'에 대해서는 본서 제1편 제4장 참조.
89) 영국의 City Takeover Code에 대해서는 제5편 제2장 제II항 참조.
90) Bernard S. Black & John C. Coffee, Hail Britannia? : Institutional Investor Behavior under Limited Regulation, 92(7) Michigan Law Review 2002 (1994).
91) 이러한 변화는 주식 양도차익에 관하여 개인에 대해서는 고율의, 기관투자자, 특히 연금펀드에 대해서는 낮은 세율을 적용하는 소득세제의 영향이 큰 것으로 보고되고 있다. John Armour & David A. Jr. Skeel, Who Writes the Rules for Hostile Takeovers, and Why – The Peculiar Divergence of U.S. and U.K. Takeover Regulation, 95 The Georgetown Law Journal pp. 1767~1768 (2007) 참조.
92) 각주 33, p. 360.

위한 경영전략을 수립할 수 있는 배경으로 거론된다.[94] 이러한 구조는 변화를 겪고 있어서, 1990년 독일 상장기업들 중 75% 내지 88% 기업들은 25% 이상 지분을 보유한 대주주가 있었으나, 이러한 수치는 2011년 57.5%로 하락하였다.[95] 이 기간 동안 지분이 증가한 것은 개인투자자들과 외국인 투자자들이다.[96] 이러한 배경 하에서 기관투자자는 이해관계자 자본주의에서는 주주자본주의를 이식하는 강력한 힘을 발휘하는 것으로 이해된다.

다. 비판적 검토

행동주의 헤지펀드 외에 사모펀드(PEF)는 변화를 추동하는 다른 축이다. 소수주주 지분 확보를 전형적 전략으로 하는 헤지펀드와 달리 사모펀드는 차입매수(LBO) 방식으로 대주주 지분을 확보하고 주식시장 상장폐지를 추구하는 경우가 많다.[97] 사모펀드는 3~5년 간 기업을 경영하면서 단기적 이익을 추구하는 전략을 구사한다.[98]

이른바 '라인 자본주의' 하에서 공동결정제도 등을 통해 여러 이해관계자들이 경영에 관여하면서 장기적 성장을 추구하였다면, 기관투자자 행동주의는 그와는 상이한 목표를 추구한다.[99] 조정적 시장자본주의 하에서 기업집단은 취약한 계열회사에 자금과 기회를 몰아주기 때문에 이른바 '그룹 디스카운트(discount)'가 발견되는 경우가 많은데, 자유주의적 시장자본주의의 관점에서 이는 정당화되기 어렵고 헤지펀드 등의 입장에서 이를 용인할 이유가 없다.

그러나, 그룹의 구조는 산업, 제품의 다각화를 통해 전체 계열기업의 사업위험을 낮추고 채권자에게 담보를 제공하는 측면이 있다. 이러한 구조를 해체하는 것은 장기적으로 부가가치를 창출하기보다 단기간 내에 이익을 실현하려는 단기실적주의를 조장하는 면이 있다.[100] 또한, 헤지펀드 등이 기업을 공격할 위험 때문에, 다임러(Daimler), 독일 증권거래소(Deutsche Börse), 지멘스(Siemens)

93) 위의 논문, p. 360.
94) 위의 논문, p. 366.
95) 위의 논문, p. 339.
96) 위의 논문, p. 339.
97) 위의 논문, p. 367.
98) 위의 논문, p. 367.
99) 각주 33, p. 340.
100) 위의 논문, p. 341.

같은 독일 기업들이 자사주 매입, 배당, 비핵심사업 매각 등의 조치를 취한 것으로 보고되는데, 이 역시도 헤지펀드가 주도하는 주주행동주의가 단기실적주의를 조장하는 한 측면으로 볼 수 있다.[101]

영국에서 스튜어드십 코드 제정을 뒷받침하는 근거가 된 Kay Review 보고서[102]는 분산된 주식 소유 구조 하에서 경영자가 인적, 물적 시설에 대한 장기 투자보다는 구조조정, 금융공학적 인수·합병에 의한 이익을 추구하는 단기 업적주의에 경도될 가능성이 높으므로 기관투자자들이 장기 성장을 추구하는 방향으로 기업 경영을 유도할 필요가 있다고 주장하고 있으나, 이러한 주장의 실현가능성에는 의문이 있다.

101) 위의 논문, p. 368.

102) John Kay, The KAY Review of UK Equity Markets and Long-term Decision Making (July 2012), https://assets.publishing.service.gov.uk/government/uploads/system/uploads/attachment_data/file/253454/bis-12-917-kay-review-of-equity-markets-final-report.pdf (최종 방문: 2020. 4. 23).

제 8 편

거래소 및 청산, 결제 관련 제도

제1장

거래소에 대한 규제

Ⅰ. 거래소에 관한 MiFID[1)]의 규제

1. 서설

가. MiFID에 따른 거래소의 유형

증권이 거래되는 시장에는 두 가지 종류를 상정해 볼 수 있다. 첫 번째는 여러 주문이 취합되고 호가의 제출 및 계약의 체결이 집단적, 비대면적으로 이루어지는 규격화, 조직화된 시장이다. 이러한 시장은 주문들이 미리 정해진 규칙에 따라 계약 체결로 연결된다는 점에서 비재량적 속성을 가지고 있다. 여기서는 대부분의 호가 정보가 공개되어 시장의 가격 형성에 기여하게 된다.

두 번째의 시장은 브로커가 중개하는 두 개의 주문이 계약 체결로 연결되는 시장으로서 여기서는 계약 체결 과정에서 브로커 등의 재량이 행사될 수 있다. 이러한 시장에서는 거래 주문이 공개되지 않는다(이른바 다크풀 거래).[2)]

1) 정식 법률명칭: Directive 2014/65/EU of the European Parliament and of the Council of 15 May 2014 on markets in financial instruments and amending Directive 2002/92/EU and Directive 2011/61/EU.

2) Guido Ferrarini & Paolo Saguto, Reforming Securities and Derivatives Trading in the EU: From EMIR to MIFIR, 13(2) Journal of Corporate Law Studies, p. 322 (2013); Niamh Moloney, EU Securities and Financial Markets Regulation, p. 427 (Oxford Legal Research Library, 3rd Edition, 2014).

MiFID는 이러한 두 가지 종류의 시장을 모두 인정하면서 후자의 범위를 줄여 가급적 전자의 규제 체계에 포섭하려는 태도를 취하고 있다. 전자에 대해서는 사전적, 사후적 정보공개, 인가 및 조직에 대한 규제가 요구된다면, 후자는 투자회사에 대한 행위규제를 통해 규율된다는 차이가 있다.

현행 MiFID는 다음의 네 가지 거래소 개념을 상정하고 있다.

구분	개념
정규시장 (Regulated Market)	· 전통적인 의미의 증권거래소 · 별도의 인가를 받은 기구(주로 공공기구, 공법인)가 운영 · 운영자는 주문을 취급하는 데 있어 재량이 없음
다자간 거래소(Multilateral Trading Facility, MTF)	· 투자회사가 인가받아 운영하는 거래소 · 투자회사는 주문 취급에 있어 재량이 없음
조직화된 거래소 (Organized Trading Facility, OTF)	· 투자회사가 인가받아 운영하는 거래소 · 투자회사는 주문 취급에 재량을 가짐 · 주식은 거래될 수 없음
자기거래집행업자 (System Internalizer, SI)	· 투자회사가 일상적으로 고객 주문을 자신의 고유 계정으로 집행하는 경우 의미

정규시장을 제외한 세 가지는 투자회사가 투자 서비스의 일부로서 인가받아 수행한다는 점에서 우리나라 자본시장법 제8조의2 제5[3]항에 따른 '다자간매매체결업무'와 유사하다. 조직화된 거래소는 주문 접수, 전송 및 계약 체결 과정에서 투자회사가 재량을 발휘할 수 있다는 점에서[4] 부분적으로 장외거래의 속성을 가지고 있다.

3) 우리나라 자본시장법 제8조의2(금융투자상품시장 등) ⑤ 이 법에서 "다자간매매체결회사"란 정보통신망이나 전자정보처리장치를 이용하여 동시에 다수의 자를 거래상대방 또는 각 당사자로 하여 다음 각 호의 어느 하나에 해당하는 매매가격의 결정방법으로 증권시장에 상장된 주권, 그 밖에 대통령령으로 정하는 증권(이하 "매매체결대상상품"이라 한다)의 매매 또는 그 중개·주선이나 대리 업무(이하 "다자간매매체결업무"라 한다)를 하는 투자매매업자 또는 투자중개업자를 말한다.
1. 경쟁매매의 방법(매매체결대상상품의 거래량이 대통령령으로 정하는 기준을 넘지 아니하는 경우로 한정한다)
2. 매매체결대상상품이 상장증권인 경우 해당 거래소가 개설하는 증권시장에서 형성된 매매가격을 이용하는 방법
3. 그 밖에 공정한 매매가격 형성과 매매체결의 안정성 및 효율성 등을 확보할 수 있는 방법으로서 대통령령으로 정하는 방법

4) 예컨대, 투자회사는 자신의 판단에 따라 고객 주문을 전송하지 않을 수도 있다.

위 개념들은 증권거래의 전산화, 자동화의 진전, 규제의 필요성 증대에 따른 역사적 발전 과정의 산물이다.

나. 연혁

(1) 투자 서비스 Directive(Investment Service Directive)

MiFID 제정 이전 1993년의 투자 서비스 Directive(Investment Service Directive, ISD[5]))는 거래소에 관한 상호인정(Passporting) 시스템[6])을 도입하여 유럽 전역에서 국경을 넘는 증권시장 접근을 가능하게 하는 제도적 장치를 마련하였다.[7])

그러나, 투자 서비스 Directive는 회원국들이 모든 증권매매 주문을 나라별로 단일한 증권시장에 집중시키도록 하는 이른바 거래집중원칙(concentration rule)을 채택할 수 있도록 허용하였다. 거래집중원칙 하에서는 고객의 명시적 요구가 있는 경우에만 단일한 증권시장 밖에서 거래할 수 있게 되어 있었다(default rule).[8])

투자 서비스 Directive 시절 이탈리아, 스페인, 프랑스 등에서는 하나의 증권시장이 존재하면서 독점적 지위를 누렸다.[9]) 이들 증권시장은 국가 소유 기업(오스트리아의 경우) 혹은 공법적 기구(독일의 경우)에 의해 운영되었다.[10])

그에 따라 투자 서비스 Directive에 대해서는 증권시장 운영자가 독점적 이익을 누리는 대신 수수료 절감 등의 효과는 기대할 수 없다는 비판이 제기되었다.[11])

---

5) 정식 명칭: Council Directive 93/22/EEC of 10 May 1993 on investment services in the securities field.
6) 한 회원국에서 인가 받아 활동하는 거래소가 다른 회원국 감독기구의 추가적인 요구사항 없이 다른 회원국 증권을 상장할 수 있고 다른 회원국 투자자에게 서비스를 제공할 수 있다는 원칙을 말한다.
7) Peter Gomber, The German equity trading landscape, SAFE (Sustainable Architecture for Finance in Europe) White Paper, No. 34, pp. 4~5.
8) 위의 논문, p. 4.
9) 위의 논문, p. 4.
10) Harald Baum, Changes in Ownership, Governance and Regulation of Stock Exchanges in Germany: Path Dependent Progress and an Unfinished Agenda, 5 European Business Organization Law Review 680 (2004).
11) Peter Gomber, 위의 논문, p. 5.

(2) 2004년 MiFID의 새로운 거래소 개념

(가) 배경

2004년 제정되고 2007년 11월 1일부터 시행된 MiFID[12)]의 주된 과제 중 하나는 증권시장에 경쟁체제를 도입하여 혁신을 촉진하고 투자자들의 거래비용을 절감하는 데에 있었다.

그 배경으로 파리, 암스테르담, 브뤼셀 거래소가 2000년 통합하여 출발한 Euronext, 스위스 주식거래소와 독일 증권거래소(Deutsche Börse AG)가 1997년 결합한 Eurex 등 회원국 국경을 넘는 거래소들 간의 통합으로 회원국별 거래소 집중원칙이 의미를 잃게 된 점을 들 수 있다.[13)] 또한, 런던 증권거래소(London Stock Exchange)가 외국 증권에 대한 전자 호가시스템을 도입하여 유럽에서 지배적 지위를 구축하고 다른 거래소들 역시 이를 좇아 전자 거래 시스템을 도입하면서 거래소들 간 경쟁이 발생하였다.[14)] 회원국당 한 군데씩 존재하는 정규시장과 전자적 방식으로 거래를 중개하는 투자회사 간의 경계가 모호해지면서 거래소 집중원칙을 유지할 이유가 없게 된 것이다.[15)]

(나) 다자간 거래소 및 자기거래집행업자 개념의 도입

2004년 MiFID는 기존에 존재하던 정규시장 외에 다자간 거래소, 자기거래집행업자의 두 가지 시장 개념을 도입하였다.

다자간 거래소는 정규시장과 마찬가지로 다수의 매도, 매수 주문을 한 곳에 모아 거래하는 시장이지만, 기존의 정규시장 운영자가 아니라 투자서비스를 제공하는 보통의 투자회사들이 운영하는 시장이다.

자기거래집행업자는 정규시장 및 다자간 거래소 밖에서 스스로가 고객 주문의 반대편 당사자로 거래하는 투자회사를 말한다. 자기거래집행업자는 다자간의 거래를 중개하는 전통적 의미의 시장이라고는 할 수 없으나, 사전적, 사후적으로 호가 정보가 공개되어야 한다는 등의 규제가 적용된다. 자기거래집행업

---

12) 정식 명칭: Directive 2004/39/EC of the European Parliament and of the Council of 21 April 2004 on markets in financial instruments amending Council Directives 85/611/EEC and 93/6/EEC and Directive 2000/12/EC of the European Parliament and of the Council and repealing Council Directive 93/22/EEC.

13) Harald Baum, 각주 10, p. 680.

14) 신소희, MiFID Ⅱ의 주요 내용과 대응방안, 한국거래소 KRX Market, 2019년 여름호, 39면

15) Ryan J. Davies, MiFID and a changing competitive landscape (2008), papers.ssrn.com/sol3/papers.cfm?abstract_id=1117232 (최종방문: 2020. 4. 30), p. 3.

자는 계속적으로 고객 주문을 처리한다는 점에서 임시적, 비정기적이고 주로 투자회사들 간에 이루어지며 통상의 규모를 벗어난 대규모 장외거래와는 구분된다.[16)]

(다) 거래소 간 경쟁체제 도입의 효과

2004년 도입된 MiFID의 중요한 혁신은 거래집중원칙을 폐지하고 다자간 거래소 및 자기거래집행업자를 통해 거래소들 간의 경쟁을 도입한 데 있다.[17)]

실제로 2008년 거래량 기준 90% 이상에 이르던 정규시장의 시장점유율은 다자간 거래소의 출현에 따라 2010년에는 63.5%까지 하락하였다.[18)] 2010년 현재, 독일의 경우 DAX 30 주식 중 25%가 독일 증권거래소(Deutsche Börse) 외의 시장에서, 프랑스의 경우 CAC 40 주식 중 30%가 NYSE Euronext 외의 시장에서 거래되었다.[19)]

또한, MiFID 도입 후에 거래소 회원들이 부담하는 수수료 등에서 상당한 가격 인하 효과가 보고되기도 하였다.[20)] 경쟁체제 도입 후 거래량이 늘면서 호가 간격(spread)이 줄어드는 등 시장의 질적 수준 역시 높아졌다는 평가가 나오고 있다.[21)]

그러나 투자회사들이 고객 주문의 최선 집행을 위해 다수 거래소에 접속함으로써 소요되는 비용이 증가하였다는 보고가 있다.[22)] 또한, 다수의 거래소가 경쟁하고 하나의 증권이 여러 곳에서 거래된다면, 시장이 분절되고, 그에 따라 시장의 가격 발견 기능이 저해될 소지가 있다.[23)]

2004년 MiFID는 이러한 문제를 사전, 사후 호가 및 주문/거래량 정보의 공개를 의무화하는 방식으로 해소하려는 태도를 취하였다.[24)]

---

16) 2004년 MiFID 서문 제(53)항.
17) Takis Tridimas, EU Financial Regulation: Federalization, Crisis Management, and Law Reform in The Evolution of EU Law, p. 789 (Paul Craig and Grainne De Burca, Oxford University Press, 2011).
18) 신소희, 각주 14, 41면.
19) Niamh Moloney, 각주 2 책, p. 441.
20) Peter Gomber, 각주 7 논문, p. 5.
21) 위의 논문, p. 6.
22) 신소희, 위의 논문, 41면.
23) Peter Yeoh, MiFID II key concerns, 27(1) Journal of Financial Regulation and Compliance, p. 11 (2019).
24) Peter Gomber, 각주 7 논문, p. 5.

(3) 2004년 MiFID 시행 후 제기된 문제

2004년 MiFID는 투자회사의 거래소 운영(다자간 거래소) 및 고객 주문에 대응한 투자회사의 자기자본 거래(SI)를 허용함으로써 규제 대상에서 벗어난 장외거래(OTC)를 최소화하려는 의도도 가지고 있었다[서문 (53)].

그러나, MiFID 시행 후 자기거래집행업자는 활성화되지 못해 전체 증권 거래의 1%만을 차지한 반면 장외거래는 여전히 전체 증권 거래의 30% 이상을 차지하였고,[25] 특히 장외 파생상품 거래는 2000년대 들어 폭발적으로 성장하였다. 장외거래 중 투자회사들 간의 도매거래는 전체의 5% 미만에 불과하고 큰 비중을 차지하는 것은 소규모 거래인 것으로 보고되었다.[26]

이에 따라 유럽연합은 2008년 금융위기 이후 금융개혁 논의 과정에서 파생상품을 가급적 정규시장 등에서 거래하도록 하고 예외적인 장외거래의 경우에도 사후 보고 및 중앙청산소(CCP)를 통한 청산을 의무화한 파생상품 Regulation을 제정하였다(보다 상세한 내용은 제8편 제3장에서 다루기로 한다).

(4) 현행 MiFID 및 MiFIR

금융위기 이후 MiFID의 거래소에 관한 규정이 개정되었다. 장외거래, 곧 브로커들의 교차 거래(broker-crossing networks, BCNs)는 재량에 따른 거래이므로 다자간 거래소의 정의에 포섭될 수 없고, 투자회사들이 일반투자자와의 관계에서 딜러로 활동한 것이 아니므로 자기거래집행업의 정의 역시 충족시킬 수도 없었다.

결과적으로 브로커 교차 네트워크(BCN)는 종전에는 MiFID의 규율 대상에 이를 포함시킬 수 없었다.[27] 브로커 교차 네트워크의 경우 대량 거래가 시장 가격에 미치는 영향을 배제할 수 있고 거래비용이 작다는 등의 장점이 있으나, 투명한 가격 공개 등 정책적 목적을 달성할 수 없다는 점이 문제로 지적되었다.[28]

현행 MiFID는 이러한 거래를 조직화된 거래소 개념에 포착하여 규율 대상으로 삼고자 하였다.[29] 현행 MiFID는 종래 MiFID상의 정규시장 및 다자간 거래

25) Niamh Moloney, 각주 2 문헌, p. 442.
26) Peter Gomber, 각주 7 논문, p. 6.
27) 오성근, "EU의 제2차 금융상품시장지침(MiFID Ⅱ)과 금융상품시장규정(MiFIR)의 기본 구조 및 주요 내용", 증권법 연구, 제16권 제2호, 2015년, 249면.
28) Niamh Moloney, 각주 2 문헌, p. 433.
29) Guido Ferrarini & Paolo Saguto, 각주 2 논문, p. 321.

소 외에 조직화된 거래소라는 새로운 개념을 도입하고 공시의무를 부과함으로써 이를 규제의 대상에 포함시켰다.[30] 조직화된 거래소에 대한 규제는 호가 정보에 대한 공개, 시장의 조직 및 감시 등에 관한 내용에 있어서는 다자간 거래소의 경우가 큰 차이가 없다.[31] 다만 조직화된 거래소는 주문의 처리에 있어 투자회사의 재량이 인정된다는 것이 큰 차이이다.

결국, 2014년 MiFID 및 MiFIR는 다양한 유형의 거래소를 규제의 대상에 포섭하고 있는데, 이는 특정한 형태의 거래소가 경쟁 우위를 누리지 못하도록 하는 동시에[32] 가급적 모든 거래를 규제 대상으로 포착하여 거래의 투명성을 확보하려는 데에 목적이 있다.[33] 그러한 이유로, 2004년 MiFID가 경쟁을 촉진하려는 데에 중점이 있었다면, 2014년 개정 MiFID 및 MiFIR는 보다 규제적이다.[34] 이는 글로벌 금융위기 이후 EU의 금융규제가 보다 개입주의적 태도로 변화한 것과 같은 맥락이다.[35]

다. 거래소에 대한 다른 법령상의 규제체계

불공정거래행위 Regulation (Market Abuse Regulation)은 정규시장, 다자간 거래소, 조직화된 거래소, 자기거래집행업자는 물론 장외거래에 대해서도 모두 적용된다.

MiFID, MIFIR가 요구하는 호가 정보 공개 의무 역시 세 종류 시장에 적용된다.

---

30) 오성근, 각주 27 논문, 249면.
31) Niamh Moloney, 각주 2, p. 450.
32) Alastair Hudson, The Law of Finance, para. 7-62 (Sweet & Maxwell, 2nd edition, 2013).
33) Niamh Moloney, 각주 2, p. 433.
34) Niamh Moloney, 위의 책, p. 434.
35) 그만큼 입법과정에서 상당한 논란이 계속되었다. 조직화된 거래소 개념을 통해 장외거래를 규제의 틀로 포섭하려는 입법에 대하여, 모든 거래를 정규화된 하나의 증권시장에서 거래하는 전통을 갖고 있던 프랑스는 이를 적극 찬성한 반면, 장외거래(다크풀 거래)의 중심지인 영국은 이에 반대하였다. 이는 결국 조직화된 거래소를 규제하는 수준에 관한 논쟁이 진행되었는데, 특히 조직화된 거래소가 고객 주문을 자기자본으로 거래할 수 있도록 허용할 것인지 여부가 정쟁이 되었다. 논란은, 조직화된 거래소의 자기자본 거래를 금지하는 대신, 조직화된 거래소가 투자자의 매도, 매수 주문을 모두 확보한 후 중간에서 각기 거래 당사자로서 계약을 체결하여 스스로 위험은 부담하지 않은 채 차익 또는 수수료만을 얻는 matched principal trading을 허용하는 것으로 종결되었다. Niamh Moloney, 위의 책, 435~436 참조.

그러나 투자설명서 Regulation(Prospectus Regulation)은 정규시장에 상장하는 증권에 대해서만 적용된다. 주기적, 계속적 공시에 관한 유통공시 Directive의 규정 역시 정규시장에서 거래되는 증권에 대해서만 적용된다.

다만, 회원국들은 다자간 거래소, 조직화된 거래소의 상장, 공시에 관한 규정을 자유롭게 제정할 수 있다. 뿐만 아니라 거래소를 운영하는 투자회사들은 다자간 거래소에 관하여 주식, 채권에 관한 상장규정을 제정할 수 있다. 예컨대, 다자간 거래소에 속하는 런던 증권거래소의 대체투자시장(AIM)은 정규시장과 유사한 상장규정을 제정하여 운영하고 있다.

2. 정규시장

가. 개념

(1) MiFID상의 정의

'정규시장'이란 정규시장 운영자(market operator)에 의해 운영, 관리되고, 자신의 규칙 또는 시스템(상장규정)에 따라 거래가 허락된 금융상품에 관하여 복수의 제3자가 내는 매수, 매도 주문을 비재량적 규칙에 따라 시스템 내에 취합하거나 그러한 취합 활동을 촉진하여 계약 체결에 이르게 하는 다자간(multilateral) 시스템을 말한다.

정규시장은 대개 공공기관 지위에 있는 특수한 사업자에 의해 운영되는 전통적인 증권시장을 의미한다.

(2) 개념 요소

위와 같은 정의는 몇 가지 요소를 포함하고 있다.

① '정규시장 운영자'는 정규시장의 업무를 운영, 관리하는 사람으로서 별도의 인가를 요한다. 정규시장 운영자는 문맥에 따라 정규시장 그 자체를 의미할 수도 있다[제4조 제(18)호].

정규시장 운영자는 투자회사들의 회원가입, 금융상품의 상장 허가 기준, 회원들 간 거래 방식, 보고 시스템 등에 관한 규칙에 따라 정규시장을 운영하여야 한다[MiFIR 서문 (7)].

정규시장 운영자는 자신의 인가에 기초하여 다자간 거래소 및 조직화된 거래소 역시 운영할 수 있다(MiFID 제5조 제2항).

② '비재량적 규칙'이란 주문이 상호작용하는 방식에 대하여 운영자에게

어떠한 재량도 허용하지 않는 것을 의미하는바, 매도 주문과 매수 주문은 시스템의 규칙, 규약 혹은 내부 운영 절차에 따라 취합되어 계약 체결로 연결되어야 한다[MiFIR 서문 (7)].

③ '시스템'이란 규칙 및 그러한 규칙에 따라 작동하는 거래 플랫폼을 의미한다[제4조 제1항 제(21)호].

Robeco Hollands Bezit 판결[36]은 '다자간 시스템'의 의미를 설명하고 있다.[37] 정규시장 운영자에 의해 운영되는 Euronext 네덜란드의 한 부문으로서 개방형 투자펀드 지분을 거래하는 Euronext 펀드 서비스 시스템(Euronext Fund Service system, FSS system)은, 펀드 대리인과 브로커를 회원으로 두고 있으며, 브로커들은 오후 4시까지 투자자들의 매매 주문을 펀드 대리인에게 송부하도록 되어 있고, 거래는 사전에 정해진 순자산가치(net asset value)에 따라 다음날 오전 10시에 이루어진다. EU 사법재판소는 위 시스템 운영자가 거래의 한 쪽 당사자가 되지 않고 매도인과 매수인 중간에서 위험 부담 없이 관여하는 이상 단순히 거래가 펀드 대리인과 브로커 사이에서 일어난다는 점만으로 다자간 시스템이 아니라고 할 수는 없다고 판단하였다.[38]

나. 정규시장 인가

(1) 개관

다자간 거래소, 조직화된 거래소, 자기거래집행업자는 투자회사를 전제로 한 것이고, MiFID는 다자간 거래소 및 조직화된 거래소의 운영, 자기계정 거래

---

36) Case C-658/15 Robeco Hollands Bezit NV and Others v Stichting Autoriteit Financiële Markten (AFM) [2017] EU:C:2017:870.

37) 네덜란드 법률은 정규시장에서 이루어지는 거래에 대해 세금을 부과하도록 규정하고 있는데, 네덜란드 금융시장청(Stichting Autoriteit Financiële Markten, AFM)은 Euronext 펀드 서비스 시스템이 정규시장에 해당하는 것으로 보아 해당 시장 거래에 대해 세금을 부과하였다. 그 당부가 다투어진 소송에서 네덜란드 법원이 예비적 검토를 제기함에 따라 EU 최고법원은 위 시스템이 정규시장에 해당하는지 여부를 검토하게 되었다.

38) Euronext 펀드 서비스 시스템은 정규시장 운영자로 인가받은 사업자가 운영하고 비재량적 규칙에 해당하는 'EFS Trading Manual'과 'TCS-web user Guide to the EFS'에 따라 거래가 이루어지고 있으나, 시장에서 형성된 가격이 아니라 순자산가격에 따라 거래가 이루어진다는 점, 사전 및 사후 보고 제도가 존재하지 않는다는 점, 불공정거래행위의 위험이 높지 않다는 점과 같이 전형적인 정규시장으로 보기 어려운 요소들이 있다. 그러나 EU 사법재판소는 이러한 요소들이 규제시장 해당 여부를 결정하는 기준이 될 수는 없다고 판단하였다.

를 투자 서비스 및 활동에 포함하고 있으므로(부록 I, Section A), 투자회사는 별도의 조직 규제 없이 위 투자서비스 및 투자 활동에 대한 인가를 받아 다자간 거래소, 조직화된 거래소를 운영하거나 자기거래집행업자로 활동할 수 있다. 반면, 정규시장 운영자로 활동하기 위해서는 정규시장 운영자 자체에 대한 별도의 인가가 필요하다.

각 회원국들은 정규시장 운영자에 대한 인가 권한을 행사한다. 정규시장 운영자는 인가를 받기 위해 조직구조, 향후 운영계획 등 정보를 제출해야 하고, 감독당국은 정규시장 운영자 및 정규시장 시스템이 MiFID가 정한 기준을 충족하는 경우에 정규시장 운영을 인가할 수 있다(MiFID 제44조 제1항). 감독당국은 인가 당시의 조건이 계속적으로 유지되는지 감독하여야 한다(제44조 제2항).

정규시장 운영자에 대한 인가 및 인가 조건의 계속적인 유지는 정규시장 개념의 핵심적 부분이므로, 정규시장 운영자와 다자간 거래소 운영자가 합병을 하고 그 후에도 두 개 시장이 별도로 운영되고 있다면, 후자의 시장이 정규시장이 되는 것은 아니다.[39]

정규시장 운영자에 대한 인가 요건은 투자회사 인가와 큰 차이가 없다.

(2) 경영진에 관한 요구사항

경영진은 충분히 좋은 평판 및 자신의 의무를 이행하는 데 필요한 충분한 지식·기술·경험을 보유하고 있어야 한다. 경영진은 적절하고 넓은 경험을 반영해서 구성되어야 한다(제45조 제1항).

경영진에 속하는 인사들은 투자회사의 경우와 마찬가지로 (i) 하나의 상근이사와 두 개의 비상근이사 또는 (ii) 4개의 비상근이사를 초과하여 겸임할 수 없다(MiFID 제45조 제2항).

규모, 내부 조직, 수행하는 업무의 성격·범위·복잡성을 고려해 볼 때 중요한 정규시장 운영자는 경영진(management body) 내에서 집행(execution) 역할을 수행하지 않는 인사들로 구성된 추천위원회(nomination committee)를 갖추고 추천위원회는 지식, 기술, 다양성, 경험 등을 고려하여 적절한 인사를 경영진 구성원으로 추천하여야 한다(제45조 제4항).

회원국의 감독당국은 경영진 구성원의 평판, 지식 기술, 경험, 경영 활동에 투입하는 시간 등에 관하여 만족하지 못하는 경우 또는 경영진이 효율적이고

39) Case C-248/11 Criminal proceedings against Rareş Doralin Nilaş & others EU:C:2012:166.

건전하며 신중한 경영, 시장의 신뢰성(integrity)에 위험을 초래한다고 믿을 만한 객관적인 증거를 제시할 수 있는 경우, 정규시장 운영자에 대한 인가를 거부하여야 한다(제45조 제7항).

(3) 중대한 영향력을 행사할 수 있는 자에 관한 사항

회원국들은 정규시장의 경영에 직간접적으로 중대한 영향력을 행사하는 지위에 있는 사람이 적절한(suitable) 사람일 것을 요구하여야 한다(제46조 제1항).

정규시장 운영자는 소유구조, 특히 경영에 중대한 영향력을 행사할 수 있는 지위에 있는 자의 신원과 지분율, 그러한 지위의 변동을 초래하는 주식 거래에 대해 이를 감독기관에 보고하고 공개하여야 한다(제46조 제2항).

감독기관은 경영권 변동이 정규시장의 건전하고 신중한 운영에 위험을 초래한다고 믿을 만한 객관적 근거를 제시할 수 있는 경우 경영권 변동의 허가를 거부하여야 한다(제46조 제3항).

(4) 조직구조에 대한 요구사항

회원국들은 정규시장 운영자에게, 조직의 효율적이고 신중한 경영 및 시장의 신뢰성(integrity)을 확보할 수 있도록, 조직 내 권한의 분장과 이해상충의 방지를 포함한 지배구조를 기획, 실행, 감독할 것을 요구하여야 한다(제45조 제6항).

(5) 기타

정규시장에 대한 인가 및 감독 권한은 등록지 회원국이 보유한다(제44조 제1항 등). 등록지 회원국 감독당국은 정규시장에 대해 주문 기록을 요구할 수 있다(제48조 제11항).

정규시장에서 이루어지는 거래에 대해 적용되는 법률은 정규시장이 속한 회원국 법률이다(제44조 제4항).

유럽증권시장청(ESMA)은 회원국 감독당국으로부터 정규시장의 내역을 확보하여 EU 차원의 정규시장 리스트를 관리하여야 한다(제56조).

3. 다자간 거래소(MTF)

가. 다자간 거래소의 개념

'다자간 거래소' 또는 'MTF'란 투자회사 또는 정규시장 운영자가 운영하는 다자간 시스템으로서, 복수의 제3자가 내는 금융상품 매수, 매도 주문을 비재량적 규칙에 따라 시장에 취합하여 본 Directive 제2편(Title II)에 따라 계약 체결에

이르게 하는 것을 의미한다[제4조 제1항 제(22)호].

증권시장의 운영을 전문적으로 하지 않는 투자회사들이 다자간 거래소를 운영할 수 있다. 또한 정규시장 운영자 역시 다자간 거래소를 운영할 수 있다(MiFID 제5조 제2항). 이는 우리나라 자본시장법 제8조의2 제5항에 따른 '다자간 매매체결회사'가 운영하는 시장과 유사하다.[40]

예컨대, (가상화폐가 증권 또는 Section C, Annex I에 정의된 금융상품에 해당함을 전제로) 투자회사가 운영하는 가상화폐 거래소가 다자간 거래소에 포함되는 것으로 해석될 여지가 있다고 생각된다.[41] 독일 BiFIN이 그와 같은 입장인 것으로 보인다.[42]

다자간 거래소 역시 비재량적 규칙에 따라 운영되어야 하는데, 그 의미는 정규시장 부분에서 설명한 바와 같다. MiFID는 정규시장과 달리 다자간 거래소의 상장 허가에 관하여 언급하지 않고 있으나, 다자간 거래소들은 회원국 법률 등에 따라 나름의 상장 규정을 운영하고 있으므로, 사실상 큰 차이가 없다.

다자간 거래소 역시 불특정다수의 투자자들이 만나는 시스템이므로, 다자간 거래소 운영자는 정규시장의 경우와 마찬가지로 자기 자본으로 고객 주문을 접수하여 고객과 거래할 수 없다.

주요한 다자간 거래소로 Liquidnet Europe, Currenex MTF, SIGMA X MTF, UBS MTF, ICAP Europe 등이 존재하고 있다.[43]

나. 중소기업 성장시장(SME Growth Market)

(1) 개관

다자간 거래소는 성장 초기 단계에 있는 중소기업에 전문화된 중소기업 성장시장(SME Growth Market)으로 등록할 수 있다(제33조).

통상 중소기업 또는 스타트업(Start-up) 기업들은 London AIM, Frankfurter

40) 고동원, 유럽연합(EU)「제2차 금융상품시장지침」(MiFID Ⅱ)의 규제 영향과 시사점, 증권법연구 제20권 제1호, 2019, 77~78면.

41) Philipp Hacker & Chris Thomale, Crypto-Securities Regulation: ICOs, Token Sales and Cryptocurrencies under EU Financial Law, https://papers.ssrn.com/sol3/papers.cfm?abstract_id=3075820&download=yes# (최종방문: 2020. 8. 4), p. 21.

42) https://www.bafin.de/DE/Aufsicht/FinTech/VirtualCurrency/virtual_currency_node.html

43) Reed Smith, MiFID II: Multilateral trading venues and systematic internalisers", Financial Regulatory Alert (2017. 7. 19), https://www.reedsmith.com/en/perspectives/2017/07/mifid-ii-multilateral-trading-venues-and-systematic-internalisers (최종방문: 2020. 8. 4), p. 2.

Wertpapierbörse 등 다자간 거래소의 상장기준을 통과하여 거래될 수 있다. 그러나 불공정거래행위, 회계부정 등으로 독일, 스페인 등의 다자간 거래소 시장이 붕괴하여 그에 대한 신뢰가 저하되자 EU 집행위원회가 다자간 거래소의 하위 범주로서 중소기업 성장 시장을 제안하기에 이르렀다.[44] 스타트업 기업 등에 전문화된 시장의 특성에 맞는 신축성을 유지하면서도 투자자 보호를 위한 일정한 규제를 적용하려는 데에 그 취지가 있다.[45]

(2) 요건

중소기업 성장시장으로 등록하기 위해서는 (a) 당해 다자간 거래소에 거래되는 금융상품 발행자 중 최소한 50% 이상이 중소기업(직전 연도말 기준 역산하여 3년간 시가총액이 2억 유로 미만인 회사를 의미한다)이어야 하고, (b) 상장을 위한 적합한 기준이 설정되어야 하며, (c) 최초 상장 시점에서 투자설명서 혹은 적절한 상장 허가 서류 등을 통해 투자자들에게 충분한 정보가 제공되어야 하고, (d) 적절한 정기공시(예: 감사 받은 연차 보고서)가 이루어져야 하며, (e) 발행회사에서 경영상의 책임을 지는 사람 등이 불공정거래행위 Regulation(Market Abuse Regulation)에 따른 의무를 이행해야 하고, (f) 규제를 위해 필요한 정보가 계속 저장, 공시되고, (g) 불공정거래행위를 막기 위한 효과적인 시스템과 통제제도가 갖추어져 있어야 한다(제33조 제3항).

(3) 복수 거래소에서의 거래

하나의 중소기업 성장시장에 상장된 금융상품은 발행자가 이를 통보받은 후 반대하지 않는 한 다른 중소기업 성장시장에서도 거래될 수 있다. 이 경우 후자의 시장이 요구하는 지배구조, 발행공시 및 유통공시에 관한 규정이 적용되지 아니한다(제33조 제7항).

4. 조직화된 거래소(OTF)

가. 개념

'조직화된 거래소' 또는 'OTF'란 정규시장 또는 다자간 거래소가 아닌 다자간 시스템으로서 債券(bonds), 구조화 금융상품, 탄소배출권, 파생상품에 관하여 제3자가 내는 다수의 매도, 매수 주문이 서로 교차하여 본 Directive 제2편

---

44) Rudiger Veil, European Capital Markets Law, p. 112 (Hart Publishing, 2017).
45) 위의 책, pp. 112~113.

(Title II)에서 정한 방식으로 계약 체결에 이르게 하는 것을 말한다[제4조 제1항 제(23)호].

모두에서 살펴본 것처럼, 호가 정보가 거래되지 않는 브로커들의 교차 네트워크(Broker-crossing network)를 규제 체계로 포섭하기 위해 현행 MiFID에서 처음 도입된 개념이다.

조직화된 거래소의 핵심은 실제 거래의 실행에 있으므로, 증권 매매를 위한 광고 목적으로 사용되는 게시판 운영은 조직화된 거래소의 정의에 포섭되지 않는다. 또한, 조직화된 거래소는 잠재적 매도/매수 주문을 단순히 취합하는 활동, 거래 후 이를 승인하여 전자적 방식으로 주식 소유권과 대금을 교환하는 청산, 결제(Post-Trade Processing) 서비스, 위험을 줄이기 위해 파생상품 거래 중 일부를 청산하는 활동(Portfolio Compression)과도 구분된다[MiFIR 서문 (8)].

나. 거래 대상

조직화된 거래소의 대상은 債券(bonds), 구조화 금융상품(structured finance products), 탄소배출권, 파생상품으로 한정된다.

가장 흔하게 거래되는 주식은 재량적 규칙에 따른 조직화된 거래소 거래가 허용되지 않는다.

다. 특징 및 규제사항

(1) 재량적 주문 집행의 허용

조직화된 거래소는, 정규시장 및 다자간 거래소의 경우와는 달리, 주문의 접수 및 실행 과정(곧 계약 체결 과정)에 대하여 재량적인 규칙을 따를 수 있다. 즉, 조직화된 거래소의 운영자는 선택에 따라 주문을 다른 거래소에 전달하거나 자신의 집행 시스템에서 이를 집행할 수 있다.

조직화된 거래소 운영자는 고객이 요청하는 경우 특정 시점에서 특정 주문에 대응하는 반대편 호가가 있는 경우에도 양자 간의 계약을 체결시키지 않을 수 있다[MiFIR 서문 (9)]. 이는 계약 체결 과정에서 매도인, 매수인들 간에 계약조건에 관한 교섭을 촉진하는 효과를 가질 수 있다.[46] 이는 브로커 교차거래 시스템의 특성, 장외 파생상품 거래의 관행을 반영한 것으로서 딜러들의 입장을 고

46) Reed Smith, 각주 43 자료, p. 2.

려한 것이다.[47)]

조직화된 거래소라고 해서 재량이 무한정 허용되는 것은 당연히 아니다. 조직화된 거래소 운영자는 투자회사이므로 MiFID가 정한 일반적 행위규범을 준수할 의무가 있다. 즉, 조직화된 거래소 운영자는 주문에 관한 고객의 요구사항을 따라야 하고 최선집행의무를 준수해야 한다(MiFID 제20조 제6항).

감독당국은 조직화된 거래소 운영자에 대하여 고객 주문 철회 및 고객 주문을 세약 체결로 연결(matching)하는 데 관한 상세한 기준을 제공할 것을 요구할 수 있다(MiFID 제20조 제7항). 조직화된 거래소는 사전 호가 정보를 공개해야 한다[MiFIR 서문 (8),(9) 및 제20조 제6항].

(2) 고유계정 거래의 예외적 허용

조직화된 거래소 역시 다자간 시스템이므로, 조직화된 거래소 운영자는 자기 자본으로 고객 주문을 집행할 수 없다(제20조 제1항). 여기에는 두 가지 예외가 있다.

(가) 정부채권의 경우

유동성이 부족한 정부채권에 대해서는 자기 자본 거래가 허용된다(제20조 제3항).

(나) 매치된 자기자본 거래(matched principal trading)

조직화된 거래소 운영자는 고객이 동의하고 이해상충의 위험이 없음을 전제로 사채, 구조화 상품, 탄소배출권, 파생상품에 대해 '매치된 자기자본 거래(matched principal trading)'를 수행할 수 있다(제20조 제2, 4, 7항).

매치된 자기자본 거래(matched principal trading)는 거래소가 매도인, 매수인 중간에 위치하면서 자신은 사전에 알려준 수수료 등 외에 어떤 이익이나 손실을 발생시키지 않는 방식으로 양자의 거래를 동시에 진행함으로써 스스로는 시장 위험에 노출시키지 않는 거래를 의미한다[제4조 제1항 제(38)호]. 그러나 중앙청산소를 통한 청산, 결제가 의무화되어 있는 일부 파생상품 거래에 대해서는 매치된 자기자본 거래(matched principal trading)가 허용되지 않는다고 보아야 할 것이다.[48)]

---

47) Niamh Moloney, 각주 2 문헌, pp. 450~451; Guido Ferrarini & Paolo Saguto, 각주 2 논문, p. 321.

48) Reed Smith, 각주 43 자료, p. 3.

정규시장 및 다자간 거래소에 대해서는 매치된 자기자본 거래가 허용되지 않는다(제47조 제2항, 제19조 제5항).

(3) 기타 요구사항

조직화된 거래소 운영자는 인가를 받기 위해 왜 해당 시스템이 정규시장, 다자간 거래소, 자기거래집행업에 해당하지 않는지, 재량이 어떻게 행사될 것인지, 특히 언제 주문이 거부되고 언제, 어떤 방식으로 두 개 이상의 주문이 매칭되는지, 매치된 자기자본 거래는 어떻게 사용될 것인지에 관한 상세한 설명을 감독당국에 제시하여야 한다.

감독당국은 매치된 자기자본 거래가 정당하게 사용되고 있는지, 그것이 이해상충을 유발하고 있지 않은지 지속적으로 감독하여야 한다(제20조 제7항).

조직화된 거래소는 다른 조직화된 거래소에 접속하여 그곳에 제출된 주문과 거래할 수 없다(제20조 제4항).

5. 자기거래집행업자(Systematic Internaliser)

가. 개념

'자기거래집행업자' 또는 'SI'란 정규시장, 다자간 거래소, 조직화된 거래소 밖에서 조직적, 계속적, 체계적이고 상당한 규모로(on an organized, frequent systematic and substantial bases) 고객 주문을 고유계정으로 집행하는 투자회사를 말한다[제4조 제1항 제(20)호].

자기거래집행업자는 고객이 받은 주문을 정규시장 등에 제출하는 경우 지불할 거래 체결 수수료 등을 절감할 수 있고, 고객 주문의 상대방으로부터 차익을 실현할 기회 역시 가질 수 있다.[49]

조직성, 계속성, 체계성 및 상당한 규모를 요구하므로 단순한 1회성 거래만으로는 자기거래집행업이라고 할 수 없다. 조직성 등에 관한 구체적인 기준은 유럽증권시장청(ESMA)이 이를 정하도록 하고 있다.

자기거래집행업자는 그 본질상 하나의 금융상품에 대해 매도, 매수 주문을 취합하는 활동을 할 수는 없다. 예를 들어, 모든 주문이 하나의 투자회사에 대해 집행되는 이른바 single-dealer platform은 자기거래집행업자 개념에 부합한다. 반면, 여러 딜러들이 하나의 금융상품에 대해 상호 작용하는 이른바 mul-

49) 신소희, 각주 14 논문, 40면.

ti-dealer platform은 자기거래집행업자가 될 수 없다.

나. 요구사항

자기거래집행업자가 고객의 주문을 스스로 집행할 수 있는 것은 그 주문집행을 정규시장 및 다른 시장에 중개할 경우와 동등한 조건 혹은 그보다 양호한 조건을 충족하는 경우로 한정된다. 자기거래집행업자는 투자서비스 업무를 제공함에 있어 직·간접적으로 이해관계를 맺고 있는 자와 고객 간에 발생하는 이해상충을 방지하기 위한 적절한 예방적 조치를 취하여야 한다.

하나의 법인이 조직화된 거래소를 운영하는 동시에 자기거래집행업자로 거래할 수는 없다. 조직화된 거래소의 운영자는 자기거래집행업자가 조직화된 거래소에 접속하여 다른 주문과 거래할 수 있도록 해서는 아니된다(제20조 제4항).

투자회사는 주문 규모가 표준 수량 이하인 경우 자신이 자기거래집행업자로 참여하는 주식, 예탁증서, ETF, 기타 금융상품 시장으로서 유동성이 풍부한 시장에 대해서는 공개적으로 호가를 제시하여야 한다. 유동성이 풍부하지 않은 금융상품에 대해서는 고객이 요청하는 경우 호가를 제시하여야 한다(MiFIR 제14조 제1항).

6. 거래소에 대한 공통적 규제사항

MiFID는 정규시장, 다자간 거래소, 조직화된 거래소가 준수해야 할 규칙들을 규정하고 있으므로 이하에서 소개한다(반면, 자기거래집행업자에 대해서는 MiFID 제24조 이하의 영업행위 규제 등이 적용된다).

가. 일반 사항

정규시장, 다자간 거래소, 조직화된 거래소의 운영자는 자신(소유자 등을 포함한다)의 이익과 시장의 건전한 운영 간 상충 문제를 식별, 관리할 수 있는 기구를 갖추어야 한다[제47조 제1항 (a)호, 제18조 제4항]. 정규시장 운영자 등이 과도한 수수료를 부과하거나 불필요하게 강력한 규제로 시장 참여자들로부터 벌과금을 받으려는 행위 등을 막으려는 것이다.[50)]

---

50) Andreas M. Fleckner & Klaus J. Hopt, Stock Exchange Law: Concept, History, Challenges, 7(3) Virginia Law and Business Review, p. 550 (2013).

정규시장, 다자간 거래소, 조직화된 거래소는 여러 위험 요인을 식별, 관리, 완화하기 위한 조직, 시스템, 조치를 마련하여 시행하여야 한다[제47조 제1항 (b)호, 제19조 제3항 (a)호]

정규시장은 상장증권의 발행자들이 최초 상장 시는 물론 그 이후에도 계속하여 EU법이 요구하는 공시의무를 준수하도록 하는 조치를 마련하여 시행해야 한다(제51조 제3항). 다자간 거래소, 조직화된 기래소에 대해서는 투자설명서 Regulation, 유통공시 Directive가 적용되지 아니한다. 그러나, 다자간 거래소 및 조직화된 거래소를 운영하는 투자회사 등은 투자의사결정에 필요한 충분한 정보가 공개되도록 하여야 한다(제18조 제2항).

정규시장은 회원들의 규정 준수 여부를 감독하고 위반이 발견되는 경우 이를 감독당국에 보고할 의무가 있다(제54조). 다자간 거래소 및 조직화된 거래소는 회원 또는 시장참여자들이 자신의 규정 준수 여부, 특히 불공정거래행위 Regulation(Market Abuse Regulation)과 관련하여 주문의 제출 및 취소가 시장의 거래 조건을 불안정하게 하는 것인지 여부를 감독하고 발견된 사항을 감독당국에 보고하여야 한다(제31조). 다자간 거래소 및 조직화된 거래소는 규정을 준수하지 않는 금융상품의 거래를 일시적 혹은 영구적으로 중단할 것을 요구할 수 있다(제32조).

나. 상장허가규정 등에 관한 사항

회원국들은 정규시장에 대하여, 금융상품의 상장 허가에 관한 명확하고 투명한 규칙을 제정할 것을 요구하여야 한다(제51조 제1항). 다자간 거래소 및 조직화된 거래소에 관해서도 금융상품 거래 허가에 관한 기준을 결정하는 기준이 마련되어야 한다(제18조 제2항).

정규시장에 상장된 양도증권은 발행자의 동의 없이도 다른 정규시장, 다자간 거래소, 조직화된 거래소에서 상장, 거래될 수 있고, 이 경우 발행자는 다른 정규시장 등에 대한 공시의무를 부담하지 아니한다(제51조 제5항, 제18조 제8항).

정규시장, 다자간 거래소, 조직화된 거래소는 주문의 효율적 집행을 위한 기준을 갖추어야 한다[제47조 제1항 (d)호, 제18조 제1항].

다. 거래소 운영에 관한 규제

(1) 시스템의 안정적 운영을 위한 규정

MiFID 제48조는 정규시장 시스템의 안정적 운영 등을 위한 요구사항을 규정하고 있다. 제18조 제9항은 다자간 거래소 및 조직화된 거래소에 관하여 이를 준용하고 있다. 따라서, 제48조는 세 종류 거래소에 공통적으로 적용된다.

정규시장 등은 거래 시스템의 복원력, 최대 한도(peak)의 주문 및 정보 전송(message) 규모를 취급할 수 있는 충분한 용량을 갖추어야 한다. 정규시장 등은 극심한 시장 스트레스 조건에서도 질서 정연한 거래를 확보할 수 있어야 하고 이를 위해 완전한 수준의 테스트를 거쳐야 하며 거래 시스템 일부가 붕괴하더라도 거래가 계속될 수 있도록 하는 효과적인 조치를 마련해 두어야 한다(제48조 제1항).

정규시장 등의 시스템은 사전에 정해진 규모 및 가격 기준을 초과하거나 잘못 입력된 것임이 명백한 주문을 거부할 수 있는 절차 및 기준을 갖추고 있어야 한다(제48조 제4항).

(2) 유동성 공급을 위한 규정

정규시장 등은 시장 조성 전략(market making strategy)을 사용하는 투자회사들을 유치하고 이를 통해 정규시장 등에서 충분히 많은 투자회사들이 경쟁적 가격에 주문을 제출함으로써 시장에 규칙적이고 예측가능한 방식으로 유동성이 공급될 수 있도록 하여야 한다. 다만, 그러한 요구는 당해 정규시장 등에서 이루어지는 거래의 성격과 규모에 부합하는 적절한 것이어야 한다(제48조 제2항, 제19조 제5항).

이를 위해 정규시장 등은 투자회사들과 문서로 협약을 체결하여야 하는데(제48조 제2항, 제18조 제5항), 그러한 협약에는 적어도 투자회사들의 유동성 공급에 관한 내용, 유동성을 충분히 공급하는 경우의 장려금(rebate) 및 인센티브에 관한 내용이 포함되어 있어야 한다(제48조 제3항, 제18조 제5항).

정규시장 등은 투자회사들의 협약 이행 상황을 모니터링하고 그 이행을 강제해야 하는 것은 물론 감독당국에 이를 보고할 의무가 있다(제48조 제3항, 제18조 제5항).

회원국들은 다자간 거래소 및 조직화된 거래소에 대하여, 가격 형성을 위해 최소한 세 명 이상의 회원이 다른 모든 회원들과 활발하게 거래할 수 있도록 할 것을 요구하여야 한다(제18조 제7항).

(3) 일시적 거래 중지 등에 관한 규정

정규시장 등은 짧은 시간 내에 당해 정규시장 또는 관련된 시장에서 거래되는 어떤 금융상품에서 중대한 가격 변동이 있는 경우, 일시적으로 거래를 중단하거나 제한할 수 있어야 한다. 뿐만 아니라, 정규시장 등은 예외적인 경우에는 거래를 취소, 변경, 수정할 수 있어야 한다.

회원국들은 정규시장 등에 대하여, 거래를 중단하는 기준(parameter)을 계속 적절하게 조정해 나갈 것을 요구하여야 한다, 그러한 기준은, 거래되는 금융상품의 유형별로, 시장의 성격, 유동성의 수준, 이용자의 유형 등을 감안할 때 거래 질서에 주는 중대한 충격(abruption)을 막기에 충분한 것이어야 한다.

정규시장 등은 감독당국에 위 기준 및 그에 대한 변경을 계속하여 보고할 의무가 있고, 감독당국은 이를 다시 유럽증권시장청(ESMA)에 보고하여야 한다.

정규시장 등은 거래가 중단된 금융상품이 유동성의 관점에서 중대한 것이라면, 당해 금융상품 거래를 다른 시장에서도 중단시킬 필요가 있는지 검토할 기회를 제공하고 공동 대응의 기회를 제공하기 위해, 다른 회원국들에도 이를 알리는 체계를 갖추어야 한다(제48조 제5항, 제18조 제5항).

(4) 보수에 관한 규정

거래수수료 등을 포함하여 정규시장 등의 보수 구조는 투명하고 공정하며 비차별적이어야 한다. 또한, 정규시장 등의 보수 구조는 무질서한 거래조건이나 불공정거래행위를 조장하는 주문의 제출, 수정, 취소, 실행을 유도하는 것이어서는 아니된다(제48조 제9항, 제18조 제5항).

(5) 호가시스템에 관한 규정

정규시장 등은 주식, 예탁증서, 기타 유럽증권시장청(ESMA)이 규제기술표준을 통해 정하는 금융상품에 대해 호가 시스템(tick size regime)을 채택하여야 한다(제49조 제1항, 제19조 제5항). 관련 규제기술표준[51]은 시장 가격별로 적용되는 호가 단위를 달리 규정하고 있다.

---

51) Commission Delegated Regulation 2017/588 of 14 July 2016 supplementing Directive 2014/65/EU of the European Parliament and of the Council with regard to regulatory technical standards on the tick size regime for shares, depositary receipts and exchange-traded funds 참조.

호가 시스템이 통일되어 있지 않은 상태에서 회원국들 혹은 거래소들 간에 보다 많은 거래 주문을 끌어들이기 위해 tick 규모를 줄이는 경쟁이 벌어져 가격이 지나치게 빈번하게 변동되는 부작용이 발생하였다는 비판에 따라 도입된 것이다.[52)]

한편, 현실적으로 각 거래소별 호가 정보를 취합, 제공하는 시스템이 없어 MiFID가 규정한 최선집행의무의 이행이나 가격 형성 기능의 실현에 어려움이 있다는 의견이 있다.[53)]

라. 거래소 접근 및 회원에 관한 사항

정규시장은 정규시장에 대한 접근 및 회원가입에 관하여, 객관적 기준에 따라, 투명하고 비차별적인 규칙을 제정하여야 한다(제53조 제1항).

다자간 거래소, 조직화된 거래소 역시 객관적 기준에 따라 시설 접근에 관해 규율하는 규정과 절차를 공개하고 이를 실행하여야 한다(제18조 제3항).

정규시장 혹은 다자간 거래소의 회원들 서로 간에는, 또한 다자간 거래소 운영회사와 회원 간에는, 제24조 등에서 정한 적합성 원칙, 설명의무, 최선집행 의무 등을 준수할 의무가 없다(제53조 제4항). 회원들이 투자회사들이고 거래의 반대편 당사자로 만나는 점을 고려하면 당연한 규정이다. 그러나 그것이 각 회원들의 고객과의 관계에서 부담하는 보호 의무를 면제하는 것이 아님은 당연하다(제53조 제4항, 제19조 제4항).

마. 회원국 국경을 넘는 거래소 활동 등의 보장

회원국들은, 다른 회원국의 정규시장, 다자간 거래소, 조직화된 거래소가 아무런 추가적인 법적, 행정적 요구사항을 충족시킬 필요 없이, 자국 내의 회원들, 시장참여자들, 원격 투자자들에게 접근하여 서비스를 제공할 수 있도록 허용하여야 한다.

정규시장 등은 등록한 회원국(Home Member State)의 감독당국에게 접촉 대

52) AMF, Mifid II: Impact of the New Tick Size Regime (2018. 3), https://www.amf-france.org/en/news-publications/publications/reports-research-and-analysis/mifid-ii-impact-new-tick-size-regime (최종방문: 2020. 8. 4), p. 2.

53) 신소희, 각주 14 논문, 41면.

상 회원의 신원, 회원국 영토 밖 서비스 제공 계획 등을 통지하여야 하고, 위 감독당국은 정규시장이 진출하고자 하는 회원국의 감독당국에 다시 이를 통지하여야 한다(제54조 제6항, 제34조 제6항). 정규시장 등은 이러한 통지만으로 다른 회원국에서 서비스를 제공할 수 있다.

회원국들은 정규시장 운영자 또는 다자간 거래소를 운영하는 투자회사 등이 청산, 결제 업무의 전부 또는 일부를 수행하려는 다른 회원국 중앙청산소 및 결제시스템과 약정을 맺거나 이를 사용하는 것을 막아서는 아니된다(제55조, 제38조 제1항, 제2항).

바. 호가의 공개 의무

(1) 거래소의 사전공개 의무

(가) 의무의 내용

호가 정보의 공개 및 보고는 증권시장의 가격 발견 기능을 촉진하기 위한 가장 핵심적인 의무라고 할 수 있다.[54] MiFID 규정을 통해 하나의 증권이 복수의 거래장소에서 거래될 가능성이 열린 이상 가격 형성을 위한 호가 정보의 공개가 필요하다.

정규시장 운영자 및 거래소를 운영하는 투자회사들은 거래소에서 거래되는 주식, 예탁증서, ETF 기타 유사한 금융상품은 물론 채권(債券), 구조화 예금상품, 탄소배출권, 파생상품에 대해서도 통상의 영업시간 동안 계속하여 현재 시점의 매도, 매수 호가 및 호가별 주문 수량을 공개하여야 한다(MiFIR 제3조 제1항, 제8조 제1항).

이러한 호가 정보 공개는 각 시장의 구체적인 거래 방식(오더북, 시장조성자에 의한 호가 제출 방식 등)에 따라 조정되어야 한다(MiFIR 제3조 제2항, 제8조 제2항).

다만, 금융기관 아닌 당사자가 혹은 기업집단 내에서 위험회피를 위해 수행하는 파생상품 거래에 대해서는 이러한 의무가 적용되지 아니한다(제8조 제1항).

(나) 의무의 면제

주식, 예탁증서, ETF 기타 유사한 금융상품의 호가 정보 공개 의무에 관하여, 회원국 감독당국은, 참조할 수 있는 다른 가격에 의해 거래가 이루어지는

54) Niamh Moloney, 각주 2 문헌, p. 430.

시장, 비정상적으로 큰 규모의 주문 등에 대해 위와 같은 사전 호가 정보 공개를 면제할 수 있다(MiFIR 제4조).

다만, 이러한 면제가 남발되어 가격 형성이 저해되는 것을 막기 위하여 사전 보고가 면제되는 규모를 일정 수준으로 제한하는 Volume Cap 제도가 마련되어 있다. 주식, 예탁증권, ETF 기타 유사한 금융상품의 한 다크풀 거래량이 EU 내에서 당해 금융상품 전체 거래량 중 4% 이상인 경우 또는 당해 금융상품의 전체 다크풀 거래량이 EU 내 당해 금융상품 전체 거래량의 8% 이상인 경우 사전 호가 정보 공개 의무가 면제될 수 없다(MiFIR 제5조 제1항)

채권(債券), 구조화 예금상품, 탄소배출권, 파생상품의 호가정보 역시 규모가 큰 거래 등에 관하여 사전 호가 정보 공개의무가 면제될 수 있다(제9조).

(2) 거래소의 사후공개 의무

정규시장 운영자 또는 투자회사는 주식, 예탁증서, ETF, 기타 유사한 금융상품에 관하여 가격, 규모, 시점 등에 관한 상세한 정보를 가급적 실시간에 가깝게 사후 공개하여야 한다(MiFIR 제6조 제1항). 채권, 구조화 예금 상품, 탄소배출권, 파생상품의 경우에도 마찬가지이다(MiFIR 제10조 제1항).

회원국 감독기관은 규모나 거래 유형을 고려하여 거래의 상세한 정보에 관한 사후 공개를 늦추도록 허용할 수 있다(제7조, 제11조).

7. 투자회사에 대한 요구사항

가. MiFID가 규정한 시장에서 주식을 거래할 의무

MiFIR 제23조는 투자회사가 관여[55]하는 모든 주식 거래가 (당해 주식이 상장되어 있는 한) 정규시장, 다자간 거래소, 조직화된 거래소에서 혹은 자기거래집행업자에 대하여 이루어지도록 할 것을 요구하고 있다. 투자회사가 관여하는 장외주식 거래는 비체계적, 비규칙적이고 빈번하지 않으며, 임시로 이루어지는 경우(ad hoc) 혹은 적격 거래상대방/전문투자자와의 거래로서 가격 형성 기능에 장애를 초래하지 않는 경우에 한하여 허용된다.

---

55) "An investment firm shall ensure the trades it undertakes in shares admitted to trading on a regulated market or traded on a trading venue shall take place on a regulated market …". 문언상 투자회사가 고유계정으로 거래하는 경우 외에 중개인으로서 고객 주문을 실행하는 거래 등을 모두 포괄한 것으로 이해된다.

나. 공개, 보고의무

고객 주문을 집행하는 투자회사들 역시 일정한 공개의무를 부담하고 있다.

모든 투자회사는 주식, 예탁증서, 기타 유사 금융상품 및 일정한 비지분자산의 거래에 관하여, 자기계정 거래이든 고객을 위한 거래이든 불문하고, 거래 규모 및 가격, 거래종결 시점 등에 관한 정보를 '인증된 거래정보 공표기관(Approved Publication Arrangement, APA)'을 통해 공개하여야 한다(MiFIR 제20조, 제21조). 여기서 '인증된 거래정보 공표기관'은 투자회사를 대신하여 거래에 관한 정보를 공개하는 역할을 승인받은 기관을 말한다[MiFID 제4조 제1항 제(52)호]. 특히 거래소가 파악할 수 없는 장외거래 정보에 대한 투명성을 확보하기 위한 것이다.

투자회자가 자기거래집행업자로 활동하는 경우에는 취소 불가능한 주문을 먼저 제공(공개)할 의무가 있다. 다만, 유동성이 풍부하지 않은 시장에서는 고객의 요청이 있는 경우 주문을 공개하여야 한다(MiFIR 제14조, 제18조).

또한, 투자회사는 모든 금융상품에 관한 주문 및 자신이 수행한 거래에 관한 정보를 기록, 관리하는 것은 물론 완전하고 정확한 상세정보를 감독당국에게 빠르게 보고하여야 한다. 위 보고는 늦어도 거래 다음 영업일 종료 전까지는 이루어져야 한다(MiFIR 제25조, 제26조).

거래소 밖의 거래(장외거래) 역시 투자회사의 보고 대상 거래에 포함된다(MiFIR 제26조 제3항).

Ⅱ. 회원국의 증권시장

1. 유럽의 거래소 현황

MiFID 시행으로 거래소들 간의 경쟁이 한 회원국 내에서 유럽 전역으로 확산되었다.

가. 새로운 거래소들의 출현

투자은행들의 주도로 2007년 및 2008년 새로 다자간 거래소로 출발한 BATS, Chi-X, Turquoise는 기존 정규시장의 거래 물량 상당 부분을 확보할 수 있었다.

BATS와 Chi-X는 2011년 합병하여 BATS Chi-X Europe으로 출범하면서 범유럽 거래소를 표방하였는데, 위 거래소는 2013. 5. 영국 런던에 기반을 둔 정규시장의 지위를 가지게 되었다. BATS Chi-X Europe은 유럽 전체로 놓고 보면 Euronext, 프랑크푸르트 증권거래소(Frankfurter Wertpapierbörse), 런던 증권거래소(London Stock Exchange)를 모두 능가하는 가장 큰 거래소이지만 어느 나라에서도 거래량 1위 자리를 차지하지는 못하고 있다.[56] 예를 들어 2015년 10월 현재 독일 DAX 30 지수에 속한 증권에 관하여 프랑크푸르트 증권거래소가 60%의 점유율을 보이며 1위를 기록하고 있고, BATS Chi-X Europe과 Turquoise가 각기 30%와 9%의 점유율을 차지하고 있다.[57]

Turquoise는 미국의 9개 투자은행이 설립한 거래소인데 2010년 런던 증권거래소 그룹이 51% 지분을 취득하였다.

나. 전통적 거래소의 대응

이에 대응하여 전통적으로 우위를 지켜 온 런던 증권거래소와 프랑크푸르트 증권거래소는 알고리즘 거래 등 대규모 거래자에 대한 수수료 인하 및 거래 속도 제고 등에 나선 바 있다.[58] 현행 MiFID 도입 이후 유럽 거래소들의 인수·합병 움직임이 지속되어 왔으나 전체 유럽에 걸쳐 활동하는 거래소가 출현했다고는 하기 어려운 상황이고[59] 여전히 런던 증권거래소와 프랑크푸르트 증권거래소가 가장 중요한 거래소 지위를 유지하고 있다.[60]

런던 증권거래소 운영자인 LSE 그룹은 2001년 상장되었는데, 프랑크푸르트 증권거래소를 운영하는 독일 Deutsche Börse사, 호주 은행 Macquarie, 미국 NASDAQUE 등이 차례로 LSE그룹 인수를 시도하기도 하였다. 유럽의 가장 큰 증권시장 운영사인 LSE 그룹과 독일 Deutsche Börse사는 2016. 2. 23. 우호적인

56) Diego Leis & Kern Alexander, High Frequency Trading – Market Manipulation and Systemic Risks from an EU Perspective (2012. 2. 29), ssrn.com/abstract=2108344 (최종방문: 2020. 3. 16), p. 16.
57) Peter Gomber, 각주 7 논문, p. 6.
58) 한국금융연구원, 유럽의 대체거래소 설립 증가 및 장내거래소의 대응현황, 국제금융이슈 2008. 9. 6.자, http://www.kif.re.kr/KMFileDir/128656933381201526_17-35-s3.pdf (2020. 4. 26. 최종 접속).
59) Rudiger Veil, 각주 44 서적, p. 108.
60) 위의 책, p. 108.

합병계획을 발표하였으나, 유럽연합 집행위원회(Commission)는 2017년 거래소들 간에 경쟁을 저해할 우려가 있다며 위 합병을 불허하였다.61)

다. 고성장 기업들 위주 거래소

영국의 다자간 거래소인 AIM은 고성장 기업 상장 시장으로서, 그 운영자인 LSE 그룹은 AIM에 대해서도 정규시장(런던 증권거래소)과 같은 정도의 엄격한 규정을 제정, 운영하고 있다.62)

유사한 성격을 가진 시장으로 프랑스, 벨기에, 포르투갈에서 운영되는 Alternext, 독일의 Entry Standard(프랑크푸르트), m:access(뮌헨), 이탈리아의 AIM Italia 등이 운영되고 있다.63)

2. 일반 상장과 프리미엄 상장

거래소들 간에는 기업들을 유지하기 위하여 경쟁이 벌어지고 있는데, 그러한 경쟁은 규제 수준을 높인다는 점에 특징이 있다. 이는 곧 투자자의 이해를 보다 철저하게 보호하는 상장규정을 마련함으로써 건전한 기업들을 유치하고 이를 통해 거래량을 확보할 수 있기 때문이다.64)

중요한 정규시장들은 몇 가지 부문으로 나뉘어 운영된다. 프랑크푸르트 증권거래소는 일반 상장과 프리미엄 상장으로 나누어 있는데, 프리미엄 상장기업은 EU MiFID보다 엄격한 규정을 준수해야 한다. 그중에는 기업 활동 시간표 및 연간 애널리스트 회의 일정에 관한 공시 같은 사항들도 포함되어 있다.65)

이는 런던 증권거래소 역시 마찬가지이다. 런던 증권거래소의 프리미엄 상장기업들은 기업지배구조, 신주 발행시 기존 주주의 우선권, 자기 증권 거래에 관한 제한 등 보다 엄격한 기준을 따라야 한다.

61) Sean Farrell, London Stock Exchange: more than 300 years and counting, The Guardian (2019. 8. 1), https://amp.theguardian.com/business/2019/aug/01/london-stock-exchange-over-300-years-and-counting.
62) Rudiger Veil, 각주 44 서적, p. 110 (Hart Publishing 2017).
63) 위의 책, p. 110.
64) Iris H-Y Chiu, Initial Public Offers – the Supply and Demand Side Perspectives in the Legal Framework in Corporate Finance Law in the UK and EU, p. 153 (Dan Prentice & Arad Reisberg, Oxford University Press, 2010).
65) Rudiger Veil, 각주 44, p. 112.

3. 영국 프리미엄 상장기업에 적용되는 소수주주 보호 규정

가. 배경

영국의 회사법학에서는 기업의 지분 소유가 분산되어 경영진과 관련한 대리인 문제가 주된 논의의 대상이었을 뿐 지배주주로부터 소수주주 이익을 보호하는 문제는 별다른 관심을 끌지 못하였다.

그러나, 다른 나라에 등록된 기업들의 런던 증권거래소 교차 상장이 늘어나게 되면서, 2014. 4. 30. 기준 런던 증권거래소 상장기업 중 영국 밖에서 설립된 기업은 427개사로 전체 상장기업 1,304개 중 약 3분의 1을 차지하게 되었다.[66] 이러한 기업들 중 상당수가 지배주주 블록을 가지고 있는 탓에 지배주주 문제가 새로이 중요한 관심사가 되었다.

특히 2010년초 Bumi, ENRC, Essar Energy사 등이 지배주주의 횡령, 지배주주와 소수주주간 갈등을 겪으면서 상장폐지되었다.[67] 이러한 과정을 거치면서 프리미엄 상장기업에 대하여 소수주주 보호를 위한 몇 가지 규정이 마련되었다.

나. 상장신청 시 관계협약 제출 의무화(Mandatory Relationship Agreement)

지배주주 블록을 가진 상장신청회사는 지배주주의 존재에도 불구하고 독립적으로 사업을 수행할 수 있다는 점을 보여 주어야 한다(FCA 핸드북(handbook) 중 상장규정 6.5.1.R).

여기서 '지배주주'란 스스로 또는 함께 행동하는 사람들의 지분을 합하여 30% 이상의 지분을 실질적으로 행사할 수 있는 사람을 의미한다(상장규정 중 부록 'relevant definition').

FCA 핸드북(handbook)에 따르면, (1) 상장 신청자가 지배주주 혹은 지배주주의 그룹에 속한 다른 회사와 연관된 사업에 대해 보증을 제공하였거나 그렇게 요구받는 경우, (2) 지배주주 혹은 그와 관계된 자가 통상적인 지배구조 밖에

---

66) Iris H.-Y. Chiu, et al., Protecting minority shareholders in block holder controlled companies: evaluating the UK's enhanced listing regime in comparison with investor protection regimes in New York and Hong Kong, 10(1) Capital Markets Law Journal, p. 103 (2014).

67) 위의 논문, pp. 104~105.

서 혹은 자회사에 대해 보유한 상당한 지분을 통하여 신청자의 영업에 영향을 미치는 것으로 보이는 경우, (3) 지배주주가 신청자에 대해 부적절한 영향력을 행사할 수 있는 것으로 보이는 경우, (4) 신청자가 지배주주 혹은 관계자 외에 다른 자금 조달 원천이 있음을 증명할 수 없는 경우는 독립적 사업 수행이 어렵다는 사실의 징표에 해당한다(상장규정 6.5.3.G).

지배주주가 있는 상장신청자는 지배주주와 법적 구속력이 있는 문서화된 약정을 체결하여야 하는데, 위 약정은 (1) 지배주주 및 관계자와의 거래는 제3자 거래가격(arm's length) 및 정상적인 상업적 조건에 따르고, (2) 지배주주 혹은 관계자는 상장신청자가 상장규정에 따른 의무를 준수하는 것을 막는 효과를 가진 어떠한 행동도 하지 않으며, (3) 지배주주 혹은 관계자는 상장규정의 적절한 적용을 우회할 의도가 있거나 그렇게 보이는 주주총회 의안을 제안하거나 채택하지 않는다는 내용을 포함하여야 한다(상장규정 6.5.2.R).

다. 독립주주(소수주주) 및 사외이사의 권한

상장규정은 상장회사의 이사 선임에 관한 투표권을 가진 주주들 중 지배주주가 아닌 자를 '독립주주'라고 정의하고 있다(Appendix 1. Relevant Definition). 지배주주가 있는 프리미엄 상장회사의 사외이사 선임은 전체 주주의 승인 및 독립 주주의 승인을 모두 받아야 한다(상장규정 9.2.2E).

사외이사는 관계협약의 준수 여부를 감독한다. 연차보고서에 관계협약이 준수되었는지 여부에 관하여 사외이사는 자신의 의견을 기재할 수 있다(제9.8.4A). 관계협약이 준수되지 않는 경우 사외이사는 그 규모가 아무리 작더라도 관계회사 거래에 대해 사실상 비토권을 행사할 수 있게 한 것이다.

프리미엄 상장을 취소하고자 하는 경우 전체 의결권의 75% 이상, 독립주주 다수가 동의하여야 한다[상장규정 5.2.5(2)]. 일반상장으로 전환하고자 하는 경우에도 마찬가지이다[상장규정 5.4A.4 R (3)].

제2장

공매도 및 신용부도스왑에 대한 규제

Ⅰ. 규제의 배경

1. 공매도 및 신용부도스왑(Credit Default SWAP, CDS)의 의의

공매도란 증권 인도일 이전에, 향후 증권을 매수할 것을 전제로, 소유하지 않은 증권(전형적으로 주식)을 매도하는 것을 말한다.[68] 공매도는 헤지 및 위험관리 외에 차익거래, 투기목적에 사용될 수 있다. 가격이 하락할 것으로 예상되는 경우 매수 자금을 들이지 않고 공매도 거래를 함으로써 가격 하락분 만큼의 차익을 얻을 수 있기 때문이다.

공매도에 대해서는 증권의 가격을 일거에 떨어트림으로써 시장의 불안정성을 확대할 수 있다는 우려가 끊임없이 제기되어 왔다. 특히 거래 시점에서 증권의 차입 기타 증권의 인도를 보장하기 위한 조치를 하지 않은 채 증권을 매도하는 이른바 무차입 공매도는 유동성이 부족한 시장 상황에서는 결제불이행의 위험을 높이고 그것이 다시 시장의 불안정성을 확대할 수 있다는 문제가 있다.

한편, 신용부도스왑(Credit Default Swap)이란 부도 등 기초자산의 신용과 관련된 사건이 벌어지면 한 당사자(신용부도스왑을 발행한 자)가 상대방 당사자(신용

68) IOSCO, Regulation of Short Selling (20098. 3), p. 24 (appendix III).

부도스왑 매수인 또는 양수인)에게 금전 기타 경제적 이익을 제공하고, 상대방 당사자는 그에 대한 반대급부로 수수료를 지급하는 계약으로서 파생상품에 속한다[제1조 제1항 (c)호]. 따라서, 공매도와 동일한 경제적 효과는 신용부도스왑 매수를 통해서도 달성할 수 있다.[69]

2. 규제 논의의 전개 과정

가. 글로벌 금융위기 이전

2008년 금융위기 이전까지 공매도에 대해 별다른 규제가 없었다. 규제 도입논의 역시 유상증자(Seasoned Equity Offering) 시기 공매도를 제한할 필요가 있다는 정도에 한정되었다. 유상증자 시기의 공매도가 내부자 거래 및 시세조종 행위의 온상이 될 뿐만 아니라 공매도로 인해 주식가격이 하락하면 기업의 자금조달에 차질이 빚어질 수 있다는 우려 때문이었다.[70] 이는 공매도가 시장의 붕괴를 초래할 수 있다는 우려와는 다소 거리가 있는 것이었다.

신용부도스왑에 대해서도 당사자간의 약정에 따라 거래가 성립한 후 이를 보고하는 체제는 마련되어 있지 않았다.

이처럼 공매도나 신용부도스왑에 대해 별다른 규제가 없었던 것은, 그것이 증권시장에 유동성을 공급하는 유용한 수단이고 결과적으로 시장의 안정성에 기여한다는 판단 때문이었다.[71]

나. 글로벌 금융위기 이후

2008년 9월 Lehman Brothers가 파산하고 AIG의 손실이 공개된 이후부터 2주간 전 세계 금융시장에서 공매도가 쇄도하였다. 이에 미국 SEC, 영국 FSA 및 유럽 각국의 규제당국은 금융기관 주식에 대한 공매도를 전면 금지하는 조치를 단행하였다.[72] 이러한 조치들은 비교적 단기간 내에 종료되었지만, 이후 상당수

69) IOSCO, The Credit Default Swap Market (2012), p. 4.

70) Emilios Avgouleas, Short-sales Regulation in Seasoned Equity Offerings: What are the issues? in Contemporary Financial Markets – A Theoretical Perspective in Corporate Finance Law in the UK and EU, p. 120 (Dan Prentice & Arad Reisberg, Oxford University Press, 2010).

71) Elizabeth Howell, Short selling restrictions in the EU and the US: a comparative analysis, 16(2) Journal of Corporate Law Studies, p. 335 (2016); Niamh Moloney, 각주 2 문헌, p. 540.

회원국들은 개별적으로 공매도 포지션에 대한 보고(영국 FSA), 무차입 공매도 금지 혹은 공매도의 전면 금지(독일, 프랑스) 등 입법조치를 단행하였다.[73]

금융위기를 증폭시킨 신용부도스왑 거래에 대한 규제 논의 역시 진행되었다. 2008년 가을 서브프라임 모기지 및 그에 기초한 증권들이 부도나는 신용사건이 발생하였을 때 그와 관련된 신용부도스왑의 명목금액은 57조 달러에 이르고 있었다. 불과 4년 전인 2004년 4.5조 달러 수준이었던 신용부도스왑 시장은 별다른 규제가 없는 상황에서 이처럼 급속하게 성장한 것이다.[74] 그러나, 글로벌 금융위기 이후 EU 혹은 개별 회원국 차원에서 신용부도스왑에 대한 직접적 규제는 아직 마련되지 않고 있었다.[75]

다. 남유럽 재정위기 이후

EU 내에서 공매도와 신용부도스왑은 그 후 국가부채 위기 상황에서 다시 주목 받게 되었다. 그리스 정부 부도에 대한 위기감이 높아지자 그리스 국채에 대한 공매도 및 신용부도스왑 거래가 급증하였다.[76]

2010년 5월 독일 정부는 유로지역 정부 발행채권에 대한 무차입 공매도(naked short-selling) 및 신용부도스왑 거래를 전면 금지였다.[77] 그 이전까지의 가벼운 규제에서 벗어나 보다 개입주의적인 방법이 도입된 것이다.[78] 이는 당연히 회원국들 사이에서 격렬한 찬반 논란을 불러일으킬 수밖에 없었다. 프랑스는 EU 차원의 협조 없이 독일이 일방적으로 위와 같은 조치를 단행한 점에 반발하였다.[79]

EU 차원의 입법에 관한 논의는 이러한 배경 하에서 시작되었다. 그 방향은 종래의 방임적 태도 대신 보다 강력한 규제제도를 마련하는 데에 있었다.[80]

---

72) Emilios Avgouleas, 위의 논문, p. 119.
73) Niamh Moloney, 각주 2 문헌, p. 543.
74) Daria S. Latysheva, Taming the Hydra of Derivatives Regulation: Examining New Regulatory Approaches to OTC Derivatives in the United States and Europe, 20(1) Cardozo Journal of International & Comparative Law, pp. 475~476 (2012).
75) Niamh Moloney, 각주 2 문헌, p. 543.
76) Elizabeth Howell, 각주 71 논문, p. 334.
77) Tony Barber & Gerrit Wiesmann, Berlin makes shock move without allies, Financial Times (2010. 5. 19), https://www.ft.com/content/38277cf8-6369-11df-a844-00144feab49a
78) Elizabeth Howell, 위의 논문, p. 345.
79) Niamh Moloney, 각주 2 문헌, pp. 543~544.

공매도 및 신용부도스왑 Regulation[81]은 EU 차원의 공통의 규제를 포함하고 있다. 이는 미국보다 늦게 2012년 회원국들의 재정위기의 결과로 마련되었다.[82]

Ⅱ. 적용범위

1. 적용 대상

본 Regulation은 다음 항목들에 대하여 적용된다(제1조 제1항).

(a) EU 내의 거래소에서 거래가 허가된 금융상품(그러한 금융상품이 거래소 밖에서 거래되는 경우도 포함한다)

(b) MiFID 부록 I, Section C의 제(4)항 내지 제(10)항에서 정한 파생상품으로서 위 (a)의 금융상품 또는 그러한 금융상품 발행자와 관련된 것(파생상품이 거래소 밖에서 거래되는 경우를 포함한다)

(c) 회원국 또는 유럽연합이 발행한 채무. 그러한 채무와 관련된 것으로서 MiFID 부록 I, Section C 제(4)항 내지 제(10)항에서 정한 파생상품

위 제1조 제1항은 본 Regulation의 적용 범위를 사실상 MiFID에 따른 금융상품 대부분으로 폭넓게 규정하고 있다. 그러나, 본 Regulation 제1조 제2항은, 중대한 포지션 보고 등에 관한 제18, 20, 23, 30조의 규정이 위 (a)호에 대해서만 적용된다고 규정하고 있다. 또한, 무차입 공매도 금지, 보고의무 등이 적용되는 범위는 개별 조항에서 주식, 국채 등으로 적용 범위를 제한하고 있기도 하다. 따라서, 실질적인 적용 범위는 위 제1조 제1항에서 정한 것보다 상당히 제한적이다.

다만, 회원국 감독당국 및 유럽증권시장청(ESMA)의 비상 개입 권한은 위 제2조 제1항에서 정한 금융상품 모두에 대해 적용된다.

---

80) Elizabeth Howell, 위의 논문, p. 345.

81) 정식 명칭: Regulation (EU) No 236/2012 of the European Parliament and of the Councile of 14 March 2012 on short selling and certain aspects of credit default swaps.

82) Elizabeth Howell, 위의 논문, p. 334.

2. 적용의 예외

공매도 및 신용부도스왑 Regulation은 몇 가지 적용 예외 사항들을 정하고 있다.

첫째로, 주식과 관련한 무차입 공매도 금지, 중대한 포지션의 공개 및 보고 의무는 당해 주식의 주된 거래소가 제3국에 있는 경우 적용되지 않는다(제16조 제1항). 본 Regulation의 적용 범위를 다소 제한함으로써 집행의 효율성을 제고하기 위한 것이다. 주된 거래소는 당해 주식과 관련한 적절한 회원국 감독당국이 2년에 한 번씩 결정한다(제16조 제2항). 유럽증권시장청(ESMA)은 적용이 배제되는 주식의 리스트를 보유하고 있어야 한다(제16조 제3항).

둘째로, 시장조성 전략 및 그와 관련된 활동에 대해서는 공매도 포지션 공개 등과 관련한 제5, 6, 7조, 무차입 공매도의 제한에 관한 제12, 13, 14조가 적용되지 아니한다(제17조).

Ⅲ. 주식 및 국채에 대한 공매도 제한

1. 주식 및 국채의 무차입 공매도 금지

가. 주식의 경우

(1) 기본적 태도

본 Regulation은 차입 공매도(covered short sale)와 무차입 공매도(uncovered short sale)를 구별한 후 후자를 금지하고 전자에 대해서는 보고, 공개 의무를 지우는 태도를 취하고 있다.

(2) 공매도가 허용되는 범위

제12조 제1항은 공매도가 허용되는 경우(즉, 차입 공매도에 해당하는 경우)로서 세 가지 경우를 들고 있다.

(a) 당해 주식을 빌렸거나 동일한 효과를 가져오는 다른 준비를 하였을 경우
(b) 당해 주식을 빌리기로 약정한 경우. 만기 결제 시점에서 동일한 효과가 발생하도록 해당 수량만큼 같은 종류 증권의 소유권을 이전받기로 하는 약정

(절대적으로 실현가능하여야 한다)을 체결한 경우[83)]

(c) 자연인 또는 법인이 제3자와 체결한 약정에 따라 (i) 당해 제3자는 문제가 되는 주식을 조달해 올 수 있다는 점을 확인해 주고, (ii) 공매도에 나서려는 자는 만기 시점에서 결제가 이루어질 수 있다는 합리적 기대를 가지기 위해 필요한 조치를 제3자에 대해 취한 경우[84)]

이는 전형적인 차입 공매도보다는 허용 범위를 다소 확대한 것이다.

(3) 결제 불이행 위험을 막기 위한 조치

회원국 내에서 주식에 대한 청산 서비스를 제공하는 중앙청산소(CCP)는 본 Regulation이 정하는 바에 따라 주식 공매도와 관련한 결제 위험에 대응하기 위한 절차(Buy-In procedure)를 실행하여야 한다.

즉, 중앙청산소(CCP)는, 주식을 매도한 자연인 또는 법인이 약정된 결제일로부터 4 영업일 이내에 결제를 위해 주식을 인도할 수 없는 경우, (i) 자동적으로 해당 주식을 매수하여 이를 매수자에게 인도하고, (ii) 그것이 불가능한 경우 인도 시점에서 인도되어야 하는 주식의 가치와 결제 불이행에 따라 발생한 손실을 가산한 금액이 매수자에게 지급되도록 하여야 한다.

이 경우 약정에 따라 주식을 인도하지 못한 자는 모든 금액을 상환하여야 한다(제15조).

나. 국채의 경우

(1) 차입 공매도의 허용

제13조 제1항은 국채에 대해서도 마찬가지로 공매도가 허용되는 세 가지 경우를 제시하고 있는데, 그 내용은 주식의 경우와 대체로 같다.

다만, 주식 공매도 허용 조건에 관한 제12조 제1항 (c)호의 경우 제3자가 주

83) 이러한 약정의 의미에 관하여 하위법률인 Commission Implementing Regulation (EU) No 827/2012 제5조 제1항은 당해 주식을 기초자산으로 하는 선물, 옵션, 스왑, 재구매 약정 등을 들고 있다.

84) 예를 들어 제3자가 당해 주식을 빌리거나 구매하여 공매도에 따른 결제 시점에서 제공하기로 약정하였고 당해 주식의 유동성, 거래실적 등을 고려할 때 그러한 약정이 실현 가능하다는 합리적 기대를 가질 수 있다면 여기에 해당할 수 있다. 본 Regulation 서문 제(19)항.

식을 조달해 올 수 있다는 점을 확인해 주는 것과 만기 시점에서 결제가 이루어질 것이라는 점에 대한 합리적 기대 두 가지를 모두 요구하는 반면, 국채 공매도 허용 조건에 관한 제13조 제1항 (c)호는 둘 중 하나의 조건만 충족되면 된다는 점에서, 주식의 경우가 보다 엄격하다. 공매도 제한이 국채 시장의 유동성에 오히려 악영향을 미쳐 회원국 정부의 재정을 어렵게 할 수 있다는 우려 때문에 국채 공매도에 대해 다소 느슨한 기준이 적용된 것으로 이해할 수 있다.[85)]

(2) 무차입 공매도가 예외적으로 허용되는 경우

제13조 제2항은 공매도의 대상이 된 국채 가격과 상관계수가 높은 다른 국채를 보유한 자가 헤지 목적으로 공매도에 나서려는 경우 위 제13조 제1항이 적용되지 않는다고 규정하고 있다. 집행위원회가 정한 기준 상관계수는 80%이다.

예를 들어 그리스 정부 발행 6개월 만기 채무증권과 12개월 만기 채무증권 가격 변동의 상관계수가 80% 이상이라면, 그리스 정부 발행 6개월 만기 채무증권을 보유한 투자자는, 그리스 정부 발행 12개월 만기 채무증권에 대한 차입 약정 등이 없더라도, 후자의 채무증권에 대한 공매도를 할 수 있다.

(3) 무차입 공매도 금지 원칙의 일시적 정지

국채 유동성이 집행위원회가 정한 방법론에 따라 결정된 기준점 이하로 떨어진 경우, 감독당국은 무차입 공매도 금지원칙의 적용을 일시적으로 정지할 수 있다. 공매도 제한이 회원국의 재정적자 관리에 부정적 영향을 미칠 가능성을 우려한 것이다.

이러한 조치에 앞서 감독당국은 유럽증권시장청(ESMA) 및 다른 회원국 감독당국에게 이를 통지하여야 한다. 정지기간은 위의 조치를 웹사이트에 공개한 때로부터 최대 6개월이며, 필요한 경우 최대 6개월 더 연장될 수 있다. 유럽증권시장청(ESMA)은 최초 조치 및 연장 조치를 통보받으면 그로부터 24시간 이내에 의견을 발표하여야 한다.

85) Niamh Moloney, 각주 2 문헌, p. 557.

2. 예외적 위기 상황에서 주식 및 국채의 공매도 전면 중단 등

가. 근거조항

본 Regulation 제20조 및 제23조는 차입 공매도까지 전면적으로 중단할 수 있는 예외적인 경우들을 규정하고 있다.

제20조는 금융시장 불안에 대응하기 위해[86] 회원국 감독기구가 공매도를 중단할 수 있는 경우에 관한 것이다. 감독기구는 전체 금융상품에 대해 혹은 범위를 한정하여, 혹은 특정한 예외를 두고, 공매도를 중단할 재량이 있다(제20조 제2항).[87]

제23조는 특정 금융상품 가격이 급락하는 경우[88]에 대응하기 위한 것이다. 감독기구는 공매도를 중단하거나 해당 금융상품의 거래 자체를 중단할 수 있다. 이러한 조치는 제20조와 달리 금융시장의 안전성에 미치는 부정적 영향 등에 대한 고려 없이 가격 하락[89]만을 기초로 내려질 수 있다.[90]

나. 공매도 금지, 제한 조치의 통보

회원국 감독당국은 위와 같은 조치들을 취한 경우 웹사이트를 통해 당해 조치를 알리는 것은 물론 유럽증권시장청(ESMA) 및 다른 회원국 감독당국에도 이를 통지해야 한다. 이를 통지받은 유럽증권시장청(ESMA) 등은 그에 대해 의견을 표명할 수 있다(제25조 내지 제26조).

---

86) 제20조 제1항: 하나 또는 복수 회원국 금융시장의 안전성 또는 시장의 자신감에 중대한 위협이 되는 부정적 사건이 진행되고, 당해 조치가 금융시장의 효율성에 미치는 부정적 영향이 없고 조치에 따른 이익과 비교하여 비례성을 위반하지 않는 경우, 감독당국은 공매도 또는 금융상품 가격의 하락이 이익을 주는 구조의 거래를 전면 금지하거나 이를 제한하는 적절한 조치를 취할 수 있다.

87) 이러한 조치는 최대 3개월 범위 내에서 유지될 수 있다. 다만, 3개월 이내의 범위에서 한 차례 연장될 수 있다(제24조).

88) 제23조 제1항: 특정 금융상품의 가격이 어떤 거래소에서 한 거래일 중에 중대하게 하락한 경우 당해 거래소가 속한 회원국 감독당국은 당해 금융상품에 대한 공매도를 금지 또는 제한하거나, 나아가 당해 금융상품 거래 자체를 금지할 수 있다.

89) 제23조 제5항은 유동성이 풍부한 주식에 대해서는 10% 가격 하락을 기준으로 제시하고 있다. 다른 금융상품에 관한 기준은 집행위원회가 정한다.

90) 제23조 제2항: 최초의 조치는 다음 거래일 종료시까지 지속될 수 있다. 다시 거래가 재개되었음에도 가격이 5% 이상 하락하는 경우 조치는 그 다음날부터 최대 2 거래일 더 연장될 수 있다.

다. 거래 중단 등 사례

남유럽 재정위기 상황에서 본 Regulation에 따른 거래 중단 조치가 몇 차례 취해진 바 있다.

예를 들어 2013년 1월 및 4월 이탈리아 감독당국 CONSOB는 7회에 걸쳐 밀라노 증권거래소의 주식거래를 일시 중단하였다.

포르투갈은 2013년 7월 4개 회사 주식 공매도 중단 조치를 내린 바 있는데, 같은 해 7월 그중 은행인 한 개 회사 주식 공매도를 다시 중단시켰다.

이러한 조치는 이른바 재정위기에 처한 PIGS 국가들[91]에서 반복적으로 내려졌다.[92]

유럽증권시장청(ESMA)은 대체로 각국의 조치에 대한 찬성 의견을 표명하였으나 예외가 있다. 유럽증권시장청은 그리스 정부가 Attica 은행 주식에 대한 공매도 금지를 연장하려고 하자 2016년 1월 이에 대한 반대 의견을 표명하였다. 유럽증권시장청은 Attica 은행 및 그리스 금융시장의 안정성을 위협하는 요소들이 상당히 감소하였으므로 공매도 금지 조치의 연장은 부적절할 뿐만 아니라 비례 원칙을 위반한다는 입장을 밝혔다. 그러나, 그리스 정부는 Attica 은행이 가지는 중요성 등을 이유로 공매도 제한 조치를 2주간 연장하였다.[93]

Ⅳ. 국가부채 신용부도스왑 거래의 제한

1. 커버되지 않은 국가부채 신용부도스왑 거래의 제한

제14조 제1항은 커버되지 않은 포지션을 초래하지 않는 경우에만 신용부도스왑 거래를 할 수 있다고 규정하고 있다. 신용부도스왑 보유가 국가부채의 부도 또는 가치하락, 국가부채와 상관관계가 있는 자산, 부채의 가격 하락 위험에 대한 헤지 수단이 아닌 경우, 당해 신용부도스왑 보유는 커버되지 않은 포지션에 해당한다(제4조). 따라서, 어떤 신용부도스왑 보유가 허용되는지 여부를 판정하기 위해서는 당해 거래에 헤지 목적이 인정되는지 확인할 필요가 있다.

---

91) 남유럽에 위치한 Portugal, Italy, Greece, Spain 네 개 나라를 말한다.
92) Elizabeth Howell, 각주 71 논문, pp. 363~364.
93) Elizabeth Howell, 위의 논문, p. 360.

2. 대용헤지의 허용

본 Regulation 제4조는 신용부도스왑이 커버하는 국가채무 자체가 아니더라도 다른 자산, 부채에 대한 헤지 수단으로 신용부도스왑이 허용될 수 있는 가능성을 인정하고 있다. 가령 그리스 상장기업이 발행한 회사채를 보유한 자는, 당해 회사채 가격 하락의 위험 등을 헤지하기 위하여, 그리스 국채에 관한 신용부도스왑를 보유하는 경우를 상정할 수 있다. 보다 구체적인 대용헤지(proxy hedge)의 요건은 집행위원회 위임입법[2012 Commission Delegated Regulation 918/2012]에서 정하고 있다.[94]

3. 커버되지 않은 신용부도스왑의 일시적 허용

제14조 제2항은 제1항의 예외, 곧 커버되지 않은 신용부도스왑이 허용되는 사유를 제시하고 있다.

즉, 당해 신용부도스왑과 관련된 국가부채 시장이 적절하게 작동하지 않고, 커버되지 않은 신용부도스왑 보유에 대한 금지가 국가부채 시장에 부정적인 영향을 미친다고 믿을 만한 객관적인 근거가 있을 때, 특히 위와 같은 제한이 국가부채 발행자의 조달 비용을 증가시키거나 또는 국가의 부채 발행 능력에 영향을 미친다고 믿을 만한 객관적인 근거가 있을 때, 감독당국은 일시적으로 위와 같은 제한을 중지할 수 있다.

그 지표는 국가부채의 이자율이 상승하는 경우, 다른 나라와 비교하여 특정 국가의 이자율 스프레드가 확대되는 경우, 국가부채 신용부도스왑 금리가 상승하는 경우 등이다.

---

94) 네 가지 요건이 규정되어 있다. 첫째, 헤지 대상이 되는 자산과 부채가 당해 회원국 내에 있어야 한다. 따라서, 헤지의 대상과 수단이 다른 회원국에 있는 형태의 헤지는 허용되지 않는다(제15조).

둘째, 헤지 대상인 자산과 부채는 위 위임입법 제17조가 정한 것이어야 한다.

셋째, 신용부도스왑 포지션과 관련한 비례성이 충족되어야 한다. 다시 말해, 헤지 대상과 수단을 정확히 일치시키기 어렵고 헤지 대상 자산의 증감이 수시로 발생할 수 있다는 점을 고려하여 약간의 과도한 신용부도스왑 포지션은 허용되지만, 신용부도스왑이 헤지 대상 자산, 부채 규모를 크게 뛰어넘어 투기적인 목적으로 사용되어서는 아니된다(제18조).

넷째, 헤지 대상인 자산, 부채와 신용부도스왑 간 가격 변동의 상관계수가 70% 이상이어야 한다(제18조).

이러한 조치를 취하기에 앞서 감독당국은 유럽증권시장청(ESMA)에게 이를 통지하여야 한다. 위와 같은 조치는 최대 1년간 시행될 수 있다. 필요한 경우 6월 연장할 수 있다. 유럽증권시장청은 최초 시행 또는 연장에 관한 통지를 받는 경우 24 시간 이내에 그에 대한 의견을 발표하여야 한다.

4. 신용부도스왑 거래의 전면 중단 등

제21조는 거꾸로 신용부도스왑 거래를 전면 중단할 수 있는 경우에 관해 규정하고 있다.

관련된 하나 또는 복수 회원국의 금융시장에서 금융 안정성 또는 시장의 자신감에 중대한 위협을 미치는 부정적 사태가 발생하거나 발전하는 경우, 당해 조치가 그러한 위협을 해소할 수 있고, 당해 조치가 금융시장에 미치는 부정적인 영향이 그에 따른 이익과 비교하여 크지 않은 경우, 감독당국은 일시적으로 국가부채 신용부도스왑 거래를 전면 중단시키거나 국가부채 신용부도스왑의 포지션 규모를 제한할 수 있다.

Ⅴ. 중대한 공매도 포지션 등에 대한 보고, 공개의무

1. 의의

본 Regulation은 공매도 포지션에 대한 보고, 공개의무도 규정하고 있다. 원칙적으로 차입 공매도는 허용하되 그 포지션 내역을 감독기관이 파악할 수 있도록 하려는 것이다. 그것이 불공정거래행위의 가능성을 낮추는 한편으로 감독기관의 거시건전성 감독에도 도움이 된다는 점을 고려한 것이다.[95]

2. 주식의 경우

거래소에 상장된 지분증권에 대하여 순매도 포지션을 가진 사람은, 당해 포지션이 0.2%에 도달하는 경우 감독당국에 이를 보고하여야 한다(제5조). 또한,

---

95) Committee of European Securities Regulation (CESR), CESR Proposal for a Pan-European Short Selling Disclosure Regime (2009. 7. 8), https://www.esma.europa.eu/press-news/consultations/consultation-cesrs-proposal-pan-european-short-selling-disclosure-regime (최종 방문: 2020. 5. 5), p. 6.

상장 지분증권에 대한 순매도 포지션이 0.5%를 초과하는 경우 이를 일반에게도 공개해야 한다(제6조). 순매도 포지션이 위 0.1% 및 0.5%를 0.1% 단위로 초과하거나 미달하게 되면 계속하여 보고, 공개의무가 있다.

3. 국채부채의 경우

국가부채에 대한 중대한 공매도 포지션 역시 감독당국에 대한 보고 및 대중에 대한 공개의무가 있다. 그 기준점은 집행위원회가 정한다(제7조).

4. 국가부채 신용부도스왑의 경우

국가채무 신용부도스왑에 대해서는 평소 허용되는 커버된 포지션(covered position)에 대한 보고 의무가 규정되어 있지 않다. 다만, 국가부채 이자율 상승 등을 이유로 제14조 제2항에 따라 커버되지 않은 국가채무 신용부도스왑 거래가 허용된 경우, 국가채무 신용부도스왑을 보유한 사람은 이를 감독당국에게 보고하여야 한다. 그 기준은 집행위원회가 정한다(제8조).

제3장

청산·결제 시스템에 대한 규제

Ⅰ. 배경

1. 청산·결제의 의미

증권거래는 양도증권의 매수, 매도자가 낸 주문이 만나 매매계약이 체결되는 제1단계와 그러한 매매계약에 따른 권리·의무를 확정(청산)하고 양도증권의 소유권 이전 및 매매대금 지급을 실행(결제)하는 제2단계로 이루어진다.

제2단계 중 청산은 대개 중앙청산소(Central Counterparty Clearing Houses, CCPs)가 양도증권 매도인에 대해서는 매수인, 양도증권 매수인에 대해서는 매도인 지위에 서는 방식으로 이루어진다. 이를 통해 양도증권 거래에서 상대방의 신용위험은 제거될 수 있다. 결제는 거래 대상 양도증권을 보관하는 중앙증권보관소(Central Securities Depositories, CSDs)가 개입하여 이루어진다. 하나의 회사가 두 가지 기능을 모두 수행하는 경우도 흔히 발견된다.[96)]

---

96) Pablo Iglesias-Rodríguez, The Regulation of Cross-Border Clearing and Settlement in the European Union from a Legitimacy Perspective, 13 European Business Organization Law Review, p. 445 (2012).

2. 청산 · 결제제도 통합의 필요성

EU 지역 내 여러 청산·결제 서비스 제공자가 존재하고 이들이 각기 자신이 속한 회원국 규정의 적용을 받는 이상, EU 회원국들 간 청산·결제 시스템 규제의 차이는 단일한 증권시장을 형성하는 데 있어 장애가 될 수 있다.

1999년의 EU 집행위원회의 금융서비스 발전 계획(Financial Services Action Plan, FSAP)은 국경을 넘는 증권 거래의 결제를 위해 요구되는 담보에 관한 회원국들의 상호 인정 및 집행이 증권시장의 안정을 위해 긴요한 것임을 밝히고 있다.[97)]

그러나 MiFID 및 MiFIR가 거래의 제1단계가 벌어지는 거래소에 관해 단일한 규정을 마련한 것과 달리 청산·결제 시스템에 관해서는 EU 차원의 단일한 입법이 마련되어 있지 않다. 이에 관한 EU 입법으로는, 회원국 국경을 넘어 청산, 결제 시스템을 제공하는 자가 다른 회원국 내 거래소에 대해 자유로운 접근이 보장되어야 한다고 언급한 MiFID 규정 정도 외에는 없다. 대신 청산, 결제 시스템 통합은 자율규제기구의 규정에 의해 다루어지고 있다.

Lamfalussy 보고서는 민간이 단일한 증권시장 형성에 필요한 청산·결제 업무의 개혁을 위해 필요한 조치를 취하지 않는 경우 이를 실행하기 위한 EU 차원의 조치가 필요하다는 입장을 밝히고 있다.[98)]

3. 연혁

유럽연합 집행위원회는 2004년 유럽의회 및 이사회에, 단일한 증권시장 형성에 장애가 되는 회원국들 간 청산·결제 제도의 차이를 제거하기 위한 단일한 입법을 마련할 것을 제안하였다.[99)]

이에 대해 거래소, 중앙청산소, 중앙증권보관소 등의 각 자율규제기구들로

---

97) EU Commission, Financial Services: Implementing the Framework for Financial Markets: Action Plan (1999), p. 8.

98) The Committee of Wise Men (Chairman: Alexander Lamfalussy), Final Report of the Committee of Wise Men on The Regulation of European Securities Markets (2001. 2. 15), p. 16.

99) Commission of the European Union, Communication from the Commission to the Council and the European Parliament: Clearing and Settlement in the European Union – The way forward (2004. 4. 28).

구성된 유럽 민간 규제자 네트워크(European networks of private regulators)가 2006. 11. 7. 'European Code of Conduct for Clearing and Settlement'를 제정하였다. 집행위원회가 이러한 상황에서 더 이상 단일한 입법 작업에 나아가지 않음으로서 청산·결제 시스템에 관한 EU 차원의 규율은 민간 자율규제기관이 마련한 위 Code에 따라 이루어지는 상황이다.

Ⅱ. 자율규제기관 Code의 주요 내용

위 Code 서문은 투자자들이 자신이 속한 회원국 시장인지 불분하고 EU 내의 어떤 증권이든 자유롭게 선택하여 거래할 수 있도록 하기 위해 거래소, 중앙청산소, 중앙증권보관소 등이 자율적으로 서명하여 본 Code를 실행함을 밝히고 있다. 주요 내용은 다음과 같다.

① 가격에 관한 공개

소비자들의 합리적 결정을 위해 서명자들은 자신이 제공하는 서비스 및 가격, 할인/리베이트 정책 및 적용기준, 다른 소비자 또는 소비자군에 대해 적용되는 가격정책(할인/리베이트 정책을 포함한다)의 사례를 공개하고 이를 웹사이트에서 확인할 수 있도록 한다(문단 9).

② 상호접근 및 맞춤 서비스 제공

서명한 CCP 및 CSD는 각기 서로에 대해 표준적인 조건으로 접근할 수 있어야 한다. 즉. 접근에 대한 승인은 비차별적이고 투명한 기준/가격에 의해 허용되어야 한다(문단 27). 위험과 관련된 기준 또는 MiFID가 정한 접근 거부 사유 외에 다른 서유로 접근 요청을 거부할 수는 없다(문단 30). 서비스 이용 가격에 차별이 있어서는 안 되고 가격은 당사자 간에 다른 합의가 없는 한 비용에 마진을 가산하는 방식으로 책정된다(문단 26).

맞춤형 서비스(interoperability)는 일반적인 서비스 제공과 다르게 특정한 기관들 간에 일정한 방식의 거래 내용에 합의하는 것을 의미한다.[100] 맞춤형 서비

100) 원문은 다음과 같다: 24. "Interoperability" menas advanced forms of relationships amongst Organisations where an Organisation is not generally connecting to existing standard service offerings of the other Organisations but where Organisations agree to establish customized solutions.

스의 제공은 관련된 회사들의 사업 유형과 적절한 위험 통제를 고려하여 이루어져야 한다(문단 34). 맞춤형 서비스 제공을 요청받은 회사는 그러한 서비스를 제공하는 데에 적절한 절차에 관하여 신속하게 협의하여야 한다(문단 36).

③ 결합 서비스의 제공 금지(Service Unbundling) 및 회계의 분리

소비자는 본인의 선택에 따라 다른 서비스를 구매하지 않고 본인이 원하는 특정한 서비스만 구매할 수 있다. 각각의 서비스는 별도로 책정된 가격으로 제공되어야 한다(문단 40).

서명한 기관들은 고객이 신축적으로 서비스를 선택할 수 있도록 하기 위해 거래소, CCP, CSD 서비스를 서로 분리하여 제공한다. CSD는 계좌의 제공, 청산·결제, 신용공여, 증권 대여 및 차입, 담보 관리 서비스를 분리하여 제공한다(문단 39).

그러나 여러 서비스를 별개로 구매할 때보다 싼 가격에 여러 서비스를 함께 제공하는 가격 정책이 허용되지 않는 것은 아니다(문단 41).

거래소, CCP, CSD 중 둘 이상의 서비스를 제공하는 기관은 회원국 감독기관이 요청하는 경우 서비스별로 분리된 회계정보를 제공해야 한다(문단 42). 또한 각 기관은 분리된 서비스별로 수익, 비용을 회원국 감독기관에게 공개하여야 한다(문단 43).

제4장

파생상품 거래 관련 제도

Ⅰ. 서설

1. 파생상품의 의의

파생상품이란 그 가치가 증권이나 상품가격과 같은 다른 변수에 기초하여 움직이는 자산 또는 증권을 말한다.[101] 파생상품은 한편으로는 금융상품의 가격 변동에서 발생하는 손실을 막아내는 장치로서의 역할, 곧 위험회피(헤지) 기능을 수행할 수 있다.[102] 다른 한편으로 파생상품은 기초자산 없이 투기적 이익을 목적으로 거래될 수도 있는데, 투기적 거래는 거래 당사자에게 원금을 크게 초과하는 손실을 초래할 수도 있고, 전체 시스템에 위기를 초래할 수도 있다.

2. 파생상품과 글로벌 금융위기

파생상품에서 비롯된 손실은 금융위기의 과정에서 Bear Stearns, Lehman Brothers, AIG(American Insurance Group) 등 굴지의 금융기관이 파산에 이르는 원인이 되었고, 이후 파생상품은 금융개혁 논의 과정의 중요한 관심사가 되었다.

---

101) Daria S. Latysheva, 각주 74 논문, p. 468.

102) 은행의 입장에서 파생상품은 대출금의 부도 위험으로부터 스스로를 지키는 역할을 할 수 있고, 그에 따라 유동성을 증가시키는 기능을 한다.

부채담보부증권(Collateralized Debt Obligation, CDO)과 같은 상품이 큰 규모로 성장하여 세계적인 금융위기의 원인이 되기까지 그에 대해 공개된 정보가 없었다는 점이 문제로 지적되었다.[103] 예컨대 금융위기 이후 증권 규제 개혁 방안을 담은 Larosière 보고서는 부채담보부증권 및 그와 관련된 파생상품 등의 규모를 파악하지 못함으로써 거시건전성 감독에 실패한 것을 금융위기 발생의 중요한 원인으로 들고 있다.[104]

글로벌 금융위기 직전 유럽연합은 전체 이자율 파생상품 시장의 66%, 외환 파생상품 시장의 60%를 차지하였다. 그중 런던 한 곳이 위 두 상품의 전 세계 시장에서 39%와 44%를 차지하고 있었다.[105] 그러나, EU 차원에서 그 현황을 파악하는 효과적인 제도가 마련되어 있지 않았다. 영국의 2000년 금융서비스시장법(FSMA 2000) 역시 금융 중심 센터로서의 경쟁력을 확보하기 위해 대부분의 파생상품 거래에 대해 규제의 면제를 허용하였고, 금융기관들은 전체 파생상품 포지션의 보고와 같은 일반적 의무만을 부담하고 있었을 뿐이다.[106]

파생상품 거래 중 장외거래(OTC) 비중이 증가하여 2007년의 경우 장외 파생상품거래의 시장가치는 거래소 거래 금액의 8배에 이르고 있었다.[107] 장외거래에서는 서로 반대인 포지션을 가진 두 개 당사자 외에 다른 사람이 개입하기 어렵고 그 내역이 누구에게도 보고되지 않기 때문에 감독당국이나 시장 모두 위험을 파악할 수단이 없었던 것이다.[108]

3. 개혁 논의의 진행

금융위기 이후 장외 파생상품의 커다란 성장과 투기적 파생상품의 증가에 대응하여 적절한 파생상품 규제체계가 필요하다는 논의가 진행되었다. 이러한 배경 하에서 피츠버그에서 열린 G20 정상회의는 "늦어도 2012년말까지 모든 표준화된 장외 파생상품계약은 가능하다면 모두 거래소 또는 전자거래 플랫폼을

---

103) HOUSE OF LORDS, The future regulation of derivatives markets: is the EU on the right track?, HL Paper 93, para. 3.
104) The de Larosière Group Report (2009. 2. 25), p. 10.
105) HOUSE OF LORDS, 각주 103, para. 12.
106) Daria S. Latysheva, 각주 74, p. 468.
107) HOUSE OF LORDS, 각주 103, para. 16.
108) HOUSE OF LORDS, 각주 103, para. 19.

통해 거래되어야 하고 중앙청산소를 통해 결제되어야 한다. 중앙청산소를 통해 결제되지 않는 거래는 높은 자본금 수준을 요구하여야 한다"는 원칙에 합의하였다.[109)]

이러한 합의는 (1) 파생상품계약의 표준화, (2) 의무적인 중앙청산제도 및 거래소를 통한 거래원칙의 도입, (3) 거래저장소(trade repository)에 대한 보고, (4) 중앙결제제도가 적용되지 않는 거래에 대한 높은 자본금 부과 등을 그 요소로 하고 있다. 파생상품 Regulation[110)]은 위와 같은 내용을 담고 있다.

Ⅱ. 유럽증권시장청(ESMA)이 지정한 파생상품에 대한 중앙청산의무 등

1. 중앙청산소를 통한 파생상품 청산의무

가. 서설

(1) 중앙청산 제도의 개관

중앙청산소('CCP')란 하나 또는 그 이상의 금융시장에서 거래되는 계약의 두 당사자 사이에서, 모든 매도자에 대해서는 매수자로, 모든 매수자에 대해서는 매도자로 되는 법인을 말한다[제2조 제(1)호]. 여기서 '청산'이란 순의무의 계산을 포함하여 포지션을 정리하고 그러한 포지션에 따라 발생하는 익스포져를 확보하기 위하여 금융상품, 현금 또는 두 가지 모두를 이용가능한 상태로 만드는 과정을 말한다[제2조 제(3)호].

예컨대 주식 매매거래에 있어 중앙청산소는 매도인에 대해서는 대금을 지급할 의무 및 주식을 이전받을 권리의 당사자가 된다. 중앙청산소는 매수인이 주식 매매대금을 지급하지 않는 경우에도 매도인에 대해서는 매매대금을 지급한 후 매수인에게 대금을 구상하여야 한다.[111)] 즉, 중앙청산소는 매도인, 매수

---

109) G20 Leaders Statement: The Pittsburgh Summit (2009. 4. 17), http://www.g20.utoronto.ca/2009/2009communique0925.html

110) 정식 명칭: Regulation (EU) No 648/2012 of the European Parliament and of the Council of 4 July 2012 on OTC derivatives, central counterparties and trade repositories.

111) 다만, 주식 투자가 투자회사들(중개업자들)에 대한 위탁을 통해 이루어지고 이들 투자회사들이 중앙청산소 회원으로 참여하는 사정상, 중앙청산소의 거래 상대방은 실질적인 투자자가 아니라 이들 투자회사로 나타나게 될 것이다. 여러 투자회사들 상호 간에 주식거래가 교차하여 이루어지고 있으므로 그 가운데 위치한 중앙청산소는 여러 투자회사들의 순의무만을 정산하여 거래를 실행하게 된다.

인 모두에 대해 결제의무를 부담함으로써 증권거래 참여자들의 상대방 신용위험을 집중시키게 된다. 이러한 과정의 법적 성격은 경개(novation)라고 한다.[112]

(2) 파생상품 중앙청산 제도의 필요성

중앙청산소를 통한 청산은 당초 계약을 맺은 두 당사자의 자력에 관계 없이 계약의 이행을 가능하게 하므로 결제의무 불이행의 위험을 줄이고 거래의 안전성을 강화하는 역할을 한다. 정규시장에서는 대개 중앙청산소를 통한 청산, 결제가 일반적으로 이루어지고 있다.[113] 그러나, 장외거래에서는 이러한 제도가 적용되지 않으므로 장외거래의 당사자는 항시 상대방의 신용위험에 노출되어 있다.

특히 파생상품 거래에서 손실 규모가 무한대로 확장될 수도 있기 때문에 그만큼 결제불이행의 위험 역시 더욱 높다.

나. 유럽증권시장청이 지정한 파생상품에 대한 중앙청산의무

파생상품 Regulation 제4조는 유럽증권시장청(ESMA)이 지정한 파생상품군에 대해 중앙청산소가 관여하는 청산, 결제가 이루어지도록 할 것을 요구하고 있다.

파생상품 Regulation은 가급적이면 파생상품 역시 중앙청산소를 통한 청산제도를 도입하고 중앙청산소에게 자본금 확충 등을 요구함으로써 파생상품 거래의 신용위험을 관리하고자 하는 것이다.

중앙청산제도 하에서 장외파생상품 계약은 두 계약 당사자가 각기 중앙청산소와 체결하는 계약으로 바뀌게 되고, 후자의 계약은 매도인, 매수인과 각 중앙청산소 간 결제의무를 내용으로 하게 된다.

유럽증권시장청(ESMA)에 등록된 중앙청산소들의 규칙은 당초 장외파생상품 계약상의 하자를 이유로 중앙청산소에 대해 청산, 결제 계약의 무효, 취소 등을 주장할 수 없도록 하는 내용을 포함하고 있다. 이를 통해 증권 결제 시스템의 안정성을 확보하고자 하는 것이다.[114]

---

112) 김태수, 장외파생상품 청산소에 관한 법제도적 연구, 성균관대학교 법학과 석사학위논문, 2015년, 49~50면.

113) Harald Baum, Changes in Ownership, Governance and Regulation of Stock Exchanges in Germany: Path Dependent Progress and an Unfinished Agenda, 5 European Business Organization Law Review, p. 685 (2004).

다. 적용 범위

(1) 적용 대상 파생상품

유럽증권시장청(ESMA)은 중앙청산소를 통해 결제되어야 하는 장외 거래 파생상품군을 지정하여 규제기술표준(Regulatory Technical Standard)을 작성하여야 하고, 이는 유럽증권시장청(ESMA) Regulation이 정한 절차에 따라 집행위원회의 위임입법(Delegated Regulation)으로서 효력을 가진다(파생상품 Regulation 제5조). 유럽증권시장청(ESMA)은 본 Regulation에 따라 중앙청산소에서 결제되어야 하는 파생상품군을 지정하여 규제기술표준(RTS) 형태로 공표하고 있다.115) 지금까지 이자율 스왑, 신용부도스왑 등 다수 파생상품군이 지정되어 있다.

여기서 '파생상품군(派生商品群)'이란 적어도 기초자산과의 관계, 기초자산의 유형, 명목금액의 통화를 포함하여 본질적 특성이 공통된 파생상품의 부분집합을 의미한다. 한 파생상품군에 속하는 파생상품들의 만기는 다를 수 있다[제2조 (6)호]. 그러므로 파생상품 Regulation은 파생상품 계약을 그 특성에 때라 몇 개의 일정한 범주로 구분할 것을 요구하고 있다. 장외 파생상품 거래 중 상당 부분이 국제스왑파생상품협회(International SWAPs and Derivatives Association, ISDA)가 작성한 표준 계약 문구에 기초하여 규율되는 현실이 파생상품 Regulation의 전제가 된다고 할 수 있다.

또한, 위 제5조의 장외거래 파생상품 또는 장외 파생상품군은 정규시장 또는 그와 동등하다고 여겨지는 제3국 시장에서 거래되지 않는 파생상품을 의미한다[제7조 (7)호]. 따라서 파생상품 Regulation에 관한 한 다자간 거래소 및 조직화된 거래소에서 거래되는 파생상품 역시 장외 파생상품에 포함된다.

(2) 인적 적용 범위

집행위원회 위임입법이 정한 파생상품군에 대하여 금융회사 상대방 간의 거래는 중앙청산소를 통해 결제되어야 한다. 두 당사자들 중 최소한 한 당사자가 비금융회사 상대방인 경우에도 거래규모가 일정 기준(threshold) 이상인 경우 역시 중앙청산소를 통해 결제되어야 한다(제4조 제1항).

114) 김태수, 위의 논문, 50면.

115) Commission Delegated Regulation (EU) 2015/2205 of 6 August 2015, Commission Delegated Regulation (EU) 2016/592 of 1 March 2016, Commission Delegated Regulation (EU) 2016/1178 of 10 June 2016.

여기서 '금융회사 상대방'이란 투자회사, 신용기관, 보험회사, 재보험회사, UCITS, 그 관리회사, 직업은퇴준비기금, 대체투자펀드, 중앙증권보관소(central securities depository)를 의미한다[제2조 (8)호]. 또한, '비금융회사 상대방'이란 EU내에 설립된 회사로서 금융회사 상대방을 제외한 것을 말한다[제2조 (9)호].

다만, 기업집단 내부의 거래는 중앙청산소를 통한 결제의무의 적용대상에서 제외한다(제3조, 제4조 제2항, 제11조). 그러한 거래는 당해 기업집단 외에 시스템 전체에 충격을 미치기는 어렵기 때문이다.

라. 중앙청산소에 대한 요구 사항

중앙청산소는 거래의 양 당사자에 대해 일정 규모의 담보를 요구하여야 하고 지속적으로 마진을 평가하게 되므로 위험을 관리할 수 있다.

본 Regulation에 따라 파생상품 청산에 대한 인가를 받은 중앙청산소는 비차별적으로, 투명하게 청산 업무를 수행하여야 하고 파생상품 청산 요구를 거부할 수 없다(제7조 제1항).

이러한 역할을 수행할 수 있도록 중앙청산소는 충분한 자본금을 갖추고 위험관리를 위한 조직, 정책을 실행해야 하며 부도기금을 적립하여야 한다. 중앙청산소의 조직, 운영, 건전성, 위험관리 등에 관한 사항은 Title III, IV, V에 상세하게 규정되어 있다.

2. 중앙청산소를 통한 파생상품 거래의 보고의무[116)]

중앙청산소를 통해 거래가 이루어진다면, 중앙청산소를 통해 거래의 내역에 관한 정보가 취합될 수 있으므로, 감독당국이 관련된 파생상품 거래의 규모를 파악하여 거시건전성 규제로 나아가는 수단을 확보할 수 있게 된다.[117)]

그러한 목적 하에 파생상품 Regulation은 거래당사자들 및 중앙청산소에게 거래내역 및 (변경이 있는 경우) 그 변경내역까지 거래저장소(trade repository)에게 보고하도록 요구하고 있다(제9조 제1항). 파생상품 거래가 높은 레버리지 효과로 인하여 시스템 위기로 연결될 가능성을 배제할 수 없으므로 거래정보를 집계하

116) EU 차원의 증권감독기구인 ESMA의 권한, ESMA와 회원국 감독기구 사이의 관계 문제에 대해서는 제9편 제1장 참조.

117) Daria S. Latysheva, 각주 74, pp. 481~482.

여 이를 위험관리에 활용하고자 하는 것이다. [118)]

3. 거래소를 통한 파생상품 거래 의무

가. 대상

유럽증권시장청(ESMA)은 중앙청산소를 통한 청산 의무가 있는 파생상품군 중에서 정규시장, 다자간 거래소(MTF), 조직화된 거래소(OTF)에서 거래되어야 할 파생상품군을 지정하는 규제기술표준(Regulatory Technical Standards)을 작성하여야 하고, 집행위원회는 유럽증권시장청(ESMA) Regulation이 정한 절차에 따라 이를 위임입법으로 제정하여야 한다(MiFIR 제32조).

장외거래는 두 당사자의 개별적, 구체적 요구를 반영한 약정에 따라 이루어지므로 정규시장 등 거래를 위한 전제인 표준화가 이루어지기 쉽지 않은 면이 있으나, ISDA 등이 제정한 표준계약서가 널리 활용되는 실정상 가능한 범위에서 이를 장내거래로 유도하고자 한 것이다.[119)]

유럽증권시장청(ESMA)은 거래소를 통하여 거래해야 하는 파생상품군을 결정함에 있어 당해 파생상품 거래의 규모와 빈도, 적극적인 시장 참여자의 숫자, 스프레드의 규모 등을 고려하여야 한다(MiFIR 제32조).

나. 인적 적용 범위

위 파생상품군에 관한 거래 중 (i) 금융기관 당사자 간의 거래, (ii) 거래당사자 중 최소한 일방이 비금융기관 당사자인 경우 거래규모가 일정 수준(threshold)이 넘는 거래는 반드시 정규시장, 다자간 거래소, 조직화된 거래소, 그와 유사한 제3국 거래소 등에서 이루어져야 한다. 다만 그룹 내부의 거래는 제외한다(MiFID 제28조).

이러한 거래의 결제는 반드시 중앙청산소가 담당하여야 한다(MiFIR 제29조).

가급적 파생상품 거래를 장외거래가 아닌 조직된 시장에 흡수하여 사전 및 사후 호가 정보 공개, 감독당국에 의한 감시, 감독의 대상으로 포섭함으로써 파상상품 거래의 투명성을 높이고자 하는 것이다.

---

118) Dan Awrey, The Dynamics of OTC Derivatives Regulation: Bridging the Public-Private Divide, 11 European Business Organization Law Review, p. 178 (2010).

119) Dan Awrey, 위의 논문, p. 162.

다. 관련 문제

MiFIR 제29조는 정규시장 운영자로 하여금 정규시장에서 거래되는 모든 파생상품 거래는 중앙청산소에 의해 청산되도록 할 것을 요구하고 있다. 즉, 유럽증권시장청(ESMA)의 지정에 따라 의무적으로 정규시장에서 이루어져야 하는 거래가 아니더라도, 일단 정규시장에서 파생상품이 거래되었다면, 그러한 거래에 반드시 중앙청산소가 관여하여야 한다.

다른 한편으로, MiFID는 거래소들 간에 경쟁을 보장, 촉진하려 하는바, 어떤 거래소도 특정한 파생상품에 대해 독점적 거래 권한을 주장할 수는 없다. 경쟁이 실질적으로 이루어질 수 있도록 하기 위해 MiFID는 거래소들이 중앙청산소에 아무런 차별 없이 접근할 수 있도록 규정하고 있다(파생상품 Regulation 제8조).

Ⅲ. 중앙청산의무가 없는 파생상품 거래에 대한 조치

파생상품 Regulation 제11조는 중앙청산소에 의한 청산의무가 부과되지 않은 장외파생상품 계약의 위험을 완화하기 위한 조치들에 관하여 규정하고 있다.

1. 파생상품 위험 확인 등을 위한 절차의 마련

중앙청산소에 의해 청산되지 않는 장외 파생상품 계약을 체결하는 금융기관 당사자 및 비금융기관 당사자는 상당한 주의를 다하여 영업위험 및 상대방 신용위험을 측정, 감시, 완화할 수 있는 적절한 절차 및 제도를 마련하여야 한다. 이는 최소한 다음 사항을 포함하여야 한다(제1항).

(a) 관련된 장외 파생상품 거래계약의 조건에 대한 적시 확인. 가능한 경우 전자적 수단을 이용하여야 한다.

(b) 포트폴리오를 대사하고 관련된 위험을 관리하며 당사자들 간의 분쟁을 조기에 식별·해결할 수 있으며 아직 실행되지 않은 계약의 가치를 모니터링할 수 있는 강건하고 탄력성 있으며 감사할 수 있는(robust, resilient and auditable) 정형화된 절차

2. 미결제계약 잔액에 대한 시가평가

금융회사 상대방과 비금융회사 상대방은 미결제계약 잔액에 대한 시가평가(mark-to-market)를 매일 실행하여야 한다. 시가평가를 수행하기 어려운 시장조건인 경우 신뢰성 있는 평가 모형이 사용되어야 한다(제2항).

3. 담보의 교환 등

금융기관 상대방은 장외 파생상품 계약과 관련하여 적시에 적질하게 분리해 낼 수 있는 정확한 담보의 교환을 요구하는 절차가 포함된 위험관리절차를 갖추어야 한다. 일정한 기준을 초과하는 장외 파생상품 계약에 대해서는 비금융기관도 같다(제3항).

금융기관 상대방은 담보의 적절한 교환에 의해 담보되지 않는 위험을 관리하기 위하여 적절하게 비례적인 수준의 자기자본을 갖추어야 한다(제4항).

Ⅳ. 파상생품 규제에 있어 유럽증권시장청(ESMA)의 역할

1. 개설

본 Regulation은 파생상품 감독에 대하여 회원국이 아니라 EU 차원에서 유럽증권시장청이 이를 주도하도록 규정하고 있다. 이는 회원국 감독기구가 1차적으로 감독 권한을 행사하고 유럽증권시장청이 이를 조정, 감독하는 증권감독체계의 원칙에 대한 예외를 이루고 있다.

2. ESMA에 의한 중앙청산소 청산 대상 결정 등

유럽증권시장청은 중앙청산소를 통한 청산의 대상이 되는 장외 파생상품, 반드시 정규시장 등에서 거래되어야 하는 파생상품의 범위를 결정할 권한이 있다. 즉, 유럽증권시장청은 주도권을 가지고, 유럽시스템위기위원회(ESRB) 및 제3국 등의 자문을 거친 후 중앙청산소 청산의 대상이 되는 파생상품군을 정하고 이를 집행위원회에 통지하여야 한다(제5조 제3항).

또한 유럽증권시장청은 청산의무의 대상이 되는 파생상품의 내역을 기록,

관리하는 공적 장부(public register)를 보관, 공개해야 한다(제6조 1항).

본 Regulation은 유럽증권시장청에게 거래저장소(trade repositories)의 인가 및 감독 권한을 부여하고 있다(제73조).

3. 회원국 감독기구 중심의 중앙청산소 감독

가. 회원국 감독기구의 인가 권한

가장 핵심적 부분인 중앙청산소 감독 권한은 회원국 감독기구가 담당한다.

당초 집행위원회는 중앙청산소의 인가 및 감독 권한 역시 유럽증권시장청(ESMA)에게 부여할 것을 제안하였다. 그러나, 재무적 위기에 처한 금융기관을 EU 차원에서 구제하는 기금이 마련되어 있지 않아 중앙청산소에 대한 구제 역시 회원국이 담당할 수밖에 없는 상황에서 중앙청산소를 EU 차원에서 감독하는 것은 부적절하다는 비판이 제기되었다.[120] 결국 파생상품 Regulation은 중앙청산소에 대한 인가권한을 회원국에게 부여하게 되었다(제14조).

나. 인가 과정에 대한 유럽증권시장청(ESMA) 등의 관여

유럽증권시장청은 인가 과정에 적극적으로 관여할 수 있다. 회원국 감독당국은 중앙청산소 인가 신청자가 제출한 서류를 유럽증권시장청 및 협의회(college) 구성원들에게 전송하여야 한다(제17조 제2항).

협의회(college)는 유럽증권시장청, 중앙청산소에 대한 감독기관, 중앙청산소 회원(CCP와 거래하는 투자회사 등) 중 부도기금 출연금액이 큰 3개 회원이 속한 곳의 감독기관, 중앙청산소가 관여하는 거래소의 감독기관 등으로 구성된다(제18조). 위 협의회 구성원 모두가 상호합의에 기초하여 동의하지 않는 한 회원국 감독당국은 중앙청산소를 인가할 수 없다(제17조 제4항).

다. 회원국 감독기구에 의한 일상적 감독

중앙청산소에 대한 일상적 감독권한 역시 회원국에서 행사한다(제22조). 다만, 감독당국은 중앙청산소 및 회원들이 활동하는 시장의 유동성 및 안정에 부정적 영향을 미치는 사태를 포함하여 중앙청산소와 관련한 비상상황이 발생한

---

120) HOUSE OF LORDS, The future regulation of derivatives markets: is the EU on the right track?, HL Paper 93, para. 19.

경우 유럽증권시장청 및 협의회에 이를 알려야 한다(제24조).

Ⅴ. 상품을 기초자산으로 하는 파생상품에 관한 규정

MiFID 제57조는 원자재 등 상품 파생상품이 투기 수단으로 활용되는 것을 막고 헤지와 가격 발견이라는 본연의 기능을 수행할 수 있도록 하기 위해 트레이더의 감독기관에 대한 보유 수량 보고 의무 등을 규정하고 있다.[121]

1. 포지션 한도 설정

가. 의의

회원국의 감독기구는 유럽증권시장청(ESMA)이 결정하는 계산 방법에 따라 거래소에서 거래되는 상품 파생상품 및 그와 경제적 효과가 동일한 파생상품을 합산한 순포지션 보유의 한도를 정하고 이를 적용하여야 한다. 그러한 한도는 한 사람이 보유한 포지션 및 전체 그룹 수준에서 그를 위하여 보유한 포지션 전부에 대해 설정되어야 한다.

그 목적은 (a) 불공정거래행위의 방지, (b) 정돈된 가격 형성 및 결제 조건의 확보(시장을 왜곡하는 포지션을 막고 특히 파생상품의 기초자산 가격 발견 기능을 저해하지 않으면서도 인도월에 파생상품 가격과 기초자산의 현물 가격 간 일치하도록 보장하는 것을 포함한다)에 있다.

나. 설정 기준

포지션 한도는 비금융기관이 보유한 혹은 그를 위해 보유한 포지션으로서 비금융기관의 상업적 행위와 직접 관련된 위험을 줄이는 성격이 객관적으로 인정되는 것을 포함하지 아니한다(제57조 제1항). 즉, 위험헤피 목적의 상품 파생상품 거래에 대해서는 보유한도의 제한이 적용되지 않는다.

포지션 한도는 한 사람이 보유할 수 있는 상품 파생상품 포지션의 최대 규모에 관하여 명확한 양적 기준을 특정하여야 한다(제57조 제2항).

회원국 감독당국은 거래소에서 거래되는 각 상품 파생상품 계약별로 한도

121) 이영철, 유럽연합 금융상품시장지침의 개정 동향과 시사점, 기업법연구, 제25권 제4호, 2011년, 269면.

를 설정하여야 하고, 위 한도는 경제적 효과가 동일한 장외거래 계약 역시 포함한다. 이러한 한도는 유럽증권시장청(ESMA)이 설정한 인별 한도 계산 기준에 기초한 것이어야 한다(제57조 제4항).

다. 한도 설정 권한을 행사하는 감독기구

상품 파생상품이 여러 다른 거래장소에서 거래되기 때문에 하나의 상품 파생상품 계약과 관련하여 모든 거래에 대해 적용될 단일한 한도를 결정할 책임을 누가 부담할 것인지가 문제가 된다. MiFID는 어떤 상품 파생상품의 거래가 가장 많은 거래소의 감독당국이 다른 관련 감독당국과 협조하여 한도를 설정하는 책임을 부담하도록 하고 있다(제57조 제6항). 감독당국들은 단일한 포지션 한도의 감독 집행을 위해 필요한 정보 교환 등과 관련한 협조 체제를 구축하여야 한다.

회원국 감독당국은 사전에 설정된 것보다 엄격한 한도를 부과할 수 있다. 그러나, 그러한 행동은 유동성 및 특정한 시장의 질서 있는 작동을 고려할 때 객관적으로 정당화될 수 있고 비례적인 경우에만 예외적으로 허용된다(제57조 제13항).

2. 포지션의 보고

가. 거래소의 포지션 보고 제도

상품 파생상품에 대해서는 거래소의 포지션 보고 제도가 마련되어 있다(MiFID 제58조).

상품 파생상품, 탄소배출권 및 이를 기초로 한 파생상품을 거래하는 거래소들은 특정한 범주의 사람들이 특정 범주의 상품 파생상품 등에 대해 보유한 포지션 총합등의 정보를 포함한 주간 보고서를 공개하여야 한다. 이는 회원국 감독당국 및 유럽증권시장청(ESMA)에게 보고되어야 한다(제58조 제1항).

또한, 거래소는 위와 같은 총합 외에 이를 분해한 내역, 곧 거래소 회원, 참여자 및 그들의 고객별로 보유한 포지션의 상세 내역을 최소한 하루 1회 이상 감독기구에게 보고하여야 한다(제58조 제1항). 이를 위해 거래소의 회원 또는 참여자들은 당해 거래소의 운영자(정규시장 운영자 또는 다자간 거래소, 조직화된 거래소를 운영하는 투자회사)에게 자기 자신의 포지션(최종 고객의 포지션을 포함한다)

을 적어도 하루 1회 이상 보고하도록 되어 있다(제58조 제3항).

나. 장외거래에 있어서의 포지션 보고 제도

상품 파생상품, 탄소배출권 및 그에 기초한 파생상품을 거래소 밖에서 거래하는 투자회사들(장외거래)은 해당 상품이 거래되는 거래소의 감독당국(복수 거래소에서 거래되는 경우 가장 거래 비중이 큰 거래소 감독당국)에게 적어도 매일 1회 이상 자기 포지션의 완전한 상세내역(자신뿐만 아니라 그 고객, 몇 단계가 되었든 모든 단계의 고객에 관한 정보를 포함한다)을 제공하여야 한다(제58조 제2항).

3. 감독기관의 포지션 축소 명령 권한

MiFID는 회원국들에게, 감독당국이 포지션 또는 익스포져의 규모를 축소하도록 명령할 권한을 가지도록 하는 법률을 제정할 것을 요구하고 있다[제69조 제1항 (o)호]. 이는 상품 파생상품에 한정된 것이 아니라 모든 금융상품에 적용된다.

제9편

증권 감독 및 증권 법률의 집행

제1장

EU 및 개별 국가 차원의 증권 감독기구

Ⅰ. EU 차원의 증권 감독기구

1. EU의 금융감독체제

가. 감독체계

(1) 개관

EU의 금융감독은 각 회원국 감독기구와 EU 차원의 감독기구가 권한을 나누어 시장을 감독하는 체계로 구성되어 있다.

앞서 설명한 것처럼 2000년대 초반 Lamfalussy 보고서는 EU 차원에서 금융감독의 통일성을 확보하기 위해 EU 차원의 협의기구를 구성할 것을 제안하였다. 이러한 제안에 따라 각국 감독기구의 협의체로 유럽증권감독위원회(Committee of European Securities Regulators, CESR)가 출범하였다. 글로벌 금융위기 이후 EU 차원의 금융감독 통합 논의가 진전되면서, 위 유럽증권감독위원회는 유럽시스템위기위원회(European Systematic Risk Board, ESRB)와 유럽금융감독시스템(European System of Financial Supervisors, ESFS)로 확대, 강화되었다.[1)]

---

1) EU 차원의 증권감독기구가 형성, 발전 과정에 대해서는 본서 제1편 제2장 참조.

이러한 협의체 기구 외에 상설기구로서 각기 EU차원의 은행, 보험, 연금 감독기구인 ① 유럽은행청(European Banking Authority, EBA), ② 유럽증권시장청(European Securities Markets Authority, ESMA) 및 ③ 유럽보험·직업연금청(European Insurance and Occupational Pensions Authority, EIOPA)이 설치, 운영되고 있다.

(2) 협의체 기구

유럽시스템위기위원회(European Systematic Risk Board, ESRB)는 증권시장의 거시건전성을 규제하는 기구로서 유럽중앙은행(ECB)이 주재하고 각 회원국의 중앙은행 및 감독기구 대표, EU 집행위원회가 참여한다.

2010년 출범한 유럽금융감독시스템(European System of Financial Supervision, ESFS)은 (i) 각 회원국 감독당국들과 함께 (ii) EBA, ESMA, EIOPA 3개의 EU 감독기구, (iii) 위 3개 감독기구의 공동위원회(Joint Committee) 및 (iv) EU 차원에서 거시 건전성을 감독하는 유럽시스템위기위원회(ESRB)로 구성되어 있다. 2014년부터는 (v) 단일통화 유로(EURO) 사용 지역의 은행감독을 담당하는 유럽중앙은행(European Central Bankj, ECB) 역시 유럽금융감독시스템(ESFS)에 참여하고 있다.

(3) 유럽증권시장청(ESMA) 등 상설 감독기구

2011년 Regulation 1095/2010[2) 등에 따라 EU 차원의 금융감독기구로서 유럽은행청(EBA), 유럽증권시장청(ESMA) 및 ③ 유럽보험·직업연금청(EIOPA)의 세 가지 기구가 설립되었다. 이들 세 개 감독기구는 주로 금융기관에 대한 행위규제에 초점을 맞추고 있다. 이하에서 유럽증권시장청(ESMA)에 초점을 맞추어 논의를 진행하고자 한다.

---

2) 감독기구 설립의 근거가 된 Regulation은 다음과 같다:

① EBA: Regulation (EU) No 1093/2010 of the European Parliament and of the Council of 24 November 2010 establishing a European Supervisory Authority (European Banking Authority), amending Decision No 716/2009/EC and repealing Commission Decision 2009/78/EC

② EIOPA: Regulation (EU) No 1094/2010 of the European Parliament and of the Council of 24 November 2010 establishing a European Supervisory Authority (European Insurance and Occupational Pensions Authority), amending Decision No 716/2009/EC and repealing Commission Decision 2009/79/EC

③ ESMA: Regulation (EU) No 1095/2010 of the European Parliament and of the Council of 24 November 2010 establishing a European Supervisory Authority (European Securities and Markets Authority), amending Decision No 716/2009/EC and repealing Commission Decision 2009/77/EC

나. EU 감독체계의 특징

(1) 감독, 법률 집행에 있어 EU 역할의 증대

금융감독에 관한 한 금융위기 이전 EU의 역할은 규칙 제정에 초점이 맞춰져 있었고, 감독 및 집행은 회원국들의 고유한 권한으로 남아 있었다. EU 차원에서 시장참여자들 모두를 감독하기는 어렵다는 현실적 한계에서 비롯된 것이다.

그러나 글로벌 금융위기 이후 유럽증권시장청 등이 설립, 운영됨에 따라 EU 차원에서 보다 집중적인 감독 권한을 행사할 수 있게 되었는데, 이는 전체 규제체계의 변화를 의미한다. 즉, 현행 감독 체계는 과거와 비교하여 EU 차원에서 보다 집중화된 권한 행사, 보다 많은 법령의 통일, 감독 및 집행의 조정 등으로 특징지을 수 있다.

(2) 은행 감독과 보험/증권 감독의 차이

EU 차원의 금융감독은 부문별 감독의 원칙에 입각해 있다. 즉, 은행, 증권, 보험에 대한 감독 권한이 각기 다른 기구들에게 맡겨져 있다.

(가) EU 기구에 집중된 은행 감독

그런데, 은행과 다른 두 개 영역의 감독에는 다른 원리가 적용된다. 은행의 경우 유럽중앙은행이 유로 사용 지역 내의 은행 등 신용기관에 대한 인가 및 시스템상 중요한 은행들에 대한 감독권한을 행사한다. 회원국의 은행 감독기구는 나머지 은행에 대해서만 감독권한을 행사한다.

또한, 위기 상황에 빠진 유로 지역 은행들의 구제는 EU 차원에서 조성된 단일 구제기금(Single Resolution Fund)이 담당하며, 향후 예금보험제도 역시 EU 차원의 기금을 설립하여 이를 담당하도록 할 예정이다.

이처럼 은행의 경우 EU 차원에서 보다 집중화된 감독이 이루어진다.

(나) 회원국 감독기구가 주된 역할을 담당하는 증권, 보험 감독

증권 및 보험의 영역에 있어서는 신용평가회사의 등록 등 일부 영역을 제외하면, 회원국 감독당국이 주로 감독 업무를 수행하고, 유럽증권시장청 등은 회원국들의 감독 업무를 조정하는 역할에 그치고 있다.

물론, 금융서비스 발전계획(FSAP) 도입 시기와 비교하여 글로벌 금융위기 이후 유럽증권시장청의 권한이 대폭 확대된 것은 증권 영역에서도 집중화된 요소가 강화되었음을 의미한다. 그러나, 증권의 경우 주된 감독기능은 여전히 회

원국 감독기구가 담당하고 유럽증권시장청은 이를 조정, 보완하며 예외적인 경우에만 직접 감독 권한을 행사한다.

(다) 차이가 발생한 이유

은행과 증권 감독의 차이는 감독 제도의 발전 궤적상의 차이에서 이유를 찾을 수 있다. 즉, 은행의 경우 2008년 글로벌 금융위기 이후에도 간헐적으로 불거지고 있는 유로 지역 내 은행들의 자금 부족 사태, 회원국 재정위기 상황에서 자연스럽게 EU 차원의 집중화된 감독 체계가 필요하다는 인식이 자리잡았으나, 증권 영역에서는 그러한 계기가 존재하지 않았다.[3)]

또한, EU 내에서 증권에 비해 은행 영업이 회원국 국경을 넘는 거래가 활발하다는 점, 그중 상당 부분이 등록지 회원국 감독 원칙의 적용을 받는 자회사 설립이 아니라 지점을 통해 또는 지점 없는 일시적 서비스(원격 서비스가 그러한 경우에 해당할 수 있다)를 제공하는 방식으로 이루어진다는 점 때문에 은행에 관한 한 EU 차원 감독의 필요성이 더욱 크다는 사정 역시 영향을 미친 것으로 보인다.[4)]

(라) 회원국 감독기구 중심 증권감독 체계에 대한 평가

회원국 당국이 주로 증권 감독을 수행하는 원칙 하에서, 감독기구는 비교적 좁은 범위의 감독 대상 투자회사에 대해 근접한 곳에서 신속, 정확하게 필요한 대응을 할 수 있다. 또한, 감독기구의 정치적 책임성을 높일 수 있다는 점 역시 장점으로 거론된다.

그러나, 국경을 넘는 금융서비스 및 거래가 활발하게 이루어지는 상황에서 회원국 감독당국이 자기 영역 밖의 활동에 대해 감독권한을 행사하기 어려운 이상 효율적인 감독 및 법 집행을 기대하기 어렵다는 문제가 있다. 또한, 한 회원국의 감독이 부실한 경우 그것이 전체 EU 금융시장의 위기로 비화할 위험도 배제할 수 없다.[5)]

이러한 가능성에 대응하여 EU 차원의 감독기구인 유럽증권시장청이 회원국 감독당국의 법령 실행을 감독, 조정하도록 설계된 것이다.

---

3) Niamh Moloney, EU Securities and Financial Markets Regulation p. 943 (Oxford European Union Law Library, 3rd Edition, 2014).
4) 위의 책, pp. 943~944.
5) 위의 책, pp. 948~949.

2. 유럽 증권 감독기구 유럽증권시장청(ESMA)의 목적 및 과제

가. 목적

유럽증권시장청 Regulation[6] 제1조 제5항은 유럽증권시장청의 목적이 '유럽연합 경제, 시민 및 기업을 위하여, 금융시스템의 단기, 중기, 장기적 안정과 효과성에 기여함으로써, 공공의 이익을 보호하는 데에 있다'고 밝히고 있다.

특히 유럽증권시장청은 '규제차익(regulatory arbitrage)을 막고 경쟁의 공정한 조건을 형성'하여야 하고, 이를 위해 '법령의 일관되고 효율적이며 효과적인 적용에 기여하여야 하고, 감독의 통일(supervisory convergence)을 증진하여야' 한다. 또한, 유럽증권시장청은 '금융시장 참여자들이 초래하는 시스템 위기가 금융 시스템의 운영은 물론 실물경제에 악영향을 끼칠 수 있다는 점을 고려하여, 이에 대해 특별한 관심을 기울여야' 한다. 유럽증권시장청은 '자신의 과제를 수행함에 있어 독립적이고 객관적이며 (특정 회원국이 아니라) 유럽연합의 이익만을 위하여 행동하여야 한다'(제1조 제5항).

나. 과제

유럽증권시장청 Regulation 제8조 제1항은 유럽증권시장청의 과제를 열거하고 있다. 유럽증권시장청은 (a) 공동의 규제·감독 기준 및 관행을 마련하고, 이와 관련하여 특히 EU 기구들에게 가이드라인, 권고, 규제기술표준, 실행기술표준을 제공해야 하며, (b) 법적 구속력이 있는 EU법이 투자자 보호의 관점에서 일관되게 적용될 수 있도록 하고, 규제차익을 막아야 하며, 회원국 감독기구들 간 이견을 해소하고, 금융시장 참여자들에 대한 일관되고 효과적인 감독을 실현해야 하며, 특히 위기 상황에서 감독기구들이 일관되게 행동할 수 있도록 하여야 한다.

6) 정식 명칭: Regulation (EU) No 1095/2010 of the European Parliament and of the Council of 24 November 2010 establishing a European Supervisory Authority (European Securities and Markets Authority), amending Decision No 716/2009/EC and repealing Commission Decision 2009/77/EC

3. 유럽증권시장청(ESMA)의 지배구조

가. 감독이사회

유럽증권시장청의 최고 의결기구는 감독이사회(Board of Supervisors)이다. 감독이사회는 의장, 각 회원국 감독기구 수장, 다른 네 개 기구(EU 집행위원회, 유럽시스템위기위원회, 유럽은행청, 유럽보험·직업연금청) 파견자로 구성된다. 의장은 감독이사회에서 선출하는데 유럽의회는 후보들에 대한 청문회를 개최한 후 1월 내에 반대의견을 표명할 수 있다.

최고 의결기구인 감독이사회를 회원국 감독기관으로 구성하고, 유럽의회 등에 대한 보고 체계를 갖춤으로써 거버넌스(governance)의 민주정 정당성 및 업무 수행의 책임성을 확보하고자 하는 것이다.

감독이사회에서 회원국 감독기구 수장만이 의결권이 있다. 의결권은 단순 다수결에 의하는 것이 원칙이나 위임된 입법, 다른 민감한 조치에 대해서는 찬성한 감독기구의 수장이 의결권 있는 자들 중 55%, EU 인구 65% 이상을 대표하는 경우 의결하는 가중 다수결에 따른다(제44조).

나. 경영이사회

유럽증권시장청의 실질적인 업무 집행은 경영이사회(Management Board)가 담당한다. 감독이사회 의장은 경영이사회에도 관여한다. 경영이사회는 의장 외에 회원국 감독기구 수장들이 자신들 가운데서 선출한 6명이 참여한다. 임기는 2년 6개월이고 한 차례에 걸쳐 중임할 수 있다.

경영이사회는 연차 및 반기 업무 프로그램(Work programmes)을 작성하는데, 여기에는 유럽증권시장청이 수행할 과제들의 우선순위가 제시되어야 한다. 위 업무 프로그램은 감독이사회 승인을 얻는다. 위 업무 프로그램은 유럽의회, 이사회, 집행위원회에 송부되고 대중에게 공개된다. 위 업무 프로그램은 사후적으로 유럽증권시장청의 성과를 평가하는 기초가 된다.

4. 유럽증권시장청(ESMA)의 권한

가. 개관

유럽증권시장청의 규정 제정 권한은 유럽증권시장청이 기술적, 전문적 사항에 관한 규칙 초안(草案, draft)을 만들고 집행위원회가 이를 채택하는 간접적인 방식을 통해 실현된다.

감독 권한에 관하여 유럽증권시장청은 원칙적으로 EU 법률이 정한 조건 하에서 회원국 감독기관들 간의 분쟁에 중재하는 등의 방식으로 감독 과정에 개입할 수 있다. 일상적인 감독은 여전히 회원국 감독기관이 담당한다.[7] 앞서 본 것처럼 이 점이 은행 감독과 구분되는 부분이다. 또한, 유럽증권시장청의 권한은 지침(guideline)이나 추천(recommendation)과 같은 연성규범(soft-law)에 초점이 맞추어져 있다.

다만, 유럽증권시장청에게는 일부 특별한 권한이 부여되어 있다. 회원국 감독기관에 대해 구속력 있는 결정을 내릴 권한, 위기 상황 혹은 EU법 위반 상황에서는 회원국 감독기관 없이 직접 감독할 권한이 그것이다. 즉, 유럽증권시장청은 예외적인 경우 시장의 완전성과 안전성을 위협하는 특정한 상품 또는 서비스를 일시적으로 금지 또는 제한할 수 있고, EU 전체 금융시스템에 영향을 미치는 cross-border 활동에 대해서는 직접 감독 권한을 행사할 수 있다.[8]

또한, 신용평가기관의 등록 및 일상적 감독은 유럽증권시장청이 이를 수행하도록 되어 있다.[9]

나. 규칙 제정권

(1) 대상

유럽증권시장청은 규제기술표준(Regulatory Technical Standards, RTS) 및 실행기술표준(Implementing Technical Standards, ITS)을 제정할 권한이 있다.

(가) 규제기술표준

유럽의회와 이사회가 MiFID 등 증권 영역에 관한 EU 법률(유럽증권시장청 Regulation 제1조 제2항에 열거된 법률을 말한다)의 통일적 적용을 위하여 집행위원회에게, 유럽연합 운영조약 제290조에 따른 위임입법의 방법으로 규제기술표준

---

7) Vincenzo Bavoso, Explaining Financial Scandals: Corporate Governance, Structured Finance and the Enlightened Sovereign Control Paradigm (University of Manchester Doctoral Thesis 2012), p. 155.

8) 위의 논문, p. 156.

9) 신용평가기관과 관련한 유럽증권시장청(ESMA)의 권한과 역할에 대해서는 본서 제4편 제4장 제Ⅵ항 참조.

을 채택할 권한을 위임한 경우, 유럽증권시장청은 규제기술표준의 초안(草案, draft)을 제정할 권한이 있다(제10조 제1항).

EU법을 회원국에 적용하는 과정(Lamfalussy 보고서가 상정한 Level 3 수준)에서의 통일성을 기하기 위하여 증권법 분야에 관하여 집행위원회 외에 별도의 EU 기구인 유럽증권시장청에게도 일종의 입법기능을 부여한 것이다.10)

규제기술표준의 적용 대상에 대해서는 한계가 설정되어 있다. 즉, 규제기술표준은 기술적인 내용을 포함할 뿐, 전략적 결정이나 정책적 선택을 포함해서는 안 되며, 그 내용은 위임한 법령에서 정한 한계 내에 있어야 한다(제10조 제1항).

(나) 실행기술표준

유럽의회와 이사회가, 증권법에 속하는 법률(유럽증권시장청 Regulation 제1조 제2항에 열거된 법률)에 관하여, 집행위원회에게, 유럽연합 운영조약 제291조에 따른 실행법령의 수단으로 실행기술표준을 제정할 권한을 부여한 경우, 유럽증권시장청은 실행기술표준 초안을 작성할 권한이 있다(제15조 제1항).

실행기술표준은 기술적인 내용을 포함한다. 실행 기술표준은 전략적 결정, 정책적 선택을 포함해서는 안 되며, 그 내용은 상위 법률의 실행 조건을 결정하는 것이어야 한다(제15조 제1항).

(다) 규제기술표준과 실행기술표준의 차이

규제기술표준과 실행기술표준 모두 기술적, 전문적 영역에 속하는 사항을 정한 일종의 행정입법으로서 양자의 차이를 명확히 구별하는 것은 쉽지 않으나, 규제기술표준은 이사회 및 집행위원회가 정한 법률(Level 1 법률)을 보다 구체화하는 내용인 반면, 실행기술표준은 그 명칭에서 드러나는 것처럼 주로 EU법을 각 회원국 내에 실행하는 데에 필요한 보다 기술적인 사항을 정하는 경우가 많다.

예를 들어, MiFID에 관하여 규제기술표준과 실행기술표준이 모두 제정되어 있는데, 규제기술표준은 MiFID가 요구하는 '스트레스 테스트'를 실행할 때 투자회사가 고려할 사항 등 투자회사의 거래시스템 운영 과정에서 준수할 내용을

---

10) Carmine Di Noia & Matteo Gargantini, Unleashing the European Securities and Markets Authority: Governance and Accountability After the ECJ Decision on the Short Selling Regulation (Case C-270/12), 15 European Business Organization Law Review, p. 16 (2014).

구체적으로 정하고 있는 반면,[11] 실행기술표준은 투자회사가 다른 회원국에서 영업활동을 벌이기 위해 자신의 회원국 감독당국에 제출해야 하는 문서의 표준 양식과 템플릿, 관련 절차 등을 상세히 정하고 있다.[12]

(2) 규제기술표준 및 실행기술표준의 제정절차

규제기술표준 및 실행기술표준은 Regulation 또는 결정(decision)의 형태로 채택되어야 한다.

규제기술표준과 실행기술표준의 제정절차는 기본적으로 같다.

규제기술표준 및 실행기술표준은 집행위원회 명의로 채택된다. 그러나 그 초안은 원칙적으로 유럽증권시장청이 작성해야 하고, 집행위원회는 유럽증권시장청과 이견이 있는 경우에도 유럽증권시장청 Regulation이 정한 절차를 따르지 않고 독단적으로 규제기술표준 등의 내용을 결정할 수는 없다.

(가) 유럽증권시장청(ESMA)이 규제기술표준, 실행기술표준 초안을 제출하는 경우

유럽증권시장청은 규제기술표준 등과 관련하여 공개적인 자문을 받고 관련된 잠재적 비용·편익을 분석하여야 한다.[13] 또한, 유럽증권시장청은 제37조에 따른 증권시장 이해관계자 그룹(금융시장 참여자, 근로자 및 소비자 대표, 학자들로 구성된 정책 자문 기구)의 의견을 요청하여야 한다(제10조 제1항, 제15조 제1항).

유럽증권시장청은 규제기술표준 등의 초안을 집행위원회에 제출하여야 한다(제10조 제1항, 제15조 제1항). 규제기술표준 등은 집행위원회의 검토, 집행위원회와 유럽증권시장청 간 논의를 거쳐 제정된다.[14]

---

11) 예를 들어, Commission Delegated Regulation (EU) 2017/589 of 19 July 2016 supplementing Directive 2014/65/EU of the European Parliament and of the Council with regard to regulatory technical standards specifying the organisational requirements of investment firms engaged in algorithmic trading.

12) 예를 들어, Commission Implementing Regulation (EU) 2017/2382 of 14 December 2017 laying down implementing technical standards with regard to standard forms, templates and procedures for the transmission of information in accordance with Directive 2014/65/EU of the European Parliament and of the Council.

13) 다만, 위 자문과 분석이 관련된 규제기술표준 등의 내용, 해당 문제의 긴급성에 비추어 비례성이 없는 경우는 예외로 한다(제10조 제1항, 제15조 제1항).

14) 보다 구체적으로, 집행위원회는 규제기술표준 등을 접수한 후 3개월 내에 채택 여부를 결정하여야 한다(실행기술표준에 관해서는 집행위원회가 기간을 1개월 더 연장할 수 있다).

집행위원회가 규제기술표준 등을 채택하지 않거나, 부분적으로만 채택하거나, 혹은 수정하여 채택하고자 하는 경우, 집행위원회는 이유를 붙여 유럽증권시장청에 규제기술표

(나) 유럽증권시장청(ESMA)이 규제기술표준, 실행기술표준 초안을 제출하지 않는 경우

유럽증권시장청이 관련 EU 증권법률에서 정한 기한 내에 규제기술표준 등의 초안을 제출하지 않는 경우 집행위원회는 새로운 기한을 설정하여 초안의 제출을 요구하여야 한다(제10조 제2항, 제15조 제2항).

집행위원회는 유럽증권시장청이 규제기술표준 등 초안을 새로 설정된 기한 내에 제출하지 않는 경우에만 스스로 위임 법률 등의 형태로 규제기술표준 등을 채택할 수 있다(제10조 제3항, 제15조 제3항).[15]

집행위원회가 스스로 초안을 작성하게 된 경우 거꾸로 집행위원회가 유럽증권시장청에게 이를 송부하여야 한다. 이후 유럽증권시장청의 의견 제출 등의 절차를 거쳐 규제기술표준이 제정되어야 한다.[16]

(다) 규제기술표준에 대한 집행위원회 및 유럽의회의 반대의견 제출

유럽의회와 유럽이사회는 집행위원회가 채택한 규제기술표준를 통지받은 날로부터 3개월(다만, 집행위원회가 유럽증권시장청이 제출한 것과 동일한 규제기술표

준 등을 돌려보내야 한다.

이러한 경우 (i) 유럽증권시장청은 6주 내에 집행위원회가 제안한 수정 의견에 기초하여 규제기술표준 등을 수정하고 공식 의견의 형태로 이를 다시 집행위원회에 송부할 수 있다. (ii) 만약 유럽증권시장청이 6주 내에 집행위원회가 요구하는 수정을 반영한 규제기술표준 등을 제출하지 않거나 집행위원회가 제안한 수정과 다른 방식으로 수정된 규제기술표준 등을 제출하는 경우, 집행위원회는 스스로가 적절하다고 판단하는 수정이 이루어진 상태로 규제기술표준 등을 채택하거나 채택을 거부할 수 있다(제10조 제1항, 제15조 제1항).

위와 같은 일련의 과정에서 집행위원회는 유럽증권시장청으로부터 받거나 유럽증권시장청에게 송부하는 초안, 의견 등의 부본을 유럽의회 및 이사회에 전달하여야 한다.

15) 이 경우 집행위원회는 공개적 자문, 비용·편익 분석 등 유럽증권시장청이 수행했어야 할 절차를 거쳐야 하고, 비례성이 없는 경우에는 마찬가지로 비용·편익 분석을 생략할 수 있다. 규제기술표준 등을 유럽의회 및 이사회에 전달하여야 한다는 점 또한 같다(제10조 제3항, 제15조 제3항).

16) 보다 구체적으로 설명한다면, ① 6주 이내에 유럽증권시장청은 송부 받은 규제기술표준 등을 수정하고 공식 의견의 형태로 이를 집행위원회에 제출할 수 있다. 유럽증권시장청은 공식 의견 부본을 유럽의회 및 유럽 이사회에도 송부하여야 한다. 만약 유럽증권시장청이 6주 내에 규제기술표준 등의 수정본을 제출한다면, 집행위원회는 유럽증권시장청이 제안한 수정안에 따라 규제기술표준 등을 수정하거나 스스로 적당하다고 판단하는 수정을 가하여 규제기술표준 등을 채택할 수 있다. ② 만약 위 6주 이내에 유럽증권시장청이 위의 조치를 취하지 않는 경우 집행위원회는 자신의 안대로 규제기술표준 등을 채택할 수 있다(제10조 제3항, 제15조 제3항).

준을 채택하는 경우 1개월) 내에 반대 의견을 표명할 수 있다. 유럽의회와 이사회는 자신의 결정에 따라 그 기간을 3개월(원래 기간이 1개월인 경우에는 추가로 1개월) 연장할 수 있다(제13조 제1항).

제1항에 따른 기간이 만료될 때까지 유럽의회나 유럽이사회가 반대의견을 표명하지 않은 경우, 규제기술표준은 유럽연합 공식 관보를 통해 공표되고 정해진 일자에 효력이 발생한다(제10조 제4항, 제15조 제4항).[17)]

만약 유럽의회 또는 유럽이사회가 제1항에 정한 기간 내에 반대의견을 표명한다면, 규제기술표준은 효력이 발생할 수 없다. 유럽연합 운영조약 제296조에 따라 반대하는 기관은 그 이유를 밝혀야 한다(제13조 제3항)

실행기술표준에 대해서는 유럽의회 및 유럽이사회가 이를 거부할 수 있는 권한이 없다.[18)]

다. 가이드라인과 권고

(1) 유럽증권시장청(ESMA) Regulation 제16조의 내용

유럽증권시장청 Regulation 제16조는 "유럽증권시장청은 유럽금융감독시스템(European System of Financial Supervision, ESFS) 내에서 일관되고 효율적, 효과적인 감독을 실행하고 공통의 단일하고 일관된 유럽연합 법률의 적용을 보장하기 위하여 회원국의 감독당국 또는 금융시장 참여자를 수범자로 하는 지침

17) 유럽의회 및 유럽이사회 모두가 집행위원회에게 반대를 제기하지 않겠다는 의도를 표명한 경우 규제기술표준은 위 기간 만료 이전에 유럽연합 관보를 통해 공표되고 효력이 발생할 수 있다(제13조 제2항).

18) 이러한 차이는 유럽연합 운영조약 제290조와 제291조의 차이로서 이해될 여지가 있다고 생각된다. 즉, 유럽연합 운영조약 제290조는 유럽의회와 유럽이사회가 함께 제정하는 법률이 집행위원회에게 그 내용을 보완하거나 일정 범위에서 비본질적인 내용을 수정하는 입법(non-legislative acts)을 제정할 권한을 위임할 수 있도록 규정하고 있다. 입법의 본질적인 내용은 유럽의회 및 유럽이사회에게 제정권한이 있으므로 이를 집행위원회에 위임할 수는 없다. 그런데, 제290조는 입법을 위임하는 경우, 모법에서 위임의 범위와 기간을 정하는 것은 물론이고, '유럽의회 또는 유럽이사회가 위임을 철회할 수도 있다'는 취지 및 '위임된 입법은 유럽의회 또는 유럽이사회가 모법에서 정한 기간 내에 반대의사를 표명하지 않는 경우에만 효력이 발생한다'는 취지 역시 명확히 기재할 것을 요구하고 있다. 유럽연합 운영조약 제291조는, 유럽연합 법률을 각 나라에 실행하는 과정에서 동일한 기준을 적용할 필요가 있는 경우, 당해 법률이 집행위원회에 실행 권한을 부여할 수 있도록 규정하고 있다. 집행위원회는 이러한 권한에 따라 실행을 위한 일종의 행정입법을 제정할 수 있다. 그러나 제291조는 유럽의회, 이사회의 반대의견 표명에 대해서는 별다른 언급이 없다

(guideline)과 추천(recommendation)을 공표하여야 한다"고 정하고 있다.

예를 들어, 불공정거래행위 Regulation(Market Abuse Regulation) 제7조 제5항은 명시적으로 유럽증권시장청에게, 공개되어야 하는 내부정보의 예시 목록을 제시할 것을 규정하고 있다. 이러한 사례는 공개 의무가 있는 내부정보의 모든 경우를 망라한 것이 아니고, 여기에 해당한다고 해서 반드시 구체적 사안에서 내부정보에 해당한다고 단정할 수도 없다. 다만, 이러한 지침은 유럽 전역의 법률 실무에서 중요한 기준이 된다.

회원국 감독당국 또는 시장참여자는 유럽증권시장청의 가이드라인과 권고를 준수하기 위해 최선의 노력을 다하여야 한다. 회원국 감독당국은 가이드라인 또는 지침이 발표된 후 2개월 내에 자신이 이를 준수할 것인지 여부, 준수하지 않는다면 그 이유를 통지하여야 한다. 시장참여자 역시 당해 가이드라인 등에서 요구하는 경우 마찬가지로 준수 여부 및 미준수시 그 이유를 보고하여야 한다(유럽증권시장청 Regulation 제16조).

(2) 이른바 연성규범(soft law)의 문제

(가) 의의 및 출현 배경

위 유럽증권시장청 Regulation 제16조는 '그대로 준수하거나 설명할 것(Comply or Explain)'을 요구하는 전형적인 Soft Law 방식을 채택하고 있다.

연성규범은 1990년대부터 EU법 전반, 특히 증권법 영역에서 흔히 이용되고 있는데, 이는 EU 기구들의 권한이 확대되는 상황과 맞물려 있다.[19] 연성규범은 이를 제정하는 절차가 간략하고 시장의 혁신에 대해 보다 신속하고 탄력적으로 대응할 수 있다는 강점이 있다.[20] Lamfalussy가 제안한 4단계의 구조 중 제3단계, 곧 회원국들 간 감독업무의 통일을 촉진하는 수단으로 연성규범이 광범위하게 사용되었는데, 이는 글로벌 금융위기 이전까지 자유화 및 탈규제의 지향과도 맞물려 있었다.[21]

(나) 연성규범의 법적 구속력 문제

연성규범은 흔히 법적 구속력이 없는 규정으로 이해되고 있다. 그러나 문

---

19) Takis Tridimas, Indeterminacy and Legal Uncertainty in EU Law (King's College London Legal Studies Research Paper Series Paper No. 2019-19), p. 17.
20) Niam Moloney, 각주 3, pp. 856~857.
21) Niamh Moloney, 위의 책, p. 857.

제가 그렇게 단순하지는 않다. 구속력은 그 유무를 이분법적으로 가를 수 있는 것이 아니라 오히려 연속적인 개념으로 볼 필요가 있다.[22)]

우선, 연성규범은 흔히 EU 기구들 스스로를 구속하는 면이 있다. 연성규범은 주로 기술적 영역에서 스스로의 권한을 제한하고 권한 행사의 일관성을 갖추기 위해, 법령의 내용을 보완하거나 구체화하기 위해, 혹은 법령의 공백을 채우기 위해 사용된다. EU 사법재판소는 집행위원회가 자신이 스스로 설정한 기준을 어긴다면 법적 확실성, 합법적 기대의 보호 또는 평등원칙과 같은 법원리를 위반하게 된다고 판시하고 있다.[23)]

연성규범은 제3자에 대해서도 법적 구속력을 가짐으로써 유럽연합 운영조약 제263조, 제267조, 제277조에 따른 사법적 심사의 대상이 되는 경우가 있다.

예컨대, 유럽중앙은행(ECB)은 결제시스템의 원활한 운영과 체계적 위험 관리를 위하여 유로로 표시된 거래의 청산은 유로 지역에서 이루어져야 한다는 취지의 감독정책체계(Eurosystem Oversight Policy Framework)를 웹사이트에 게재하였다. 다수 중앙청산소 본사가 위치한 영국은 위 감독정책체계를 대상으로 EU 법원에 소송을 제기하였다. 위 감독정책체계는 일견 유럽중앙은행의 정책 방향을 소개하는 것이지만, EU 일반재판소는 이것이 법적 효력이 있어 사법적 심사의 대상이 된다고 판단하였다. 일반재판소는 사법적 심사의 대상이 되는지 판단함에 있어 관련 당사자들이 문제가 되는 조치에 대해 어떻게 인식하는지가 고려되어야 한다고 판시하였다.[24)] 당사자들이 연성규범을 어떻게 받아들이는지 판단하는 전제로서 물론 구체적 내용과 문언이 중요한 고려대상이 될 수밖에 없다.[25)]

실제로 기업들은 권한 있는 기관이 낸 의견을 일종의 '안전장치'(safe harbour)로 받아들여 이를 그대로 채택하려는 경향이 있다.[26)] 독일의 법률 문헌에서는 유럽증권시장청의 권고를 무시하는 것은 민사소송에서 반대편 당사자에게 입증을 용이하게 할 수 있다고 한다. 형사사건에서 행위자가 만약 유럽증권시

---

22) Takis Tridimas, 각주 19 논문, p. 17.
23) Joined cases C-189/02 P, C-202/02 P, C-205/02 P to C-208/02 P and C-213/02 P Dansk Rørindustri & others v Commission EU:C:2005:408, [2005] ECR I-5425, para 209.
24) Case T-496/11 United Kingdom v ECB EU:T:2015:133.
25) Takis Tridimas, 각주 19, p. 21.
26) Niamh Moloney, 각주 3, p. 857.

장청 권고를 따랐다면 이는 회피불가능한 '법률의 착오'에 해당한다고 한다. 또한, 독일 연방 최고 행정법원(Federal Supreme Administrative Court)은 유럽증권시장청의 의견이 법령에 관한 올바른 해석으로 추정된다는 판시를 내어 놓기도 하였다.27)

이러한 해석들을 고려하면 연성규범이라고 해서 구속력이 없다고 일률적으로 단정하기는 어려운 것으로 생각된다. 연성규범이 사실상의 구속력을 가질 수 있는 이상 많은 경우 구체적인 법령상 수권 없이 이를 발령하는 감독당국 권한의 정당성에 의문이 제기될 수도 있다.28)

다른 한편으로, 구속력 있는 규범과 모범사례 간의 경계를 뚜렷하게 설정하기 어려운 이상 연성규범의 빈번한 사용이 법적 안정성을 해친다는 비판이 제기된다. 구속력 있는 규범이 사용되어야 할 곳에 연성규범이 사용되면 감독당국이 이를 강력하게 집행하기 어려워진다는 문제도 있다.29)

라. 증권법의 감독 및 집행

(1) 원칙

금융감독 및 증권법의 집행에 관하여 원칙적으로 회원국 감독당국이 이를 수행하고, 유럽증권시장청은 회원국 감독당국을 조정, 감독하는 역할을 수행한다. 따라서 유럽증권시장청의 역할은 간접적인 방식에 그친다.

다만, 특수한 조건에서는 유럽증권시장청이 회원국을 거치지 않고 직접 사인(私人)에 대한 법령 집행에 나설 수 있다. 유럽증권시장청 Regulation 제17조, 제18조, 제9조, 제19조가 유럽증권시장청의 직접적 권한 행사가 허용되는 각기 다른 사유들을 정하고 있다.

(2) 회원국 감독기구의 의무 위반에 따른 유럽증권시장청(ESMA)의 직접 개입(제17조)

(가) 유럽증권시장청(ESMA) 직접 개입에 앞선 절차

유럽증권시장청은, 회원국 감독기구가 증권 법률(규제기술표준, 실행기술표준)을 준수하지 않는 경우, 특히 회원국 감독기구가 금융시장 참여자들로 하여금

27) Rudiger Veil, European Capital Markets Law, pp. 49~50 (Hart Publishing, 2017).
28) Niamh Moloney, 각주 3, p. 857.
29) 위의 책, p. 857.

증권 법률의 요구사항을 충족하도록 하는 데에 실패한 경우, 이를 시정하기 위한 권한을 행사하여야 한다(제17조 제1항).

유럽증권시장청은, 하나 또는 복수의 감독기구, 유럽의회, 유럽이사회, 집행위원회, 증권시장 이해관계자 그룹의 요청에 따라, 혹은 자신의 주도로, 문제가 된 회원국 감독기구에 통보한 후에, 유럽연합법 위반 또는 미준수 여부를 조사할 수 있다. 이 경우 해당 감독기구는 지체없이 유럽증권시장청에게 조사를 위하여 필요하다고 판단하는 모든 자료를 제공할 의무가 있다(제2항).

유럽증권시장청은 조사를 시작한 날로부터 2개월 이내에 해당 감독기구에게 유럽연합법을 준수하기 위해 필요한 행동에 대한 권고를 할 수 있고, 감독기구는 위 권고를 받은 날로부터 10일 이내에 유럽증권시장청에게 유럽연합법을 준수하기 위해 자신이 취하였거나 취하고자 하는 조치를 통지하여야 한다(제3항).

해당 감독기구가 유럽증권시장청의 권고를 받은 날로부터 1개월 이내에 유럽연합법을 준수하는 조치를 취하지 않는 경우 집행위원회는 유럽증권시장청의 통지에 따라 혹은 자신이 주도하여 3개월 내에(1개월 더 연장할 수 있다) 감독기구에게 유럽연합법을 준수하기 위해 필요한 행동을 취할 것을 요구하는 공식의견을 발표할 수 있다(제4항). 감독기구는 제4항에 따른 공식의견을 수령한 날로부터 10일 이내에 집행위원회와 유럽증권시장청에게 위 공식의견을 따르기 위해 자신이 취했거나 취하고자 하는 조치를 통지하여야 한다(제5항).

(나) 유럽증권시장청(ESMA) 직접 개입의 요건 및 절차

유럽증권시장청은 (i) 해당 감독기구가 정해진 기간 내에 제4항에 따른 집행위원회 공식의견을 따르지 않고, (ii) 시장의 중립적 조건을 유지, 회복하기 위하여 혹은 금융 시스템의 질서 있는 기능과 신뢰성을 보장하기 위하여 그러한 불이행을 적시에 수정할 필요가 있으며, (iii) 제1조 제2항에 기재된 증권 관련 EU 법령의 관련된 요구사항이 (회원국 법률을 거치지 않고도) 금융시장 참여자에게 직접 적용될 수 있는 것인 경우, 유럽연합 운영조약 제258조에 따른 집행위원회의 권한을 훼손하지 않는 범위 내에서,[30] 금융시장 참여자에게, 유럽연합법

30) 유럽연합 운영조약 제258조에 따르면, 집행위원회는 회원국이 조약에 따른 의무를 이행하지 않는 것으로 판단하는 경우 관련 회원국에게 이에 대한 소명을 요구한 후 자신의 의견을 전달할 수 있다. 그럼에도 회원국이 위 의견을 준수하지 않는 경우 집행위원회는 당해 문제에 관한 쟁송을 유럽 사법재판소에 제기할 수 있도록 되어 있다. 유럽증권시장청 Regulation 제17조 제6항은 금융시장 질서 유지가 시급한 경우가 있을 수 있다는 점

에 따른 의무를 준수하기 위하여 필요한 행위(어떤 행위의 중단을 포함한다)를 요구하는 개별적 결정을 내릴 수 있다(제6항).

유럽증권시장청의 위 결정은 제4항에 따른 집행위원회 공식의견에 부합하여야 한다(제6항).

이러한 결정의 효력은 같은 문제에 대해 회원국 감독기구가 앞서 채택한 결정에 우선한다(제7항)

(다) 검토

통상 회원국 감독기구가 EU법을 위반할 때 유럽증권시장청은 가이드라인, 권고 혹은 비공식적 접촉을 통해 이를 해소하는 경우가 대부분이다. 위 제17조 제6항은 그것이 곤란한 상황이 있을 수 있다는 점을 감안하여 세 가지의 엄격한 요건이 충족됨을 전제로 예외적으로 유럽증권시장청이 직접 증권시장 참여자에 대해 명령을 내릴 수 있도록 정한 것으로 이해된다.

(3) 비상상황에서의 직접 개입(제18조)

(가) 사전단계: 회원국 감독기구 역할의 촉진, 조정

금융시장의 질서 있는 작동(functioning)과 완전성(integrity) 또는 유럽연합 금융시스템 전체 혹은 부분의 안전성을 심각하게 위협하는 부정적 사태 전개(adverse developments)가 있는 경우, 유럽증권시장청은 필요한 것으로 판단한다면, 관련된 회원국 감독기구가 취해야 하는 조치를 적극적으로 촉진, 조정하여야 한다. 그러한 촉진, 조정 역할을 수행하기 위하여 유럽증권시장청은 관련된 사태 전개를 완전히 이해하고 있어야 하고 관련 회원국 감독당국의 관련 모임에 참관인으로 참여할 수 있어야 한다(제18조 제1항).

즉, 금융시장의 위기 상황에서도 유럽증권시장청은 직접 금융시장에 개입하기보다는 감독당국의 역할을 조정, 촉진하는 것이 원칙이다.

(나) 비상상황의 선포 절차

유럽증권시장청의 권한은 비상상황(Emergency situation)이 선포되면 확대된다. 비상상황의 선포 절차는 제18조 제2항이 정하고 있다.

등을 감안하여 이러한 통상적인 절차에 대한 예외를 인정한 것이다. 그런데 위 제17조 제6항은 당해 조항에 따른 유럽증권시장청의 권한이 위 유럽연합 운영조약 제258조에 따른 집행위원회 권한을 훼손해서는 안 된다는 점을 규정하고 있다. 이러한 규정의 취지는 명확하지는 않으나 집행위원회의 위와 같은 소 제기 권한 등이 우선되어야 한다는 것으로 보인다.

EU 이사회는, 집행위원회·유럽증권시장청·유럽시스템위기위원회가 요청하는 경우, 집행위원회·유럽시스템위기위원회(ESRB) 및 (필요한 경우) 유럽은행청, 유럽증권시장청, 유럽보험·직업연금청 세 개 기구의 자문을 거쳐, 유럽증권시장청을 대상으로, 비상상황이 존재한다는 결정을 내릴 수 있다. EU 이사회는 적절한 간격을 두고 당해 결정을 검토하여야 하는데, 그 주기는 최소한 월 1회 이상이어야 한다. 만약 결정이 1개월이 되는 날까지 갱신되지 않는 경우 당해 결정은 자동으로 소멸한다. EU 이사회는 언제든지 당해 위기 상황의 중단을 선언할 수 있다.

유럽시스템위기위원회(ESRB) 또는 유럽증권시장청은 비상상황이 벌어졌다고 판단하는 경우 비공개로 이사회에게 자신의 그러한 평가를 알려야 한다. EU 이사회는 회의 소집 필요성을 판단하여야 한다. 그러한 과정에서 비밀 유지가 보장되어야 한다.

이사회는 만약 비상상황이 존재하는 것으로 결정하는 경우 유럽의회 및 집행위원회에게 지체없이 이를 통지하여야 한다.

(다) 비상상황 시 유럽증권시장청(ESMA)의 권한

비상상황에서 유럽증권시장청의 권한은 우선 회원국 감독당국에 대해 행사되어야 한다.

즉, 유럽이사회가 제2항에 따라 비상상황이 존재한다는 결정을 채택하고, 금융시장의 질서 있는 작동(functioning)과 완전성(integrity), 유럽연합 금융시스템 전체 혹은 부분의 안전성을 심각하게 위협하는 부정적 사태 전개에 대응하기 위한 회원국 감독당국들의 조정된 행동이 필요한 경우, 유럽증권시장청은 회원국 감독당국들이 제1조 제2항이 정한 EU 증권 법률에 따른 조치를 취하도록 요구하는 개별적 결정을 내릴 수 있다(제18조 제3항).

그럼에도 회원국 감독당국이 이를 따르지 않는 경우 유럽증권시장청은 금융시장에 직접 개입할 수 있다. 즉, 제18조 제4항에 따르면, (i) 회원국 감독당국이 정해진 기간 내에 제3항에 따른 유럽증권시장청의 결정을 따르지 않고, (ii) 제1조 제2항에 기재된 EU 증권 법률(규제기술표준 및 실행기술표준을 포함한다)의 관련된 요구사항이 금융시장 참여자에게 직접 적용될 수 있는 성격인 경우, 유럽증권시장청은, 유럽연합 운영조약 제258조에 따른 집행위원회의 권한을 훼손하지 않는 범위에서, 금융시장 참여자에게, 당해 법령에 따른 의무를 준수하기 위하여 필요한 행위(어떤 행위의 중단을 포함한다)를 요구하는 개별적 결정을 내릴 수 있다.

이는 회원국 감독당국이 (a) 제1조 제2항에 따른 법령(그러한 법령에 따라 채택한 규제기술표준 및 실행기술표준을 포함한다)을 준수하지 않거나 그러한 법령을 명백히 당해 법령 내용에 위반되는 것으로 보이는 방식으로 적용하는 경우, 또한 (b) 금융시장의 질서 있는 기능과 완전성, 유럽연합 금융시스템 전체 또는 부분의 안전성을 회복하기 위하여 긴급한 조치가 필요한 경우에만 적용된다(제18조 제4항).

제4항에 따라 시장 참여자를 대상으로 내려진 유럽증권시장청의 결정의 효력은 같은 문제에 대해 회원국 감독당국이 앞서 채택한 결정보다 우선한다. 제3항 또는 제4항에 따른 결정의 대상이 된 문제와 관련한 회원국 감독당국의 어떠한 행위도 위 결정에 양립하는 것이어야 한다(제18조 제5항).

요약하자면 유럽증권시장청은 금융시스템의 위기 상황에서 우선은 회원국 감독기구 역할을 촉진, 조정하는 데 나서야 한다. 이사회가 비상상황을 선언하면, 유럽증권시장청은 먼저 회원국 감독기구에 대한 결정을 거쳐야 하고, 회원국 감독기구가 이에 응하지 않는 경우에만 직접 시장 참여자에 대한 조치에 나아갈 수 있다. 금융위기 시에 예외적으로 유럽증권시장청이 직접 나설 수 있는 길을 열어 두면서도 증권 감독은 회원국에서 담당한다는 원칙을 충실하게 따르는 것으로 평가할 수 있다. 이는 금융위기 상황에 대한 대처로서는 너무 느리고 복잡하여 부적절하다는 비판이 있다.[31)]

(4) 특정한 금융활동의 일시적 제한, 금지(제9조 제5항)

유럽증권시장청 Regulation 제9조 제5항은, 개별법령이 정한 절차에 따라서 혹은 제18조에서 정한 비상상황이 선언되는 경우, 소비자에게 중대한 손실을 일으킬 가능성이 있거나 금융시장 안정을 위협할 수 있는 특정한 금융상품의 판매 혹은 특정한 금융활동의 중단을 명령할 수 있는 권한을 유럽증권시장청(ESMA)에게 부여하고 있다.

여기에 대해서는 유럽연합의 증권 법령이 사인에 대해 직접 적용될 수 있는 성격의 것이어야 한다는 등 제18조 소정의 요건이 적용되지 않는다.

---

31) Carmine Di Noia & Matteo Gargantini, 각주 10, p. 27.

(5) 감독당국 간 이견이 있는 경우(제19조)

유럽증권시장청 Regulation 제19조는 감독당국 간 이견이 있는 경우에 대해 다루고 있다.

유럽증권시장청 Regulation 제1조 제2항에 정한 증권 법률에 관하여, 한 감독당국이 (i) 다른 감독당국이 한 행위의 내용과 절차에 대해, (ii) 또는 다른 감독당국이 어떠한 행동도 취하지 않는 점에 관하여 이견이 있는 경우, 유럽증권시장청은 시한을 정하여 이들 감독당국이 이견에 관하여 상호협의하도록 하여야 한다. 유럽증권시장청은 그 시한 내에 합의가 도출되지 않는 경우, 어떤 구체적인 행동을 하거나 하지 않도록 결정을 내려야 하는데, 위 결정은 당해 감독당국에 대하여 구속력이 있다(제2항, 제3항).

만약 당해 감독당국이 유럽증권시장청 결정을 따르지 않고 그에 따라 시장참여자의 EU법 위반상태가 지속되는 경우 유럽증권시장청은 그 시정을 위하여 관련된 사인(私人)을 대상으로 개별적 명령을 내릴 수 있다(제4항). 이 경우 유럽증권시장청의 결정은 당해 감독당국이 이전에 내린 어떠한 결정보다도 우선한다(제5항).

5. 공매도 및 신용부도스왑 Regulation 판결

가. 사건의 개요

Case C-270/12 UK v Parliament and Council 판결(공매도 및 신용부도스왑 Regulation 판결)에서는, 증권법 분야에 도입된 유럽증권시장청의 권한이 EU 조약 및 전체 EU 법체계에 위반되는지 여부가 쟁점이 되었다.

공매도 및 신용부도스왑 Regulation 제28조에 따르면, 유럽증권시장청은 유럽증권시장청 Regulation 제9조 제5항을 기초로 (a) 특정한 금융상품 또는 금융상품군의 순매도 포지션을 가진 사람에 대하여 당해 포지션 내용에 관한 감독당국 보고 혹은 일반에 대한 공개를 요구하거나, (b) 특정 금융상품의 공매도 또는 당해 금융상품 가격이 하락하는 경우 이득을 보는 다른 금융상품의 거래 금지를 명할 수 있다. 이러한 조치는 금융시장의 질서 있는 작동과 금융시장에 대한 신뢰, 금융시스템의 전체적 또는 부분적 안전성에 대한 위협을 해결할 수 있는 것으로서 회원국 감독기구가 그러한 위협에 대한 적절한 조치를 취하지 않는 경우 내려질 수 있다.

영국 정부는 유럽증권시장청에게 금융상품의 공매도를 금지할 수 있는 권한을 부여한 위 조항이 무효임을 주장하는 소송을 제기하였는데, 몇 가지 쟁점이 제기되었다.

나. 법원의 판단

(1) 쟁점①: 권한의 위임에 관한 메로니(Meroni) 원칙 위반 여부

메로니(Meroni) 사건[32]에서 EU 사법재판소는 두 가지 경우, 곧 (a) 위임을 하는 기관이 객관적 기준을 정하여 엄격하게 이를 심사할 수 있는 경우의 권한 위임과 (b) 위임받는 기관이 상당한 재량권을 행사하여 사실상 경제 정책의 실행까지도 가능하게 하는 위임을 구분한 후, 둘 중 전자만이 허용된다고 판시한 바 있다.

영국은, 유럽증권시장청이 공매도 및 신용부도스왑 Regulation 제28조가 정한 권한 발동 요건인 '위협'의 해석, 주어진 권한 범위 등에 있어 폭넓은 재량을 가지게 되므로, 위 조항이 메로니(Meroni) 원칙을 위반한 것임을 주장하였다.

그러나, 법원은 위 Regulation 제28조의 위임이 메로니(Meroni) 법리의 관점에서 허용된다고 판단하였다. 위 제28조는 유럽증권시장청에게 유럽증권시장청 Regulation이 정한 규제의 틀(framework)을 넘는 자율적 권한을 부여하지 않았기 때문이다. 위 제28조에서 부여한 권한의 행사는 다양한 절차적 조건 및 실체적 기준에 의해 제약을 받고 있어 메로니(Meroni) 원칙에 위반되지 않는다.

(2) 쟁점②: 일반적 효력을 가지는 법령의 위임 가능 여부

영국은, EU 기구(agency)에게 일반적 효력을 가지는 법령의 제정을 위임하는 것은 로마노(Romano) 판결[33]의 법리에 반하여 허용되지 않는다고 주장하였으나, EU 사법재판소는 이러한 주장도 배척하였다.

EU 사법재판소에 따르면, 로마노(Romano) 판결은 EU 기구가 제정한 규칙이 법원을 기속하지 않는다는 취지일 뿐이다. EU 사법재판소는 EU 기구가 일반적 효력을 가지는 규칙을 제정할 수 있는 근거로서, 유럽연합 운영조약 제263조[34] 및 제277조[35]를 들고 있다. 위 조항들은 집행위원회, 이사회, 유럽의회 외

---

32) Case 9-56 Meroni & Co., Industrie Metallurgiche, SpA v High Authority of the European Coal and Steel Community EU:C:1958:7, [1958] ECR 133.

33) Case 98/90 Romano ECLI:EU:C:1981:104, [1981] ECR 1241.

에 유럽연합의 다른 기구들(bodies, offices and agencies) 역시 일반적 효력을 가지는 법령을 채택할 수 있음을 명시적으로 전제하고 있기 때문이다.

(3) 쟁점③: 유럽연합 운영조약 제290조 및 제291조 위반 여부

유럽연합 운영조약 제290조 및 제291조가 행정입법 권한은 집행위원회에게만 위임되는 법률 체계를 상정한 것인지 만들려고 한 것인지 여부가 쟁점이 되었다.

EU 사법재판소는 위 제290조, 제291조가 집행위원회 외에 다른 유럽연합 기구들(Union bodies, offices or agencies)이 일반적 효력을 가지는 조치를 채택할 권한을 부정한 것은 아니라고 판단하였다.

EU 사법재판소는 이러한 해석의 근거로서, 위에서 언급한 유럽연합 운영조약 제263조, 제277조 외에도 특히 제114조를 중요한 전거로 제시하고 있다.[36)] 제114조는 단일시장 형성을 위해 요구되는 법령 통일 작업의 가장 적합한 수단에 관하여 EU 입법자들에게 재량권을 부여하고 있기 때문이다. 이러한 재량은 복잡하고 기술적인 영역에 관하여 더욱 크게 인정된다는 것이 법원의 입장이다. 즉, 유럽연합은 추구하는 법령 통합 작업의 실행을 위해 폭넓은 권한을 기구들에게 위임할 수 있다.

EU 사법재판소의 관점에서, 일반적 법률의 통일만으로는 단일시장을 확보하기에 충분하지 않다. 법률 통일을 위한 조치는 EU 입법기구들이 특정한 금융

---

34) 유럽연합 운영조약 제263조
유럽연합 법원은 권고 및 의견을 제외하고 상위 법률(legislative acts), 유럽연합의 각료이사회·집행위원회·중앙은행이 각기 제정한 법령(권고 및 의견을 제외한다), 유럽의회가 제정한 법령, 제3자에 대해 법률적 효과가 발생할 것을 의도한 유럽연합 정상회의 법령의 각 적법성을 심사하여야 한다. 유럽연합 법원은 제3자에 대해 법률적 효과가 발생할 것을 의도한 유럽연합 각 기구들(bodies, offices and agencies) 법령의 적법성 역시 심사하여야 한다. …

35) 유럽연합 운영조약 제277조
… 일반적 효력을 가진 유럽연합 각 기구들(institution, body, office or agency)의 법령이 쟁점이 되는 소송의 당사자는 제263조에 따른 근거를 기초로 당해 유럽연합 법원에 법령의 적용 여부에 관한 소송을 제기할 수 있다.

36) 재판연구관 JÄÄSKINEN AG는 이에 반대하였다. 위 재판연구관에 따르면, 제114조는 구체적, 세부적인 법령을 통일화하는 문제가 아니라 개별 회원국에게 맡겨진 감독 영역에 EU 기구가 개입할 수 있는 권한을 부여하는 근거이다. 위 재판연구관은 대신 어떤 상황에서 어떤 조치가 필요함에도 이를 규정한 적절한 권한이 없는 경우 이사회, 유럽연합의회의 합의에 의해 당해 조치를 취할 수 있도록 신축성을 부여한 유럽연합 운영조약 제352조가 적절한 근거가 될 수 있다고 한다.

상품 또는 금융상품군에 대하여 개별적 조치를 취하는 것 외에 필요하다면 일반적 조치 역시 포함하는 것으로 해석되어야 한다.

다. 검토

위 판결은 권한 배분에 관한 EU법의 확립된 법원칙 중 하나인 메로니(Meroni) 원칙, 로마노(Romano) 원칙을 축소하여 해석함으로써 이사회나 유럽의회가 아닌 다른 EU 기구가 입법에까지 나아갈 수 있는 길을 열어 주었다고 할 수 있다. 위 판결에 따르면, 법령상 EU 기구들의 재량이 제한되고 그 권한이 명확히 기술되어 있다면, 해당 기구들은 기술적 영역에 관하여 일반적으로 적용되는 규칙까지도 제정할 수 있다.

유럽 통합이 비교할 수 없을 정도로 진전된 상황에서 약 30년 전에 나온 선례의 기준을 엄격하게 적용하기는 어려운 것으로 보인다. 이 판결은 회원국별 감독의 원칙에 대한 예외로서 유럽증권시장청이 직접 개입하는 권한을 확대한 조치들을 사법적으로 뒷받침하는 의미가 있다. 다만, 쟁점이 된 공매도 및 신용부도스왑 Regulation 제28조가 EU 사법재판소가 설시한 것처럼 권한 발동의 요건, 대상 등을 세밀하게 규정하고 있는지는 의문이다.

Ⅱ. 회원국 차원의 증권감독기구

1. 회원국 감독체계 개관

위에서 살펴본 것처럼 유럽 차원의 상설 감독기구는 은행(EBA), 보험(EIOPA), 증권(ESMA) 영역별로 설립, 운영되고 있다. 반면 회원국 차원에서는 세 영역을 모두 관장하는 통합 감독기구가 설립되는 추세이다.

독일의 경우 은행, 증권, 보험 감독을 모두 단일감독기구 BaFin이 담당하고 있다. 상당수 회원국들 역시 종래의 부문별 감독시스템에서 통합 감독시스템으로 전환하는 추세이다. 2000년대 들어 오스트리아, 벨기에, 핀란드, 폴란드, 헝가리, 라트비아, 에스토니아, 몰타, 사이프러스에서도 통합 감독시스템이 도입되었다.[37] 이러한 추세는 은행, 증권, 보험을 모두 취급하는 대규모 금융회사가

37) Rudiger Veil, 각주 27, p. 141.

존재한다는 현실적 여건을 배경으로 한 것이다. 아래에서 설명하는 영국 FCA 역시 건전성 규제 기능을 행사하지 않는다는 점 외에 은행, 증권, 보험의 세 영역 모두를 관장한다는 점은 마찬가지이다.

다만, 스페인, 포르투갈, 그리스, 이탈리아, 슬로베니아, 리투아니아, 루마니아는 여전히 부문별 감독시스템을 유지하고 있다.

BaFin과 같은 일원화 체제의 장점으로는 감독자원을 집중시킴으로써 이를 효율적으로 배분하여 사용할 수 있다는 규모/범위의 경제, 감독의 시너지 효과를 들 수 있다. 또한, 새로운 금융상품이 계속 개발되는 현재 상황에서 규제의 공백 및 중복을 막을 수 있다는 장점도 들 수 있다.[38)]

그러나 단일 감독체제에서는 그만큼 권한 남용의 위험성이 커질 수 있다. 또한 부문별 감독체제에서는 기관들 간의 업무 중복보다는 기관들 간 경쟁이 발생하여 오히려 감독의 개선 효과를 기대할 수 있다는 주장도 제기된다.[39)]

2. 독일 연방금융서비스감독청(BaFin)

가. BaFin의 지위

독일 연방금융서비스감독청(Bundesanstalt für Finanzdienstleistungsaufsicht, BaFin)은 연방은행감독청(Bundesaufsichtsamt fur das Kreditwesen), 연방보험감독청(Bundesaufsichtsamt fur das Versicherungswesen), 연방증권감독청(Bundesaufsichtsamt den Wertpapierhandel)의 3개 기구를 통합하여 출범한 독일 연방 차원의 단일 금융 감독기구이다. 2002년 사민당, 녹색당 연립이 주도하는 연방의회가 단일의 금융감독기구를 설립하는 연방 감독기구 설립법(Finanzdienstleistungsaufsichtsgesetz, FinDAG)을 통과시킴에 따라 창설되었다(제1조).

이에 따라 BaFin은 연방 수준에서 독일연방은행(Deutsche Bundesbank), 재무성(Bundesministerium der Finanzen)과 함께 금융시장 전반을 감독할 권한을 부여

38) 특히 영국의 단일 감독 체제가 이른바 원칙 중심의 규제체계와 결합하여 규제비용을 낮추고 결과적으로 금융시장의 경쟁력을 높일 수 있었다는 견해도 있다. A. C. Pritchard, London as Delaware? (John M. Olin Center for Law & Economics, Working Paper No. 09-008, 2009), http://www.law.umich.edu/centersandprograms/lawandeconomics/abstracts/2009/documents/09-008pritchard.pdf), p. 23 참조.

39) Marvin Fechner & Travis Tipton, Securities Regulation in Germany and the U.S. (Comparative Corporate Governance and Financial Regulation Select Seminap Papers, Spring 2016), pp. 47~48.

받고 있다.[40] 이는 각종 파생상품 및 모기지 증권 등의 발전으로 은행과 증권의 경계가 허물어지는 시장 상황을 반영한 것으로 평가될 수 있다.[41]

BaFin은 감독 대상인 은행, 투자회사, 보험회사들이 지급하는 수수료로 운영자금을 조달한다(FinDAG 제14조 이하). BaFin은 재무성의 감독을 받는다(제2조).

나. 감독 및 법률 집행

독일 증권거래법(WpHG) 제6조는 BaFin의 권한을 정하고 있다. BaFin은 증권거래법, 증권거래법에 기초하여 채택된 명령, EU 제정법률(집행위원회의 위임입법 및 실행입법을 포함한다)의 금지사항 및 요구사항의 준수 여부를 감독한다(제2항).

BaFin은 질서 있는 금융상품 거래 수행 또는 투자서비스의 공급 등을 훼손하거나 금융시장에 심각한 불이익을 주는 바람직하지 않은 사태 전개에 대응할 책임이 있다. BaFin은 그러한 바람직하지 않은 사태 전개를 제거하거나 예방하기 위해 적절하고 필요한 명령을 내릴 수 있다(제1항).

BaFin은 증권거래법, EU 불공정거래행위 Regulation 등의 준수 여부를 감독하기 위하여 정보, 자료의 제출을 요구하거나 사람을 소환하여 질의할 수 있다(제3항)

BaFin은 형사범죄로 의심되는 사실이 확인되면 즉시 공소 제기 기관에 이를 통지하여야 한다(제11조).

BaFin은 금융산업 감독의 중요한 기구이지만 유일한 기구는 아니다. 즉, 연방은행(Bundesbank)은 은행 감독을 위한 현장 조사 권한을 가지고 있다(독일 은행법 제7조). 그 결과가 송부되면 BaFin은 조사를 계속 진행하거나 금융기관에 대한 제재 등의 조치를 취할 수 있다. BaFin은 별도로 현장조사를 시행할 수 있다. 이에 대해서는 권한의 중복에 대한 비판적 문제제기가 있다.[42]

---

40) Stefan Handke, A Problem of Chief and Indian - the Role of the supervisory authority BaFin and the ministry of finance in German financial maret policy, 31 Policy and Society, p. 238 (2012).

41) Rosa M. Lastra, The Governance Structure for Financial Regulation and Supervision in Europe, 10 Coliumbia Journal of European Law, p. 51 (2003).

42) Stefan Handke, 각주 40, p. 238.

다. 규칙 제정권

증권거래법은 감독기관인 BaFin에게 세부적인 규칙을 제정할 권한을 부여한 조항들을 포함하고 있다. 증권거래법은 재무성에게 세부적인 사항을 정하도록 하면서 그 권한을 BaFin에게 위임할 수 있다는 형식으로 정한 경우가 많다.

미국의 감독기구 SEC는 의회로부터 감독권한을 수여 받아야 하지만 의회가 제정한 법률의 해석 및 구체적 적용에 필요한 세부 규정의 제정에 관해서는 상대석으로 큰 폭의 재량을 행사할 수 있다. 아래에서 설명하는 영국 FCA는 금융서비스시장법이 허용하는 재랑을 행사하여 방대한 분량의 핸드북(handbook)을 제정하고 이를 금융산업에 적용하고 있다. 반면, BaFin의 경우 법률 및 재무부(Department of Treasury) 규정이 정한 위임에 보다 엄격하게 따라야 하고 법령 해석에 관해서도 재량의 폭은 비교적 적다.[43]

3. 프랑스 금융감독청(AMF)

글로벌 금융위기 이전 프랑스의 금융감독기관은 증권시장을 감독하는 Autorité des marchés financiers(AMF), 은행을 감독하는 Commission bancaire(CB), 대부기관 및 투자회사에 대한 인가권을 행사한 Comité des Etablissements de Crédit et des Entreprises d'Investissement(CECEI), 보험을 감독하는 Autorité de Contrôle des Assurances et des Mutuelles(ACAM), 보험회사에 대한 인가권을 행사하는 Comité des Enterprises d'Assurance(CEA)의 5개 기구로 나누어져 있었다.[44]

2010년 1월 Ordinance No. 2010-76에 의해 AMF를 제외한 나머지 4개 기구가 거시건전성감독청(Autorité de Contrôle Prudentiel, ACP)으로 통합되었다. 2013년 7월 Ordinance number 2013-672는 위 기구가 부실금융기관 정리에 관한 권한까지 맡도록 하면서 그 명칭을 ACPR(Autorité de contrôle prudentiel et de resolution)로 변경하였다. ACPR은 중앙은행(Banque de France)의 부속기관으로 중앙은행장이 의장을 맡는다.

프랑스의 현행 금융감독은 AMF와 ACPR로 이원화되어 AFM는 증권을, ACPR은 은행 및 보험을 감독하는 체제이다.

---

43) Marvin Fechner & Travis Tipton, 각주 39, p. 46.

44) Iris M. Barsan, French Authorities' Reactions in the Wake of the Crisis, 11 European Business Organization Law Review, p. 566 (2010).

Ⅲ. 영국의 증권감독기구(FCA)

1. 배경 및 연혁

1997년 노동당 정부는 자율규제기구(Self-Regulatory Organization)를 폐지하고 은행, 증권, 보험을 총괄하는 단일의 규제기구를 창설하는 정책을 추진하였다. 그 배경으로는 유동화 및 파생상품 거래 기법의 발전으로 은행과 증권의 경계가 불분명하게 된 점,[45] 대규모 연금 불완전판매 사태를 거치며 자율 규제기구를 통한 감독의 허점이 드러난 점을 들 수 있다.[46]

이에 따라 제정된 2000년 금융서비스시장법(Financial Services Markets Act, FSMA 2000)은 종래의 부문별 규제체계를 폐지하고 은행, 증권, 보험 영역에 대한 행위규제 및 건전성 규제를 모두 담당하는 단일 감독기구인 금융서비스청(Financial Services Authority, FSA)을 출범시켰다. 영란은행은 1998년 6월 은행감독 권한을, 런던 증권거래소는 2000년 5월 상장 감독 권한을 FSA에 넘겨 주게 되었다. FSA는 2005년 5월 보험감독 권한까지 확보하기에 이르렀다. FSA 외에 재무부는 전체 감독체계에 관한 최종적 책임을, 영란은행은 금융 부문의 안정성에 대한 책임을 부담하였다.[47]

글로벌 금융위기를 거치면서 그간의 금융감독이 개별 금융기관에 집중된 결과 시장 전체에 영향을 미치는 시스템 위험 및 혹은 시장 전체의 건전성 감독에 소홀하였다는 비판이 제기되었다.[48] 보수당, 자유민주당 연립정부 하에서 제정된 2012년 금융서비스법(FSMA 2012)은 기존의 일원화된 규제체계를 바꾸어 영업행위 규제와 건전성 규제를 분리하는 이른바 쌍봉모형(twin-peak model)을 도입하였다. FSA는 FCA(Financial Conduct Authority)와 PRA(Prudential Regulation Authority)의 2개 기관으로 분할되며, PRA는 영란은행 산하기관으로 안정적이고

---

45) Eilís Ferran, Dispute Resolution Mechanisms in the UK Financial Sector, https://papers.ssrn.com/sol3/papers.cfm?abstract_id=298176 (최종방문: 2020. 3. 8), p. 5.

46) McKinsey & Co., Sustaining New York's and the US' Global Financial Services Leadership (2007), http://www.nyc.gov/html/om/pdf/ny_report_final.pdf (최종방문: 2020. 8. 2), pp. 90~93.

47) Palmer's Company Law, para. 11. 03 (Sweet & Maxwell, 2019).

48) 보다 자세한 내용은 오성근, 영국의 금융감독체계의 개혁 및 입법적 시사점, 증권법 연구 제15권 제1호, 2014 참조.

건전한 금융시스템을 위해 시스템상 중요한 금융기관에 대한 건전성 감독을 하고, FCA는 재무성 산하 기관으로 기존 업무 중 위 PRA의 역할을 제외한 나머지, 곧 고객 보호, 금융기관 행위규제 및 시스템상 중요하지 않은 금융기관에 대한 미시 건전성 규제를 수행하고 있다.[49][50]

2. 규칙 제정권

가. 구체적 위임 없이 재량에 따라 포괄적인 규칙을 제정할 권한

FCA는 금융서비스시장법 제137조 이하 규정에 따라 금융감독 전반에 걸쳐 필요한 규칙을 제정할 권한을 가지고 있다. 이러한 권한에 따라 FCA는 핸드북(handbook)을 제정하였는데, 위 핸드북(handbook)은 ① 높은 차원의 기준(High Level Standards), ② 건전성 기준, ③ 금융기관의 행위기준, ④ 규제 프로세스, ⑤ 분쟁해결, ⑥ 특수 분야(증권거래소 등에 대한 규율), ⑦ 상장, 투자설명서 및 공시, ⑧ 핸드북(handbook) 가이드, ⑨ 규제 가이드, ⑩ 용어의 순서로 구성되어 있다.

대륙법계에 속하는 독일이 증권거래법(Wertpapierhandelsgesetz) 등 의회가 제정한 법률에서 실체법적 의무를 정하고 명확한 위임이 있는 경우에 BaFin이 그 범위 내에서 규칙을 제정하는 것과는 달리, 영국 금융서비스시장법 및 기타 법령은 금융기관 의무의 내용에 대한 규칙의 제정을 광범위하게 FCA에 위임하고 FCA가 폭넓은 재량을 행사하여 규칙을 제정하는 것으로 이해된다.[51]

감독기구가 사실상 폭넓은 입법권한을 행사하는 데 대해 의회의 통제는, 하원 의원으로 구성되는 재무부가 FCA 의장 및 이사회 구성원을 선임, 해임하고, 금융규제의 범위에 관한 규정(Order)을 제정하는 등의 간접적인 방식으로 이루어진다.[52] 이러한 영국 증권규제의 특징에 대해서는, 대륙과 비교하여 입법법과 행정권이 분리되어야 한다는 관념이 뚜렷하지 않다는 점에서 비롯된 것으로 이해하는 견해가 있다.[53]

---

49) 이후 PRA는 Bank of England and Financial Services Act 2016에 따라 영란은행의 자회사가 아니라 영란은행의 한 분과위원회 지위를 가지게 되었다.

50) 심규현, 변액보험의 소비자 보호 – 설명의무와 적합성의 원칙을 중심으로, 연세대학교 법학석사학위 논문, 2014년 6월, 42면.

51) Rüdiger Veil, Enforcement of Capital Markets Law in Europe – Observations from a Civil Law Country", 11(3) European Business Organization Law Review, pp. 412~413 (2010).

52) Palmer's Company Law, para. 11.010 (Sweet & Maxwell 2019).

53) Rüdiger Veil, 각주 51, p. 416 (2010).

나. 원칙 중심의 규제

금융서비스시장법은 급변하는 금융 상황에서 모든 것을 세부적으로 규율하는 조항들을 만드는 것은 불가능하다는 판단 하에 이른바 원칙 중심의 규제를 취하고 있다.[54] FCA가 제정하는 규칙 역시 일반적, 추사적 원칙을 중심으로 규정되어 있다.

FCA 핸드북이 정한 원칙으로서 (1) 성실성(integrity), (2) 전문성, 주의와 성실성(Skill, care diligence), (3) 책임성과 효과성을 갖춘 조직 구조, (4) 건전성 유지, (5) 시장 행위 기준의 준수, (6) 고객의 이익 보호, (7) 명확하고 공정하며 오도하지 않는(clear, fair and not misleading) 고객과의 의사소통, (8) 이해상충의 방지, (9) 고객을 위한 자문 및 재량적 의사결정에서 합리적 주의의무를 다할 것, (10) 고객 재산에 대한 적절한 보호, (11) 규제당국에 대한 협조 및 정보 제공이 정해져 있다.[55]

FCA 규칙은 상세한 규정을 제시하기보다는 금융기관들에게 위와 같은 원칙이 지향하는 상태를 달성할 의무를 부여하고 있다.

3. 증권 법률의 집행

FCA는 광범위한 행정조사권 및 행정처분 권한을 가지고 있다. FCA의 처분에 대해서는 Upper Tribunal에 불복을 제기할 수 있다(Tribunals, Courts and Enforcement Act 2007). Upper Tribunal 내의 Tax and Chancery Chamber가 FCA 및 PRA 결정에 대한 불복 사건을 전담하고 있다.[56]

FCA는 법률 집행에 관해서도 대륙의 감독기구에 비해 훨씬 큰 재량을 가지고 있다. 독일 BaFin의 경우 과징금과 같은 행정적 제재 외에 스스로 증권법과 관련한 민사상 분쟁을 제기할 권한이 없다. 그와 대조적으로 영국 FCA는 제3장에서 설명하는 것처럼 스스로 규칙을 제정하는 방식으로 금융기관들에게 민사상의 손해배상 또는 원상회복(restitution[57])을 명령할 수 있다.

---

54) McKinsey & Co., 각주 46, pp. 90~93.

55) 영국 FCA 핸드북(handbook) 중 'Principles for Businesses' 2.1.1.

56) Palmer's Company Law, para. 11.014 (Sweet & Maxwell 2019).

57) Restitution을 '원상회복'으로 번역하였으나, 영미법상의 restitution은 금융기관에게 부당한 이득이 있으면 금융소비자에게 손해가 없더라도 이득을 반환하도록 하는 제도라는 점에서 우리 법률상의 부당이득과는 구분된다는 점을 유의할 필요가 있다.

4. 기소권

FCA는 내부자거래, 시세조종 등 금융서비스시장법 및 증권과 관련 EU 규정(2021. 1. 1.부터 영국 국내법으로 그 법적 성격이 전환되었다[58]) 위반 행위에 대해 기소권을 가지고 있다.

FCA의 기소 권한은 판례에 의해 더욱 확대되는 모습을 보인다. 영국 대법원의 R v. Rollins [2010] UKSC 39 사건에서 FCA는 5건의 내부자거래 및 4건의 자금세탁방지법(Proceeds of Crime Act 2002, POCA) 위반 혐의로 Rollins를 기소하였다. 그 시점에서 FCA에게 자금세탁방지법 위반 행위에 대한 기소권한을 규정한 법률은 존재하지 않았다. 그러나 영국의 대법원은 FSA(FCA의 前身)의 기소 권한이 금융서비스시장법에서 구체적으로 정한 것에 국한되지 않음을 전제로 자금세탁방지법 위반 행위에 대한 FSA의 기소권한이 인정된다고 판시하였다.

그 근거로서 대법원은, 금융서비스시장법 제정을 통해 FSA는 광범위한 금융 범죄에 대해 기소 권한을 부여 받았고, 그에 관한 규정들은 당해 기소권한이 다른 기관이 아니라 FSA에게 있다는 점을 확인하는 것일 뿐 FSA의 권한을 특정한 금융 범죄로 한정하는 것이 아니므로, 만약 금융서비스시장법 제정 시점에서 자금세탁방지법이 제정되어 있었다면 입법자는 FSA에게 그에 관련한 기소 권한까지 부여하였을 것이라는 점을 들고 있다.

이에 대해서는 정부 기관이 자기 스스로의 판단에 따라 의회가 정한 범위를 벗어나 기소권한을 행사할 수 있는 길을 열어 주었다는 비판이 있다.[59]

---

58) 자세한 내용은 본서 제1편 제5장 참조.

59) G. Treverton-Jones, A. Foster & S. Hanif, Disciplinary and Regulatory Proceedings, p. 323 (LexixNexit, 9th edition, 2017).

제2장

공법적 규제 중심의 증권시장 규율

Ⅰ. 감독기관 규율 중심 체제로서의 유럽 각국 증권법

1. 미국과 유럽 각국의 비교

증권 법률을 집행하는 수단으로서의 공법적 규제는 주로 사전적 예방의 관점에 기초하고 있다. 반면 민사적인 구제는 일단 발생한 손해를 사후적으로 전보하는 절차이다. 민사적 구제와 공적 감독 기능은 서로를 보완, 대체하는 면이 있지만,[60] 어느 쪽이 주된 역할을 하는지는 미국과 유럽이 차이가 있다.

미국이 opt-out 방식의 집단소송이 활발하게 이루어지는 것과 달리 유럽 각국에서는 증권과 관련한 민사소송의 제기 건수나 비중이 크지 않으며 그에 대신하여 공법적 규제 및 감독기관의 권한에 보다 크게 의존하려는 경향이 나타난다.[61]

---

60) 미국의 경우 증권거래위원회(SEC)의 조사 결과가 집단소송을 촉진하는 측면이 있다고 한다. 2000년과 2001년의 증권법 위반 사례들을 조사한 결과, SEC 조사 후 집단소송이 제기된 경우 SEC 조사가 없었던 경우와 비교하여 통계적으로 유의한 수준에서 합의금액이 크고 합의에 이르는 기간이 짧은 것으로 확인되고 있다. James D. Cox et. al, SEC Enforcement Heuristics: An Empirical Inquiry, 53 Duke Law Journal, p. 777 (2003) 참조.

61) 다만, 미국이 민사소송의 규모뿐만 아니라 대체로 감독당국의 권한 행사에 있어서도 보

예컨대 독일 공시제도와 관련하여 민사소송을 제기할 수 있는 청구원인은 발행공시, 수시공시로 제한되고 그보다 빈번하게 이루어지는 유통공시(정기공시)에 대해서는 손해배상청구를 규정한 법률 조항이 없다. 또한, 독일 연방대법원은 신뢰(거래인과관계) 요건에 관하여 시장사기이론에 따른 추정의 법리 등은 허용되지 않는다는 취지를 거듭 판시하였다.[62)]

영국의 경우에도 공시제도와 관련하여 금융서비스시장법(FSMA)이 정한 손해배상청구의 구성요건이 매우 엄격하여 회계부정의 피해자들이 승소한 사례는 발견되지 않는다. 이는 미국에서 증권거래위원회 규칙(SEC Rule) 10b-5에 기초한 집단소송이 활발하게 이루어지는 것과는 대별된다.

2. 공법적 규제에 의존하는 이유

유럽 각국에서는 공적인 감독이 보다 주도적인 역할을 하는 것으로 이해된다.[63)] 이는 유럽의 법적 전통이 미국의 집단소송과 같은 제도에 대한 뿌리 깊은 불신을 가지고 있다는 점에서 연유하는 것으로 보인다.[64)] 유럽의 법학자들은 소송은 개인 간의 문제이고 구체적인 사정에 따라 결정되어야 하는 것이어서 이를 금융규제의 수단으로 활용하기는 적절치 않다는 다소 이론적인 설명을 내어 놓고 있다. 즉, 사후적인 소송 발생의 위협이 사전에 위법행위를 억제하는 일종의 인센티브로 작용한다는 법경제학의 사고에 대해 전반적으로 회의적인 시각이 강한 것으로 보인다.[65)]

또한, 근본적으로 유럽 법학계와 실무계에서는 미국의 집단소송 제도가 남용의 위험이 큰 것으로 보는 비판적 인식이 강하다.[66)]

다 강력하다는 점은 유의할 필요가 있다. 예컨대, 개별 증권시장의 규모를 감안한 감독기관의 규제 비용은 미국이 독일에 비해 52% 큰 것으로 조사되고 있다. Marvin Fechner & Travis Tipton, 각주 39, p. 49.

62) 본서 제4편 제3장 참조.

63) Benedict Heil & Benjamin Lee, The Role of Private Litigation (University of Pennsylvania Law School Penn Law: Legal Scholarship Repository: Select Seminar Papers, Spring 2016), p. 3.

64) Eberhard Feess & Axel Halfmeier, The German Capital Markets Model Case Act (KapMuG): a European role model for increasing the efficiency of capital markets? Analysis and suggestions for reform, 20(4) The European Journal of Finance, p. 361 (2012).

65) 위의 논문, p. 367.

66) Christopher Hodges, Current discussions on consumer redress: collective redress and

3. 집단적 구제절차의 경우

집단적 구제절차를 도입하는 경우에도 주로 opt-in 방식을 선호하는 이유가 여기에 있다.[67] 유럽 각국이 2002년대 이후 집단소송을 도입하고 있으나, 남소의 위험을 우려하여 매우 조심스러운 방식으로 제도가 설계되고 있다.

심지어 영국의 금융서비스시장법(Financial Services Markets Act, FSMA)은 민사적 손해 구제 역시 감독당국에 의존하도록 하고 있다.[68] 아래에서 살펴보는 것처럼, 영국의 집단적 구제절차는 민사소송(집단소송)이 아닌 감독기관(FCA)의 개입에 의존하여 이루어진다. FCA에 의한 집단적 분쟁해결이 시도된 지급보증보험(Payment Protection Insurance) 사건에서 하급심 법원(England and Wales High Court)은 민사소송에 관한 금융서비스시장법 138D조[69]는 규정(rule) 위반 행위에 대해서만 손해배상을 청구할 수 있도록 규정하고 있지만, FCA가 개입하는 집단적 분쟁 해결 절차(제404조에 따른 consumer redress scheme)에서는 원칙(Principle) 위반까지도 이를 손해배상의 대상으로 삼을 수 있다는 취지로 판시하였다.[70] 법원이 당사자가 제기하는 소송보다는 감독기구에 의한 구제를 보다 더 용이하게 하는 해석론을 제시한 것이다.

민사소송을 주된 금융규제 수단으로 삼지 않는 태도는 기업지배구조에서 비롯되었다는 의견도 있다. 영국을 제외하고 유럽 대륙은 대체로 주식 소유 구조가 지배주주에게 집중되어 있고, 이 점이 미국의 주식 시장과 대별된다.[71] 지배주주는 민사소송, 특히 집단소송에 대한 강력한 정치적 반대세력으로 나타난 탓에[72] 유럽 내에서 민사소송이 활성화될 수 없었다고 한다.[73]

ADR, 13 ERA Forum, p. 12 (2012).

67) Eberhard Feess & Axel Halfmeier, 각주 64, p. 368 (2012).

68) 보다 상세한 내용은 아래 제9편 제3장 참조.

69) 금융서비스시장법 제138D조에 대해서는 제3편 제4장 중 영국의 투자자 보호 관련 법률 부분 참조.

70) British Bankers Association v. Financial Services Authority & Financial Ombudsman Service [2011] EWHC 999 (Admin) 1.

71) 2008년 기준 전체 가계에서 주식을 보유한 가계의 비중은, 미국의 경우 약 50%, 독일의 경우 약 7%로 현격한 차이를 보이고 있다. Benedict Heil & Benjamin Lee, 각주 63, p. 41 참조.

72) Benedict Heil & Benjamin Lee, 각주 63, p. 41; Astrid Stadler, A test case in Germany: 16000 private investors vs. Deutsche Telekom, 10 ERA Forum, p. 46 (2009).

Ⅱ. 민사책임 제도 통합에 대한 EU 법제의 소극적 태도

1. 민사책임 제도에 관한 EU 증권 법률의 소극적 태도

다른 한편으로, 유럽연합법은 EU 차원의 입법과정에서 사적 소송에 대해 침묵하는 태도를 보이고 있다.

EU 차원에서 민사소송을 통한 피해 구제에 관한 논의는 주로 경쟁법 분야에 집중되어 있다. 경쟁법 분야에서는 손헤배상과 관련된 여러 쟁점들에 대해 EU 차원의 단일한 법원칙을 정하고 있다.[74] 그와 대조적으로, 증권법 영역의 경우, EU법은 감독당국의 권한에 관하여 상세히 규정함으로써 공법적 규제에 관해서는 회원국들 간 법령의 통일을 기하고 있는 반면, 민사상의 손해배상제도 도입과 관련한 내용이 불명확하다.

예를 들어 유통공시 Directive, 불공정거래 Regulation은 회원국들에게 손해배상책임 제도를 도입할 것을 요구하고 있으나, 그 구체적인 내용은 특별히 규정하지 않은 채 이를 각 회원국 법률의 재량에 맡기고 있다. MiFID는 적합성 원칙에 관해 정하면서도 이를 위반한 경우의 민사상 책임에 대해서는 별다른 규정이 없다. 증권법과 관련한 Directive들이 법규 위반 행위에 대해 행정상의 각종 제재 도입은 의무화하면서 민사상의 책임에 대해 소극적 태도를 보임으로써 결과적으로 행정제재 중심의 규율 체제가 강화되는 면이 있다.[75]

---

73) 그러나 이러한 주장은 뚜렷한 지배주주가 없고 지분의 소유가 분산된 영국에서도 증권피해를 구제하는 수단으로 민사소송의 제기가 빈번하게 활용되지 않는다는 점을 설명하지 못하고 있다.

74) 경쟁법 분야에서는 Directive 2014/104/EU가 담합 행위에 따른 손해배상청구 등에 관해 개별 회원국 법률이 규정할 사항들을 제시하고 있다. 여기에서는 가령 담합 행위에 따른 손해가 피고가 아니라 피고 다음 단계의 소비자에게 전가되었다는 이른바 '손해전가의 항변'을 어떻게 다룰 것인지와 같은 상세한 문제까지도 규정되어 있다. Paolo Giudici, Private Law Enforcement in a Formalist Legal Environment: the Italian Sanfondiaria case (ECGI Working Paper No. 094/208, 2008. 2), p. 2 참조.

75) Takis Tridmas, EU Financial Regulation: Federalization, Crisis Management, and Law Reform in The Evolution of EU Law, p. 800 (Paul Craig & Grainne De Burca, Oxford University Press, 2011).

2. 법령 통합에 소극적인 태도를 취하는 이유

증권법제와 관련한 민사상의 책임이 통일된다면, 회원국들의 국경을 넘어 제공되는 금융서비스 및 투자 활동에 대해 보다 높은 수준의 법적 안정성을 제공할 수 있을 뿐만 아니라 규제차익을 노리는 행위 역시 보다 효과적으로 차단할 수 있을 것이다.

그럼에도 EU 증권법이 민사상 구제제도의 통합에 대해 느슨한 태도를 유지하고 있는데, 이는 유럽 내 법률 실무 및 학계의 분위기, 나아가 유럽연합 스스로도 증권법 위반 행위에 대해 민사상의 구제보다는 공법적 규율 체제를 선호하는 점을 반영한 측면이 있다.[76)]

보다 현실적인 이유도 있다고 생각된다. 행정적 제재의 경우 유럽 사법재판소(European Court of Justice) 및 유럽인권법원(European Court of Human Rights)에 의해 확립된 기본권 보호의 원칙이 회원국들에게 공통의 법률적 기반을 제공해 주고 있는 반면, 민사상 구제의 경우 각 회원국 법률의 차이가 크다는 점을 무시할 수 없기 때문이다.[77)] 회원국들 간에는 법률 문화, 법원의 사건 처리 관행, 옴부즈만 및 여타 대체적 분쟁해결(ADR) 시스템의 존재 여부 등은 물론이고 실체법적 관점에서 법률이 허용하는 청구원인 역시 상당한 차이가 있다.[78)]

예를 들어, 브렉시트 이전 EU 증권 규제의 중요한 부분을 담당하였던 영국의 경우 신인의무 및 그에 따른 원상회복(restitution) 법리가 민사상 구제제도의 근간을 이루고 있다. 반면 유럽 대륙의 법제에서는 그러한 개념이 크게 활용되지 않는 것으로 보인다. 예컨대 프랑스 민법에서는 조세 회피 수단으로 활용될 수 있다는 우려 때문에 영미의 신탁 제도 도입 자체가 지체되었고, 2007년 개정 민법에서 신탁 제도가 도입되었음에도 수탁자의 충실 의무에 관한 내용은 규정되지 않았다.[79)] 영국의 신탁 법리에 따른다면, 금융기관은 충실 의무를 위반한 경우 금융 소비자의 손해가 없더라도 자신의 이익을 반환할 의무를 부담하게 될 것이지만,[80)] 유럽

76) Takis Tridmas, 위의 논문, p. 800.
77) Takis Tridmas, 위의 논문, p. 800.
78) N. Moloney, 각주 3, p. 968.
79) 김정연, 자본시장에서의 이익충돌에 관한 연구, 서울대학교 법학전문박사 학위논문, 2016년, 40~41면.
80) 김정연, 위의 논문, 70~71면.

대륙 각국에서 그와 유사한 법리를 발견하기는 어렵다.

민사소송 제도, 관할 및 적용 법률의 선택에서도 통일된 기준을 찾기가 쉽지 않다.[81] 이러한 점들이 민사상 손해배상에 관한 법률 통합 시도를 어렵게 한 것으로 보인다.

Ⅲ. 공법적 규제 중심의 금융규제에 대한 평가

1. 찬성론

행정적 제재 중심의 규율은 나름의 장점을 가지고 있다. 감독기구 중심의 금융규제에 대해서는 금융규제의 사회적 비용과 편익을 고려하여 사회적으로 바람직한 규제 수준을 결정할 수 있다는 이론적 설명이 제시된다.[82]

다른 한편으로, 사적 구제는 실제로는 위법행위를 저지른 개인들(경영진 등)의 책임을 증권 발행 회사 등이 부담하게 하고, 결과적으로 배상 시점의 주주가 가진 부를 과거 주주였던 원고에게 이전하는 효과가 있으므로[83] 단기 보유 주주에게 유리하다는 분석도 제기된다.[84][85] 이처럼 사실상 위법행위자에 대한 제재는 기대하기 어렵고 주주들 간에 부를 이전하는 효과가 크기 때문에 실제로는 위법행위를 억제하는 효과가 제한적이라는 평가 역시 나오고 있다.[86]

또한, 민사소송의 내용 및 행태에 따라 이를 제기하는 원고들이 추구하는 이익이 반드시 공공의 이익에 부합하지 않을 수도 있다는 분석이 있다.[87]

---

81) N. Moloney, 각주 3, pp. 968~969.

82) 민사소송이 활성화되고 배상금액이 과다하다면, 증권 발행자나 금융기관은 주의의 수준을 높이는 데 따른 비용이 그에 따른 편익을 초과하는 수준까지 자신의 주의의무 수준을 높이게 될 것이고, 이는 법경제학적 관점에서 바람직하지 못하다는 것이다. 감독기관은 행위자의 주의의무가 사회적 최적 수준에서 결정될 수 있도록 규제의 수준을 결정할 수 있다고 한다. 또한 감독 및 규제 기관은 위법행위의 조사에 충분한 역량을 동원할 수 있고, 전문성을 갖추고 있으므로, 규모의 경제 및 범위의 경제를 기대할 수 있다고 한다. Benedict Heil & Benjamin Lee, 각주 63, p. 39 참조.

83) AC Pritchard, Should Congress Repeal Securities Class Action Reform? (No. 471 Policy Analysis 2003. 2. 27), http://www.cato.org/pubs/pas/pa471.pdf, p. 4.

84) Benedict Heil & Benjamin Lee, 각주 63, p. 39.

85) Marvin Fechner & Travis Tipton, 각주 39, pp. 52~53.

86) JC Coffee, Reforming the Securities Class Action: An Essay on Deterrence and its Implementation, 106 Columbia Law Review, p. 1546.

87) Eilís Ferran, Are US-Style Investor Suits Coming to the UK?, 9(2) Journal of Corporate

특히 과도한 집단소송 제기[88]가 미국 증권시장의 경쟁력을 약화시키는 요인이 되었다는 비판도 제기된다.[89][90] 증권 소송이 많은 경우 소송을 당한 피고 회사들에게 번거롭고 부담스러울 뿐만 아니라(미국 연방대법원은 이를 'vexatiousness'라고 표현한 바 있다) 미국 증권시장의 경쟁력을 약화시킨다는 비판 때문에, 의회는 부작용을 줄이기 위한 입법을 시도해 왔다. 1995년 제정된 미국의 사적 증권소송 개혁법(Private Securities Litigation Reform Act)은 대표당사자에게 청구원인을 특정할 것을 요구하고 손해인과관계의 요건을 추가하였고,[91] 1998년 증권소송단일기준법(Securities Litigation Uniform Standards Act in 1998)을 통해 부실공시 등과 관련한 집단소송을 모두 연방법원에서 제기하도록 규정하였다. Adelphi, Arthur Anderson, WordCom과 같이 집단소송으로 파산, 청산에 이르게 된 회사들이 나오면서 미국의 법률 체계가 징벌적이라는 인식은 더욱 확산되었다.[92]

2. 반대론

사적 구제절차의 장점을 강조하는 견해들도 있다. 공적 감독이 금융규제에 따른 사회적 편익과 비용의 균형을 달성할 수 있다는 법경제학적 설명에 대해

Law Studies, p. 316 (2015).

88) 미국의 1933년 증권법과 1934년 증권거래법의 조문들은 사인이 소송을 제기할 권한을 명시적으로 규정하고 있지 않고, 이는 곧 위 법률들이 SEC에 의한 공적 집행을 염두에 두고 있었다는 것으로 이해할 수 있다. 그러나 법원이 증권거래법 § 10(b) 및 SEC Rule 10(b)-5 위반 행위에 대해 사적 소권을 인정하면서 광범위한 민사소송의 기회가 확보되었다. Marvin Fechner & Travis Tipton, 각주 39, pp. 32~33 참조.

89) 그 밖에 내부통제제도의 설계, 실행 및 그에 대한 외부감사인의 인증을 요구하는 Sarbanes Oxley Act가 미국 증권시장의 신규 상장을 주저하게 만드는 요인이 되었다는 견해도 있다. A. C. Pritchard, 각주 38, p. 20; McKinsey & Co., 각주 46, pp. 1~2.
또한 미국만이 US GAAP을 사용하는 점, 규정 중심의 규제 체계(Rule-based regulation), 연방과 주 정부차원에서 소송이 제기되는 복잡한 법률체계에서 문제를 찾기도 한다. 위 A. C. Pritchard, 각주 38, p. 21 참고.

90) McKinsey & Co., 각주 46, p. 73.

91) 위 법은 원고들이 무모한 소송을 방지하고자 하는 입법목적을 가지고 제정되어 SEC Rule 10b-5의 적용 범위를 축소하였다. Eilís Ferran, 각주 87, pp. 339~340 참조. PLRSA가 남소를 방지하기에는 한계가 있다는 주장도 있다. 무익한 주장을 한다고 해서 제재가 있는 것은 아니기 때문이다. 원고 소송대리인 입장에서는 여러 가지 주장을 일단 제출하는 것이 합리적이다. McKinsey & Co., 각주 46, p. 2 참조.

92) McKinsey & Co., 각주 46, p. 76.

서는, 투자자들이 입은 손해 외에 사기 등과 같은 위법행위가 증권시장에 미치는 심리적 효과까지 정확히 계량하여 규제당국이 이를 반영한다는 것은 불가능하다고 한다.[93)]

다른 한편으로, 공적 집행을 담당하는 개인들에 대해서도 일종의 대리인 비용이 발생할 가능성이 높고 감독을 수행하기 위해 필요한 충분한 역량 역시 확보될 것을 장담하기 어렵다는 비판 역시 있다.[94)]

집단소송이 피해자 구제 외에 규제당국의 정책 목표에도 영향을 미치는 긍정적인 외부 효과를 가지는 측면도 있다. 투자자 보호와 관련하여 법원이 소송에서 제시하는 기준이 감독당국의 규제에 영향을 미친다는 것이다. 즉, 집단소송은 위법적 행위의 범위를 확인하고 투자자 보호와 관련한 새로운 법적 기준을 제시함으로써 규제에서 혁신을 가져올 수 있다고 한다. 집단소송 제도 하에서는 주로 대표당사자를 대리하는 전문 로펌들이 활동하는데, 이러한 로펌들은 강력한 사적 이익 추구 동기에서 소송을 수행하지만, 결과적으로 그들의 주장과 논리가 금융규제의 혁신을 가져올 수 있다고 한다.[95)]

미국에서 집단소송에 따른 손해배상책임의 위험은 자본조달 비용을 높였을 뿐만 아니라 외국 기업들의 미국 증권시장 진입을 억제하는 효과를 가진 것으로 평가된다.[96)] 그러나 이는 거꾸로, 가장 우수한 기업지배구조를 갖춘 좋은 회사들만이 미국 증권시장에 상장되었다는 것을 의미한다.[97)] 이러한 입장에 따르면, 집단소송은 미국 증권시장의 경쟁력을 오히려 강화하는 효과가 있다.

3. 실증적 연구

금융규제 수단으로서 어느 쪽이 우월한지에 관한 실증적 연구를 살펴보면 그 결과는 일관되지 않다.

공적인 규제 체계를 옹호하는 입장으로서, Howell Jackson과 Mark Roe 교수는, 증권 감독당국의 인적 수준 및 예산을 계량화한 후 이러한 변수와 증권

93) Marvin Fechner & Travis Tipton, 각주 39, pp. 53~54.
94) Marvin Fechner & Travis Tipton, 위의 논문, pp. 53~54
95) Lucia Dalla Pellegrina & Margherita Saraceno, Securities Class Actions: A Helping Hand for Bank Regulators, 7(1) Review of Law and Economics, p. 223 (2011).
96) A. C. Pritchard, 각주 38, p. 18.
97) A. C. Pritchard, 위의 논문, p. 19.

시장 발전 정도 간의 관계를 분석한 후 공적 금융규제의 수준이 자본시장 발전에 중요한 결정 요인이 된다는 결론을 내어 놓았다.[98]

Coffee 교수는 규제의 투입 측면 외에 산출 측면, 즉 벌금을 부과한 건수 등의 변수를 함께 고려하여 분석한 후 동일한 결론을 내렸다. 특히 이 연구에서 Coffee 교수는 미국에서 민사소송의 위법행위 억제 효과(deterrence effect)는 매우 제한적이므로 공적인 감독에 보다 많이 의존할 필요가 있다는 주장을 제기하였다.[99]

John Armour 교수 역시 영국 기업법제 및 기관투자자들의 행태를 분석하면서 감독기구인 FSA, Takeover Panel 등에 의한 공적 감독이 보다 중요한 금융규제 수단이 된다고 주장하였다.[100]

반면 Rafael La Porta, Florencio Lopez-de-Silanes, Andrei Shleifer 3인의 교수들('LL&S')은 IPO에 관한 49개국의 규제제도를 조사한 후 그러한 제도가 증권시장 발전에 미치는 영향을 분석하였다. 이를 통해 LL&S는 증권시장의 발전에 가장 중요한 요소는 많은 정보의 공개를 요구하는 확장적인 공시제도와 함께 사적 구제를 활성화시킬 수 있는 손해배상제도라는 결론을 내렸다. 또한 LL&S는 공적 증권감독이 증권시장의 발전과는 별다른 관련이 없다는 통계를 제시하였다.[101]

또한, Jared Jennings 등에 따르면, 집단소송을 당한 기업과 미국 증권거래위원회(SEC)로부터 공적 제재를 당한 기업을 비교한 결과, 전자가 발생주의 회계와 관련하여 재량적으로 처리할 수 있는 이익 규모를 보다 큰 폭으로 줄이는 것으로 확인된다. 이러한 결과는 산업을 바꾸어도 그대로 유지된다고 한다.[102]

---

98) Howell E. Jackson & Mark J. Roe, Public and Private Enforcement of Securities Laws: Resource-based Evidence (Harvard University Law School Public Law & Legal Theory Research Paper Series No. 0-28, April 2009), https://papers.ssrn.com/sol3/papers.cfm?abstract_id=1000086 (최종방문: 2021. 1. 2), pp. 13~14.

99) Coffee Jr, Law and the Market: The Impact of Enforcement, 156 University of Pennsylvania Law Review, p. 304 (2007).

100) J. Armour, Enforcement Strategies in UK Corporate Governance: A Roadmap and Empirical Assessment (2008), http://ssrn.com/abstract=1133542, pp 21~22.

101) R. La Porta et al., What Works in Securities Laws?, 61 Journal of Finance, p. 20 (2006).

102) Jared Jennings et al., The Deterrent Effects of SEC Enforcement and Class Action Litigation (December 2011), https://papers.ssrn.com/sol3/papers.cfm?abstract_id=1868578m, p. 32.

Lucia Dalla Pellegrina 등의 분석은 2000년부터 2008년까지 기간 중 집단소송을 당한 적이 있는 은행은 그렇지 않은 은행에 비해 대손충당금을 보다 많이 적립하고 자산 규모를 줄이는 한편으로 비용 절감을 통해 수익성을 높이는 경향이 있다고 한다.[103)]

103) Lucia Dalla Pellegrina & Margherita Saraceno, 각주 95, p. 240.

제3장

유럽 각국의 집단적 피해 구제절차

Ⅰ. 서설

1. 유럽 각국의 집단소송 제도의 도입 및 활용

증권 규제와 관련된 Regulation과 Directive는 행정기관의 사전적 감독 및 사후적 제재에 초점을 맞추고 있고 민사소송에 대해서는 아예 언급하지 않거나 원칙적인 선언에 그치는 경우가 대부분이다. 개별 국가들의 입법 역시 민사소송보다는 감독기관의 개입을 중심으로 증권시장을 규율하려는 태도가 드러난다. 그간 유럽 각국에서 증권 규제의 수단으로서 집단소송 역시 별다른 관심의 대상이 되지 못하였다.

그러나 유럽 각국에서도 2000년대 들어 위법행위를 효과적으로 억제하기 위해 집단적 분쟁해결 절차가 필요하다는 인식이 확산되면서 각 회원국들이 집단소송을 도입하기 시작하였다. 이는 미국에서 증권과 관련한 집단소송이 광범위하게 제기되는 것에 영향을 받은 것으로 보인다. 2008년까지 유럽연합 회원국들 총 27개국 중 13개국이 집단소송 등을 도입한 것으로 확인된다.[104] 다만,

104) Christopher Hodges, Collective Redress: A Breakthrough or a Damp Sqibb?, 37(1) Journal

미국과 비교하여 집단소송이 충분히 활용되지는 않는 것으로 보인다.

통계를 보면 미국의 경우 2004년 기준 한 해 동안 제기된 opt-out 집단소송은 총 5,179건이고 이 중 증권과 관련된 소송은 2,480건으로 그 비중은 47.9%에 이르고 있다.[105] 그 가운데 상당 부분이 화해로 종결된 것으로 파악된다.[106] 증권과 관련한 opt-out 집단소송 중 화해로 종결되는 사건의 건수는 1997년 이후 지속적으로 증가하는 추세에 있다.[107] 반면 영국의 경우 집단소송 제도 자체가 없다. 독일은 2005년 모델소송제도 도입 이후 민사소송 건수는 증가하는 추세이지만, 증권과 관련된 민사소송 건수는 2001년부터 2013년까지 기간 중 총 111건으로서 미국에서 증권사기를 원인으로 제기된 집단소송의 연평균 건수에도 미치지 못한다.[108]

2. 집단소송 입법에 관한 기본적 태도

유럽 각국의 집단소송 제도 도입은 미국의 opt-out 집단소송 제도에 영향을 받은 것으로 보이지만, 유럽연합은 그에 대한 뿌리 깊은 거부감을 가지고 있고, 실제로 각 회원국들의 입법은 미국 제도와는 크게 다르다.

유럽연합 집행위원회의 의견서는 이 점에 관해 다음과 같이 언급하고 있다:

"EU의 법적 체계는 징벌적 손해배상, 승소금에 비례하는 성공보수 약정(contingent fee), 재판 전 디스커버리 제도 등과 같은 요소들이 혼합된 毒酒(toxic cocktail), 곧 미국식 체제와는 크게 다르다. 이러한 독주가 유럽에 도입되어서는 안 된다. 소송비용의 패소자 부담 원칙(loser pays principle), 무모하고 실익 없는 소송을 배제할 수 있는 재판부의 권한, 소비자를 위해 소송을 수행할 권한을 부여받은 인증된 기관 등과 같은 다른 효과적인 안전장치들이 유럽 내의 집단적 분쟁 해결 절차 내에 확립되어야 한다. 의견서(Green Paper)의 모든 선택지들은, 특히 그 안에서 윤곽이 제시된 실현 가능한 EU의 집단적 절차는 EU의 법적 전통을 반영하고 있다. 집행위원회는 규칙에 의해 행동하는 기업들이 그들의 경쟁 우위를 실현하는 경쟁적 문화를 선호하는 것이지 분쟁의 문화를 추구하는

---

of Consumer Policy, p. 69 (2014).

105) Committee on Capital Market Regulation, Interim Report (2006), p. 74.

106) 위 보고서, p. 75.

107) 위 보고서, p. 75.

108) Benedict Heil & Benjamin Lee, 각주 63, p. 33.

것이 아니다."[109]

"집행위원회에 있어 사법적 해결을 위한 조치들은 모두 사법적 정의를 실현하는 효과적인 통로를 제공하는 한편으로 적절하고 효과적이며 유럽의 성장을 뒷받침하는 균형 잡힌 해결책을 제시하여야 한다. 따라서, 그러한 조치들이 무모한 소송을 조장하거나 소송의 결과와 무관하게 피고들에게 해로운 효과를 주는 것이어서는 곤란하다. 그러한 부정적 영향의 실례는 특히 미국의 '집단소송'에서 찾아볼 수 있다. 집단적 분쟁해결에 대한 유럽의 접근은 부정적 효과를 방지하고 그에 대한 적절한 안전장치를 강구하는 적절한 것이어야 한다."[110]

유럽의 법학 문헌들도 대체로 미국식 집단소송에 대해서는 비판적 태도인 것으로 보인다. 미국에서 소송비용의 각자 부담 원칙, 디스커버리 제도 등으로 인한 막대한 소송비용으로 인해, 피고는 소송이 일단 제기되면 화해를 통해서라도 사건을 조기에 종결하려고 시도할 가능성이 높고,[111] 이러한 점이 원고로 하여금 다소 무모하더라도 소송을 제기할 유인으로 작용한다. 착수금 없이 집단소송 인가 후 합의 등을 통해 받는 금액의 20% 내지 30%를 변호사 보수로 지급하는 관행[112] 역시 원고들 및 로펌 모두에게 청구의 근거가 부족하더라도 일단 집단소송을 인가받고 합의를 시도하는 경향[113]을 유도하는데, 그것이 정의 관념에도 반할 뿐만 아니라 기업 경영에 부담으로 작용할 수 있다고 한다.[114]

3. 유럽 각국 집단적 피해구조 절차의 특징

미국식 증권 집단 소송에 대한 비판적 문제의식은 실제로 유럽연합 입법에 반영되고 있다. 소비자 이익의 보호를 위한 조치(증권법 영역에 관한 청구원인을 포함하고 있지 않다)에 관한 유럽연합의 2009년 Directive[115]는 회원국들에게 집

---

109) European Commission DG SANCO, MEMO/08/741, p. 4.

110) Commission Communication Action Plan Implementing the Stockholm Programme, COM (2010) 171, 20.4.2010; The Stockholm Programme – an open and secure Europe serving and protecting citizens, adopted by the European Council on 9.12.2009, para. 1.1

111) Benedict Heil & Benjamin Lee, 각주 63, p. 35.

112) Benedict Heil & Benjamin Lee, 위의 논문, p. 35.

113) Benedict Heil & Benjamin Lee, 위의 논문, p. 35.

114) Benedict Heil & Benjamin Lee, 위의 논문, p. 10.

115) Directive 2009/22/EC of the European Parliament and of the Council of 23 April 2009 on injunctions for the protection of consumers' interests.

단적 분쟁해결절차를 도입할 것을 요구하고 있다. 그런데, 위 Directive는 피해자가 아니라 소비자단체, 정부기구 또는 독립적인 공공단체 등에 소송 제기 권한이 부여되어야 한다고 규정하였다(제3조).

회원국들별로 도입된 증권법 위반 관련 집단소송 역시 입법 태도가 그와 다르지 않다. 우선, 유럽 각국의 집단소송은 opt-in 모형을 기본으로 한다.[116] 유럽 국가들은 opt-out 모형이 기본권에 속하는 법적 권리(재판을 받을 권리)에 대한 자기결정권을 침해하는 측면이 있기 때문에 이에 대해 태생적인(inherent) 거부감을 가지고 있다고 한다.[117]

또한, opt-out 모형을 채택한 경우 남소와 같은 부작용을 방지하기 위한 조치를 채택하고 있다.[118] 예를 들어, 공적인 조사가 완료되기 전에는 소송이 시작되어서는 안 된다는 원칙과 같은 것이 그것이다.[119]

많은 경우 증권 사기 등의 피해자 자신이 아니라 정부 기구, 공적 단체가 소송을 제기할 수 있도록 규정한 점도 발견된다. 증권법의 집행을 공법적 규제 및 감독기구에 의존하는 태도가 반영되었다고 할 수 있다. 같은 맥락에서 영국은 집단소송에 관한 입법 없이 금융감독기구 FCA가 주도하여 민사적 구제까지 해결하는 제도를 마련하고 있다.

Ⅱ. Opt-out 모형: 네덜란드, 포르투갈, 덴마크

1. 네덜란드

집단소송에 관한 제도라고 할 수는 없지만, 네덜란드에서는 '집단적 손해에 관한 집단적 합의에 관한 2005년 법률'(Wet Collectieve Afwikkeling Massaschade, The 2005 Act on Collective Settlement of Mass Damages, WCAM)에 따라 법정 외 합의를 통한 집단적 분쟁의 해결을 목표로 하는 새로운 제도가 도입되었다.

법정 외 합의는 이에 관한 전속적 관할을 가진 암스테르담 항소법원(Amsterdam Court of Appeal)의 승인을 받아야 하고, 그러한 합의에 대해서는 제외

116) Christopher Hodges, 각주 104, p. 77.
117) Christopher Hodges, 위의 논문.
118) Christopher Hodges, 각주 104, p. 77.
119) Christopher Hodges, 위의 논문.

신고를 하지 않는 한 해당 집단의 구성원들 모두가 기속된다.[120] 합의가 승인되면 법원은 스스로 개별소송을 진행하기를 희망하는 구성원들을 위해 최소한 3개월 이상의 제외신고 기간을 지정하여야 한다.

opt-out 방식이라는 점에서 미국식 제도와 가깝지만, 손해배상소송에 대한 판결이 아니라 법정 외에서 이루어진 합의에 대해 집단 구성원 전체에 대한 기속력을 부여한다는 점에서 근본적 차이가 있다.

또한, 네덜란드 제도는 대표당사자 자격을 개인이 아니라 소비자단체 등에 대해서만 부여한다는 점, 패자가 소송비용을 부담하는 원칙이 적용된다는 점에서도 미국과는 차이가 있다.[121]

Opt-out 증권 집단소송 판결과 비교하여 시간, 비용을 줄일 수 있다는 장점이 있으나 당사자들이 합의에 나서지 않는 한 집단적 분쟁해결 절차로서 효과를 발휘하기는 어렵다는 비판 역시 제기된다.[122]

2. 포르투갈

포르투갈의 경우, 1995. 8. 31. 법률 83/95호(Law No. 83/95)를 통해 opt-out 집단소송 제도가 도입되었다. 유럽에서 가장 오래된 opt-out 소송 제도이다.

미국과 같이 집단소송 인가와 본안을 분리하는 두 단계 시스템이 채택되어 있지 않으나, 법원이 집단소송으로 진행하기에 적절하지 않다고 판단하는 경우 사건 진행을 중지할 수 있다.

어떤 소비자나 단체도 제기할 수 있다. 분야에 제한이 없다.[123]

포르투갈 증권법은 특히 소비자 피해 구제와 관련한 집단 소송에 필요한 특수한 절차의 내용으로서, 배상받은 금액을 수령, 배분할 기구가 집단소송 절차에서 지정되어야 한다는 점을 규정하고 있다.

집단 구성원 중 피해자가 특정되지 않아 남은 배상금은 정규시장 운영자가

---

120) Bart Krans, The Dutch Act on Collective Settlement of Mass Damages, 27(2) Global Business & Development Law Journal, pp. 287~288 (2014).

121) Eberhard Feess & Axel Halfmeier, 각주 64, pp. 368~369.

122) Bart Krans, 각주 120, pp. 287~288.

123) Rachael Mulheron, Reform of Collective Redress in England and Wales: a Perspective of Need (A Research Paper for submission to the Civil Justice Council of England and Wales, 2008), pp. 97~98.

관리하는 펀드 혹은 증권감독기구(CMVM)가가 관리하는 투자자 배상기금에 귀속된다.[124)]

3. 덴마크

덴마크의 경우, opt-in 방식의 집단소송이 원칙이지만, 청구금액이 작은 경우 예외적으로 정부기관이 제기하는 opt-out 소송이 허용된다.

법원은 (i) 청구금액이 너무 작아서 개별 원고 별 소송의 진행이 곤란하고,[125)] (ii) 관련된 집단 구성원의 수가 너무 많거나 처음부터 집단을 특정하기 어려워 opt-in 통지 절차의 실행이 불가능하다는 등 opt-in 모형이 부적절하다고 판단되는 경우, 예외적으로 opt-out 절차의 진행을 허가할 수 있다. 이 경우 정부기관인 덴마크 소비자 옴부즈만(Danish Consumer Ombudsman)만이 대표 청구인이 될 수 있다.[126)]

특기할 점으로, 덴마크의 opt-out 집단소송은 공통된 쟁점에 관한 심리 후 그에 관한 확인판결(declaratory judgement)을 선고하는 절차와 필요한 경우 그 이후 배상 범위 등 개별적 쟁점을 다루는 절차의 두 단계를 상정하고 있다. 따라서, 청구의 사실적, 법률적 기초가 동일하면 될 뿐 집단 구성원들의 청구가 동일할 필요가 없다. 필요한 경우 책임과 관련한 개별적 쟁점은 별개의 소송에서 다루어질 수 있기 때문이다.[127)]

Ⅲ. Opt-in 모형: 스웨덴

스웨덴은 2002년 소비자단체 등이 아니라 피해를 입은 자연인 또는 법인이 직접 소송을 제기할 수 있도록 한 집단소송법(Group Proceedings Act)을 제정하였다. 위 법은 대표 당사자가 그룹 구성원들과 공통된 또는 유사한 이해를 가질 것을 요구하고 있다. 스웨덴 제도는 전형적인 opt-in 집단소송으로서 위법행위의 피해자는 자신의 선택에 따라 집단의 구성원이 될 수 있다. 스웨덴 제도 하

124) https://www.lexology.com/library/detail.aspx?g=788ae95e-9e21-40d6-a3fa-b9bab4d6ed94 참조.

125) 법안 제안서에서는 예컨대 2,000 스웨덴 크로네, 약 30만원 정도에 불과한 경우가 여기에 해당한다고 한다.

126) Rachael Mulheron, 각주 123, pp. 102~103.

127) Rachael Mulheron, 위의 논문, p. 103.

에서 합의에 의한 소송 종결은 모든 구성원이 동의해야 하고 법원의 허가를 받아야 한다.[128)]

원칙적으로 스웨덴에서 변호사와의 성공보수 약정은 금지된다. 그러나, 집단소송에 관한 한 소송에 참가한 구성원은 법원의 허가를 얻어 승소하는 경우에만 변호사 보수를 지급하는 취지로 변호사보수 약정을 체결할 수 있다. 변호사 보수가 승소금액에만 비례하는 방식의 약정은 금지되고, 당해 약정이 변호사의 독립성을 침해할 위험이 없다고 판단되는 경우 법원이 약정을 허가한다고 한다.[129)]

Ⅳ. 독일의 모델소송

1. 개관

독일은 Opt-In 방식의 집단소송 제도로서 모델소송(Model case) 제도가 도입되어 있다 20001년부터 Deutsche Telekom사의 허위 공시와 관련한 분쟁이 시작되어 주주들의 손해배상청구가 빗발치기 시작하였다. 독일과 미국에서 무려 15,000명의 원고, 700여 명의 원고 측 변호사가 총 2,100여 건의 소송을 제기하였다.[130)] 이를 감당할 수 없었던 프랑크푸르트 법원은 10여 개 소송을 지정하여 이를 우선 진행한 후 그 결과를 다른 소송에서도 참고하고자 하였다.

이런 선례를 입법화한 것이 모델소송법이다.[131)]

2. 대상 및 절차

모델소송의 대상은 중요사항의 왜곡 또는 누락, 증권인수합병법에 따라 제시된 청약을 기초로 체결된 계약의 실현에 관한 사항으로 제한되어 있다.[132)] 모델소송 절차는 다음과 같이 요약될 수 있다.

---

128) Eberhard Feess & Axel Halfmeier, 각주 64, p. 369.

129) https://content.next.westlaw.com/Document/Ibd07d854361111e598dc8b09b4f043e0/View/FullText.html?contextData=(sc.Default)&transitionType=Default&firstPage=true&bhcp=1

130) Eberhard Feess & Axel Halfmeier, 각주 64, p. 362; Mark C Hilgard & Jan Kraayvanger, Class actions and mass actions in Germany (IBA Litigation Committee Newsletter, September 2007), p. 40.

131) Benedict Heil & Benjamin Lee, 각주 63, p. 5.

132) Mark C Hilgard & Jan Kraayvanger, 각주 130, p. 40.

① 소송제기 단계: 소송의 원고 또는 피고 모두 1심 법원에 모델소송을 신청할 수 있다(KapMuG 제2조 제1항 제2문). 당해 법원은 이를 전자 소송등록부에 공개하여야 한다(KapMuG 제3조 제2항). 최초 신청 제기 후 6개월 이내에 최소 10개의 모델소송 신청이 제출되는 경우, 모델소송이 진행된다(제6조 제1항 제1문).

② 모델소송의 진행: 사건은 지역 상급법원(Higher Regional Court)으로 이송된다. 이 단계에서 동일한 쟁점을 가진 원고, 피고들이 별도로 소송을 제기하거나 모델소송에 당사자로 참가할 수 있다. 위 법원은 모델소송에서 결정할 법정 쟁점의 리스트를 작성한다. 이는 모든 개별소송에 공통된 법적 문제를 포함하여야 한다. 모델소송은 개별적 쟁점에 대해 판단하여서는 아니된다. 하급심의 개별 소송은 중단된다. 모델소송에 대해서는 연방대법원에 상고할 수 있다.

③ 개별 소송의 진행: 모델소송에 대한 최종 판결 확정 후 중단되었던 개별소송은 1심에서 진행된다(KapMuG 제22조 제4항). 모델소송의 판단은 제1심 법원을 기속한다. 모든 개별 소송은 손해배상의 범위나 인과관계와 같이 각 사건에 고유한 개별적인 법률상·사실상 쟁점에 대해서만 판단할 수 있다.

3. 사례

가. Deutsche Telekom 사건

2005년 제정된 KapMuG은 법률 제정의 계기가 되었던 Deutsche Telekom AG 사건에도 적용되었다. 위 사건이 법원에 미치는 막대한 부담을 고려하였기 때문이다.

Deutsche Telekom은 1996년 IPO를 통해 200억 달러를 조달하는 데 성공하였다. 그러나 기업공개 당시의 투자설명서에서 위 회사가 보유한 부동산 평가에 오류가 있다는 점과 그 이후 2000년 자회사인 Sprint 등의 매각시 회계처리 오류가 있다는 점이 드러나면서 Deutsche Telekom 주가는 2001년 무려 90% 이상 폭락하였다.[133]

---

133) Michael Halberstam, The American Advantage in Civil Procedure? An Autopsy of the Deutsche Telekom Litigation (BUFFALO Legal Studies Research Paper Series Paper No.

프랑크푸르트 고등법원(Higher Regional Court)이 다룬 공통적 쟁점은 큰 항목으로만 따져도 총 33개, 세부항목으로 따지면 180개 이상에 이르렀다. 위 법원은 문제가 된 공시 내용이 중요사항에 해당하지 않는다는 이유로 모델소송을 기각하였다.[134)]

그러나 연방대법원은 상장 당시 부동산 평가에 관한 부분에 대해서는 위 판단을 수긍한 반면 2000년 Sprint사 등 매각과 관련한 회계처리 오류는 중요사항에 해당한다고 보아 위 판결을 파기환송하였다.[135)]

프랑크푸르트 고등법원은 2016년 11월 투자설명서에 중요한 오류가 있음을 인정하면서 거래인과관계(신뢰)는 개별적으로 판단되어야 함을 선언하였다.[136)] 이 사건은 피청구인의 재상고로 현재 연방 대법원에서 계류 중에 있다.[137)]

나. Daimler Chrysler 사건

쟁점은 Daimler Chrysler가 당해 정보가 중요사항에 해당하게 된 시점에서 CEO인 Jürgen Schrempp의 사임 소식을 알렸는지 여부이다. Daimler Chrysler는 감독이사회에서 CEO 교체를 공식 결정한 시점에서 이를 수시공시하였다. 그러나, 투자자들은 그보다 앞서 CEO와 감독이사회 의장 간에 사임 문제에 관한 논의가 이루어진 시점에서 당해 정보가 공시 대상이 되었음을 주장하였다. 슈투트가르트(Stuttgart) 고등법원은 피고 주장을 수긍하는 판결을 선고하였으나, 연방대법원은 쟁점에 관한 EU 사법재판소 판결에 따라 위 고등법원 판결을 파기하였다.[138)]

다. Volkswagen 사건

2016년 Braunschweig 지방법원은, Volkswagen 경영진이 디젤 배기량 테

2015-021), pp. 14~15.

134) 위의 논문, p. 22.

135) 위의 논문, p. 33.

136) Astrid Stadler, 각주 72, p. 46.

137) https://gettingthedealthrough.com/area/73/jurisdiction/11/securities-litigation-germany/

138) 이 사건의 경과에 대해서는 제6편 제1장 불공정거래행위에 대한 규제 중 내부자거래 부분 참조.

스트 조작에 관여한 사실을 공시하지 않은 것이 중요사항의 공시누락에 해당하는지 여부가 쟁점이 된 사건에 대해 이를 모델소송으로 진행할 것을 결정하였다. 위 쟁점에 대해서는 277개 기관투자자 등이 170여 개의 손해배상청구소송을 제기하였으며, 소가는 약 33억 유로에 이르고 있다.[139][140]

Ⅴ. 영국 금융감독기구 FCA에 의한 집단적 구제절차

영국은 집단소송 제도가 없으나 그에 대신하여 금융감독기구인 FCA(Financial Conduct Authority)가 개입하여 집단적 금융분쟁을 해결하는 제도가 있다.

1. 금융서비스시장법 제382조 및 제384조

FCA는 법령의 요구사항을 위반한 자(인가받지 않은 자를 포함한다)에 대하여 배상을 구하는 명령을 법원에 청구할 수 있다(금융서비스시장법 제382조). 또한, FCA는 인가받은 금융기관이 법령의 요구사항을 위반한 경우, 법원에 청구할 필요 없이 자신의 권한으로, 당해 금융기관으로부터 피해를 입은 소비자에 대한 손해배상을 명할 수 있다(금융서비스시장법 제384조).

금융서비스시장법(FSMA) 제382조 제3항은 "본 명령과 관련하여 FCA에게 지급하는 금액은 피해자에게 지급하거나 법원이 정하는 바에 따라 그러한 피해자들 사이에서 배분되어야 한다"고 규정하고 있다. 마찬가지로 제382조 제5항은 "FCA의 권한은 피고에 대하여 적절한 사람에게 배상하거나 그 금액을 적절한 사람들 사이에서 배분하도록 명령하는 것"이라고 규정하고 있다.

위와 같은 법문의 문언상 법원 판결에 의한 혹은 FCA 결정에 의한 배상 명령은 다수 소비자에 대한 피해 구제를 염두에 둔 것이다. 금융감독기구가 금융기관에 대한 공법적 규제의 범위를 벗어나 민사상 원상회복, 손해배상에 관련된 권한을 보유한다는 점이 특이하다.

---

139) https://www.reuters.com/article/us-volkswagen-emissions-litigation/german-court-to-speed-up-vw-investor-lawsuits-idUSKCN10J1PU

140) https://gettingthedealthrough.com/area/73/jurisdiction/11/securities-litigation-germany/

2. 집단적 피해구제 계획

감독기관에 의한 민사적 분쟁해결의 가장 전형적인 절차는 금융서비스시장법 제404조의 집단적 피해구제 계획(consumer redress scheme[141])이다.

다수 금융기관에 의한 광범위한 규제 위반 행위가 있는 경우 FCA는 인가받은 자(금융기관들)로 하여금 소비자에 대한 피해구제 계획을 세워 이를 실행할 것을 명하는 규칙을 제정할 수 있다. 이러한 권한은 FCA의 광범위한 규칙 제정권의 연장으로 이해될 수 있다.

위 명령의 수범자인 금융기관은 (i) 법령 위반 행위가 있었는지 조사하고, (ii) 법령 위반이 소비자들에 대해 손해를 끼쳤는지 여부를 결정하며, (iii) 법령 위반에 따라 어떠한 구체가 이루어져야 하는지 결정한 후, (iv) 그러한 결정에 따라 실제로 소비자에게 손해를 배상하여야 한다(금융서비스시장법 제404조 제3항 내지 제7항).

FCA가 핸드북(handbook)의 일부로서 제정하는 집단적 피해구제 계획 하에서, 위법행위에 따른 손해를 입은 소비자의 식별, 불완전판매 행위에 대한 조사, 구체적인 배상계획의 마련 및 실행은 모두 금융기관에 의해 수행된다. 이는 opt-out 방식의 집단소송이 대표당사자의 주도 하에 진행되고 그 실행을 위해 필요한 행정적 사무가 법원에 의해 처리되는 것과 대별된다.

소비자는 금융기관의 사건 처리가 FCA가 정한 집단적 피해구제 계획에 따르지 않았다고 판단하는 경우 금융기관 결정을 받은 날로부터 6개월 내에 금융옴부즈만서비스(Financial Ombudsman Service, 'FOS')에 불복을 제기할 수 있다(FCA 핸드북(handbook) 중 DISP편 2.3.2C). FOS는 가장 적절한 수단을 사용하여 최대한 신속하게 사건을 처리하여야 하고 기일(hearing) 없이 결정을 내릴 수 있다.

다른 한편 금융기관이 FCA의 집단적 피해구제 계획에 이의가 있는 경우 법원에 불복할 수 있다(금융서비스시장법 제404D조).

---

141) 법문에는 정확히 맞지 않으나 그 의미를 분명히 하기 위하여 "집단적 피해구제 계획"으로 번역하였다.

3. 사례

아직까지 금융서비스시장법 제404조에 따른 집단적 피해구제 계획이 발동된 경우는 발견되지 않는다. 그러나, FCA는 그와 유사한 방식으로 대규모 금융분쟁을 처리한 사례가 있다.

우선, 영국 FCA는 Interest Rate Hedge 상품의 대규모 불완전판매 사태에 개입하여 금융기관들의 피해자 구제를 이끌어 낸 바 있다.

증권과 관련된 것은 아니지만, 영국 FCA는 노령, 질병, 사망 등 사유로 금융기관 채무를 변제하지 못하는 경우 이를 보증하는 지급보증보험(Payment Protection Insurance)의 불완전판매에 대해 금융서비스시장법 제137조의 일반적인 규칙 제정권에 기초하여 금융기관들에게 피해구제를 명하였다. FCA가 제정한 규칙에 따르면, 금융기관들은 소비자의 민원이 접수되는 경우 이를 조사한 후 소비자들에게 원상회복(restitution)을 제공할 의무가 있다.

이 사건에서 FCA는 금융기관의 상품 판매와 관련한 상세한 규정(rule)이 아니라 소비자 보호의무와 같은 원칙(principle)에 위반한 경우 금융기관의 원상회복 의무를 인정하였는데, PPI가 판매되던 시점에서 금융서비스시장법 제404조가 '규칙' 위반만을 대상으로 하였기 때문에 그에 대신하여 금융서비스시장법 제137조에 의존한 것이다.[142)]

영국은행연합회(British Bankers Association)가 이에 대해 행정소송을 제기하였으나 법원은 광범위한 규제 위반 행위에 대해 제404조가 적용되어야 한다고 볼 만한 근거가 없고 FCA는 자신의 권한 중 적절한 것을 선택할 재량을 가진다고 판단하였다.[143)]

FCA가 제정한 규칙에 따라 2018년까지 184만 건의 민원이 접수되어 총 260억 파운드가 소비자들에게 지급되었다.[144)]

---

142) Financial Conduct Authority, Policy Statement 17/03: Payment Protection Insurance Complaint: Feedback on 16/20 and Final Rules and Guidance (2017), para. 3.30.

143) British Bankers Association v. Financial Services Authority & Financial Ombudsman Service [2011] EWHC 999 (Admin) 1, para. 248-63.

144) Financial Conduct Authority, Policy Statement 17/03: Payment Protection Insurance Complaint: Feedback on 16/20 and Final Rules and Guidance (2017), para. 1.2.

찾아보기

ㅇ

ㅈ

ㅎ

(A)

(B)

(C)

(D)

(E)

(F)

(G)

(I)

(K)

(L)

(M)

(N)

(O)

(P)

저자소개

박영윤

서울대학교 경제학부 졸업
연세대 법학전문대학원 졸업
삼일회계법인, 안진회계법인에서 공인회계사로 근무
현재 법무법인 율촌 소속 변호사

유럽증권법

초판발행 2021년 3월 20일

지은이 박영윤
펴낸이 안종만 · 안상준

편 집 심성보
기획/마케팅 조성호
표지디자인 조아라
제 작 우인도 · 고철민 · 조영환

펴낸곳 (주) 박영사
서울특별시 금천구 가산디지털2로 53, 210호(가산동, 한라시그마밸리)
등록 1959. 3. 11. 제300-1959-1호(倫)
전 화 02)733-6771
f a x 02)736-4818
e-mail pys@pybook.co.kr
homepage www.pybook.co.kr
ISBN 979-11-303-3856-9 93360

정 가 35,000원